汽车电路

分析与故障诊断

瑞佩尔　主编

化学工业出版社

·北京·

图书在版编目（CIP）数据

汽车电路分析与故障诊断/瑞佩尔主编. —北京：化学工业出版社，2020.1
ISBN 978-7-122-35498-3

Ⅰ.①汽… Ⅱ.①瑞… Ⅲ.①汽车-电路分析②汽车-电气设备-故障诊断 Ⅳ.①U463.6

中国版本图书馆 CIP 数据核字（2019）第 235816 号

责任编辑：周　红　　　　文字编辑：冯国庆
责任校对：宋　玮　　　　装帧设计：王晓宇

出版发行：化学工业出版社（北京市东城区青年湖南街 13 号　邮政编码 100011）
印　　装：三河市延风印装有限公司
787mm×1092mm　1/16　印张 20　字数 520 千字　2020 年 2 月北京第 1 版第 1 次印刷

购书咨询：010-64518888　　　　售后服务：010-64518899
网　　址：http://www.cip.com.cn
凡购买本书，如有缺损质量问题，本社销售中心负责调换。

定　　价：99.00 元

前言

汽车电气与电子控制系统是现代汽车重要的组成部分。现代汽车早已不是一台简单的机械装置，而是一种机械、电器与电子控制装置高度一体化的交通运输设备。电器和电子控制装置在其中占据了很大的比例。因此，汽车电器与电子控制系统的故障检修也就成了现代汽车维修工作的重点之一。由于电子控制技术在汽车上的大量应用，使得现代汽车故障检修的技术要求更高了。在汽车使用与维修过程中，对于从事汽车电器和电子控制装置故障检修的汽车维修技工来说，其工作的重要性就显得更为突出。

汽车电气系统故障的诊断与排除基础离不开系统结构、功能原理分析以及相关电路图的识读、查阅。本书主要目的就是帮助读者能够很好地掌握汽车电路分析所需具备的基础和专业知识，并掌握汽车电气系统故障检修与诊断技能。

为此，本书精选了相关的内容并分为八大模块进行讲解。模块一为汽车电路分析基础，内容包括汽车电子元器件、汽车电子技术发展趋势、汽车电子控制系统、汽车电路图类型与识读。模块二为汽车电气故障诊断基础，主要介绍汽车电气维修注意事项、汽车电子检测工具与设备、汽车故障诊断设备、汽车电气故障诊断流程与方法。模块三至模块八系统地讲解了汽车基本电器电路、发动机电控系统电路、新能源系统电路、底盘电控系统电路、车身电控系统电路、驾驶辅助系统电路的分析与典型故障诊断、排除。

为使读者更好地掌握汽车电路分析在维修实战中的应用，本书精选了针对具体车型的典型电气系统故障案例，通过对这些典型电路故障原因分析与故障诊断方法的介绍，可以帮助读者提高汽车电路识读与理解、故障分析与诊断能力。在这些维修案例中，除了对电路的分析，还综合了数据流分析、电路检测分析、排除思路分析等诊断技巧，有的附上“专家指点”，为读者的技术提升与进阶作指引。

本书文字简洁明了、通俗易懂、图文并茂，方便读者更好地阅读和理解。

本书由瑞佩尔主编，此外参加编写的人员还有朱其谦、杨刚伟、吴龙、张祖良、汤耀宗、赵炎、陈金国、刘艳春、徐红玮、张志华、冯宇、赵太贵、宋兆杰、陈学清、邱晓龙、朱如盛、周金洪、刘滨、陈棋、孙丽佳、周方、彭斌、王坤、章军旗、满亚林、彭启凤、李丽娟、徐银泉。在编写过程中，参考了大量汽车厂商的文献资料，在此，谨向这些资料信息的原创者们表示由衷的感谢！

有限于水平，及成书匆促，书中疏漏在所难免，还望广大读者朋友及业内专家多多指正。

编　者

前言

目录

模块一

汽车电路分析基础

项目一

汽车电子元器件

任务一 认识电路中的“电阻”

1. 电阻的作用

在电路中阻碍电流流过的元件叫作电阻器（简称电阻）。电阻是汽车控制电子电路中使用最多的基本元件之一，其质量好坏对电路工作的稳定性有极大影响。它的主要用途是稳定和调节电路中的电流及电压，其次还作为分流器、分压器和负载使用。电阻在电路中用字母 R 表示。电阻在电路中的表示符号如图 1-1 所示。

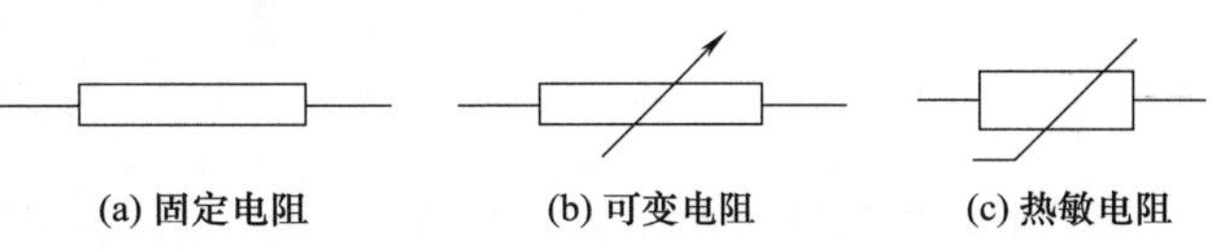

图 1-1　电阻在电路中的表示符号

电阻的单位有欧姆（Ω）、千欧（kΩ）、兆欧（MΩ）。

不同单位之间的换算式：1kΩ＝1000Ω，1MΩ＝1000kΩ。

2. 电阻的种类

电阻的种类较多，按材料可分为碳膜电阻、金属膜电阻、线绕电阻等；按阻值是否可变分为固定电阻、可变电阻，还有具有特殊性质的光敏电阻、压敏电阻、热敏电阻等；按安装方式可分为插件式电阻和贴片式电阻。在汽车控制模块电路板上，常采用贴片式电阻。常见电阻种类如图 1-2 所示。

3. 可变电阻（电位器）

可变电阻实际上是一个电位器，通常由电阻体与转动或滑动系统组成，即靠一个动触点在电阻体上移动，获得部分电压输出。可变电阻实物与电路图如图 1-3 所示，它有三个引出端，其中定片 1、定片 2 两端间电阻值为最大，定片 1、动片或定片 2、动片两端间的电阻值可以通过改变活动触头所在位置加以调节。活动触头与旋转轴相连，即与动片相连，在弹簧

图 1-2 常见电阻种类

压力的作用下与电阻片保持接触。

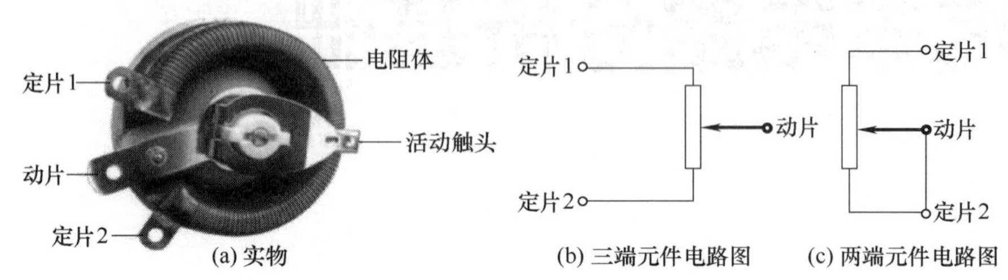

图 1-3 可变电阻实物与电路图

可变电阻用作分压器时，被称为电位器，是一个三端元件，如图 1-3（b）所示；可变电阻用作变阻器时，应把它接成两端元件，即动片要与某一定片用导线直接相连。这里假设动片与定片 2 相连，如图 1-3（c）所示。另外，可变电阻器也可以用动片与定片 1 相连，两个定片引脚之间可以互换使用。

电位器外壳上标注的阻值称为标称值，是电位器两固定引脚之间的阻值，一般称为电位器的最大阻值，通常采用直标法或数码标示法，如图 1-4 所示。

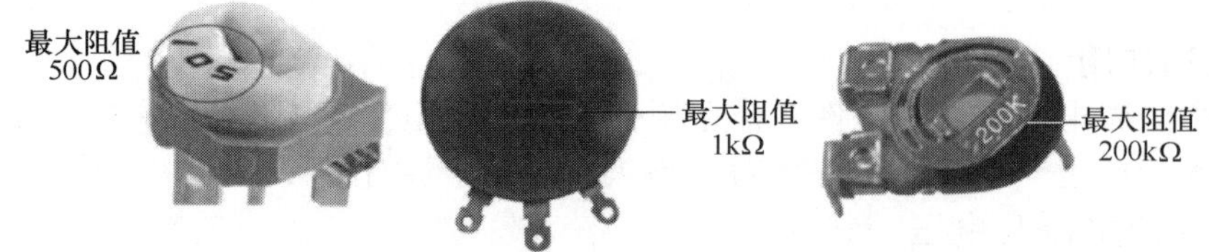

图 1-4 电位器标值

电位器一般用在电路中需要经常改变电阻阻值的地方，在汽车电路中，它主要用作位置传感器，如发动机电控系统的节气门位置传感器、加速踏板位置传感器、空调风门伺服电动机电位计等。这些传感器可以精确计量某些位置的微小变化，将位置信号转换成电压信号输出。如图 1-5 所示为电位器应用示例［大众波罗（POLO）汽车空调内循环风门电动机及电位计］。

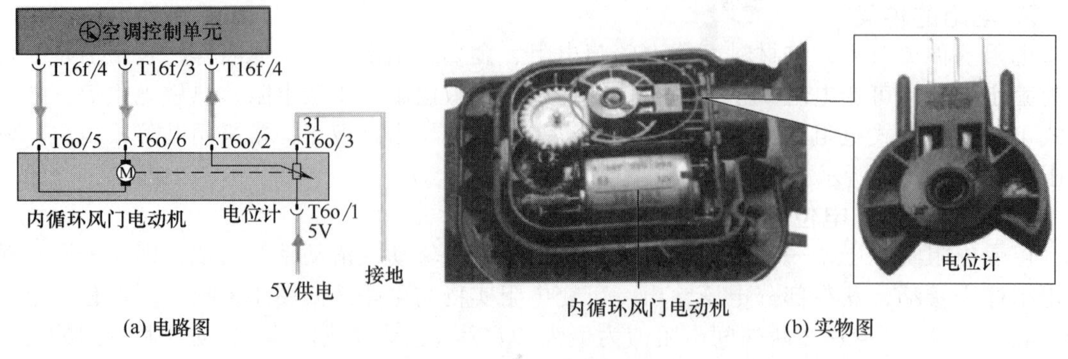

图 1-5 电位器应用示例

4. 特殊电阻

（1）热敏电阻 电阻值随温度升高而减少的热敏电阻称为负温度系数（NTC）热敏电阻，如图 1-6 所示为用在发动机冷却液温度传感器中的热敏电阻。

（2）压敏电阻 压敏电阻即进气压力传感器，由压力转换元件（硅片）、把转换元件输出信号进行放大的混合集成电路和真空室组成，如图 1-7 所示。

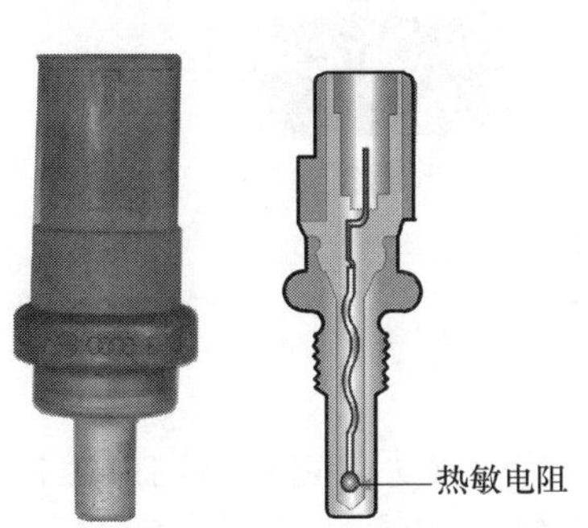

图 1-6 用在发动机冷却液温度传感器中的热敏电阻

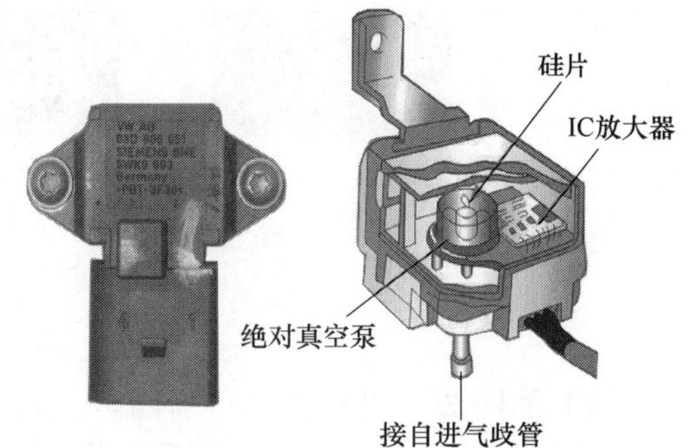

图 1-7 进气压力传感器

（3）光敏电阻 光敏电阻是利用半导体的光电效应制成的。在受光时，半导体受光照产生载流子，由一个电极到达另一个电极，有效地参与导电，从而使光电导体的电阻率发生变化。光照强度越强，电阻越小，如自动空调上的日光传感器。

5. 电阻数值标示法

大多数电阻上都标有电阻的数值，这就是电阻的标称值。电阻的标称值往往和它的实际阻值不完全相同。电阻的实际阻值与其标称值的偏差，除以标称值所得到的百分比，称为电阻的误差。电阻标称值的表示方法有直标法、文字符号法、数码标示法、色标法。

（1）直标法 所谓直标法，就是直接用阿拉伯数字和单位符号标出。一般用于功率较大的电阻器。如图 1-8 所示，电阻体上标注 5W10KJ，表示电阻的阻值为 10kΩ，功率为 5W，允许误差为 ±5%（无误差标示为允许误差 ±20%）。

（2）文字符号法 这种标示法是将电阻的标称值和误差用数字及文字符号按一定的规律组合标识在电阻体上。符号前面的数字为整数，符号后面数字为小数。

如电阻器上印有“2.2K”或“2K2”字样，表示电阻值为 2.2kΩ；5M0 表示电阻值为 5.0MΩ（图 1-9）。

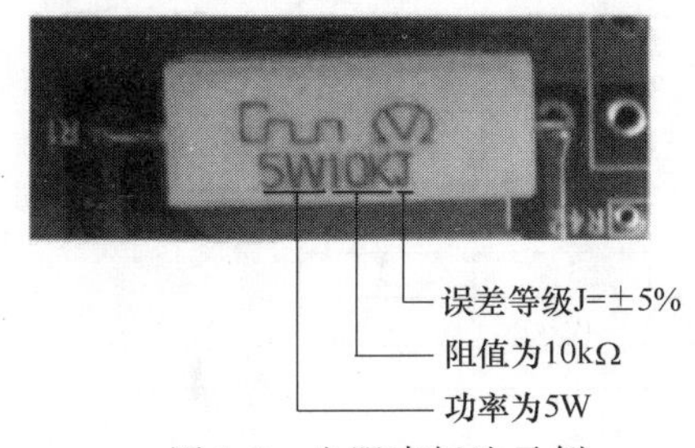

图 1-8 电阻直标法示例

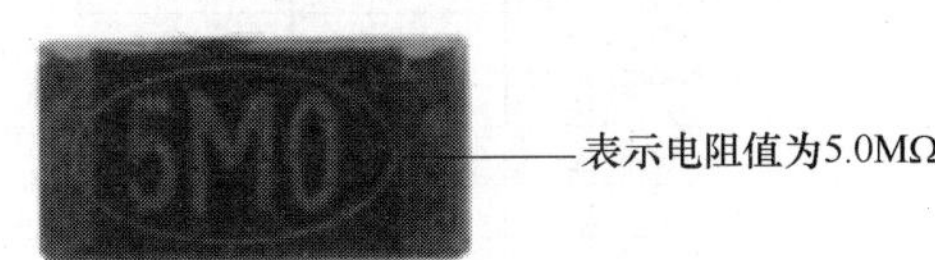

图 1-9 电阻文字符号标示例

（3）数码标示法 数码标示法是在电阻体的表面用 3～4 位整数或两位数字加 R 来表示标称值的方法。该方法常用于贴片电阻，如图 1-10 所示。

① 三位数字标示法：前两位是有效数字，第三位表示 0 的个数。例如，标注为 331 的

电阻，其阻值为 $33\times10^{1}=330\Omega$。

② 四位数字标示法：前三位是有效数字，第四位表示 0 的个数。例如，标注为 1001 的电阻，其阻值为 $100\times10^{1}=1\text{k}\Omega$。

③ 两位数字加 R 标示法：若电阻阻值小于 10Ω 则用 R 表示，且 R 代表小数点。如标注为 6R8 的电阻，其阻值为 6.8Ω，标注为 R22 即阻值为 0.22Ω。

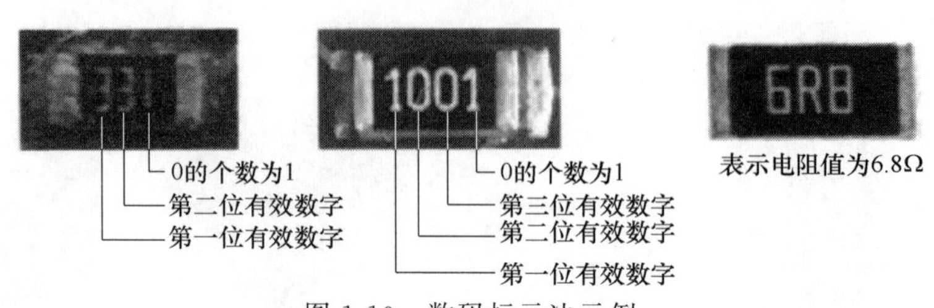

图 1-10 数码标示法示例

（4）色标法 色标法是目前国际上普遍流行的电阻值标示方法。它将不同颜色的色环涂在电阻上来表示电阻的标称值及允许误差，色环电阻中最常见的是四环电阻和五环电阻。色环电阻读数示例如图 1-11 所示。

色环电阻识读技巧：识读色环电阻的关键点是找准电阻的首环。一般离端部近的为首环。端头任一环与其他较远的一环为最后一环，即误差。金色环、银色环在端头的为最后一环（误差环）。黑色环在端头的为倒数第二环，并且末环为无色环。紫色环、灰色环、白色环一般不会是倍乘数，即不大可能为倒数第二环。

色环电阻识读示例：图 1-11 中四环电阻的颜色为黄色、紫色、黑色、金色，表示电阻的大小为 $47\times10^{0}=47\Omega$，误差为 ±5%；五环电阻颜色为橙色、橙色、黑色、橙色、棕色，表示电阻的大小为 $330\times10^{3}=330\text{k}\Omega$，误差为 ±1%。

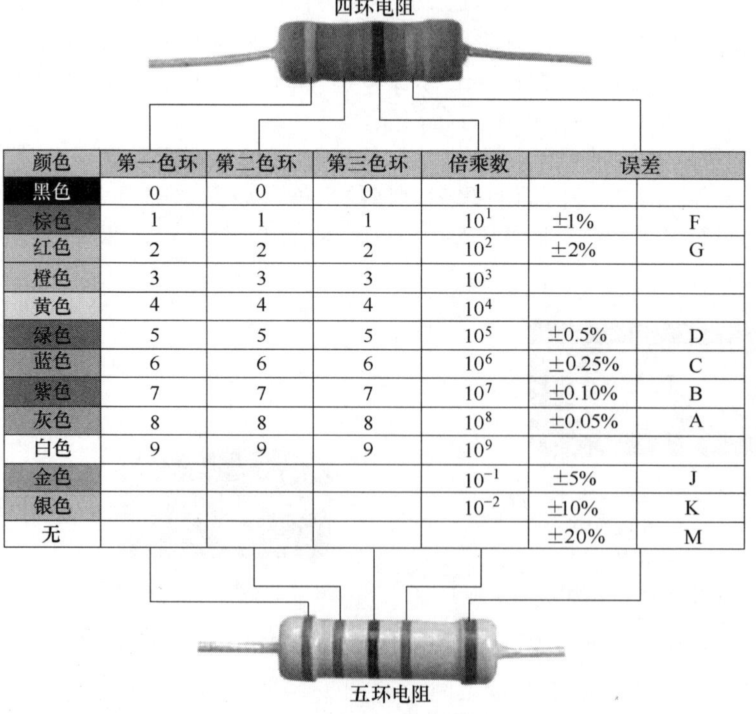

颜色	第一色环	第二色环	第三色环	倍乘数	误差	
黑色	0	0	0	1		
棕色	1	1	1	10^{1}	±1%	F
红色	2	2	2	10^{2}	±2%	G
橙色	3	3	3	10^{3}		
黄色	4	4	4	10^{4}		
绿色	5	5	5	10^{5}	±0.5%	D
蓝色	6	6	6	10^{6}	±0.25%	C
紫色	7	7	7	10^{7}	±0.10%	B
灰色	8	8	8	10^{8}	±0.05%	A
白色	9	9	9	10^{9}		
金色				10^{-1}	±5%	J
银色				10^{-2}	±10%	K
无					±20%	M

图 1-11 色环电阻读数示例

任务二　认识电路中的“电容”

1. 电容的作用

电容器（简称电容）是由两个相互靠近的金属电极板，中间夹一层电介质构成的。它也是组成电子电路的主要元件，在电路中常起滤波、耦合、振荡、调谐、旁路、通交隔直（通交流电、隔断直流电）等作用。

电容在电路中常用字母 C 表示。电容的电路符号如图 1-12 所示。电容的单位有 F（法拉）、μF（微法）、nF（纳法）、pF（皮法）。

它们的换算式：$1F=10^6\mu F=10^9 nF=10^{12} pF$。

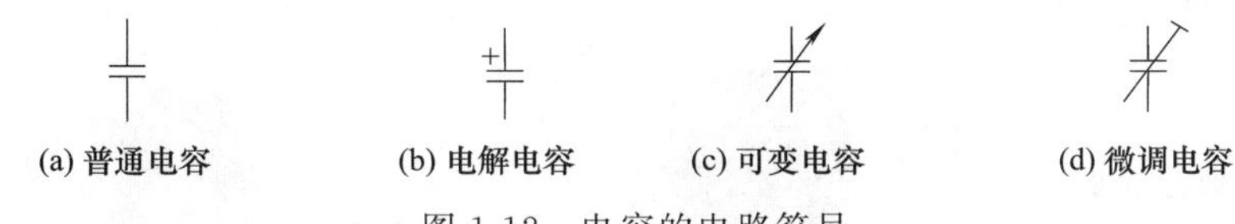

图 1-12　电容的电路符号

2. 电容的种类

电容的种类很多，按结构分有固定电容、可变电容、微调电容；按介质材料分有铝电解电容、钽电解电容、瓷介电容、涤纶电容、云母电容、聚碳酸酯薄膜电容等；按安装方式分有直插电容和贴片电容；按极性分有无极性电容和有极性电容。电解电容是有极性的，其正负极通常有明显的标志，更换该类型元件时，应注意极性，如极性错误会导致元件损坏。不同形体的电容元件如图 1-13 所示。

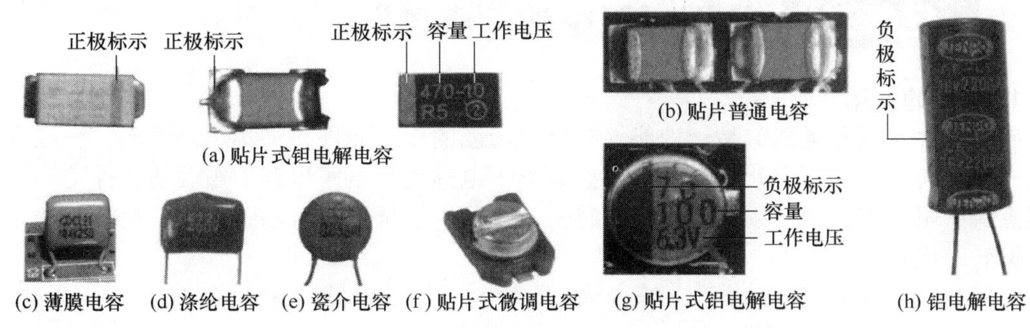

图 1-13　不同形体的电容元件

3. 电容数值的标示法

固定电容器的参数很多，但在实际使用时，一般只考虑工作电压、电容量和允许误差。工作电压也称耐压，是指电容器在连续使用中所能承受的最高电压。电容器储存电荷的能力称为电容量，简称容量。允许误差为实际电容量对于标称电容量的最大允许偏差范围。

电容的识别方法与电阻的识别方法基本相同，有直标法、文字符号法、数码标示法、色标法。

（1）直标法　直标法是将电容的标称容量、耐压及允许误差直接标在电容体上，如图 1-14 所示。

（2）文字符号法　该标记方法由数字和字母两部分组成，其中字母可当成小数点，由数字和字母两者共同决定该电容的容量。例如，标注为 6n8 的电容，容量为 6.8nF，见图 1-15；标注为 p33 的电容，容量为 0.33pF；标注为 2μ2 的电容，容量为 2.2μF。

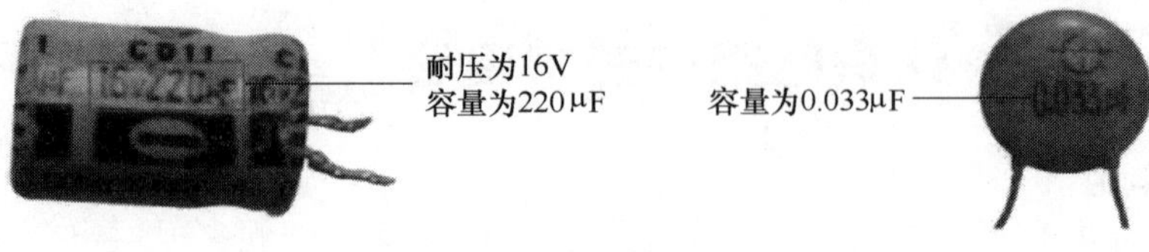

图 1-14　电容直标法示例

（3）数码标示法　数码标示法一般用三位数字来表示容量的大小，前两个是有效数字，第三个是倍数（第三个数中 0～8 分别表示 10^0～10^8，9 表示 10^{-1}，单位为 pF）。如 229 表示 $22\times10^{-1}=2.2$pF，103 表示 $10\times10^3=10000$pF，224 表示 $22\times10^4=220000$pF$=0.22\mu$F，如图 1-16 所示。

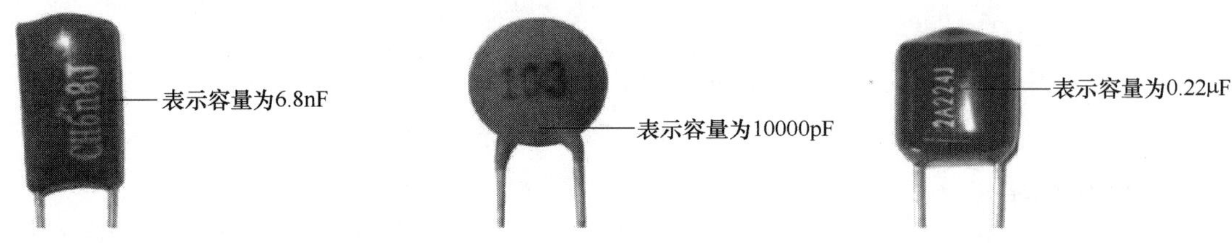

图 1-15　电容文字符号法示例　　　　图 1-16　电容数码标示法示例

（4）色标法　电容的色标法与电阻器的色标法规定相同，其基本单位为 pF，一般有三条色环，前两环为有效数字，第三环为倍率。

任务三　认识电路中的“电感”

1. 电感的作用

电感元件（简称电感）是一种能够存储磁场能的电子元件，又称电感线圈。将绝缘导线一圈一圈地绕在绝缘管上就得到一个电感线圈。电感也是电子电路中重要的元件之一，它具有通直流、阻交流、通低频、阻高频的特性，主要用于调谐、振荡、耦合、扼流、滤波、陷波、偏转等电路。

电感在电路中用 L 来表示，符号为“$\frown\frown\frown$”。电感的单位有 H（亨）、mH（毫亨）、μH（微亨）和纳亨（nH）。

它们的换算式：$1\text{H}=10^3\text{mH}=10^6\mu\text{H}=10^9\text{nH}$。

2. 电感的种类

电感的种类很多，按其电感值是否可调来分，可分为固定电感线圈和可变电感线圈；按安装方式来分，可分为贴片式电感、插件式电感；按结构来分，可分为空心线圈、磁芯线圈和铁芯线圈等；按功能来分，可分为振荡线圈、扼流线圈、耦合线圈、校正线圈和偏转线圈等。不同形态的电感元件如图 1-17 所示。

(a) 色环电感

(b) 空心线圈

(c) 绕线电感

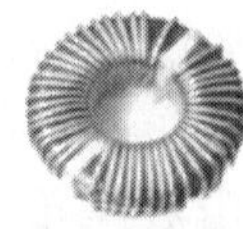
(d) 扼流线圈

(e) 贴片式电感

图 1-17　不同形态的电感元件

贴片式电感外观上与贴片式电容比较相似，区分的方法是贴片式电容有多种颜色，如褐色、灰色、紫色等，而贴片式电感只有黑色一种。

3. 电感数值标示法

电感的识别方法也有四种，即直标法、文字符号法、数码标示法、色标法。

（1）直标法 直标法是将电感的标称电感量用数字和文字符号直接标在电感体上，如图 1-18 所示。

图 1-18 电感直标法示例

（2）文字符号法 文字符号法是将电感的标称值和偏差值用数字及文字符号按一定的规律组合标示在电感体上，如图 1-19 所示。采用文字符号法标示的电感通常是一些小功率电感，单位通常为 nH 或 μH 。

（3）数码标示法 数码标示法是用三位数字来表示电感量的方法，常用于贴片电感上。三位数字中，前两位为有效数字，第三位数字表示有效数字后面所加 0 的个数。注意用这种方法读出的电感量，默认单位为微亨（μH）。例如，标示为 151 的电感为 $15\times10^1=150$μH，如图 1-20 所示。

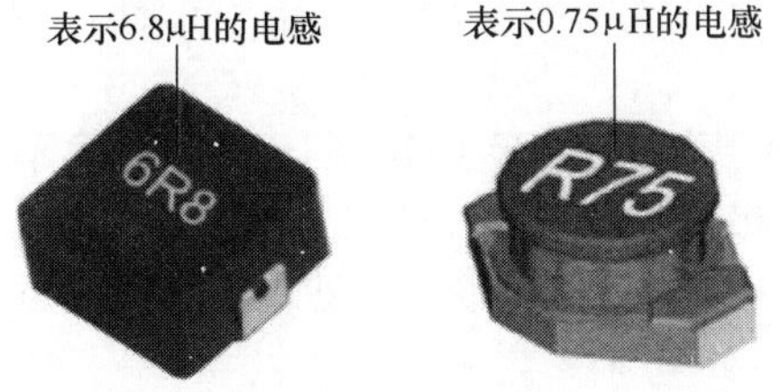

图 1-19 电感文字符号法示例

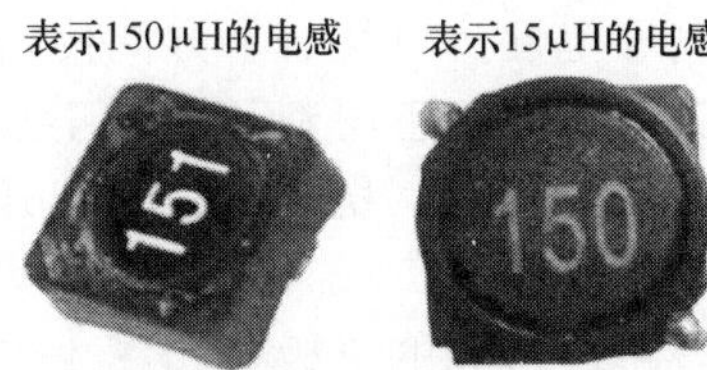

图 1-20 电感数码标示法示例

（4）色标法 色标法是在电感表面涂上不同的色环来代表电感量（与电阻类似），通常用三个或四个色环表示。识别色环时，紧靠电感体一端的色环为第一环，露出电感体本色较多的另一端为末环。其第一色环为十位数，第二色环为个位数，第三色环为应乘的倍数。

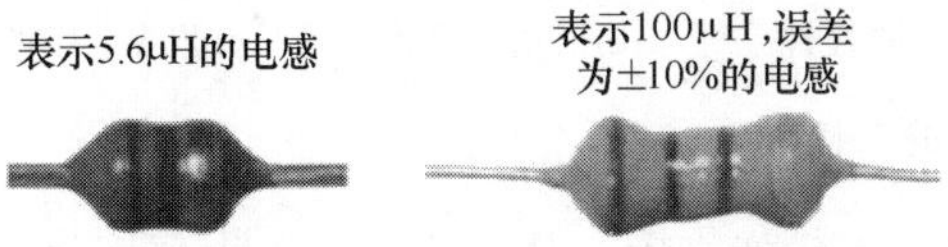

例如，色环颜色分别为绿色、蓝色、金色的电感的电感量为 5.6μH，如图 1-21 所示。用这种方法读出的色环电感量，默认单位为微亨（μH）。

表示5.6μH的电感　表示100μH，误差为±10%的电感

图 1-21 电感色标法示例

色环电感与色环电阻的外形相近，使用时要注意区分，通常色环电感外形短粗，而色环电阻外形细长。

任务四 认识电路中的“半导体元件”

1. 半导体

半导体包括二极管、三极管、晶体管等。制造半导体最常用的材料是硅晶体和锗晶体。晶体是具有确定原子结构的材料，纯的晶体不能用来制作半导体，需要在晶体中掺杂极小比例的其他元素。根据掺杂元素的不同，可以把半导体分为 P 型半导体和 N 型半导体。

2. 二极管

当把 P 型半导体和 N 型半导体结合在一起时，两种半导体之间就会形成一个交界层，

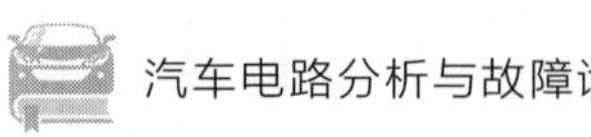

称为 PN 结。简单地说，把一个带有引线的 PN 结封装在玻璃管、塑料体或金属的外壳里，就构成了二极管。两个半导体层向外导电，由 P 区引出的电极称为阳极或正极，由 N 区引出的电极称为阴极或负极。二极管结构及电路符号如图 1-22 所示。

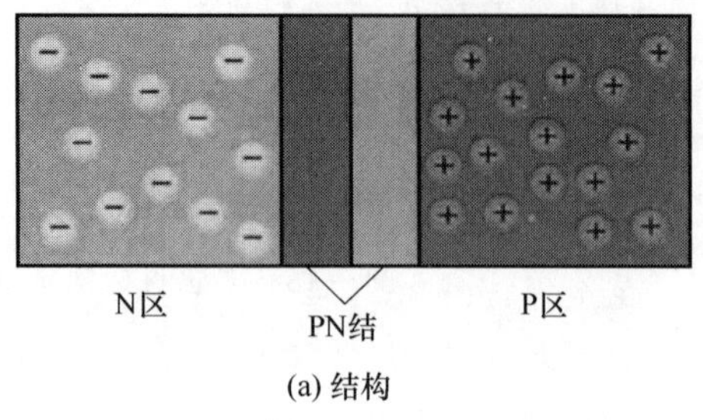

(a) 结构

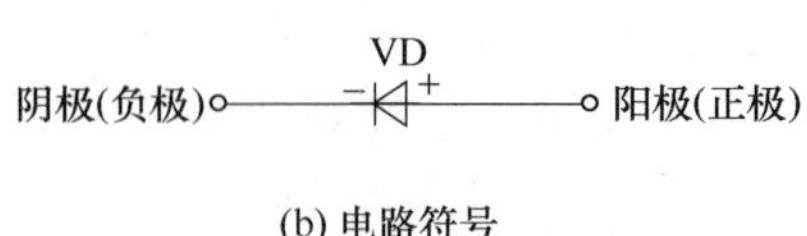

(b) 电路符号

图 1-22 二极管结构及电路符号

二极管加上正向电压时电阻很小，能良好导通，加上反向电压时电阻很大，接近开路截止，这就是它的单向导电性。这个特性也可以理解为：在电路中，二极管只准电流从其正极流向负极，不准反向流通。这很像自行车的气门芯只允许气流从气筒流向车胎一样，因此具有单向导电性，只往一个方向传送电流。

二极管按制造材料不同可分为硅二极管（Si 管）、锗二极管（Ge 管）；按用途不同可分为整流二极管、稳压二极管、开关二极管、发光二极管、检波二极管、光电二极管、隔离二极管、肖特基二极管等；按结构不同可分为点接触型二极管、面接触型二极管和平面型二极管。不同形态的二极管如图 1-23 所示。

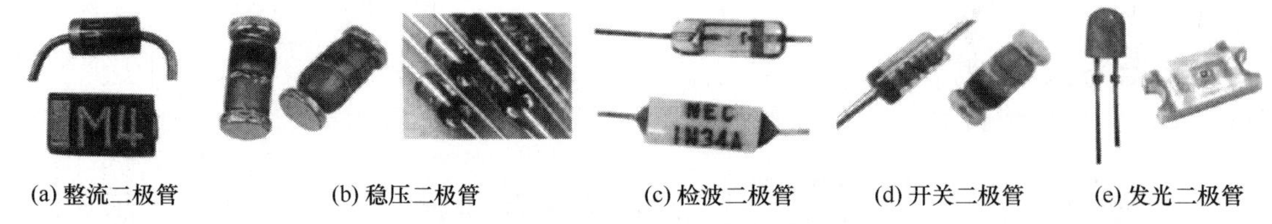

(a) 整流二极管 (b) 稳压二极管 (c) 检波二极管 (d) 开关二极管 (e) 发光二极管

图 1-23 不同形态的二极管

在二极管电路符号中，三角一端为正极，短杠一端为负极。因为二极管具有单向导电性，所以在电路中，电流只能从正极流进二极管，从负极流出二极管。

二极管的外壳上只标注型号和极性，不会像电阻、电容、电感那样标注出它的主要参数，根据二极管的外壳标志，可以区分出两引脚的正负极性。国产的二极管通常将电路符号印在管壳上，直接标示出引脚极性，如图 1-24（a）所示。有的二极管在负极一端印上一道色环作为负极标记，如图 1-24（b）所示。发光二极管（未剪引脚的新发光二极管）的正负极可从引脚长短来识别，长脚为正极，短脚为负极，如图 1-24（c）所示。另外，发光二极

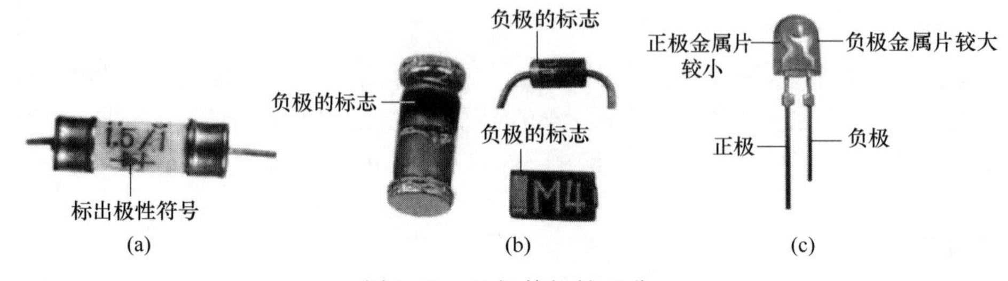

(a) (b) (c)

图 1-24 二极管极性区分

管多采用透明树脂封装， 管芯下部有一个浅盘，可观察里面金属片的大小，通常金属片大的一端引脚为负极，金属片小的一端为正极。

3. 三极管

（1）三极管的基本概念 半导体三极管也称为晶体三极管。它是由两个相距很近的PN结组成的，是在一块半导体晶片上制造三个掺杂区，形成两个PN结，再引出三个电极（三个电极分别称为基极b、集电极c和发射极e），用管壳封装。三极管实物图如图1-25所示。

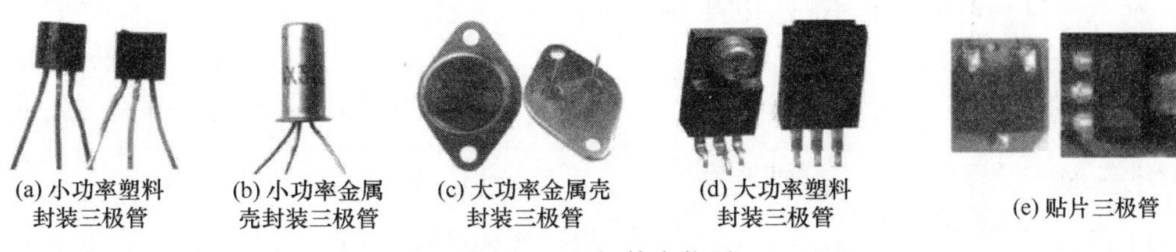

图 1-25 三极管实物图

根据两个PN结的组合方式不同，三极管可分为NPN型和PNP型。取一小块半导体，如果将半导体的中间制成很薄的P型区，两边制成N型区，即构成NPN型三极管；同理，如果将半导体的中间制成很薄的N型区，两边制成P型区，即构成PNP型三极管。三极管在电路中常用字母Q、V或VT加数字表示，大多数用“VT”表示。三极管结构与电路符号如图1-26所示。

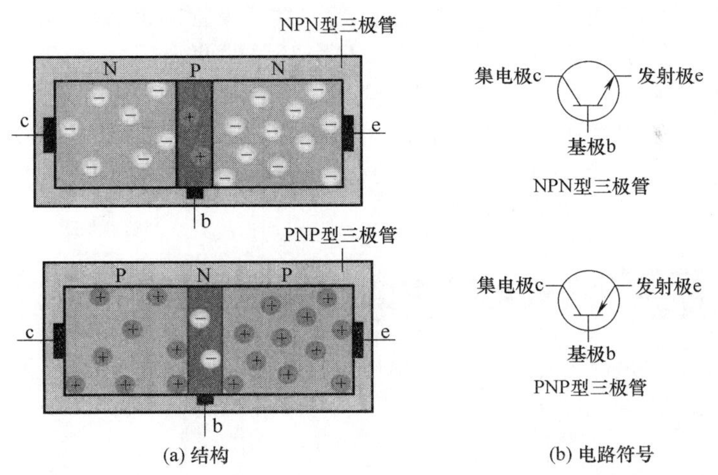

图 1-26 三极管结构与电路符号

（2）三极管的作用 三极管的主要功能是电流放大作用和开关作用。

根据三极管连接的外部电路条件，三极管有以下三种工作状态。

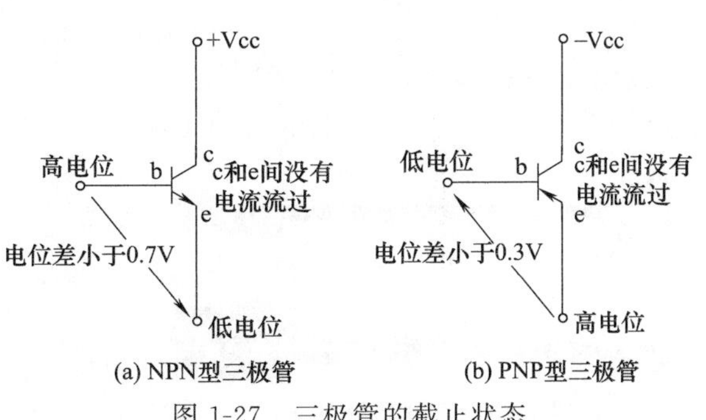

图 1-27 三极管的截止状态

① 截止：当NPN型三极管连接成如图1-27（a）所示电路时，基极b与发射极e电位差小于0.7V，在这种状态下，三极管不导通，没有电流流动，称为三极管的截止状态。

相对于 PNP 型三极管，如图 1-27（b）所示，当管子的 $V_C > V_B$，且 $V_E > V_B$ 时，集电结和发射结都正偏，管子工作于饱和状态，此时管子的管压降为 0.1～0.3V。此时集电极电流基本取决于集电极电源和集电极电阻，与 I_B 无关，相当于一个闭合的开关。

当 $V_C < V_B$，$V_E < V_B$ 时，两个 PN 结均反偏，管子工作于截止状态。此时管子的三个电极均无电流。相当于一个断开的开关。

② 放大：如图 1-28（a）所示，当 NPN 管的基极 b 与发射极 e 之间的电位差大于 0.7V 时，这种情况称为基极加了正向偏压。在这种状态下，三极管导通，集电极 c 向发射极 e 有电流，而且流过的电流的大小与基极 b 流入的电流成正比，称为三极管的放大状态。

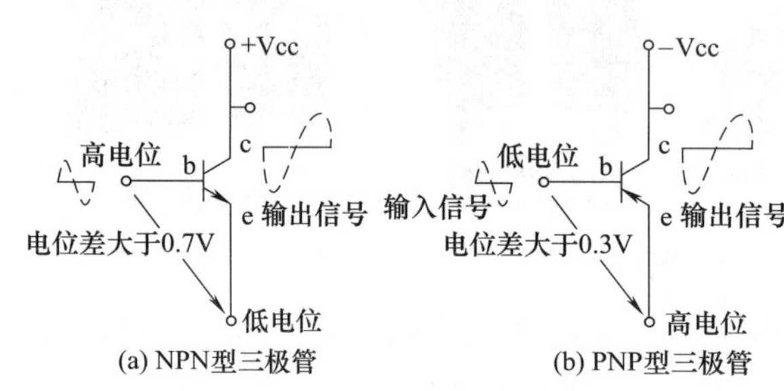

图 1-28　三极管的放大状态

如果是 PNP 管时，如图 1-28（b）所示，当 PNP 管的 $V_C < V_B < V_E$ 时，使得集电结反偏，发射结正偏时，管子的发射极电流流入管子，基极电流和集电极电流流出管子，且集电极电流跟基极电流之间成 β 关系，三极电流满足 $I_E = I_B + I_C = I_B(1 + \beta \cdot I_B)$。即，基极电流可以控制集电极电流，这种控制作用就称为管子的放大作用。

③ 饱和：在放大状态，三极管 c、 e 之间的电流是随着基极 b 的电流增大而增大的。但是，当三极管的基极电流增加到一定值时，再增大正向偏压，加大基极电流，c、 e 之间的电流维持在一个最大值而不再增大，这种状态称为三极管的饱和状态。在饱和状态，三极管 c、 e 之间电位差很小，几乎为零，相当于一个开关的两端闭合。在分析汽车电路时，如果遇到三极管饱和的状态，可认为 c、e 电位相等。

三极管在汽车电子电路中通常有两种应用：一种是利用三极管的放大功能，对微弱的传感器信号进行放大后，传给 ECU；另一种是利用三极管的截止与饱和两个状态互相变换，作为一个电子开关，控制其他电子元件。

任务五　汽车电路中的“保险装置”

保险装置主要指的是保护电气线路或用电设备（用电器）的易熔线和熔断器（熔丝）。易熔线与熔丝的电路符号如图 1-29 所示。

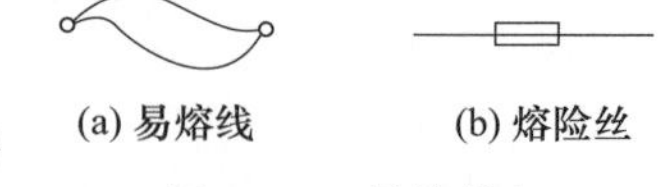

图 1-29　易熔线与熔丝的电路符号

1. 易熔线

易熔线通常用于保护电源和大电流干线，经常安装在电路的起始端（如蓄电池正极接线柱上）。易熔线的外面包有一层特殊的不易燃绝缘体，当线路中有超过额定电流数倍的电流时，易熔线首先熔断。易熔线由电线线段及端子等组成。与普通熔丝相比，它在 5s 内熔断所通过的电流，相当于 200～300A 电流通过普通熔丝，因此绝对不允许换用比规定容量大的易熔线。易熔线的外观形状如图 1-30 所示。

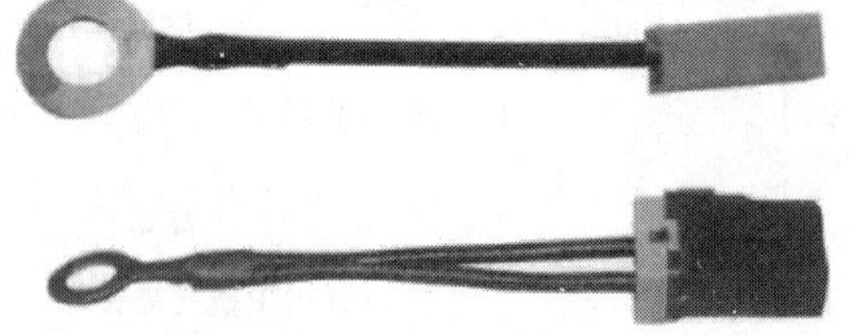
图 1-30　易熔线的外观

2. 熔断器（熔丝）

熔丝是熔断器的俗称，是一种连接在电路上用以保护电路的一次性元件，当电路上电流过大时，其中的金属线或片因产生高温而熔断，导致开路而中断电流，以保护电气元件免受伤害。熔断器一般安装在仪表盘附近或发动机罩下面的熔断器盒内，常与继电器组装在一起，构成全车电路的中央接线盒。熔断器外观与熔值标注如图1-31所示。

图 1-31 熔断器外观与熔值标注

任务六 汽车电路中的“继电器”

1. 继电器的概念

继电器是自动控制电路中常用的一种元件，它是利用电磁感应原理以较小的电流来控制较大电流的自动开关，在电路中起着自动操作、自动调节、安全保护等作用。

2. 继电器的类型

继电器的种类很多，常用的有电磁式和干簧式两种。继电器按接通及断开方式可分为常开型继电器、常闭型继电器和常开、常闭混合型继电器，其外形、脚位分布及内部原理如图1-32所示。

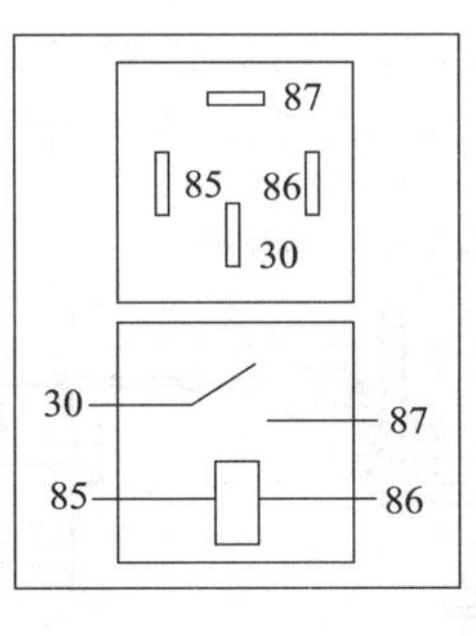

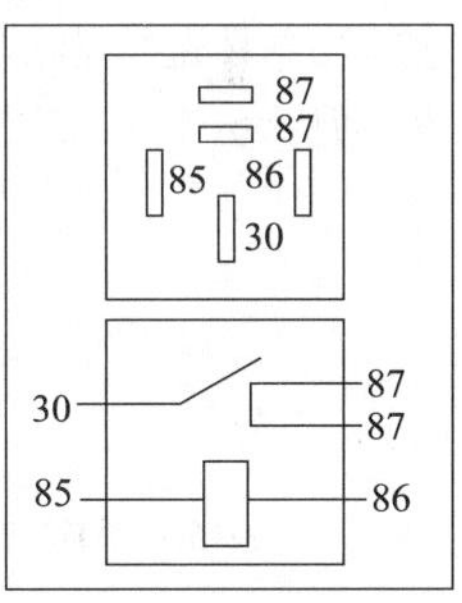

(a) 常开型

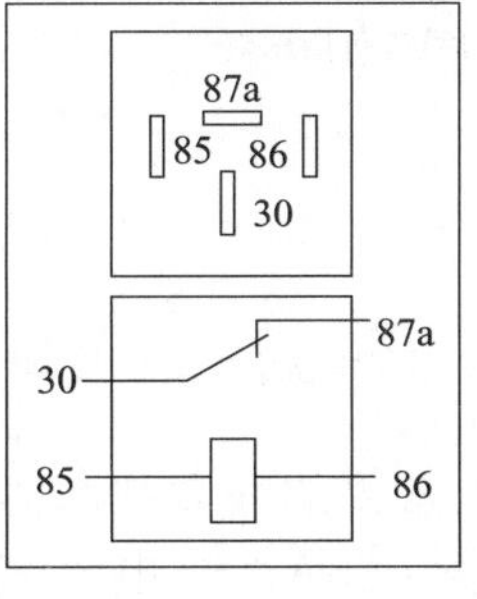

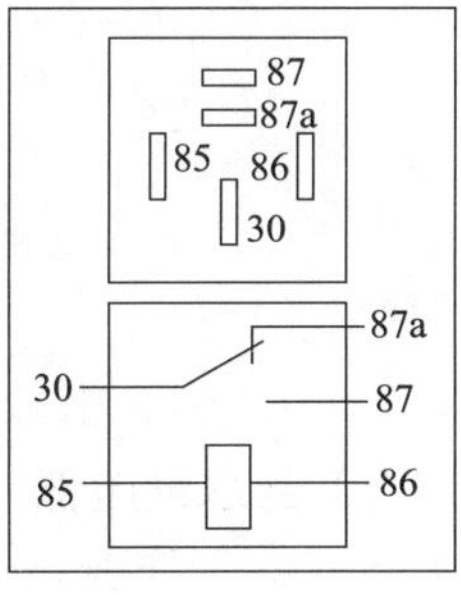

(b) 常闭型

(c) 常开、常闭混合型

图 1-32 继电器的外形、脚位分布及内部原理

3. 继电器的应用

汽车上许多电器部件需要用开关进行控制。汽车上常用的继电器有启动继电器、闪光（转向）继电器、刮水继电器等，下面做简单介绍。

（1）启动继电器 在采用电磁啮合式起动机的启动电路中，启动开关常与点火开关制成一体，通过起动机电磁开关的电流很大（大功率起动机可达 30～40A），会使点火开关早期损坏，于是使用了启动继电器。如图 1-33 所示，电磁继电器的工作原理很简单，它利用电磁感应原理，当线圈中通过直流电时，线圈产生磁场，动铁芯被吸动带动接触簧片，使静接点分开，动接点闭合。当电磁线圈中的电流被切断后，铁芯失去磁性，动铁芯在弹簧力的作用下复位，动接点打开，静接点闭合。

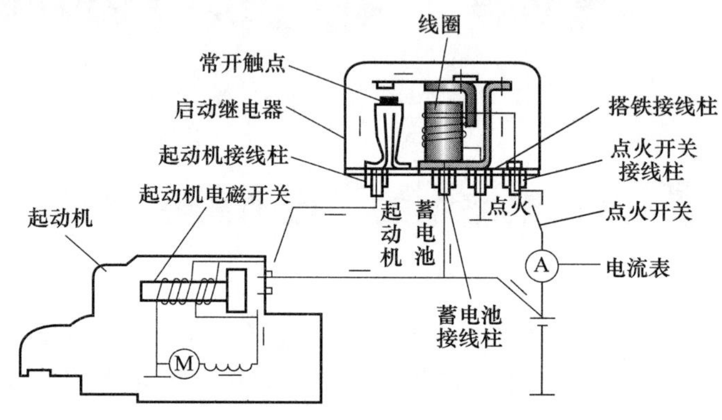

图 1-33 电磁啮合式启动电路

（2）闪光继电器 闪光继电器又称为闪光器，按其结构不同，可分为阻丝式、电容式和电子式三种。其中阻丝式又可分为热丝式（电热式）和翼片式（弹跳式）。

热丝式闪光继电器，也称为电热式闪光继电器。热丝式闪光继电器的结构与工作原理如图 1-34 所示。转向灯的闪光频率为 50～110 次/min，但一般控制为 60～95 次/min。

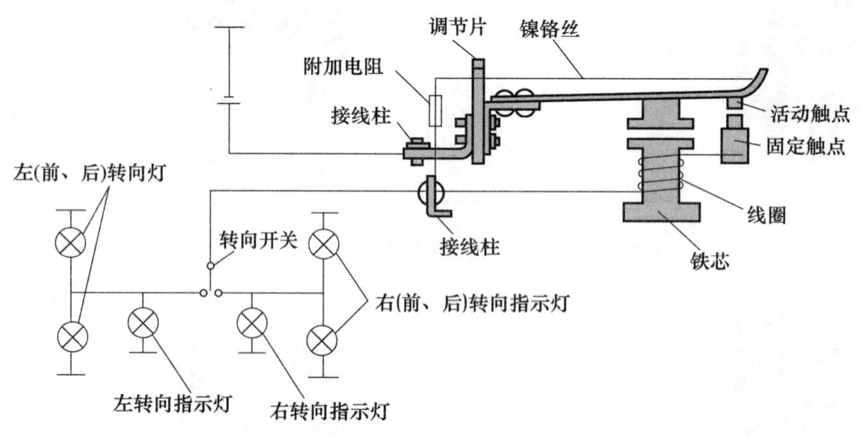

图 1-34 热丝式闪光继电器的结构与工作原理

（3）刮水继电器 如图 1-35 所示为汽车上常见的间歇刮水器线路图。

1 挡时的工作线路：蓄电池正极→总熔断器（60A）→电流表→熔断器（10A）→刮水电动机电枢绕组→刮水器开关内部触点→间歇继电器接线柱 10→常开触点 A→刮水器。

2 挡时的工作线路：蓄电池正极→总熔断器（60A）→电流表→熔断器（10A）→刮水

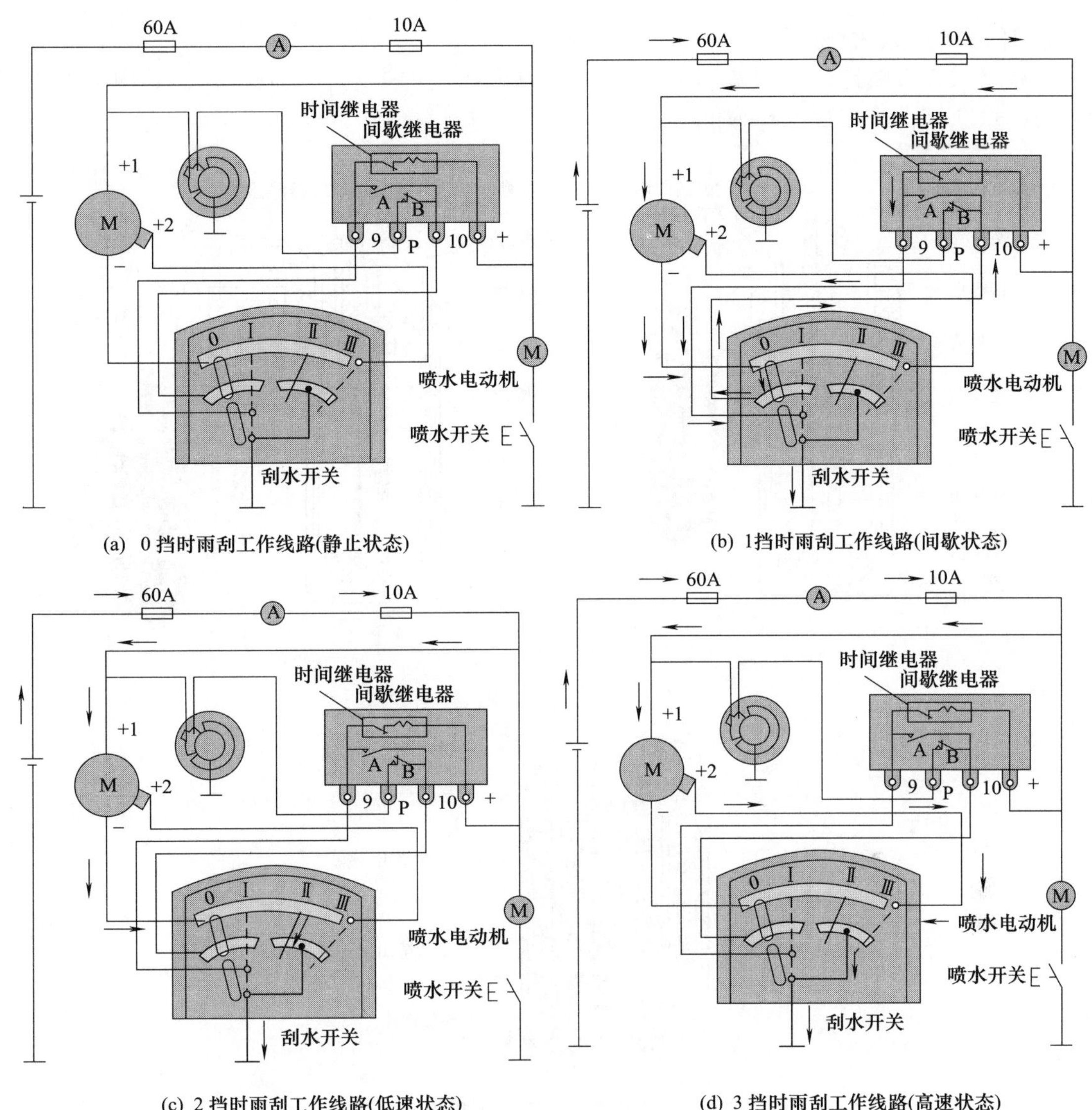

(a) 0 挡时雨刮工作线路(静止状态)　(b) 1挡时雨刮工作线路(间歇状态)

(c) 2 挡时雨刮工作线路(低速状态)　(d) 3 挡时雨刮工作线路(高速状态)

图 1-35　汽车上常见的间歇刮水器线路图

电动机电枢绕组→刮水器开关内部触点→间歇继电器接线柱 10→动合触点 A→刮水器开关→搭铁→蓄电池负极。电动机低速运转，带动雨刮片工作。

3 挡时工作线路：蓄电池正极→总熔断器（60A）→电流表→熔断器（10A）→刮水电动机电枢绕组→刮水器开关内部触点→间歇继电器接线柱 10→常闭触点 B→间歇继电器接线柱 P→自动停位器搭铁片→搭铁→蓄电池负极。电动机低速运转，带动雨刮片工作。

任务七 变压器与点火线圈

变压器是利用电磁感应的原理来改变交流电压、电流和阻抗的器件，变压器由铁芯（或磁芯）和线圈组成。点火线圈是产生点火所需高压电的一种变压器，它将 12V 低压电转变成 15～20kV 的高压电，用于点燃发动机内的汽油混合气。点火线圈分为开磁路式和闭磁路式两类。

1. 开磁路式点火线圈

开磁路式点火线圈的结构如图 1-36 所示，点火线圈的上端装有胶木盖，其中央突出部分为高压接线柱，其他接线柱为低压接线柱。

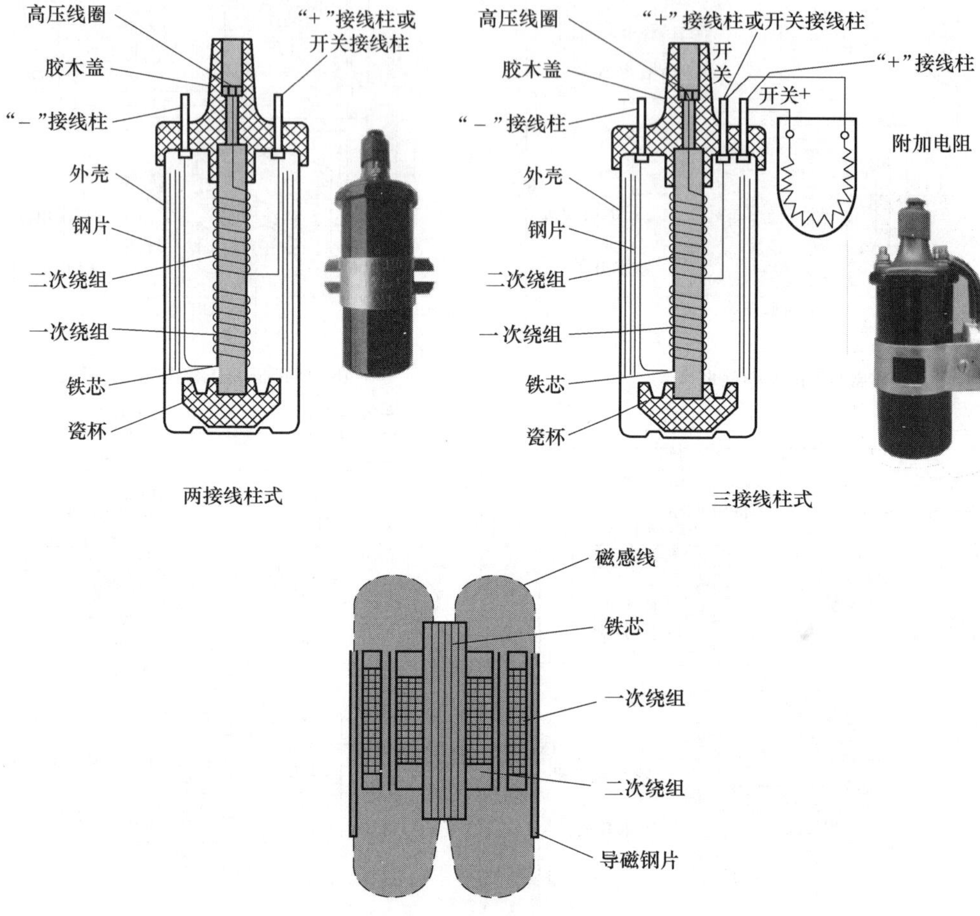

高压线圈
胶木盖
“－”接线柱
“＋”接线柱或
开关接线柱
外壳
钢片
二次绕组
一次绕组
铁芯
瓷杯
两接线柱式
高压线圈
“＋”接线柱或开关接线柱
开
关
胶木盖
“－”接线柱
“＋”接线柱
开关＋
附加电阻
外壳
钢片
二次绕组
一次绕组
铁芯
瓷杯
三接线柱式
磁感线
铁芯
一次绕组
二次绕组
导磁钢片

图 1-36 开磁路式点火线圈的结构

2. 闭磁路式点火线圈

闭磁路式点火线圈的结构如图 1-37 所示。

一次绕组接线柱
高压接线柱
一次绕组
“日”字形铁芯
二次绕组

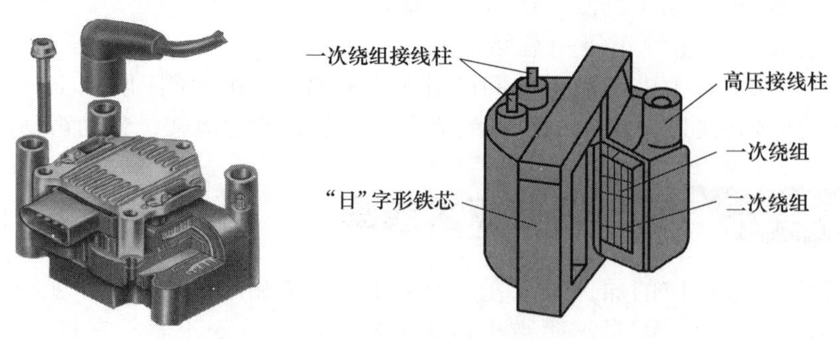

图 1-37 闭磁路式点火线圈的结构

在“日”字形铁芯内绕有一次绕组，在一次绕组的外面绕有二次绕组，其磁路如图 1-38 所示。由图 1-37 可知，磁感线经铁芯构成闭合磁路。闭磁路式点火线圈的优点是漏磁少，磁路的磁阻小，因而能量损失小，能量变换率高，可达 75%（开磁路式点火线圈只有 60%）。闭磁路式点火线圈体积小，可直接装在分电器盖上，省去了点火线圈与分电器之间的高压导线，并可使二次电容减小，所以在电子点火系统中得到了广泛使用。

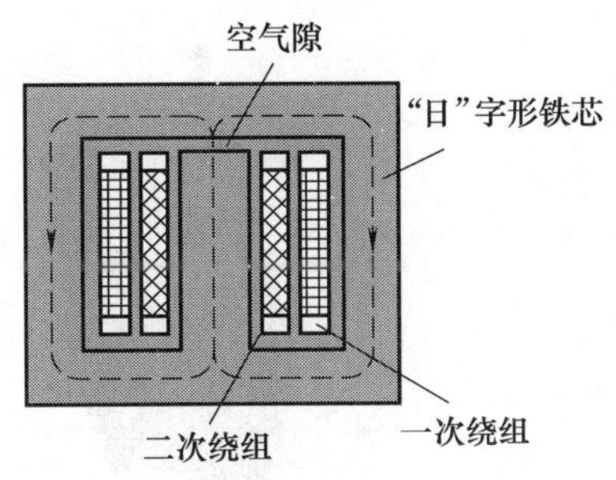

图 1-38 闭磁路式点火线圈的磁路

任务八 电动机

1. 直流电动机

直流电动机是利用磁场的相互作用将电能转化成机械能，在磁场内通电导线受到磁场力的作用而产生移动的倾向。

直流电动机的原理如图 1-39 所示，在磁场中放置一个线圈，线圈的两点分别与两片换向片连接，两个电刷分别与两片换向片接触，并与蓄电池的正极或负极接通。

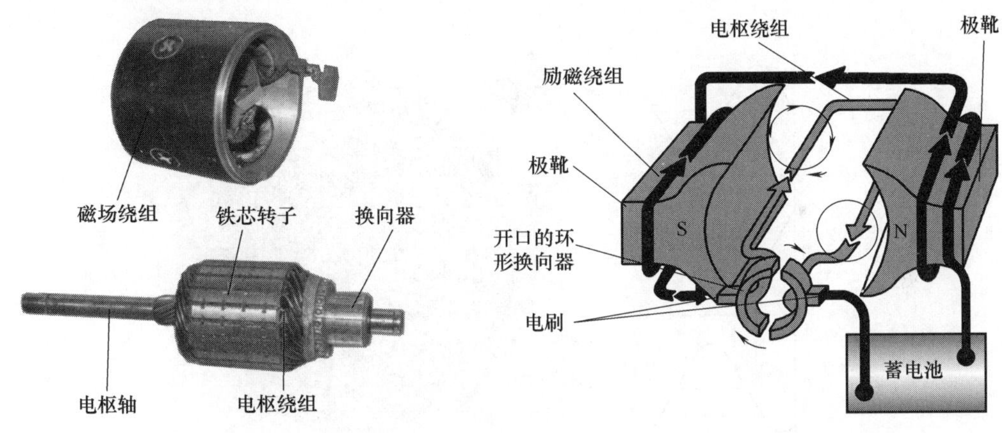

图 1-39 直流电动机的原理

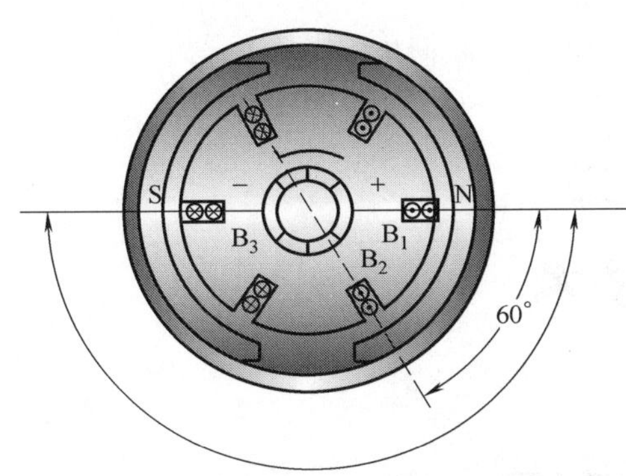

图 1-40 永磁三刷式刮水电动机示意图

如图 1-40 所示为永磁三刷式电动机示意图，电刷 B_3 为高、低速公用，电刷 B_1 用于低速，与电刷 B_1 位置相差 60° 处有一个用于高速的电刷 B_2，电枢绕组采用对称叠绕式。

2. 交流电动机

以路虎新能源车型中应用的永磁交流驱动电动机为例，其结构如图 1-41 所示。

电动机定子由 24 个线圈排列构成。线圈分为 3 组，每组有 8 个线圈，它们串联在一起。每组线圈对应于三相输入中的一个单相。线圈缠绕于定子上，产生交替、均匀模式，如图 1-42 所示。转子是多极永磁设计，可提供恒定的磁场输出。转子花键连接至变速器输入轴，通过

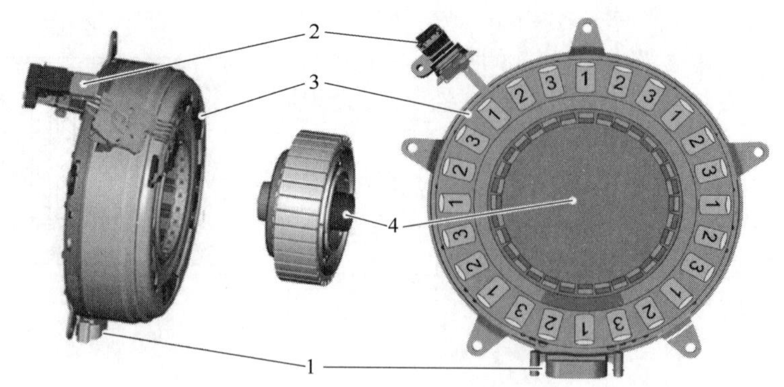

图 1-41 三相交流电动机结构

1—高压三相电缆连接（U、V、W 三相）；2—速度传感器连接（低压）；3—定子；4—转子

转子旋转，实现发动机或电动机对变速器的驱动。

当三个独立相位通电时，线圈排列形成了一个旋转磁场。旋转磁场的速度与交流输入的频率直接成正比。旋转磁场可确保按正确的旋转方向驱动电动机。定子的旋转磁场效应牵引转子磁场，带动转子转动或旋转。随着转子速度和定子旋转磁场逐渐同步，电动机将进入“锁定”状态，此状态下电动机可实现最大扭矩输出。

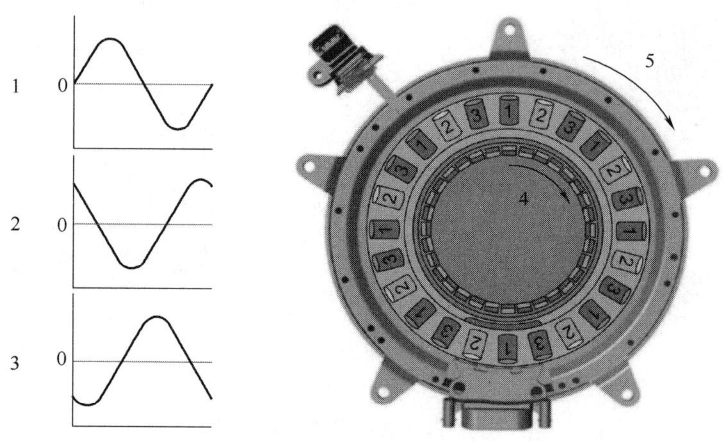

图 1-42 电动机工作状态

1—阶段 1；2—阶段 2；3—阶段 3；4—转子旋转方向；5—磁场旋转方向

项目二

汽车电子技术

任务一 汽车电子技术发展背景

现代汽车已不再仅仅是一个简单的代步工具，它已同时具备了交通、娱乐、办公和通信

等多种功能。汽车的电子化使汽车进入了数字化时代。

现代汽车设计要解决的问题仍将是环保、节能、安全、便捷和舒适。

电子技术的快速发展，为汽车向电子化、智能化、网络化、多媒体的方向发展创造了条件。

汽车法规最早主要针对安全问题，随后陆续制定了排气污染与噪声控制、燃油经济性等一系列日益严格的法规。

20 世纪 80 年代，采用电子控制技术对汽车的机械系统进行改造，使汽车的动力性、经济性、操纵性、平顺性和安全性能等都得到了进一步提高与改善。

20 世纪 90 年代，随着人们对节能、环保、安全、舒适、便捷和豪华的追求，以及半导体集成电路和计算机技术的进步，汽车上安装的电子装置急剧增多，一些带有家用电器和计算机功能的车载设备也逐渐地装在了汽车上。

任务二 汽车电子技术发展历程

1. 第一阶段（20 世纪 50 年代初到 70 年代初）

主要特点：应用分立元件和简单集成电路组成的电子装置代替传统的机械部件。

1953 年：美国 Bendix 公司着手开发汽油电喷装置。

1955 年：晶体管收音机成为汽车的标准部件。

1960 年：克莱斯勒公司和日产公司开始采用二极管整流式交流发电机。

20 世纪 60 年代中期，汽车上开始采用晶体管电压调节器和晶体管点火装置，1967 年德国博世公司公布了 D-Jetronic 系统。

1969 年：研制汽车变速器的电子控制装置，并于 1970 年装车使用。

2. 第二阶段（20 世纪 70 年代到 90 年代中期）

主要特点：汽车电子控制技术初步开始形成。应用大规模集成电路减小电子产品的体积，应用微处理器提高电子系统的可靠性和稳定性；应用电子装置解决机械装置所无法解决的复杂的自动控制问题。

1970 年：电子控制防滑装置——载货汽车防抱死制动装置（ABS）。

1972～1975 年：博世公司先后投产电子控制喷射系统。

1973 年：通用公司采用 IC 点火装置，随后逐渐普及。

1974 年：通用公司装备高能点火系统，点火系统一体化。

1976 年：克莱斯勒公司开发出模拟计算机控制电子控制点火系统。

1977 年：美国通用公司开始采用数字式点火控制系统，是一种真正的电子控制系统。同年，福特公司扩展到能同时控制点火、废气再循环和二次空气喷射的发动机电子控制系统。

1978 年：发动机电子控制系统具备空燃比反馈控制和怠速转速控制功能。

1980 年：丰田公司开发了能综合控制喷油、点火时刻和怠速转速，并具有自我诊断功能的 TCCS 系统。

20 世纪 80 年代：出现了微机控制的汽车仪表系统。

20 世纪 90 年代：电控燃油喷射系统普及。

3. 第三阶段（20 世纪 90 年代中期至今）

汽车电子控制技术作为工程技术已经成熟。

广泛应用 16 位或 32 位微处理器进行控制，控制技术向智能化方向发展。

主要开发车辆智能控制技术，模拟人的思维和行为对车辆进行控制。

主要产品有发动机管理系统、牵引力控制系统、控制器区域网络CAN通信系统、四轮转向控制系统、轮胎气压控制系统、声音合成与识别系统、自动防追尾碰撞系统、汽车自动导航系统和自动驾驶系统等。

目前，国外汽车电子产品平均接近汽车制造成本的30%，未来平均将达到40%～50%，一辆中级轿车装用的电子控制系统，现已超过了1969年用于阿波罗登月飞船上的电子控制系统。

2007年，我国轿车电子产品平均占到整车成本的比例超过20%。

汽车上70%的创新来源于汽车电子。国外每辆汽车采用电子装置的费用1990年为672美元，2000年已达到2000美元。在一些豪华轿车上，使用单片微型计算机的数量已经超过50个，电子产品占到整车成本的50%以上。

任务三 汽车电子技术发展趋势

1. 汽车电子发展方向

随着集成控制技术、计算机技术和网络技术的发展，汽车电子技术已明显向集成化、智能化和网络化三个主要方向发展。

（1）集成化 近年来嵌入式系统、局域网控制和数据总线技术的成熟，使汽车电子控制系统的集成成为汽车技术发展的必然趋势。将发动机管理系统和自动变速器控制系统，集成为动力传动系统的综合控制；将制动防抱死控制系统、牵引力控制系统和驱动防滑控制系统综合在一起进行制动控制；通过中央底盘控制器，将制动、悬架、转向、动力传动等控制系统通过总线进行连接，控制器通过复杂的控制运算，对各子系统进行协调，将车辆行驶性能控制到最佳水平，形成一体化底盘控制系统。

（2）智能化 智能化传感技术和计算机技术的发展，加快了汽车的智能化进程。与汽车智能化相关的技术问题已受到汽车制造商的高度重视，其主要技术中“自动驾驶仪”的构想必将依赖于电子技术实现。智能交通系统（ITS）的开发将与电子、卫星定位等多个交叉学科相结合，它能根据驾驶员提供的目标资料，向驾驶员提供距离最短而且能绕开车辆密度相对集中处的最佳行驶路线。它装有电子地图，可以显示出前方道路，并采用卫星导航。从全球定位卫星获取沿途天气、车流量、交通事故、交通堵塞等各种情况，自动筛选出最佳行车路线。

（3）网络化 随着电控器件在汽车上越来越多的应用，车载电子设备间的数据通信变得越来越重要。以分布式控制系统为基础构造汽车车载电子网络系统是十分必要的。大量数据的快速交换、高可靠性及低成本是对汽车电子网络系统的要求。在该系统中，各子处理机独立运行，控制改善汽车某一方面的性能，同时在其他处理机需要时提供数据服务。主处理机收集整理各子处理机的数据，并生成车况显示。

2. 汽车电子应用趋势

目前汽车电子后装市场迅速成长，智能化、数字网络化、总线化以及节能环保成为产品的发展方向，总体而言，未来汽车电子应用有以下五大发展趋势。

（1）燃油型汽车电子市场趋向饱和 汽车电子非混合动力市场趋向饱和，混合动力增长强劲。非混合动力汽车的平均电子部件和软件成本可能将维持在整车成本的20%～25%不再增加，因此这类零件市场的增长只能靠车辆数量和轻型车平均零售价格的增长。

（2）新能源汽车电子发展迅速 电动汽车等新能源汽车推动汽车电子快速发展。电动汽车相比于传统汽车，电子技术是更重要的核心。汽车电子产品在此类车辆成本中所占比例大幅增加，部分电动汽车车型中电子产品占成本比例可能比同级别传统汽车高出一倍左右，并且还会继续增加。

（3）控制系统软件成为重要因素 软件作为汽车系统中最重要的要素正在蓬勃发展，单在发动机控制器中，软件内容每年就翻一番。电动汽车特别是混合动力汽车定制软件是核心技术的体现，软件开发可以用更少的工程师实现更加新颖和改善功能的产品，并保持较低的保修成本，获得核心竞争优势。

（4）汽车开放系统架构影响深远 实践表明，汽车开放系统架构标准可在多平台软件和多种车型中重复使用，一个合适的应用程序软件每次在一个新的应用中将无须重新设计和定制，这大大降低了系统的成本，提高其质量并节省开发时间。

（5）车载通信及车载娱乐系统升级 无线连接和车载通信越来越成为新车型的热门卖点，通过移动通信装置，内容可以实现同步。汽车内建蓝牙无线连接现在已成为基本功能，而车内中控屏幕显示车主智能手机屏幕，以及车用手机充电等功能，很快将成为许多新车款的标准配备。

项目三

汽车电子控制系统

任务一 汽车电子控制系统组成与分类

1. 汽车电子控制系统组成

汽车电子控制系统由传感器、执行器和电子控制单元（ECU）组成，传感器将采集的各类状态信息、运行数据输送给ECU，ECU通过处理计算输出控制指令给执行器，由此控制整个系统的有序运作。其组成与关系如图1-43所示。

图1-43 汽车电控系统组成与关系

传感器和执行器是控制系统的重要组成部分，它们性能的好坏直接会影响到发动机或汽车的性能。ECU根据传感器采集的信息，按照一定的控制策略输出信号，控制执行器工作。

（1）输入处理电路 ECU的输入信号主要有三种形式，即模拟信号、数字信号（包括开关信号）、脉冲信号。

模拟信号通过A/D转换为数字信号提供给微处理器。控制系统要求模拟信号转换具有较高的分辨率和精度（>10位）。为了保证测控系统的实时性，采样间隔一般要求小于4ms。

数字信号需要通过电平转换，得到计算机接收的信号。对超过电源电压，电压在正负之间变化，带有较高的振荡和噪声，带有波动电压等输入信号，输入电路也对其进行转换处理。

（2）微处理器 微处理器首先完成传感器信号的A/D转换、周期脉冲信号测量和其他有关汽车行驶状态信号的输入处理，然后计算并控制所需的输出值，按要求适时地向执行机构发送控制信号。过去微处理器多数是 8 位和 16 位的，也有少数采用 32 位的，现在多用 16 位和 32 位机。

（3）输出处理电路 微处理器输出的信号往往用作控制电磁阀、指示灯、步进电动机等。

微处理器输出信号功率小，使用 5V 的电压，汽车上执行机构的电源大多数是蓄电池，需要将微处理器的控制信号通过输出处理电路处理后再驱动执行机构。

输入电路接收传感器和其他装置输入的信号，对信号进行过滤处理和放大，然后转换成一定电压的输入电平。从传感器送到 ECU 输入电路的信号既有模拟信号也有数字信号，输入电路中的 A/D 转换器可以将模拟信号转换为数字信号，然后传递给微机。微机将上述已经预处理过的信号进行运算处理，并将处理数据送至输出电路。输出电路将数字信息的功率放大，有些还要还原为模拟信号，使其驱动被控的调节伺服元件工作。ECU 结构与工作原理如图 1-44 所示。

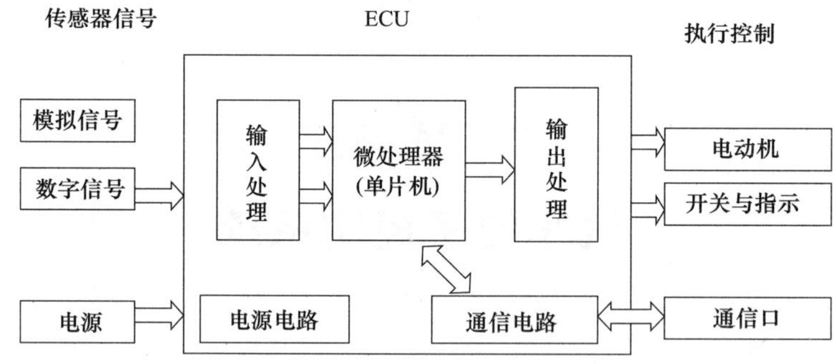

图 1-44 ECU 结构与工作原理

2. 汽车电控系统分类

从应用层面来看，汽车电子可以分为电子控制系统（Electronic Control Systems）和车载电子装置（Electronic Devices）两大类（表 1-1）。汽车电子控制系统一般与机械装置配合使用，直接影响汽车的整车性能、安全性和舒适性。车载电子装置一般不直接影响汽车的运行性能，通过提高智能化、信息化和娱乐化程度来增加汽车附加值。

表 1-1 汽车电子分类

汽车电子控制系统			车载汽车电子装置
动力传动总成控制系统	底盘电子控制系统	车身电子控制系统	
发动机管理系统	电控悬架系统	电控安全带	全球卫星定位系统
自动变速器控制系统	电控助力转向系统	安全气囊	汽车导航系统
动力总成控制系统	四轮转向系统	电动门窗	汽车音响
自动巡航控制系统	防抱死制动系统	电动座椅	车载收音机
	牵引力控制系统	电动后视镜	电子组合仪表
	驱动防滑控制系统	自动照明系统	抬头显示器
	电子稳定程序	自动空调系统	车载 TV/DVD/VCD
	轮胎压力监测系统	自动雨刮系统	车载通信系统
	碰撞警示与预防系统	智能防盗系统	车载计算机
		倒车雷达	后座娱乐系统
		疲劳监视报警系统	智能交通系统设备
		红外夜视系统	

3. 汽车总线技术

汽车电子装置增多，使用导线的数量增加，线束变粗、变重，维修困难，促进了总线技术的推广应用（表 1-2）。

表 1-2 典型传统线束与车载网络对比

项　　目	长度	质量	成本
典型传统线束	＞2000m	50kg	100%
车载网络(CAN)	缩短 50%以上	减轻 50%以上	下降 25%以上

汽车总线系统实质上是通过某种通信协议（如 CAN），将汽车内部的各个 ECU 节点联结起来，从而形成一个汽车内部的局域网络。节点根据自身的传感器信息以及总线上的信息，完成预定的控制功能和动作，如灯光的开闭、电动机启停等，节点之间的通信通过总线来实现。每个节点一般由 MCU（或 DSP 等）、接口电路、总路线控制器、总线驱动器等构成。

汽车总线有以下分类： CAN 总线、LIN 总线、多媒体总线、故障诊断总线。

任务二 动力传动总成电控系统

1. 发动机电子控制系统

发动机电子控制系统（EECS）通过对发动机点火、喷油、空气与燃油的比率、排放废气等进行电子控制，使发动机在最佳工况状态下工作，以达到提高其整车性能、节约能源、降低废气排放的目的。

（1）电控点火装置（ESA） 电控点火装置由微处理机、传感器及其接口、执行器等构成。该装置根据传感器测得的发动机参数进行运算、判断，然后进行点火时刻的调节，可使发动机在不同转速和进气量等条件下，保证在最佳点火提前角下工作，使发动机输出最大的功率和转矩，降低油耗和排放，节约燃料，减少空气污染。

（2）电控燃油喷射（EFI） 电控燃油喷射装置因其性能优越而逐渐取代了机械式或机电混合式燃油喷射系统。当发动机工作时，该装置根据各传感器测得的空气流量、进气温度、发动机转速及工作温度等参数，按预先编制的程序进行运算后与内存中预先存储的最佳工况时的供油控制参数进行比较和判断，适时调整供油量，保证发动机始终在最佳状态下工作，使其在输出一定功率的条件下，发动机的综合性能得到提高。

（3）废气再循环控制（EGR） 废气再循环控制系统是目前用于降低废气中 NO_x 排放的一种有效措施。其主要执行元件是数控式 EGR 阀，作用是独立地对再循环到发动机的废气量进行准确的控制。ECU 根据发动机的工况适时地调节参与再循环废气的循环率，发动机在负荷下运转时，EGR 阀开启，将一部分排气引入进气管与新混合气混合后进入气缸燃烧，从而实现再循环，并对送入进气系统的排气进行最佳控制，从而抑制有害气体 NO_x 的生成，降低其在废气中的排出量。但过量的废气参与再循环，将会影响混合气的点火性能，从而影响发动机的动力性，特别是在发动机怠速、低速、小负荷及冷机时，再循环的废气会明显地影响发动机性能。

（4）怠速控制（ISC） 怠速控制系统是通过调节空气通道面积以控制进气流量的方法来实现的，主要执行元件是怠速控制阀（ISC）。ECU 根据从各传感器的输入信号所确定的目标转速与发动机的实际转速进行比较，根据比较得出的差值，确定相当于目标转速的控制量，去驱动控制空气量的执行机构，使怠速转速保持在最佳状态附近。

除以上控制装置外，发动机部分利用的电子技术还有：节气门正时、二次空气喷射、发动机增压、油气蒸发、燃烧室的容积、压缩比等方面，并已在部分车型上得到了应用。

2. 动力传动电子控制系统

（1）电控自动变速器（ECAT） 一般来说，汽车驱动轮所需的转速和转矩，与发动机所能提供的转速和转矩有较大差别，因而需要传动系统来改变从发动机到驱动轮之间的传动比，将发动机的动力传至驱动轮，以便能够适应外界负载与道路条件变化的需要。此外，停车、倒车等也靠传动系统来实现，适时地协调发动机与传动系统的工作状况，充分发挥动力传动系统的潜力，使其达到最佳的匹配，这是变速控制系统的根本任务。

ECAT 可以根据发动机的载荷、转速、车速、制动器工作状态及驾驶员所控制的各种参数，经计算、判断后自动改变变速杆的位置，按照换挡特性精确控制变速比，从而实现变速器换挡的最佳控制，得到最佳挡位和最佳换挡时间。该装置具有传动效率高、油耗低、换挡舒适性好、行驶平稳性好以及变速器使用寿命长等优点。采用电子技术特别是微电子技术控制变速系统，已经成为当前汽车实现自动变速功能的主要方法。

（2）电控四轮驱动技术（4WD） 汽车的驱动力来源于轮胎对地面的附着，四轮驱动充分利用了车轮对地面的附着，当然会获得好的驱动性能。但因转向时各轮的转弯半径不同，车轮转动的速度也就不同（内外、前后），四个车轮不能通过刚性传动系统连接，必须在左右两轮间以及前后驱动轴间设置差速器。带来的问题是四个车轮的驱动力受与地面摩擦力最小的轮的限制，需要再设置差速锁。电控四轮驱动技术是通过传感器感知四个车轮在路面上的情况，通过微电脑进行分析判断，通过电磁阀驱动，改变黏液耦合器的特性，在前后驱动轴之间以及左右轮上分配驱动力。

任务三 汽车底盘电控系统

汽车底盘电控系统包括制动控制系统、转向控制系统、行驶控制系统。

1. 制动控制系统

（1）防抱死制动系统（ABS） 通过安装在各车轮或传动轴上的转速传感器检测各车轮的转速，计算车轮滑移率，并与理想的滑移率相比较，做出增大或减小制动器制动压力的决定，命令执行机构及时调整制动压力，以保持车轮处于理想的制动状态，即能够使车轮始终维持在有微弱滑移的滚动状态下制动，不会抱死。这已成为目前小型载客汽车的标准配置。

（2）电子制动力分配系统（EBD） 汽车制动时，如果四个轮胎附着地面的条件不同，四轮与地面的摩擦力不同，在制动时（四个轮子的制动力相同）就容易产生打滑、倾斜和侧翻等现象。

EBD 的功能就是在汽车制动的瞬间，高速计算出四个轮胎由于附着不同而导致的摩擦力数值，然后调整制动装置，使其按照设定的程序在运动中高速调整，达到制动力与摩擦力（牵引力）的匹配，以保证车辆的平稳和安全。该系统与 ABS 配合可大大提高制动性能。

（3）驱动防滑系统（ASR） 汽车制动防抱死系统的功能完善和扩展则是驱动防滑系统（ASR），两系统有许多共同组件。该系统利用驱动轮上的转速传感器感受驱动轮是否打滑，当打滑时，控制元件便通过制动或通过油门降低转速，使其不再打滑。它实质上是一种速度调节器，可以在起步和弯道中速度发生急剧变化时，改善车轮与路面间的纵向附着力，提供最大的驱动力，提高其安全性，维持汽车行驶的方向稳定性。

（4）车身电子稳定系统（ESP） 这是一套防滑系统，ESP 能够识别到车辆不稳定状态，并通过对制动系统、发动机管理系统和变速器管理系统实施控制，从而有针对性地弥补车辆滑动，以防车辆滑出车道。

其他公司类似产品如下。

日产：车辆行驶动力学调整系统（Vehicle Dynamic Control，VDC）。

丰田：车辆稳定控制系统（Vehicle Stability Control，VSC）。

本田：车辆稳定性控制系统（Vehicle Stability Assist Control，VSA）。

宝马：动态稳定控制系统（Dynamic Stability Control，DSC）。

（5）电子驻车制动系统（EPB） 该系统是指将行车过程中的临时性制动和停车后的长时性制动功能整合在一起，并且由电子控制方式实现停车制动的技术。

EPB是由电子控制方式实现停车制动的技术，其工作原理与机械式驻车制动器相同，均是通过拉索拉紧后轮刹车蹄进行制动。另一种则是使用电子机械卡钳，通过电动机卡紧刹车片产生制动力来达到控制停车制动的目的。

EPB从基本的驻车功能延伸到自动驻车功能（AUTO HOLD）。自动驻车功能技术的运用，使得驾驶者在车辆停下时不需要长时间制动，以及在启动自动电子驻车制动的情况下，能够避免车辆不必要的滑行，简单地说就是车辆不会后溜。

2. 转向控制系统

（1）电动助力转向系统（EPS） 当操纵方向盘时，装在转向轴上的扭矩传感器不断地测出转向轴上的扭矩信号，该信号与车速信号同时输入到电子控制单元（ECU）。电子控制单元根据这些输入信号确定助力扭矩的大小和方向，电动机的扭矩由电磁离合器通过减速机构减速增扭后，加在汽车的转向机构上，使其得到一个与汽车工况相适应的转向作用力。

（2）电控四轮转向技术（4WS） 汽车在行驶中转向时，由于受侧向力的作用，前轮有不足转向的特性，后轮有过度转向的倾向。后者会引起汽车失去转向行驶的稳定性，车速越快问题越明显，甚至出现侧滑翻车。

解决措施一般是通过使后轮在与前轮相同的方向转动1°～2°角进行补偿。电控四轮转向技术是通过传感器感知前轮的转速、方向盘的转角、车身的偏转等，通过微电脑处理，由伺服电动机驱动后轮转向，响应时间在几十毫秒内。

3. 行驶控制系统

（1）自适应悬挂系统（ASS） 自适应悬挂系统能根据悬挂装置的瞬时负荷，自动、适时地调整悬挂的阻尼特性及悬架弹簧的刚度，以适应瞬时负荷，保持悬挂的既定高度，极大地提高了车辆行驶的稳定性、操纵性和乘坐的舒适性。

（2）巡航控制系统（CCS） 巡航控制（Cruise Control）又称恒速行驶系统，是让驾驶员无须操作油门踏板就能保证汽车以某一固定的预选车速行驶的控制系统。在长途行驶时，可采用巡行控制系统，驾驶员不必经常踩油门踏板，恒速行驶装置将根据行车阻力自动调整节气门开度以调整车速在恒速状态附近。

若遇爬坡，车速有下降趋势，微机控制系统则自动加大节气门开度；在下坡时，又自动关小节气门开度，以调节发动机功率。当驾驶员换低速挡或制动时，这种控制系统则会自动断开。

该系统可以减轻驾驶员长途驾驶的疲劳，给驾驶带来很大的方便，同时也可以得到较好的燃油经济性。

（3）汽车胎压监测系统（TPMS） 该系统是一种能对汽车轮胎气压、温度进行自动检测，并对轮胎异常情况进行报警的预警系统。

系统可分为两种：一种是间接式胎压监测系统，通过轮胎的转速差来判断轮胎是否异常；另一种是直接式胎压监测系统，通过在轮胎里面加装四个胎压监测传感器，在汽车静止或者行驶过程中对轮胎气压和温度进行实时自动监测，并对轮胎高压、低压、高温进行及时报警，避免因轮胎故障引发交通事故，以确保行车安全。

任务四 汽车车身电控系统

汽车车身电控系统包括车身系统内的电子设备，主要有自适应前照灯系统、汽车夜视系统、安全气囊、碰撞警示与预防系统、轮胎压力监测系统、自动调节座椅系统、安全带控制系统等，可提高驾驶人员和乘客乘坐的舒适及方便性。

1. 安全性电控系统

（1）安全气囊（SRS） 该系统是国内外汽车上一种常见的被动安全装置。在车辆相撞时，由电控元件用电流引爆安置在方向盘中央（有的在仪表盘板、杂物箱后边）等处气囊中的渗氮物，迅速燃烧产生氮气，瞬间充满气囊。气囊的作用是在驾驶员与方向盘之间、前座乘员与仪表板之间形成一个缓冲软垫，避免硬性撞击而受伤。此装置一定要与安全带配合使用，否则效果大为降低。

（2）碰撞警示和预防系统（CWAS） 该系统有多种形式，有的在汽车行驶中，当两车的距离小到安全距离时，即自动报警，若继续行驶，则会在即将相撞的瞬间，自动控制汽车制动器将汽车停住；有的是在汽车倒车时，显示车后障碍物的距离，有效地防止倒车事故发生。

2. 舒适性电控系统

（1）自动空调系统 汽车空调自动温度控制（Automatic Temperature Control，ATC），俗称恒温空调系统。一旦设定目标温度，ATC系统即自动控制与调整，使车内温度保持在设定值。自动空调系统由制冷系统、取暖系统、通风（配气）系统、自动控制系统、空气净化系统五部分组成。

全自动温度控制系统的组成包括温度传感器、控制系统ECU、执行机构等。其中温度传感器包括车外气体温度传感器、车内气体温度传感器、日照传感器（阳光强度传感器）和蒸发器温度传感器。

（2）自动调节座椅系统（AAS） 该装置是人体工程技术与电子控制技术相结合的产物，它通过传感器感知乘坐人员的体态，并使座椅状态与其相适应，满足乘客的舒适性要求。

（3）自适应前照灯系统（AFS） 自适应前照灯系统可在前照灯照明范围内，根据车身的动态变化、转向机构的动作特性等综合因素进行计算和判断，从而判定汽车当前的行驶状态，对前照灯近光进行相应的调整，并能在会车时自动启闭和防眩。它能够有效地降低驾驶者在夜晚弯路上行车的疲劳程度，使驾驶者能够看清转弯处的实际路况，使驾驶者能够拥有充分的时间进行转向操纵和应对紧急情况，从而明显提高夜晚弯路上行车的安全性。在日本，一些汽车商在其高档轿车中已标配AFS，如丰田汽车公司在“猎犬”上采用了可变式“自适应性前照灯系统”。

（4）夜视系统（NVS） 夜视系统是全天候的电子眼，延伸了驾驶员的视力范围，使其视力范围达到近光灯照射距离的3～5倍，且能帮助驾驶员看到远处来车的灯光，在雨雪、浓雾天气时，对公路上的物体也能尽收眼底，大大提高了汽车行驶的安全性。车载夜视系统是根据红外成像原理工作的，属被动式红外成像技术。该系统本身不发出任何信号，而是通过一个起摄影作用的传感器来探测前方物体热量，热能被集中到一个可以通过各种红外线波长的探测器，被探测器的红外线敏感元件（与温度有关的电容器，其电容大小随所接收红外线的多少而变化）吸收，而后将辐射依次转换为电信号和数字信号，再通过眼前显示（HUD）或车内显示屏将图像显示给驾驶者。目前，越来越多的汽车厂家开始开发和使用车载夜视系统，但由于价格原因，国外各大汽车生产厂家只是在其顶级豪华车型中使用了该系统，像悍马 H2SUT、宝马 7 系列轿车、奔驰全新 S 级轿车、卡迪拉克帝威等。随着科技的发展和夜视系统生产成本的降低，车载夜视系统将会得到全面普及。

3. 多媒体通信系统

多媒体通信系统包括汽车导航与定位系统、语音系统、信息系统、通信系统等。

（1）汽车导航系统与定位系统（NTIS） 该系统可在城市或公路网范围内，定向选择最佳行驶路线，并能在屏幕上显示地图，表示汽车行驶中的位置，以及到达目的地的方向和距离。这实质是汽车行驶向智能化发展的方向，再进一步就可成为无人驾驶汽车。

（2）语音系统（VS） 该系统包括语音报警和语音控制两类。语音报警是在汽车出现异常，如燃油温度、冷却液温度、油压、充电、尾灯、前照灯、排气温度、制动液量、手制动等出现不正常现象或自诊断系统测出有故障时，计算机经过逻辑判断后输出信息至扬声器或警示器报警。语音控制是指用驾驶员的声音来指挥和控制汽车的某个部件、设备进行动作。

（3）信息系统（IS） 该系统可将发动机的工况和其他信息参数，通过微处理机处理后，输出对驾驶员有用的信息。显示的信息除冷却液温度、油压、车速、发动机转速等常见的内容外，还有瞬时耗油量、平均耗油量、平均车速、行驶里程、车外温度等，根据驾驶员的需要，可随时调出显示这些信息。

（4）通信系统（CS） 这方面真正使用且采用最多的是汽车电话，在美国、日本、欧洲等发达国家和地区较普及，目前的水平在不断地提高，除车与路之间、车与车之间、车与飞机等交通工具之间的通话外，还可通过卫星与国际电话网相联，实现行驶过程中的国际间电话通信、网络信息交换、图像传输等。现在由于汽车有了支持无线电话网络、宽带数字信号、互联网络以及其他新兴的无线通信技术，使人们能够随时随地获取信息和服务。

（5）车联网系统（T-BOX） 车联网系统包含四部分，即主机、车载 T-BOX、手机 APP 及后台系统。主机主要用于影音娱乐以及车辆信息显示；车载 T-BOX 主要用于和后台系统/手机 APP 通信，实现手机 APP 的车辆信息显示与控制。

当用户通过手机 APP 发送控制命令后，TSP 后台会发出监控请求指令到车载 T-BOX，车辆在获取到控制指令后，通过 CAN 总线发送控制报文并实现对车辆的控制，最后反馈操作结果到用户的手机 APP 上，这个功能可以帮助用户远程启动车辆、打开空调、调整座椅至合适位置等。

项目四

汽车电路图类型与识读

任务一 汽车电路图类型

汽车电路图是用国家标准规定的线路符号，对汽车电器的构造组成、工作原理、工作过程及安装要求所作的图解说明，也包括图例及简单的结构示意图。电路图表示的是不同电路相互之间的关系及彼此之间的连接，通过对电路图的识读，可以认识并确定电路图上所画电气元件的名称、型号和规格，清楚地掌握汽车电气系统的组成、相互关系、工作原理和安装位置，便于对汽车电路进行维修、检查、安装、配线等工作。

因为汽车电气元件的外形和结构比较复杂，所以采用国家统一规定的图形符号和文字符号来表示电气元件的不同种类、规格及安装方式。另外，根据汽车电路图的不同用途，可绘制成不同形式的电路图，主要有原理框图、电路原理图和线束图。

1. 原理框图

汽车电路比较复杂，为概略表示汽车电气系统或分系统的基本组成及其相互关系和主要特征，常采用原理框图。所谓原理框图是指用符号或带注释的框，概略表示汽车电气基本组成、相互关系及其主要特征的一种简图。原理框图所描述的对象是系统或分系统的主要特征，它对内容的描述是概略的，用来表示系统或分系统基本组成的是图形符号和带注释的框。

原理框图是从总体上来描述系统或分系统的，它是系统或分系统设计初期的产物，是依据系统或分系统按功能依次分解的层次绘制的。

2. 电路原理图

为了详细表示实际设备或成套装置电路的全部基本组成和连接关系，便于详细理解作用原理，需要绘制电路原理图（也称电路图或电气线路图）。

所谓电路图，是指根据国家颁布的有关技术标准，用图形符号和文字符号，以统一规定的方法，把电路画在图纸上。它是电气技术中使用最广泛的一种重要的电路简图，具有电路清晰、简单明了、便于理解电路原理的特点。

汽车电路图是用电器图形符号，按工作顺序或功能布局绘制的，详细表示汽车电路的全部组成和连接关系，不考虑实际位置的简图。

电路图具有以下的特点。

（1）对全车电路有完整的概念 它既是一幅完整的全车电路图，又是一幅互相联系的局部电路图，重点、难点突出，繁简适当。

（2）图上建立起电位高低的概念 负极搭铁电位最低，用图中最下面一条导线表示；正极火线电位最高，用图中最上面一条导线表示。电流方向基本上是从上到下，电流流向为电源正极→开关→用电器→搭铁→电源负极。

（3）尽可能减少导线的曲折与交叉 调整位置，合理布局，图面简洁清晰，图形符号照顾元件外形和内部结构，便于联想分析，易读、易画。

（4）电路系统的相互关联关系清楚 发电机与蓄电池间、各电路系统之间的连接点尽量保持原位，熔断器、开关、仪表的接法与原图吻合。

其缺点是图形符号不规范，易各行其道，不利于交流。

3. 线束图

在汽车上，为了安装方便和保护导线，将同路的许多导线用棉纱编织物或聚氯乙烯塑料带包扎，称为线束。

线束图是根据电器设备在汽车上的实际安装部位绘制的全车电路图。在图上，部件与部件间的导线以线束形式出现，线束图简单明了，接近实际，对使用、维修人员适用性较强。

线束图不详细描述线束内部的导线走向，只将露在线束外面的线头与接插器详细编号，并用字母标定。配线记号的表示方法突出，便于配线，各接线端都用序号和颜色准确无误地标注出来。线束图与电路图、接插件端子图结合起来使用，具有很大的参考价值。所以，现代汽车维修手册中一般都给出电路图和线束图。

任务二 汽车电路图识读方法

由于各国汽车电路图的绘制方法、符号标注、文字标注、技术标准的不同，各汽车生产厂家对汽车电路图的画法有很大差异，甚至同一国家不同公司汽车电路图的表示方法也存在较大差异，这就给读图带来许多麻烦，因此，掌握汽车电路图识读的基本方法显得十分重要。

1. 了解图注说明

认真阅读图注，了解电路图的名称、技术规范，明确图形符号的含义，建立元器件和图形符号间一一对应的关系，这样才能快速准确地识图。

2. 掌握回路原则

在电学中，回路是一个最基本、最重要，同时也是最简单的概念，任何一个完整的电路都由电源、用电器、开关、导线等组成。一个用电器要想正常工作，必须得到电能。对于直流电路而言，电流总是要从电源的正极出发，通过导线，经熔断器、开关到达用电器，再经过导线（或搭铁）回到同一电源的负极，在这个过程中，只要有一个环节出现错误，此电路就不会正确、有效。

① 从电源正极出发，经某用电器（或再经其他用电器），最后又回到同一电源的正极，由于电源的电位差（电压）仅存在于电源的正负极之间，电源的同一电极是等电位的，没有电压，这种“从正到正”的途径是不会产生电流的。

② 在汽车电路中，发电机和蓄电池都是电源，在寻找回路时，不能混为一谈，不能从一个电源的正极出发，经过若干用电设备后，回到另一个电源的负极，这种做法，不会构成一个真正的通路，也不会产生电流。所以必须强调，回路是指从一个电源的正极出发，经过用电器，回到同一电源的负极。

3. 熟悉开关作用

开关是控制电路通断的关键，电路中主要的开关往往汇集许多导线，如点火开关、车灯总开关，读图时应注意与开关有关的 5 个问题。

① 在开关的许多接线柱中，注意哪些是接直通电源的？哪些是接用电器的？接线柱旁是否有接线符号？这些符号是否常见？

② 开关共有几个挡位？在每个挡位中，哪些接线柱通电？哪些断电？

③ 蓄电池或发电机的电流通过什么路径到达这个开关？中间是否经过别的开关和熔断器？这个开关是手动的还是电控的？

④ 各个开关分别控制哪个用电器？被控用电器的作用和功能是什么？

⑤ 在被控的用电器中，哪些用电器处于常通？哪些电路处于短暂接通？哪些应先接通？哪些应后接通？哪些应单独工作？哪些应同时工作？哪些用电器允许同时接通？

4. 掌握电路规律

① 电源部分到各电器熔断器或开关的导线是电器设备的公共火线，在电路原理图中一般画在电路图的上部。

② 标准画法的电路图，开关的触点位于零位或静态，即开关处于断开状态或继电器线圈处于不通电状态，晶体管、晶闸管等具有开关特性的元件的导通与截止视具体情况而定。

③ 汽车电路是单线制，各电器相互并联，继电器和开关串联在电路中。

④ 大部分用电设备都经过熔断器，受熔断器的保护。

⑤ 把整车电路按功能及工作原理划分成若干独立的电路系统，这样可解决整车电路庞大复杂、分析起来困难的问题。现在汽车整车电路一般都按各个电路系统来绘制，如电源系统、启动系统、点火系统、照明系统、信号系统等，这些单元电路都有它们自身的特点，抓住特点，把各个单元电路的结构和原理掌握了，理解整车电路也就容易了。

5. 一般识图方法

① 先看全图，把一个个单独的系统框出来。

一般来讲，各电气系统的电源和电源总开关是公共的，任何一个系统都应该是一个完整的电路，都应遵循回路原则。

② 分析各系统的工作过程、相互间的联系。

在分析某个电气系统之前，要清楚该电气系统所包含各部件的功能、作用和技术参数等。在分析过程中应特别注意开关、继电器触点的工作状态，大多数电气系统都是通过开关、继电器不同的工作状态来改变回路，实现不同功能的。

③ 通过对典型电路的分析，达到触类旁通。

许多车型汽车电路原理图，很多部分都是类似或相近的，这样，通过一个具体的例子，举一反三，对照比较，触类旁通，可以掌握汽车电路图的一些共同的规律，再以这些共性为指导，了解其他型号汽车的电路原理，又可以发现更多的共性以及各种车型之间的差异。

汽车电器的通用性和专业化生产，使同一厂家汽车的整车电路形式大致相同，如掌握了某种车型电路的特点，就可以大致了解对应品牌车型或同系列品牌汽车厂商的汽车电路的特点。

因此，抓住几个典型电路，掌握各系统的接线特点和原则，对于了解其他车型的电路图大有好处。

任务三 汽车电路图电气符号

1. 一般表示符号

图形符号是用于电气图或其他文件中的表示项目或概念的一种图形、标记或字符，是电气技术领域中最基本的工程语言。因此，为了看懂汽车电路图，我们要掌握和熟练地运用它。汽车电路一般表示符号见表 1-3。

图形符号分为基本符号、一般符号和明细符号三种。

基本符号不能单独使用，不表示独立的电器元件，只说明电路的某些特征。如“—”表示直流，“~”表示交流，“+”表示电源的正极，“−”表示电源的负极，“N”表示中性线。

一般符号用以表示一类产品和此类产品特征的一种简单符号。如⊛表示指示仪表的一般符号，⊠表示传感器的一般符号。一般符号广义上代表各类元器件，另外，也可以表示没有附加信息或功能的具体元件，如一般电阻、电容等。

明细符号表示某一种具体的电器元件。它是由基本符号、一般符号、物理量符号、文字符号等组合派生出来的。如⊛是指示仪表的一般符号，当要表示电流、电压的种类和特点时，将“*”换成“A”“V”，就成为明细符号，Ⓐ表示电流表， Ⓥ 表示电压表。

另外，对标准中没有规定的符号，可以选取标准中给定的基本符号、一般符号和明细符号，按规定的组合原则进行派生，以构成完整的元件或设备的图形符号，但在图样的空白处必须加以说明。将天线的一般符号和直流电动机的一般符号进行组合，就构成了电动天线的图形符号。

表 1-3 汽车电路一般表示符号

序号	名称	表示符号	序号	名称	表示符号
常用基本符号					
1	直流		6	中性点	N
2	交流	～	7	磁场	F
3	交直流		8	搭铁	
4	正极	+	9	交流发电机输出接线柱	B
5	负极	−	10	磁场二极管输出端	D+
导线端子和导线连接类					
序号	名称	表示符号	序号	名称	表示符号
1	接点	●	8	插头和插座	
2	端子	○	9	多极插头和插座（示出的为三极）	
3	导线的连接				
4	导线的分支连接				
5	导线的交叉连接		10	接通的连接片	
6	插座的一个极		11	断开的连接片	
7	插头的一个极		12	屏蔽导线	
触点开关类					
序号	名称	表示符号	序号	名称	表示符号
1	动合（常开）触点		10	拉拨操作	
2	动断（常闭）触点		11	旋转操作	
3	先断后合的触点		12	推动操作	
4	中间断开的双向触点		13	一般机械操作	
5	双动合触点		14	钥匙操作	
6	双动断触点		15	热执行器操作	
7	单动断双动合触点		16	温度控制	t
8	双动断单动合触点		17	压力控制	p
9	一般情况下手动控制		18	制动压力控制	BP

续表

触点开关类					
序号	名称	表示符号	序号	名称	表示符号
19	液位控制		29	机油滤清器报警开关	OP
20	凸轮控制		30	热敏开关动合触点	t°
21	联动开关		31	热敏开关动断触点	t°
22	手动开关的一般符号		32	热敏自动开关的动断触点	
23	定位开关(非自动复位)		33	热继电器触点	
24	按钮开关		34	旋转多挡开关位置	1 2 3
25	能定位的按钮开关		35	推拉多挡开关位置	1 2 3
26	拉拨开关		36	钥匙开关(全部定位)	1 2 3
27	旋转、旋钮开关		37	多挡开关、点火、启动开关，瞬时位置为 2 挡能自动返回到 1 挡(即 2 挡不能定位)	1 2 3 0.1
28	液位控制开关		38	节流阀开关	

电器元件类					
序号	名称	表示符号	序号	名称	表示符号
1	电阻器		8	仪表照明调光电阻器	
2	可变电阻器		9	光敏电阻	
3	压敏电阻器	U	10	加热元件、电热塞	
4	热敏电阻器	t°	11	电容器	
5	滑线式变阻器		12	可变电容器	
6	分路器		13	极性电容器	+
7	滑动触点电位器		14	穿心电容器	

续表

电器元件类					
序号	名称	表示符号	序号	名称	表示符号
15	半导体二极管		26	熔断器	
16	稳压二极管		27	易熔线	
17	发光二极管		28	电路断电器	
18	双向二极管(变阻二极管)		29	永久磁铁	
19	三极晶体闸流管		30	操作器件一般符号	
20	光电二极管		31	一个绕组电磁铁	
21	PNP 型三极管		32	两个绕组电磁铁	
22	集电极接管壳三极管(NPN)		33	不同方向绕组电磁铁	
23	具有两个电极的压电晶体		34	触点常开的继电器	
24	电感器、线圈、绕组、扼流线圈		35	触点常闭的继电器	
25	带铁芯的电感器				

仪表信号类					
序号	名称	表示符号	序号	名称	表示符号
1	指示仪表	*	6	功率表	W
2	电压表	V	7	油压表	OP
3	电流表	A	8	转速表	n
4	电压、电流表	A/V	9	温度表	t°
5	欧姆表	Ω	10	燃油表	Q

续表

仪表信号类					
序号	名称	表示符号	序号	名称	表示符号
11	车速里程表	V	13	数字式电钟	
12	电钟				

传感器类					
序号	名称	表示符号	序号	名称	表示符号
1	传感器的一般符号	*	8	空气流量传感器	AF
2	温度表传感器	t°	9	氧传感器	λ
3	空气温度传感器	t_n°	10	爆震传感器	K
4	水温传感器	t_w°	11	转速传感器	n
5	燃油表传感器	Q	12	速度传感器	V
6	油压表传感器	OP	13	空气压力传感器	AP
7	空气质量传感器	m	14	制动压力传感器	BP

电气设备类					
序号	名称	表示符号	序号	名称	表示符号
1	照明灯、信号灯、仪表灯、指示灯		5	预热指示器	
2	双丝灯		6	电喇叭	
3	荧光灯		7	扬声器	
4	组合灯		8	蜂鸣器	

续表

电气设备类					
序号	名称	表示符号	序号	名称	表示符号
9	报警器、电警笛		25	变换器、转换器	
10	信号发生器	G	26	光电发生器	G
11	脉冲发生器	G	27	空气调节器	
12	闪光器	G	28	滤波器	
13	霍尔信号发生器		29	稳压器	U const
14	磁感应信号发生器		30	点烟器	
15	温度补偿器	t° comp	31	热继电器	
16	电磁阀		32	间歇刮水继电器	
17	常开电磁阀		33	防盗报警系统	
18	常闭电磁阀		34	天线	
19	电磁离合器		35	发射机	
20	用电动机操纵的怠速调整装置	M	36	收放机	
21	过电压保护装置	U>	37	内部通信联络及音乐系统	
22	过电流保护装置	I>	38	收放机	
23	加热器(除霜器)				
24	振荡器				

续表

电气设备类					
序号	名称	表示符号	序号	名称	表示符号
39	天线电话		57	加热定时器	H T
40	收放机		58	点火电子组件	I C
41	点火线圈		59	风扇电动机	M
42	分电器		60	刮水电动机	M
43	火花塞		61	电动天线	M
44	电压调节器	U	62	直流伺服电动机	SM
45	转速调节器	n	63	直流发电机	G
46	温度调节器	t°			
47	串激绕组		64	星形连接的三相绕组	
48	并激或他激绕组				
49	集电环或换向器上的电刷				
50	直流电动机	M	65	三角形连接的三相绕组	
51	串激直流电动机	M	66	定子绕组为星形连接的交流发电机	G 3~
52	并激直流电动机	M	67	定子绕组为三角形连接的交流发电机	G 3~
53	永磁直流电动机	M	68	外接电压调节器与交流发电机	G 3~ U
54	起动机(带电磁开头)	M	69	整体式交流发电机	G 3~ U
55	燃油泵电动机、洗涤电动机	M	70	蓄电池	
56	晶体管电动汽油泵		71	蓄电池组	

2. 厂商表示符号

不同品牌汽车的电路图绘制形式大体相同，个别地方有其自己的独有定义及形式，故在电气符号表示上面也有些许区别。下面以大众、通用、丰田三大汽车集团为例，略示一二。

（1）大众-奥迪-斯柯达-宾利品牌车型电路符号（表 1-4）

表 1-4 大众集团车型电路表示符号

电气符号	实物	电气符号	实物	电气符号	实物
交流发电机		继电器		发光二极管	
压力开关		感应式传感器		电阻	
机械开关		熔丝		可变电阻	
温控开关		内部照明灯		起动机	
电动机		灯泡		多挡手动开关	车灯开关
按键开关		显示仪表		氧传感器	
电子控制器		电磁阀	喷油器	喇叭	
爆燃传感器		双速电动机	刮水器电动机	蓄电池	
扬声器		插头连接		火花塞和火花塞插头	
点烟器		元件上多针插头连接	发动机控制单元插脚图	点火线圈	
电热元件		电磁离合器	手动开关	接线插座	

（2）通用别克-雪佛兰-凯迪拉克-欧宝等品牌汽车电路表示符号（表 1-5）

表 1-5　通用集团车型电路表示符号

符号	说明
	局部部件。当部件采用虚线框表示时，部件或导线均未完全表示 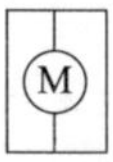 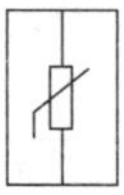
	完整部件。当部件采用实线框表示时，所示部件或导线表示完整 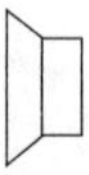 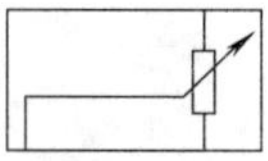
	熔丝
	断路器
	易熔线  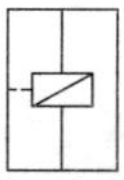
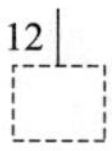 12	直接固定在部件上的连接器 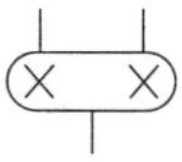 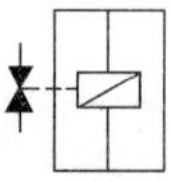
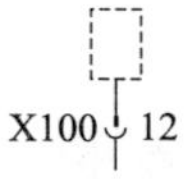 X100 12	带引出线的连接器  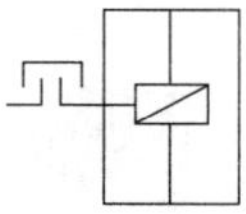
	带螺栓或螺钉连接孔的端子 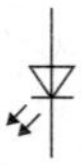 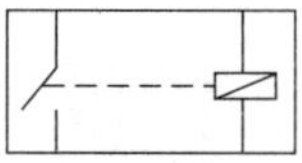
X100 12 插座端 插头端	直列式线束连接器
S100	接头
G100	搭铁
	壳体搭铁
	仪表
	加热元件
	天线

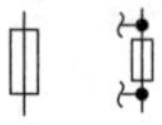

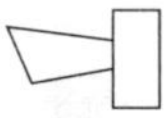

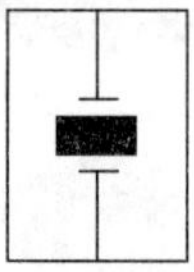

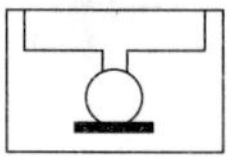

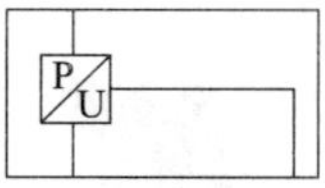

符号	说明
M	电动机
	扬声器
	喇叭
	麦克风
	单丝灯泡
	双丝灯泡
	二极管
	发光二极管
	光电传感器
	电容器
+ −	蓄电池
	可调蓄电池
	电阻器

符号	说明
	可变电阻器
	位置传感器
	爆震传感器
P U	压力传感器
	电磁线圈-执行器
	电磁阀
	离合器
	4 针单刀/单掷继电器常开
	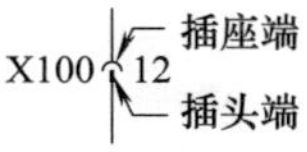  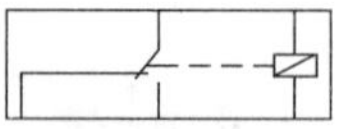 5 针继电器（常闭）
	 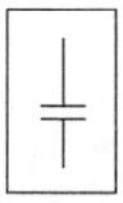 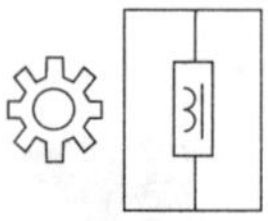 感应型传感器（2 线式）
	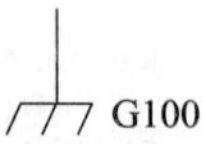 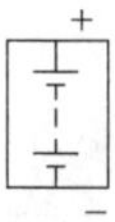 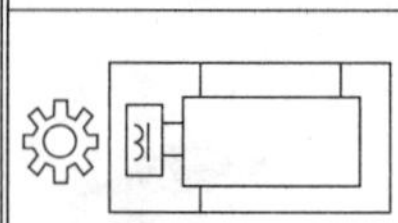 感应型传感器（3 线式）
	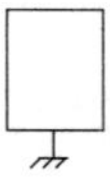 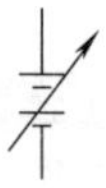 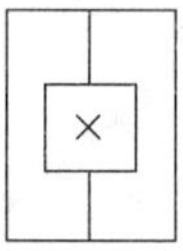 霍尔效应传感器（2 线式）

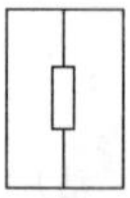

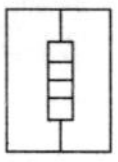

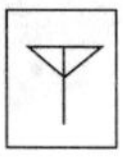

续表

符号	说明	符号	说明	符号	说明
	霍尔效应传感器（3线式）		输入/输出高压侧驱动开关(＋)		导线交叉
	氧传感器（2线式）		输入/输出低压侧驱动开关(－)		绞合线
	加热型氧传感器（4线式）		输入/输出双向开关(＋/－)		临时或诊断连接器
	屏蔽		安全气囊系统线圈		电路参考
	开关		不完整物理接头		电路延长箭头
	输入/输出下拉电阻器(－)		完整物理接头2条线路		选装件断裂点
	输入/输出上拉电阻器(＋)		完整物理接头（3条或多条线路）		搭铁电路连接

（3）丰田-雷克萨斯品牌汽车电路表示符号（表1-6）

表1-6 丰田车型电路表示符号

符号与实物	含义	符号与实物	含义
	蓄电池：存储化学能量并将其转换成电能，为车辆的各种电路提供直流电		发光二极管：电流流过发光二极管时会发光，但发光时不会像同等规格的灯一样产生热量
	电容器：一个临时储存电压的小存储单元		光敏二极管：是一种根据光照强度控制电流的半导体
	二极管：一个只允许电流单向流通的半导体		晶体管：主要用作电子继电器的一种固态装置；根据在“基极”上施加的电压来阻止或允许电流通过
	稳压二极管：允许电流单向流动，但只在不超过某一个特定电压时才阻挡反向流动的二极管。超过该特定电压时，稳压二极管可允许超过部分的电压通过。可作为简易稳压器使用	适用中等电流的保险丝	熔丝：一条细金属丝，当通过过量电流时会熔断，可以阻断电流，防止电路受损

续表

符号与实物	含　义	符号与实物	含　义
适用于大电流保险丝或易熔丝	易熔丝：这是位于大电流电路中的粗导线，如果电流过载其将会熔断，从而保护电路		灯：电流流过灯丝，使灯丝变热并发光
	断路器：通常指可重复使用的熔丝，有过大的电流经过时，断路器变热并断开；有些断路器在冷却后会自动复位，有些需要手动复位		喇叭：可以发出响亮音频信号的电子装置
常闭 常开	继电器：通常指一个可常闭或常开的电控操作开关。电流通过一个小型线圈产生磁场打开或关闭继电器开关		扬声器：一种可利用电流产生声波的机电装置
	双掷继电器：使电流流过两组触点中任意一组触点的一种继电器		点火开关：使用钥匙操作且有多个位置的开关，可用来操作各种电路，特别是初级点火电路
电磁阀 喷油器	电磁阀：电流通过电磁线圈产生磁场以便移动铁芯等	常开 常闭	手动开关：打开或闭合电路，从而可阻断（常开）或允许（常闭）电流通过
	点火线圈：将低压直流电转换为高压点火电流，使火花塞产生火花		双掷开关：使电流持续流过两组触点中任意一组的一种开关
	电阻器：有固定阻值的电气元件，安装在电路中以将电压降低到规定值		模拟表：电流会使电磁线圈接通引起指针移动，在刻度上提供一个相应的指示
	抽头式电阻器：一种电阻器，可以提供两种或两种以上不同的不可调节的电阻值	FUEL	数字表：电流会激活一个或多个LED、LCD或者荧光显示屏，这些显示屏可提供相关显示或数字显示
	可变电阻器或变阻器：一种可调电阻比的可控电阻器，也被称为电位计或变阻器	M	电动机：把电能转换成机械能，特别是旋转运动的动力装置
单灯丝 双灯丝	前照灯：电流使前照灯灯丝发热并发光，前照灯可以有单灯丝或者双灯丝		点烟器：一个电阻加热元件

任务四 汽车电路图线束表示法

1. 导线颜色

（1）名词术语 单色导线：绝缘表面为一种颜色的导线。双色导线：绝缘表面为两种颜色的导线。主色：双色导线中面积比例大的颜色。辅助色：双色导线中面积比例小的颜色。

（2）导线的颜色和代号 导线颜色字母缩写如表 1-7 所示。

表 1-7 导线颜色字母缩写

线色	常用缩写	中文	线色	常用缩写	中文
Black	BLK/B	黑色	Light Green	LT GRN	浅绿色
Blue	BLU/BL	蓝色	Orange	ORG/ O	橙色
Brown	BRN/BR	棕色	Pink	PNK/P	粉红色
Clear	CLR/CL	透明	Purple	PPL/PP	紫色
Dark Blue	DK BLU	深蓝色	Red	RED/R	红色
Dark Green	DK GRN	深绿色	Tan	TAN/T	褐色
Green	GRN/G	绿色	Violet	VIO/ V	粉紫色
Gray	GRY/ GR	灰色	White	WHT/W	白色
Light Blue	LT BLU	浅蓝色	Yellow	YEL/Y	黄色

（3）导线颜色的组成 单色导线的颜色由一种颜色组成。双色导线的颜色由两种颜色配合组成。导线颜色的选用应优先选用单色，再选用双色。

（4）搭铁线 各种汽车电器的搭铁线应选用黑色导线，黑色导线除做搭铁外，没有其他用途。

（5）导线颜色的标注 导线颜色的标注采用颜色代号表示，如单色导线，颜色为红色，标注为“R”；双色导线，第一色为主色，第二色为辅助色，主色为红色，辅助色为白色，标注为“RW”或“R/W”。

2. 导线截面积

导线截面积根据工作电流的大小来选取，对于一些电流特别小的电器，如指示灯电路，为了保证应有的力学强度，导线的截面积不得小于 0.5mm^2。

导线截面积标注在颜色代码前面，单位为平方毫米时不标注，如 1.25R 表示导线截面积为 1.25mm^2 的红色导线；1.0G/Y 表示导线截面积为 1.0mm^2 的双色导线，主色为绿色，辅助色为黄色。

3. 导线特殊形式

双绞线（Twisted Pair）是两根金属线依距离周期性扭绞组成的电信传输线。双绞线采用一对互相绝缘的金属导线互相绞合的方式来抵御一部分外界电磁波干扰，更主要的是降低自身信号的对外干扰。

双绞线在电路图中的表示符号如图 1-45 所示。

汽车上应用双绞线的系统很多，如电控发动机燃油喷射系统、影音娱乐系统、安全气囊系统、CAN 网络等。双绞线分为屏蔽双绞线、非屏蔽双绞线。其中屏蔽双绞线在双绞线与外层绝缘封套之间有一个金属屏蔽层。屏蔽层可减少辐射，防止信息泄露，也可阻止外部电磁干扰，使用屏蔽双绞线比同类的非屏蔽双绞线具有更高的传输速率。

导线外部有导体包裹的线缆称为屏蔽线，包裹的导体称为屏蔽层，一般为编织铜网或铜泊（铝），屏蔽层需要接地，外来的干扰信号可被该层导入大地。其作用是避免干扰信号进

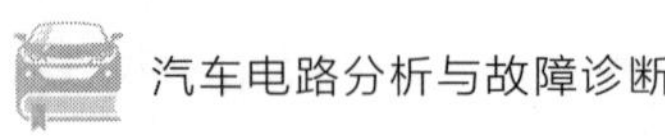

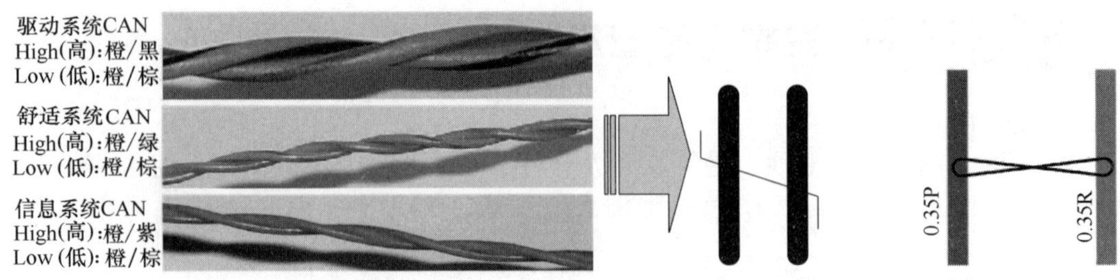

图 1-45 双绞线在电路图中的表示符号

入内层产生干扰，同时降低传输信号的损耗。

屏蔽线在电路图中的表示符号如图 1-46 所示。

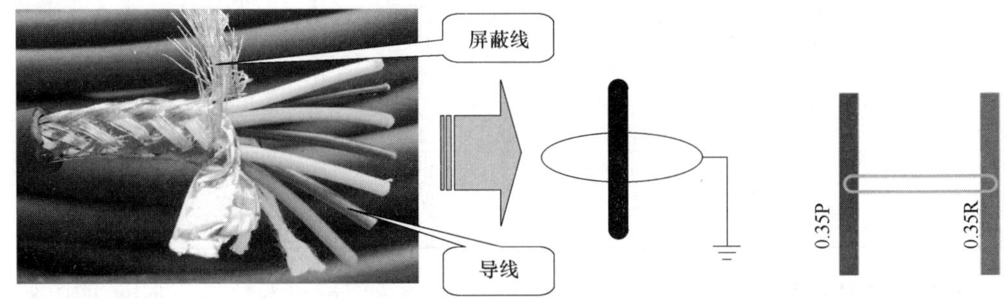

图 1-46 屏蔽线在电路图中的表示符号

屏蔽布线系统源于欧洲，它是在普通非屏蔽布线系统的外面加上金属屏蔽层，利用金属屏蔽层的反射、吸收及趋肤效应（所谓趋肤效应是指电流在导体截面的分布随频率的升高而趋于导体表面分布，频率越高，趋肤深度越小，即频率越高，电磁波的穿透能力越弱）实现防止电磁干扰及电磁辐射的功能，屏蔽系统综合利用了双绞线的平衡原理及屏蔽层的屏蔽作用，因而具有非常好的电磁兼容（EMC）特性。

电磁兼容是指电子设备或网络系统具有一定的抵抗电磁干扰的能力，同时不能产生过量的电磁辐射。也就是说，要求该设备或网络系统能够在比较恶劣的电磁环境中正常工作，同时又不能辐射过量的电磁波干扰周围其他设备及网络的正常工作。

屏蔽电缆的屏蔽原理不同于双绞线的平衡抵消原理，屏蔽电缆是在四对双绞线的外面加多一层或两层铝箔，利用金属对电磁波的反射、吸收和趋肤效应原理，有效地防止外部电磁干扰进入电缆，同时也阻止内部信号辐射出去，干扰其他设备的工作。

任务五 汽车电路图接插件表示法

插接件（又称连接器、插接器），由插座和插头两部分组成。用于线束与线束或导线与电气元件之间（如传感器、执行器、控制单元）的相互连接（图 1-47），是连接汽车电气线路的重要元件。连接器有不同的规格型号、外形和颜色，为了防止插接件在汽车行驶中脱开，所有的插接件均采用了闭锁装置，如图 1-48 所示。

断开插接件时，首先要解除闭锁，使锁扣脱开，才能将其分开，不允许在未解除闭锁的情况下用力拉导线，这样会损坏闭锁装置或连接导线。

汽车电路中接插件的表示如表 1-8 所示。不同国家、不同汽车公司的汽车电路图上插接

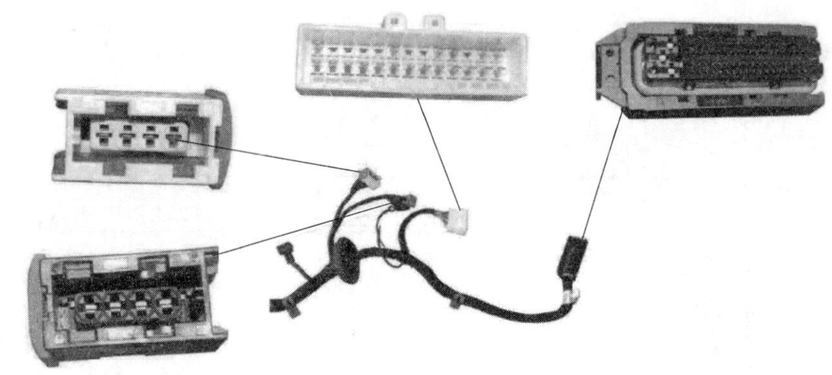

图 1-47　用于汽车线束上的接插件

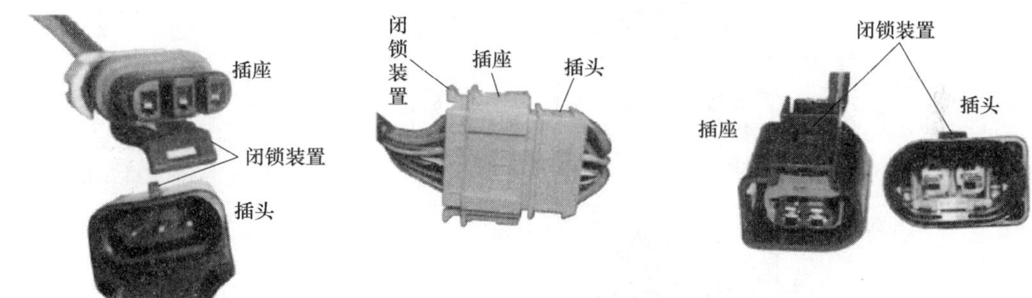

图 1-48　接插件上的锁紧装置

件的图形符号表示方法不尽相同，但方格中的数字都是代表插接件各端子号。通常用涂黑表示插头，不涂黑的表示插座；有倒角的表示插头插脚呈柱状，直角的表示插头插脚为片状。

表 1-8　汽车电路中接插件的表示（以三菱汽车为例）

项目	插头/搭铁	形象图标	内　容
端子及插头的表示	凸形端子　凸侧插头	凸形端子 凸侧插头 1 2 3 4 5 6 7 8	端子的形象图标中，插入的端子称为凸形端子，被插入的端子称为凹形端子，以图示方法表示并代表不同的应用方式。此外，装有凸形端子的插头叫凸侧插头，装有凹形端子的插头叫凹侧插头。在插头的形象图标中，凸侧插头用双轮廓线、凹侧插头用单轮廓线以图示方法表示并区别使用
	凹形端子　凹侧插头	凹形端子 凹侧插头 1 2 3 4 5 6 7 8	
表示插头形象的符号	设备 1 2 3 4 5 6 7 8	1 2 3 4 5 6 7 8	形象图标如同图示方向所看到的车辆上插头的实际形象。与设备的连接采用设备侧插头形象表示。中间插头采用凸侧插头形象表示，备用插头及检测用插头因未装设备，所以采用线束侧插头形象表示

续表

项目	插头/搭铁	形象图标	内　　容
表示插头形象的符号	中间插头	1 2 3 4 5 6 7 8	不过，诊断用插头与上述不同，详情应参照"MUT-Ⅱ使用说明"或"MUT-Ⅱ标准手册"
	备用插头、检测用插头	1 2 3 4 5 6 7 8	
插头连接方式的表示	直插式		与设备和线束侧插头的连接，分为直接插入设备的方式（直插式）和与设备侧线束插头连接的方式（附属线束式），以图示方法表示，并代表不同的应用方式
	附属线束式		
	中间插头		
接地的表示	车体搭铁		搭铁方法有车体搭铁、设备搭铁及控制装置内搭铁等，各自以图示方法表示，并代表不同的应用方式
	机器搭铁		
	控制装置内搭铁		

 任务六　汽车电路图识读示例

1. 大众-奥迪-斯柯达汽车电路图

大众、奥迪、斯柯达等品牌汽车电路图分为外线部分、内部连接部分、元器件部分、继电器/熔断器及其连接部分。

外线部分用粗实线在电路图中画出，集中在电路图的中间部分，每条线上都有导线的颜色及线径的标注。线段都有接线柱号或插口号表示其连接关系。

内部连接部分在图上以细线画出。这部分连接是存在的，但线路是不可见的。标示线路只是为了说明这种连接关系。同时，使电路图更加容易被理解。

大众车系汽车电路图采用了断线代号法来处理线路复杂交错的问题。例如，假设某一条

线路的上半段在电路序号为 14 的位置上，下半段电路在电路接续号为 31 的位置上，这时在上半段电路的终止处画一个标有 31 的小方格，在下半段电路的开始处也有一小方格，内标有 14，通过 14 和 31 就可以将上、下半段电路连在一起。

如图 1-49 所示是大众、奥迪、斯柯达等品牌汽车电路识读说明。

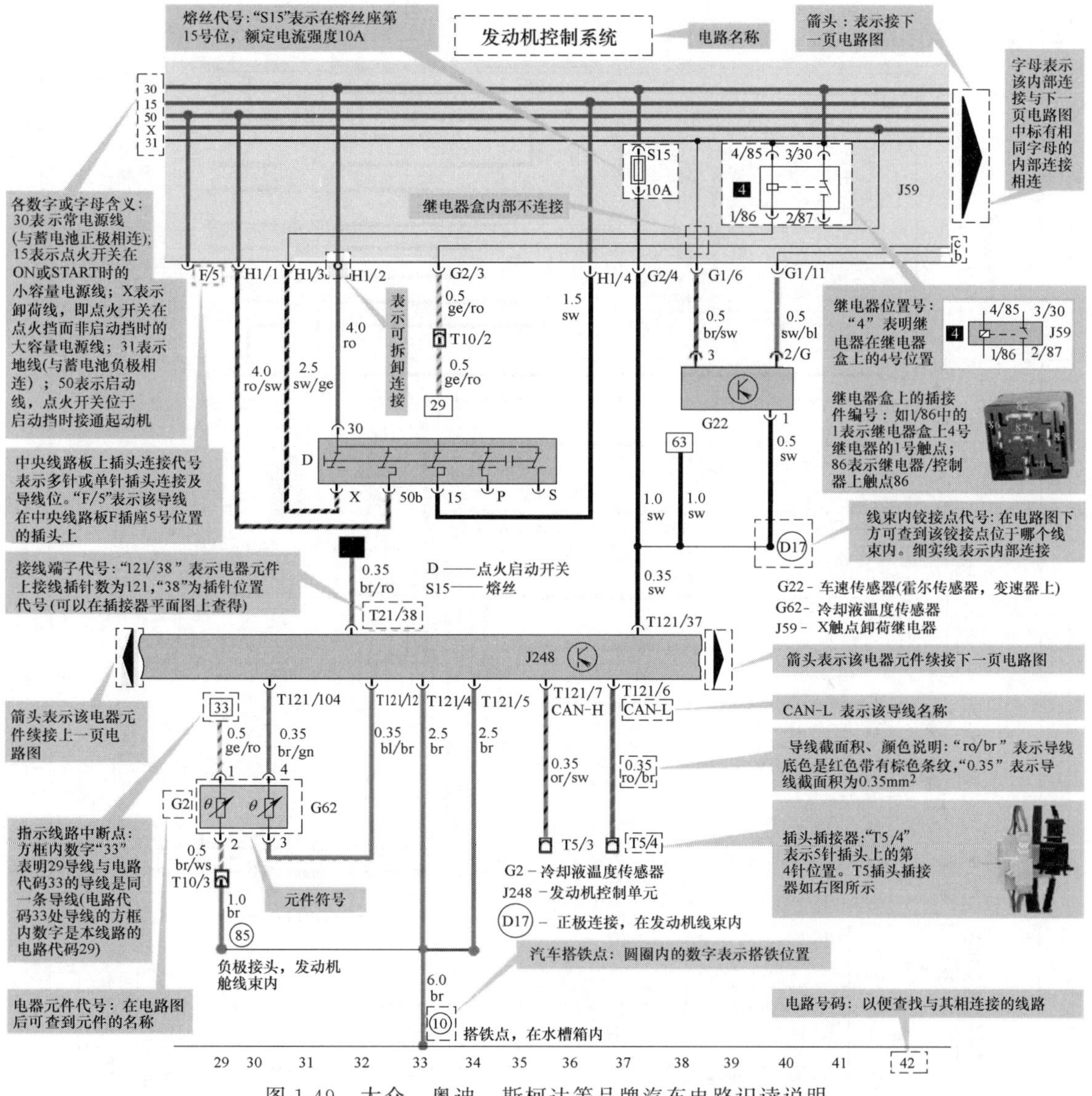

图 1-49 大众、奥迪、斯柯达等品牌汽车电路识读说明

2. 奔驰-SMART 汽车电路图

奔驰汽车采用横纵坐标来确定电器在电路图中的位置，其中数字做横坐标、字母做纵坐标。电气符号也有用代码标注的，代码前部是字母，表示电器种类，如 A 为仪表，B 为传感器，C 为电容，E 为灯，F 为熔断器盒，G 为蓄电池、发电机，H 为喇叭扬声器，K 为断电器，L 为转速、速度传感器，M 为电动机，N 为电控单元，R 为电阻、火花塞，S 为开关，T 为点火线圈，W 为搭铁点，X 为插接器，Y 为电磁阀，Z 为连接套；代码后部数字代表编号，一般电器代码之下注明电器名称。对于插接器（字母 X）、搭铁点（字母 W），仅有代码，不注明文字。奔驰汽车电路识读说明如图 1-50 所示。

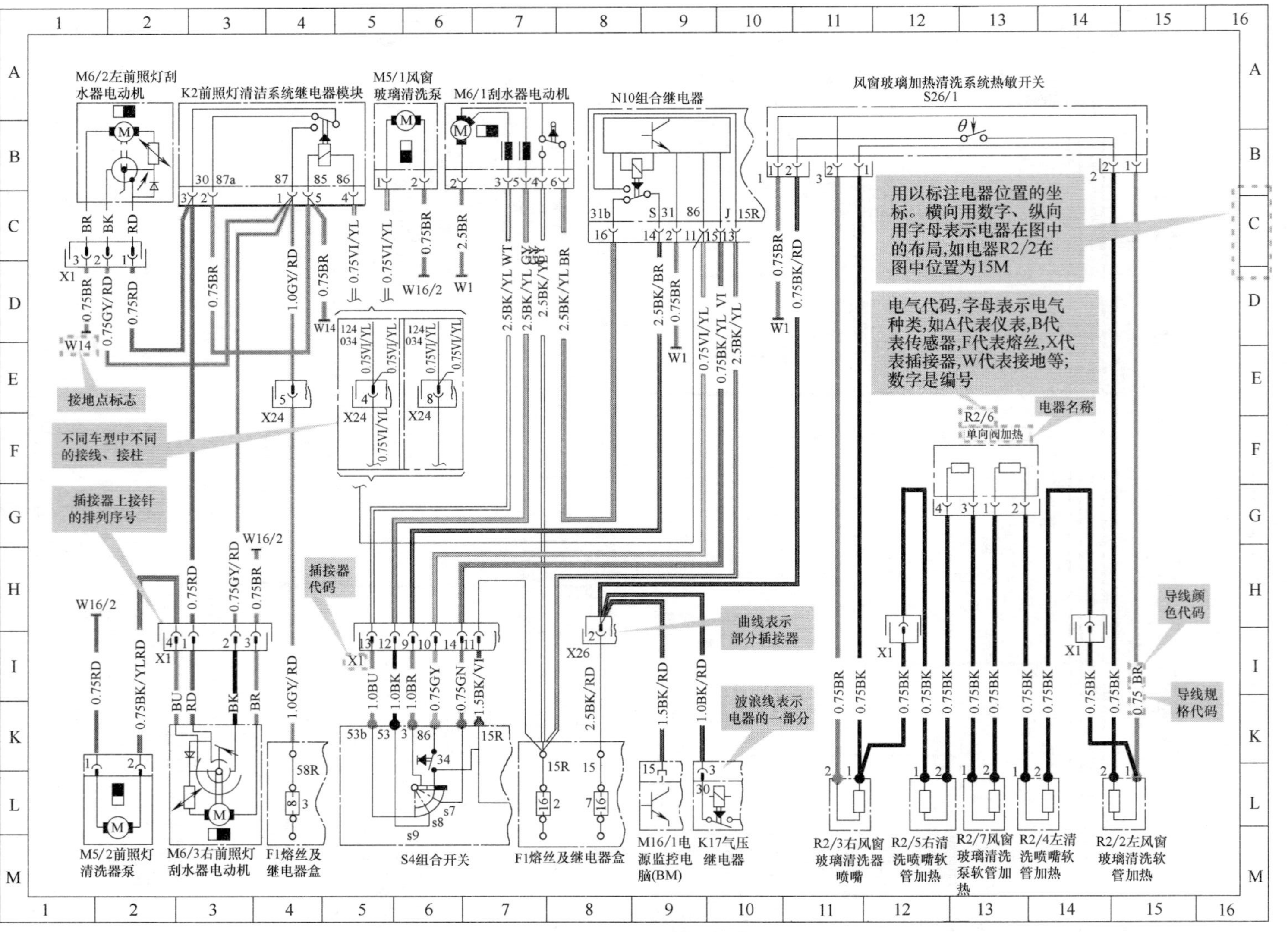

图 1-50 奔驰汽车电路图识读说明

3. 宝马-劳斯莱斯-MINI汽车电路图

宝马汽车电路图识读说明如图1-51所示。

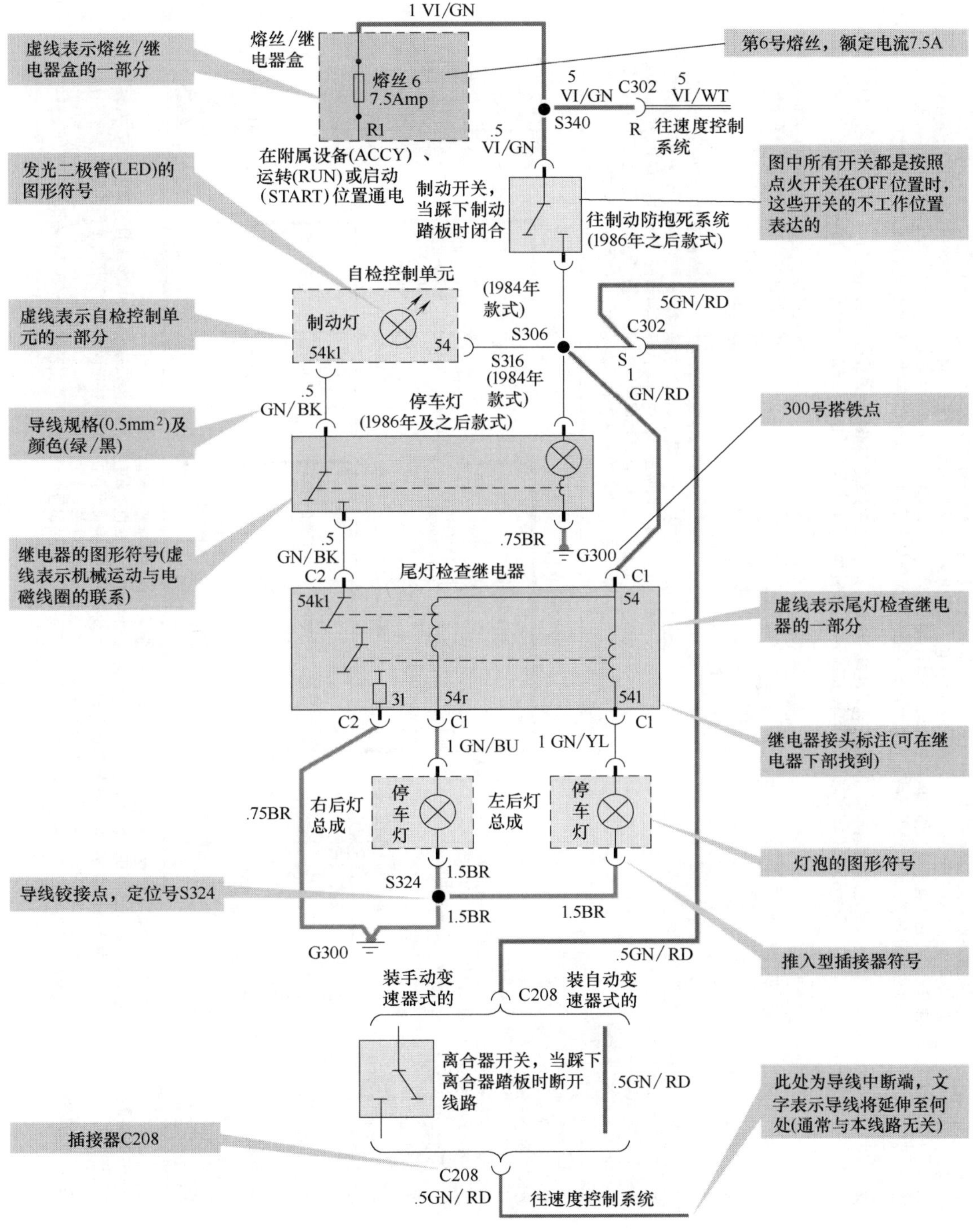

图1-51 宝马汽车电路图识读说明

4. 通用别克-雪佛兰-凯迪拉克汽车电路图

通用别克、雪佛兰、凯迪拉克汽车电路图识读说明，如图1-52所示。

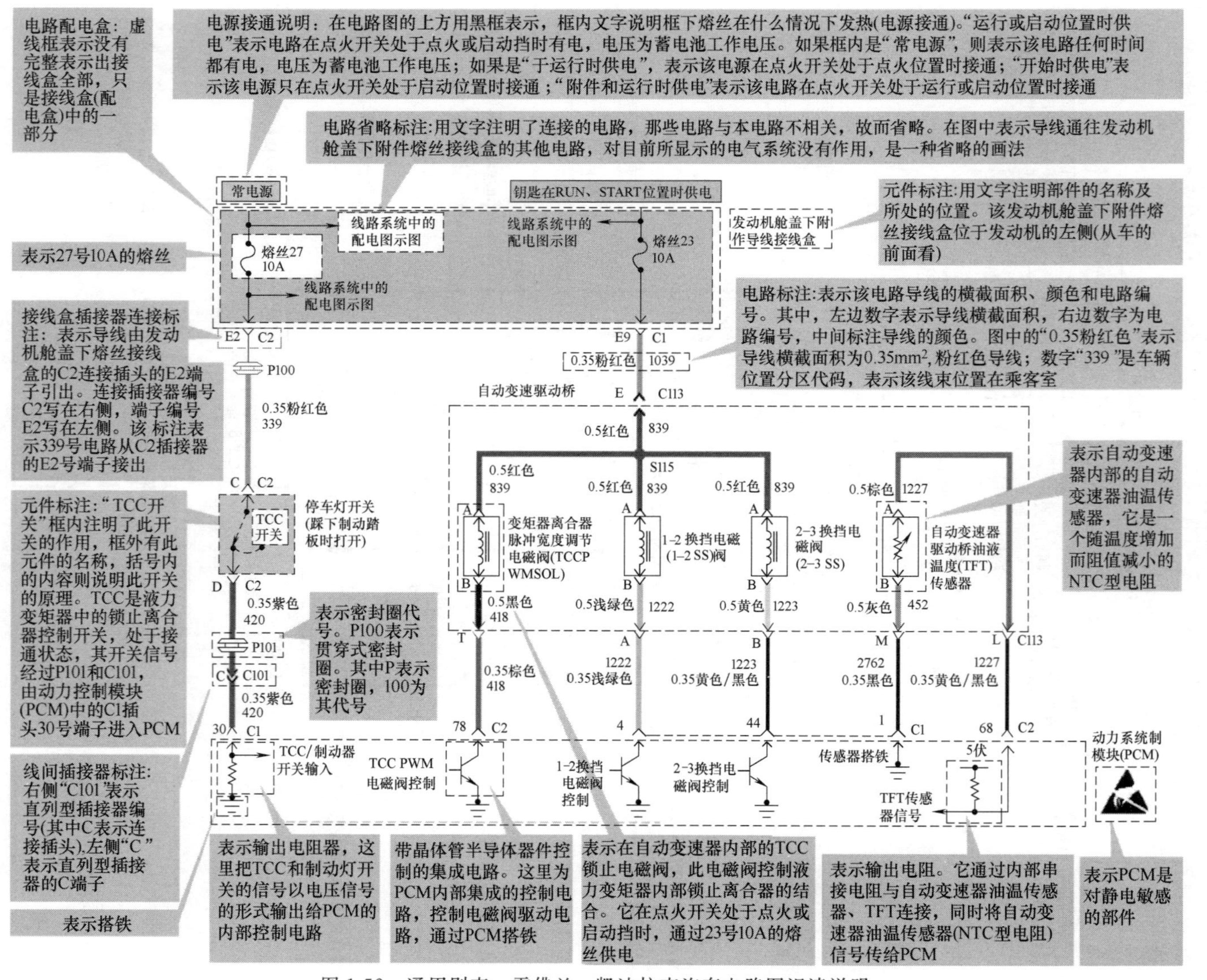

图 1-52 通用别克、雪佛兰、凯迪拉克汽车电路图识读说明

5. 福特-林肯汽车电路图

福特、林肯汽车电路图识读说明，如图 1-53 所示。

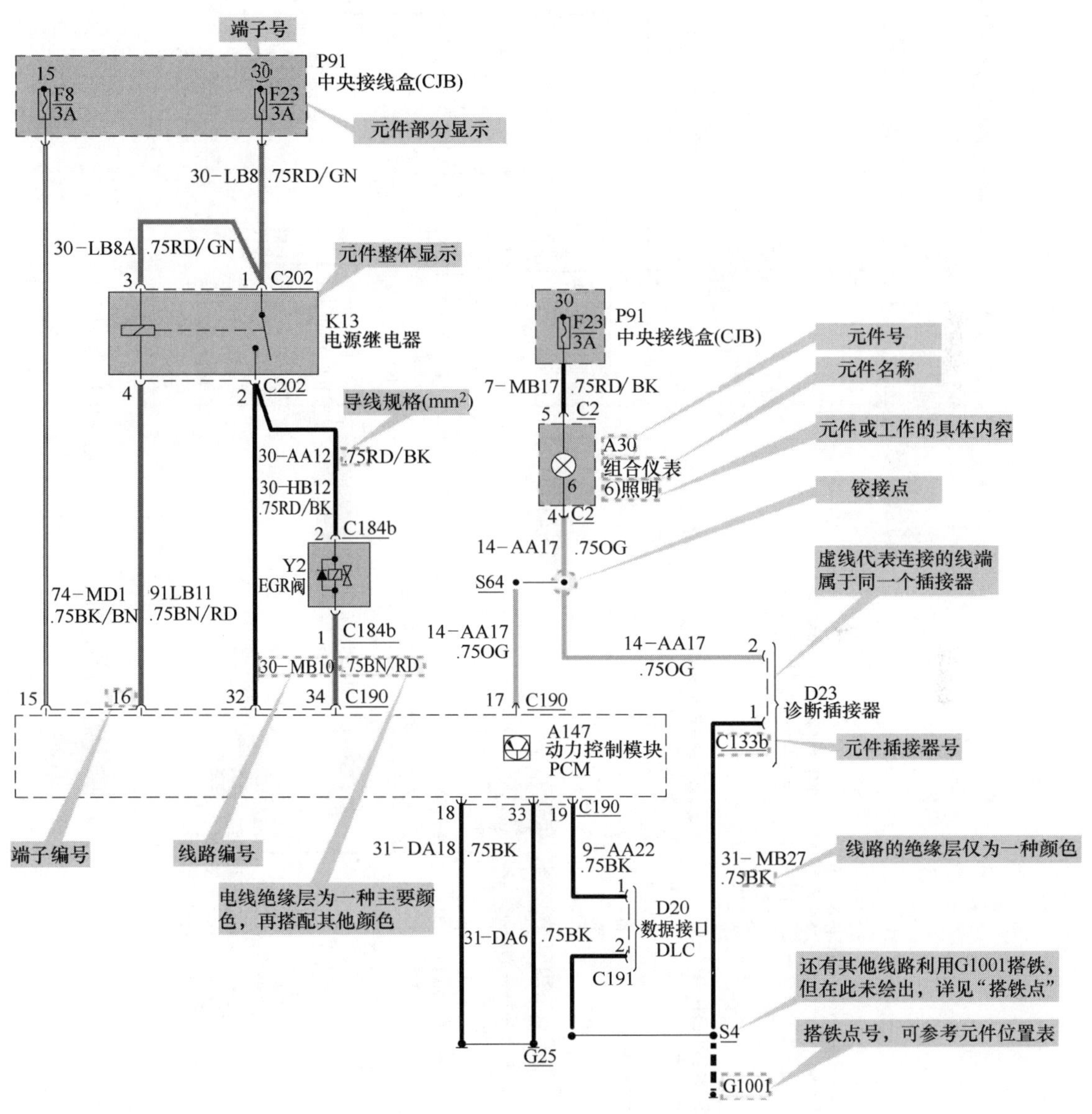

图 1-53 福特、林肯汽车电路图识读说明

6. 克莱斯勒-道奇-Jeep 汽车电路图

克莱斯勒、道奇、 Jeep 汽车电路图识读说明，如图 1-54 所示。

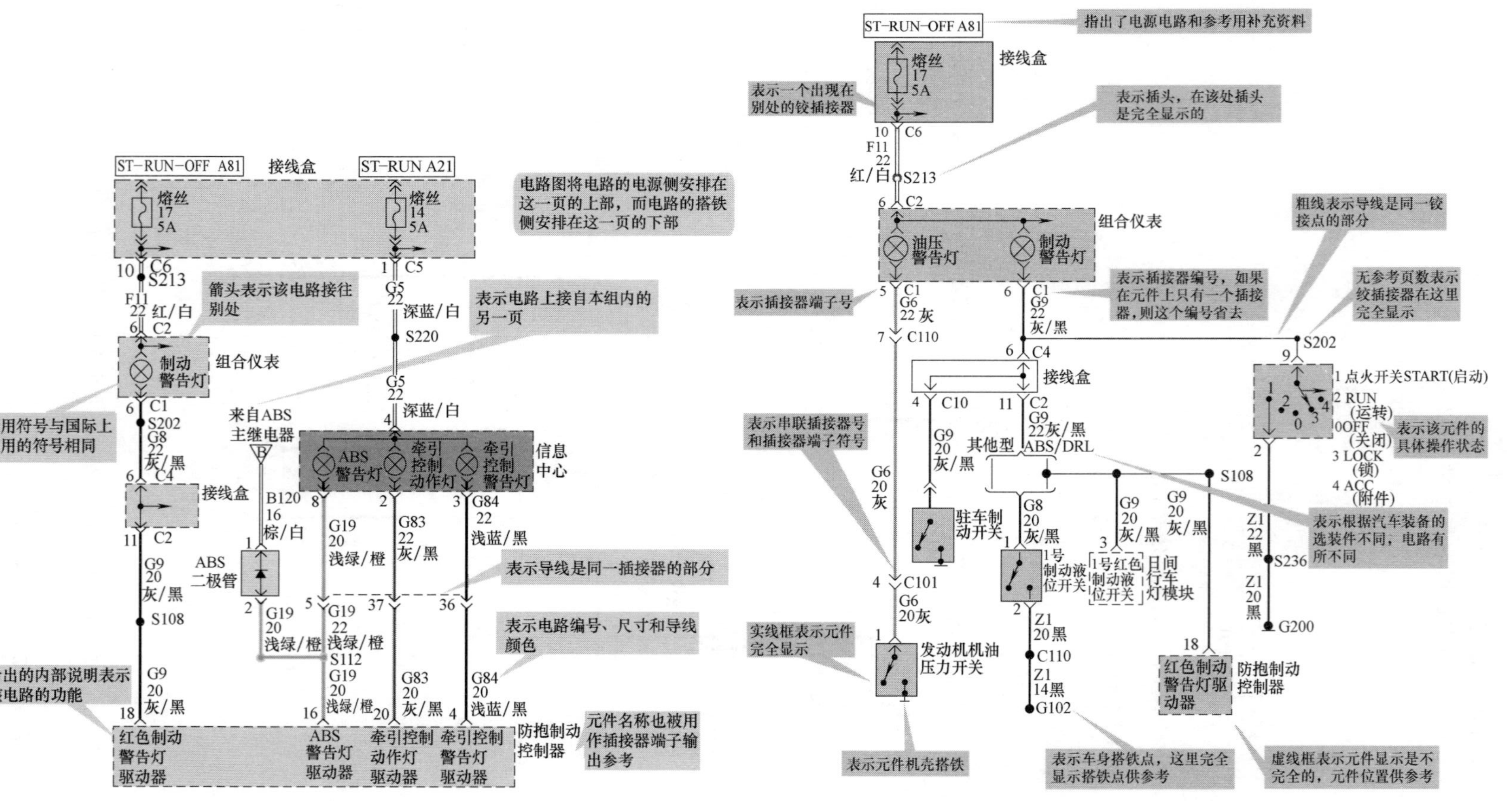

图 1-54　克莱斯勒、道奇、Jeep 汽车电路图识读说明

7. 丰田-雷克萨斯汽车电路图

丰田、雷克萨斯汽车电路图识读说明，如图 1-55 所示。

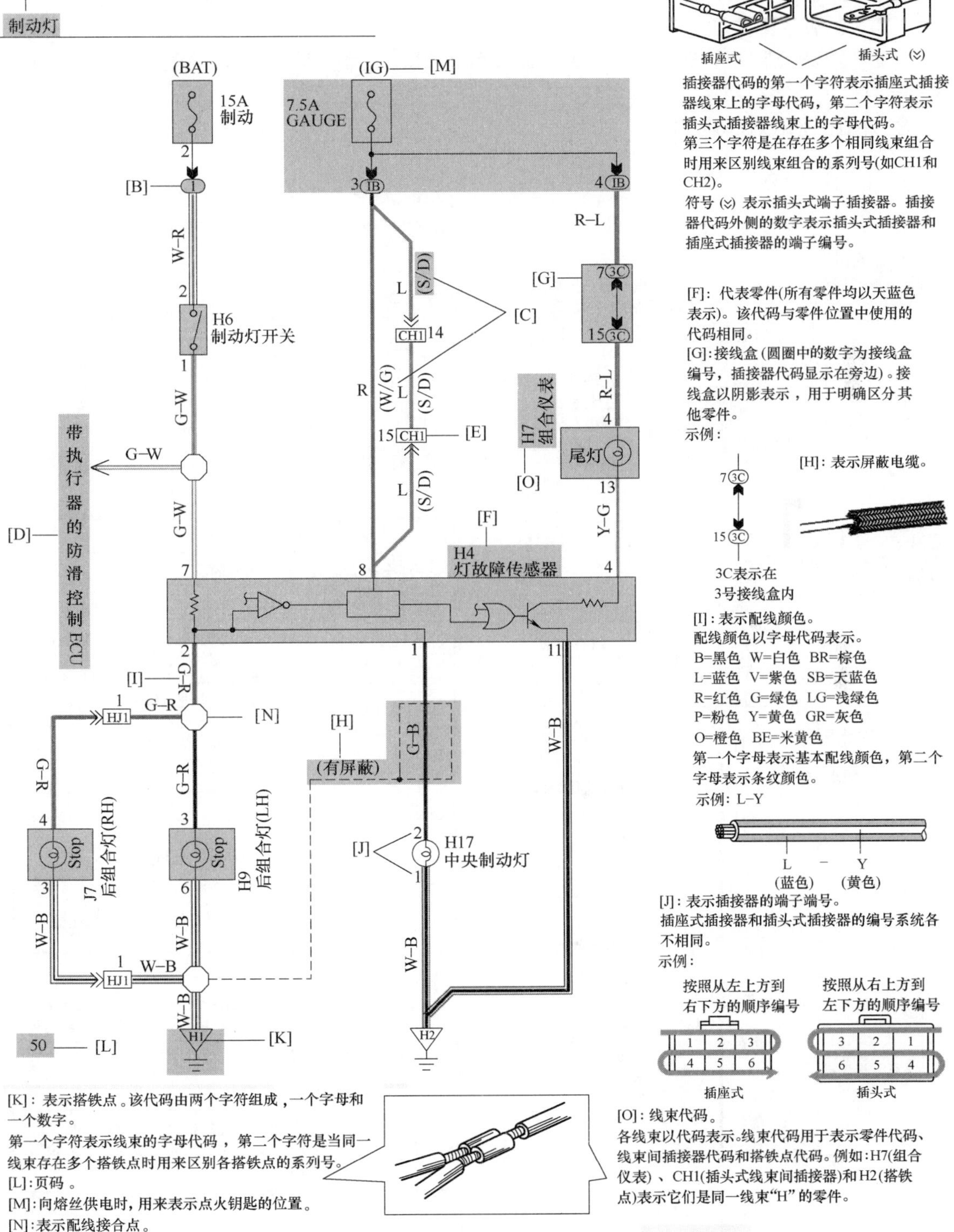

图 1-55 丰田、雷克萨斯汽车电路图识读说明

［A］：系统标题。

［B］：表示继电器盒。未用阴影表示，仅表示继电器盒编号，与接线盒加以区分。示例：①表示 1 号继电器盒。

［C］：车型、发动机类型或规格不同时，用括号表示不同的配线和插接器等。

［D］：表示相关联的系统。

［E］：表示用来连接线束的插头式插接器和插座式插接器的代码。插接器的代码由两个字母和一个数字组成。

8. 本田-讴歌汽车电路图

本田、讴歌汽车电路图识读说明，如图 1-56 所示。

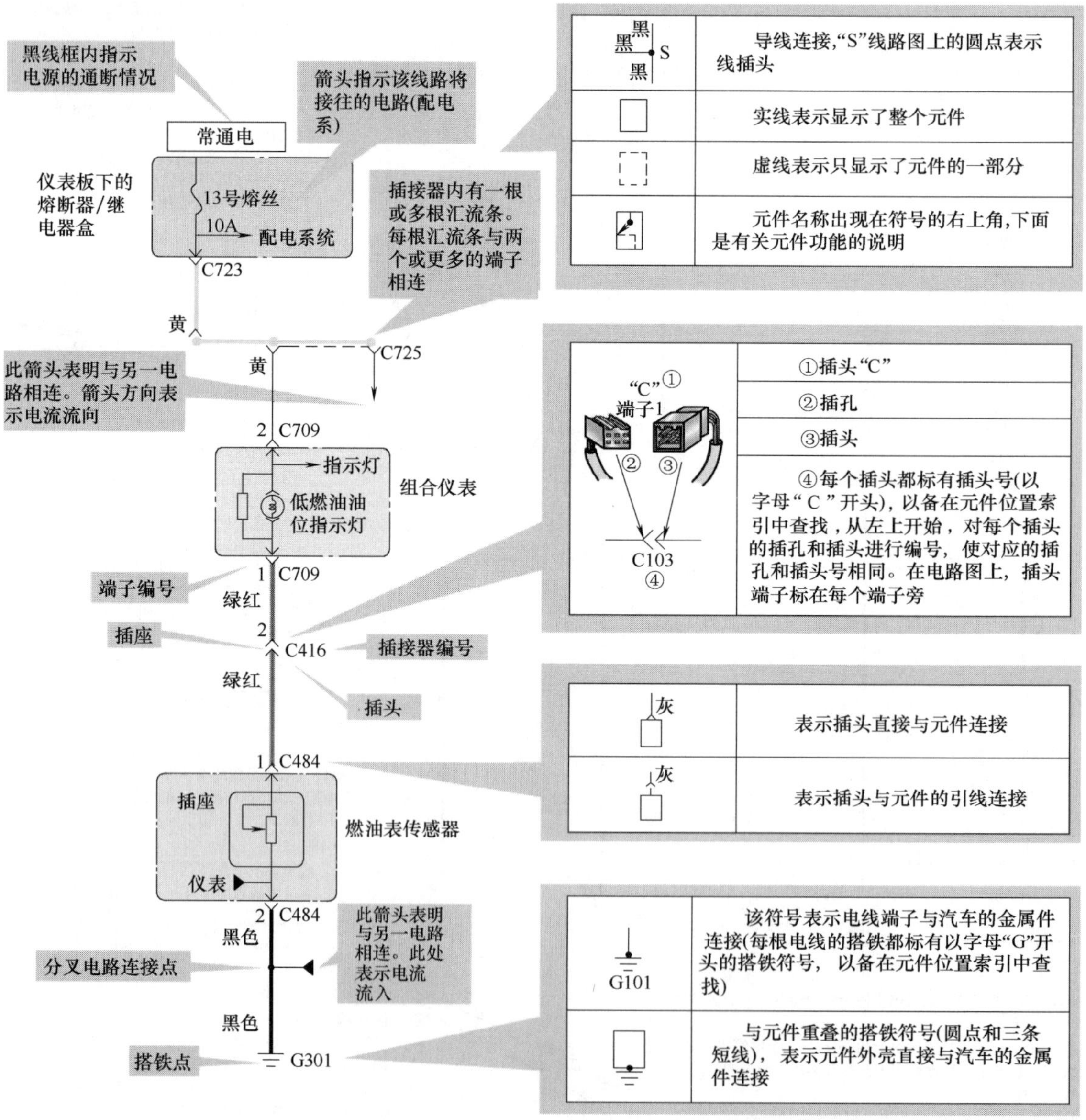

黑线框内指示电源的通断情况

箭头指示该线路将接往的电路(配电系)

常通电

仪表板下的熔断器/继电器盒

13号熔丝

10A

配电系统

C723

插接器内有一根或多根汇流条。每根汇流条与两个或更多的端子相连

黄

C725

此箭头表明与另一电路相连。箭头方向表示电流流向

黄

2 C709

指示灯

低燃油油位指示灯

组合仪表

1 C709

端子编号

绿红

插座

2

C416

插接器编号

绿红

插头

1 C484

插座

燃油表传感器

仪表

2 C484

黑色

此箭头表明与另一电路相连。此处表示电流流入

分叉电路连接点

黑色

搭铁点

G301

符号	说明
黑 黑 S 黑	导线连接,"S"线路图上的圆点表示线插头
(实线方框)	实线表示显示了整个元件
(虚线方框)	虚线表示只显示了元件的一部分
(元件符号)	元件名称出现在符号的右上角,下面是有关元件功能的说明

图示	说明
"C"① 端子1 ② ③ C103 ④	①插头"C"
	②插孔
	③插头
	④每个插头都标有插头号(以字母"C"开头),以备在元件位置索引中查找,从左上开始,对每个插头的插孔和插头进行编号,使对应的插孔和插头号相同。在电路图上,插头端子标在每个端子旁

符号	说明
灰	表示插头直接与元件连接
灰	表示插头与元件的引线连接

符号	说明
G101	该符号表示电线端子与汽车的金属件连接(每根电线的搭铁都标有以字母"G"开头的搭铁符号,以备在元件位置索引中查找)
(搭铁符号)	与元件重叠的搭铁符号(圆点和三条短线),表示元件外壳直接与汽车的金属件连接

图 1-56　本田、讴歌汽车电路图识读说明

9. 日产-英菲尼迪汽车电路图

日产、英菲尼迪汽车电路图识读说明，如图 1-57 所示。

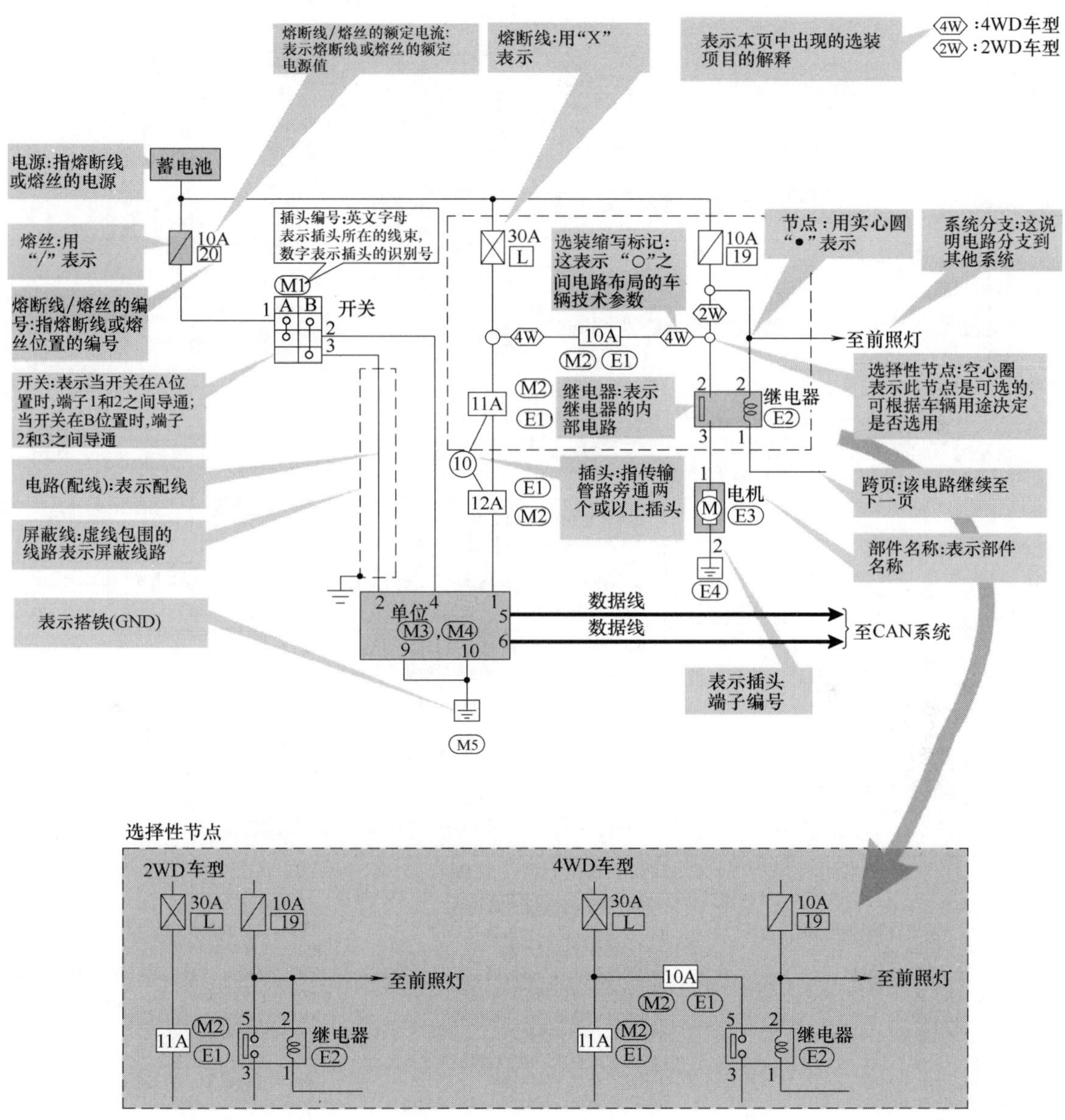

图 1-57 日产、英菲尼迪汽车电路图识读说明

10. 马自达汽车电路图

系统电路图/连接线示意图表明每个系统从电源到接地的电路。电源侧在页面的上部，接地侧在下部。对于在示意图中所描述的电路，点火开关是关闭的。马自达汽车电路图识读说明，如图 1-58 所示。

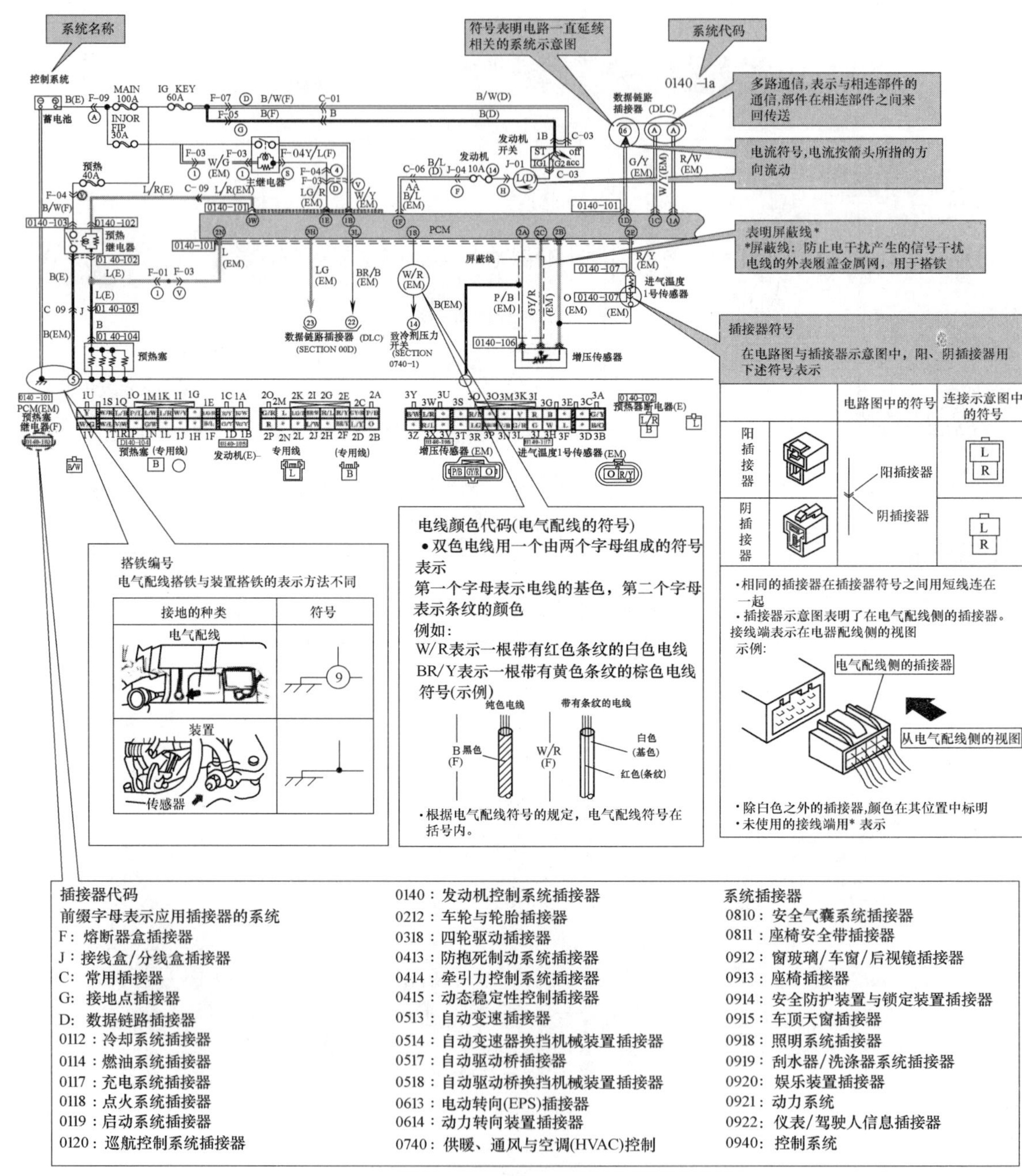

图 1-58 马自达汽车电路图识读说明

11. 三菱汽车电路图

三菱汽车电路图识读说明，如图 1-59 所示。

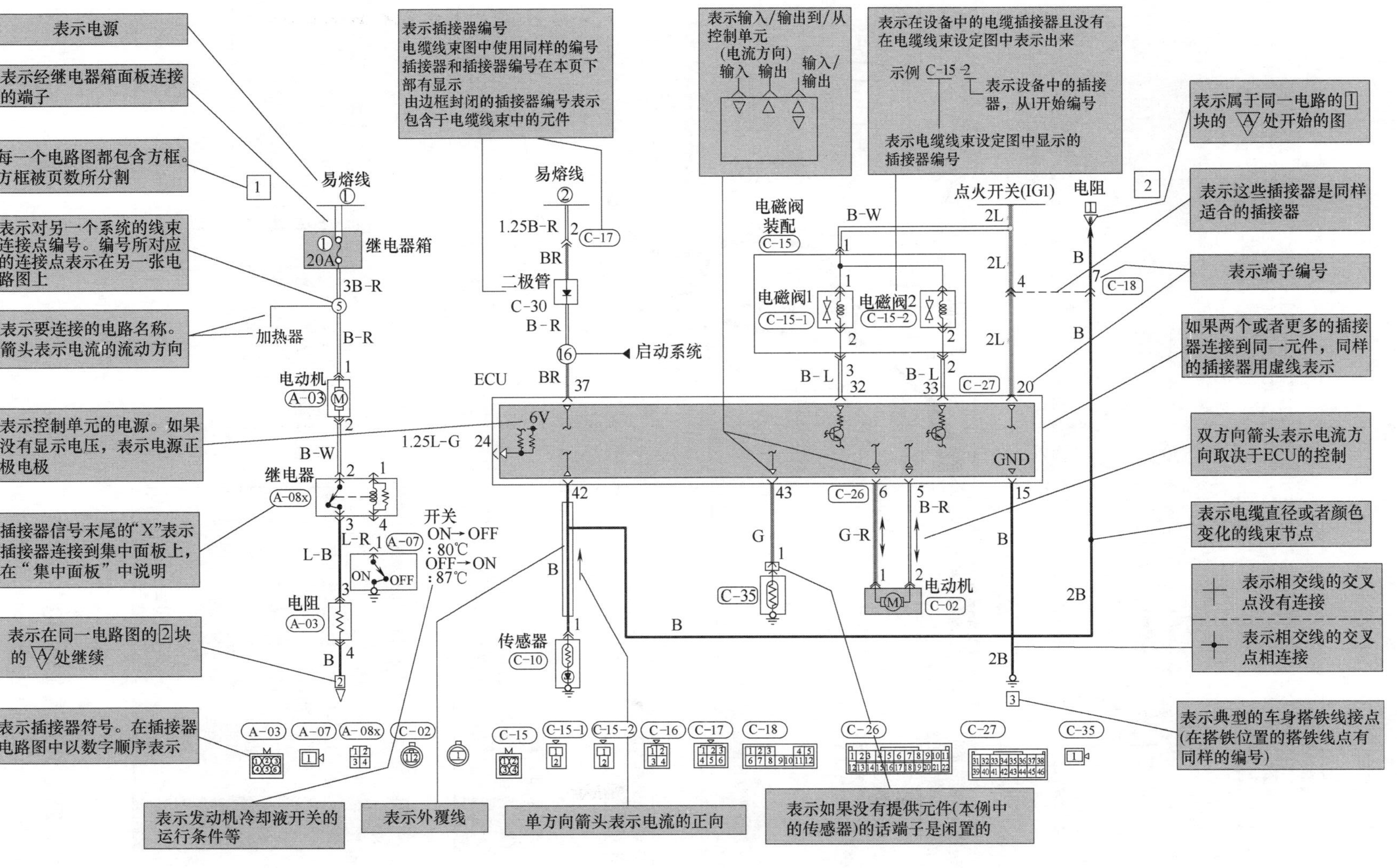

图 1-59 三菱汽车电路图识读说明

三菱汽车电路线束分布图识读说明，如图 1-60 所示。

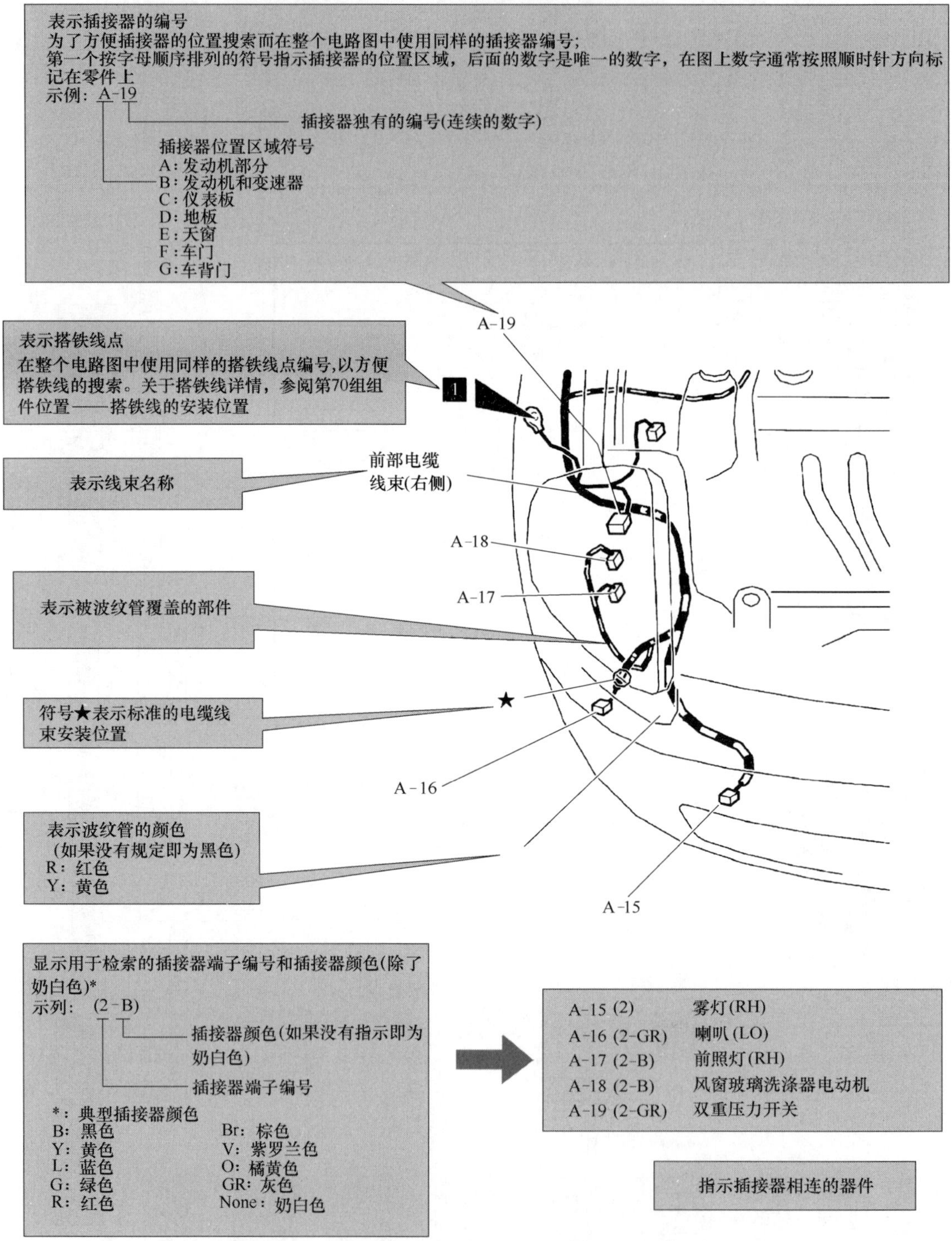

表示插接器的编号
为了方便插接器的位置搜索而在整个电路图中使用同样的插接器编号；
第一个按字母顺序排列的符号指示插接器的位置区域，后面的数字是唯一的数字，在图上数字通常按照顺时针方向标记在零件上
示例：A-19
插接器独有的编号(连续的数字)
插接器位置区域符号
A：发动机部分
B：发动机和变速器
C：仪表板
D：地板
E：天窗
F：车门
G：车背门

表示搭铁线点
在整个电路图中使用同样的搭铁线点编号，以方便搭铁线的搜索。关于搭铁线详情，参阅第70组组件位置——搭铁线的安装位置

表示线束名称

表示被波纹管覆盖的部件

符号★表示标准的电缆线束安装位置

表示波纹管的颜色
(如果没有规定即为黑色)
R：红色
Y：黄色

A-19
1
前部电缆线束(右侧)
A-18
A-17
★
A-16
A-15

显示用于检索的插接器端子编号和插接器颜色(除了奶白色)*
示列：(2-B)
插接器颜色(如果没有指示即为奶白色)
插接器端子编号
*：典型插接器颜色

B：黑色	Br：棕色
Y：黄色	V：紫罗兰色
L：蓝色	O：橘黄色
G：绿色	GR：灰色
R：红色	None：奶白色

A-15 (2)	雾灯(RH)
A-16 (2-GR)	喇叭(LO)
A-17 (2-B)	前照灯(RH)
A-18 (2-B)	风窗玻璃洗涤器电动机
A-19 (2-GR)	双重压力开关

指示插接器相连的器件

图 1-60 三菱汽车电路线束分布图识读说明

12. 现代-起亚汽车电路图

现代、起亚汽车电路图识读说明，如图 1-61 所示。

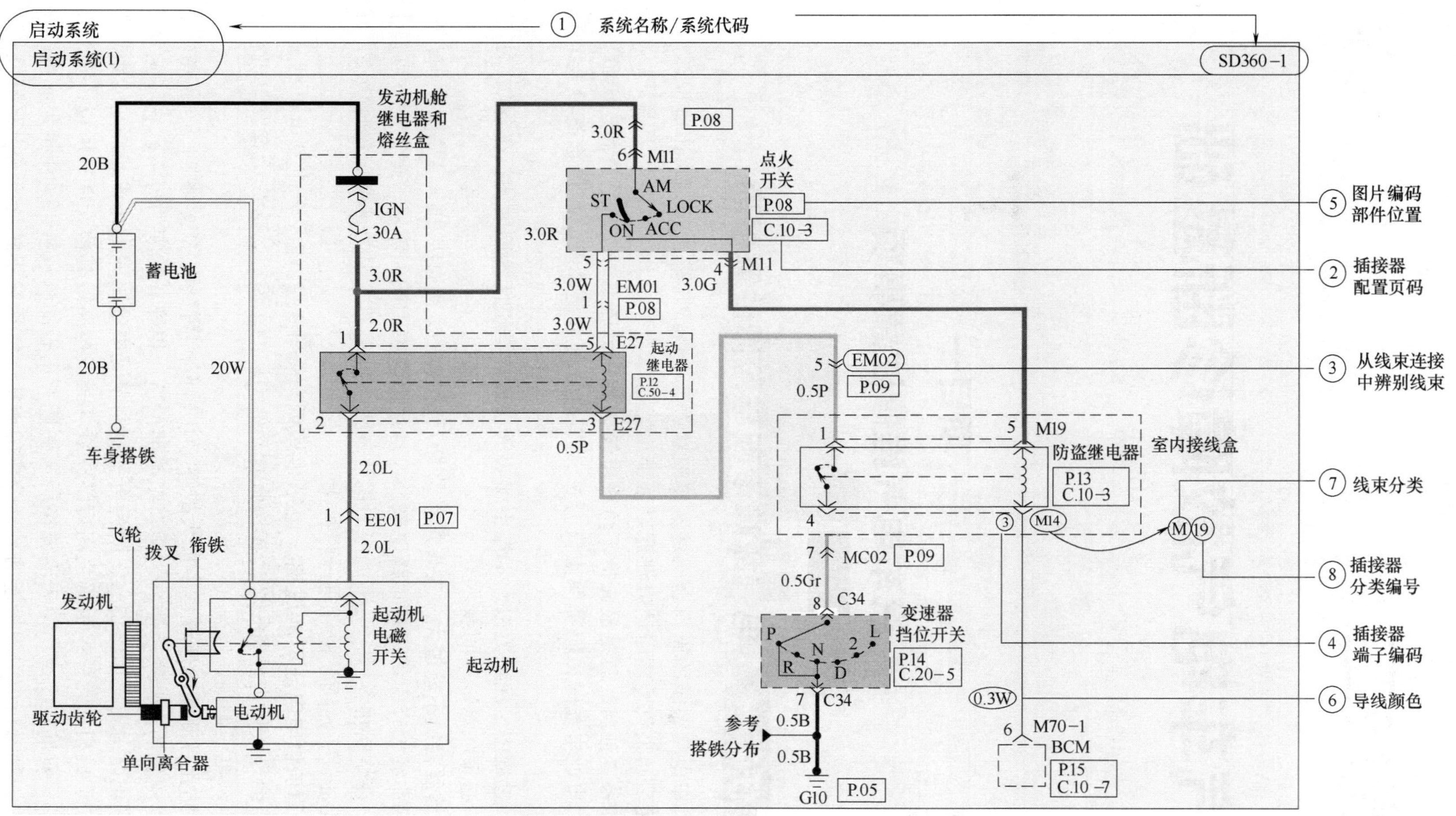

图 1-61 现代、起亚汽车电路图识读说明

模块二

汽车电气故障诊断基础

项目一

汽车电气维修注意事项

任务一 电气故障诊断与检修注意事项

维修汽车电气系统的原则之一是不要随意更换电线或电器，否则有可能损坏汽车或因短路、过载而引起火灾，同时还应注意以下事项。

在拆卸蓄电池时，总是最先拆下负极电缆，装上蓄电池时，总是最后连接负极电缆。拆下或装上蓄电池电缆时，应确保点火开关或其他开关都已断开，否则会导致半导体元器件损坏。

在检修过程中，应避免由于工作不细心或修理技术不佳等原因使汽车的故障扩大，要做到这一点，必须注意以下问题。

（1）熔丝容量不能过大 发现熔丝烧断后，在未找到原因和排除故障之前，不应换上新熔丝，除非经检查确认没有短路现象，或是用电流表测试电流基本正常，方可换上新的熔丝试一下。在烧断熔丝后，绝不能换上铜丝或大电流熔丝，因为这样熔丝是烧不断了，但会烧坏其他元器件，从而使故障进一步扩大。

（2）直流供电电压不能过高 电子电压调节器出现故障，会使发电机输出的电压升高，由此将会导致用电设备损坏。在检修有元件烧坏的车型时，应先检查发电机输出的电压是否正确。若电压偏高，应先排除此故障。

（3）防止在测量电压过程中扩大故障 在检修或测量电压过程中，一定要小心地使表笔对准所要测量的点，不要使表笔碰到别的部位造成相邻导线间的短路，烧坏元器件。在检修电子控制电路时更应加倍小心，因为电子控制单元中的集成电路或元件间的距离很近，稍不注意就会造成相邻元件或引脚之间短路，烧坏集成电路或其他元件。所以，在测量时表笔一定要拿稳，对准被测点，待表笔放稳后再去读万用表的测量结果。测量集成电路某引脚电压时最好改为测量与该引脚相连的另一焊点的电压，应尽量不触及集成电路脚位。

（4）拆焊过的元件或连线应正确复位　在检修过程中，如需将某个元器件焊开或拆开测量，测后复位时或换新元器件时一定不要装错，特别是有极性的元件不能装错，否则会自己给自己设置障碍，而且这种障碍很不容易发现。

（5）不要带电拆装元器件　拆装元器件时，要先关闭或断开电源。对于电子控制电路中的某些集成电路，特别是集成电路有插座时，不要在带电状态下拆装集成电路，装配时要认清位置，严防装反。

（6）拆卸组件应注意的问题　检修时，若遇到某些组件有故障需拆卸修理时，应记下所拆件的位置和拆卸顺序，以保证还原后能恢复其原有的装配精度。

（7）检修空调制冷系统应注意的问题

① 为防止空调制冷系统检修时电路短路，应在检修前拆下蓄电池搭铁线。

② 在修理配线时，应尽量不要改变原线束的位置，如需要更换或焊接配线时，应尽量选用原色、原直径导线，焊接点要用胶带包扎。如更换的配线需要穿过面板或金属构件时应加装橡胶圈以保护配线。

任务二　电子控制系统维修注意事项

汽车电子控制系统对高温、高湿、高电压是十分敏感的。因此，维修汽车电子控制系统时要注意以下问题。

① 严禁在发动机高速运转时将蓄电池从电路中断开，以防产生瞬变过电压将电脑和传感器损坏。

② 当发动机出现故障，“检查发动机”（CHECK ENGINE）警示灯点亮时，不能将蓄电池从电路中断开，以防止电脑中储存的故障码及有关资料信息被清除。只有通过自诊断系统将故障码及有关信息资料调出并诊断出故障原因后，方可将蓄电池从电路中断开。

③ 当诊断出故障原因，对电控系统进行检修时，应先将点火开关关闭并将蓄电池搭铁线拆下，如果只检查电控系统，则只需关闭点火开关即可。

④ 跨接启动其他车辆或用其他车辆跨接本车时，须先断开点火开关，才能拆装跨接线。

⑤ 在车身上进行电弧焊时，应先断开电脑电源。在靠近电脑或传感器的地方进行车身修理作业时更应特别注意。

⑥ 除在测试过程中特殊指明外，不能用指针式万用表测试汽车电脑和传感器，应使用高阻抗数字式万用表进行测试。

⑦ 不要用试灯去测试任何与电脑相连接的电器装置。

⑧ 电控汽油喷射装置对汽油的清洁度要求很高，注意检查装有氧传感器的闭环控制系统的汽车必须使用无铅汽油，以防氧传感器失效。

⑨ 带有安全气囊系统的汽车，对安全气囊进行检修时，如果操作不当将会使气囊意外张开，因此必须严格按操作程序进行。

⑩ 尽量不要打开电脑盖，因为电脑即便坏了修理难度也较大。若进行修理，装回电脑盖时注意其密封性能应良好。

⑪ 雨天检修及清洗发动机时，应防止将水溅到电子设备及线路上。

⑫ 在拆出导线连接器时，要注意松开锁紧弹簧或按下锁扣。在装插连接器时，应插到底锁。配线和连接器的故障主要是断路和线路搭铁。断路故障主要由导线折断、连接器接触不良以及连接器端子脱出等原因造成。一般导线在中间折断很少见，大多是在连接处断开，

因此，应重点检查传感器和连接器处的导线。

任务三 车辆检修结束后的注意事项

（1）检修后切忌遗漏整理 在实际检修过程中，有时为了查找故障，需将某些元件焊掉（拆掉）或将有关接线焊掉（拆掉），检修后必须及时恢复，而且不得接错，以免产生新的故障。恢复拆过的汽车电器时，应按原布线接好（固定好），对于一些靠近热源或有散热要求的（例如电子控制组件等）应放回原处，按原结构形式装配。线扎的位置尽量不要挪动，尤其是有热源处线束的固定及走线位置应该注意恢复原样，螺钉、螺栓等紧固件应拧紧。

（2）整车修复后还应试其性能 对于检修过的汽车，还应注意重新进行试验。在静止状态试验合格后，最好再进行一次路试，以进一步确认故障是否真正被排除。

（3）学会总结经验 每检修好一辆汽车应反思一次。把自己的修理结果与原来的分析推测进行比较，如果原分析检测是正确的，也要总结一下分析过程，以巩固正确的思维方法。如果原分析推测是错误的，就应找出错误原因。

将总结的经验最好用本子记载下来，这样既可以在记载的过程中理清思路、得到提高，而且日后遇到类似故障时也可以参考和借鉴。

（4）向用户介绍正确使用汽车的方法 对于由于用户使用不当造成的汽车故障，维修人员在修理好后还应向用户介绍一些正确使用汽车的方法和技巧，以防同类故障再次发生。

项目二 汽车电子检测工具与设备

任务一 常用检测工具

（1）跨接线 当蓄电池亏电时可以通过跨接线连接到外部蓄电池上借用其电源启动，而用跨接线的一端接蓄电池正极，也可以为检查的部件提供稳定的 12V 电源。可以用跨接线旁路掉电路中的开关、导线和插接器的办法检查负载部件，跨接线还可以用来将电路要检查的部分搭铁。跨接线实物如图 2-1 所示。

图 2-1 跨接线实物

（2）试灯 试灯分无源和有源两种，所谓有源就是自带电源的，无源试灯手柄是透明的，里面装有发光二极管或小灯泡，手柄的一端装有带尖的探头，另一端引出一根带夹子的接地线。汽车电路检测用试灯如图 2-2 所示。有源试灯使用时需要将电路的电源断开，接地夹子接负载的接地端，探头接馈电线，如果电路是连通的，内装电池便将灯点亮，如果电路不连通（证明电路有断路），灯就不亮。

（3）试电笔 在电路检修中，把试电笔的接地端连接到接地体上，用另一端即测杆接触到要检测的电路，如果电路没有断路点，试电笔上的信号灯就会亮，如果灯不亮，证明电路不连接，有可能断路。依次改变测试点，就可以找出断电点的位置。汽车电路维修中常用的试电笔如图 2-3 所示。

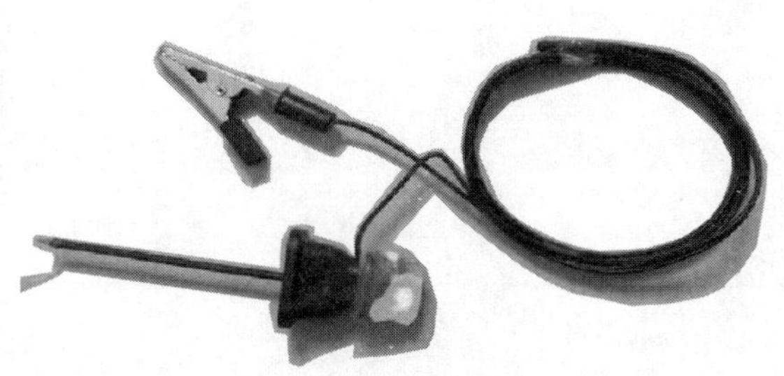

图 2-2 汽车电路检测用试灯

（4）点火正时枪 点火正时枪（图 2-4）是一种用于检测与调整点火正时的窥视灯，一般有三根接线（两细一粗），使用时将两根细线接蓄电池的正负极，另一粗线接到第一气缸火花塞高压线上，通过飞轮壳上的窥视孔可以查看到转动中曲轴飞轮上的点火正时标记。它可以让转动中的飞轮标记呈现为静止状态，以便观测点火正时提前角度。

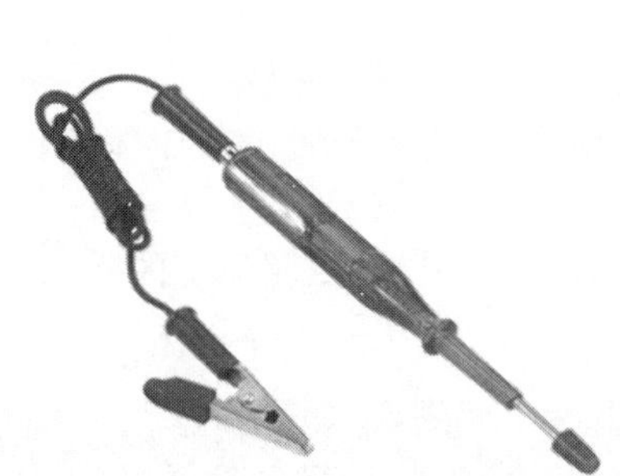

图 2-3 汽车电路维修中常用的试电笔

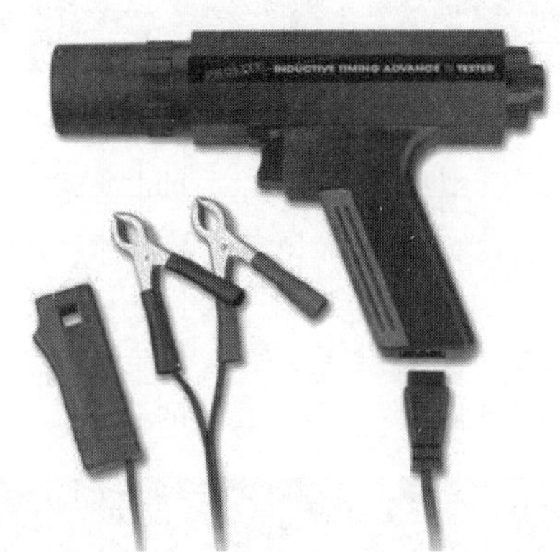

图 2-4 汽车检测用的点火正时枪

任务二 常用检测设备

（1）汽车万用表 汽车万用表是汽车电路故障检修中用得最多的一种工具，按结构与测试结果的显示不同有指针式（普通）万用表与数字式万用表之分。数字式万用表（图 2-5）使用较多，不仅可以用来检测线路的通断，器件的电阻值、电压值，还可以检测频率信号、电流信号等。

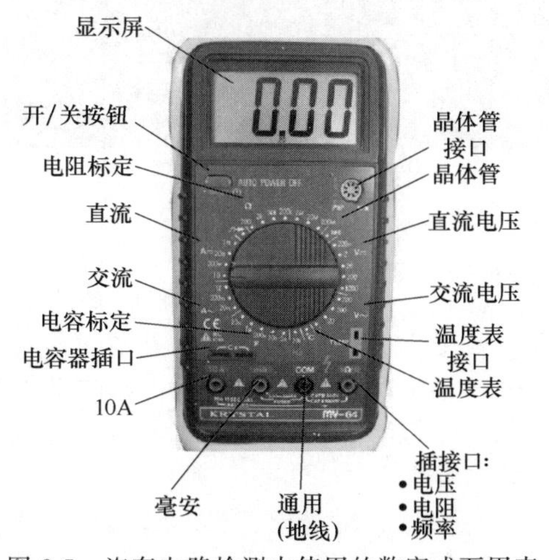

图 2-5 汽车电路检测中使用的数字式万用表

（2）汽车示波器 很多传感器和执行器的信号采用的是电压、频率或以数字表示的信号，在发动机实际运转过程中，由于信号变化很快，很难从这些不断变化的数字中发现问题所在，因此可以利用汽车示波器（图 2-6）的相关检测功能对电控发动机系统里的曲轴传感器信号、凸轮轴传感器信号、氧传感器信号、某些型号的空气流量计信号、喷油嘴信号、怠速电动机控制信号、点火控制信号等一系列信号，用示波图形的方式直观地显示出

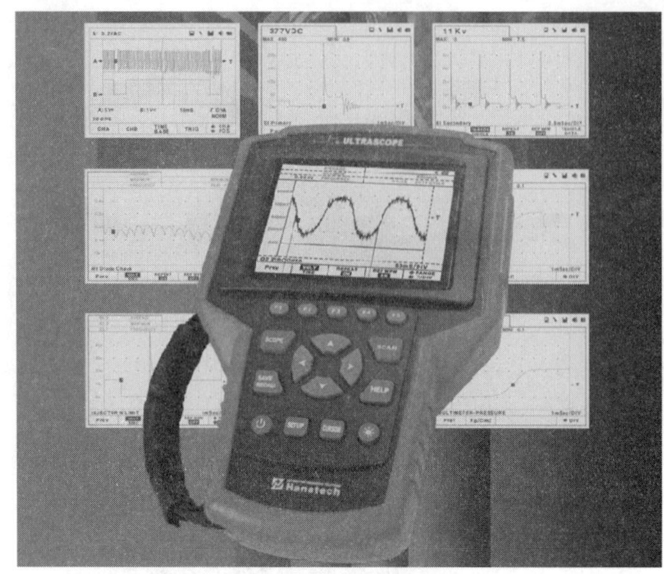

图 2-6 汽车电路故障检测用的示波器

来。所测信号波形与标准信号波形相比较，如有异常之处，则表示该信号的控制线路或电子元件本身出现了问题，需要进一步详细检查。利用汽车示波器来检查电子信号也对维修者提出了较高的汽车维修理论知识要求，需要维修者能较熟悉被测传感器或执行器的工作、控制原理，并对示波器具有一定的操作技巧，能正确地观察波形（波峰、波幅等），否则很难利用好这个工具。

（3）信号模拟器 元器件模拟式测量是通过信号模拟器替代传感器向控制电脑输送模拟的传感器信号，并对控制电脑的响应参数进行分析比较的测量方式。

信号模拟器有两种：一种是单路信号模拟器；另一种是同步信号模拟器。

单路信号模拟器是单一通道信号发生器，见图 2-7。它只能输出一路信号，模拟一个传感器的动态变化信号。主要信号有可变电压信号 0～15V，可变交直流频率信号 0～10Hz，可变电阻信号的正常与否，另一个是用可变模拟信号去动态分析电脑控制系统的响应，进而分析控制电脑及系统的工作情况。

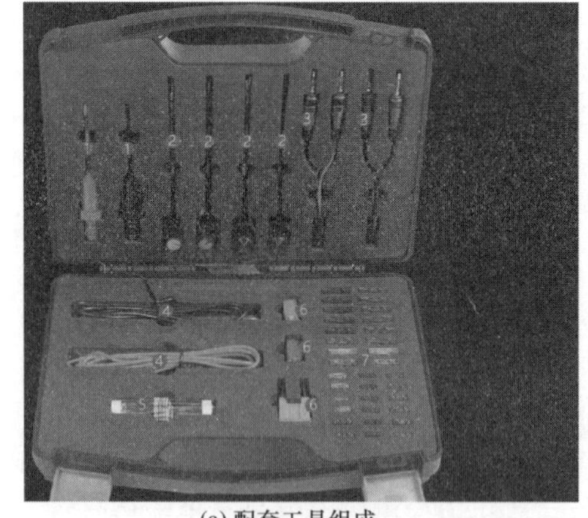

(a) 配套工具组成

1—刺线器；2—电位计；3—二极管试灯；4—连接线；5—常用电阻；6—方形熔丝；7—保险片

(b) 可模拟传感器信号类型

图 2-7 单路信号模拟器

同步信号模拟器是两通道以上的信号发生器。它主要用于产生有相关逻辑关系的信号，如曲轴转角和凸轮轴传感器同步信号，用于模拟发动机运转工况，完成在发动机未转动的情况下对控制电脑进行动态响应数据分析的实验。同步信号模拟器的功用也有两个：用对比方式比较传感器品质的好坏；分析电脑控制系统的响应数据参数。

以图 2-8 所示的多路同步信号模拟器 MST-9000＋为例，该模拟器具备以下功能。

① 提供全车系的曲轴信号模拟，六路可设定任意波形输出，能产生包含当今所有车型

的发动机曲轴、凸轮轴信号，波形数据由电脑长期保存。

② 磁电式曲轴信号全部由变压器隔离，保证信号间不产生相互干扰。

③ 全车系传感器信号模拟专家：转速信号、车速信号（霍尔、磁电、光电信号）、ABS 轮速信号、氧传感器信号、节气门信号以及空气流量计、进气压力传感器（模拟、数字）、爆震传感器等信号模拟。

④ 全车系执行器驱动专家：转速表、里程表、鼓风机控制模块、喷油器、点火线圈、点火模块、频率及脉宽控制电磁阀、步进电动机驱动（四线、六线）、汽车音响功放等。

⑤ 全车系执行器模拟专家：点火线圈、喷油器、怠速步进电动机、超声波发生器等执行器模拟。

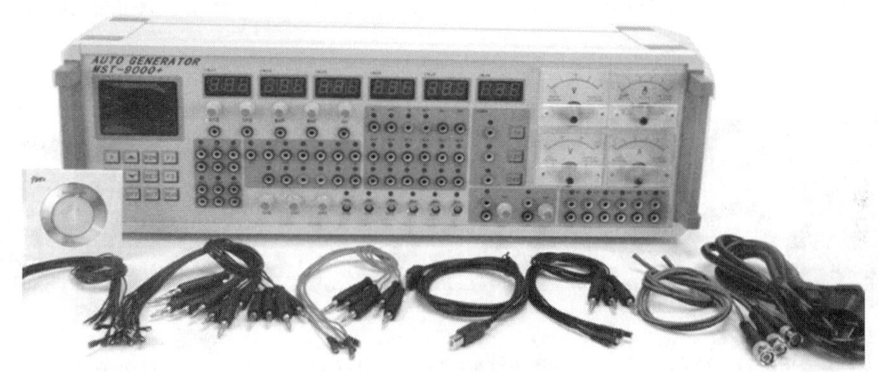

图 2-8　多路同步信号模拟器 MST-9000＋

项目三

汽车故障诊断设备

任务一　原厂专用检测仪

汽车故障诊断仪俗称解码器，是利用配套连接线和汽车电脑数据输出 DLC（检测接头）相连，从而达到与各种电控系统控制单元（ECU）进行数据交流的专用仪器。

汽车故障诊断仪最基本的功能是读取和清除电控系统故障码，具有综合功能的诊断仪的功能远不止这些，一般还具有系统传感器与执行器的静态及动态数据流分析功能，具有部分执行器的动作测试功能，有的还带有示波器显示功能、万用表功能和打印功能，有的带有控制系统电路图、技术检测参数和维修指引以供参考，有的可以通过专用数据线直接和电脑相连进行资料的更新与升级，有些功能强大的原厂诊断仪还能对车上电控系统控制单元（ECU）进行某些数据资料的重新写入和更改等。

汽车故障诊断仪通常分为原厂和非原厂两种。所谓原厂汽车故障诊断仪即指由汽车制造厂家提供或指定的解码器，如奔驰汽车用 STAR，宝马汽车用 GT1，大众（奥迪）汽车用 VAG1552 和 VAS5052，标致、雪铁龙汽车用 PPS2000，沃尔沃汽车用 VIDA 等，见图 2-9。通常，每个汽车制造厂家都有针对自己所生产的各种车系的原厂解码器，以便能为自己生产的汽车提供更好的售后检测服务。

主机+底座

诊断线+延长线+OBD−Ⅱ线

界面盒

(a) 奔驰汽车专用解码器STAR (b) 宝马汽车专用解码器GT1

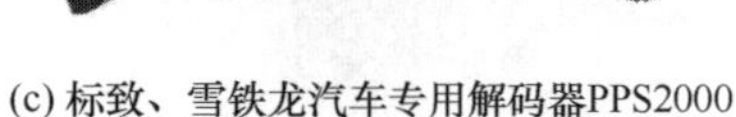

(c) 标致、雪铁龙汽车专用解码器PPS2000 (d) 通用汽车专用解码器TECH2

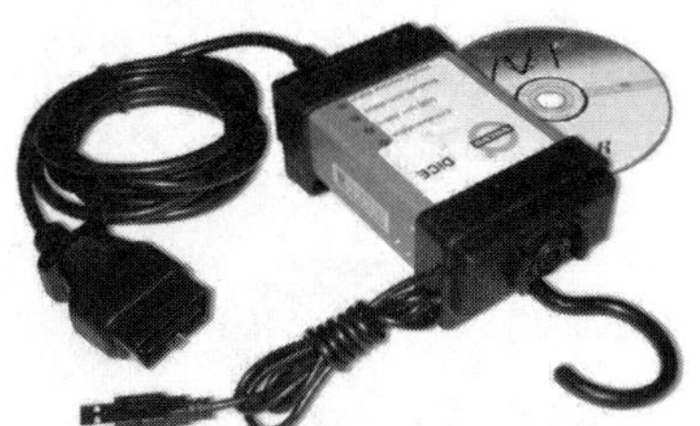

(e) 沃尔沃汽车专用解码器VIDA

(f) 丰田汽车专用解码器

(g) 本田汽车专用解码器

(h) 日产汽车专用解码器

(i) 大众、奥迪汽车专用解码器VAG1552

(j) 大众、奥迪汽车专用诊断器VAS5052

图 2-9 原厂解码器

任务二 综合通用诊断器

非原厂汽车解码器则指不是由汽车制造厂家提供或指定，而是汽车专业维修检测仪器设备厂商生产的汽车解码器，如德国博世公司生产的 KTS570，美国公司生产的红盒子 SCANNER MT2500，瑞典公司生产的 AUTODGAGNOS，国内公司生产的电眼睛、修车王、车博士、车灵通等，见图 2-10。

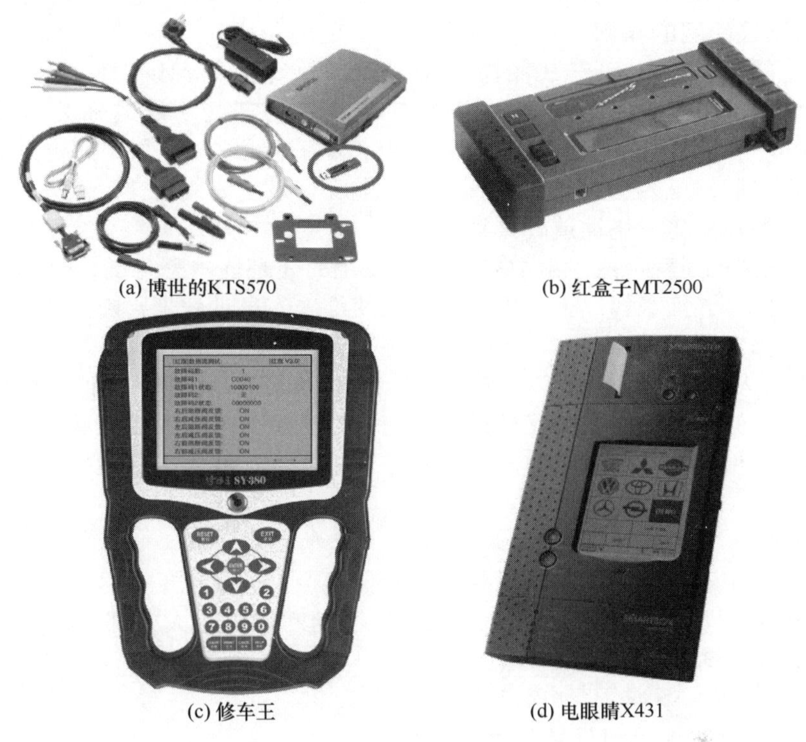

(a) 博世的KTS570　(b) 红盒子MT2500

(c) 修车王　(d) 电眼睛X431

图 2-10　非原厂解码器

原厂解码器一般只能诊断某单一品牌汽车厂商开发的车系，不能检测其他汽车公司生产的汽车，就像 INTELLIGENT TESTER 只能检测丰田汽车公司生产的包括雷克萨斯车系车型，却不可以用来诊断宝马、奔驰、福特、日产等车系。和原厂解码器相比，非原厂解码器一般可以检测多种不同汽车制造厂家所生产的各种汽车，如 KTS570 就可以诊断奔驰、宝马、大众（奥迪）、保时捷、通用等多家不同系列品牌车系。

项目四

汽车电气故障诊断流程与方法

任务一　电气故障诊断流程

掌握正确的检修程序会使检修工作少走弯路。首先要向用户调查，还要亲自观察故障现象，然后根据故障现象判断故障的大致部位，并对该部位用仪器等进行测量和观察，最后找出故障点，排除故障。下面详述检修中的各个步骤。

1. 询问用户

在检修汽车电子电器故障之前，不要忙于通电，应向用户询问了解汽车的使用情况、故障现象以及故障产生和发展的过程，并将用户提供的情况做好记录，认真分析研究。这对于初学者来说是非常有必要的。由此可以减少对故障的误判和错判。询问应包括的内容如下。

（1）汽车已经使用的年限 了解汽车已经使用的年限可以帮助大致估计出故障的性质。例如，对于较新的汽车，比较多的情况是个别零件安装或焊接不好，接插件松动造成接触不良；个别元器件可靠性太差；用户不会使用汽车的某些功能或开关而造成的“假故障”。对于使用多年的旧车来说，则应该较多地考虑损耗性故障，如集成电路老化，特性变坏，晶体管特性下降，电容器漏电，介质损耗，电容容量变值或击穿，点火线圈内部发霉损蚀而折断，开关触点氧化或烧蚀造成接触不良等。

（2）产生故障的过程 应了解故障是突然发生的还是逐步恶化的，是静止性的故障还是时有时无的故障。详细了解以上这些情况可以使维修人员进一步判断故障的性质，采用较为合理、安全的修理方法。

（3）是否请人修理过 应该了解该汽车发生故障以后，用户是否请人修理过，修过哪几个部位。如请人修理过，此人的修理过程如何，是否调节过车内的某些可调部位，是否更换过元器件或零部件等，这可以帮助修理人员较快地排除一些由于修理技术不成熟而造成的人为故障。

2. 实车检查

经询问用户初步了解到故障现象以后，就应仔细检查故障现象，尽可能多地了解故障汽车有哪些功能丧失，哪些功能仍正常。这将有助于判断故障的大概部位，尽快缩小故障范围。通常应做以下检查。

① 整车不工作时，喇叭是否响?

② 启动不着车时，起动机运转是否正常?

③ 起动机运转不正常时，大灯亮度是否正常?

④ 喇叭不响或响声异常时，大灯亮度是否正常?

⑤ 电喷发动机不能启动时，水温表指示是否正常?

⑥ 电喷发动机冷态启动困难，踩下油门踏板，在这种加速加浓的情况下能否启动?

⑦ 空调器不工作时，冷却液风扇是否运转?

⑧ ABS 制动系统不起作用时，ABS 指示灯能否点亮?

对于观察到的损坏元器件或零部件，应先对其进行修理或更换，往往就会使问题得以解决。这种情况尤其适用于因车辆相碰、撞车等引起的电器电路故障的修理。

3. 联系各部分故障现象进行分析判断

为便于分析判断故障所在部位，下面将几个主要部分出现故障时的现象介绍如下。

（1）电源部分 电源（蓄电池）部分发生故障，将使汽车不能工作或工作失常。无蓄电池电压的主要故障现象是：启动不着车，喇叭不响，大灯不亮，各种指示灯也不亮。蓄电池电压低于正常值时起动机运转无力，灯光变暗，喇叭声音失真等。发电机造成的电路不良，会使供电电压升高而损坏用电设备及灯泡，如不能充电，则会使蓄电池经常亏电。

（2）启动部分 启动部分担负着产生发动机启动时所需转矩的任务。因此启动部分发生故障时，喇叭和灯光系统正常但启动不着车，发动机不能运转，起动机不转、起动机运转无力也会导致此类故障。

（3）点火部分 因点火部分发生故障而使发动机不能正常工作的主要现象为：发动机不能发动或突然熄火，发动机虽然能发动，但工作不均匀，个别缸不工作，发动机启动时反转、加速时发生爆震，或动力不足、加速不良且温度过高，发动机虽然能启动，但有其他不正常现象等。

（4）发动机电控系统部分 因发动机电控系统故障而使发动机不能正常工作的主要现象为：发动机不能启动，发动机冷态启动困难，发动机热态启动困难，发动机怠速状态不良，发动机高速性能不良，发动机加速性能不良，怠速状态时间一长就导致熄火，并且不能再启动，上长坡时，发动机状态不良，像没有劲似的导致熄火，但停一会儿又能启动，行驶中踩下油门踏板不能加速，反而导致突然熄火。

（5）辅助电器部分 辅助电器大多自成系统，损坏时故障现象仅与该系统中的线路、零件有关系，比较好判断。

必须注意的是在一些采用自动变速器以及防盗控制、遥控启动等辅助控制装置的车辆上，启动电路还受空挡启动开关、防盗控制器等状态的控制。电控汽车故障诊断流程如图2-11所示。

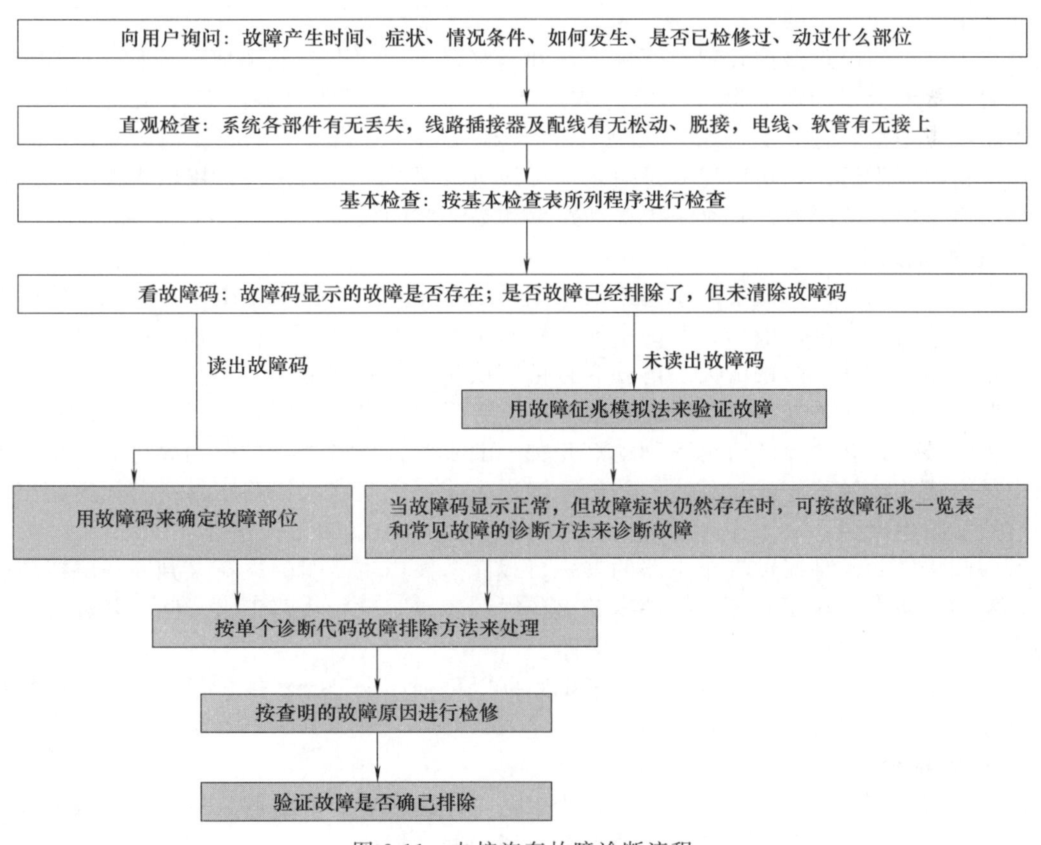

图 2-11 电控汽车故障诊断流程

任务二 电气故障诊断方法

常用于电气故障的检修方法有：直观检查法，检查保险法，搭铁试火法，试灯检查法，短路检查法，元件替换法，整车比较法，模拟检查法等。

1. 直观检查法

直观检查法是直接观看检查的方法的简称，它不使用任何仪器、仪表。凭检修者的直观感觉来检查和排除故障，当汽车电系的某个部分发生故障时，会出现冒烟、火花、异响、焦臭、高温等异常现象；通过人体的感觉器官，听、摸、闻、看，对汽车电器进行外观检查，进而判断出故障所在部位。对于有一定经验的维修人员来说，不仅可以通过直观检查法来发现一些明显的故障，而且还可以发现一些较为复杂的故障，从而大大提高检修速度。

例如，汽车在行驶中，突然发现转向灯与转向指示灯均不亮的故障，用手一摸发现闪光继电器发烫，说明闪光器电路已经烧毁或短路。

2. 检查保险法

保险或熔丝是熔断器的俗称。当汽车电系出现故障时，首先应查看保险是否完好，有时故障简单的就是保险烧断或处于保护状态。此时，通过检查保险，即能判断故障部位。如汽车在行驶中，若某个电器突然停止工作，同时该支路上的熔断器熔断，说明该支路有搭铁故障存在。某个系统的保险反复烧断，则表明该系统一定有类似搭铁的故障存在，不应只更换熔断器了事。

汽车上常用的电路保护装置有两种：一种是双金属片式电路断电器，简称“断路器”；另一种则是普遍应用的熔断器（即保险或熔丝）。但是，现在很多汽车（无论进口还是国产）电路线束中都装有“易熔线”。易熔线有一根或几根，装在主电源线与熔断器盒之间，并且位于蓄电池附近，其功用主要是对主电源线进行保护。因而，在采用检查保险法进行诊断与检修汽车电路故障时，必须考虑对断路器和易熔线的检查。

3. 搭铁试火法

试火法又称刮火法，通常用于判断线束或导线有无开路。拆下用电设备的某一线头对汽车的金属部分搭铁碰试，根据火花的有无，判断是否开路。这种方法比较简单，是广大汽车电工经常使用的方法，搭铁试火法可分为直接搭铁和间接搭铁两种。

所谓直接搭铁，是未经过负载而直接搭铁产生强烈的火花。例如，怀疑照明总开关至制动灯开关一段线路有故障，可拆下制动灯开关上的线头直接搭铁碰试；如火化弱，说明这段线路中某一线头接触不好或有脏污；如出现强烈火花，说明这段线路正常；若无火花出现，说明这段线路有断路。

所谓间接搭铁，是通过汽车电器的某一负载而搭铁产生微弱的火花来判断线路或负载的情况。例如，将点火线圈低压侧搭铁，若火花微弱，说明这段线路正常，回路是经过点火线圈初级搭铁；若无火花，则表明电路有断路。

注意：试火法不宜用来检查汽车电子电路，以免损坏电子元器件。但必要时，可采用一段细导线（通过电流很小）来做试验。

4. 试灯检查法

用一个汽车灯泡作为临时试灯，检查线束是否开路或短路，电器或电路有无故障等。此方法特别适合于检查不允许直接短路的带有电子元器件的电器。

例如，如果燃油系统不喷油，就可以简单地以试灯法来缩小故障范围。取下喷油器插头，在线束一侧的插头上相应于喷油器线圈的两个端子上接上试灯。打开点火开关，转动发动机，如果试灯随发动机的转动一闪一闪发亮，表明故障不在控制器及其线束一侧，而集中在喷油器和油路；反之，则认为喷油器得不到喷油指令（电脉冲），故障在控制器及其线束一侧。

使用临时试灯法时应注意试灯的功率不要太大，在测试电子控制器的控制（输出）端子是否有输出及是否有足够的输出时尤其要慎重，防止使控制器超载损坏，如上述用小试灯替代喷油器以测试其控制信号的例子。

5. 短路检查法

短路法又叫短接法，即用一根导线将某段导线或某一电器短接后观察用电设备的变化。

例如，当打开转向信号灯时，发现左、右两边的转向信号灯出现闪烁微光，这时就可用导线将某一边的转向信号灯灯壳人为地进行搭铁，若这时只有另一个转向信号灯亮，证明此处搭铁不良；若仍然是两边的灯均亮，则认为此处搭铁良好。可对另一侧转向信号灯进行同样检查。

6. 元件替换法

元件替换法常用于故障原因比较复杂的情况，能对可能产生的原因逐一进行排除。其具体做法是用一个已知是完好无损、功能正常的零部件来替换被认为或怀疑是有故障的零部件，这样做可以判断怀疑是否正确。若替换后故障消除，说明怀疑成立；否则，装回原件，进行新的替换，直至找到真正的故障部位。

7. 整车比较法

整车比较法是通过比较故障车与同类型正常车来判断故障的一种方法。

对于一些难以判断的故障现象，可使用整车比较法检查。具体方法是将故障车工作时的现象、响声和操作中出现的情况与正常车进行比较，就能很容易地发现故障车的差异或缺陷，从而确定故障现象。

对于一些较难确定故障部位的汽车，也可以将估计有故障的部件取下与正常车对换。若正常汽车依旧能正常工作，说明判断错误；若正常汽车不能正常工作，则证明判断正确。当然，也可以把正常汽车上的部件对换或连接到被检修的汽车上，若后者开始正常工作，由此就可证明故障出自被更换（或替换下的）下来的部件中。

整车比较法在检修新型汽车时经常采用，可克服无资料、无图纸的困难，还可用于对一些杂牌、不常见汽车电子电器的修理。

8. 模拟检查法

在故障诊断中往往遇到所谓隐性故障，即有故障但没有明显的故障征兆。遇此情况必须进行全面的故障分析，然后用模拟与用户车辆出现故障的相同或相似的条件和环境进行试验，以便找出故障所在。在故障征兆的模拟试验中，不仅要对故障征兆进行验证，而且还应找出故障发生的部位或零部件。因此，在试验前必须把可能发生故障的电路范围尽可能缩小，然后进行故障征兆的模拟。

故障征兆的模拟检查方法主要有以下几种。

（1）振动法 当振动可能是引起故障的原因时，即可采用振动法进行试验。基本方法主要有以下几种。

① 连接器：在垂直和水平方向轻轻摆动连接器。

② 配线：在垂直和水平方向轻轻摆动配线，连接器的接头、支架和穿过开口的连接器体等部位都应仔细检查。

③ 零部件和传感器：用手轻拍装有传感器的零部件，检查是否失灵，但不可用力拍打继电器。

（2）加热法 若有些故障只是在热车时出现，可能是因有关零部件或传感器受热而引起的，可用电吹风或类似加热工具加热可能引起故障的零部件或传感器，检查是否出现故障，但必须注意以下两点。

① 加热温度不得高于 60℃，温度限制在不致损坏电子元器件的范围内。

② 不可直接加热汽车电脑中的元器件。

（3）水淋法 当有些故障是在雨天或高湿度的环境下产生时，可用水喷淋在车体上，检查是否发生故障，但应注意以下两点。

① 不可将水直接喷淋在发动机电控零部件上，而应喷淋在散热器前面，间接改变温度和湿度。

② 不可将水直接喷射到汽车电子器件上。

（4）全开法 当怀疑故障可能是因用电负荷过大而引起时，可接通车上全部电气设备，检查是否发生故障。

模块三

汽车基本电路分析与诊断

项目一

汽车电源电路

任务一 汽车电源电路概述

电源系统是汽车电气系统的重要组成部分之一，它主要由蓄电池、发电机、调节器、充电指示灯或电流表等组成，如图 3-1 所示。其中蓄电池主要用于启动供电及发电机发电不足或过载时供电。发动机正常工作时，汽车用电设备主要由发电机供电。

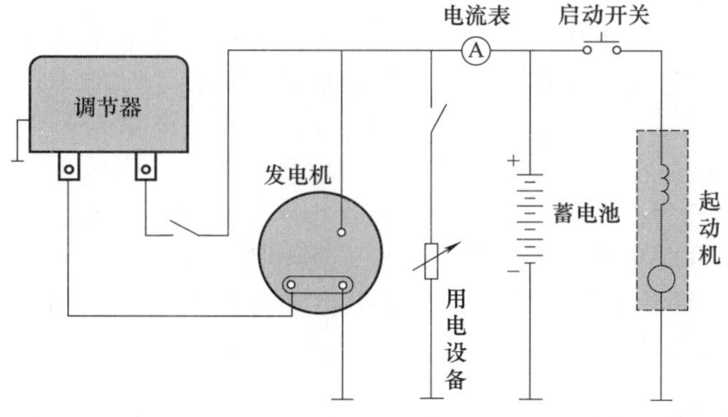

图 3-1 汽车电源系统的组成

以大众桑塔纳 2000 汽车电源与充电电路为例，如图 3-2 所示。

当发电机工作时，定子绕组中产生的三相交流电动势经输出整流电路整流后，输出直流电压 U_{B+} 向负载供电，并向蓄电池充电，发电机的磁场电流则由磁场电路整流后输出的直流电压 U_{D+} 供给。充电的控制过程如下。

当点火开关接通时，充电指示灯电路接通，其电路为：蓄电池正极→中央配电盒 P 插

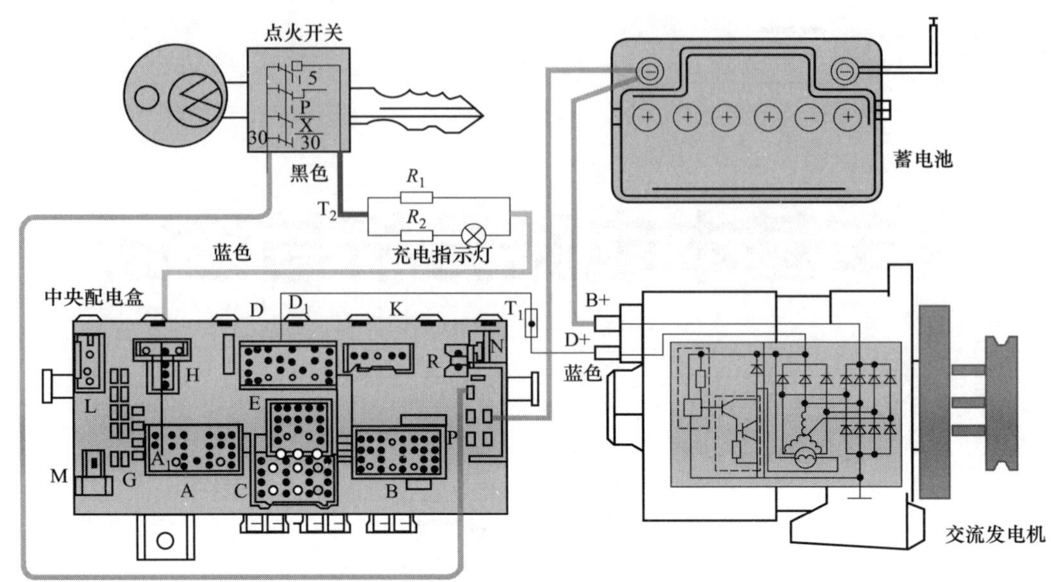

图 3-2　大众桑塔纳 2000 汽车电源电路

座→点火开关 30 端子→点火开关→点火开关 15 端子→电阻 R_1、R_2 和充电指示灯→二极管→中央配电盒 A 插座的 16 端子→中央配电盒内部线路→D 插座的 4 端子→蓄电池旁边的单端子连接器 T1→发电机“D+”端子→发电机磁场绕组→调节器→搭铁。可见，充电指示灯一端（左端）接蓄电池电压，一端（右端）接发电机“D+”端输出电压。在发电机尚未发电时，发电机“D+”端尚无电压输出，充电指示灯两端电位差较大，指示灯发亮，指示磁场电流接通并由蓄电池供电。

发动机启动后，随着发电机转速升高，发电机“D+”端电压随之升高，充电指示灯两端的电位差降低，指示灯亮度减弱。当发电机电压升高到蓄电池充电电压 U_C 时，发电机“B+”端与“D+”端电位相等（$U_{B+}=U_{D+}=U_C$），此时充电指示灯两端电位差降低到零，指示灯熄灭，指示发电机已正常发电，磁场电流由发电机自己供给。

当发电机转速降低时，“D+”端电位降低，指示灯两端电位差增大，指示灯又发亮，指示蓄电池放电。当发电机高速运转，充电系统（发电机或调节器）发生故障而导致发电机不发电时，由于“D+”端无电压输出，因此充电指示灯两端电位差增大，指示灯发亮，警告驾驶员应及时停车，排除故障。

任务二　汽车电源电路分析

以比亚迪 F0 车型为例，其电源供电与充电电路如图 3-3 所示。

蓄电池通过易熔线与 F1/10（125）熔丝提供常电电压，再经 F2/14（40A）熔丝接到 IG 继电器与 ACC 继电器，这两个继电器由点火开关进行控制，当打到 Ⅰ、Ⅱ 挡时 ACC 继电器接通供电，当打到 Ⅱ、Ⅲ 挡时 IG 继电器接通供电。

发电机 B 脚位接常电线，在发动机启动后，一边向蓄电池充电，一边由发电机向汽车其他用电设备提供电源，L 脚位接到组合仪表 C1-24 端，接电源充电状态指示灯。

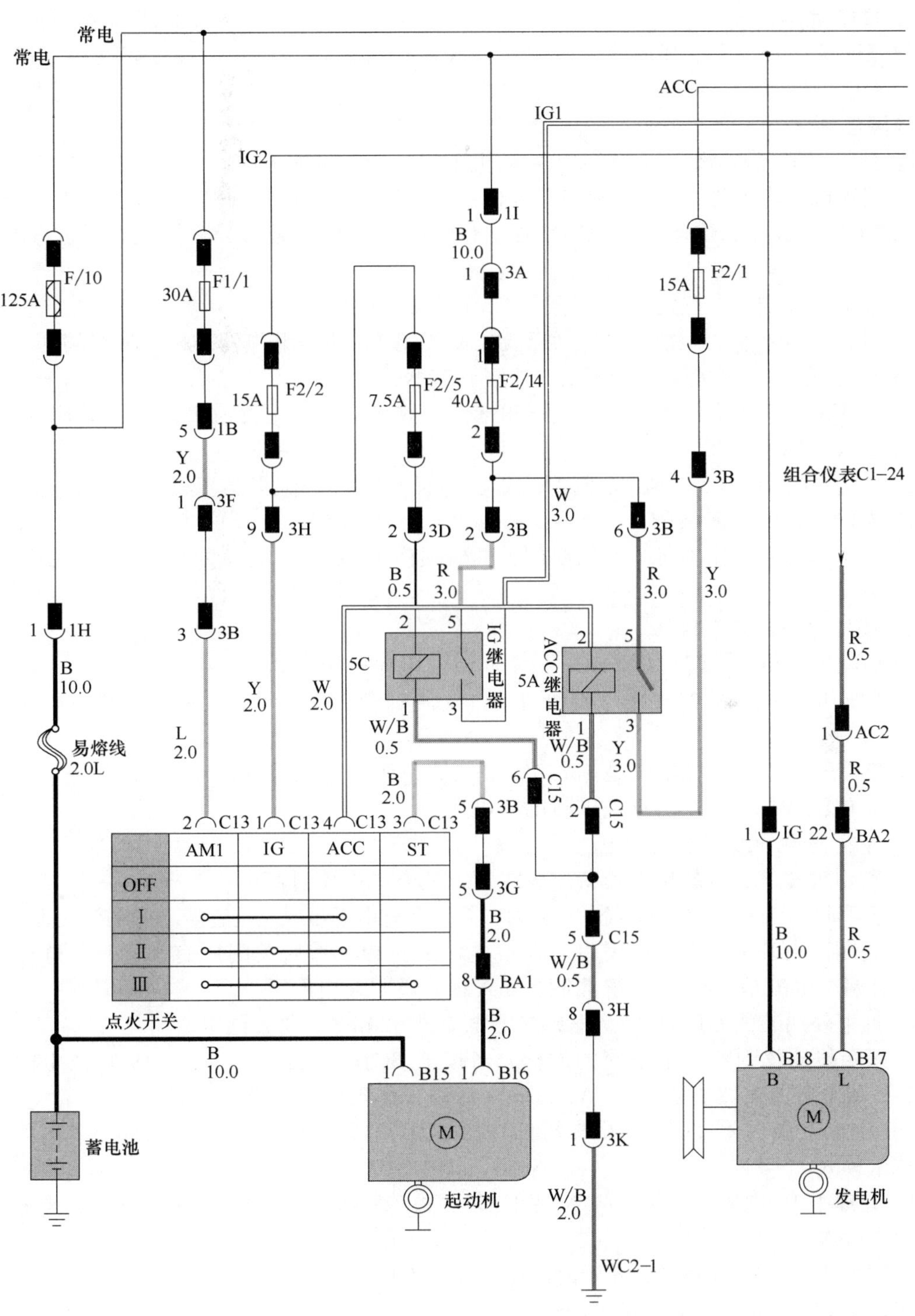

图 3-3　2008 年款比亚迪 F0 汽车电源与充电电路

任务三 汽车电源电路故障诊断

1. 蓄电池故障

故障现象 一汽大众开迪汽车在停放两天后出现蓄电池亏电，导致起动机不能启动发动机。

故障诊断

① 分析可能的故障部位和部件，发动机不能启动的可能原因如下。

a. 起动机不能转动。可能有故障的部件：蓄电池、起动机及线路（含搭铁不良）、点火开关、J527（包括线路、熔丝等）、CAN 线、J519、50 继电器及线路、挡位开关、J519 ~ J527 线路。

b. 起动机能启动，但发动机不能启动，可能原因如下。

ⓐ 供油系统：燃油泵故障（包括保险丝及线路）、油泵继电器故障、油路堵塞、喷油器及线路异常、燃油质量差或油量不足、油压调节器故障。

ⓑ 点火系统：点火线圈（包括线路和熔丝）故障、主继电器故障、点火正时不对、G28 传感器故障、CAN 线异常。

ⓒ 防盗系统：钥匙、防盗器、网关、读写线圈、CAN 总线及防盗相关线路等未正确匹配。

ⓓ 发动机控制单元故障。

ⓔ 机械故障：缸压不足（配气相位、机械损伤）、积炭、火花塞异常、淹缸、进排气系统堵塞等。

② 按步骤进行如下检修。

a. 启动发动机时，起动机不转。检测此时蓄电池电压为 8.2V。

b. 用外接蓄电池的方法进行辅助启动，发动机能正常启动，说明发动机机械及电控系统正常。

c. 怠速时检查发动机电压是 14.2V，正常，说明蓄电池亏电，可能原因如下。

ⓐ 蓄电池损坏，此车已更换过新的蓄电池。

ⓑ 车辆漏电导致蓄电池亏电。

ⓒ 蓄电池损坏，可能用电负荷过大或蓄电池充电电压过高。

由于开迪汽车有电源管理系统，行驶时一般不会充电不足或充电过高，因此应是漏电导致。

d. 关闭点火开关，将电流表串联在蓄电池的正极，然后关闭所有车门、车灯等用电设备。此时漏电电流是 480mA，正常是 30mA 内，说明漏电严重。

e. 拆下外加装的 GPS 和防盗器，漏电电流是 320mA，仍然过高。

f. 采用拔熔丝判断漏电电流的方法。当拔下 SC46（功能/部件：J519 车载电网控制单元）时，漏电电流突然变成 120mA，20min 后进入休眠模式，变成 90mA。

g. SC46 是 J519 供 30 号正电，判断 J519 或此两段线路有故障，造成漏电和时间较长才进入休眠模式。

h. 处理 J519 的搭铁点（左侧 A 柱下部），故障一样：漏电电流为 300mA，进入休眠模式后为 90mA。

i. 更换正常汽车的 J519，开始时漏电电流为 200mA；等 2min，电压稳定后 J519 进入休眠模式，漏电电流为 30mA，正常。

j. 仔细检查 J519，发现针脚 E/7 弯了，导致虚接产生故障。SC46 熔丝的电源电路如图 3-4 所示。将 J519 针脚掰直，装回车内。进入休眠模式后放电电流只有 25mA，故障排除。

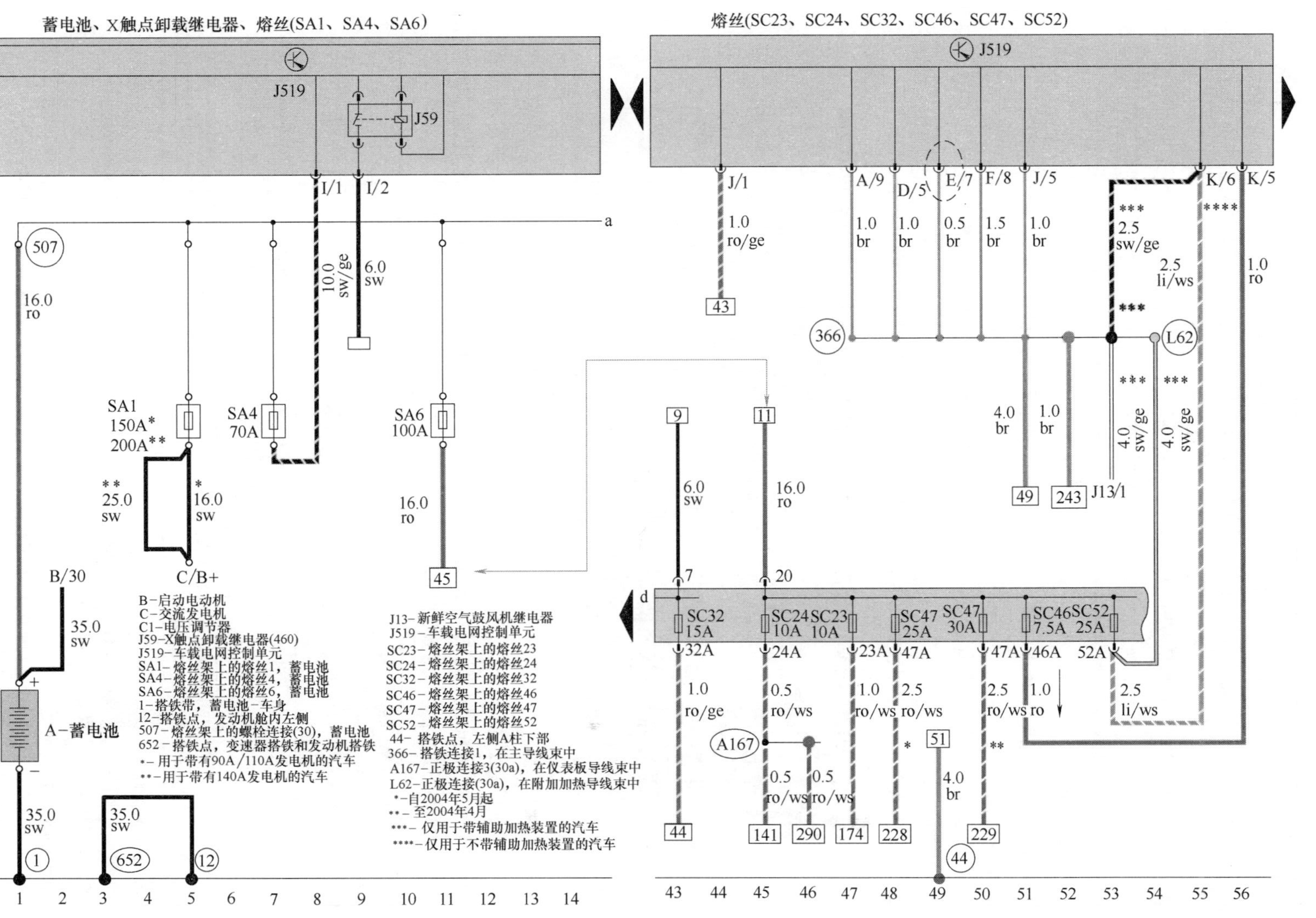

图 3-4 SC46 熔丝的电源

故障排除 修理 J519 中 E/7 的接脚。

专家点评

① 漏电的检测，用拔熔丝的方法是较快速和准确的。

② J519 中的 E/7 脚是 J519 控制单元内 CPU 的接地线。如果此脚接触不良，会导致 J519 工作异常，从而不能进入睡眠模式，漏电电流过大。

③ 此车漏电电流过大的原因有两个：一是舒适 CAN 工作时的电流是 150mA，休眠时为 6mA，但唤醒电流较大。当 J519 不能休眠时，它一直处于唤醒别的控制单元和自身处于工作状态，所以电流较大；二是 J519 本身不休眠而正常工作，也消耗一部分电流。

2. 发电机故障

故障现象 一汽大众全新迈腾车型蓄电池指示灯常亮，怠速高。

故障诊断

① 检查发电机正极、蓄电池正极、蓄电池负极及负极搭铁，均未发现松动或接触不良等现象。

② 连接 VAS5054，读取故障信息，无任何与发电机有关的故障（图 3-5）。

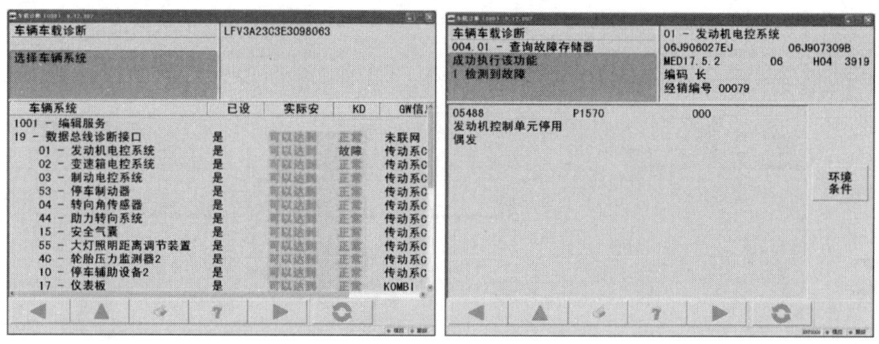

图 3-5 读取系统故障信息

③ 在发动机怠速情况下读取测量值 4 发现电压为 12.1V；踩油门踏板至发动机转速为 3000r/min 后读取测量值，此时电压为 13.6V。由图 3-6 可知，发动机转速超过 2000r/min 后发电机自励磁正常发电，则发电机正常。

显示组 53-转速控制-发电机负荷						
●发动机怠速运转						
读取测量数据块 53			=>	< 显示屏显示		
×××× r/min	×××× r/min	××.× V	××.× %			
1	2	3	4	< 显示区	规定值	分析结果
				发电机负荷	35% ～ 100%	
			发动机控制单元电压		13.5 ～ 14.2 V	
		发动机转速（怠速规定值）			730r/min或 800 r/min	
	发动机转速（怠速测量值）				700 ～ 850r/min	

显示区 2 的说明：

◆ 在全负荷工况下（有额外发动机负荷，如用电器、空调、已挂挡或助力转向等），规定值为 800r/min

◆ 在无负荷工况下，规定值为 730r/min

显示区 4 的说明：

◆ 在全负荷工况下（有额外发动机负荷，如用电器、空调、已挂挡或助力转向等），规定值为 85%

◆ 在无负荷工况下，规定值为 45%

图 3-6 读取数据流

④ 根据读取数据值，故障车打开点火开关且发动机怠速运转时的数据与正常车辆发动机对比如图 3-7 所示。

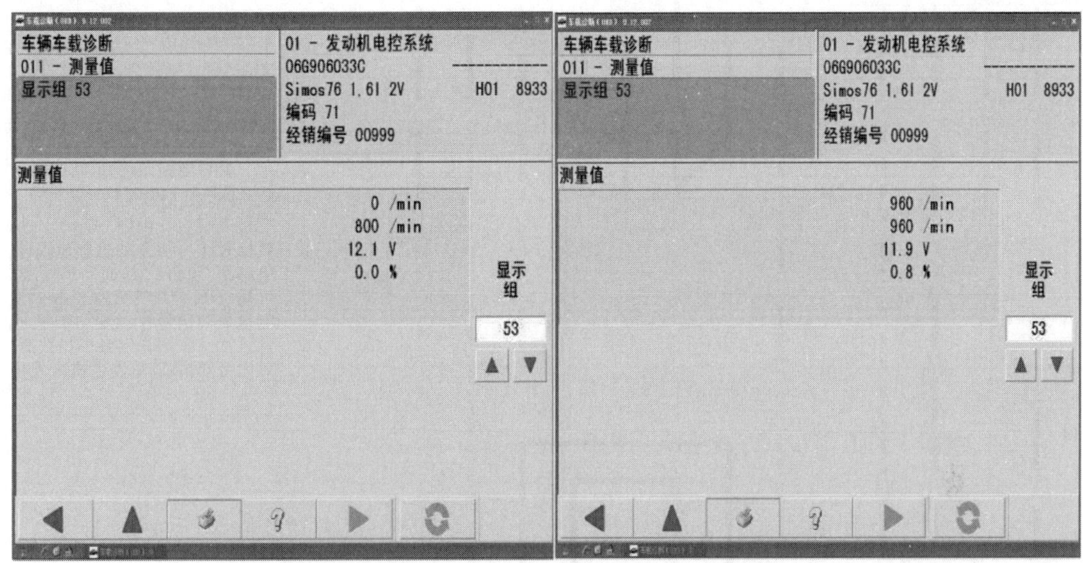

(a) 故障车辆点火开关打开　　(b) 故障车辆怠速时的数据

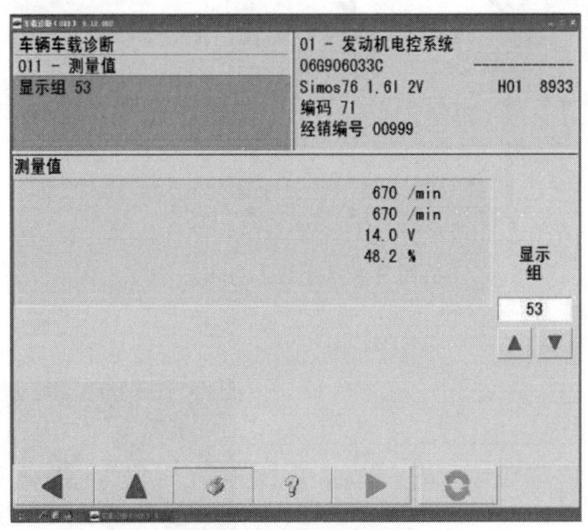

(c) 正常车辆怠速时的数据

图 3-7　对比分析数据流

⑤ 根据发电机“L”线工作原理（图 3-8），实测“L”线电压为 0V，启动后也为 0V。正常未启动时应约为 1V，启动后约为 12V。经过测量，基本可以得出此线路断路或 J519 内部对地短路。

⑥ 启动发动机后，在 J519 T52C/32 号针脚处测量电压为 11.9V，而在发电机 T2/1 号针脚测量电压为 0V，如图 3-9 所示，证明此线路确实存在断路。可知“L”线为 J519 提供发电机工作信号，也为发电机工作提供预励磁电流。

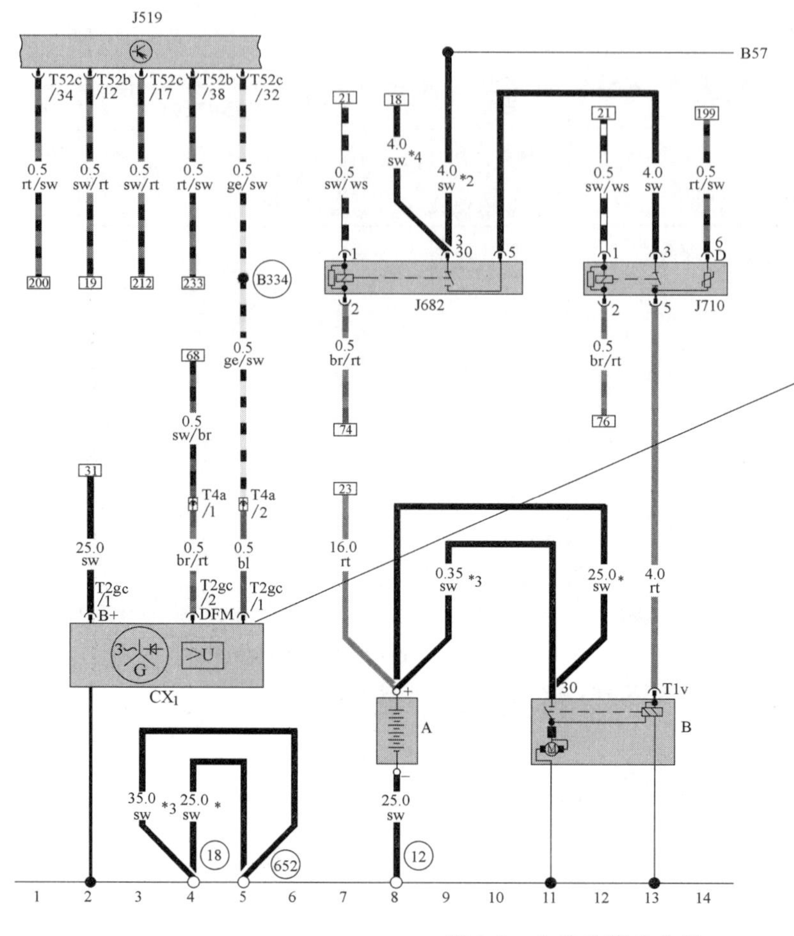

查看电路图可知,发电机由“B+”“DFM”“L”三根线组成。由图3-7(a)、(b)数据对比可知发动机怠速提速,电路图“DFM”线通向J623,则可知“DFM”线为发动机提供发电机负荷信号控制发动机怠速,且正常。由图3-7(b)、(c)数据对比可知,故障车发电机未发电

图 3-8　电路故障点分析

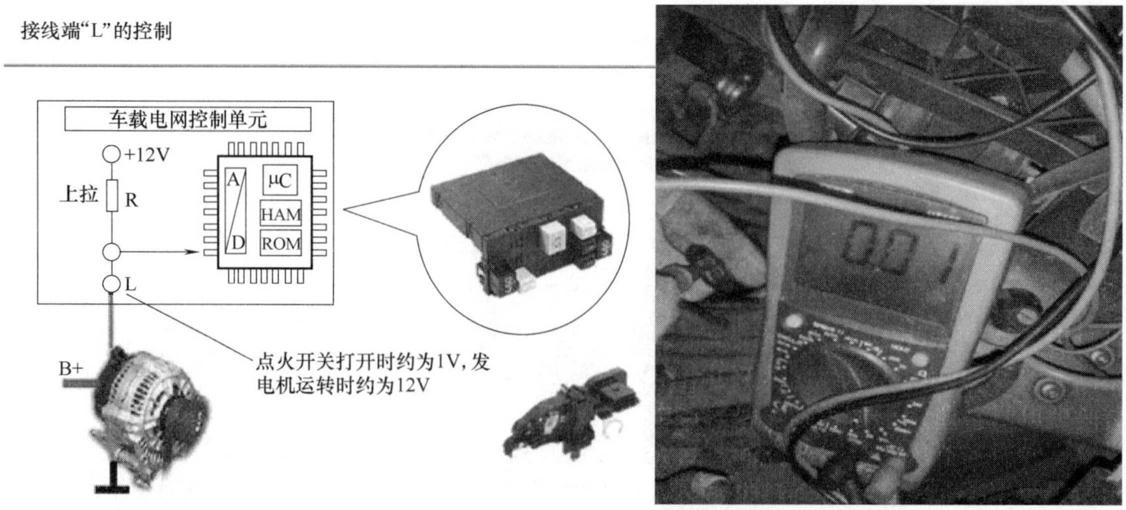

接线端“L”的控制

车载电网控制单元

+12V

上拉 R

A/D μC HAM ROM

L

B+

点火开关打开时约为1V,发电机运转时约为12V

图 3-9　检测针脚电压为 0V

⑦ 经过查找发现“L”线已经磨断（图 3-10），重新处理后故障排除。

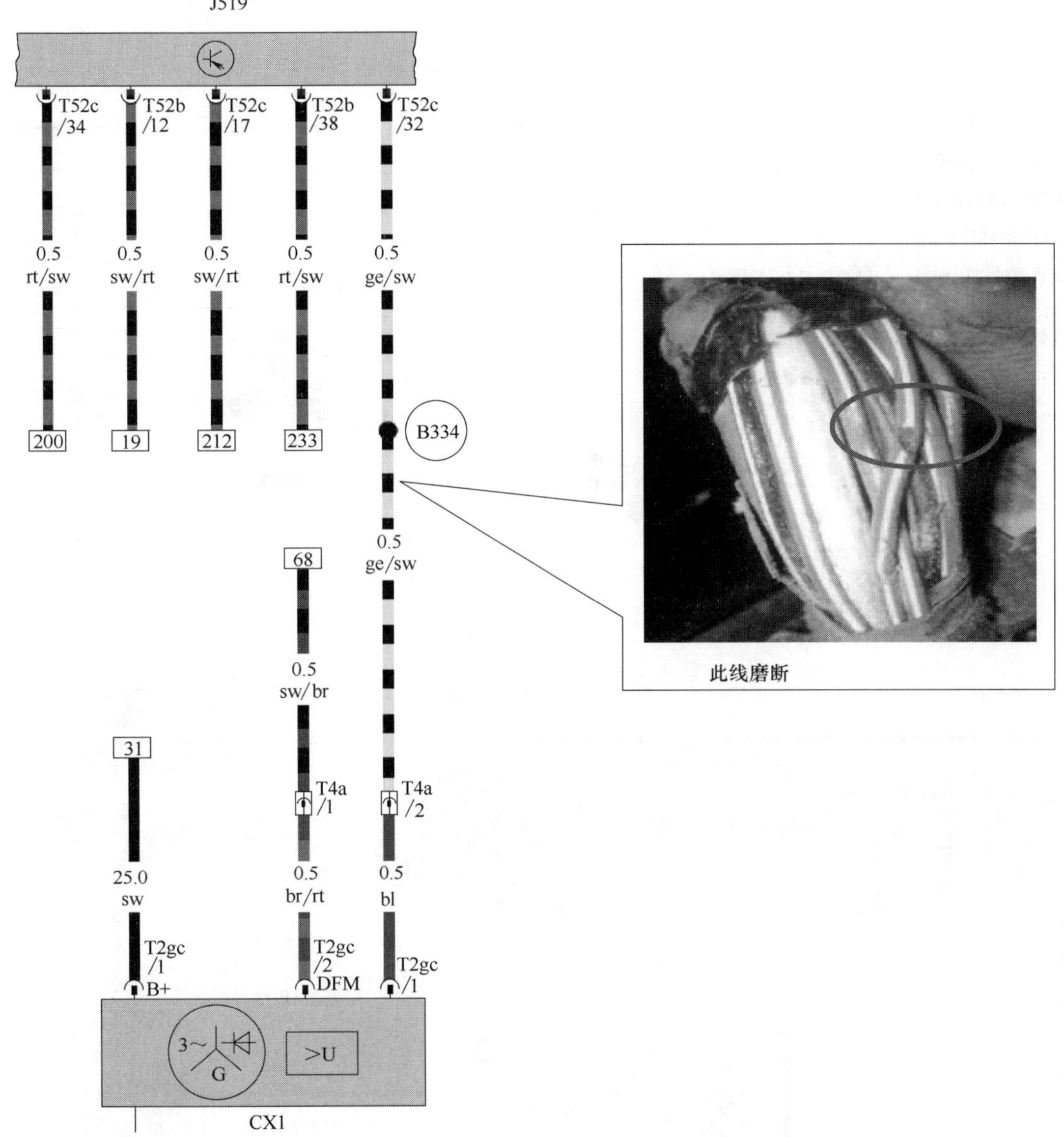

图 3-10　电路故障点

原因分析　由于发电机“L”线束断路导致发电机不发电，如图 3-11 和图 3-12 所示为新型及旧型发电机工作原理，可以清晰看出新款发电机增加了负荷管理。

故障排除　重新处理发电机线束。

专家点评

① 连接 J519 “L”线的作用是提供发电机预励磁电流，同时为 J519 提供发电量信号。点火开关打开时约为 1V，发电机工作时约为 12V。

② 连接发动机电脑的线为“DFM”的控制线，为发动机电脑提供当前转速下的发电机负荷， 为占空比信号。可通过 01-08-053 查看数据值。

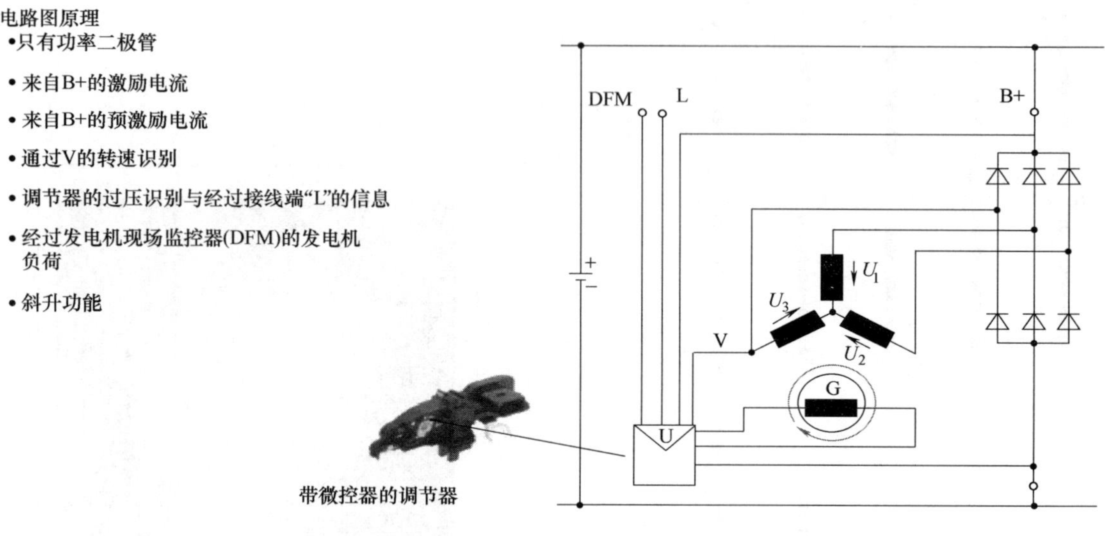

(a) 新发电机电路图

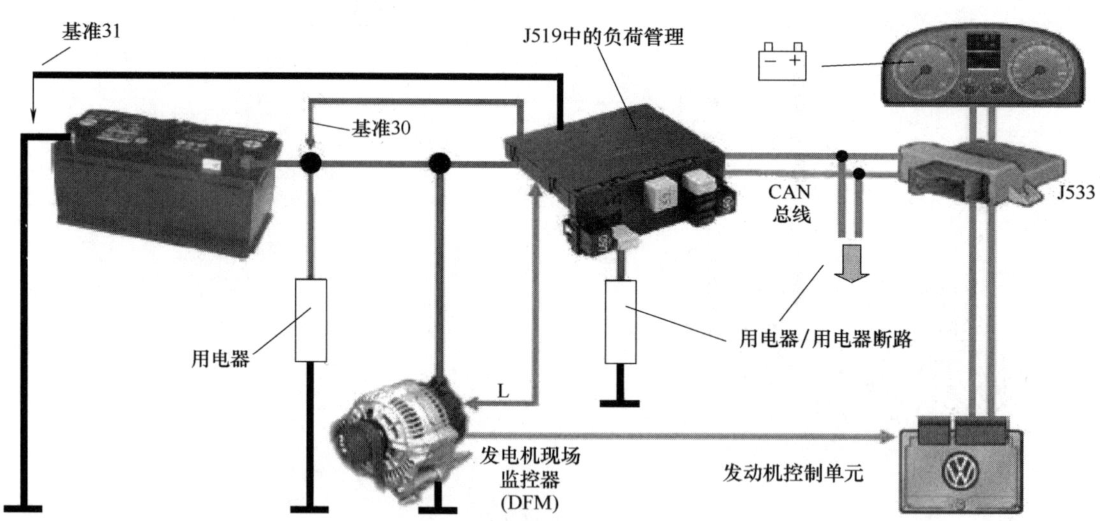

(b) 负荷管理的车载电源

图 3-11 新型发电机工作原理

电路图原理

- 功率二极管与激励二极管
- 来自D+的激励电流
- 经过61的预激励电流
- 对于早期柴油机车辆的转速表，同样带有转速信号接线端“W”作为选装件

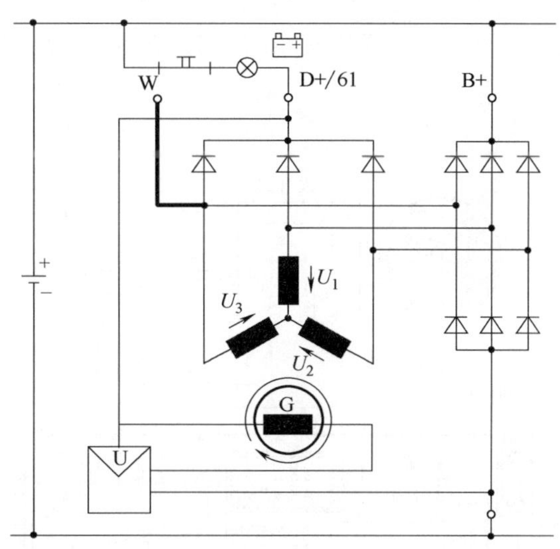

(a) 旧发电机电路图

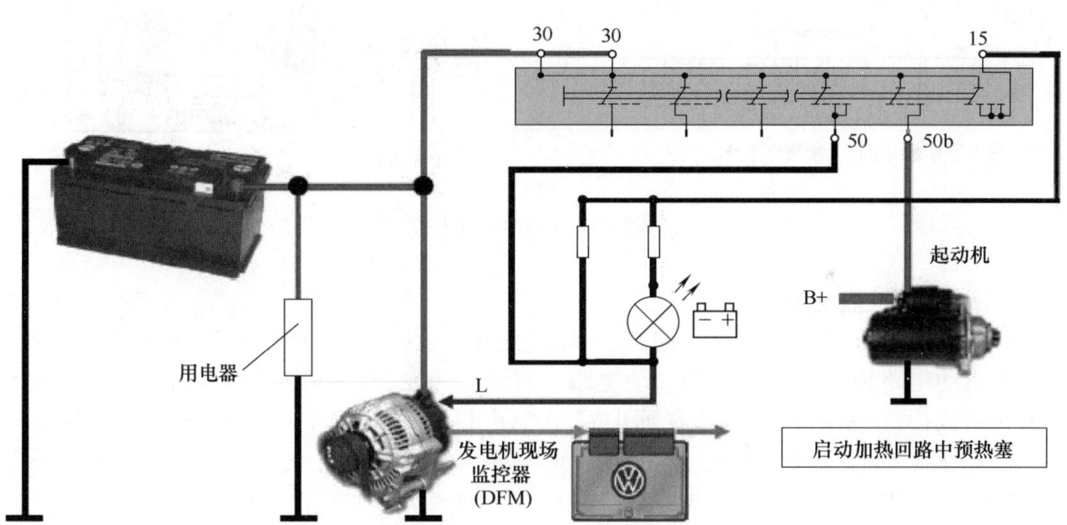

(b)“不带”负荷管理的旧车型电源

图 3-12 旧款发电机工作原理

项目二 汽车启动电路

任务一 汽车启动电路概述

汽车启动方式分人力启动、电力启动和附加发动机启动三种，最常用的是电力启动。

电力启动电路包括启动控制电路、启动电磁开关电路、启动电动机电路。以大众桑塔纳汽车为例，其系统接线如图 3-13 所示，电路分析如下。

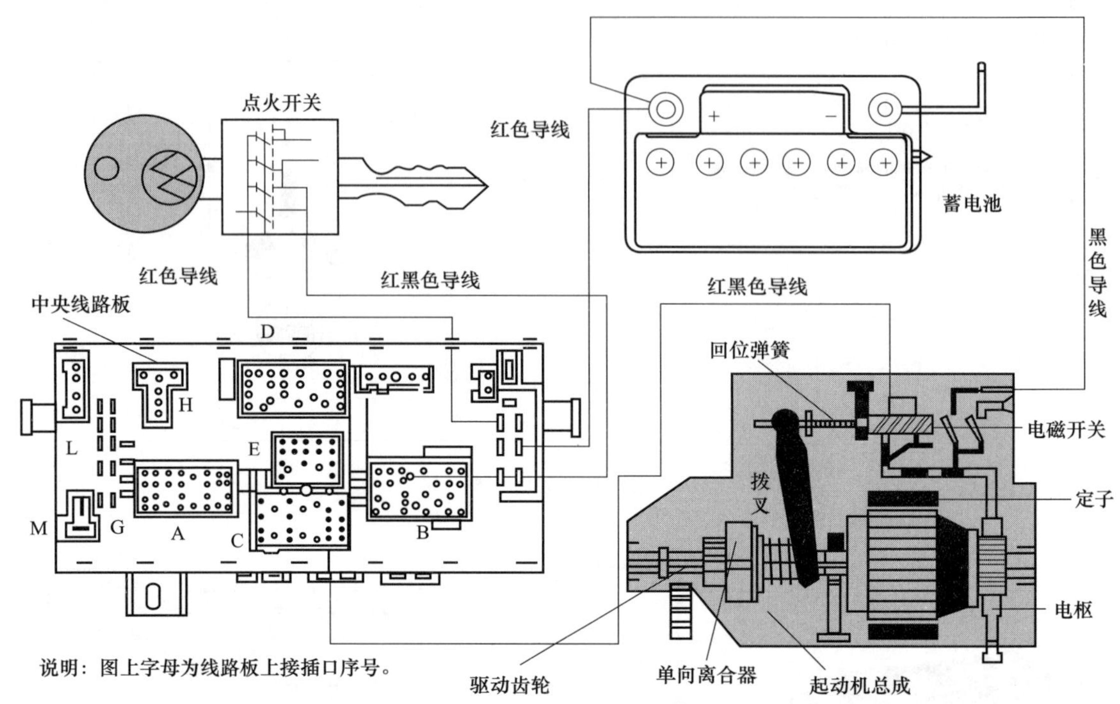

图 3-13　开关控制式电力启动系统接线（大众桑塔纳）

1. 启动系统控制电路

启动系统控制方式有开关直接控制、继电器控制、复合继电器控制和电脑控制四种。桑塔纳汽车启动电路为开关直接控制启动电路。启动时，控制电路为蓄电池正极→红色导线 4→中央线路板插座→中央线路板内部电路→中央线路板插座 P→红色导线 2→点火开关“30”端子→点火开关启动挡→点火开关“50”端子→红黑色导线 3→中央线路板“B8”端子→中央线路板内部电路→中央线路板“C18”端子→红黑色导线 6→起动机“50”端子。

2. 启动电磁开关电路

吸引线圈电路为蓄电池正极→红色导线 4→中央线路板插座 P→中央线路板内部电路→中央线路板插座 P→红色导线 2→点火开关“30”端子→点火开关启动挡→点火开关“50”端子→红黑色导线 3→中央线路板“B8”端子→中央线路板内部电路→中央线路板“C18”端子→红黑色导线 6→起动机“50”端子→吸引线圈→起动机“C”端子→励磁绕组→绝缘电刷→电枢绕组→搭铁电刷叶→搭铁。

保持线圈电路为蓄电池正极→红色导线 4→中央线路板插座 P→中央线路板内部电路→中央线路板插座 P→红色导线 2→点火开关“30”端子→点火开关启动挡→点火开关“50”端子→红黑色导线 3→中央线路板“B8”端子→中央线路板内部电路→中央线路板“C18”端子→红黑色导线 6→起动机“50”端子→保持线圈→搭铁。

启动后，点火开关启动挡断开，电路为蓄电池正极→黑色电缆 7→起动机“30”端子→电磁开关接触盘→吸引线圈→保持线圈→搭铁。两线圈磁场方向相反，相互削弱，活动铁芯在复位弹簧作用下迅速回位，接触盘断开，电动机断电，启动结束。

3. 启动电动机电路

电磁开关线圈通电，接触盘闭合时电动机电路为蓄电池正极→黑色电缆 7→起动机“30”端子→电磁开关接触盘→起动机“C”端子→励磁绕组→电枢绕组→搭铁。

任务二 汽车启动电路分析

这里以上海大众桑塔纳 3000 汽车发动机启动系统电路图为例，电路如图 3-14 所示。接

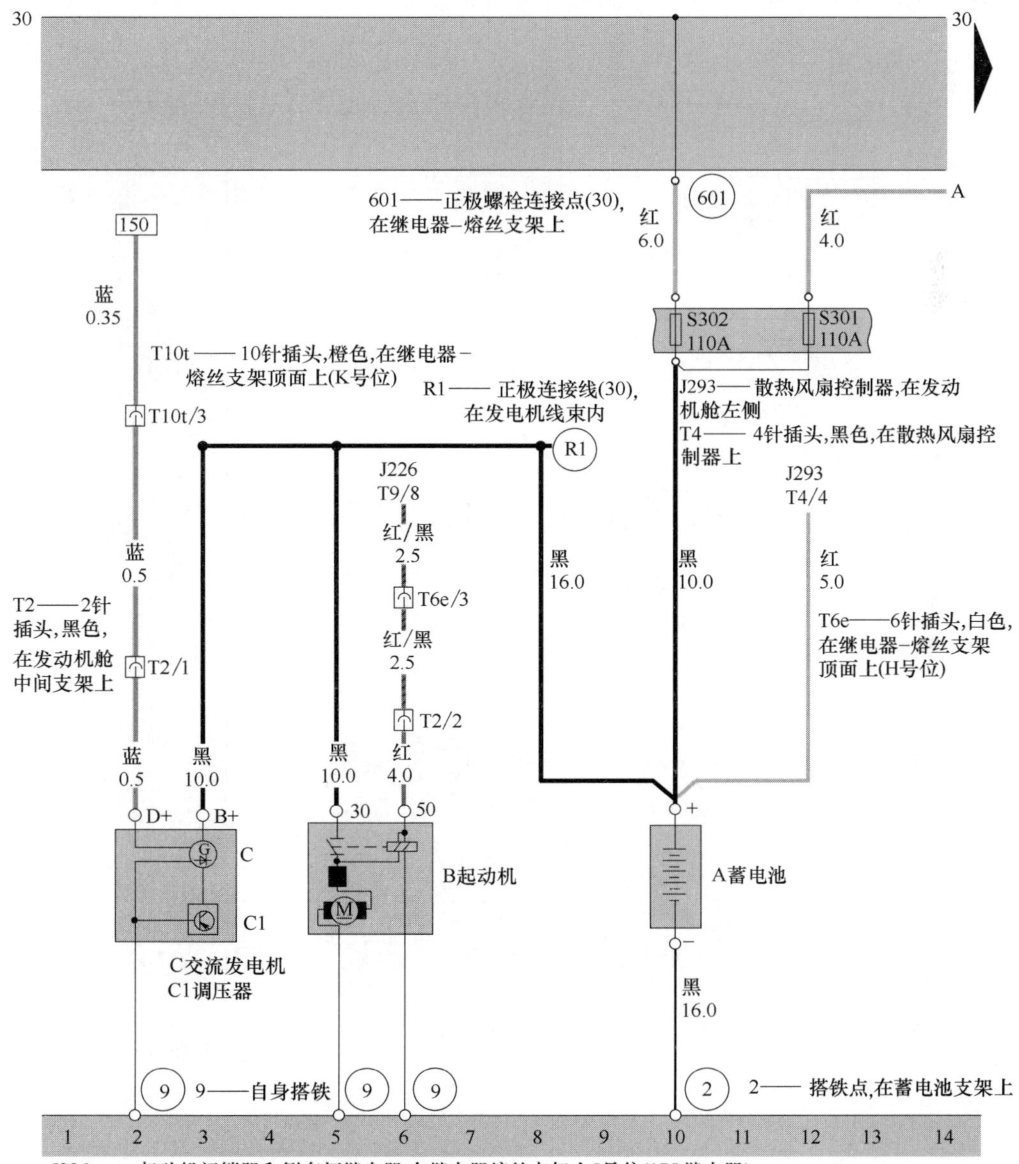

图 3-14　上海大众桑塔纳 3000 汽车启动系统电路

线号 9 表示自身内部搭铁。接线端子 30 通蓄电池正极与发电机 B+端子。接线端子 50 用线粗 4.0mm^2 的红/黑双色线与 J226 连接，中间经插接器 T2 的第 2 个接线端子和插接器 T6E 的第 3 个接线端子连接，并通过插接器 T9 的接线端子 8# 与启动电动机闭锁器和倒车灯继电器的接线端子 J226 连接，组成起动机电磁开关的控制电路。50 接线端子有电时，起动机便工作。

随着电子控制技术在汽车上的应用越来越广泛，目前很多高级汽车上安装了电子控制防盗报警系统。起动机的运行受汽车电脑控制。丰田皇冠 3GR-FE 发动机启动电路（也适用于装用 3GR-FE 发动机的锐志汽车）如图 3-15 所示。

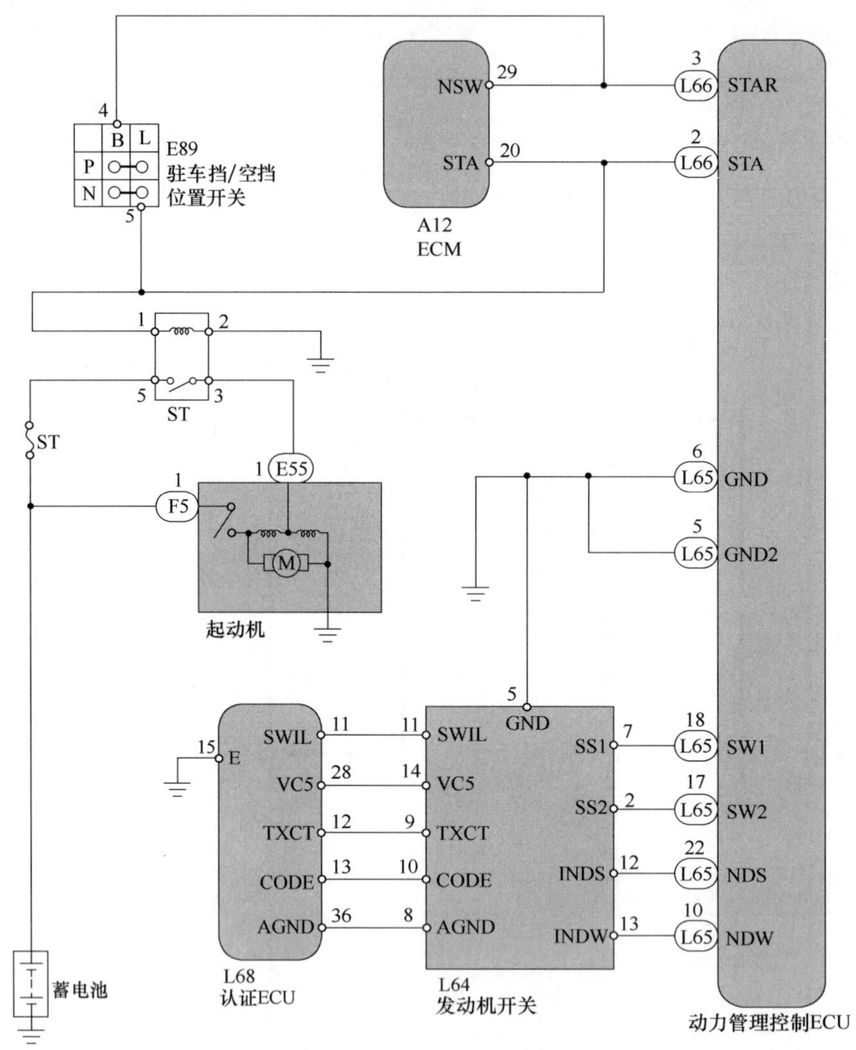

图 3-15　丰田皇冠 3GR-FE 发动机启动电路

启动系统主要由蓄电池、起动机、启动继电器、驻车挡/空挡位置开关、动力管理控制 ECU、发动机 ECM、认证 ECU、发动机开关和保险装置等组成。启动继电器线圈的一端通过驻车挡/空挡位置开关和 ST 熔丝接点火开关，由点火开关控制与蓄电池正极的连接和断开；另一端接发动机管理控制 ECU 的“STA”端子，由动力管理控制 ECU 控制其搭铁。自动变速器处于 P 挡或 N 挡时，空挡启动开关接通，变速器处于其他挡位时，空挡启动开关断开。

① 当点火开关钥匙没有插入或没有处于工作位置时，防盗系统工作，动力管理控制ECU使“STA”端子为高电位12V，即使点火开关置于启动位置，并且空挡启动开关接通，也因启动继电器线圈端电位相等，启动继电器触点不能闭合，使起动机不工作。

② 当点火开关钥匙插入并处于工作位置时，全部防盗功能解除，动力管理控制ECU使“STA”端子为低电位。如果点火开关置于启动位置、变速器处于空挡位置，则启动继电器线圈电路接通，使启动继电器触点闭合，起动机工作。

③ 发动机启动后，点火开关从启动位置退回，启动继电器线圈电路切断、触点断开，起动机停止工作。

④ 空挡启动开关保证了只有自动变速器在空挡位置才能启动发动机。既有利于汽车安全顺利启动，又能保证在汽车行驶过程中，即使误将点火开关旋至启动位置，起动机也不会工作，避免了齿轮撞击，延长了起动机驱动齿轮和飞轮齿圈的使用寿命。动力管理控制ECU可以根据发电机的工作情况或发动机的转速对“STA”端子的电位进行控制，实现起动机的安全保护。

任务三　汽车启动电路故障诊断

故障现象　一汽大众迈腾1.8T车辆无法启动，起动机不动作。

故障诊断

① 利用VAS5052A检测，无故障码。

② 检查蓄电池电压，为12.8V，说明蓄电池电压正常。检测起动机上的50线电压，发现此处在启动时没有电压。

③ 分析起动机的工作电压来源，见图3-16。

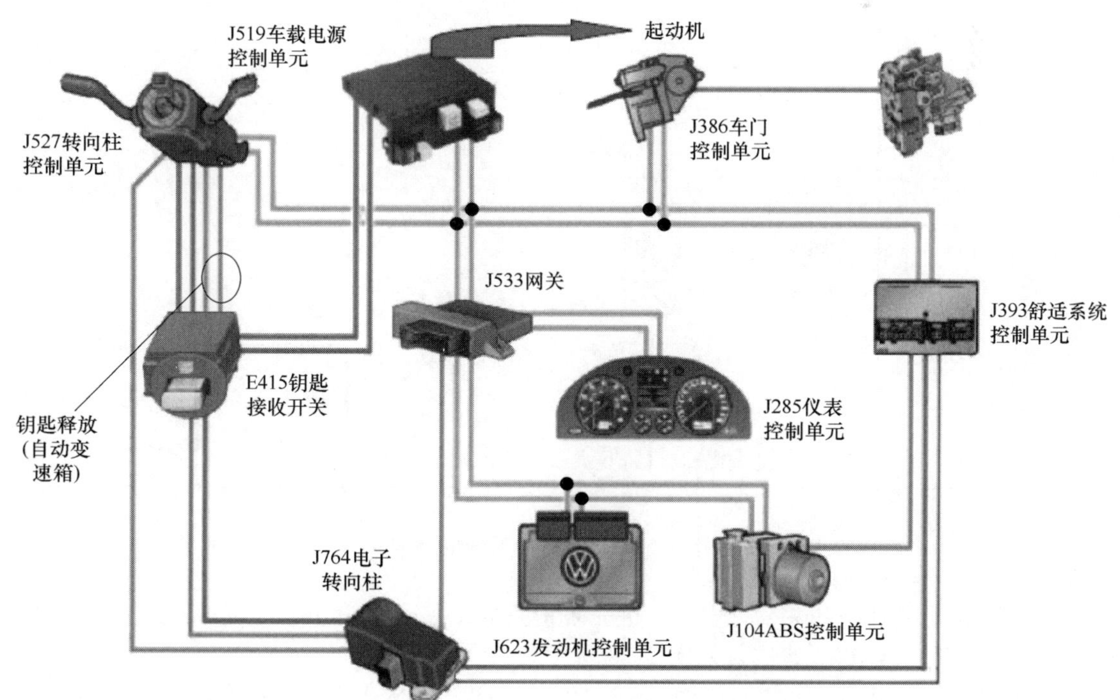

图3-16　迈腾起动机工作电压来源示意

从上述分析中，根据实际维修可操作性进行起动机电路的分析，如图 3-17 所示。

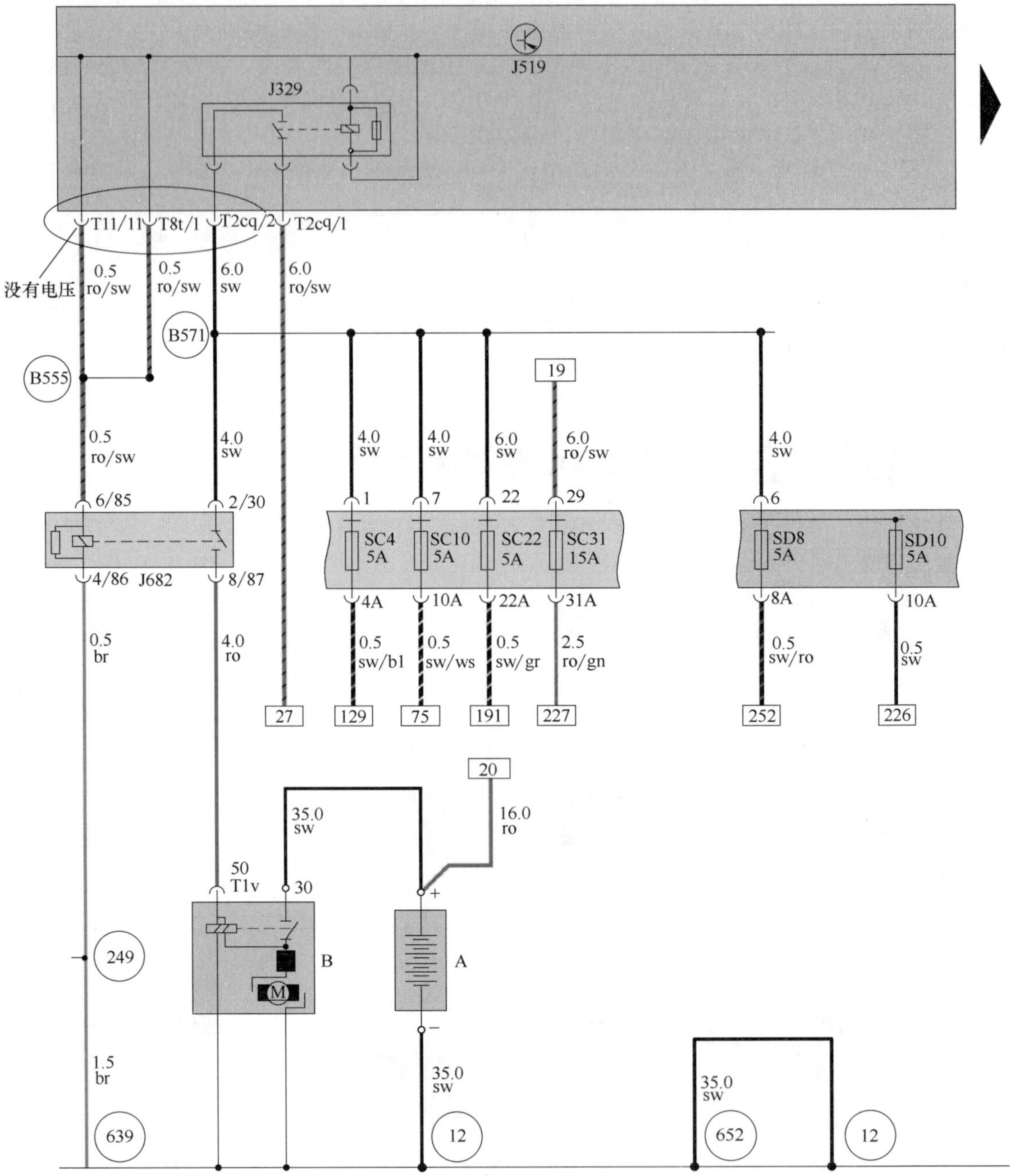

图 3-17 迈腾启动系统电路

④ 检测起动机励磁开关，无电压。进一步检查起动机继电器 J682，发现 J682 的 6/85 处无电压。启动继电器 J682 的位置如图 3-18 所示。

⑤ J682 无控制电压，而此处的电压来源是 J519，故从 J519 处检测，发现 T11/11 和 T8t/1 处无电压，如图 3-19 所示。

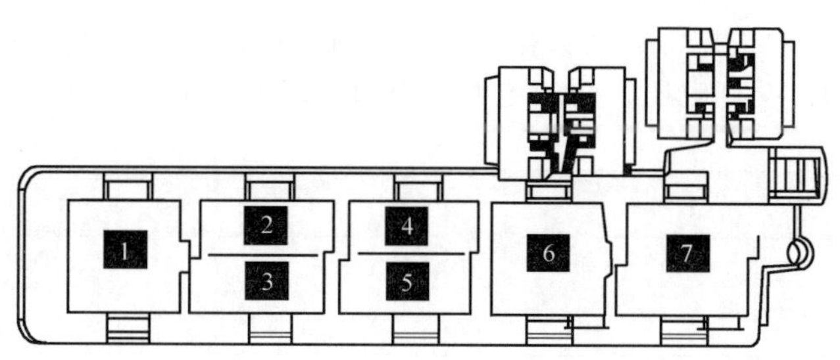

图 3-18　启动继电器的 J682 位置

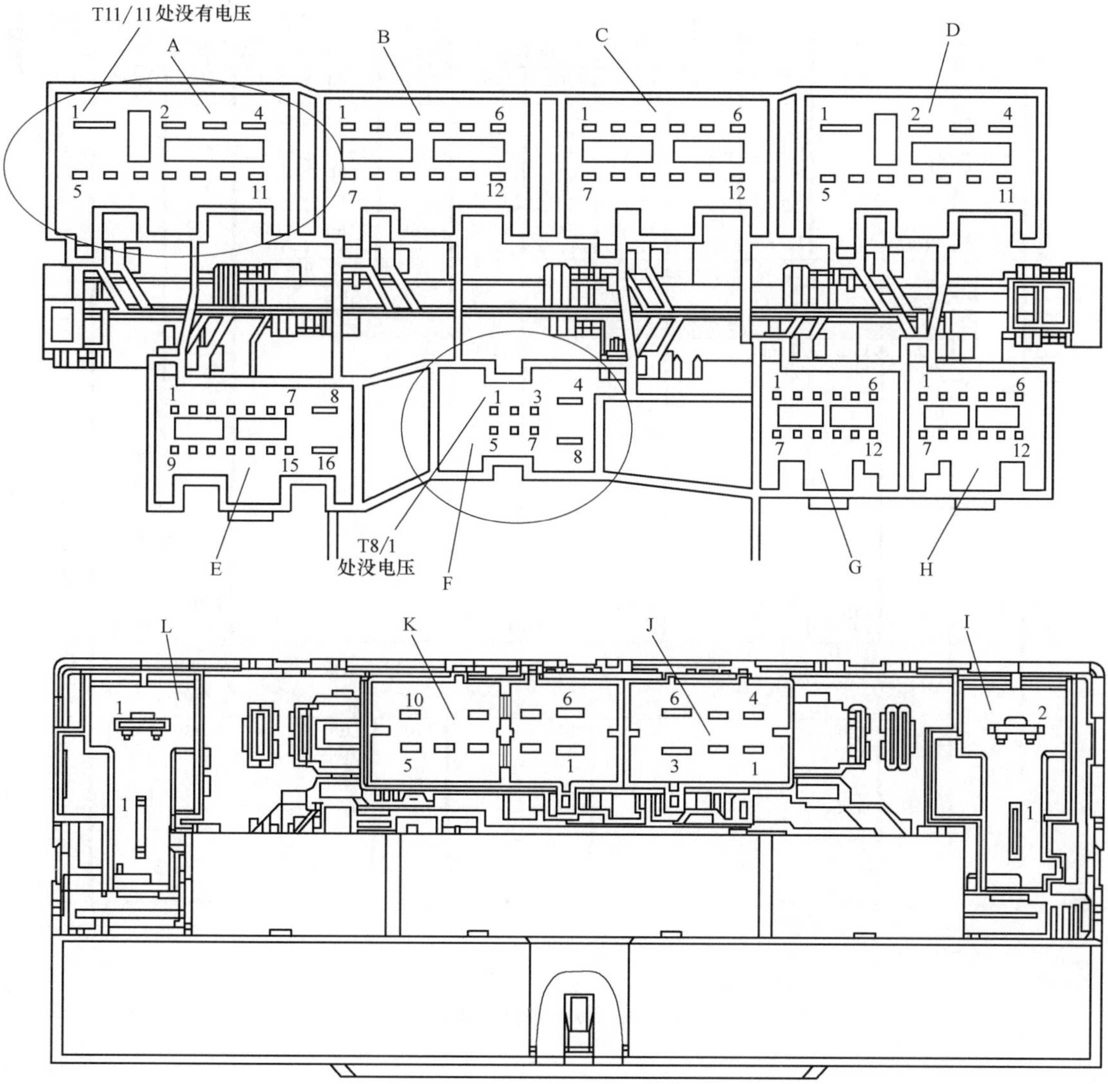

T11/11处没有电压

T8/1处没电压

图 3-19　检测电压图示

A—插头连接 T11；B—插头连接 T12i；C—插头连接 T12k；D—插头连接 T11a；E—插头连接 T16g；F—插头连接 T8t；G—插头连接 T12m；H—12 芯插头连接；I—插头连接 T2cp；J—插头连接 T6ap；K—插头连接 T10s；L—插头连接 T2cq

从上述检测说明 J519 没有控制起动机动作，于是进一步检测引起 J519 不控制起动机的原因。

⑥ 通过观察 J519 的数据流，从数据流中发现 P/N 开关已接通，说明 P/N 开关没有问题，但观察输入端 50，没有电压，而此电源与 E415 有关，如图 3-20 所示。

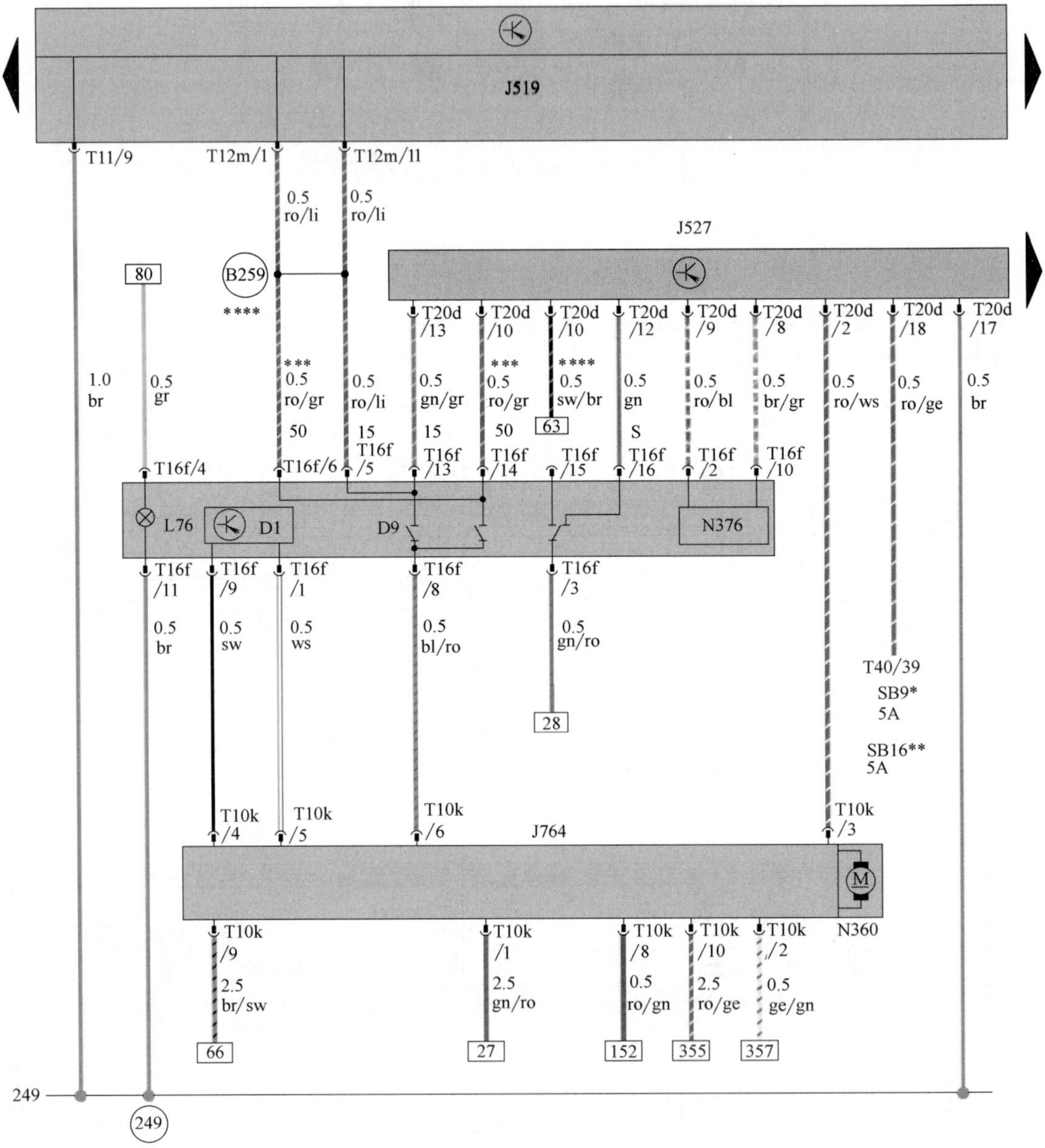

图 3-20　故障诊断参考电路

⑦ 在检测 E415 时，发现 T16f/6 和 T16f/14 脚没有 50 正电，而 T16f/8 脚有正电，说明 E415 触点没闭合。经过分析起动机不工作的原因应为 E415 故障。

故障排除　更换 E415，故障排除。

项目三 汽车电动装置电路

任务一 汽车电动装置电路概述

1. 电动雨刮与洗涤器

以荣威 RX8 车型为例，刮水器和洗涤器系统是由车身控制模块（BCM）控制的，在接收到安装在方向盘右侧的刮水/洗涤拨杆开关的指令后工作。

前挡风玻璃刮水器电动机位于前挡风玻璃底部的空气进气格栅下面。该电动机安装在一个连杆机构上，而该连接杆机构则安装在内外舱壁之间的支架上。该连杆机构能够驱动刮臂和刮片运动。

后雨刮刮水器位于后挡风玻璃底部，其电动机安装在一个连杆机构上，连杆机构则安装在尾门上。该连杆机构能够驱动刮臂和刮片运动。

洗涤壶位于车辆左侧轮罩的内部，大约有 4L 的容量。在前舱内有一个带密封帽的漏斗颈，通过此装置为洗涤壶补充洗涤液。

洗涤泵安装在洗涤壶的下部，洗涤泵开始运转时，会将洗涤壶内的液体抽出，在压力的作用下将液体输送到洗涤喷嘴。电动雨刮与洗涤器部件位置见图 3-21。

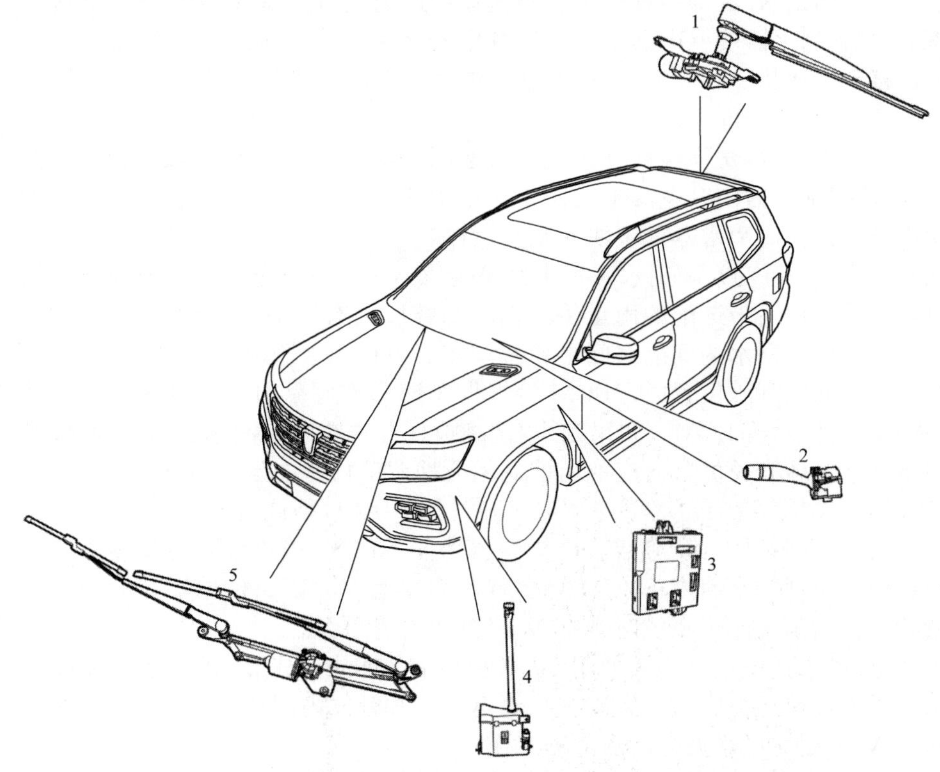

图 3-21 电动雨刮与洗涤器部件位置(2018 年款荣威 RX8)

1—后挡风玻璃刮水器总成；2—前挡风玻璃刮水器/洗涤器开关；3—车身控制模块；4—洗涤壶；5—前挡风玻璃刮水器总成

前、后刮水器/洗涤器系统由 BCM 控制，当 BCM 接收到硬线连接的洗涤/刮水拨杆开关接通信号后，驱动洗涤泵及刮水电动机工作。双向洗涤泵给前、后挡风玻璃提供洗涤液。

前刮水器系统包括 BCM、洗涤/刮水拨杆上的开关及两个继电器。其中继电器 1 用于控制刮水器的启动和关闭，继电器 2 用于控制刮水器的刮水速度。当 BCM 接收到洗涤/刮水拨杆开关信号后，通过控制发动机舱熔丝盒中两个刮水器继电器的吸合，来驱动前刮水器工作。点动式、间歇式、慢速和快速刮水的开关，都通过继电器 1 或继电器 2 与 BCM 形成闭合回路。

点火开关处于 ACC 挡或 ON 挡位置时，前刮水器的不同输出状态见表 3-1。

表 3-1 前刮水器的不同输出状态

前刮水器模式	开关 1	开关 2
停止	0	0
点动式刮水	0	1
间歇式刮水	1	0
慢速刮水	0	1
快速刮水	1	1

注：0＝断开；1＝吸合。

点动式刮水： BCM 接收到有效的刮水器点动式刮水请求后，控制刮水器运作。只要点动式请求是有效的，刮水器将持续运作。

慢速刮水：当刮水/洗涤拨杆开关转至慢速刮水模式时，BCM 接收来自拨杆开关的位置信号，BCM 控制刮水器使继电器 1 工作，继电器 2 不工作，电源经过继电器 1 后，将通过一个电阻连接到电动机。由于电阻的作用，减少了电源的供给，此时刮水器处于慢速刮水动作。

快速刮水：当刮水/洗涤拨杆开关转至快速刮水模式时，BCM 接收来自拨杆开关的位置信号，BCM 控制刮水器使继电器 1 工作，继电器 2 也工作，电源绕过用于减速的电阻，直接与电动机连接，此时刮水器处于快速刮水运作。

间歇式刮水——可变间隙刮水（不带雨量传感器）：可变间歇刮水的功能是指车辆配有刮水延时电位计，但不带选配的雨量传感器。当接收到有效的刮水间隙请求时，BCM 将控制刮水器运作。间歇刮水的间隔时间是随着车速等级和刮水器延时电位计的设置而变化的。

当开关置于间歇刮水位置时，BCM 将根据车速调整间歇时间。SCS 监测轮速信号并通过 HS CAN 总线传输给 BCM。如果刮水/洗涤拨杆开关在间歇刮水位置，BCM 则对比车辆速度与间歇延迟旋转开关位置对应的阻值，相应地调节已选的延时时间。

间歇式刮水（带雨量传感器）：当点火开关处于 ACC 挡或者 ON 挡的位置时，将刮水/洗涤拨杆开关转至间歇挡，可激活雨量传感器功能。BCM 接收来自雨量传感器的有效刮水信号，通过信号识别刮水速度，BCM 将控制刮水器运作。雨量传感器持续监控前挡风玻璃上的雨量状态，当雨滴低于阈值时，BCM 将自动关闭刮水器。

程控洗涤/刮水：当点火开关处于 ACC 挡或者 ON 挡位置，刮水器开关接通时，BCM 控制刮水器进入慢速运行模式，控制洗涤泵运作，并触发内部计数器。当计数器计数到达设定值时，BCM 控制继电器吸合，刮水器工作。

BCM 接收到来自于后刮水器开关的有效请求，控制单个继电器来执行相应操作。

间歇式刮水：当点火开关处于 ACC 挡、ON 挡位置，BCM 监测到后刮水器开关被打开时，控制后刮水器进入慢速运行模式。当计数器计数到达设定值时，BCM 吸合继电器，后刮水器工作。

程控式刮水：后刮水器开关接通时控制洗涤泵运作，同时 BCM 监测后刮水器开关的状态，并开始计数，只要开关没有被释放，BCM 将激活后刮水器继电器，后刮水器持续工作。

倒车挡刮水：当点火开关处于 ACC 挡、ON 挡位置，前洗涤/刮水拨杆开关位于快速/慢速/间歇挡时，如果换挡杆切入至倒车挡，数秒后 BCM 自动控制后刮水器继电器吸合，激活后刮水器工作，此时不影响前刮水器的工作状态。

后挡风玻璃洗涤/刮水不工作：当后备厢盖打开时，在任何模式下，后挡风玻璃的洗涤和刮水操作都将被禁用。

在后刮水器运作中，一旦 BCM 监测到后备厢盖被打开，后刮水器将立即停止工作。关闭后备厢盖后，经过 5s 左右的延迟，后刮水器才会返回正常的操作模式。

雨刮器与洗涤器控制简图如图 3-22 所示。

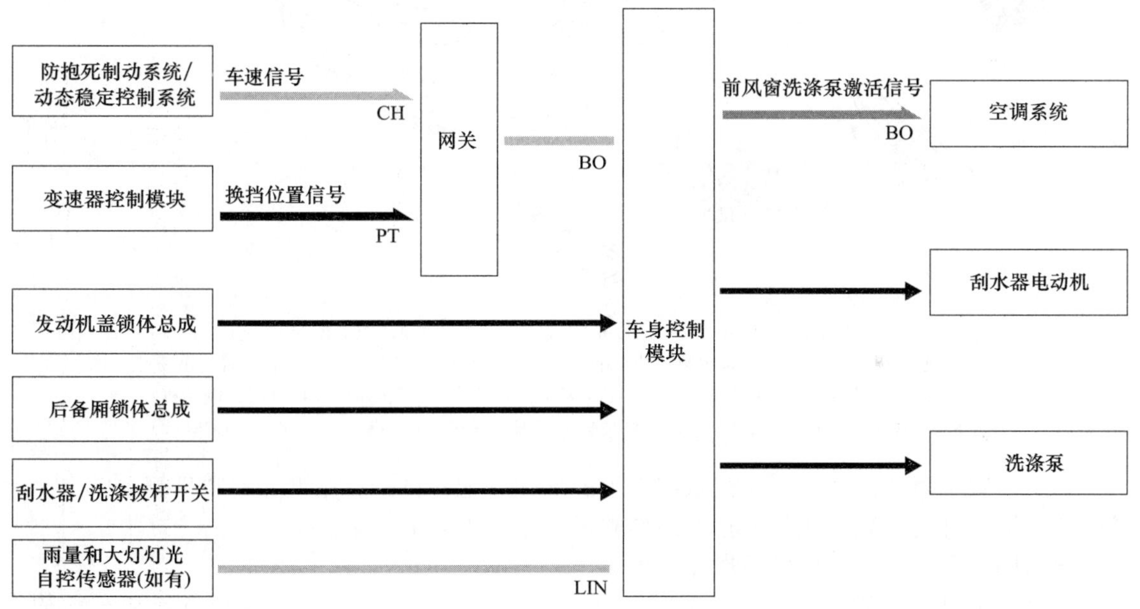

图 3-22　雨刮器与洗涤器控制简图

2. 电动车窗

以荣威 RX8 车型为例，该车型全系配置有前、后电动车窗系统。电动车窗系统包括：

① 左侧和右侧的前后车窗玻璃；

② 驾驶员车门开关组件（DDSP）；

③ 前排乘客和后排乘客车门上的单独开关；

④ 车窗升起电动机和升降机构；

⑤ 车身控制模块（BCM）。

各车门内饰板上均装有升起/按压式开关，用于控制各自车门上的电动车窗。DDSP 上配有 4 个电动车窗开关和 1 个后车窗禁用开关，以便驾驶员控制所有车窗的运作。当点火开关位于 ACC 或 ON/RUN/START 位置时，或是在拔下遥控钥匙后的 30s 之内且任意车门未打开时，均可对电动车窗进行操作。电动车窗系统部件位置如图 3-23 所示。

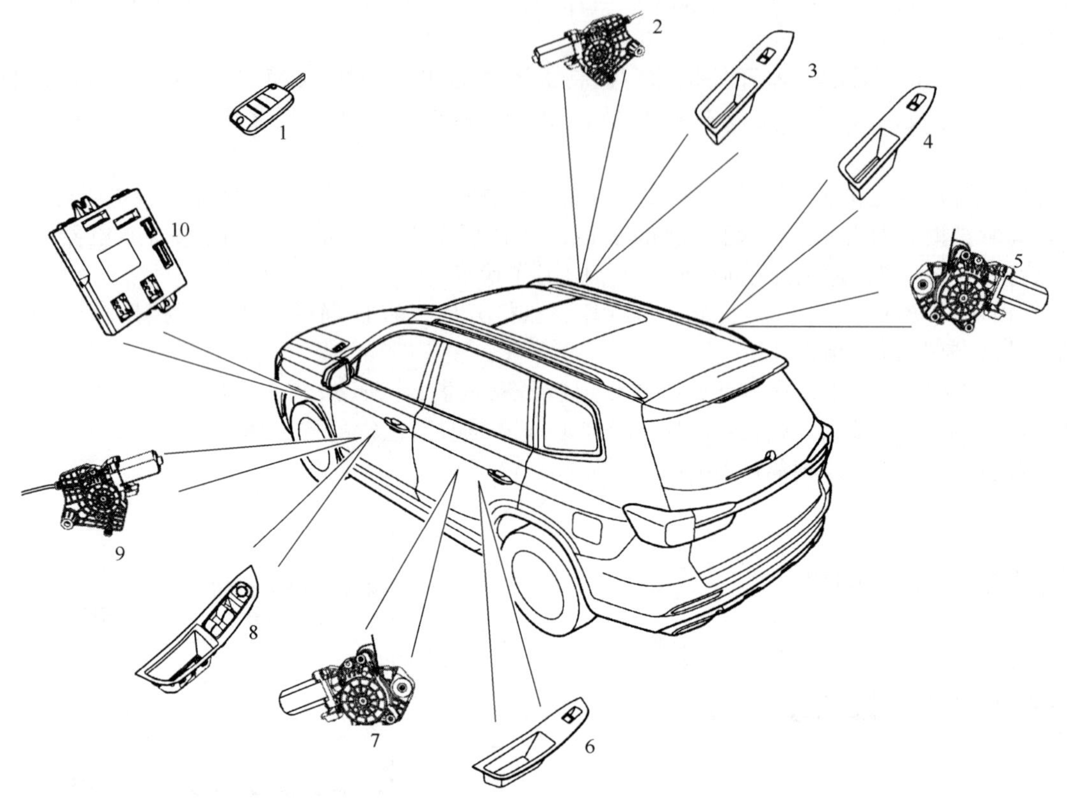

图 3-23 电动车窗系统部件位置（2018 年款荣威 RX8）

1—遥控钥匙；2—前排乘客侧玻璃升降器电动机；3—前排乘客侧车窗开关；4—后排右侧车窗开关；5—后排右侧玻璃升降器电动机；6—后排左侧车窗开关；7—后排左侧琉璃升降器电动机；8—驾驶员侧车窗开关；9—驾驶员侧玻璃升降器电动机；10—车身控制模块（BCM）

具有一键下降功能的电动车窗系统作为标准配置配备在所有车型的驾驶员侧车门上，而防夹和一键上升功能只有在某些车型的驾驶员侧车门上才能实现。

车窗的升降控制分别由以下操作实现。

① 对 DDSP（驾驶员侧车窗升降组合开关）上开关的操作，可以实现各电动车窗的上升、下降以及后排电动车窗的禁用。

② 对前/后排乘客侧开关的操作，可以实现相关对应侧电动车窗的上升或下降。

DDSP 通过 BCM 为四扇车窗电动机发送控制命令，包括诸如手动开启、手动关闭、一键式开启和一键式关闭等请求信号。同时，DDSP 上装有后排车窗禁用开关，一旦禁用开关启用，后排乘客侧车窗开关将失效。

乘客侧独立的升降开关通过 BCM 控制对应乘客侧车窗的升降。当后排车窗禁用功能生效时，后排的车窗开关是无法对该侧车窗进行升降操作的。

车窗升降模式分手动模式与一键升降模式。

按压/提拉车窗开关，执行手动模式。车窗将持续上升/持续下降，直到开关被释放。

驾驶员侧车窗开关具有的一键式功能。

① 一键式开启：按压 DDSP 上的驾驶员侧车窗开关至第二挡位置并释放，车窗将下降至底部。

② 一键式关闭：提拉 DDSP 上的驾驶员侧车窗开关至第二挡位置并释放，车窗将上升

至顶部。部分车型的副驾驶侧车窗开关同样具有一键式功能，操作方式和驾驶员侧车窗开关一致。

荣威 RX8 车型电动车窗系统控制简图如图 3-24 所示。

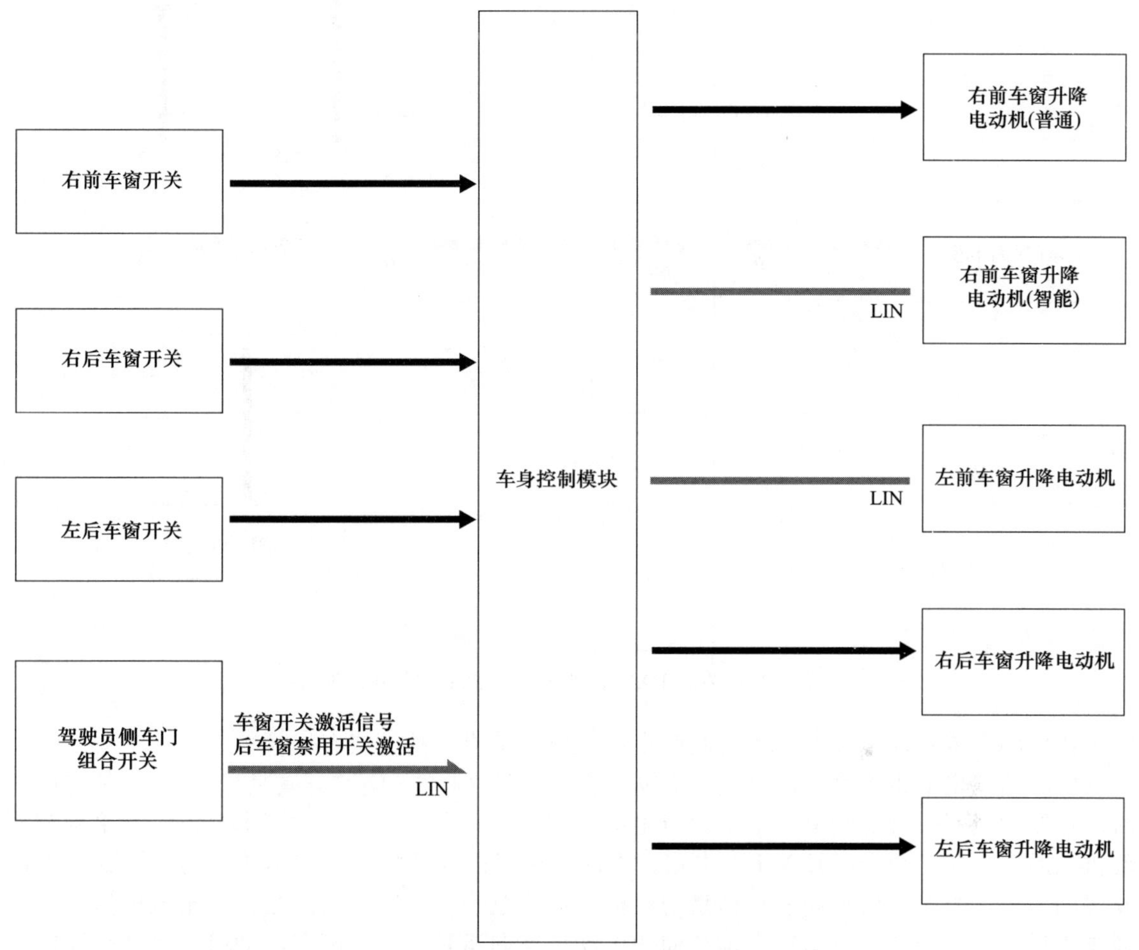

图 3-24 荣威 RX8 车型电动车窗系统控制简图

3. 电动天窗

天窗控制单元接收来自天窗开关的输入指令后，驱动天窗玻璃电动机执行滑移打开、倾斜或关闭的操作；驱动遮阳帘电动机执行滑移打开或关闭的操作。

娱乐信息显示屏将操作指令通过车身高速 CAN 线传递给 BCM，再由 BCM 将操作指令通过 LIN 线传递给天窗控制单元，由驱动电动机执行天窗的滑移打开、倾斜或关闭和遮阳帘的滑移打开或关闭的操作。

荣威 RX8 车型电动天窗系统控制简图如图 3-25 所示。

4. 电动座椅

所有的座椅电动机都独立工作。各电动机都包括一个电子断路器（PTC），该断路器在电路过载情况下断开，而且仅在电路电压切断后才会复位。有 4 个座椅位置电动机和 1 个腰部支撑电动机。它们是水平调节电动机、前部高度调节电动机、后部高度调节电动机和座椅靠背倾角调节电动机。座椅水平调节电动机使整个座椅向前或向后移动。座椅高度调节电动机可以单独工作，使坐垫的前部或后部向上或者向下倾斜。两台电动机也可以同时工作，使

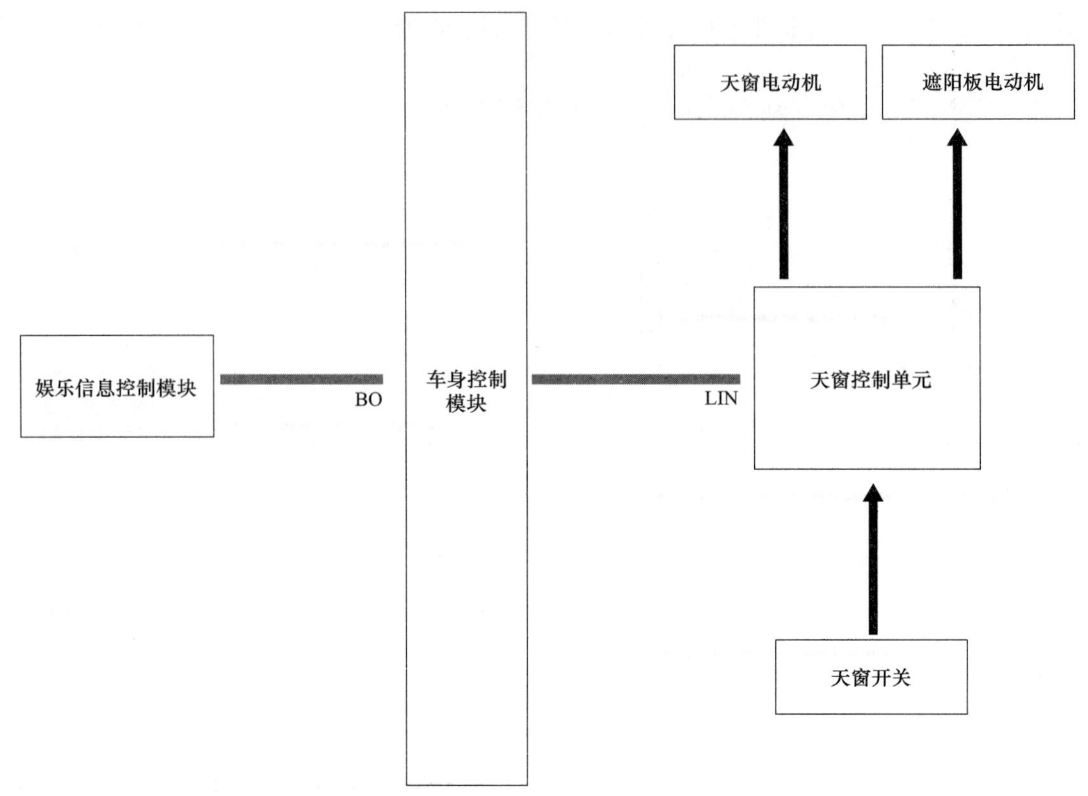

图 3-25 荣威 RX8 车型电动天窗系统控制简图

整个座椅向上或者向下移动。倾角调节电动机使座椅靠背前倾或者后倾。

所有座椅电动机都可双向运行。例如，当按下座椅水平向前开关使整个座椅向前移动时，搭铁通过开关触点和座椅水平调节电动机向前控制电路提供电源至电动机。水平调节电动机向后开关触点闭合于开关 B+电路，电动机运行以驱动整个座椅向前移动，直到开关松开。向后移动整个座椅和向前移动整个座椅的操作过程类似，不同的是，蓄电池电压和搭铁通过相反的电路施加在电动机上，从而使电动机反向运转。所有座椅电动机都是这样通电运行的。

荣威 RX8 车型电动座椅系统控制简图如图 3-26 所示。

图 3-26 荣威 RX8 车型电动座椅系统控制简图

5. 电动外后视镜

外后视镜镜片转向器包括 2 个双向电动机（垂直电动机和水平电动机），用于提供后视镜玻璃的水平和垂直运动。垂直电动机负责向上和向下的运行；水平电动机负责向左和向右的运行。

根据不同的配置，有的外后视镜还装配 1 个折叠电动机，用以实现电动折叠或展开功能。

BCM 接收来自于 MLS 上控制开关发出的外后视镜折叠或展开请求信号，经过 LIN 线，传递操作指令给 DDSP 开关，以此激活外后视镜折叠电动机，实现外后视镜的电动折叠或展开。

驾驶员侧车门组合开关与垂直电动机和水平电动机间通过硬线连接，通过操作驾驶员侧车门组合开关上的外后视镜调节控制开关，对镜片（上、下、左、右）方位进行调整，实现外后视镜的调节。

荣威 RX8 车型电动外后视镜控制简图如图 3-27 所示。

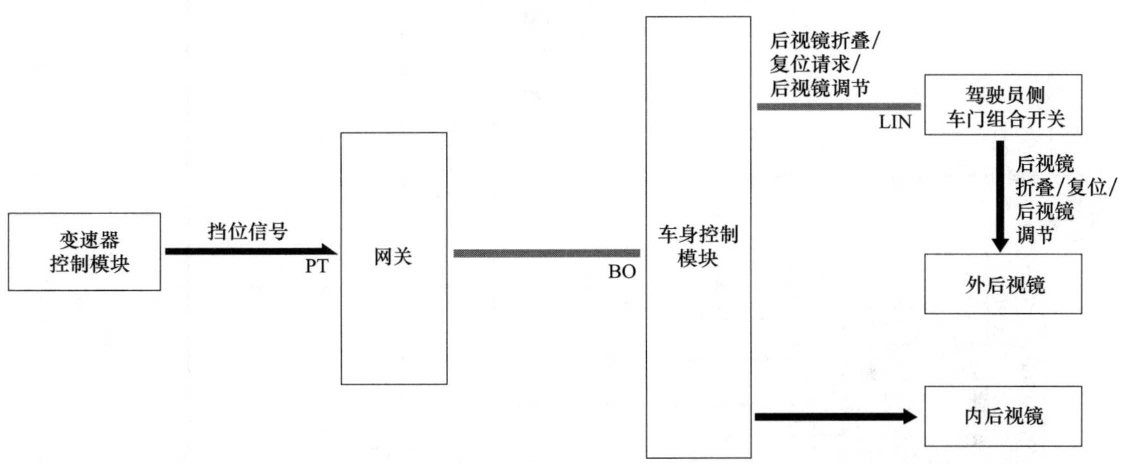

图 3-27 荣威 RX8 车型电动外后视镜控制简图

任务二 汽车电动装置电路分析

1. 电动刮水器和洗涤器电路

比亚迪 G3 汽车挡风玻璃刮水与清洗系统具有低速刮水、高速刮水、点动刮水、间歇刮水和清洗玻璃 5 种功能，其控制电路如图 3-28 所示。

（1）高速刮水 雨刮开关拨到 HI 挡时，刮水器高速工作。此时，电动机电流流过电动机偏置电刷，电动机以高速运转。

（2）低速刮水 雨刮开关拨到 LO 挡时，刮水器低速工作。此时，电动机内电流流过电动机正对两电刷，电动机以低速运转。

（3）间歇刮水 刮水器和洗涤器开关拨到 INT 挡时，刮水器间歇刮水（每 6s 工作一次）。刮水器电源接通后，内部电路工作，其触点每 5s 将端子 B06 的 2 脚接通电源一次，刮水器工作。

（4）停机复位 在刮水器上有一个停机自动复位开关，它保证刮水器停机时，雨刮片复位回到挡风玻璃下沿位置。当雨刮片回到挡风玻璃下沿位置时，刮水器停转，否则自动复

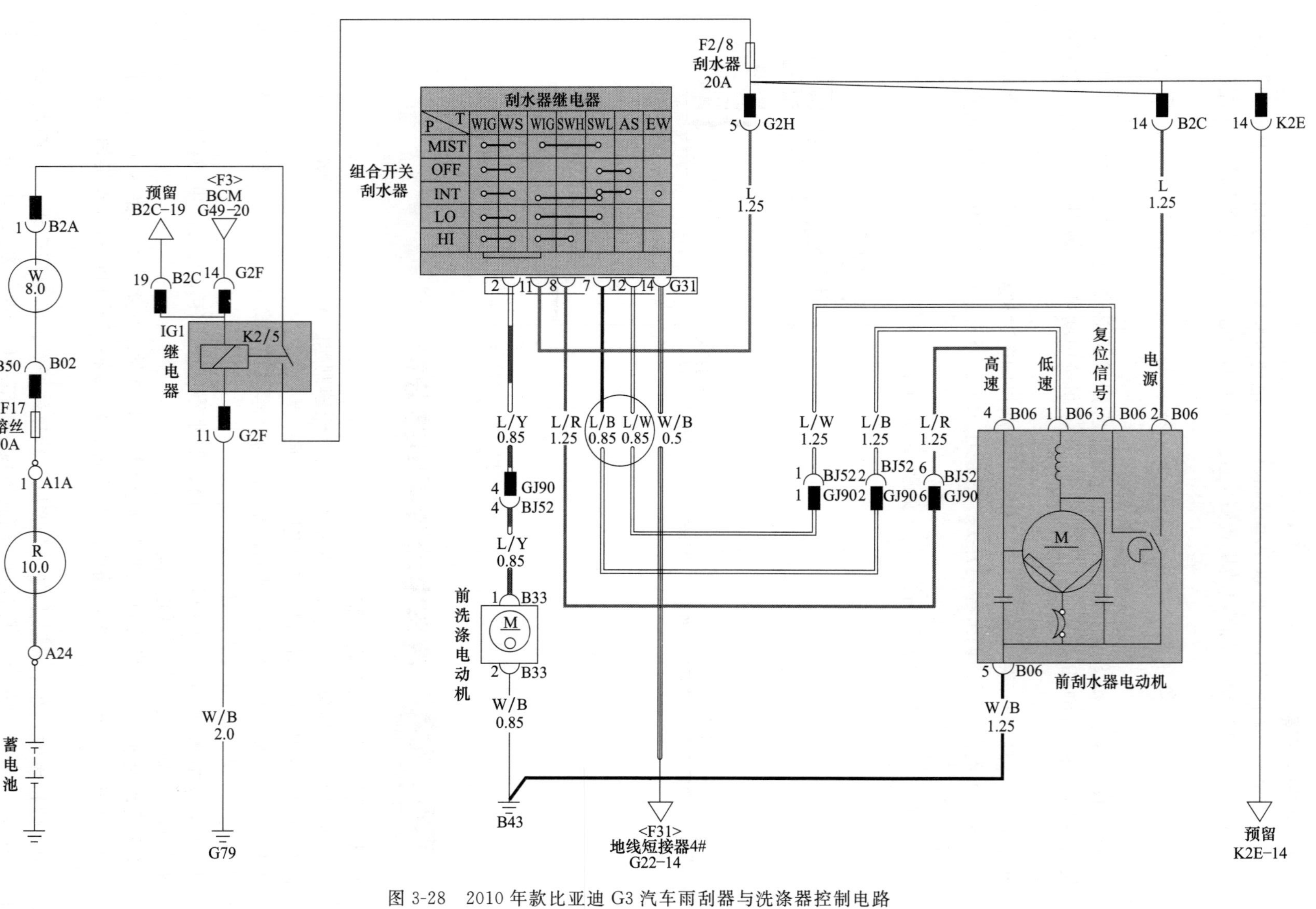

图 3-28 2010 年款比亚迪 G3 汽车雨刮器与洗涤器控制电路

位开关的触点接通，电动机通电继续转动，直到刮水片的停放位置。当刮水器电动机转动到复位开关的触点接通后，电动机电路切断、停止转动。此时刮水片回到挡风玻璃下沿位置。

（5）点动刮水 刮水器和洗涤器开关 MIST 挡为空挡，刮水器处于停止工作状态。当驾驶员按下开关手柄时。刮水器工作情况与手柄在 LO 挡时相同；当放开手柄时，开关自动回到空挡，实现点动刮水。

（6）清洗风窗玻璃 当驾驶员将雨刮器开关置于“清洗”位置（WS 挡）时，洗涤器电动机通电。此时，洗涤器液泵喷洒洗涤液，刮水器同时工作，如放松开关，洗涤器液泵停止喷水，刮水器复位，停止工作。

2. 电动后视镜电路

以比亚迪 L3 车型的电动后视镜为例，其电路如图 3-29 所示。电动后视镜主要由选择开关、操纵开关、电动机、传动机构和执行机构等组成。左右后视镜各带有进行左右方向调节、上下方向调节、伸展或折叠方向调节的 3 个电动机。

（1）后视镜方向左右调节 首先通过左右选择开关选择左后视镜或右后视镜，然后操作操纵开关接触左或右的调节点，此时形成电流通路，左右调节电动机中有电流流过，电动机产生的转矩带动后视镜向左或向右摆动。

（2）后视镜方向上下调节 首先通过左右选择开关选择左后视镜或右后视镜，然后操作操纵开关接触上或下的调节点，此时形成电流通路。上下调节电动机中有电流流过，电动机通过改变转动力方向的转矩，带动后视镜向上或向下摆动。

（3）后视镜伸展或折叠调节 电动后视镜伸展或折叠的调节功能通过 BCM 中央集控器控制，电动后视镜开关的 9＃、10＃接到 BCM 的 23＃、16＃，再由 BCM 的 G49-1＃、G49-3＃输出控制接到左右后视镜的两个执行器——展折电动机，当操作开关的伸展或折叠控制部件时，BCM 控制展折电动机工作，此时形成电流通路。展折调节电动机中有电流流过，电动机通过改变转动力方向的转矩，带动后视镜折叠或伸展动作。

3. 电动车窗电路

电动车窗控制系统主要由玻璃升降器电动机、电动车窗控制开关、车窗继电器和线路组成。以比亚迪 L3 车型电动车窗为例，其电路如图 3-30 所示。

当 IG1 继电器接通时（接 BCM G49-20＃），车窗继电器也随之接通，从蓄电池正极输出的经 F1/17 主保险与 F2/22 门窗保险的电流经过门窗继电器供电给四个电动门窗的升降电动机。

当操作左前、右前、左后或右后的四个电动车窗开关时，可以通过控制电动机的供给电流的通断与方向来使车窗上升或降落。

左前电动车窗还有控制所有车窗闭锁或开锁的功能，当按下闭锁控件时，所有车窗都可以进行升降操作。闭锁控制线由左前控制开关端子的 5＃接到 BCM G49-12＃，开锁控制线由左前控制开关端子的 8＃接到 BCM G49-13＃。

4. 电动天窗电路

汽车电动天窗由滑动机构、驱动机构、控制系统和开关等组成，电动天窗的开关由控制开关和限位开关组成。控制开关主要包括滑动开关和斜升开关。滑动开关有滑动打开、滑动关闭和断开（中间位置）3 个挡位。斜升开关也有斜升、斜降和断开（中间位置）3 个挡位。通过操作这些开关，令天窗驱动机构的电动机实现正反转，在不同状态下正常工作。

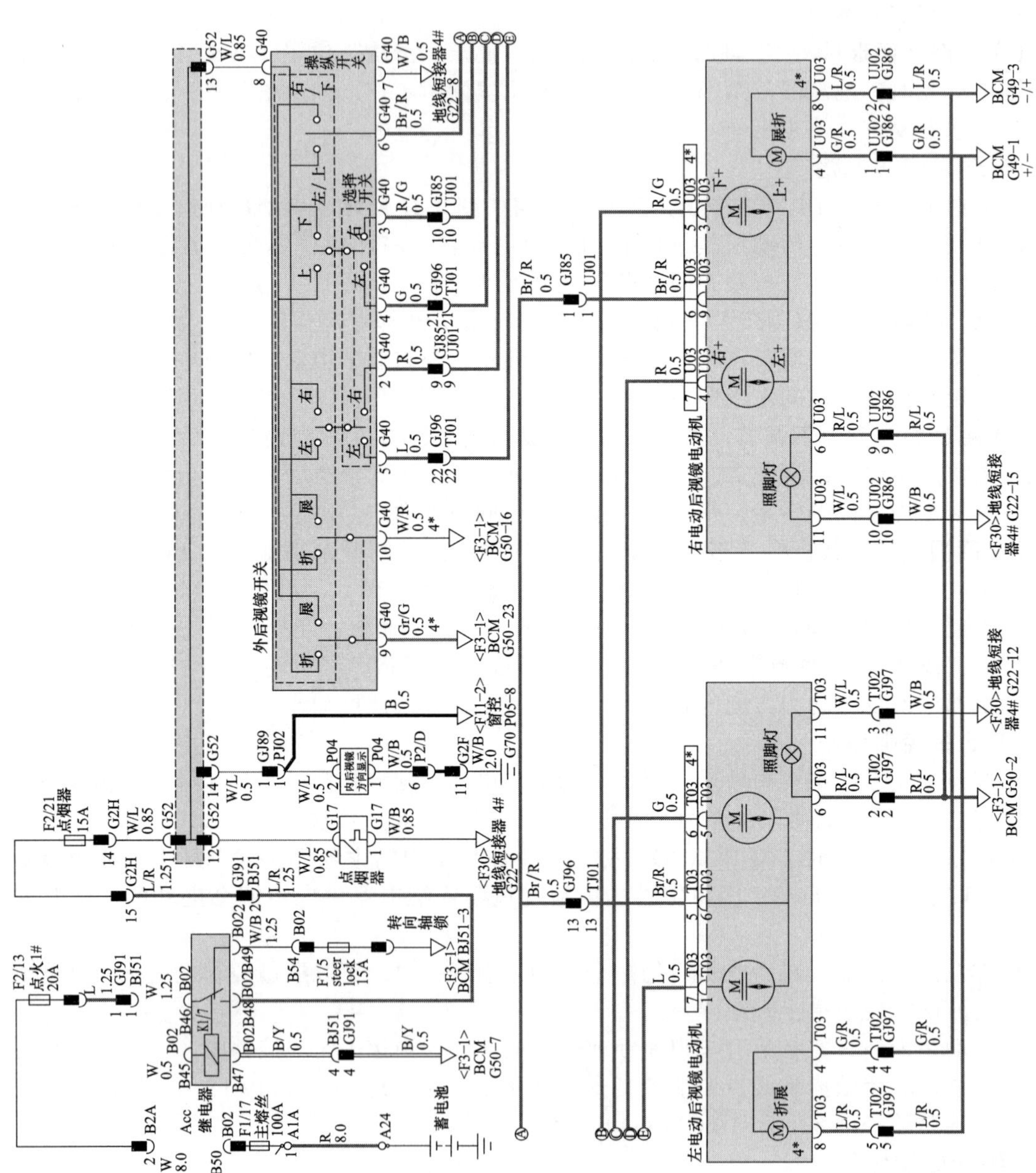

图 3-29 2010 年款比亚迪 L3 汽车电动后视镜电路

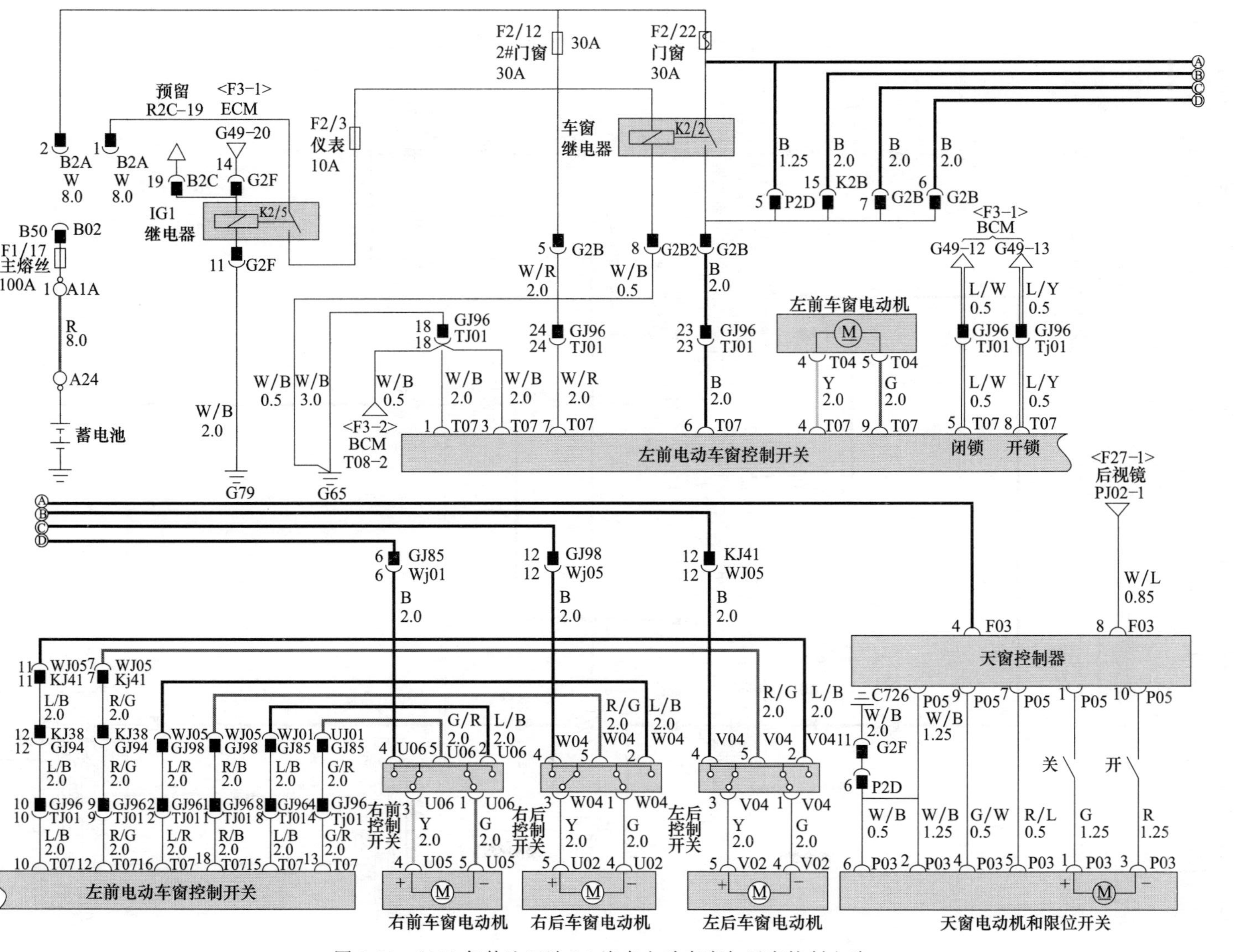

图 3-30 2010 年款比亚迪 L3 汽车电动车窗与天窗控制电路

限位开关主要用来检测天窗所处的位置。限位开关靠凸轮转动来实现断开和闭合。凸轮安装在驱动机构的动力输出端。当电动机将动力输出时，通过驱动齿轮和滑动螺杆减速以后带动凸轮转动，于是凸轮周边的凸起部位触动开关使其开闭，以实现对天窗的自动控制。

控制系统是一个数字控制电路，并设有定时器、蜂鸣器和继电器等，其作用是接收开关输入的信息，通过数字电路进行逻辑运算，确定继电器的动作，控制天窗开闭。

以比亚迪 F6 车型的电动天窗为例，其控制电路如图 3-31 所示。

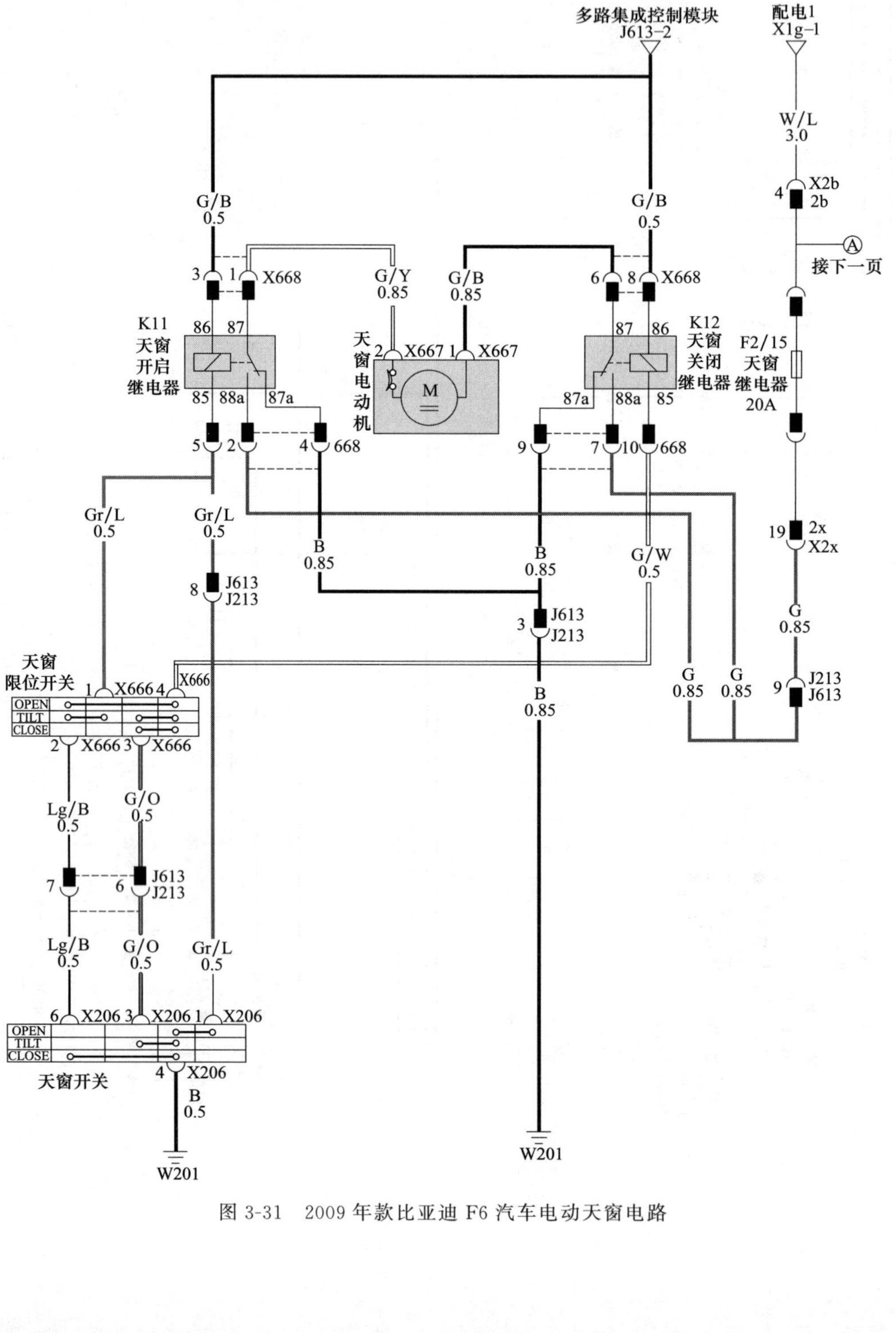

图 3-31　2009 年款比亚迪 F6 汽车电动天窗电路

（1）电动天窗电源电路 接通点火开关时，电动天窗供电经 F2/15 天窗继电器保险通往 K11 天窗开启继电器和 K12 天窗关闭继电器，当这两个继电器导通后，电流经过天窗电动机，操作电动机正转或反转，从而使天窗开启或关闭。

（2）天窗开启电路 当电动天窗开关拨到开启（OPEN）位置时，X206-1＃接通 X206-4＃（接地端），K11 天窗开启继电器 87＃到 87A＃的供电通路导通，天窗电动机工作电流经 K12 天窗关闭继电器 87＃到 87A＃到接地，天窗开启。

（3）天窗关闭电路 当天窗开关拨到关闭（CLOSE）位置时，X206-6＃接通 X206-4＃（接地端），同时，接到天窗限位开关 X666-2＃，通 X666-4＃，导通 K12 天窗关闭继电器。K12-88A＃与 87＃导通，天窗电动机得到工作电源，经 K11 继电器的 87＃到 87A＃导通到地，天窗关闭。

5. 电动座椅电路

电动座椅是人体工程技术与电子技术相结合的产物，其控制系统主要由手动调节开关、储存和复位开关、各种位置传感器、电动机和电控单元等组成，如图 3-32 所示。

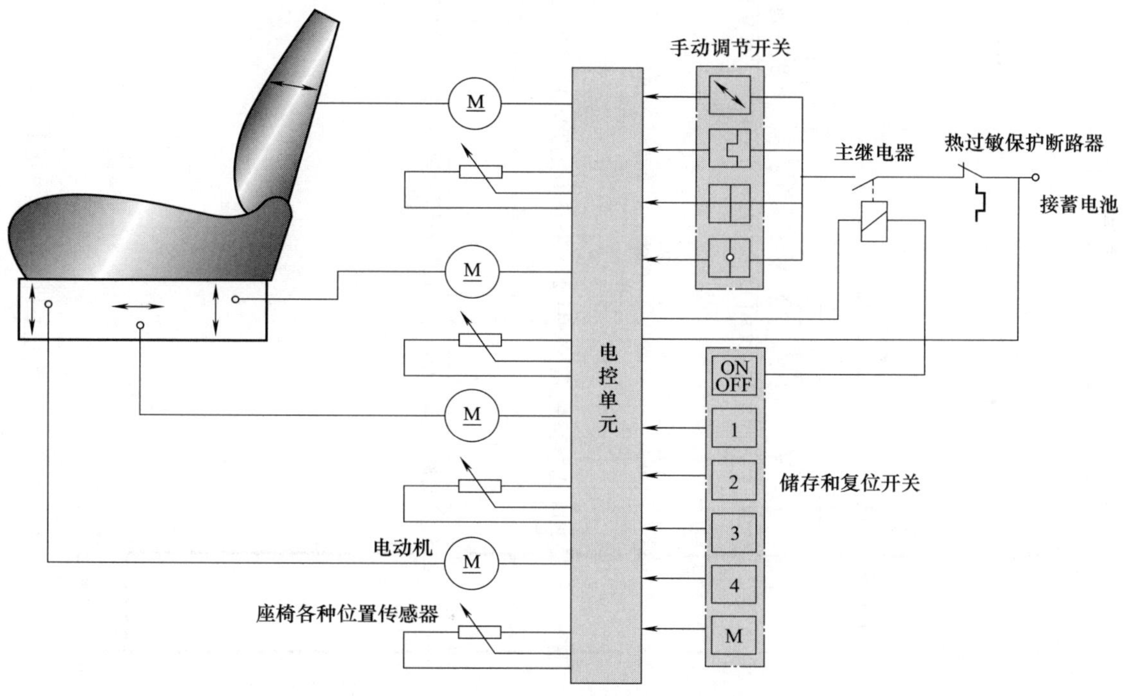

图 3-32 电动座椅控制机构组成

以比亚迪 F6 车型电动座椅为例，其控制电路如图 3-33 所示。该车的驾驶员侧与副驾驶员侧座椅具有电动调节功能，驾驶员侧座椅可以前部上下调节高度与后部上下调节高度，座椅可以水平前后调节，座椅靠背可以前后调节倾斜度；副驾驶员侧座椅只有水平方向前后调节与靠背倾斜度调节功能。电动座椅调节电路由电动座椅调节开关、调节电动机和线路组成。

调节座椅位置时，由手动调节开关通过电控单元控制调节量，然后利用储存和复位开关控制某一位置的数据储存；座椅位置信号取自滑动变阻器上的电压降。根据每个自由度上的电动机驱动座椅，从而便滑动变阻器随动，根据变阻器的电压降，电控单元识别座椅的运动机构是否到达“止点”，如果到达“止点”位置时，电控单元及时切断供电电源，保护电动机和座椅驱动机构。

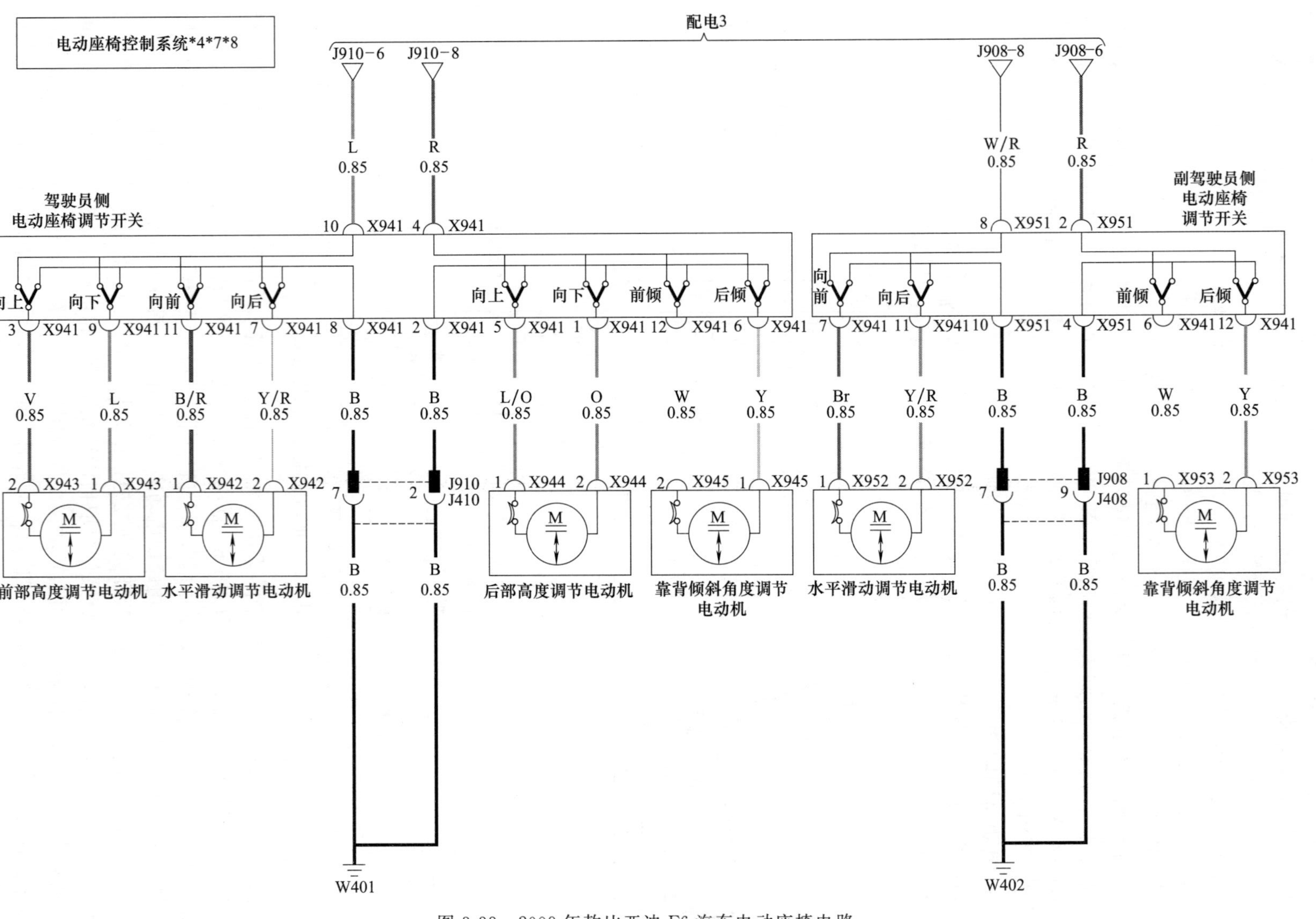

图 3-33 2009 年款比亚迪 F6 汽车电动座椅电路

任务三 汽车电动装置故障诊断

1. 电动天窗故障

故障现象 一汽大众迈腾 1.8T 汽车天窗偶尔不工作。

故障诊断

① 使用 VAS5052 读取系统故障存储器，无故障码存储。

② 分析迈腾 1.8T 天窗的控制逻辑如下：若天窗工作，必须有天窗开关和 J393 舒适控制单元的信号输入 J245 天窗控制单元，再由 J245 来控制天窗电动机工作。天窗偶尔不工作的可能原因包括下列几个方面：J245 的供电与搭铁异常，天窗开关故障，J393 的输入信号异常，J393、J245 和天窗电动机等部件故障，线路故障等。

③ 使用 VAS5052，利用功能引导读取 J393 的数据块：读取测量值——天窗和车窗升降机解锁，结果显示“是”，说明 J393 允许通过天窗开关对 J245 进行控制。

④ 根据电路图（图 3-34）进行检测。

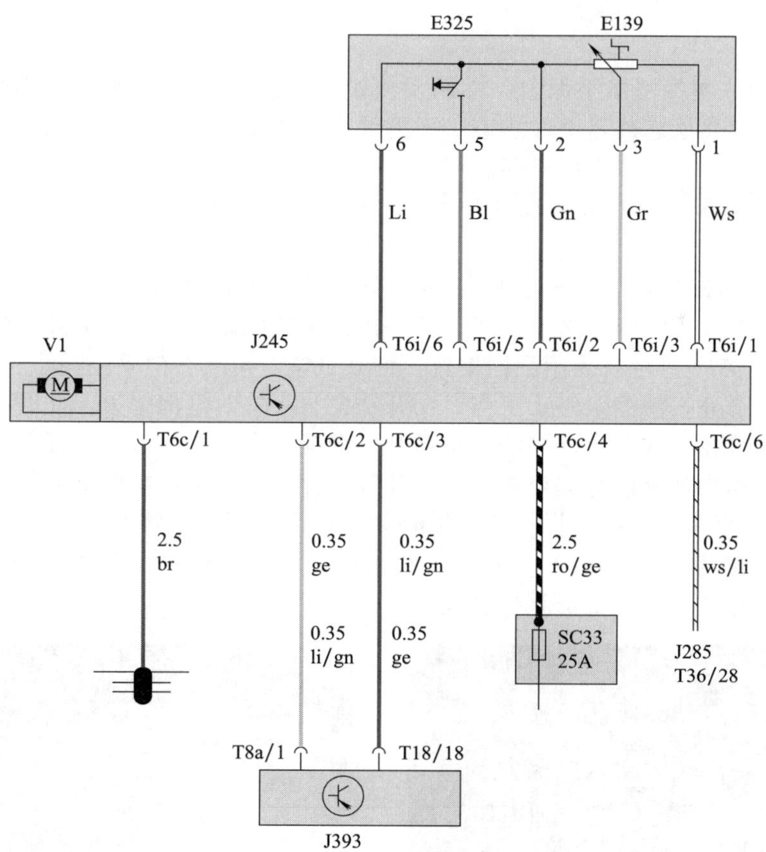

图 3-34 迈腾 1.8T 汽车天窗电路

a. 检查 J245 工作电源和搭铁。在天窗出现故障时检测 J245 的电源线 T6c/4 和搭铁线 T6c/1，T6c/4 始终是 12V，T6c/1 搭铁正常，说明 J245 的供电正常。

b. 通过测量端子 T6l/1、T6l/2、T6l/3、T6l/5、T6l/6 来检测天窗天关和线束，测量结果显示正常。

c. 检测 J393 和 J245 的控制线束。

在点火开关打开时，测量正常车辆的 T6c/2 和 T6c/3 端子的电压，测量结果如下：T6c/2 为 12V； T6c/3 为 12V。

在点火开关打开时，测量故障车辆的 T6c/2 和 T6c/3 端子的电压，测量结果如下：T6c/2 为 12V； T6c/3 为 0V。

⑤ 根据电路图可知：T18/18 端子与 T6C/3 端子相连；T8a/1 端子与 T6C/2 端子相连。分析认为 T6C/3 这条线束或相关模块可能有故障。检测该线是否对地短路。检测 T18/18 端子线束侧电压，也为零，说明问题可能出现在 J393 或线束插头本身。

⑥ 拔下插头时，发现 T18/18 插线已退出，造成与 J393 插片不能良好接触，使得 12V 信号不能到达天窗电动机，将此端子重新安装到位，故障排除。

故障排除 重接处理 J393 线束 T18/18 插针，故障排除。

2. 洗涤器故障

故障现象 一辆吉利远景汽车，更换过 3 次雨刮器保险，更换完保险后现场试验故障排除，但是车辆使用不久仍会出现此故障。

故障诊断

① 接车后首先更换洗涤泵保险，然后反复试验，故障不再出现。根据经验判断问题有可能会出现在车辆热状态或是部件热态。于是就连续操作洗涤泵开关，以便使洗涤泵电动机尽快达到热态，但故障总是不能出现。

② 上路试车检验，边行驶边操作洗涤泵电动机，车辆行驶约 30km 故障仍未出现，此时维修陷入僵局。

③ 决定在颠簸路面再次试车，刚刚进入颠簸路面操作洗涤泵时，洗涤泵突然停止喷水，于是停车检查发现洗涤泵熔丝已经烧断，再次更换此熔丝试车，故障消失。为更准确检查问题，用一个 55W 灯泡替换雨刮器熔丝，继续试车。再次在颠簸路面上行驶 1km 时，操作洗涤泵，灯泡点亮，洗涤泵停止工作，松开洗涤泵开关时灯泡熄灭。此时可以断定问题出现在洗涤泵本身或相关线路上，将洗涤泵断开，继续试车，操作洗涤泵开关时灯泡仍然会点亮，此时可以确诊为洗涤器开关至洗涤泵之间线束存在与车身负极断路部位。

④ 查阅电气原理图，发现此段线路是经仪表台内部通向洗涤泵。逐步排查至前围线束左侧固定架时，发现此处线路中一根蓝/黄线被压破，铜线外露（图 3-35），与电器原理图线束颜色对比发现此线正是洗涤泵控制线。

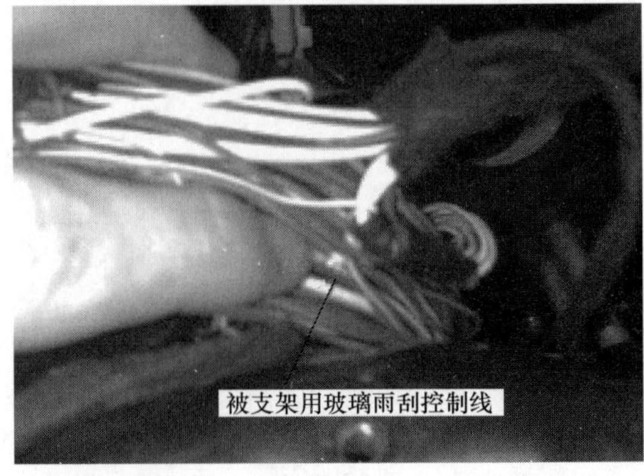

图 3-35 洗涤器控制线破损

故障排除 将压破线路进行包扎固定，更换雨刮熔丝。

3. 电动车窗故障

故障现象 大众速腾汽车左前门玻璃升降器无法升降，其余玻璃升降器功能正常。

故障诊断

① 用 VAS5052A 检查发现有两个故障码，如下所示。

a. 00932：驾驶员侧车窗升降电动机 V147 电路电器故障（静态）。

b. 00120：驾驶员侧车外警告灯/车门灯电路电器故障（静态）。

② 查阅电路图（图 3-36）对线路进行如下检查。

a. 检查执行元件电源——熔丝 SC12 电压，12V，正常。

b. 测量左前门控制单元 J386 插接端子 T20a/12，无电压。

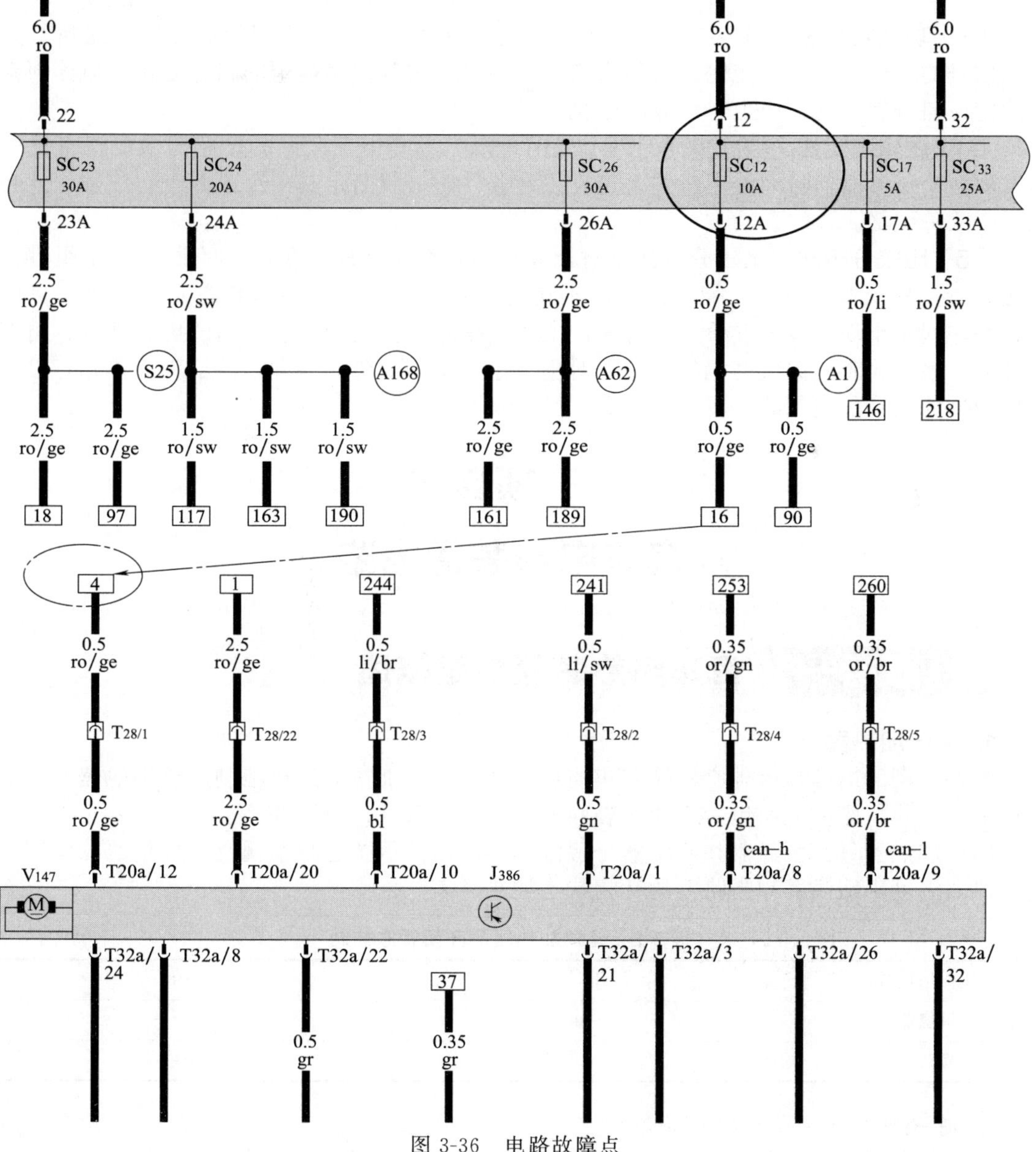

图 3-36 电路故障点

c. 断开左前门连接插头 T28，检查端子 T28/1 电压为 12V，判定车门内部线路出现断路。

③ 检查发现左前门线束个别电线折断。

故障排除 修复线束，故障排除。

专家点评 从故障码分析只是诊断汽车电子控制系统故障的第一步，重要的是能够判定故障码产生的原因。现将故障码产生的原理进行如下归纳。

（1）值域判定法 当控制单元接收到的输入信号超出规定的数值范围时，自诊断系统就确认该输入信号有问题，存储一个故障记忆。

（2）时域判定法 当控制单元检测时，发现某一输入信号在一定的时间内没有发生变化或变化没有达到预先规定的次数时，自诊断系统就确定该信号有问题，产生一个故障记忆。

（3）功能判定法 当控制单元给执行器发出驱动指令后，检测相应传感器或执行元件反馈信号的输出信号参数变化，若输出信号参数没有按照程序规定的趋势变化，自诊断系统就确定该信号有问题，产生一个故障记忆。

（4）逻辑判定法 控制单元对两个或两个以上具有相互联系的传感器数据进行比较，当发现两个传感器信号间的逻辑关系违反设定条件时，就断定其一个或两个有故障，就会产生一个故障记忆。

（5）比较分析法 比较分析法是对相同车型及系统在相同条件下的相同数据组进行的对比分析。分析本车两个故障码，是属于功能判定法，环境条件是静态，表示故障目前存在，并非偶尔出现。首先要检查执行元件的供电电路，其次检查执行器的电源部分，再查接地部分，最后检查相关联的电气系统。对于复杂的电器故障，这种方法最为简单和直接，能够快速排除复杂的电气故障。

项目四

汽车电热装置电路

任务一 汽车电热装置电路概述

1. 座椅加热器

某些车型的前排和后排座椅配有座椅加热器。座椅加热器通过控制座椅加热器开关实现座椅加热功能。座椅表面包含可加热表面的电阻加热元件，见图 3-37。

座椅加热器具有恒温器和断路器。恒温器和断路器保护过热情况及座椅加热器电路。座椅加热器温度由恒温器和断路器的开闭状态控制（表 3-2）。

表 3-2 座椅加热器的开闭状态控制 单位：℃

座椅加热器	开	闭
恒温器	29～39	38～48
断路器	40～50	50～60

2. 除霜器

装有空调或暖风装置的汽车，可利用热风将前面和侧面的玻璃吹热。后挡风玻璃常利用电热丝加热的方法来除霜。除霜器简单电路原理如图 3-38 所示。

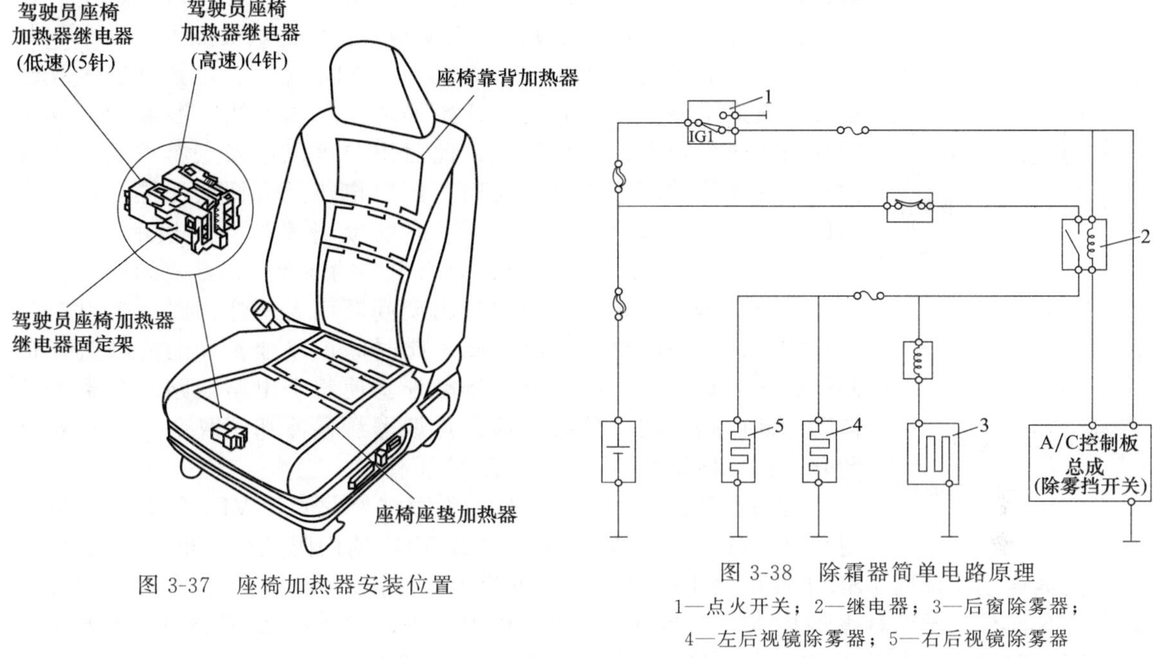

图 3-37　座椅加热器安装位置

图 3-38　除霜器简单电路原理

1—点火开关；2—继电器；3—后窗除雾器；
4—左后视镜除雾器；5—右后视镜除雾器

工作过程如下：当接通除霜器开关后，除霜器开关使除霜继电器的磁化线圈搭铁，继电器触点闭合，挡风玻璃及后视镜上的电热丝通电发热，使霜受热蒸发。

除霜器开关中的时间继电器维持除霜继电器导通 10～20min，然后自动切断除霜继电器的电路，使电热丝断电。若想继续除霜，可再次接通除霜开关。

3. 点烟器

点烟器按照保护方式分为三种：双金属片过热保护、树脂保护和熔丝保护。按照照明方式不同分为 LED 照明、灯泡照明和无照明；按照手柄不同又分为单手柄和双手柄结构。

点烟器组成部件如图 3-39 所示。

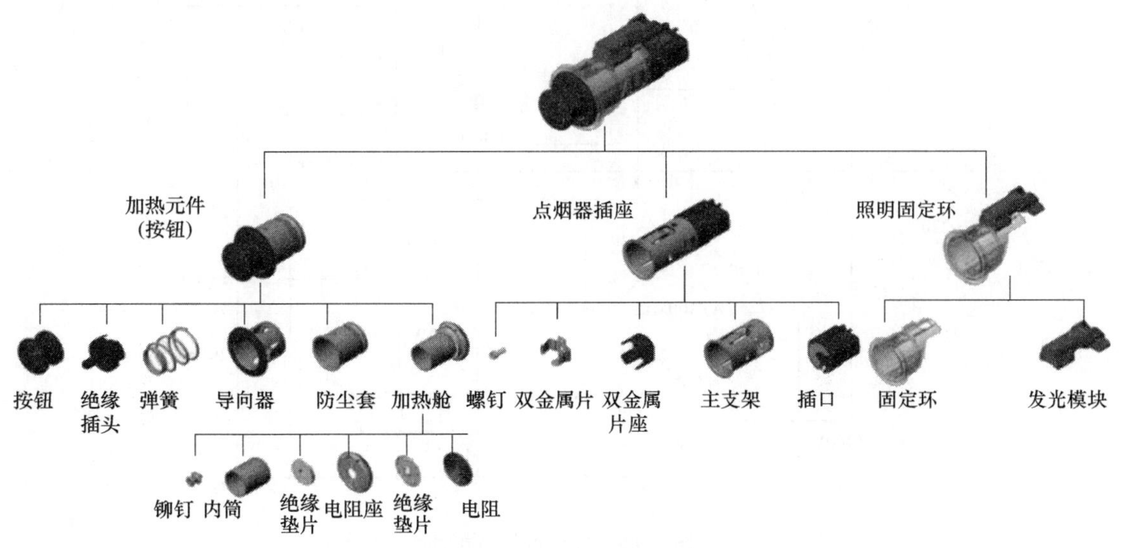

图 3-39　点烟器组成部件

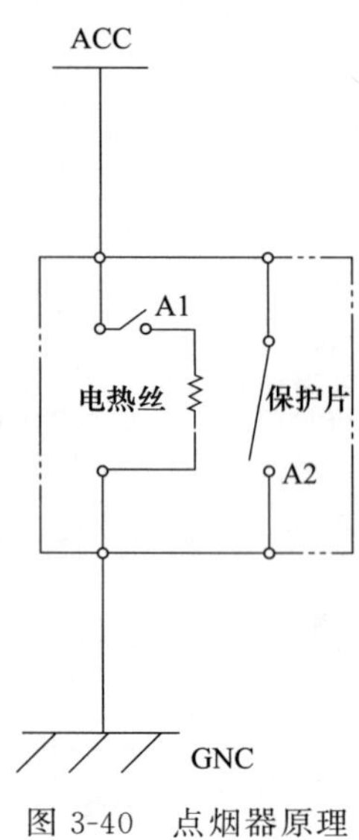

图 3-40 点烟器原理

当把点烟器压入的时候，点烟器外边的一圈金属和内壁相接触，使其形成一个回路，电路导通，电阻便会被加热到足够使烟点燃的温度（1050～1100℃），从而使与其接触的烟被点燃。

如图 3-40 所示，当按下点烟器时（A1 闭合），电热盆嵌入双金属片，接通电路，此时电热丝开始加热，当达到规定温度后，双金属片与电热盆断开，内套复位，此时用户可以用来点燃香烟。如果内套卡住而导致不能正常复位时，此时电热丝会持续加热，直至达到保护双金属片启动的温度，保护双金属片与外套接触（A2 闭合），使点烟器正、负极短路，烧断电路的熔丝，切断点烟器电源。

当点烟器受到外力或者本身出现问题而无法弹出时，电阻丝会持续加热，点烟器温度不断升高，此时保护双金属片上的触头开始向外膨胀，直到双金属片触头接触外套使整个电路短路，车载熔丝自动切断电路。在故障排除后，点烟器缓慢冷却，双金属片与外套断开，在更换熔丝后，又可以正常工作。

自动点烟器电路见图 3-41。平时红外发光管 VD_1 的光线直接照射在红外线接收管 VD_2 上，导致 VD_2 的内阻减小，相当于 LSE 的 1、2 脚间连通，此时 LSE 的 4 脚输出高电平，三极管 VT 截止，继电器 J 处于释放状态，电热丝不通电。一旦有香烟插入，导致 VD_2 上的光线消失，相当于 LSE 的 1、2 脚间断开，其 LSE 的 4 脚便变为低电平，此时三极管 VT 导通，继电器 J 吸合，电热丝通电将香烟点燃，抽出香烟后，电热丝即断电停止工作。

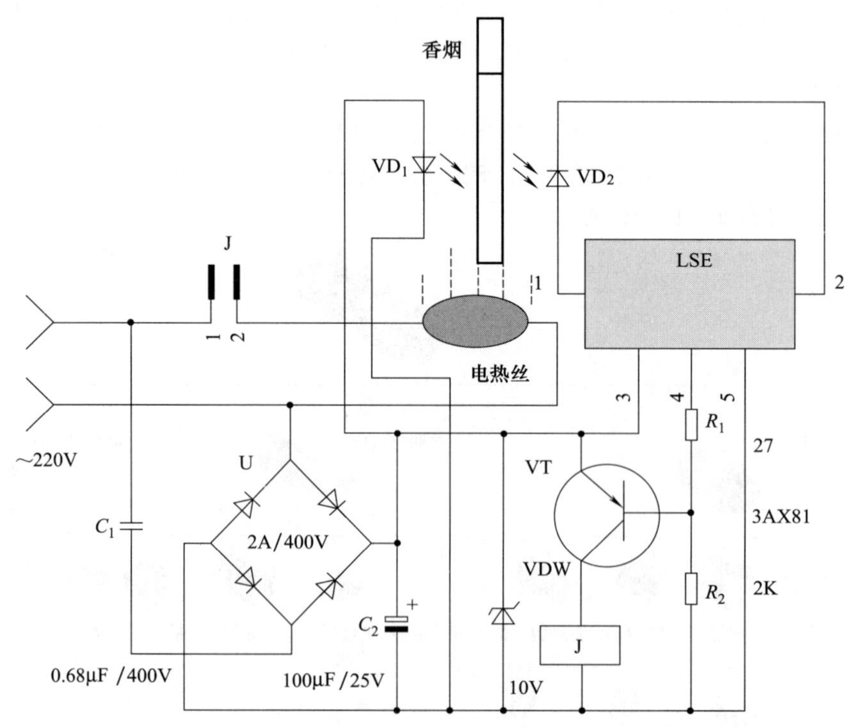

图 3-41 自动点烟器电路

任务二 汽车电热装置电路分析

1. 除霜器电路

除霜加热器主要由电热线、传感器、继电器、控制电路、除霜开关以及指示灯等组成。在电热线两端加 12V 电压时，产生 25～39℃的微温。将玻璃加热以消除霜层。传感器是一种热敏电阻，一般安装在后挡风玻璃下方，用以检测有无积霜，受 KA 继电器的控制。其电路原理如图 3-42 所示。除霜指示灯并接于电热线两端。

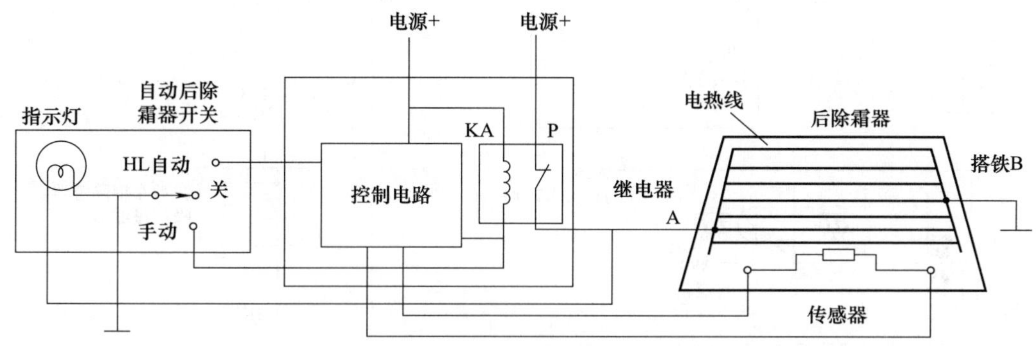

图 3-42 电子除霜器电路原理

（1）自动除霜 当采用自动除霜时，控制电路的工作状态受传感器输入信号控制。当结霜传感器电阻变小时，启动电热线工作，即开始加热。当温度上升到除霜完毕后，即传感器的电阻增大到一定值时，断开电热线电流回路。如此循环，实现自动除霜。

（2）手动除霜 当采用手动除霜时，除霜开关接通到“手动”挡，KA 继电器线圈内有电流通过，其触点 P 吸合接通，从而形成回路。此时，除霜指示灯 HI 点亮，显示除霜状态。

以 2018 年款雪佛兰全新迈锐宝车型为例，除霜器电路如图 3-43 所示，后窗除雾器系统由以下部件组成。

① HVAC 控制模块。

② 暖风、通风与空调控制装置。

③ 后挡风玻璃除雾器继电器。

④ 后挡风玻璃除雾器格栅。

⑤ 驾驶员侧车外后视镜。

⑥ 乘客侧车外后视镜。

⑦ 40A 的熔丝。

后挡风玻璃除雾控制系统使用单区背景灯设计，用单个继电器配置驱动。此外，如有必要，可以加热多达 2 个外部后视镜。暖风、通风与空调控制装置为乘客提供了一个控制此系统的开关。暖风、通风与空调控制装置还包括一个指示灯，以告知乘客此系统的当前状态。此系统仅在发动机运转时或遥控启动期间才可工作。

按下电热后窗开关，暖风、通风与空调控制装置将向暖风、通风与空调控制模块发送请求后挡风玻璃除雾操作的串行数据信息。HVAC 控制模块根据接收到的串行数据信息向后挡风玻璃除雾器继电器线圈侧提供电压，这将使继电器通电，导致继电器开关触点闭合以允

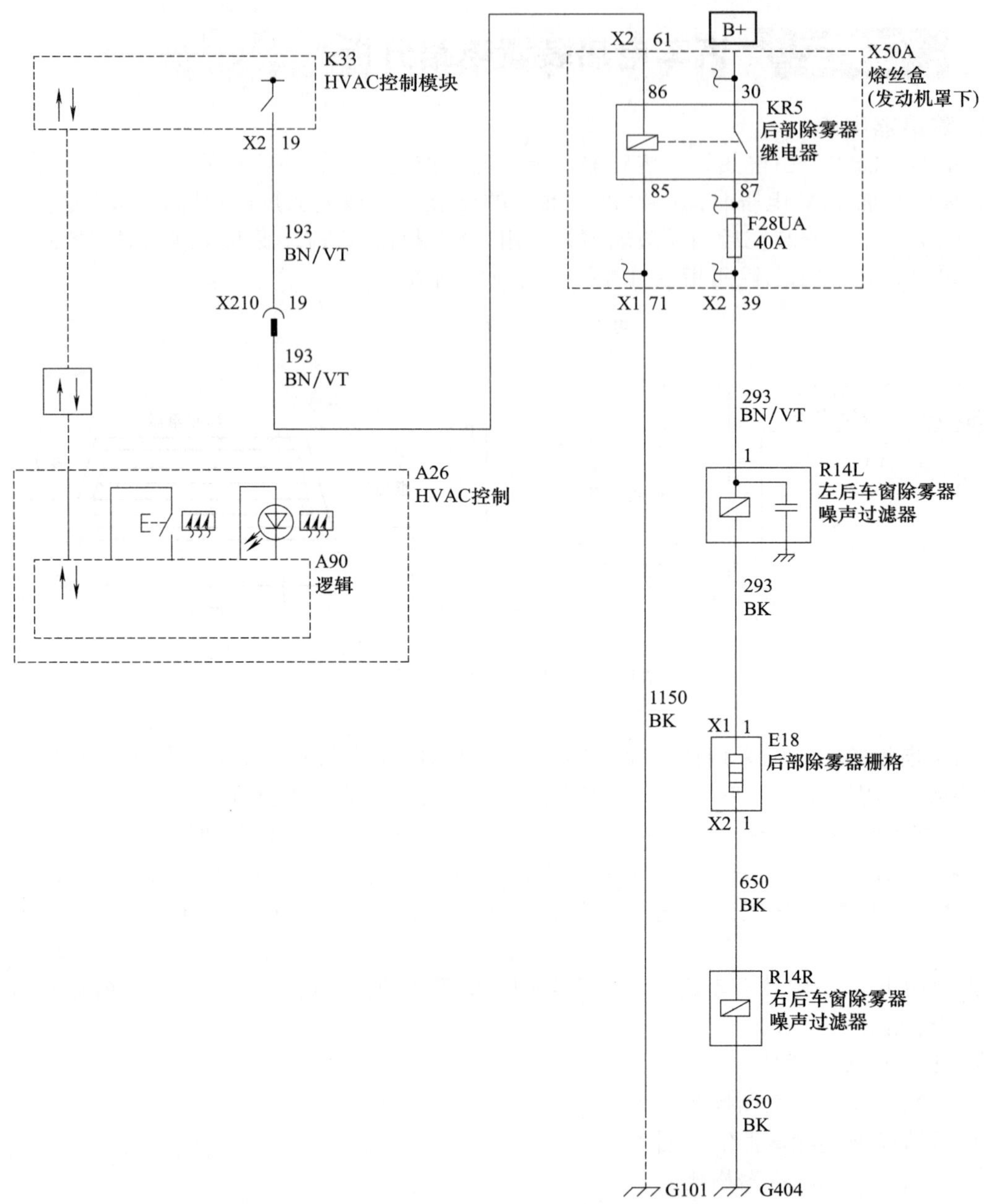

图 3-43 除霜器电路（2018 年款雪佛兰全新迈锐宝）

许 B＋电压通过后挡风玻璃除雾器格栅控制电路流向后挡风玻璃除雾器格栅。

当按下电热后窗开关且发动机运转时，后部除雾控制系统将保持激活 10min。初始循环结束后，再次按下开关将使后挡风玻璃除雾器继续工作，但此循环仅持续 5min。如果车速快于 70km/h，后部除雾控制系统将持续工作。

2. 座椅加热电路

以 2009 年款比亚迪 F6 汽车座椅电热电路为例，其电路如图 3-44 所示。当点火开关位于 ON 挡，来自仪表板下转接端子 X211B-8＃接 K9 座椅加热继电器，这时 K9 接通，来自配电 3 的电流经 K9 继电器 88＃和 88A＃、主副驾驶座椅的加热控制开关向加热垫的加热电

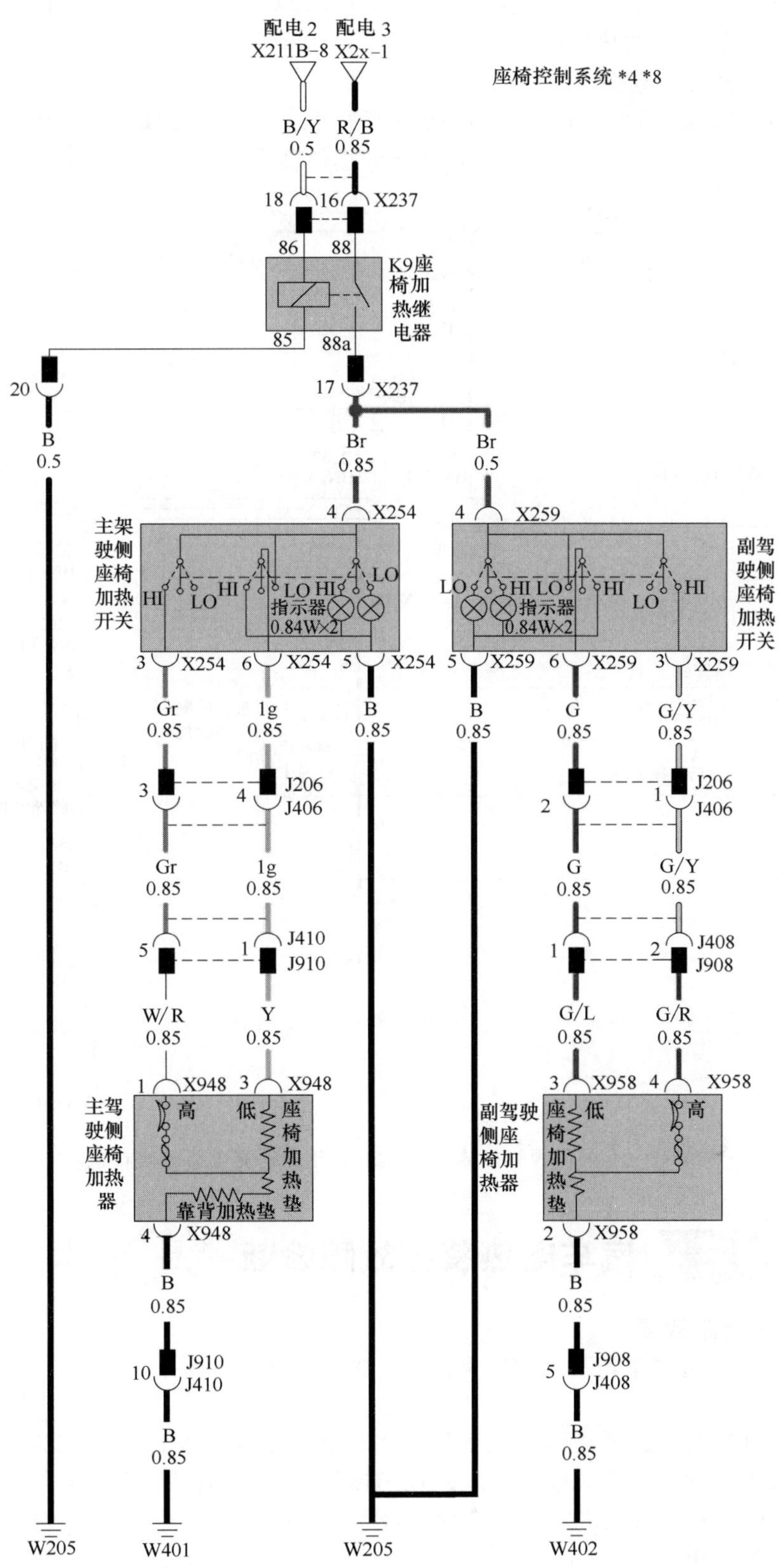

图 3-44　2009 年款比亚迪 F6 汽车座椅加热电路

阻丝供电。加热开关有高低两个挡位可调，副驾驶座椅只有座椅垫加热功能，主驾驶座椅的靠背加热垫与座椅加热垫的热丝串联一起。

3. 车外后视镜加热电路

车辆通过后挡风玻璃除雾继电器控制加热型后视镜。后挡风玻璃除雾器开启时，通过左侧和右侧后视镜加热元件控制电路向后视镜加热元件提供蓄电池电压，其电路如图 3-45 所示。

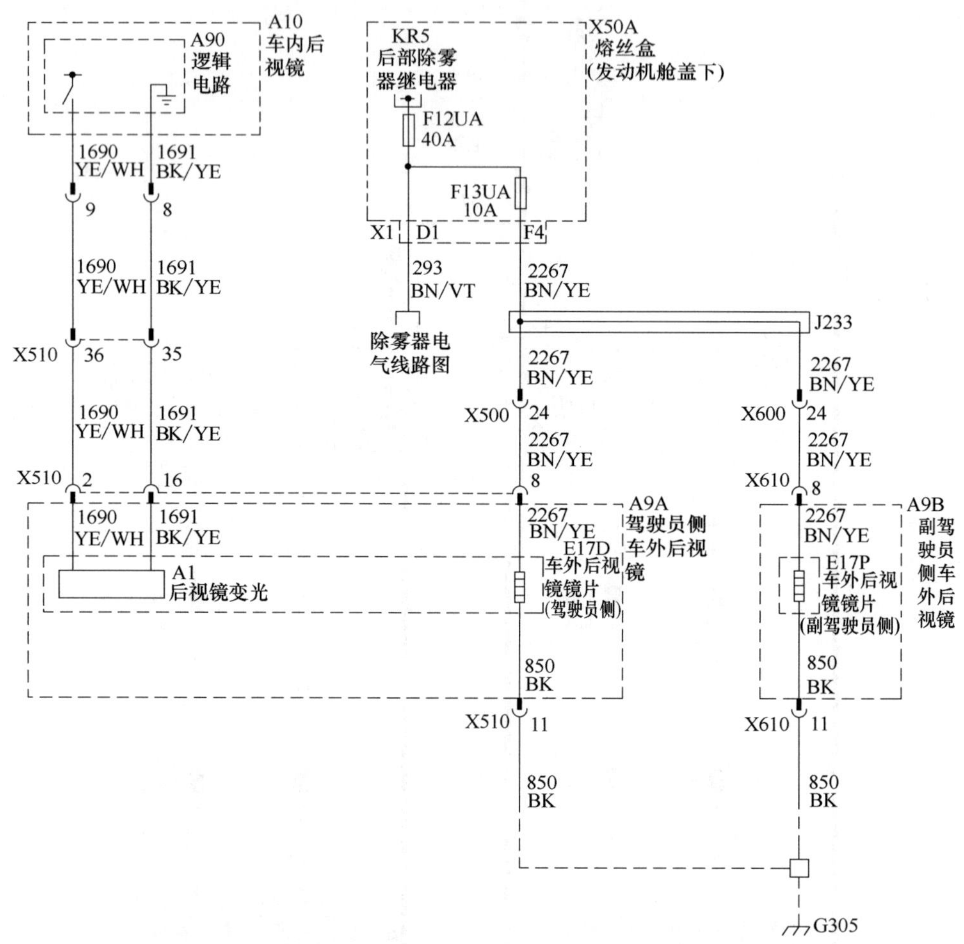

图 3-45 车外后视镜加热电路（2018 年款别克全新一代君越）

任务三 汽车电热装置故障诊断

1. 座椅加热电路故障

故障现象 大众迈腾车辆蓄电池经常没电，发动机无法启动。

故障诊断

① 用 VAS6356 检查，放电电流在下降到 0.03A 后会突然又回到 5～7A。

② 使用 VAG1526 配合 VAG1978 线，在闭锁不断电的情况下测量熔丝中的漏电电流状态，当测试到 SC37 保险时候，发现保险两端有 > 10mV 的电压降，即在该保险相关联电路中有大于 4.691A 的电流。

③ SC37 为座椅加热的控制保险。测量座椅控制单元 J774 的 T8ac/5 与 T8ac/1 对地电

压，分别为 12.6V 和 12.7V。

④ 通过以上测量得出故障由座椅加热系统启动引起。为确认是 J774 内部短路还是元件触发引起的，测量 J774 的 T8ac/4 与 T8ac/8 对地电压状态，在面板上左右座椅加热开关位置都在 4 挡位置，测得电压为 9V。当关闭座椅加热开关后（开关在 0 位时）测得电压为 0V。

⑤ 在故障状态下测量空调操作面板的条件，测得 J301 的 T20b/19 对 T20b/20 的电压为 12.7V，测得 T20b/15 对 T20b/20 的电压为 12V，测量处电路连接如图 3-46 所示。

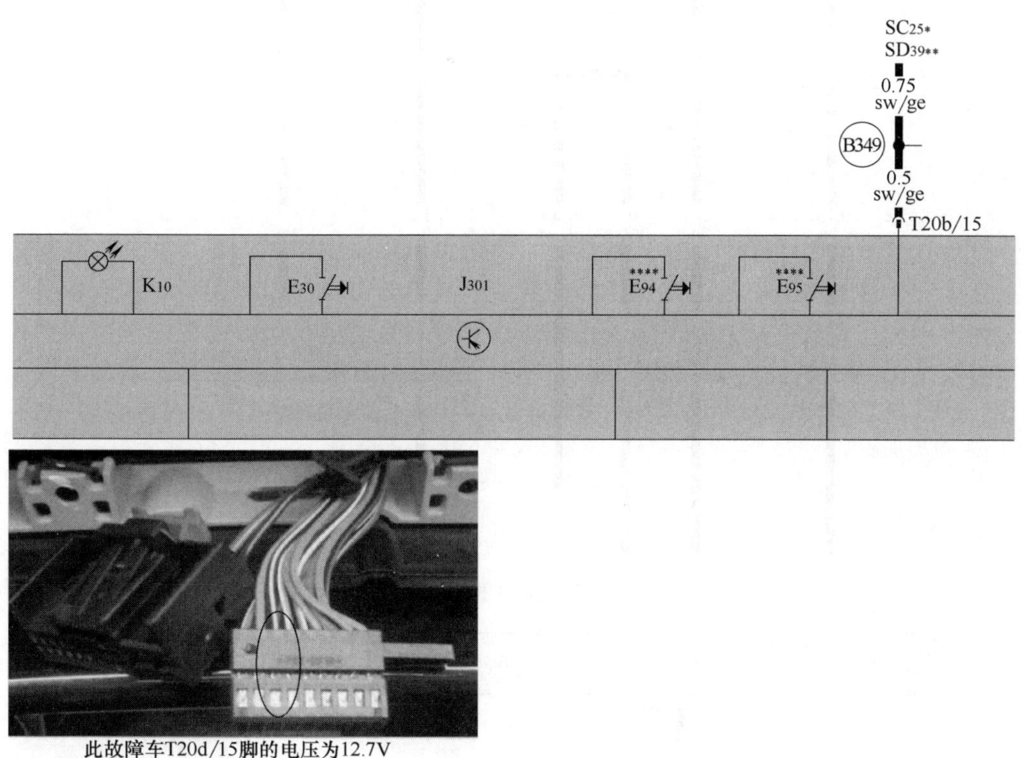

图 3-46　T20b/15 电路

⑥ 根据电路图得知 T20b/15 脚位的电压为经过卸荷继电器控制输出的 75a 供电。查找 T20b/15 脚的供电来源与 SC39 的 30 电相通。

⑦ 根据电路图将其接脚改到 SC25 号熔丝插位上，性质改为 75a 供电后，故障排除。后经与客户沟通得知，此车曾因事故更换过 SC 保险盒。

原因分析　故障车在关闭钥匙开关的情况下，T20d/15 脚有 30 常电且座椅加热按钮在非关闭位置上，造成锁车后座椅加热功能未关闭而放电。

其原理为 J774 控制单元的第 2 脚输出 12V 的高电位（非实电），在点火开关开启的时候，发动机不启动，J519 输出低电位。此时 J774 切断座椅加热。发动机启动和钥匙开关关闭的情况下该电位为高电位，只要收到空调控制单元的加热信号就可以进行座椅加热（图 3-47）。

那空调信号是如何产生的？正常情况下，空调的 T20b/19 脚位有 30 供电，T20b/15 脚位加载到 75a 供电，空调控制单元上的两加热旋钮在 0～5 挡范围内转动时，在 T20C/10 和 T20C/11（左前和右前座椅加热控制按钮，对应 J774 的 T8ac/4 与 T8ac/8 端）输出：0～9.76V 渐变电压，电路如图 3-48 所示。在座椅加热的过程中，在某一固定的挡位上，由于座椅中相应并联的温度传感器阻值开始变化，空调控制单元输出的电位逐渐降低到一个固定值后，J774 便开始逐步减小对加热电阻输出的加热电流。

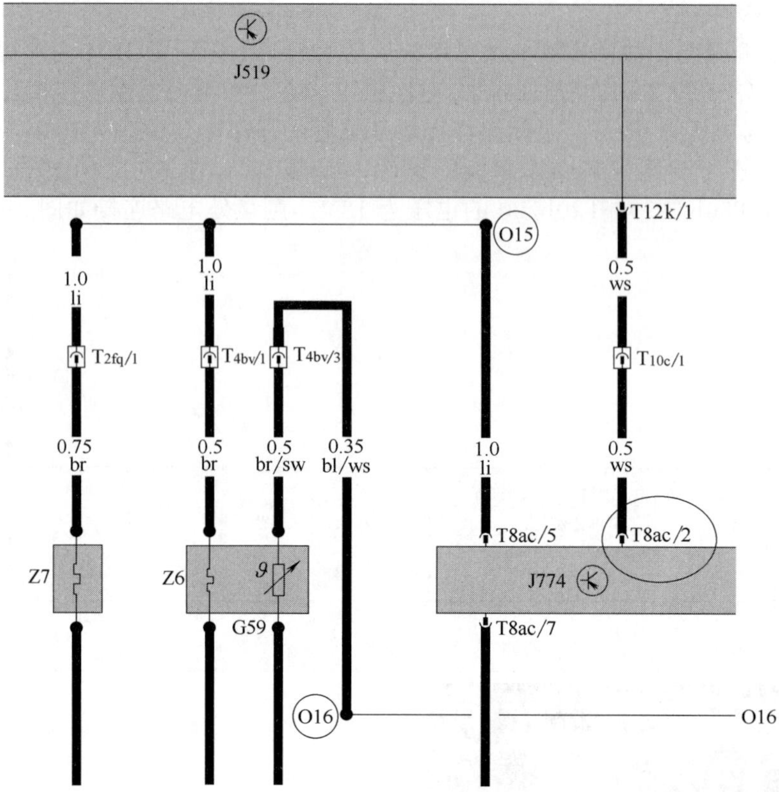

图 3-47　J774 控制原理

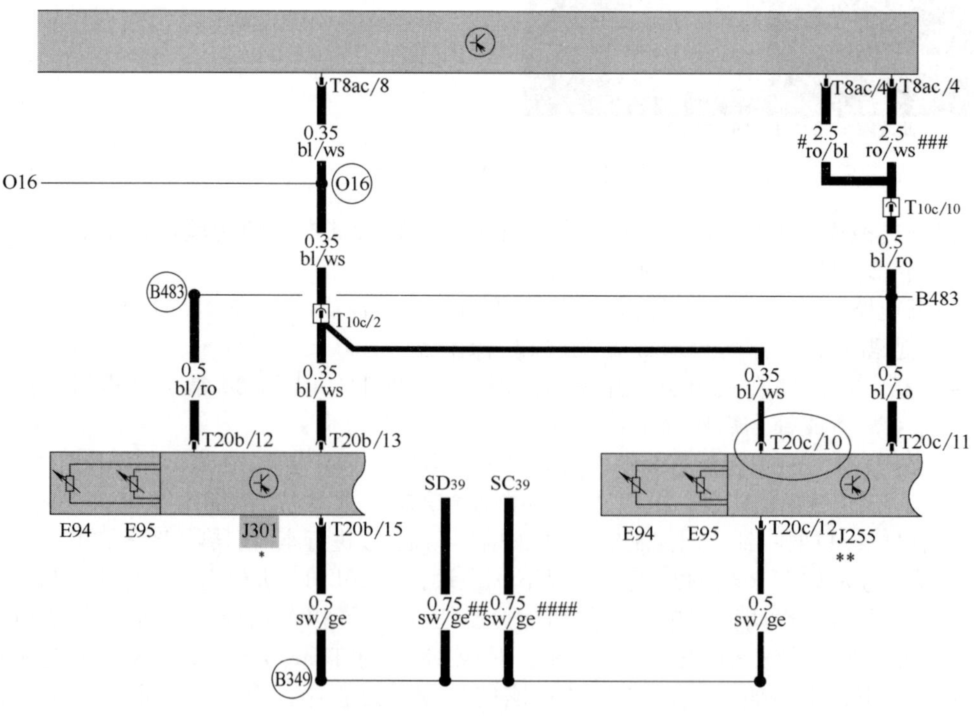

图 3-48　空调控制电路

＊表示后备厢右侧熔丝和继电器座

故障排除　将故障车的 SC39 保险接脚拆下并换至 SC25 保险位置，即可将该故障解决。

2. 除霜器电路故障

故障现象　奥迪 A6L BPJ 车辆后挡风玻璃无加热功能。

故障诊断

① 用 VAS5052 检测 J255、J393、J519，无故障储存。

② 按后挡风玻璃加热按钮，灯亮起后，后挡风玻璃加热继电器不工作。

③ 按后挡风玻璃加热按钮，灯亮起后，大概 3min 左右就熄灭，正常情况下后挡风玻璃加热在 0℃以上可以持续 10min。

④ 检查后挡风玻璃加热熔丝，完好。查询 ELSA 电路图（图 3-49）并测量发现，J393 没有信号给加热继电器，从而导致继电器不工作。

⑤ 查询 ELSA 维修手册发现，如果电压低，按钮灯就会在 150s 左右熄灭。再次用 VAS5052 检测发现， J644 内有发电机接口断路故障存储，试更换发电机后故障排除。

故障排除　更换发电机，故障排除。

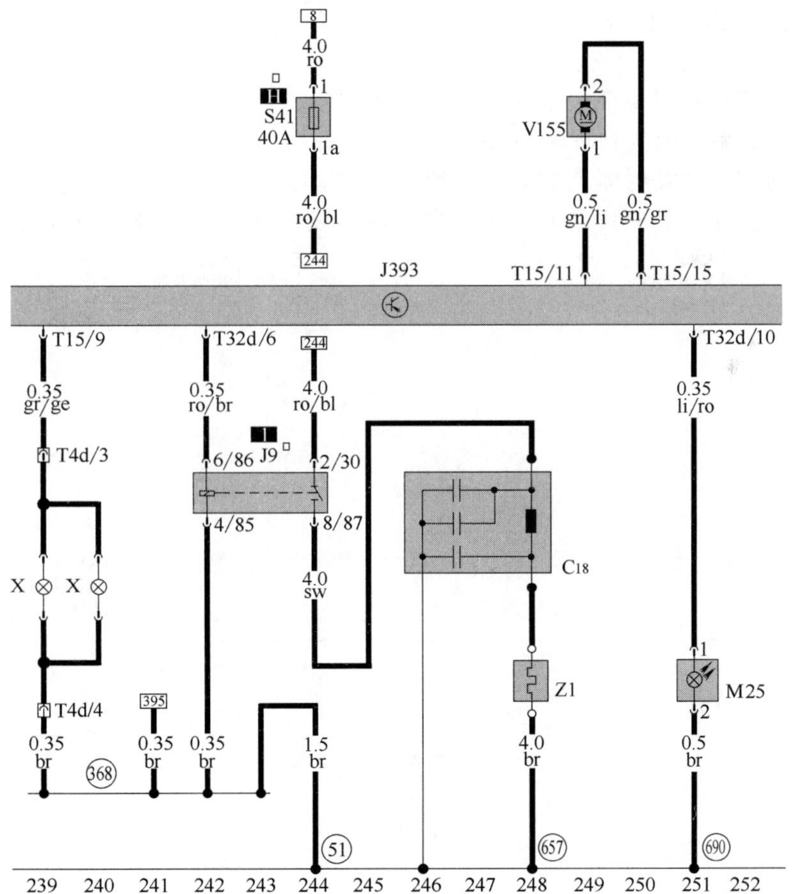

图 3-49　后挡风玻璃除霜器电路原理

C18—车窗玻璃天线抗干扰滤波器；J9—可加热后挡风玻璃继电器；J393—舒适/便捷功能系统中央控制单元；M25—高位制动信号灯灯泡；S41—可加热后挡风玻璃熔丝；T4d—4 芯黑色插头连接，尾门；T15—32 芯褐色插头连接，插头 A，在舒适/便利功能系统中央控制单元上；T32d—32 芯白色插头连接，插头 B，在舒适/便利功能系统中央控制单元上；V155—油箱盖锁止电动机；X—牌照灯；Z1—可加热后挡风玻璃；51—后备厢右侧接地点；368—接地连接 3，在主线束中；657—接地点 1，在左侧后挡风玻璃附近；690—接地点，中后部车顶框架上

项目五 汽车电声装置电路

任务一 汽车电声装置电路概述

喇叭由电源通过喇叭继电器触点接通喇叭线路（图 3-50），并经过触点给线圈通电产生磁场。在磁场产生电磁力的作用下，衔铁被吸引，衔铁带动膜片、共振板向下运动。与此同时，衔铁也向下拉动下触点臂，使上、下触点断开，切断电路。线圈断电后，电磁力消失，衔铁释放，膜片和下触点臂复位。此时上下触点闭合，电源又经过触点给线圈通电产生磁场，重复上述过程，振动系统往复振动空气而发出声音。

车辆喇叭系统在以下情况下启动。

① 按下喇叭开关时。

② 车身控制模块在以下任一情况下指令喇叭鸣响。

a. 当安全防盗系统检测到车辆被侵入时。

b. 当按下遥控门锁发射器上的应急按钮时。

c. 使用无钥匙进入系统锁止车辆时，喇叭可能发出响声来提醒驾驶员车辆已经锁止。

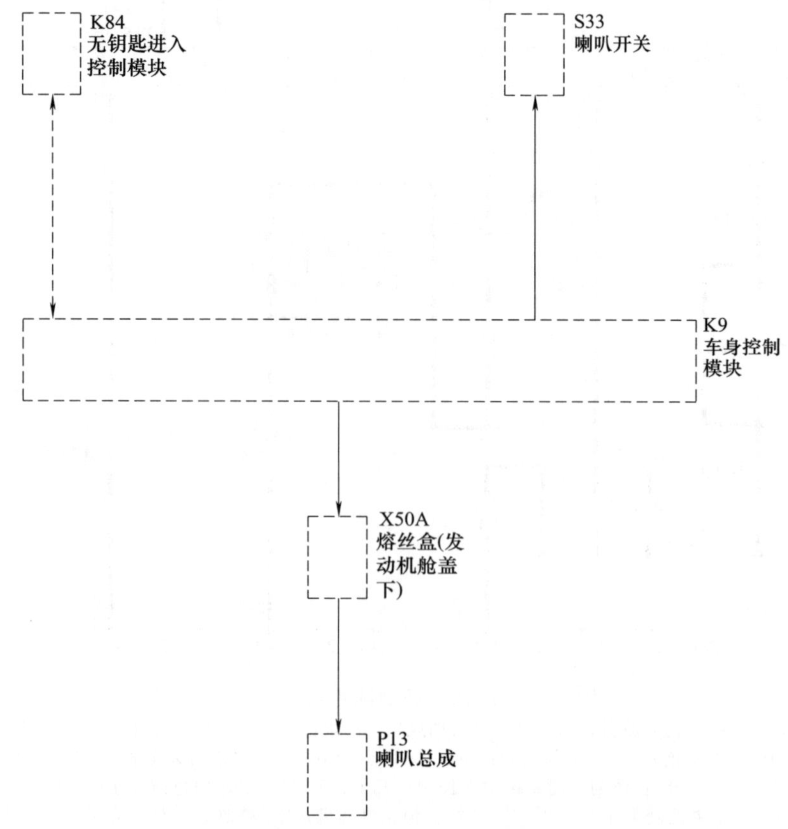

图 3-50 喇叭控制系统连接框图（别克全新一代君威）

提醒功能可根据个性化设置启用或停用。

喇叭系统由以下部件组成。

① 喇叭熔丝。

② 发动机舱熔丝盒（包含印制电路板喇叭继电器）。

③ 喇叭开关。

④ 喇叭总成。

⑤ 车身控制模块 （BCM）。

以别克全新一代君威车型为例，喇叭控制系统连接框图如图 3-50 所示。

任务二 汽车电声装置电路分析

蓄电池正极电压始终向喇叭继电器线圈和喇叭继电器开关提供电源。按下喇叭开关向喇叭继电器控制电路提供搭铁。车身控制模块也可能在上述情况下为喇叭继电器控制电路提供搭铁。当喇叭继电器控制电路搭铁时，喇叭继电器通电，蓄电池正极电压通过喇叭控制电路施加到喇叭。喇叭继电器控制电路搭铁多久，喇叭就会响多久。喇叭控制电路如图 3-51 所示。

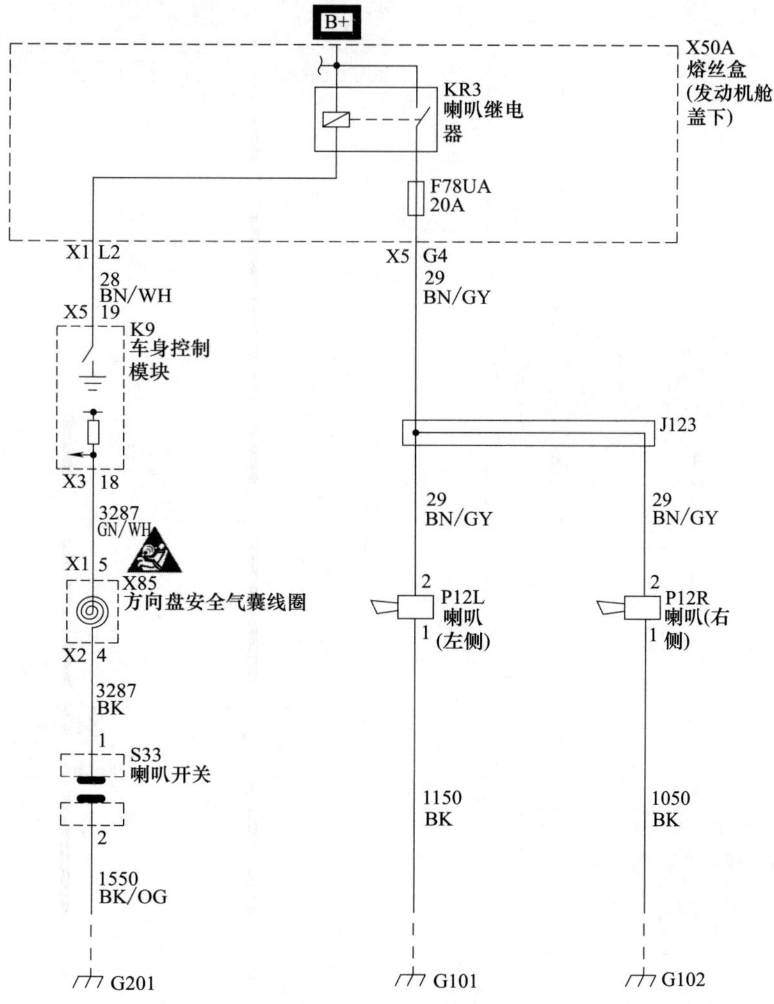

图 3-51 喇叭控制电路（2018 年款别克全新一代君威）

任务三 汽车电声装置故障诊断

故障现象 某大众迈腾车型带多功能方向盘的喇叭，在行驶一段时间后偶尔会出现按喇叭无反应、方向盘上的多功能开关失效的情况。当出现按喇叭不响的时候，将方向盘转动到一定角度后喇叭及多功能开关又会恢复正常。

故障诊断 迈腾车型喇叭的控制方式共分为两种。

1. 不带多功能方向盘喇叭

不带多功能方向盘喇叭的控制方式是：喇叭开关→气囊滑环→转向柱控制单元 J527→中央电器控制单元 J519→喇叭继电器 J4→喇叭。其电路如图 3-52 所示。

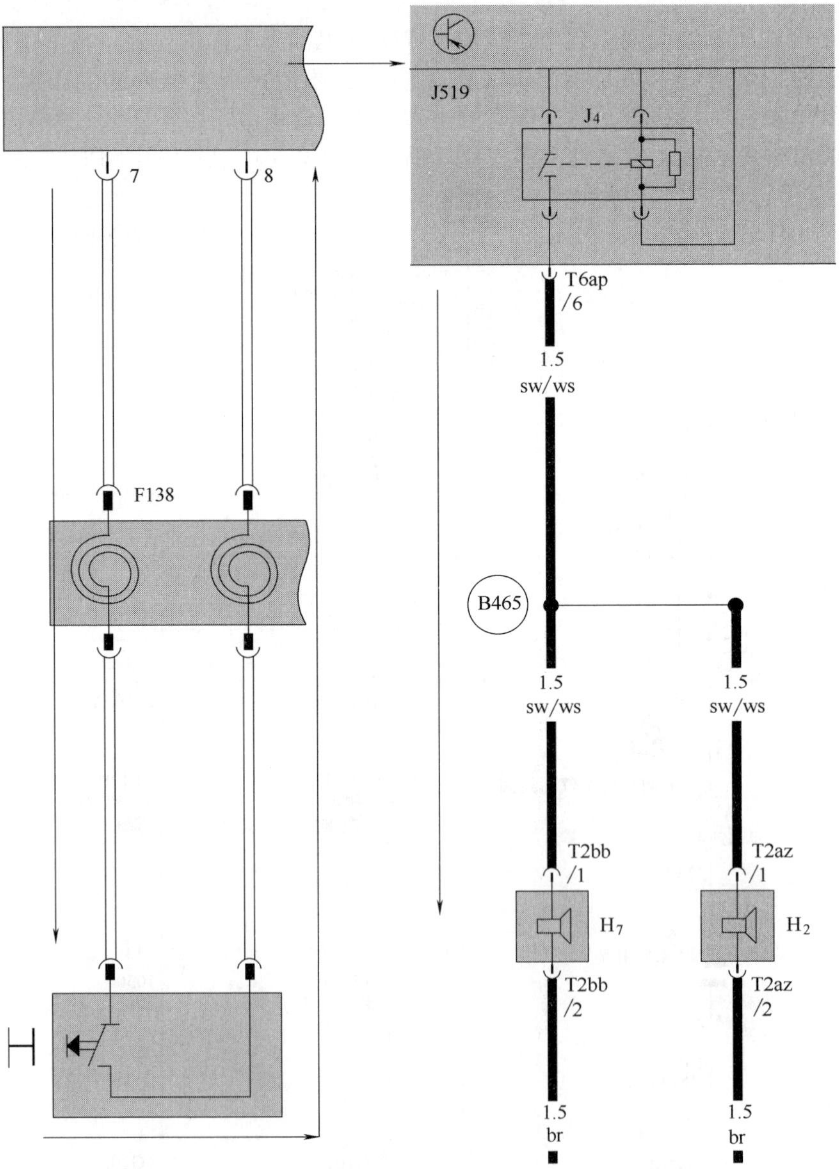

图 3-52 不带多功能方向盘喇叭的控制电路

2. 带多功能方向盘喇叭

带多功能方向盘喇叭的控制方式是：喇叭开关→多功能方向盘控制单元 J453→气囊滑环→通过 LIN 线到转向柱控制单元 J527→中央电器控制单元 J519→喇叭继电器 J4→喇叭。其电路如图 3-53 所示。

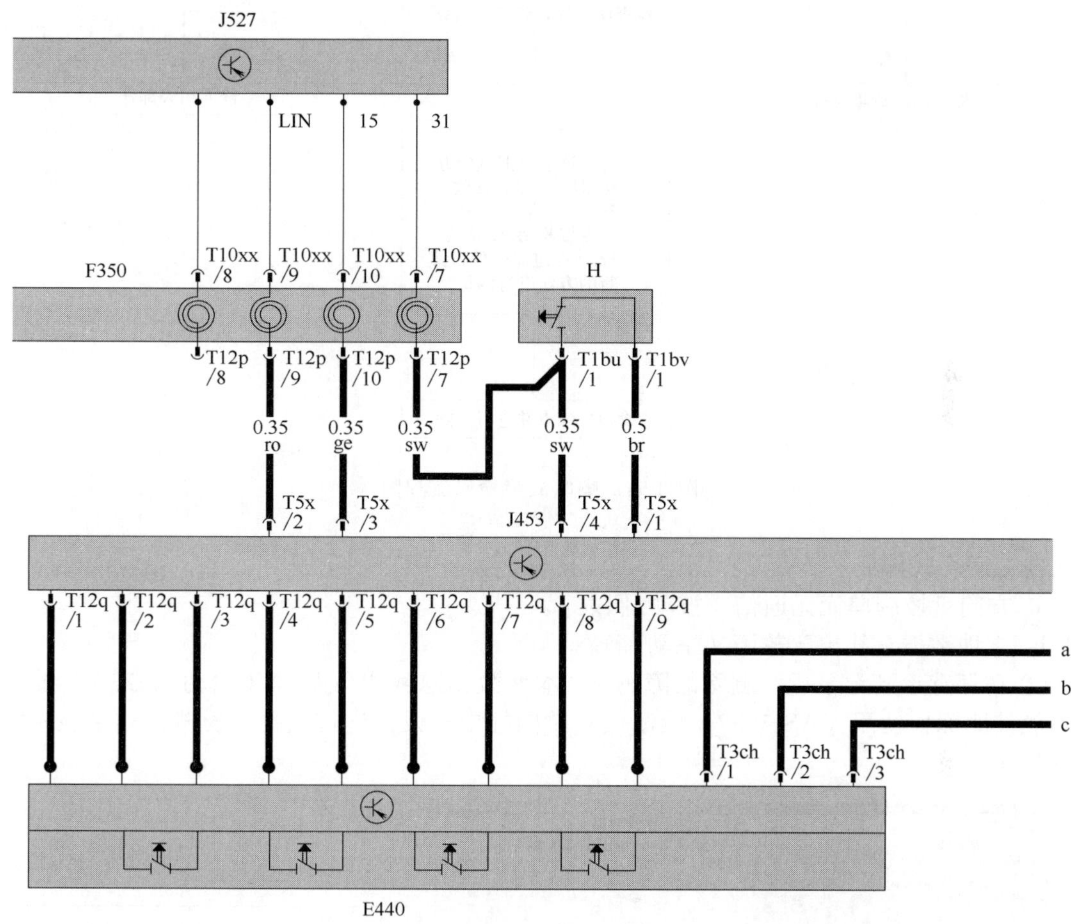

图 3-53　带多功能方向盘喇叭的控制电路

喇叭不响的可能原因如下。

① 喇叭开关故障。

② J453 多功能方向盘控制单元故障。

③ J527 本身故障或编码错误。

④ J519 本身故障或编码错误。

⑤ 双音喇叭继电器故障。

⑥ 喇叭本身故障。

⑦ 搭铁及线路故障。

喇叭不响故障可按如图 3-54 所示流程进行检修。

① 首先使用 VAS5052A 对车辆的相关系统进行检测，各系统正常，在转向柱电子控制

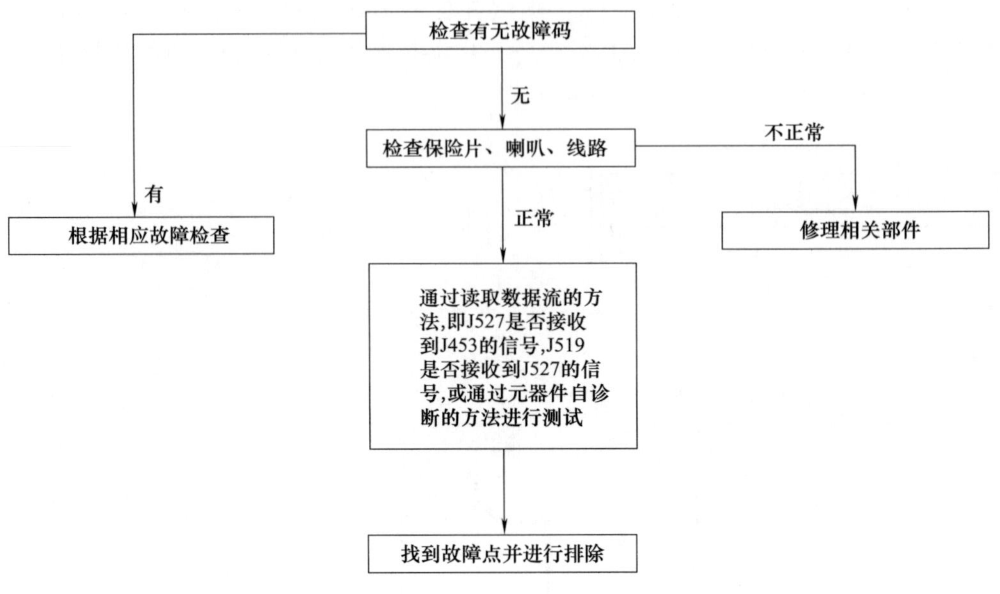

图 3-54 喇叭故障检修流程图

单元内有两个故障码。

a. 方向盘控制单元无通信（被动/偶发）。

b. 本地数据总线电气故障（主动/静态）。

② 在保存诊断记录后，删除故障码，“本地数据总线电气故障（主动/静态）”的故障码不能被删除！使用 VAS 5052A 检测仪对转向柱电子设备进行数据流检测，结果显示如图 3-55 所示。

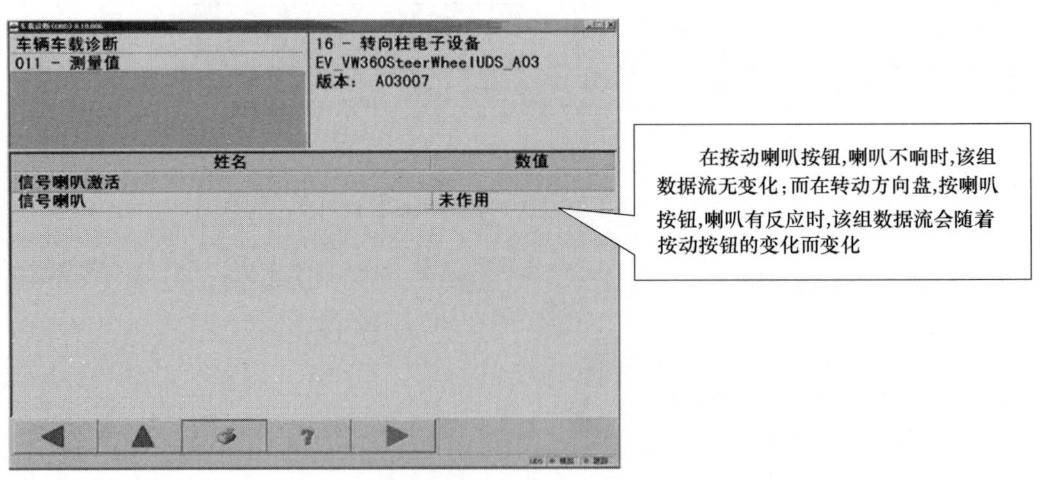

图 3-55 检测系统数据流

③ 随后对该车的喇叭、喇叭插头、保险、喇叭线路进行了检查，均未发现问题。使用 VAS5052A 自诊断功能进入中央电器控制单元 J519 进行喇叭自诊断，喇叭正常；进入 J527

进行自诊断时，喇叭也能够响。

④ 根据以上的检测结果判断，该故障点应该在转向柱电子设备控制单元 J527 前面，因为当该车故障出现的时候，进入 J527 自诊断时，喇叭能够响，说明在 J527 之后的控制部分没有问题，所以，问题应该出在 J527 之前。

⑤ J527 之前喇叭控制部分有喇叭按钮、线路、J453 控制单元、气囊滑环。随后将气囊拆下，首先对线束进行检查，在检查线束时，发现多功能方向盘线束有一处因与气囊固定件干涉而有很轻微的磨损，导致线束偶尔有搭铁的情况，进而导致喇叭及多功能按钮偶尔失效的故障（图 3-56）。

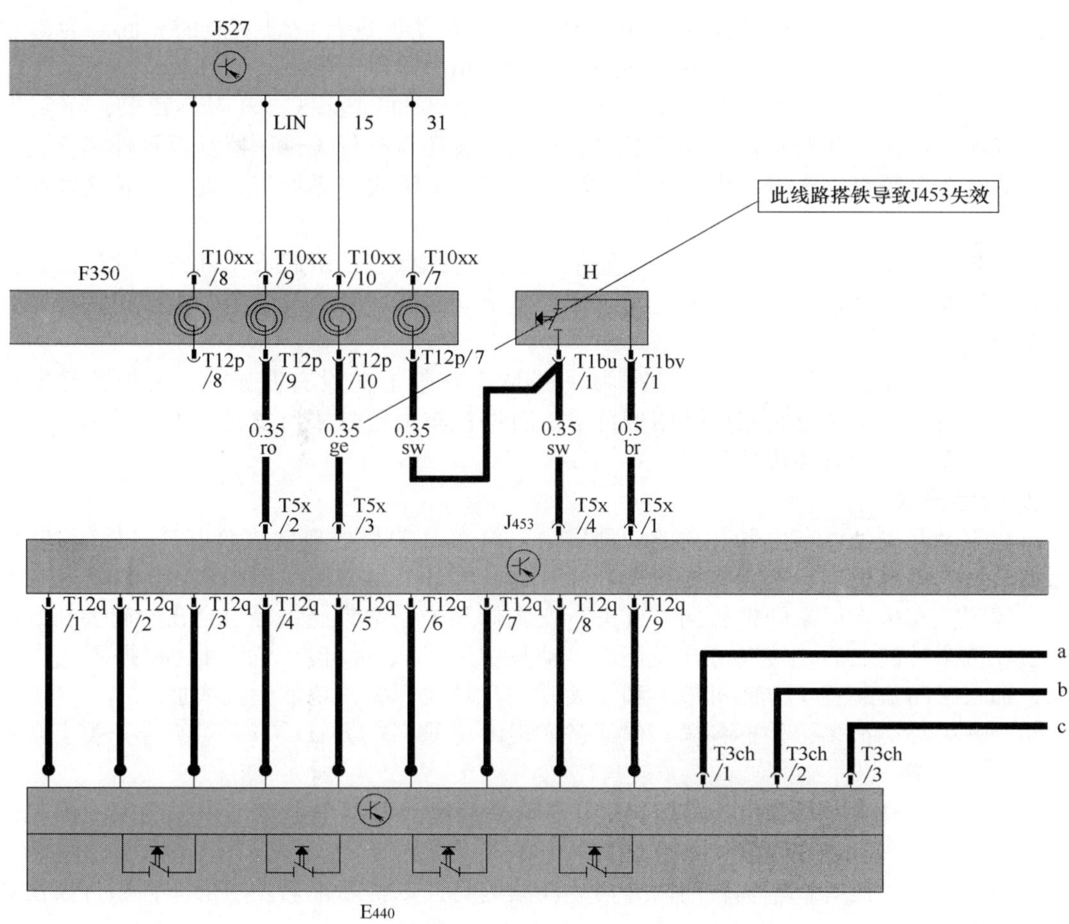

图 3-56 电路故障点

原因分析 由于气囊线束与气囊固定件之间轻微干涉造成线路对负极短路，导致多功能方向盘按钮及喇叭偶尔失效。

故障处理 修复线束，做好绝缘处理。

专家点评 该故障与以往其他车型喇叭不响有很大区别，传统喇叭不响只要检查喇叭、继电器、喇叭开关、线路等。而迈腾车型（带多功能方向盘）电路走向从喇叭开关→J453→J527→J519→继电器，信号是依次传递的。

项目六

汽车仪表开关电路

任务一 汽车仪表开关电路概述

1. 汽车仪表

汽车仪表（Automobile Instrument）是汽车与驾驶员进行信息交流的界面，为驾驶员提供必要的汽车运行信息，同时也是维修人员发现和排除故障的重要工具。

仪表板（Instrument Panel）总成一般由面罩、表框、表芯、表座、底板、印制电路板、插接器、报警灯及指示灯等部件组成。有些仪表还带有仪表稳压器及报警蜂鸣器。

一般汽车仪表有电压表、电流表、机油压力表、水温表、燃油表、发动机转速表和车速里程表等。

为了警示汽车、发动机或某一系统处于不良或特殊状态，引起汽车驾驶员的注意，保证汽车可靠工作和安全行驶，防止事故发生，汽车上安装了多种报警装置，主要包括报警灯和监视器两类。

报警灯通常安装在仪表板上，功率为 1～4W，在灯泡前设有滤光片，使报警灯发出黄光或红光，滤光片上通常制有标准图形符号。有些汽车报警灯采用发光二极管显示，标准图形符号标在发光二极管旁边。

2. 组合开关

汽车组合开关是汽车电器开关的一种集合，汽车开关从分离向组合发展，始于 20 世纪中后期，日本汽车生产厂家首先把汽车灯开关、刮水开关、洗涤按钮组合为一体，装在方向杆上。德国汽车生产厂家则把转向灯开关、变光灯开关、喇叭按钮等组合在一起装在方向杆上，且在汽车转向之后，转向灯开关还能自动复位。进入 80 年代，而且还根据不同车型的要求，加入了防盗装置（方向机锁）和点火开关及其他开关，功能大大增加。

组合开关种类很多，外形各异，但通常实现的功能比较类似。下面对组合开关上常见的功能做简要介绍。

夜行示宽灯开关：俗称“小灯”，此灯是用来在夜间显示车身宽度和长度的，不起照明作用。

转向灯开关：此灯在车辆转向时开启，断续闪亮，以提示前后左右的车辆和行人注意，是最常用的车灯。

制动灯开关：此灯亮度较强，用来告知后面的车辆，前车要减速或停车。

雾灯：它可以帮助驾驶员在雾天驾驶时提高能见度，并能保证使对面来车及时发现本车，以采取措施，安全交会。

大灯开关：大灯是汽车最重要的照明灯。有远光状态和近光状态，远光状态是为了照亮远处的道路以方便夜间行驶，近光灯一般会车时使用，目的是防止远光灯影响对方车驾驶员的视力，避免事故。

刮水器及洗涤器操作开关：为保证在雨雪天气及多尘环境下行车安全和保持风窗的清洁，汽车设置有挡风玻璃刮水洗涤装置。挡风玻璃洗涤器的功用是将清洁的水或洗涤液喷射在挡风玻璃上，在刮水器的配合下，由刮水片清除挡风玻璃上的灰尘和污垢，使驾驶员有一个良好的视野。

刮水器电动机在刮水器间歇继电器控制下间歇运转，使刮水片间歇地扫过挡风玻璃外表面，供汽车在下雨、下雪或大雾环境条件下使用；刮水器电动机低速运转，用于小雨环境条件下；刮水器电动机高速运转，用于大雨环境条件下。无论刮水器开关处于什么位置，只要接通清洗器开关，洗涤器电动机便导通，带动喷水泵将洗涤液喷洒至挡风玻璃上。

定速巡航开关：巡航驾驶装置是汽车上的一种自动驾驶模式，一般预先设定一个车速，然后打开“巡航驾驶”模式开关，发动机的供油量便由电脑控制，电脑会根据道路状况和汽车的行驶阻力不断地调整供油量，使汽车始终保持在所设定的车速行驶，这种装置一般配备在自动挡车辆上，可节省驾驶者的体力。而取消“巡航驾驶”模式只需踩一下油门踏板或刹车踏板即可。目前巡航控制系统已成为中高级轿车的标准装备。

方向盘调节开关：高档轿车还装有方向盘调节开关，可以调节方向盘的高度和前后位置，使驾驶员将方向盘调节到最适合自己的位置，缓解驾驶员的疲劳，给驾驶员提供最舒适的驾驶环境。

任务二 汽车仪表开关电路分析

1. 汽车仪表电路

以比亚迪 M6 车型仪表信号系统为例，其电路如图 3-57 所示。

① 所有的电气仪表都要受点火开关控制。在点火开关的工作挡（IG1）、启动（ST）挡与电源接通，在附件专用挡（ACC）与电源断开。

② 各计量表的表头与其传感器串联，燃油表、水温表一般还串有仪表稳压器。

③ 指示灯、报警灯常与仪表装配在一个总成内或安装在一起，它们的电源与仪表一起受点火开关的 IG1 挡与 ST 挡控制。在 IG1 挡接通时可以检验大多数仪表指示灯、报警灯是否良好。它们的电路接法可分为两种：一种是指示灯接点火开关火线，外接传感开关；另一种是指示灯接地，控制信号来自其他开关的火线端。

④ 汽车仪表常有电热式（有两根接线）、电磁式（三根接线：一根接点火开关 IG 线，另一根接搭铁，还有一根接传感器）、机械式。目前逐步被电子仪表所取代。

M6 组合仪表供电分为两路：一路由 MICU 模块控制 IG1 主继电器，导通 88＃、88A＃，电流经 F2/31 开关二挡电源保险送至 G24-38＃；另一路经照明/CAN 模块/辅助电源保险、MICU 电源保险达到 G24-39＃。

组合仪表内的 CPU 集成电路接收来自 EMS（发动机与自动变速器控制模块）输入的发动机转速信号、车速信号、自动变速器挡位位置信号，还有来自冷却剂温度感应塞的水温信号及安全气囊（SRS）系统、ABS 系统、导航系统等的状态信号，这些信号经 CPU 处理后，或由驱动电路输出到转速表、里程表、水温表、燃油表以表盘指针式显示，或以各种 LED 指示灯点亮指示工作状态。

2. 组合开关电路

以比亚迪 M6 车型的组合开关为例，其控制电路如图 3-58 所示。该车组合开关采用智能控制方式，集成了前后洗涤、雨刮信号开关及灯光信号控制开关的功能。具体各个功能电路的原理可参考照明与信号电路、电动与电热装置电路两节的内容。

组合开关控制系统的电源由多路集成控制模块（MICU）控制 IG1 主继电器 88＃与 88A＃电路的接通来供电到 G29-6＃。另一路经主保险、照明/CAN 模块/辅助电源保险、MICU 电源保险送到 G29-5＃。

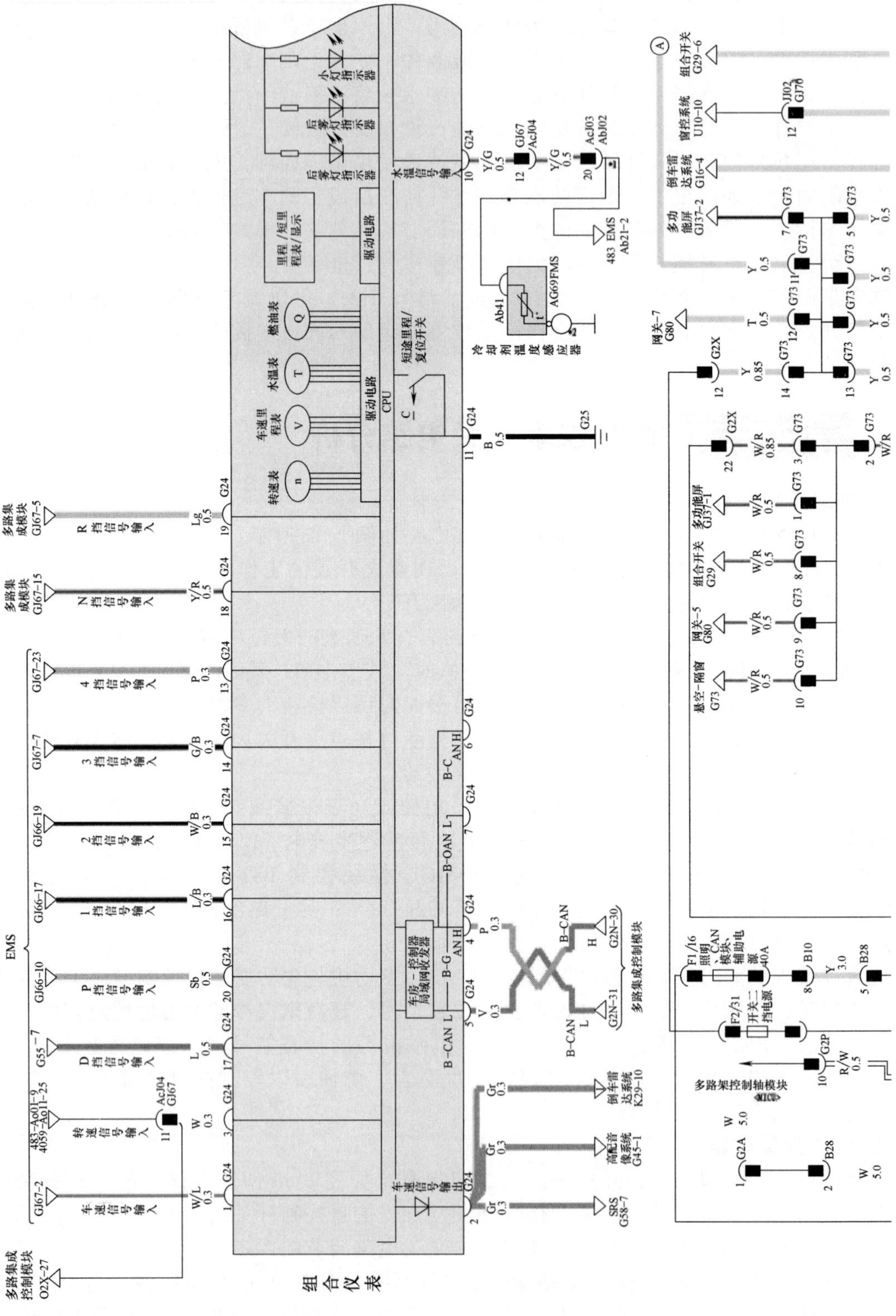

组合仪表

里程/短里程表/显示

驱动电路

燃油表

水温表

车速里程表

转速表

短途里程/复位开关

CPU

车身-控制器局域网收发器

冷却剂温度感应器

AG69FMS

EMS

多路集成控制模块

多路集成模块

倒车雷达系统 K29-10

高配音像系统 G45-1

SRS G58-7

车速信号输入

转速信号输入

D挡信号输入

P挡信号输入

1挡信号输入

2挡信号输入

3挡信号输入

4挡信号输入

N挡信号输入

R挡信号输入

水温信号输入

车速信号输出

组合开关 G29-6

窗控系统 U10-10

倒车雷达系统 G16-4

多功能屏 GJ37-2

网关-7 G80

多功能屏 GJ37-1

组合开关 G29

网关-5 G80

悬空-隔窗 G73

F1/16 照明、CAN模块、辅助电源 40A

F2/31 开关二挡电源

多路架控制轴模块

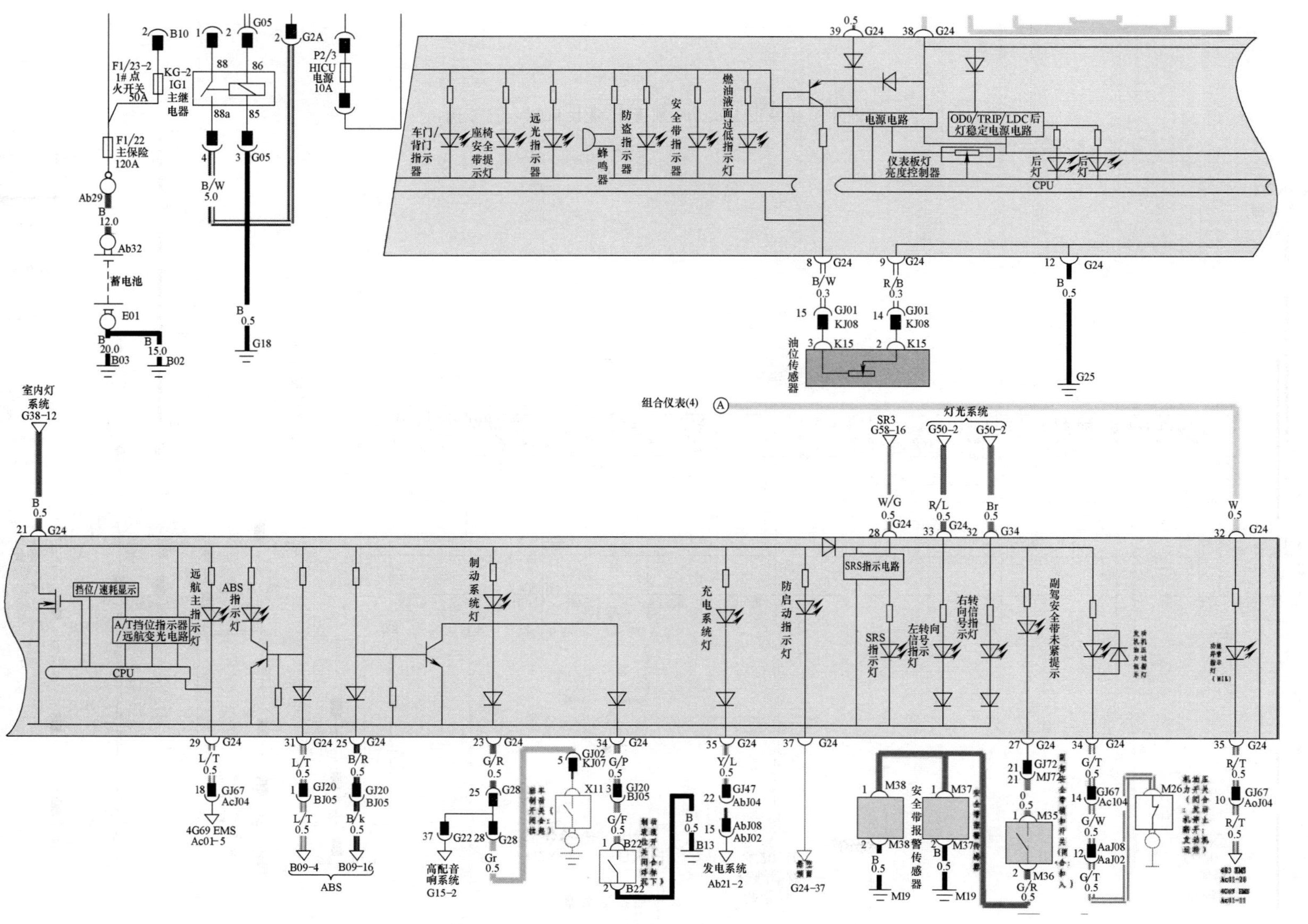

图 3-57　2011 年款比亚迪 M6 汽车组合仪表电路

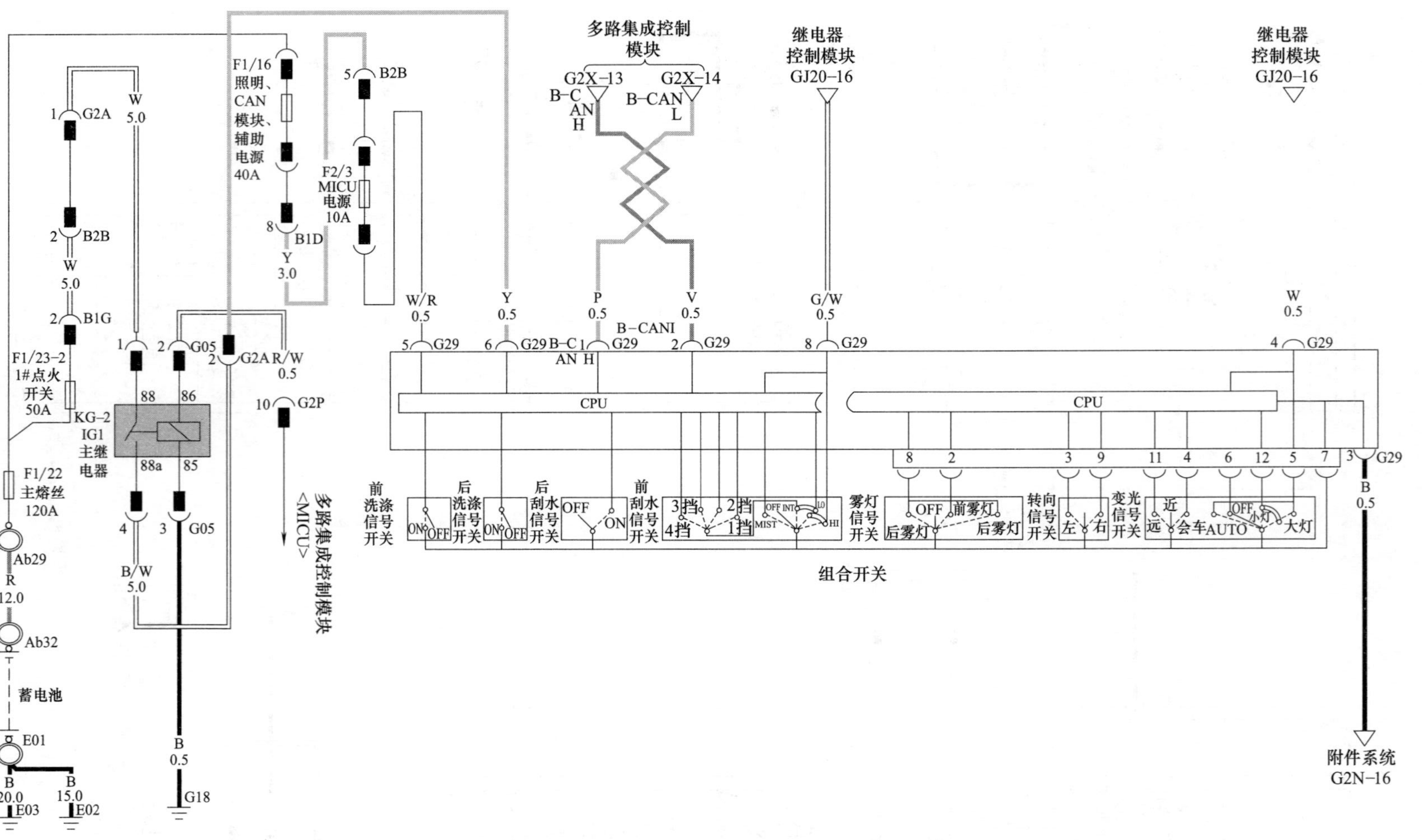

图 3-58 2011 年款比亚迪 M6 汽车组合开关电路

任务三 汽车仪表开关故障诊断

1. 仪表电路故障

案例一 吉利远景车型仪表线束被烧毁故障的维修。

故障现象 该车在启动发动机时，驾驶室冒烟，仪表线束烧毁，更换新线束后故障排除，使用一个月后仪表线束又烧毁。

故障诊断

① 拆下仪表线束检查，发现线束的一根搭铁线烧毁（图 3-59），该线和仪表线束的其他搭铁线连接在一起，固定在仪表台的横梁上，该线和发动机线束连接是车速传感器的搭铁线。

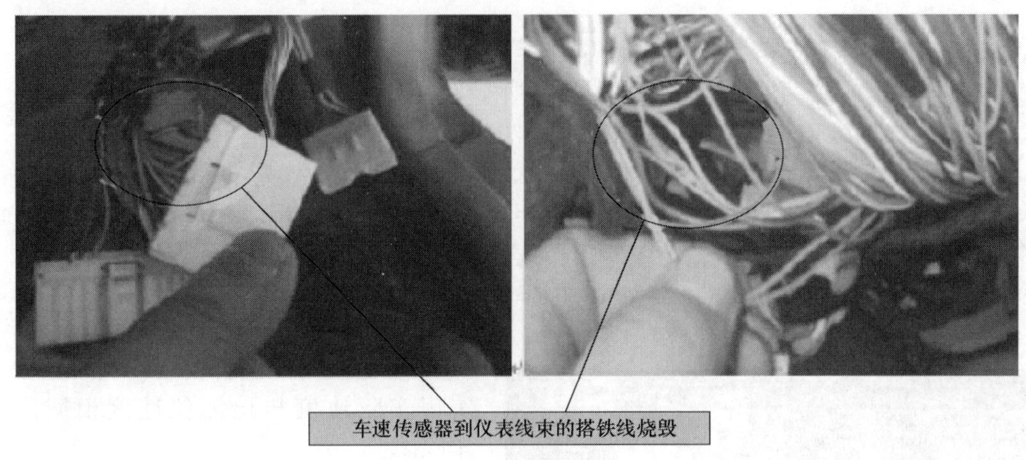

图 3-59 被烧毁的线束

② 启动时电流按图 3-60 箭头方向所示方向传递，当主搭铁线接触不良时，大电流通过车速传感器搭铁线，车身到蓄电池负极，造成仪表线束烧毁。

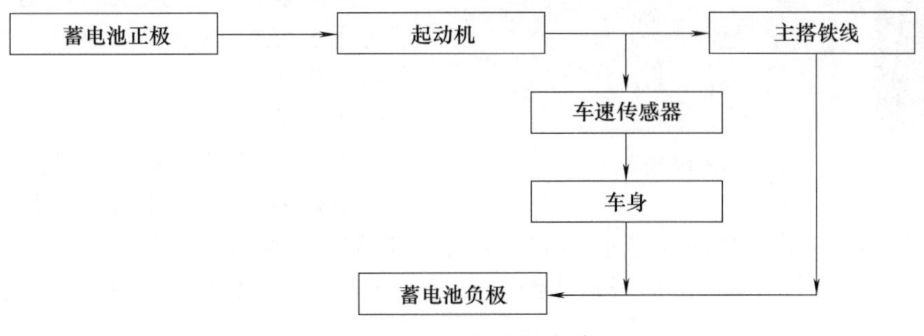

图 3-60 电流流向线路

③ 出现该故障时，一定要分析原因才能彻底排除，主搭铁线接触不良和折断如图 3-61 所示，蓄电池负极主搭铁线端部有热塑管包裹，在处理时要把热塑管割开。

故障排除 更换主搭铁线和仪表线束后故障排除。

案例二 吉利远景车型行驶中故障灯亮故障的维修。

故障现象 该车行驶里程为 11823km，客户反映行驶中发动机故障灯亮而且维修过多次。

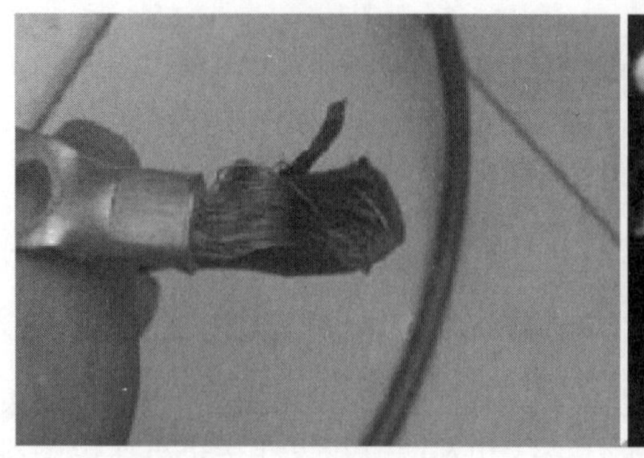
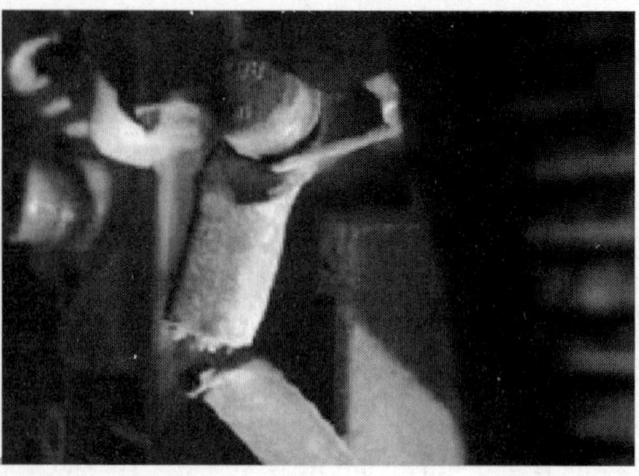

图 3-61　主搭铁线接触不良和折断

故障诊断

① 连接检测仪，读取故障码为 P0502——车速传感器无信号（图 3-62）。

② 车辆行驶时读取车速数据流，显示为“0”。

③ 检测车速传感器，测量 A2 端子与接地间导通情况，正常。

④ 测量 A3 端子有 12V 电压，而且拆下车速传感器用手转动有 0.5～10V 的变化，说明车速传感器正常。

⑤ 再次读取数据流，将车以 20km/h 的速度行驶，数据流显示为“0”，初步怀疑是组合仪表故障。

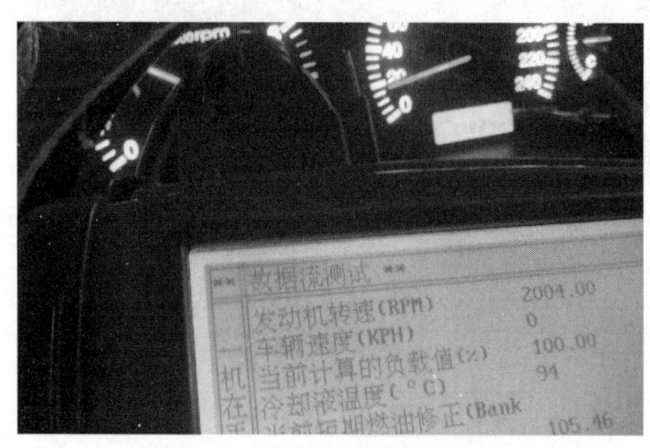

图 3-62　读取的故障码显示

⑥ 更换新的组合仪表，查看数据流，车辆实际速度与检测仪速度相同，故障排除。

故障排除　更换组合仪表试车后故障排除。

2. 组合开关故障

故障现象　大众全新捷达车型，开大灯时远近光灯都不亮，小灯、前后雾灯、空调工作正常。

故障诊断

① 通过查找电路图（图 3-63），可以看出车灯的工作原理为：车灯开关电源由点火开关 D 的 X/75 触点经卸荷继电器 J59 供给（卸荷继电器同时控制前后雾灯和空调鼓风机、点烟器等），车灯开关 E1 信号首先给变光开关 E4，然后变光开关 E4 直接控制大灯的工作。

② 由于前后雾灯及空调工作正常，故可以排除点火开关 D 的 X/75 触点、卸荷继电器及相关线路故障。

③ 根据电路图，首先检查 SC38 远光保险、SC44 左侧近光灯保险、SC39 右侧近光灯保险，没有烧坏，用万用表检查电压，均无电压。

④ 拆下车灯开关 E1，将开关置于大灯挡位，检查 T17/4 脚，车灯开关输出电压正常。

⑤ 拆下变光开关，发现变光开关、插头及线束烧蚀（图 3-64）。

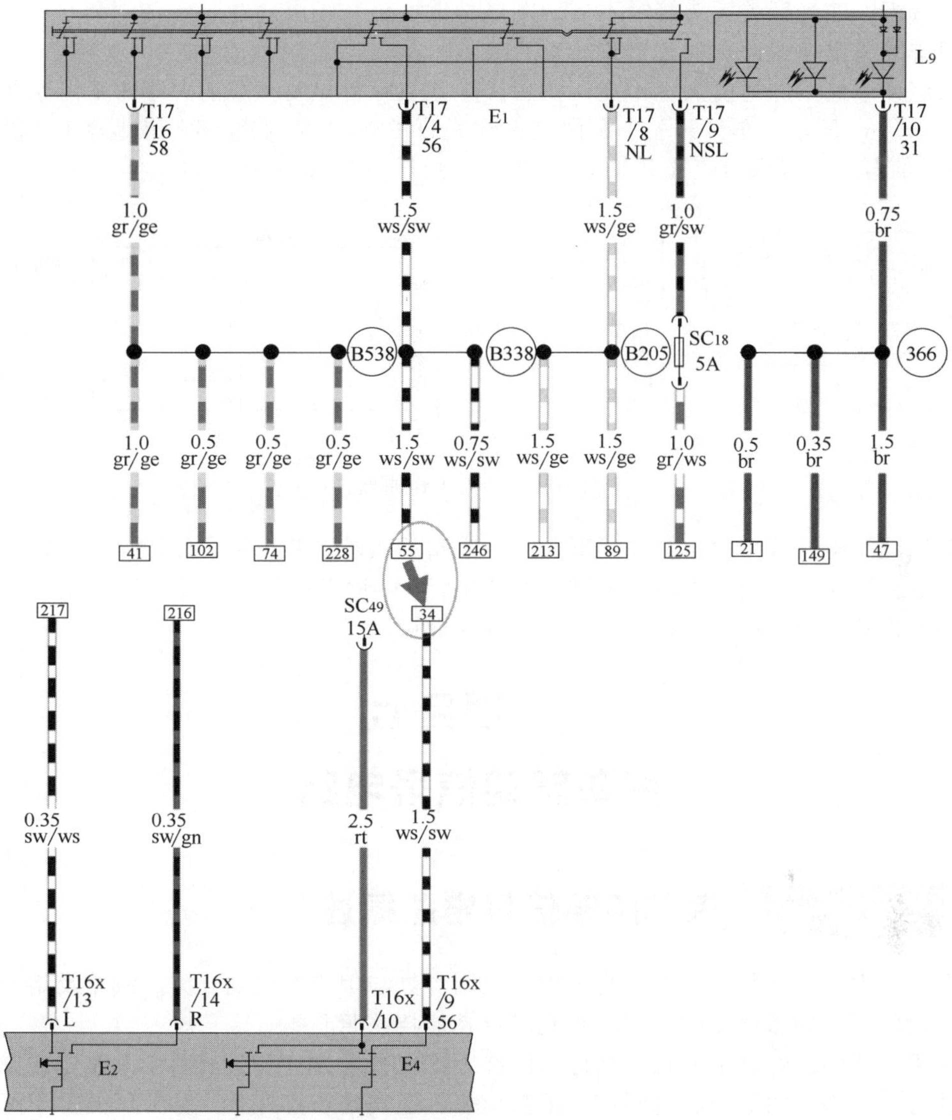

L9
E1
T17 /16 58
T17 /4 56
T17 /8 NL
T17 /9 NSL
T17 /10 31
1.0 gr/ge
1.5 ws/sw
1.5 ws/ge
1.0 gr/sw
0.75 br
SC18 5A
B538
B338
B205
366
1.0 gr/ge
0.5 gr/ge
0.5 gr/ge
0.5 gr/ge
1.5 ws/sw
0.75 ws/sw
1.5 ws/ge
1.5 ws/ge
1.0 gr/ws
0.5 br
0.35 br
1.5 br
41
102
74
228
55
246
213
89
125
21
149
47
217
216
SC49 15A
34
0.35 sw/ws
0.35 sw/gn
2.5 rt
1.5 ws/sw
T16x /13 L
T16x /14 R
T16x /10
T16x /9 56
E2
E4

图 3-63 电路故障点

图 3-64 变光开关烧蚀

原因分析 变光开关插头接触不良，发热导致插头、线束烧蚀。

故障排除 更换变光开关及相关线束后故障排除。

专家点评 此案例为前大灯不亮，要想排除此故障首先要了解前大灯的工作原理，其工作原理如图 3-65 所示。车灯开关电源由点火开关 D 的 X/75 触点经卸荷继电器 J59 供给，车灯开关 E1 信号首先提供给变光开关 E4，然后变光开关 E4 控制前大灯工作。

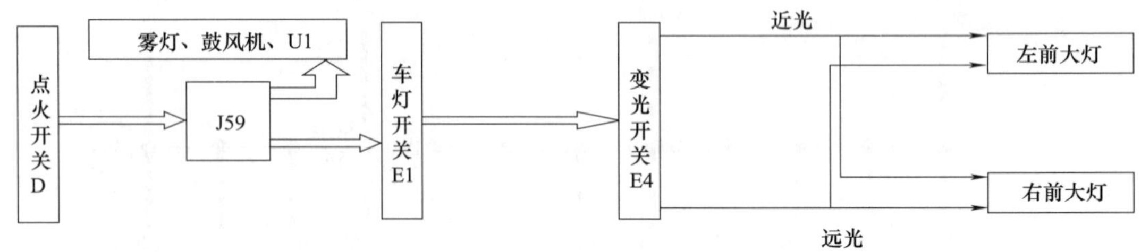

图 3-65 大灯工作原理

当遇到此类电气故障时，首先要形成一个完整的故障诊断思路，任何一个完整的电气系统都由三部分组成，即输入电路、控制部件（单元）、输出电路，故障点也一定存在于此，接下来的工作就是通过检测，按此思路逐个排除即可。

项目七

汽车照明信号电路

任务一 汽车照明信号电路概述

汽车照明系统由安装在所需照明位置的照明灯具与相应的控制开关、线路及熔断器等组成，用于夜间行车的道路照明、车内照明以及其他特殊照明。

汽车用于照明的灯具主要有前照灯（也称大灯，分远光灯和近光灯）、雾灯、车内照明灯（阅读灯、仪表照明灯、后备厢灯、手套箱灯、迎宾踏步灯等），现代高级轿车配用的大灯控制，有车灯开关未关警示电路、前照灯延时控制电路、前照灯自动变光控制电路、前照灯收回控制电路、前照灯昏暗自动亮起控制电路、前照灯照射角度自动控制电路等，用以满足汽车更高的照明要求。

汽车信号系统由电喇叭、倒车蜂鸣器等声响信号装置和转向信号灯、制动灯、危险警告灯等灯光信号装置组成，其作用是向其他车辆和行人发出提示和警告，以引起注意，确保行车安全。汽车照明与信号系统的灯具分布如图 3-66 所示。

任务二 汽车照明信号电路分析

以比亚迪 F3/F3-R 车型的照明与信号系统为例，其前大灯电路如图 3-67 所示。左、右前远光灯与近光灯的供电受大灯继电器控制，继电器的导通与否由 C8 组合开关的灯光控制开关与闪光器开关决定，大灯电源来自蓄电池经 40A 的前大灯熔丝，接到大灯继电器的 B71 脚，从 B73 脚输出，各经 10A 的熔丝送到左、右前远光与近光灯的正极。只有点火开

图 3-66 汽车照明与信号系统的灯具分布（丰田卡罗拉车型）

关位于 ACC 汽车电器电源挡，并且组合开关的灯控制开关打到 HEAD 挡位，大灯继电器才接通，这时左、右近光灯才会亮起。在大灯接通的同时，位于组合仪表的大灯指示灯也得电亮起。当组合开关的闪光器开关瞬时接到 FLASH 挡，左、右前远光灯闪亮一下，在超车或对前车的反常操作发出警示信号。当组合开关的闪光器开关拨到 HIGH 位置时，左、右远光灯负极接地形成回路，这时远光灯亮起。

如图 3-68 所示为 2010 年款比亚迪 F3/F3-R 带自动灯光功能的大灯电路。与前面电路不同的地方是这个电路中加入了自动灯光开关电路，当汽车光照强度传感器检测到周边环境昏暗（天变黑或汽车进入隧道、树林小道等阴暗环境）时，会自动亮起灯光。加入此功能电路的组合开关灯控制开关中多了一个自动挡（AUTO），当灯控制开关位于这个挡位时，自动灯光开关控制电路启动，车身控制模块根据 A35 光照强度传感器的信号值判断是不是从 16 脚位输出低电控制信号，接通大灯继电器，以给大灯提供工作电源。

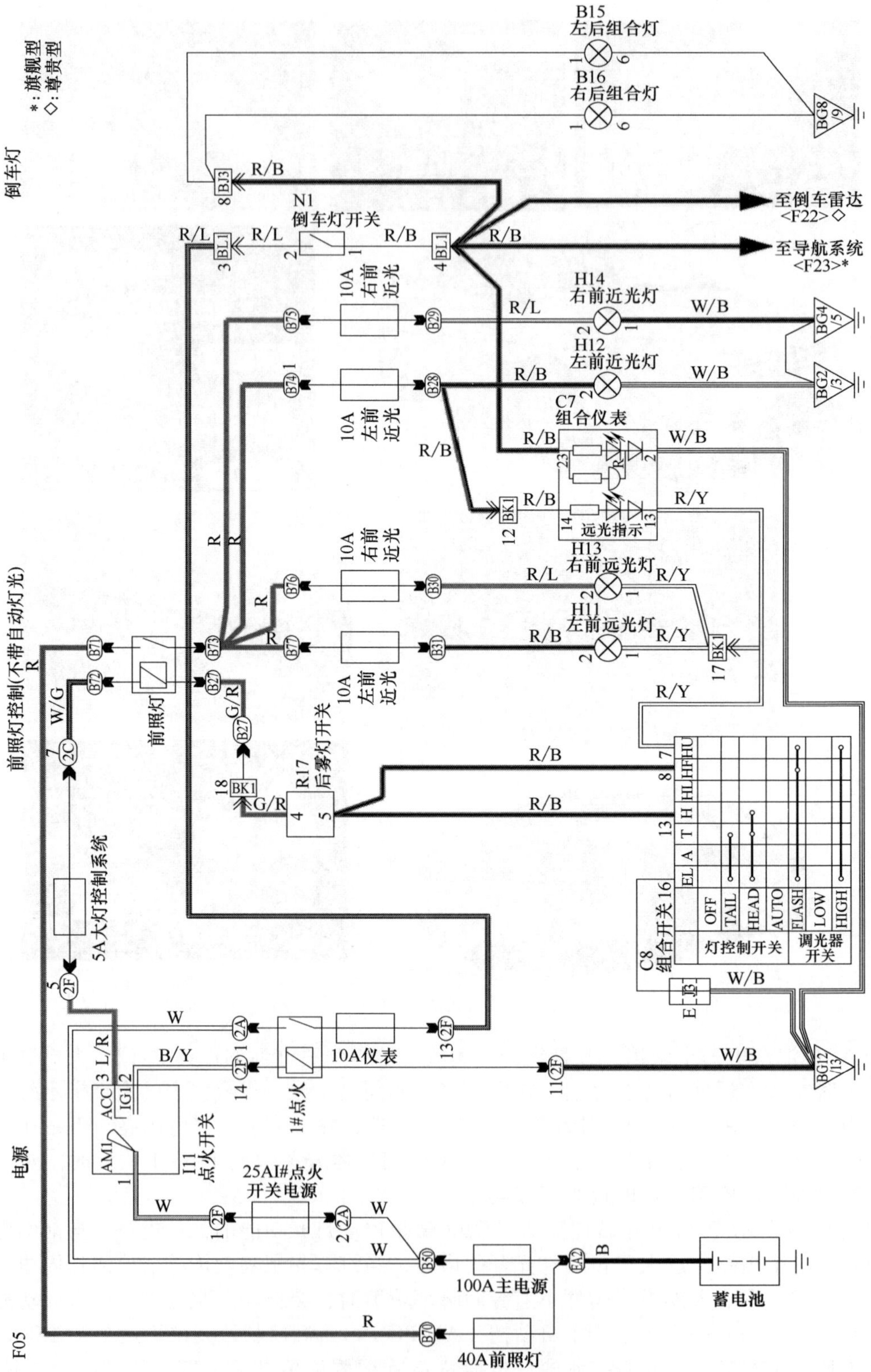

图 3-67　2010 年款比亚迪 F3/F3-R 前大灯电路

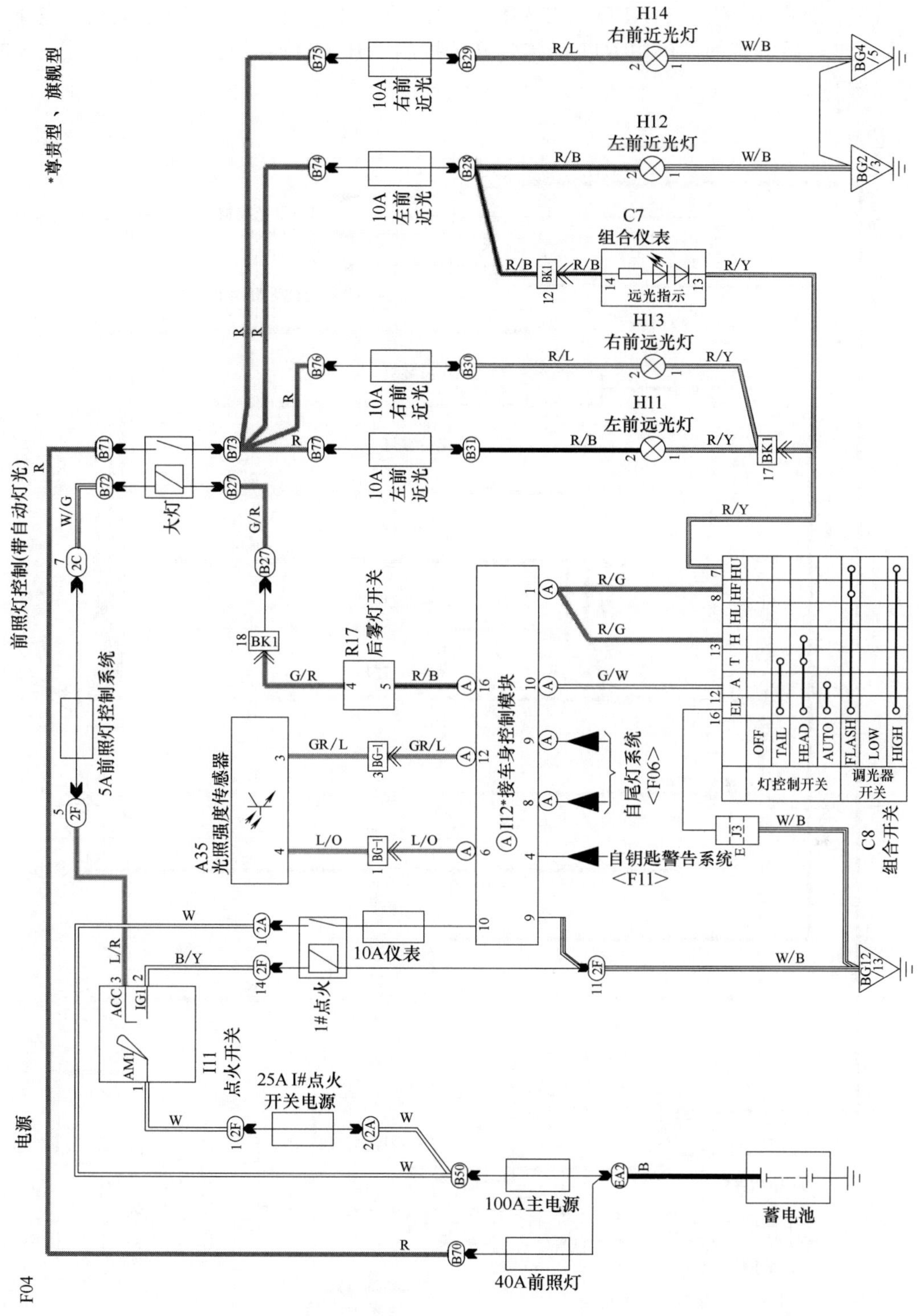

图 3-68 2010 年款比亚迪 F3/F3-R 带自动灯光功能的前大灯电路图

比亚迪 F3 的小灯、后雾灯电路包括后组合灯、后雾灯、牌照灯及前位置灯等的灯光电路，其电路如图 3-69 所示。后组合灯、牌照灯、前位置灯等小灯的供电由 T12 小灯继电器控制，当组合开关C8位于HAED与TAIL挡时，继电器控制端2、1对地接通，这时3、4脚接通供电。后雾灯的供电由R17后雾灯开关控制，开关接通时直接来自蓄电池正极的电源输出到后雾灯。

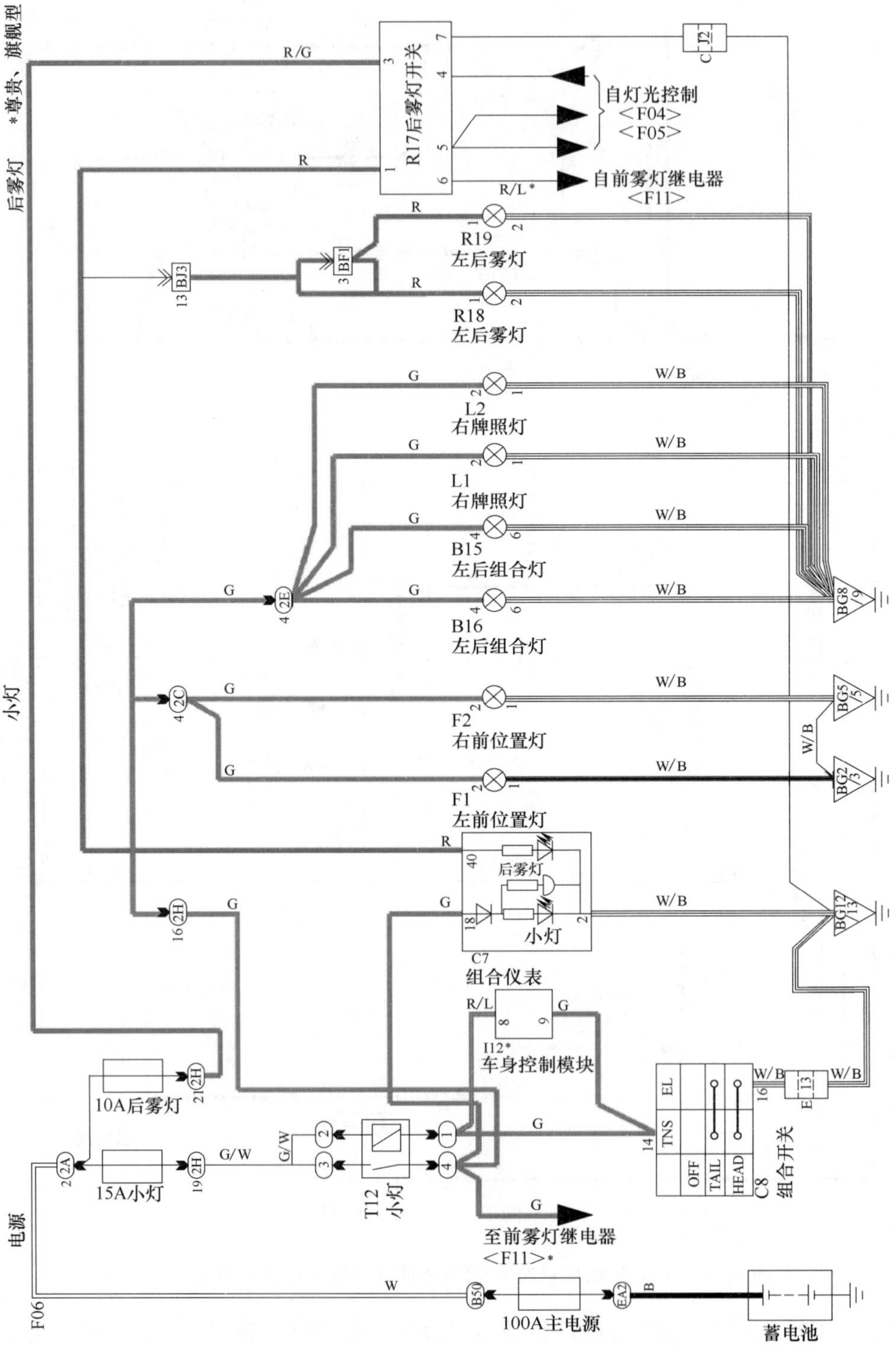

图3-69　2010年款比亚迪F3/F3-R小灯电路

2010 年款比亚迪 F3/F3-R 汽车转向信号与紧急灯电路如图 3-70 所示。转向灯与紧急灯的开启受C8 组合开关的左右转向开关（打左转向时，1 脚与闪光继电器 T4 的 5 脚接通；打

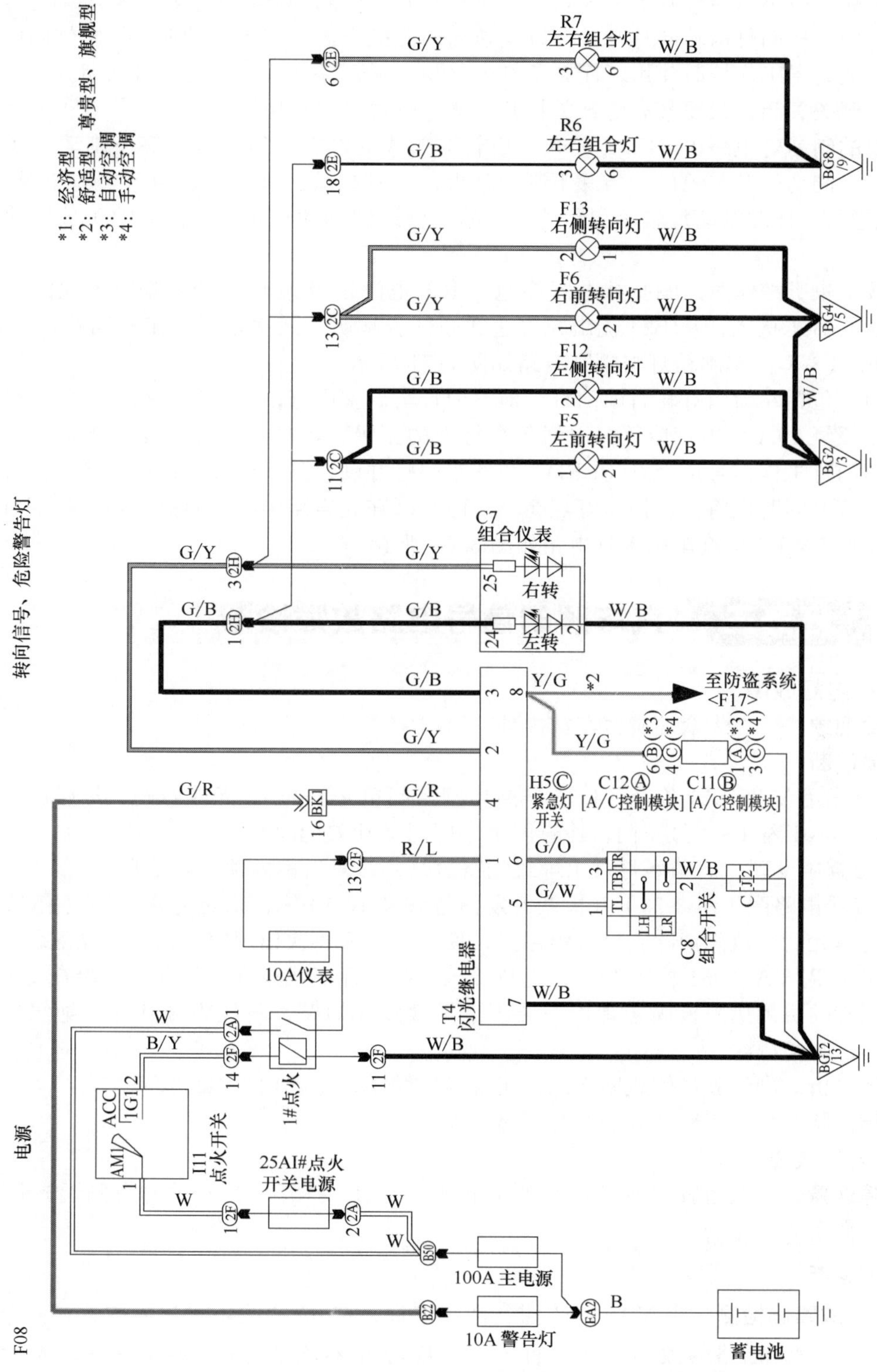

图 3-70　2010 年款比亚迪 F3/F3-R 汽车转向信号与紧急灯电路

右转向时，3 脚与闪光继电器 T4 的 6 脚接通）和闪光继电器、紧急灯开关的控制。点火开关位于 IG1 挡时，点火继电器接通，闪光继电器得到工作电源。当启用紧急灯（或称危险警告灯）时，按下紧急灯开关，来自蓄电池经 10A 紧急灯熔丝的电源由闪光继电器接到各转向灯。由于转向灯与转向灯开关，以及转向闪光继电器与点火开关串联，即转向信号灯是在点火开关处于工作挡时使用。而紧急灯电路与点火开关并联，随时都可开闭。这时，即使汽车点火开关关闭，只要紧急灯开关打开，紧急灯也可以启用。

汽车的制动灯电路由 LED（发光二极管）形式的左右后组合灯和高位制动灯（灯泡与 LED 灯）、制动灯开关组成。当踩下制动踏板，触发制动灯开关时，由蓄电池正极经 100A 主电源熔丝、 15A 制动灯熔丝和制动开关的电压送到制动灯正极，由灯的负极接地形成工作回路。

当按下喇叭按钮时，喇叭继电器接通，由蓄电池正极送出经 10A 喇叭熔丝的工作电流从继电器的 B61 进入，从 B24 流出，再送到高低音喇叭，经接地形成工作回路。2010 年款比亚迪 F3/F3-R 汽车制动灯与喇叭电路如图 3-71 所示。

室内灯包括左前门灯与右前门灯、前室内灯与后室内灯，还有后备厢灯。室内灯电源从蓄电池正极经 10A 室内灯熔丝，送到各个灯泡的正极，再由灯光开关控制接地。位于组合仪表的车门灯工作信号指示灯（LED）与各车门灯并联，与车门开关串联，当车门开关导通点亮车门灯的同时也将仪表指示灯点亮。同时并联在此电路中的还有点火钥匙提醒灯。2010 年款比亚迪 F3/F3-R 汽车室内灯电路如图 3-72 所示。

任务三 汽车照明信号电路故障诊断

1. 室内灯故障

故障现象 一汽大众速腾汽车室内顶灯有时常亮。

故障诊断

① 首先用 VAS5051 检查（J519 车载电网控制单元）09-02 无故障码，然后进入（舒适系统）46-08-01 看 1～4 区车门，检查四个车门门锁开关无问题。

② 检查中发现，后备厢灯进水导致线路短路，修复后室内顶灯还是常亮。

③ 查看电路图（图 3-73）并检查触发信号线及 K/10 线，未见异常，经更换 J519 车载电网控制单元后，故障消除，交车给用户，使用几日后再次出现室内顶灯常亮问题。

④ 再次用 VAS5051 检查 J519，无故障码，初步怀疑线束存在问题，经检查发现顶灯线束由于副驾驶员侧遮阳板固定螺栓安装不良导致线束短路，将线束分开并经绝缘包裹处理后，试车，故障排除。

原因分析 副驾驶员侧遮阳板的固定螺栓安装不良导致顶灯线束短路。

故障排除 将线束分开并经绝缘包裹处理。

2. 大灯故障

故障现象 大众迈腾车型仪表出现灯光报警提示，打开近光开关时右侧近光灯暗亮 5s 熄灭，左侧近光灯正常。

故障诊断

（1）故障码检测 用 VAS5051 进行故障查询，在 09 中央电气单元内存在两个关于右侧近光灯线路短/断路的故障，其中有一个故障存储不能清除：“00979——近光大灯灯泡（右 M31）对地短路”。

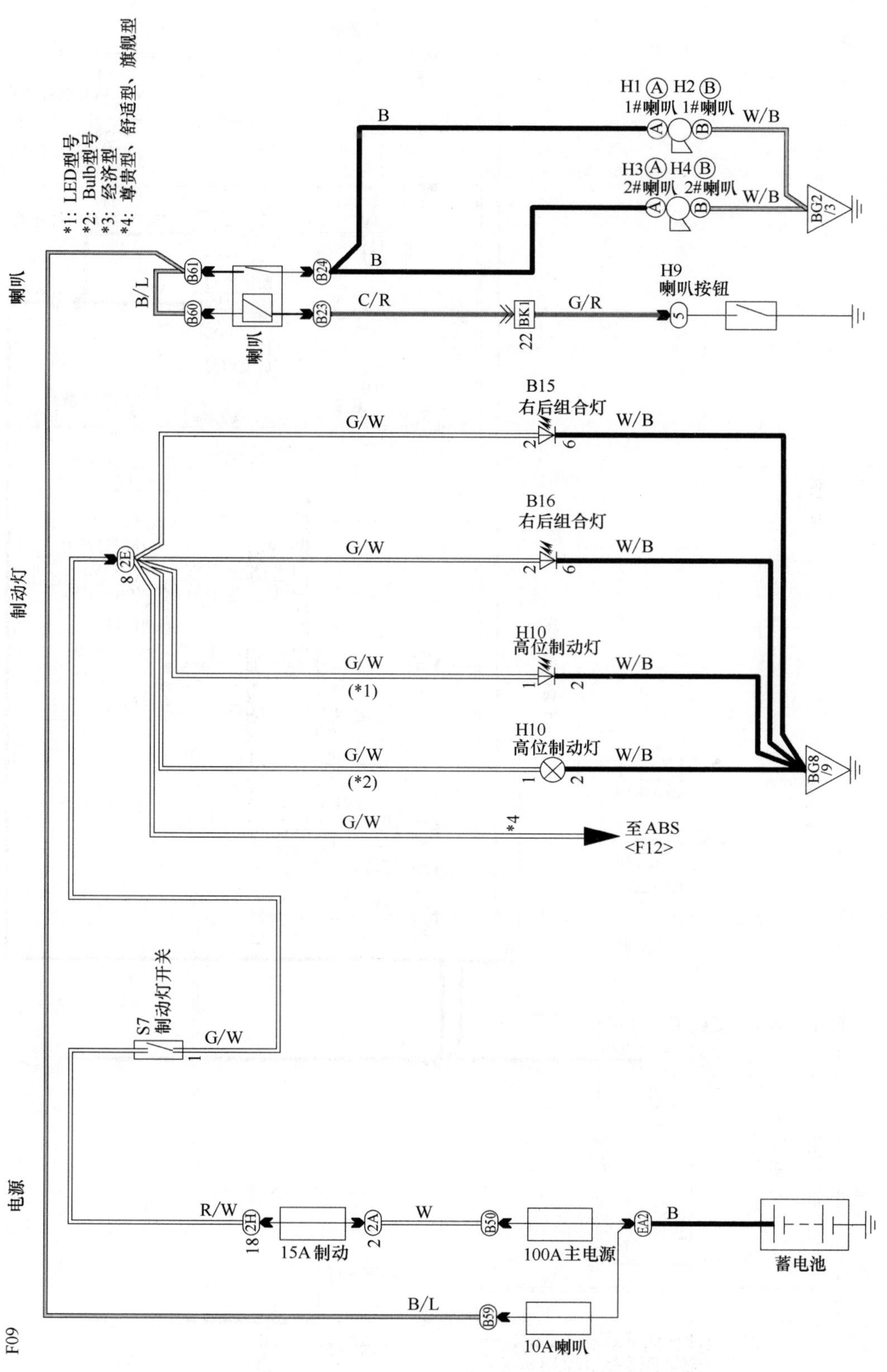

图 3-71 2010 年款比亚迪 F3/F3-R 汽车制动灯与喇叭电路

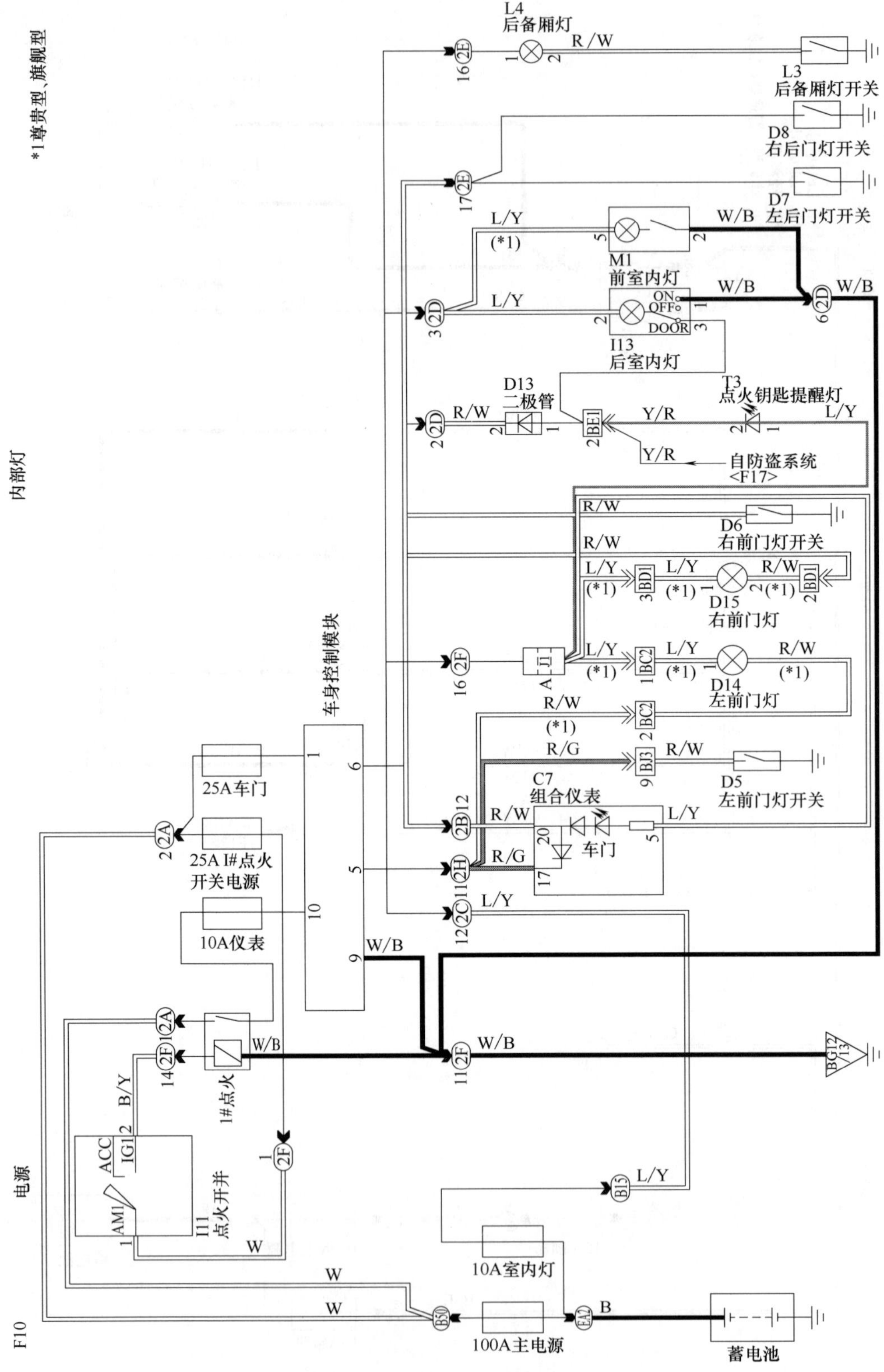

图 3-72 2010 年款比亚迪 F3/F3-R 汽车室内灯电路

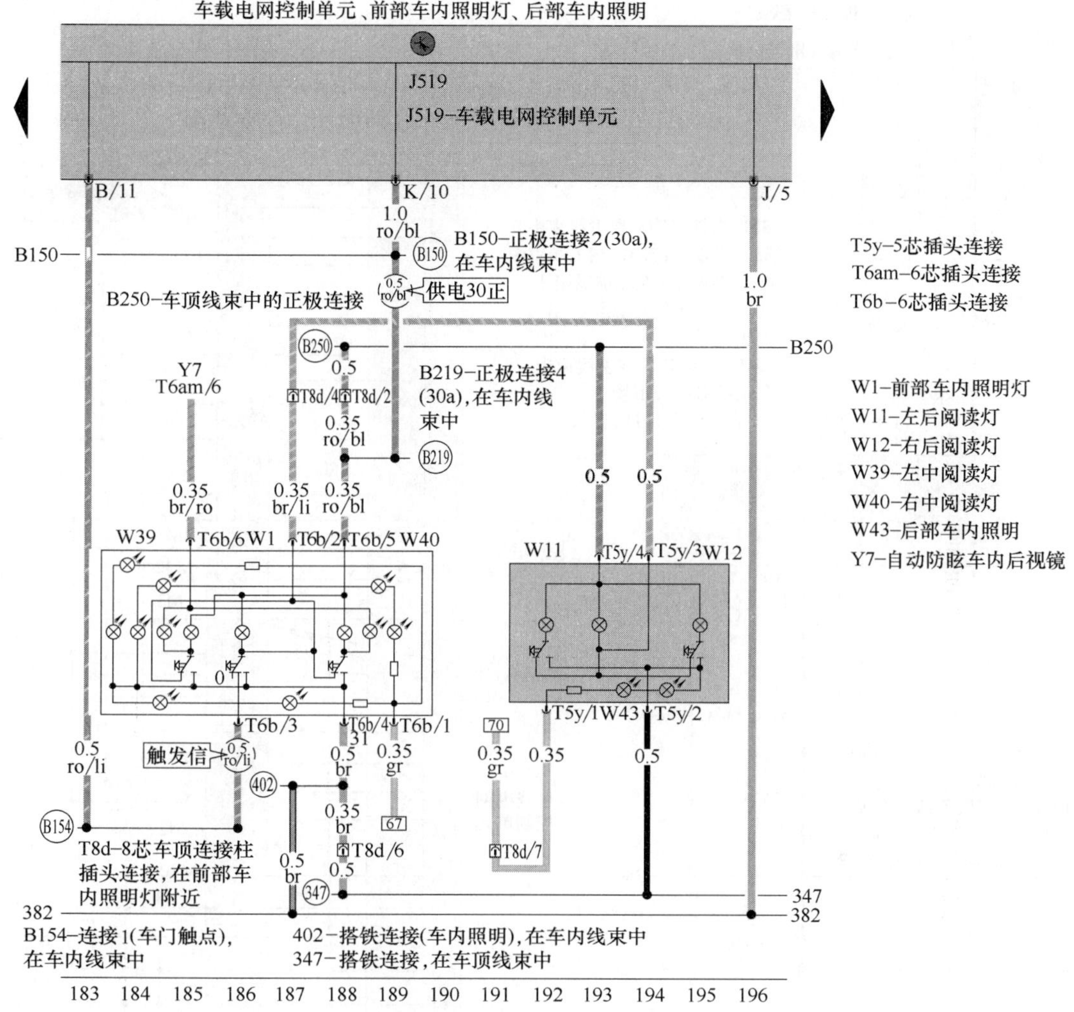

图 3-73 一汽大众速腾车内照明灯电路

（2）电路分析 分析迈腾灯光电路图可知，当大灯开关处于远近光挡或 AUTO 挡时，变光开关位于近光灯工作位置，信号输入车载电网控制单元 J519，J519 通过分析处理输入信号后，发送近光灯开启控制指令，通过内部控制电路将电能供给插头 A 上 T11/2 插脚（1.5 黄/蓝导线）→右大灯插座 T10r/6 脚→M31 右侧近光灯泡，如图 3-74 所示。

（3）原因分析 根据故障码和电路分析，可能产生的故障原因如下。

① J519 内部电路控制线路故障，导致无正常工作电压输出。

② J519 至大灯线路存在线断路/短路故障。

③ 右大灯近光灯泡或大灯内近光灯泡连接线束故障。

④ 近光信号输入故障。

（4）可能产生的故障原因逻辑排除

① 近光信号输入故障： J519 是通过 CANBUS 总线接收 J527 调控信息进行远近光功能控制，从线路上讲，总线信号或大灯近光挡位信号同时输入 J519 后，由 J519 进行分析并进行单线控制。故障现象（右侧近光灯暗亮 5s 熄灭）表明右大灯远近光控制执行线路正常，

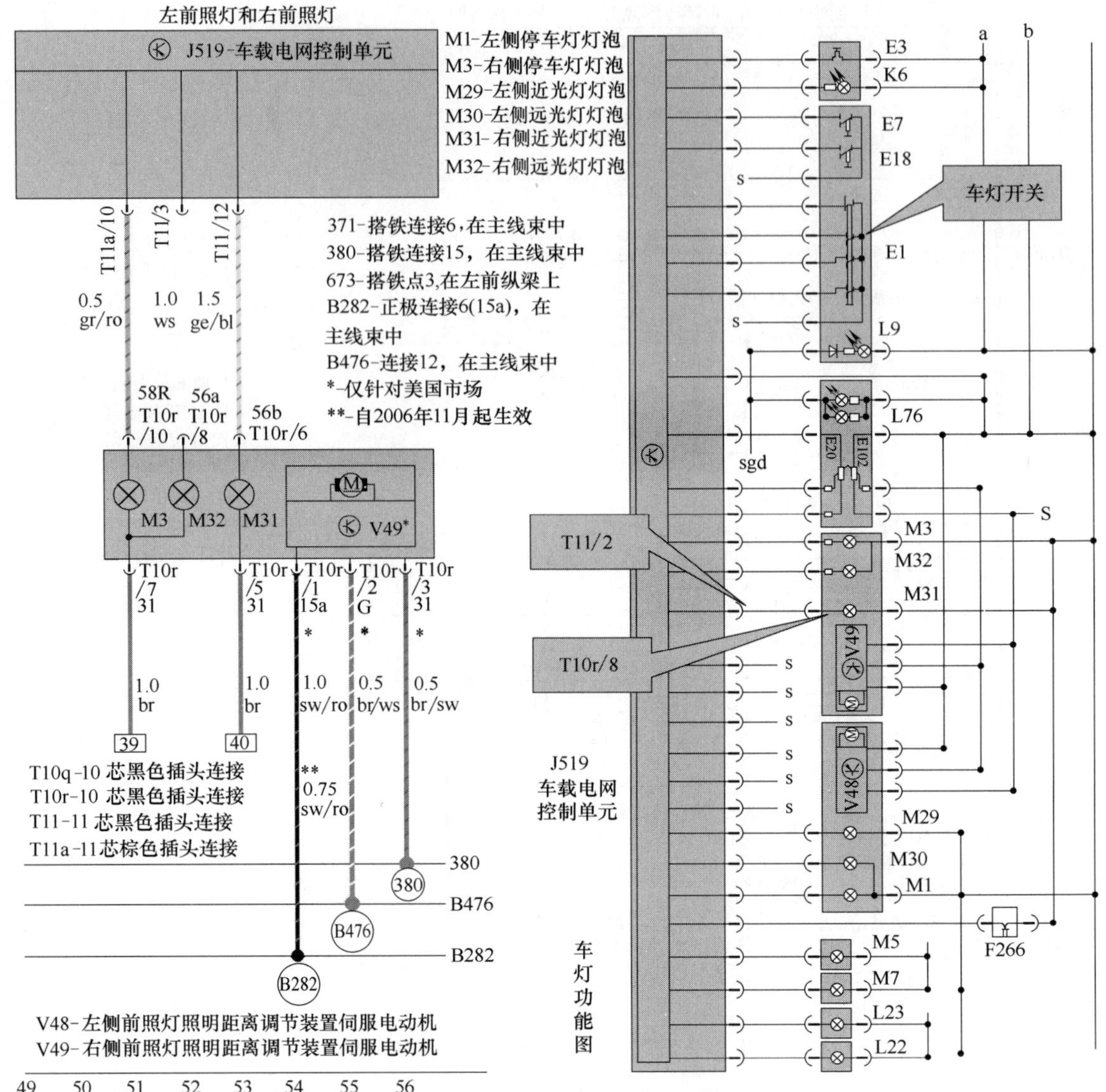

图 3-74 迈腾汽车灯光电路

因此，近光信号输入存在故障的可能性可先排除。

② 进入 09-08 通道，读取 02 数据组，第二区右近光灯在刚打开近光开关后，首先显示为 100%，持续约 5s 后，显示 0%。这说明右侧近光灯未接收到来自 J519 的控制电压，此时拔下右大灯的插脚，测量 T10r/8 脚，发现在近光状态下该脚无工作电压，测量 J519 的输出脚 T11/2，也无电压输出，问题基本可以断定为 J519 内部电路故障。

③ 然而 CANBUS 总线网络控制技术具备失效模式应急保护功能。J519 具备电器回路的电能管理。执行元件或线路短路或断路故障可引起相关失效模式应急功能开启，进而关闭相关电器，为验证 J519 是否处于失效模式应急功能，我们做如下实验。

a. 将左大灯插头拔下，观察在左侧近光线路断路的状态下，读取 09-08-02 组 1 区在近光开启状态下显示为 100%，右侧为 0%。

b. 接下来对线路接地可能性进行验证，断开右前大灯插头和 J519 的 A 脚插头，用 VAS5051 的电阻测量工具测量连接 T11/2 脚黄/蓝导线，无对地短路现象，通过检测可确定故障原因应为 J519 内部出现问题。原因是 J519 近光灯控制线路处于失效工作状态，在预工作电压下，右侧近光灯能微弱闪亮，5s 后无此工作电压，右侧近光灯便不再闪亮。

故障排除

① 更换 J519，故障排除。测量大灯插头输出端子，在打开大灯时有 12V 电压输出，右侧近光灯开始正常闪亮。

② 仪表板上仍有灯光报警提示，经查询有三个故障码存储，内容分别为雨刷控制和左右尾灯 M4、M2 电路中有电器故障。

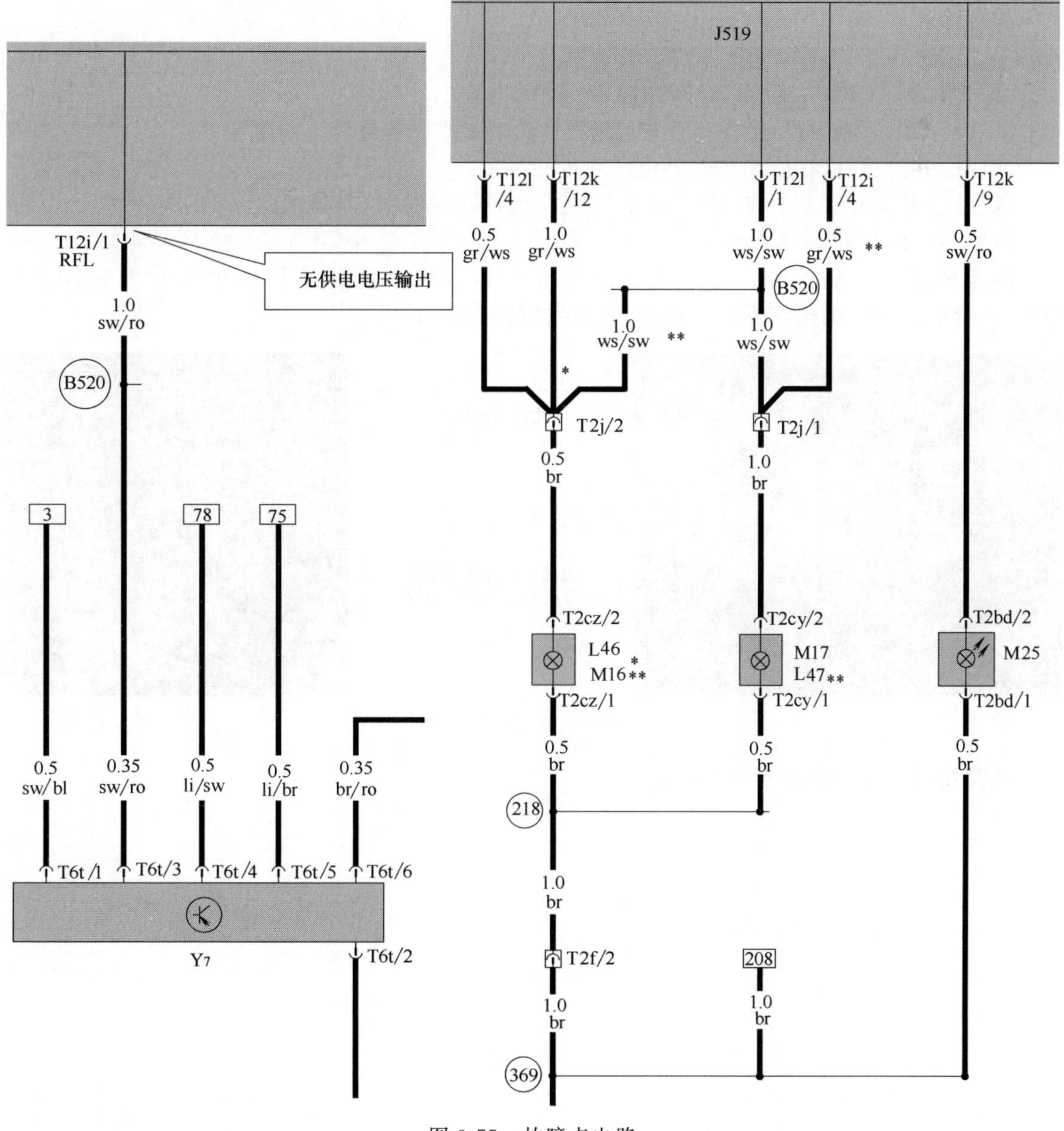

图 3-75　故障点电路

③ 新更换的J519与原车J519编码不同，导致新的故障码产生。分析J519长编码定义可知以下信息。

a. 第一个字节84变为8D，增加了安装后刮水器功能和安装后座椅识别系统选项，因喷水功能由J519控制实现，而此车无后雨刷功能，因此会出现后挡风玻璃清洗泵触发断路/对地短路故障。

b. 第24字节为19，对比原编码为00，增加了后尾灯的监控功能，而此车J519监控功能和此项不匹配，因此会出现左尾灯M4和右尾灯M2电路中有电器故障的故障码，所以仪表出现灯光报警，将长编码按原车J519的长编码重新编写，灯光报警消失，故障彻底排除。

3. 信号灯故障

故障现象 某大众迈腾1.8T轿车右后倒车灯不亮。

故障诊断

① 检查右后倒车灯灯泡，正常。

② 挂R挡，测量右后倒车灯供电，无12V电压。

③ 用万用表测量右后倒车灯连接至J519 T21/1的供电线路，导通正常。

④ 用万用表测量右后倒车灯供电，对地短路。

⑤ 用万用表测量J519T12I/1到Y7防眩目后视镜供电，对地短路。

故障点电路如图3-75所示。

原因分析 拆解线路，仔细查找，发现防眩目后视镜的倒挡供电线对地短路，如图3-76所示，导致倒挡灯不亮。处理线束后故障排除。

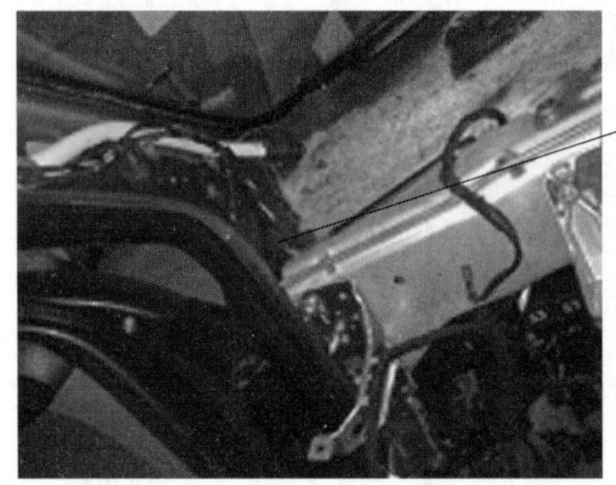

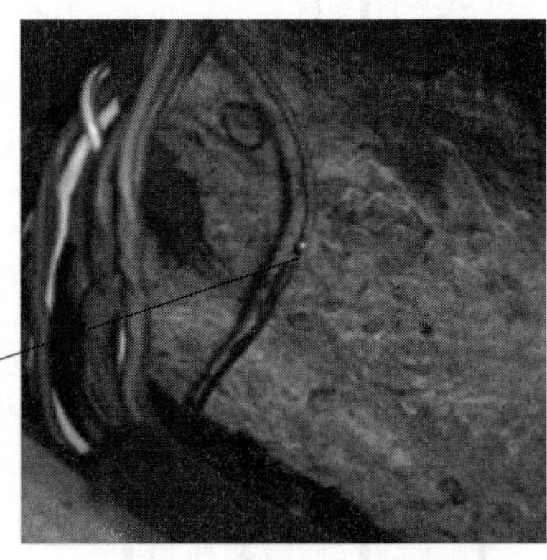

图3-76 线路故障部位

故障排除 处理线束后故障排除。

模块四

发动机电控系统电路分析与诊断

项目一

电子燃油喷射系统电路

任务一 电子燃油喷射系统电路概述

汽油发动机与柴油发动机的电控系统有所不同，下面分别讲述一下。

汽油发动机电控系统的核心是电控单元（ECU）。ECU 根据发动机各种传感器送来的信号，进行燃油喷射控制（EFI）、点火控制（ESA）、燃油蒸发回收控制（EVAP）、发动机怠速控制（ISC）、废气再循环（EGR）、空调压缩机控制等，从而保证发动机的动力性、经济性和排放性能在各种工况下都处于最佳的工作状态。电控系统主要由各种传感器、电控单元（ECU）和各种执行器组成，如图 4-1 所示。

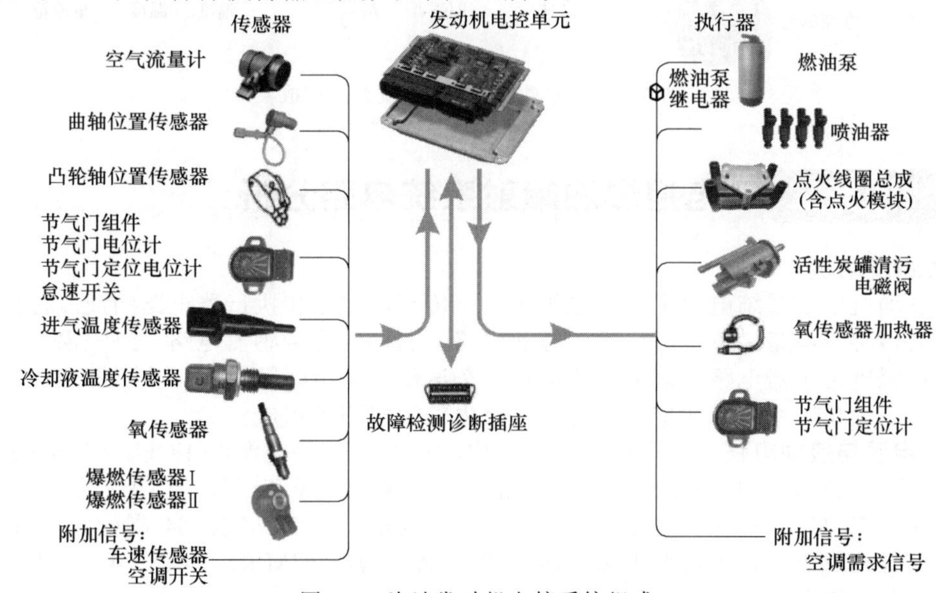

图 4-1 汽油发动机电控系统组成

发动机电控系统根据进气量的检测不同分为D型电子控制系统（采用进气歧管绝对压力传感器检测进气量，一般应用于经济型汽车）和L型电子控制系统（采用空气流量计检测进气量，一般应用于中高级汽车），而L型应用较多。

柴油发动机电控系统可分为两大类：位置控制系统和时间控制系统。

第一代柴油发动机电控系统采用位置控制系统。它不改变传统喷油系统的工作原理和基本结构，只是采用电控组件代替调速器和供油提前器，对喷油量和喷油正时进行控制。因此，很难大幅度提高喷射特性。第二代柴油发动机电控系统采用时间控制系统，在高压油路中利用电磁阀直接控制喷油开始时间和结束时间，以改变喷油量和喷油正时。它具有直接控制、响应快的特点。

时间控制系统又有电控喷油泵-喷油器系统和共轨式电控燃油喷射系统两类。而共轨式电控燃油喷封系统采用压力-时间式燃油计量原理，因此又称为压力-时间控制式电控喷射系统，分为高压共轨和中压共轨两种。高压共轨电控燃油喷封系统又分为不带受控高压泵的共轨系统和带可调节高压泵的共轨系统。目前广泛使用带可调高压泵的共轨系统，其组成如图4-2所示。

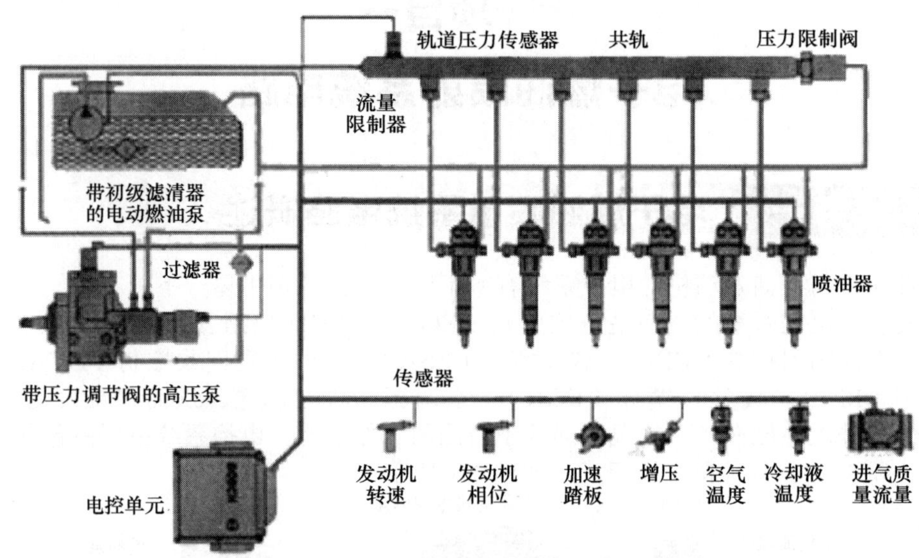

图4-2 带可调高压泵的共轨系统组成

任务二 电控燃油喷射系统电路分析

1. 汽油发动机

汽油发动机电控系统电路主要由电源电路、传感器电路和执行器电路组成。传感器电路由进气压力传感器电路、节气门位置传感器电路、曲轴位置传感器电路、进气温度传感器电路、冷却液温度传感器电路、氧传感器电路、车速传感器电路等组成；执行器电路由喷油器控制电路、燃油泵电路、怠速控制阀电路、点火控制电路等组成。

（1）电源与接地电路 在点火开关进入启动挡时，一路电源经ECU2（7.5A）熔丝进入PCM（动力控制模块）的第2脚位，一路由蓄电池正极经TCU1（15A）进入PCM第6脚，另一路经ECU（30A）熔丝到发动机控制继电器，由PCM第64脚输出供电控制信号，由此路导通供电到各个需要电源的传感器与执行器。PCM的1＃、3＃、5＃为接地脚位。图4-3中标注CHG编号的都接地点（搭铁）。

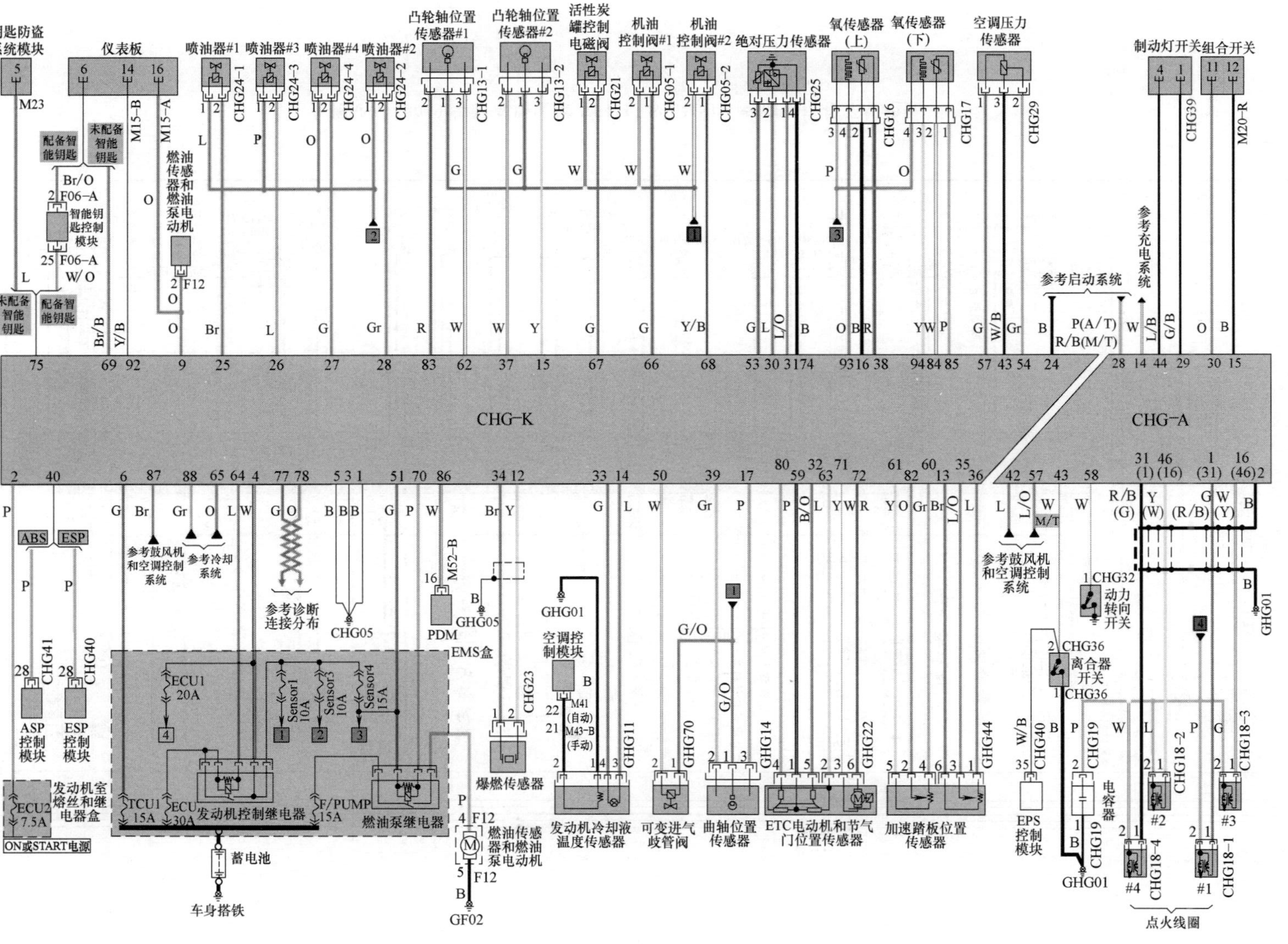

图 4-3 2010 年款北京现代 ix35 汽车 2.0/2.4L 发动机控制系统电路

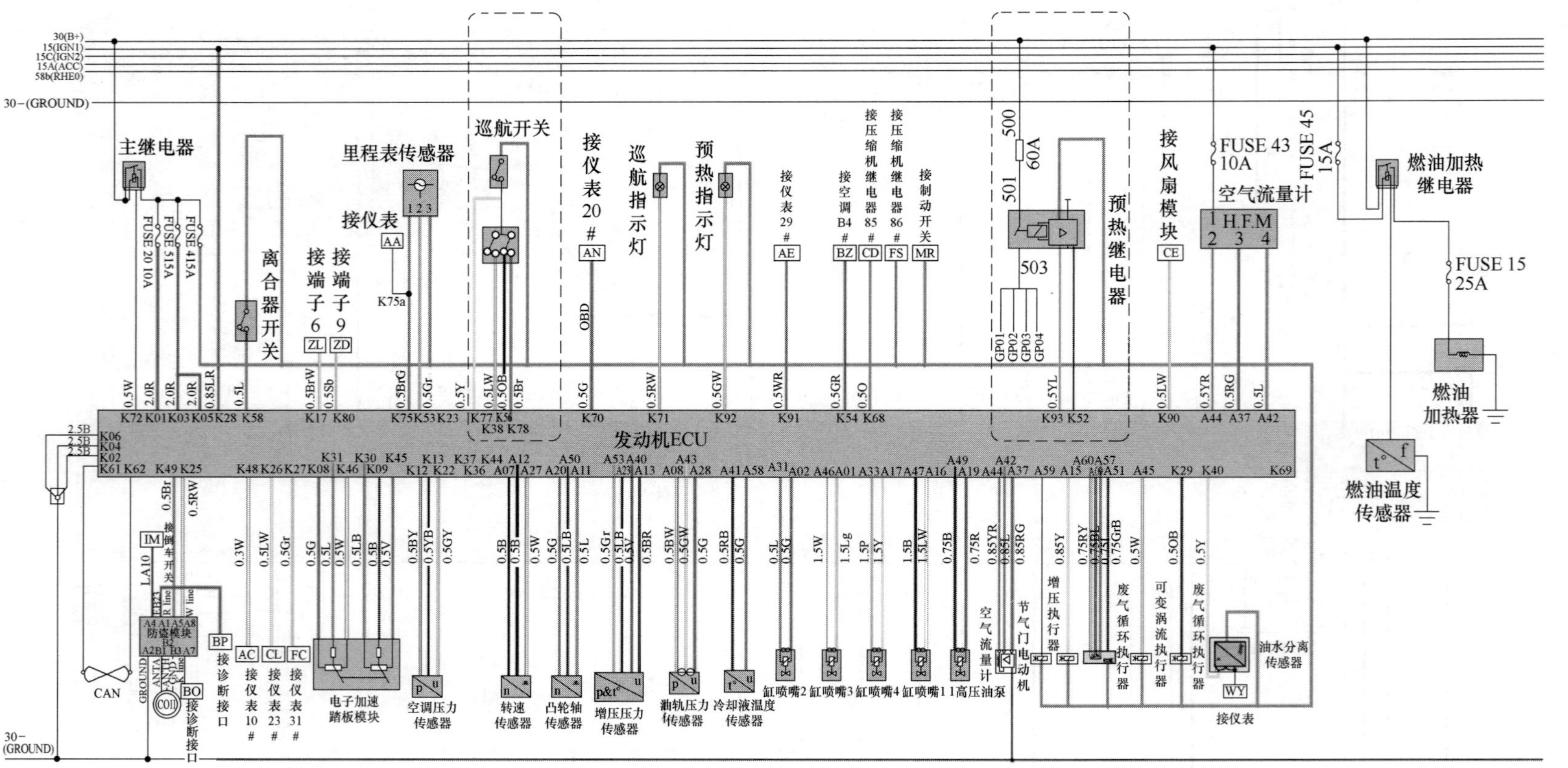

图 4-4　2009 年款奇瑞威麟 V51.9LSQR481A 柴油机电控系统电路

（2）**传感器电路** 凸轮轴位置传感器＃1、＃2 接 PCM 的 83＃、62＃、37＃、15＃脚位，传感器＃1 的脚位相通为电源输入端；绝对压力传感器脚位接 PCM 的 53＃、30＃、31＃、74＃脚位，上下游氧传感器接 PCM 的 93＃、16＃、38＃、94＃、84＃、85＃脚位，上游氧传感器的 3＃和下游氧传感器的 4＃为电源输入端；空调压力传感器接到 PCM 的 57＃、43＃、54＃；加速踏板位置传感器接到 PCM 的 61＃、82＃、60＃、13＃、35＃、36＃脚位；节气门位置传感器连接到 PCM 的 80＃、59＃、32＃、63＃脚位；曲轴位置传感器连接到 PCM 的 39＃、17＃脚位，其 1 脚位为电源输入端；发动机冷却水温传感器连接到 PCM 的 33＃、14＃脚位；爆震传感器连接到 PCM 的 34＃、12＃脚位；其他还有一些开关信号，如制动灯开关、组合开关、离合器开关、动力转向开关等的连接。

（3）**执行器电路** PCM 的 25＃、26＃、27＃、28＃脚位分别连＃1、＃3、＃4、＃2 号喷油嘴， PCM 的 1＃、46＃、16＃、31＃脚位分别连接＃1、＃2、＃3、＃4 号点火线圈，PCM 的 67＃连活性炭罐控制电磁阀 2 脚位，其 66＃、68＃连 1 号和 2 号机油控制阀的 1 脚位，PCM71＃、72＃分别接 ETC（电子节气门）的 3 脚位和 6 脚位，ETC 和节气门位置传感器共用一个接口，可变进气歧管阀连 PCM 的 50＃脚位，燃油泵继电器接 PCM 的 51＃和 70＃脚位。

2. 柴油发动机

以奇瑞威麟 V5 柴油版汽车所配用的 1. 9L SQR481A 柴油电控发动机为例，其电路如图 4-4 所示。奇瑞 1. 9LSQR481A 柴油发动机采用了最新的高压共轨燃油喷射技术——德国博世公司的柴油高压共轨燃油喷射系统。它主要由 ECU（电子控制单元，型号为 EDC16C39）、曲轴位置传感器、凸轮轴位置传感器、油门踏板传感器、增压压力传感器、轨压传感器、冷却液温度传感器、空气流量计、燃油滤清器等部件组成。

ECU 通过传感器收集驾驶员的要求（油门踏板的位置）以及发动机和车辆当前的工况，并处理由传感器产生的、通过数据线路接收到的信号。借助所得到的信息，ECU 通过闭环和开环控制，特别是发动机进行干预。

曲轴位置传感器测量发动机的转速，而凸轮轴位置传感器计算点火顺序（相位）。一个电位计作为油门踏板传感器产生电信号，告知 ECU 的扭矩要求是多少。空气流量计为 ECU 提供当前空气流量数据，以使燃烧过程能够满足废气排放法规要求。在带废气涡轮增压器和增压压力控制的发动机中，由增压压力传感器来测量增压压力。根据水温传感器和大气传感器的数据，在环境温度较低及发动机冷机时，ECU 会调整喷油始点、预喷射的额定值及它的参数以适应特定的工况。

任务三 电控燃油喷射系统故障诊断

故障现象 迈腾发动机 G40 信号不可靠引起发动机会有怠速抖动、动力不足等现象。

原因分析 G40 传感器电路连接如图 4-5 所示。G40 信号不可靠故障的原因比较多，与 G28 的信号息息相关，当车辆正常的时候，G40 和 G28 的信号有一个正常的对应关系。如果控制单元检测到两者之间的对应关系不正常则设定 G40 信号不可靠的故障码。不仅仅是线路故障，G40 故障均会出现这个故障码。正时不正确时也会影响到两者之间的对应关系。装备有凸轮轴正时调节机构不能正常工作，如凸轮轴调节电磁阀 N205 卡滞或机油压力不正常，都会导致设置 G40 信号不可靠故障码。这是因为电脑并不监测机油压力和 N205 的机械部分，它工作的前提是机油压力正常，N205 正常。当需要调节凸轮轴正时的时候，电脑发出指令使 N205 开启，进而通过机油压力调节凸轮轴的角度位置，与此同时，电脑通过 G40

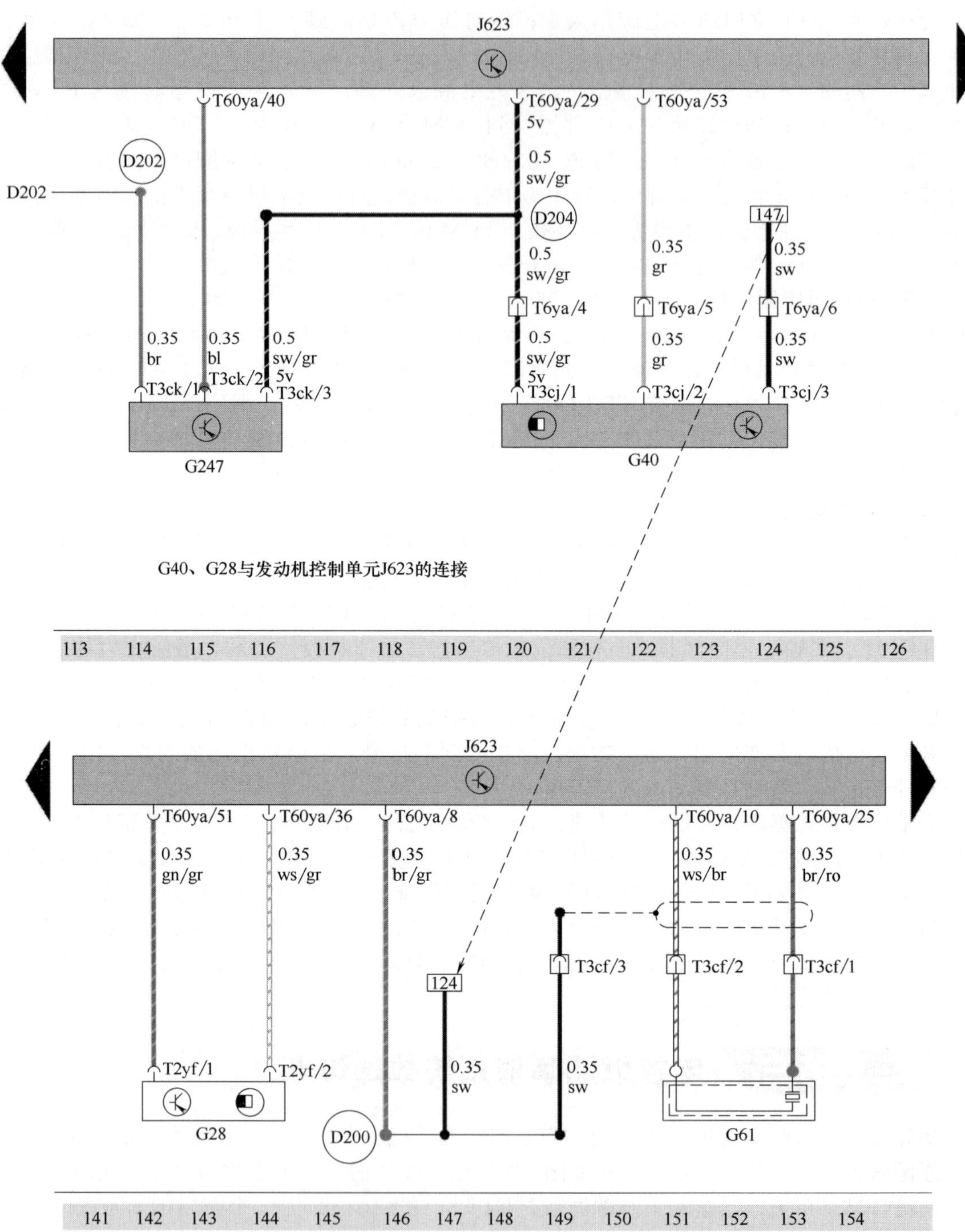

图 4-5 G40 传感器电路连接

和 G28 信号的变化监测调节效果。当发出指令后，并没有得到执行的效果，电脑就会认为 G40 出故障，设定出 G40 信号不可靠的故障码。

检修流程 G40 信号不可靠故障检修流程如图 4-6 所示。

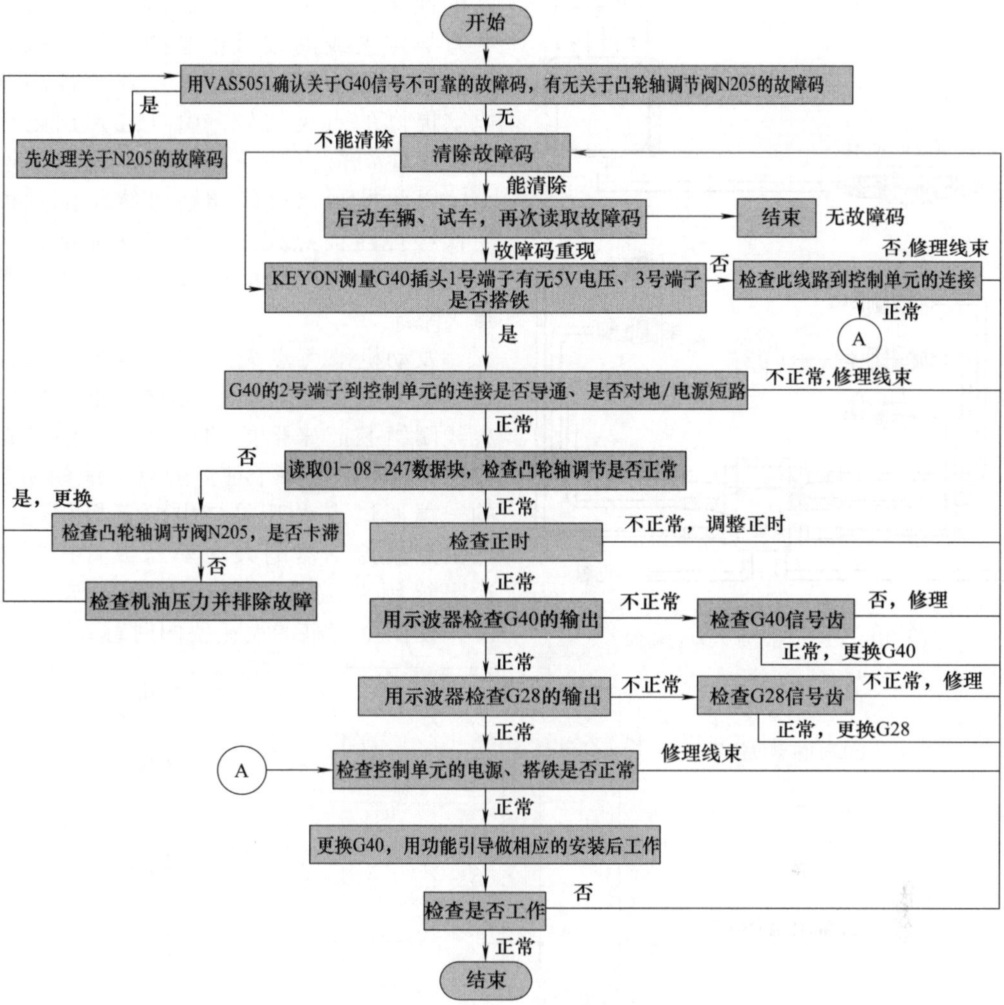

开始

用VAS5051确认关于G40信号不可靠的故障码，有无关于凸轮轴调节阀N205的故障码

是

先处理关于N205的故障码

无

清除故障码

不能清除

能清除

启动车辆、试车，再次读取故障码

结束 无故障码

故障码重现

KEYON测量G40插头1号端子有无5V电压、3号端子是否搭铁

否

检查此线路到控制单元的连接

否,修理线束

正常

A

是

G40的2号端子到控制单元的连接是否导通、是否对地/电源短路

不正常,修理线束

正常

读取01-08-247数据块，检查凸轮轴调节是否正常

否

检查凸轮轴调节阀N205，是否卡滞

是，更换

否

检查机油压力并排除故障

正常

检查正时

不正常，调整正时

正常

用示波器检查G40的输出

不正常

检查G40信号齿

否，修理

正常，更换G40

正常

用示波器检查G28的输出

不正常

检查G28信号齿

不正常，修理

正常，更换G28

正常

A

检查控制单元的电源、搭铁是否正常

修理线束

正常

更换G40，用功能引导做相应的安装后工作

检查是否工作

否

正常

结束

图 4-6 G40 信号不可靠故障检修流程

项目二

电子点火系统电路

任务一 电子点火系统电路概述

微机控制电子点火控制系统按有无分电器分为有分电器型与无分电器型，这里主要介绍无分电器微机控制电子点火系统，其控制电路主要由低压电源、点火开关、微机控制单元（ECU）、点火控制器、点火线圈、火花塞、高压线和各种传感器等组成，如图 4-7 所示。

这个微机控制电子点火系统采用点火线圈配电方式，如图 4-8 所示，这是一种直接用点火线圈分配高压电的同时点火方式。几个相互屏蔽的、结构独立的点火线圈组合成一体，称为点火线圈组件。4 缸发动机的点火线圈组件有两个独立的点火线圈，每个点火线圈供给配

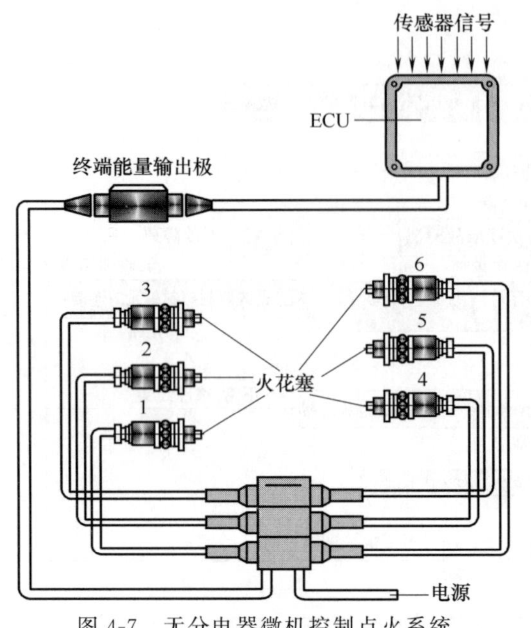

图 4-7 无分电器微机控制点火系统
点火顺序：1-4-3-6-2-5 双点火线圈

对的两个缸的火花塞以高压电。点火控制器中有与点火线圈数量相等的功率三极管，各控制一个点火线圈的工作。点火控制器根据电脑提供的点火信号，由气缸判别电路按点火顺序轮流激发功率三极管，使其导通或截止，以此控制点火线圈初级绕组的通断，产生次级电压而点火。点火线圈配电方式点火系统是应用最广泛的一种无分电器微机控制点火系统。

发动机采用点火线圈配电方式时，点火线圈实际是由若干个相互屏蔽的、独立的点火线圈组装起来形成的一个点火线圈组件，如图 4-9 所示。每个独立的点火线圈初级绕组的一端通过点火开关与电源正极相连，另一端由点火控制器的大功率三极管控制搭铁；次级绕组两端分别接到两个气缸的火花塞上，使两个气缸的火花塞同时跳火。

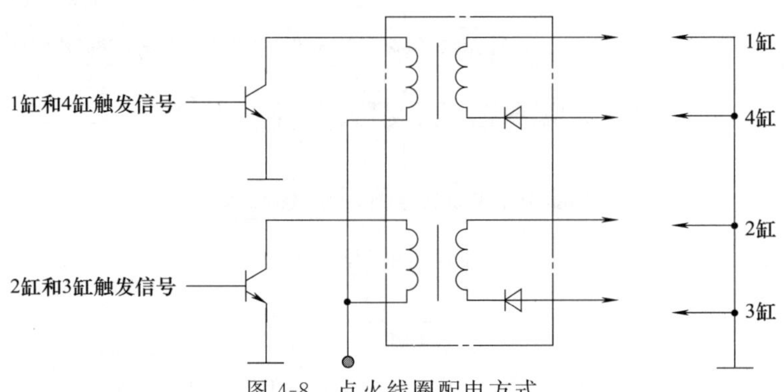

图 4-8 点火线圈配电方式

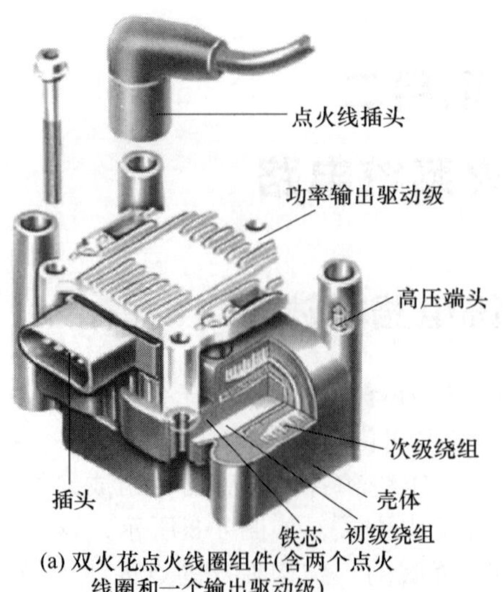

(a) 双火花点火线圈组件(含两个点火线圈和一个输出驱动级)

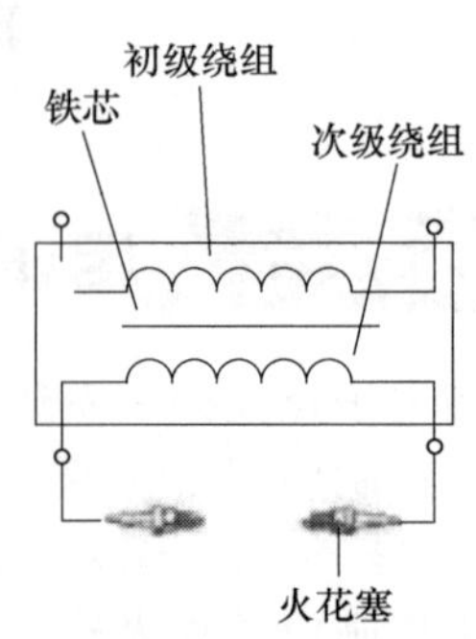

(b) 双火花点火线圈示意

图 4-9 点火线圈组成

任务二 电子点火系统电路分析

以最新款一汽大众捷达汽车点火系统为例，其电路如图 4-10 所示，电路由 J361 发动机 ECU、 N152 点火变压器（带末级功率放大器）、火花塞等组成。

ECU 通过 57＃、71＃控制点火变压器，接到其第 1 脚和第 3 脚，点火变压器的 2 脚为电源输入端， 4 脚为点火线圈接地（接至发动机线束中的接地连接）。ECU 根据曲轴的不同位置，按一定顺序控制两个或多个点火线圈初级绕组，以实现电子式高压配电。ECU 除了包括输入接口电路、 A/D 转换器、微机控制单元（CPU）、只读存储器（ROM）、随机存储器（RAM）等组成部分外，还增加了气缸判别（简称判缸）电路（又称为分电电路），以根据曲轴位置传感器或气缸判别信号传感器确定需要控制的点火线圈初级绕组。同理，输出接口电路也不只输出一路点火控制信号，而是依次输出多路点火控制信号，分别控制点火控制器中与各点火线圈初级绕组对应的大功率三极管的通断；或者输出接口电路在输出一路点火控制信号的同时输出一路判别气缸信号，由点火控制器根据点火控制信号和判别气缸信号控制与各点火线圈初级绕组对应的大功率三极管的通断，使需要点火气缸的火花塞适时跳火。

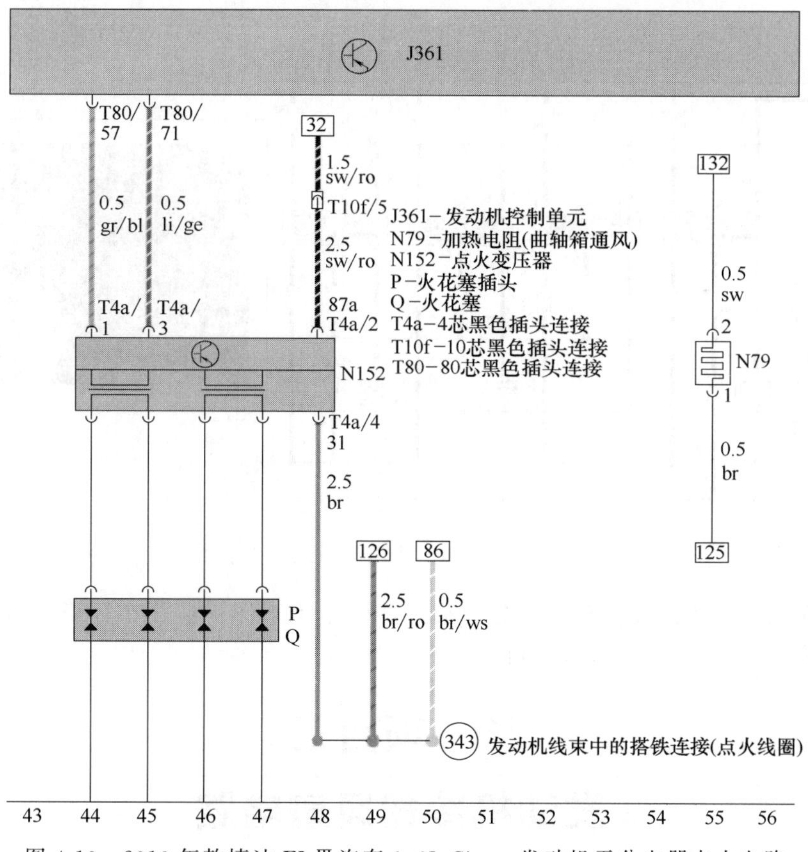

图 4-10　2010 年款捷达 FLⅢ汽车 1.6L Simos 发动机无分电器点火电路

任务三 电子点火系统电路故障诊断

故障现象　大众高尔夫 GOLFA6 偶尔无法启动。

故障诊断

① 使用 VAS5052A 进行检测，发动机控制单元 01、ABS 控制单元 03、仪表板控制单元 17、气囊控制单元 15、车载能量控制单元 09、网关 19 等系统内均有关于变速箱控制单元无通信的故障。

② 根据以往的维修经验，可能是变速箱控制单元的相关线束磨损而搭铁，导致故障的发生。本着先易后难的原则进行检修。

a. 因为车载能量控制单元 09 中还有一个关于雨刮的故障码，所以，首先拆下流水槽，检查雨刮电动机的相关线束，未发现异常。

b. 检查发动机的线束和搭铁线，也未发现问题。

c. 拆下空滤壳体总成，检查通往变速箱控制单元的线束，同样未发现任何破损之处。

d. 了解此车的维修历史，注意到该车前段时间左前翼子板处发生过事故，更换过左前大灯，于是着重检查此部位的线束及相关插接件，检查是否有插头锈蚀等问题。在检查到大灯后面的搭铁线的时候，发现搭铁线松动。

③ 查询电路图（图 4-11）发现，此搭铁线为发动机点火线圈的接地点，看来故障的原因在这里。

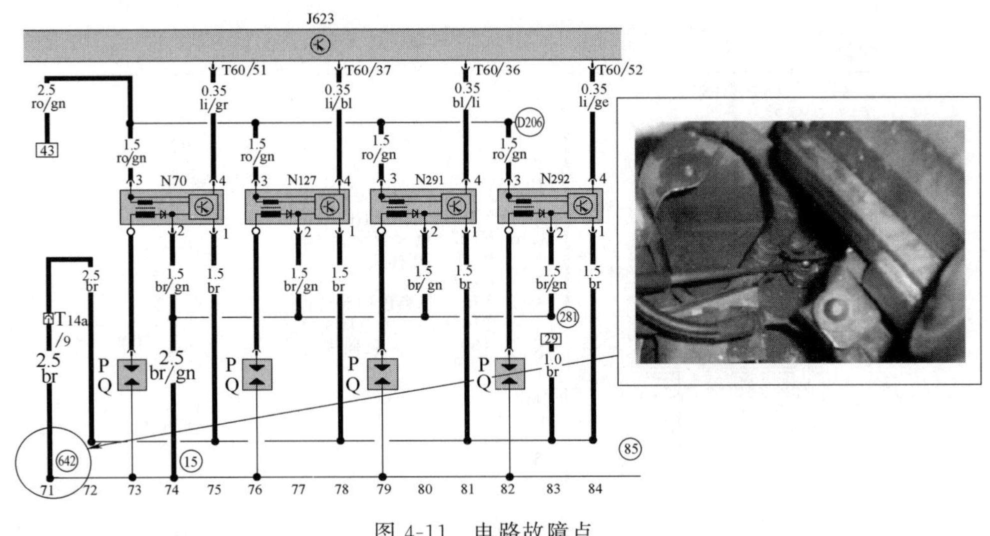

图 4-11 电路故障点

原因分析 由于搭铁线松动，导致点火线圈偶尔不工作，造成车辆无法启动。

故障排除 紧固搭铁线，故障排除。

项目三

发动机冷却风扇电路

任务一 冷却系统电路概述

以别克威朗车型为例，发动机冷却风扇系统由一个电动冷却风扇和一个冷却风扇控制模块组成。发动机控制模块（ECM）通过向冷却风扇控制模块发送脉宽调制（PWM）信号来控制风扇转速。冷却风扇控制模块通过脉宽调制信号来改变冷却风扇电动机的电压降，使冷却风扇能够在可变速度下运行。冷却风扇转速受不同运行条件的影响，发动机控制模块将根据冷却系统的要求来调整占空比。

该系统的不同之处在于，发动机控制模块（ECM）不会以 0～90%范围内的每个速度运行冷却风扇。冷却风扇标定被设计为以 5 种特定比例运行，从而避开产生不希望噪声和振动的速度区域。在正常运行情况下，发动机控制模块最初可能以 4%或 5%的比例启用冷却风扇，然后再增加期望的比例，以满足动力系统的冷却要求。通常发动机控制模块将以特定的比例运行冷却风扇，但也可能成比例放大或缩小这些比例，以响应发电机的需求。运行冷却风扇的比例可能因车辆管线和发动机的不同而不同。

冷却风扇控制模块具有过热保护功能，防止在冷却风扇电动机内出现电路短路时损坏模块。故障诊断仪的输出控制仅能够在发动机控制模块（ECM）允许的速度比例下运行冷却风扇。当收到多个冷却风扇转速请求时，发动机控制模块（ECM）将以最高的转速请求运行风扇。发动机控制模块指令风扇在以下条件下启用。

① 发动机冷却液温度高于预定的温度。

② 发动机机油温度高于预定的温度。

③ 空调压力达到预定的压力。

④ 钥匙关断时，如果发动机冷却液温度高于预定值，或空调压力超过了预定值，则冷却风扇将在低速下运行。如果温度或压力下降到预定值以下，风扇将停机，但无论冷却液温度或空调压力如何，风扇将仅运行 2min。

冷却液加热器使用 110V 交流外部电源工作，用于加热发动机气缸体区域内的冷却液，以改善极冷天气下的启动。冷却液加热器也有助于减少冷态发动机预热时的燃油消耗。该单元备有可拆卸的交流电源线。不使用时，电源线上的防护罩可以保护插头。

发动机冷却液温度（ECT）传感器或散热器冷却液温度（RCT）传感器是一个可变电阻，可以测量发动机或散热器冷却液的温度。发动机控制模块向传感器信号电路提供 5V 电压，向低电平参考电压电路提供搭铁。

发动机控制模块（ECM）控制脉宽调制（PWM）节温器加热器电路。发动机冷却液节温器加热器有助于控制冷却液流量并调节发动机工作温度。点火继电器通过熔丝向节温器提供 12V 电压。发动机控制模块通过用一个被称为驱动器的固态装置使控制电路搭铁，以控制发动机冷却液节温器加热器。驱动器中配备了上拉至某电压的一个反馈电路。发动机控制模块监测反馈电压，以确定控制电路是否开路、对搭铁短路或对电压短路。

任务二 冷却系统电路分析

如图 4-12 所示为 2012 年款上海通用别克新凯越汽车发动机冷却系统电路，冷却风扇控制电路由 EF6 号 d0A 和 EF8 号 30A 这两个熔丝分别向发动机冷却风扇供电。其控制电路分析如下。

发动机冷却风扇电路控制主冷却风扇和辅助冷却风扇。冷却风扇由发动机控制模块（ECM）根据发动机冷却液温度（ECT）传感器和空调压力（ACP）传感器的输入信号控制。通过将发动机控制模块（ECM）连接器端子 68 内部搭铁，发动机控制模块（ECM）控制冷却风扇低速运转。这使低速冷却风扇继电器通电，由于主冷却风扇和辅助冷却风扇为串联，两个风扇均低速运转。通过将发动机控制模块（ECM）连接器端子 68 和端子 50 同时

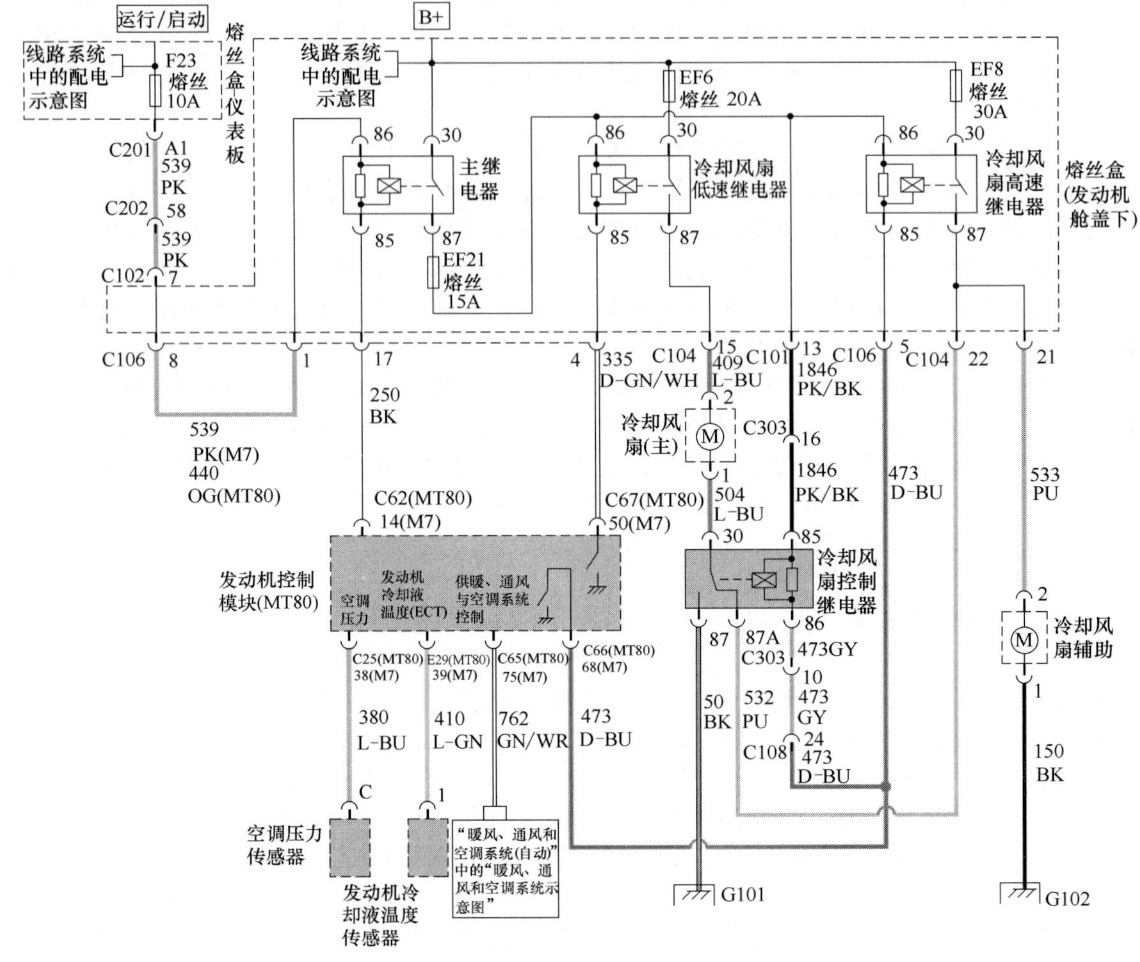

图 4-12 2012 年款上海通用别克新凯越汽车发动机冷却系统电路

搭铁，发动机控制模块（ECM）控制冷却风扇高速运转。此时，风扇处于并联，通过使冷却风扇低速继电器、冷却风扇高速继电器和串联/并联冷却风扇继电器通电，实现风扇高速运转。

1. 冷却风扇低速工作时电路分析

ECM（发动机控制模块）通过控制主继电器的电磁线圈通电来控制冷却风扇低速继电器的通电，由此控制主冷却风扇的供电及工作状态。其电流回路为：运行/启动通电（与电源直接连接）→熔断丝 F23（10A）→主继电器 86 脚→PCM 的 14 脚控制电路搭铁。于是，冷却风扇低速继电器的线圈中有电流通过，控制继电器动合触点，向主冷却风扇电动机供电。此时由于左侧的冷却风扇电动机与右侧的冷却风扇电动机串联，所以风扇低速运转。电流通路为：所有时间通电（与电源直接连接）→熔丝 EF6→冷却风扇低速继电器→主冷却风扇电动机，冷却风扇高速继电器的动断触点→辅助冷却风扇电动机→导线系统搭铁分配器搭铁构成回路。

2. 冷却风扇高速工作时电路分析

ECM 先经低速风扇控制电路对冷却风扇低速继电器提供搭铁路径。ECM 经高速风扇控制电路为冷却风扇高速继电器和继电器 1V 提供搭铁路径。主风扇电动机继续由熔丝 EF6 提供电流，但熔丝 EF8 为辅助风扇电动机提供电流，各风扇接收不同的搭铁路径。因此，风扇高速运行。主风扇电动机电流通路为：所有时间通电（与电源直接连接）→熔丝 EF6→低速继电器→主冷却风扇电动机→冷却风扇控制继电器的触点 30 与 87 端→系统搭铁分配器搭铁。辅助风扇电动机电流通路为：所有时间通电（与电源直接连接）→熔丝 EF8→高速继电器的触点 30 与 87 端→辅助冷却风扇电动机→导线系统搭铁分配器搭铁形成回路。

ECM 控制冷却风扇工作的条件如下。

① 当冷却液温度达到 97℃时，发动机控制模块（ECM）启动冷却风扇并低速运转。当冷却液温度达到 94℃时，发动机控制模块（ECM）将关闭冷却风扇。当冷却液温度达到 101℃时，发动机控制模块（ECM）启动冷却风扇并高速运转。当冷却液温度达到 98℃时，发动机控制模块（ECM）将使冷却风扇从高速切换到低速。

② 当空调系统接通时，发动机控制模块（ECM）使冷却风扇低速运转。当空调高压侧压力达到 1882kPa 时，发动机控制模块（ECM）将使冷却风扇从低速切换到高速。而当空调高压侧压力达到 1448kPa 时，冷却风扇将返回低速。当空调系统接通且冷却液温度达到 117℃时，发动机控制模块（ECM）使冷却风扇从低速切换至高速，而当冷却液温度达到 114℃时，冷却风扇将返回低速。

任务三 冷却系统电路故障诊断

故障现象 一汽大众全新速腾车辆打开点火开关和启动发动机后电子扇可以正常停止或工作，车辆熄火后约 1min 电子扇高速常转，直至车辆蓄电池亏电。

故障诊断

① 首先明确电子扇工作原理：散热器风扇通过发动机控制单元管理。风扇转速取决于在空调系统中的冷却液温度（G62）和制冷剂压力（G65）。控制单元 J293 由发动机控制单元通过 PWM 信号启动。如果发动机控制单元没有接收到来自空调控制单元的 CAN 信息，则风扇在 100% PWM 时启动用于应急工作。点火开关打开，J293 接收 10% PWM 的信号。但是风扇在 10% PWM 时不启动，该基本信号为 J293 确认至发动机控制单元的信号连接存在。如果 10% PWM 不明显， J293 在 100% PWM 时启动风扇用于应急工作。给风扇的指令在发动机控制单元和空调控制单元中作为一个测量值块提供。冷却风扇控制原理如图 4-13 所示。

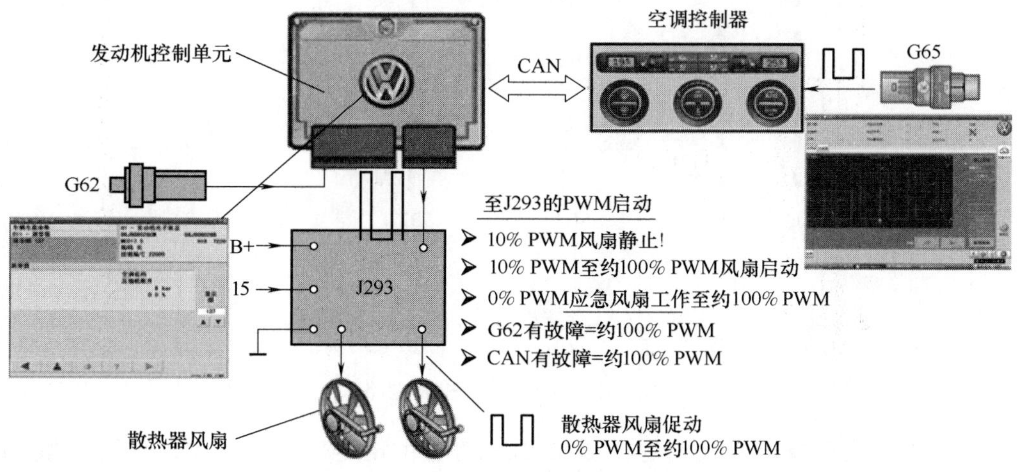

图 4-13 冷却风扇控制原理

② 使用 VAS6150B 检测发动机，有故障码 P068600，含义为主继电器对地短路。

③ 由于熄火，无法读取发动机风扇请求信号数据流，打开点火开关读取发动机风扇请求信号，电子扇不转时 10% PWM 用于诊断。

④ 综合分析，电子扇常转不是发动机电脑未接收到空调压力开关信号或水温信号引起，其可能原因是线路故障引起。

⑤ 查看电子扇电路图（图 4-14）：J293T4X/1 为 SB27 保险供电；J293T4X/2 为 SB3 保险供电；J293T4X/3 为 J623 信号线；J293T4X/4 为 671 号接地线。进一步查看电路图，SB3 由主供电继电器 J271 吸合后供电，SB27 由蓄电池直接供电。

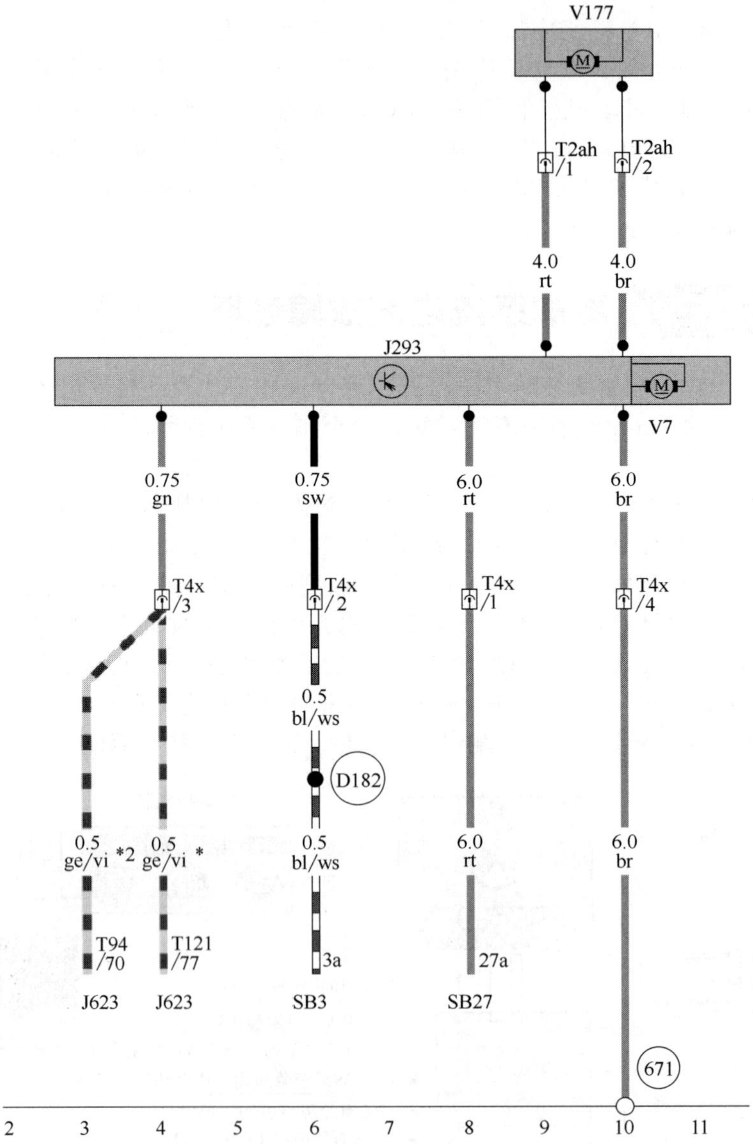

图 4-14 冷却风扇控制电路

⑥ 发动机熄火后拔出点火钥匙，测量 SB3 熔丝供电电压为 12.5V，分别测量 SB2 到 SB10 电压，均为 12.5V，供电电路如图 4-15 所示。

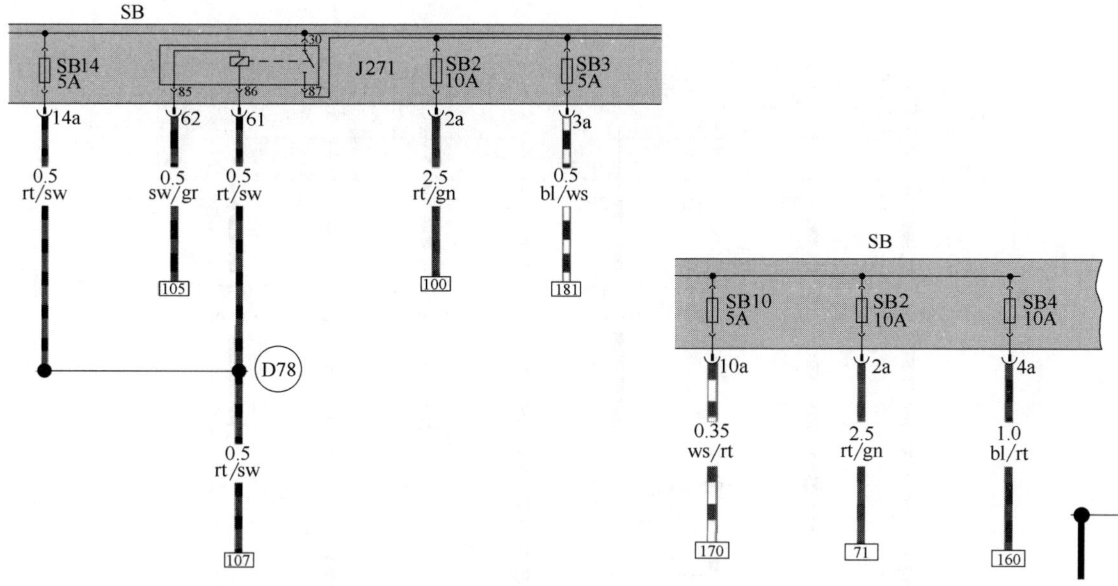

图 4-15 供电电路

⑦ 检查主供电继电器 J271 是否常吸合，工作正常时可以正常闭合或断开，拔下继电器测量 87 脚电压，为 12.5V，可以看出主供电对正极短路。

⑧ 分别断开 SB2～SB10 熔丝，当断开 SB9 熔丝时测量其他熔丝电压 0V，查看 SB9 熔丝供电相关电路图：SB9 供电至 J6431A 脚，如图 4-16 所示。

⑨ 通过上述检查确定 SB9 熔丝至油泵继电器 J643 1A 脚之间线路对正极短路。首先检查 E-BOX 盒下方供电线是否短路，未发现短路情况。

⑩ 检查车内继电器盒处，发现 J17 1B 脚与 J643 1A 脚之间有短接线且是铆接在一起的，判断是车辆出厂前线束质量问题。

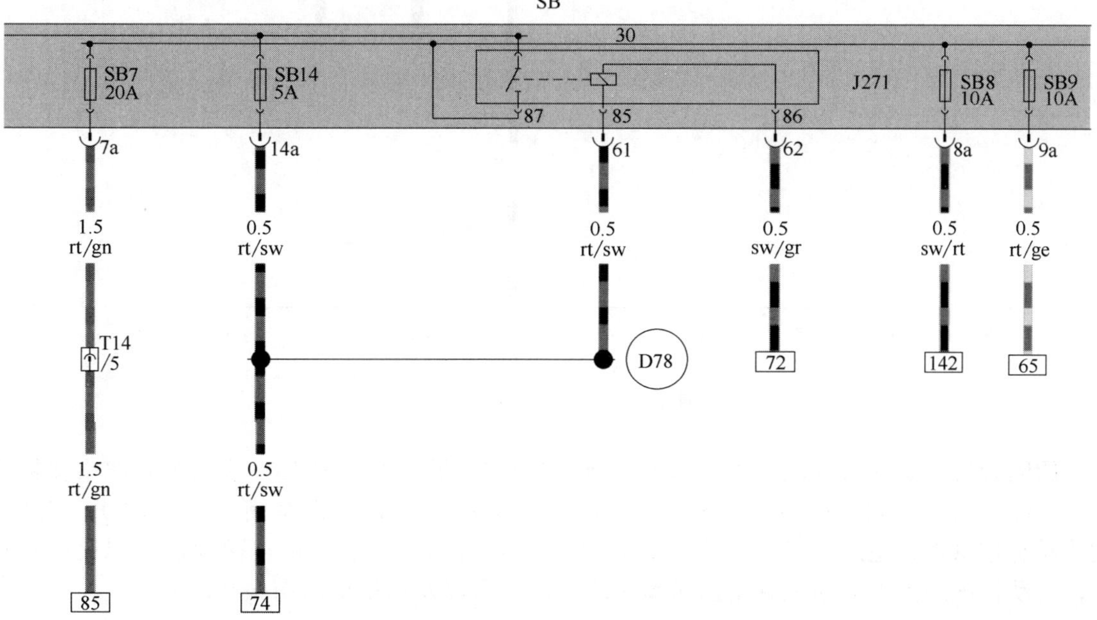

图 4-16

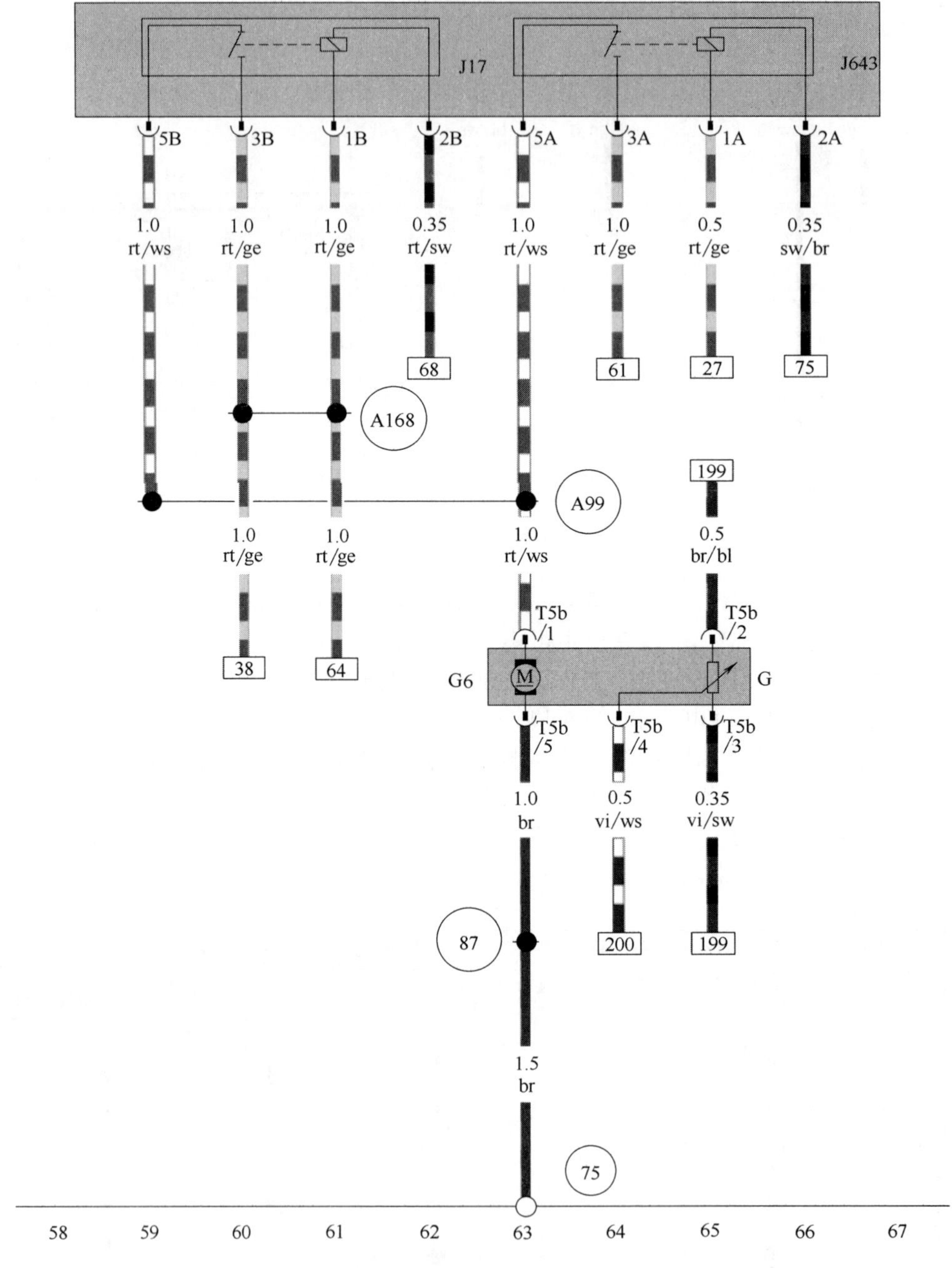

图 4-16 SB9 熔丝供电电路

原因分析 燃油泵继电器 J17 的 1B 脚线束与燃油供应继电器 J643 的 1A 脚线束多铆接了短接线，由于 J171A 脚由熔丝 SA4 和 SC47 直接供 30 电，导致车辆熄火后 SB9、SB2 等处熔丝有常供电，造成电子扇常转。受 J271 主供电继电器控制，供电保险由于熄火后有正电，发动机电脑板误认为主继电器对地短路供电，所以发动机电脑有报错。

故障排除 剪掉多铆接的短路线，做好绝缘。

项目四

发动机防盗电路

任务一 发动机防盗电路概述

一般汽车都配有发动机防盗锁止系统，除非使用已编程的点火钥匙，否则将禁止使用该车辆。

该系统包括一个位于点火钥匙内的收发器、一个发动机防盗锁止无钥匙控制单元、一个指示器和 ECM/PCM。

将钥匙插入点火开关中并将其转到 ON（Ⅱ）位置时，发动机防盗锁止无钥匙控制单元向点火钥匙中的收发器发送能量。收发器随后通过发动机防盗锁止控制单元接收器反馈一个编码信号给 ECM/PCM。滚动型代码嵌入接收器中，而不是嵌入 ECM/PCM 中。发动机防盗系统原理如图 4-17 所示。

维修或更换后，ECM/PCM 需与 HDS 通信一致。更换发动机防盗锁止无钥匙控制单元时，需要在新控制单元中注册所有钥匙。

控制单元中未注册的钥匙将无法启动发动机。

① 如果已经使用了已编程钥匙，发动机防盗锁止系统指示灯将点亮约 2s，然后熄灭。

② 点火开关转到 LOCK（0）位置时，指示灯将闪烁 5s，以表明控制单元已正常设置，然后指示灯熄灭。

③ 如果使用了错误的钥匙或控制单元没有接收到或未能识别其代码，指示灯将点亮约 2s，然后将会闪烁直到点火开关转到 LOCK（0）位置。

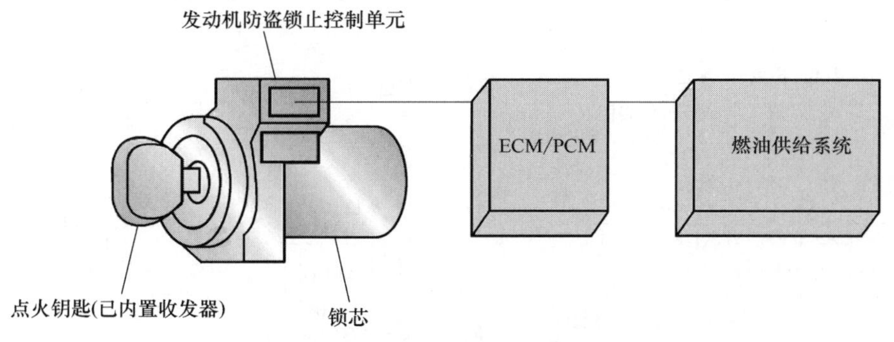

图 4-17　发动机防盗系统原理

任务二 发动机防盗电路分析

以广州本田飞度车型的发动机防盗系统为例，其电路如图 4-18 所示。防盗单元的供电来自于直接电源的 B+电压，路径为从蓄电池正极经 1 号熔丝（100A）和仪表下熔丝与继电器盒的 1 号熔丝（10A）送到控制单元的 1 脚，另一路供电从仪表板下熔丝盒内经 60 号熔丝（50A）再经点火开关、20 号熔丝（15A）后送到模块的第 2 脚。

将钥匙插入点火开关中并将其转到 ON（Ⅱ）位置时，发动机防盗锁止无钥匙控制单元向点火钥匙中的收发器发送能量。收发器随后通过发动机防盗锁止控制单元接收器（通过防盗单元的第 6 脚）反馈一个编码信号给 ECM/PCM。防盗单元的第 4 脚为数据通信总线，负责与 ECM 单元之间的数据传送。如经认证通过，发动机将正常启动。发动机防盗锁止灯通过不同的点亮方式显示防盗系统的工作状态。

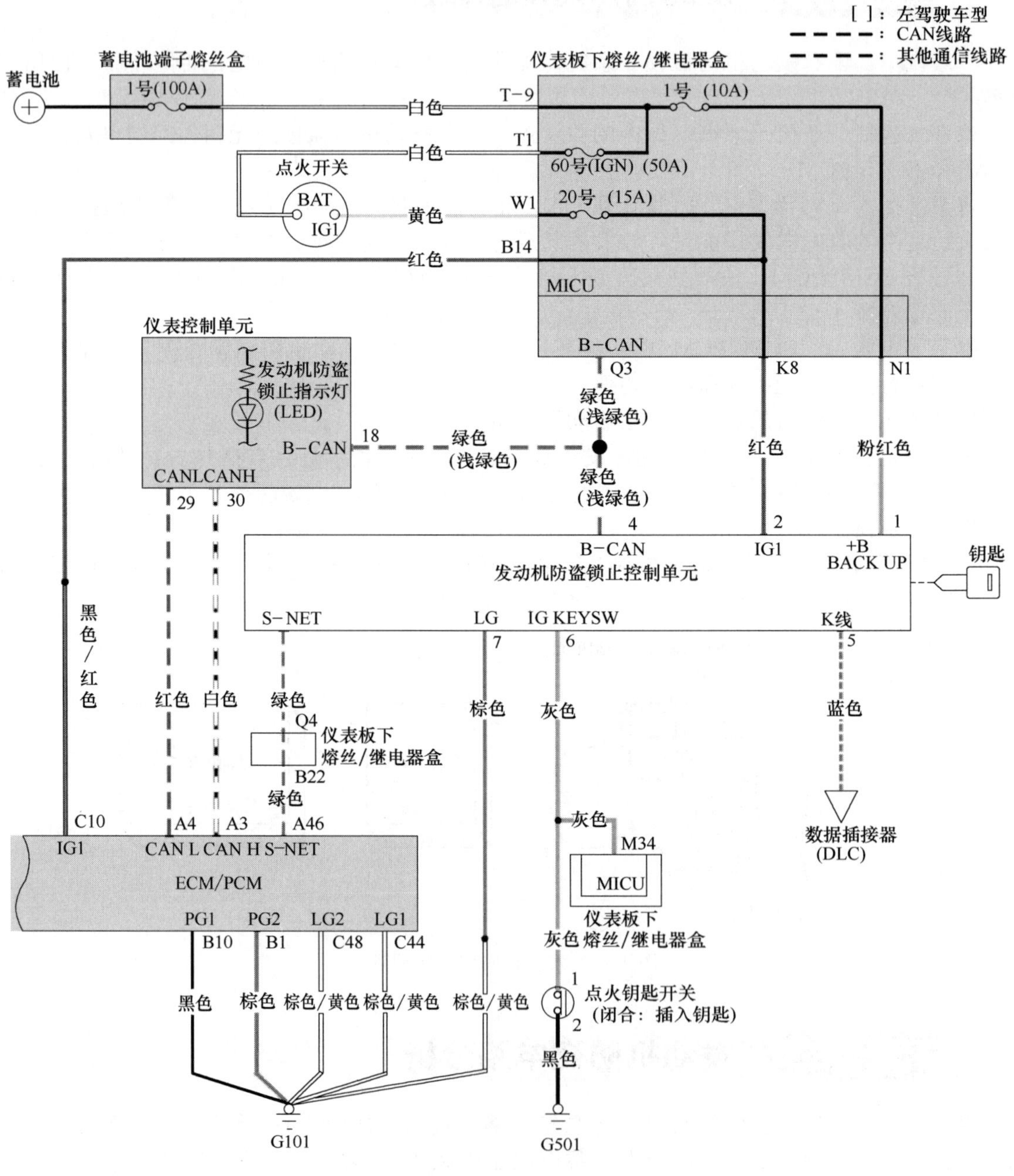

图 4-18　2009 年款广州本田飞度汽车发动机防盗锁止电路

任务三 发动机防盗电路故障诊断

故障现象 本田第 8 代雅阁 2.0 汽车放置一晚上后，第二天早上遥控器不起作用，中控失效，用机械钥匙打开车门时报警，进入车辆，钥匙无法启动车辆。

故障诊断

① 根据以往经验，在店里匹配了一套钥匙、电脑、点火单元带去救援；更换后还是没有遥控信号，中控起作用，但是无法启动车辆。

② 查看电路图（图 4-19），发现第 8 代雅阁汽车防盗控制系统已经发生了变化，发动机防盗控制单元通过 S-NET 与集成在驾驶员侧 MICU 里 IMOES（防启动进入单元）进行通信，通信成功后 IMOES 再与发动机电脑通过 S-NET 通信，发动机才能正常启动。该系统原理如图 4-20 所示。

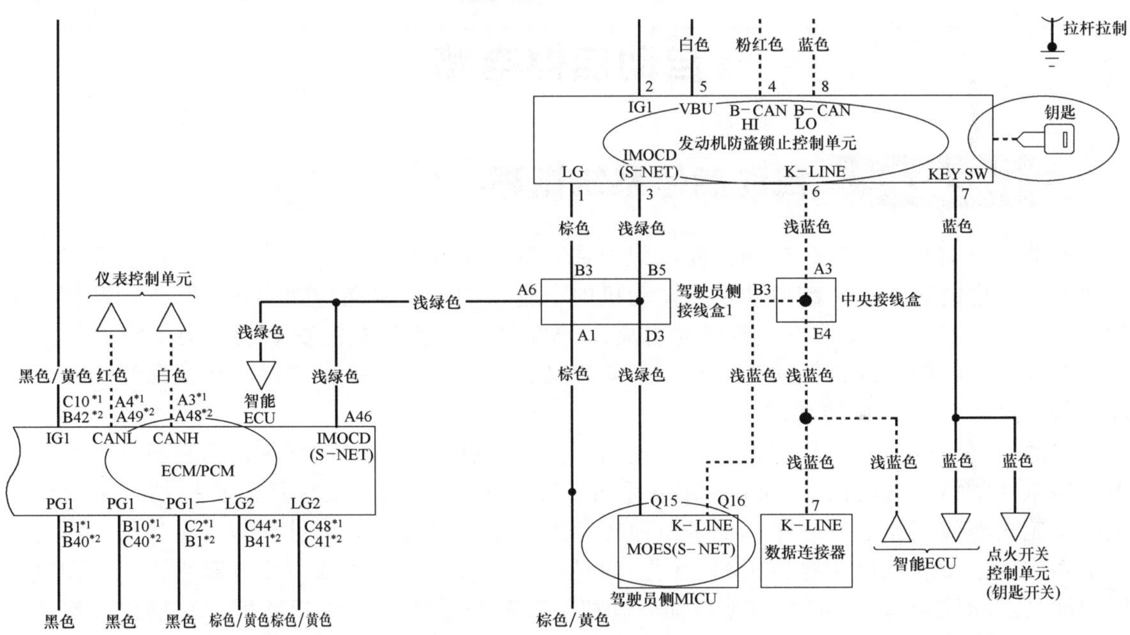

图 4-19　发动机防盗系统电路

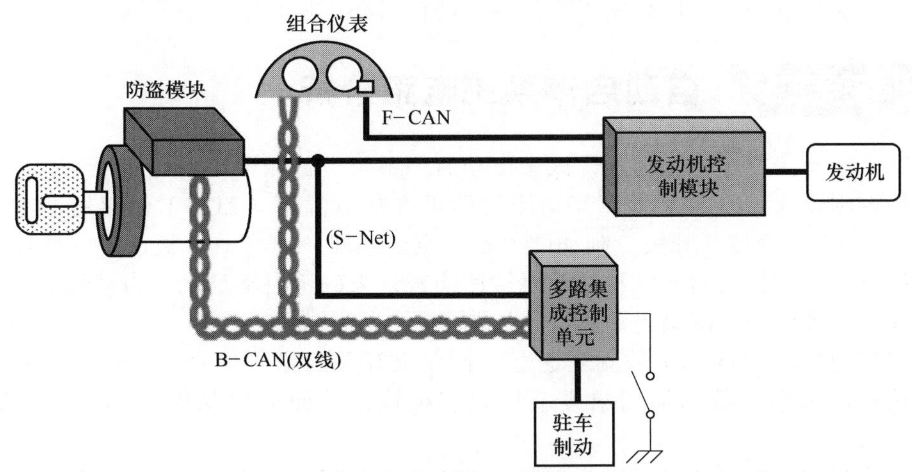

图 4-20　第 8 代雅阁汽车发动机防盗系统原理

③ 在店里另外匹配了一个驾驶员侧 MICU，装车后（此时故障车的钥匙、电脑、点火单元、驾驶员侧 MICU 都是店里另匹配的，都不是原车的部件），钥匙所有功能恢复正常。判断驾驶员侧 MICU 出现故障。

④ 为了确认原车电脑是否正常，将原车的电脑再次装车（此时故障车的钥匙、点火单元、驾驶员侧 MICU 都是店里另匹配的，只有电脑是原车的），钥匙无法启动车辆，判断原车的电脑和驾驶员侧 MICU 都出现故障。

故障排除 更换电脑和多路控制器后故障排除。

专家点评 由于第 8 代雅阁汽车采用的防盗控制系统已经发生变化，其只有与 MICU 与多路匹配后才能生效，维修时往往忽略了这点，这个案例是 MICU 和 ECH 和电脑都出现问题，所以参照以往的经验无法解决问题。

项目五 自动启停电路

任务一 自动启停系统概述

发动机自动启停就是在车辆行驶过程中临时停车（例如等红灯）的时候，自动熄火，当需要继续前进的时候，系统自动重启发动机的一套系统。只要在行驶中直接踩制动踏板，车辆完全停止大概 2s 后发动机就会自动熄火，一直踩着制动踏板，发动机就会保持关闭。只要一松开刹车踏板，或者转动方向盘，发动机又会马上自动点火，立即又可以踩油门踏板起步，整个过程都处于 D 挡状态。

自动启停系统的工作原理是，当车辆因为拥堵或者在路口停止行进，驾驶员踩下制动踏板，停车挂空挡，这时候， Start/Stop 系统自动检测：发动机空转且没有挂挡；防锁定系统的车轮转速传感器显示为零；电子电池传感器显示有足够的能量进行下一次启动。满足这三个条件后，发动机自动停止转动。而当信号灯变绿后，驾驶员踩下离合器踏板，随即就可以启动“启动停止器”，并快速地启动发动机。驾驶员挂挡，踩油门踏板，车辆快速启动。在高效的蓄电池技术和相应的发动机管理程序的支持下，自动启停系统在较低的温度下也能正常工作，只需短暂的预热过程便可激活。发动机自动启停系统连接框图如图 4-21 所示。

任务二 自动启停系统电路分析

以别克全新一代君威车型为例，该车自动启停系统电路如图 4-22 所示。

发动机控制模块（ECM）监测来自于发动机冷却液温度（ECT）传感器、车速传感器（VSS）、发动机舱盖微开开关、制动助力器真空传感器、离合器踏板位置传感器、手动变速器空挡位置开关的输入信号以及发动机转速信号，来确定自动启动和自动熄火条件。发动机控制模块也对辅助冷却液泵电动机进行控制。

变速器控制模块（TCM）监测变速器空挡安全开关的输入信号，以确定驾驶员选择的挡位。该信号通过串行数据输送给发动机控制模块，从而为自动熄火起步运算法则提供支持。

发动机冷却液温度传感器用于确定发动机的工作温度。发动机控制模块使用进气温度传

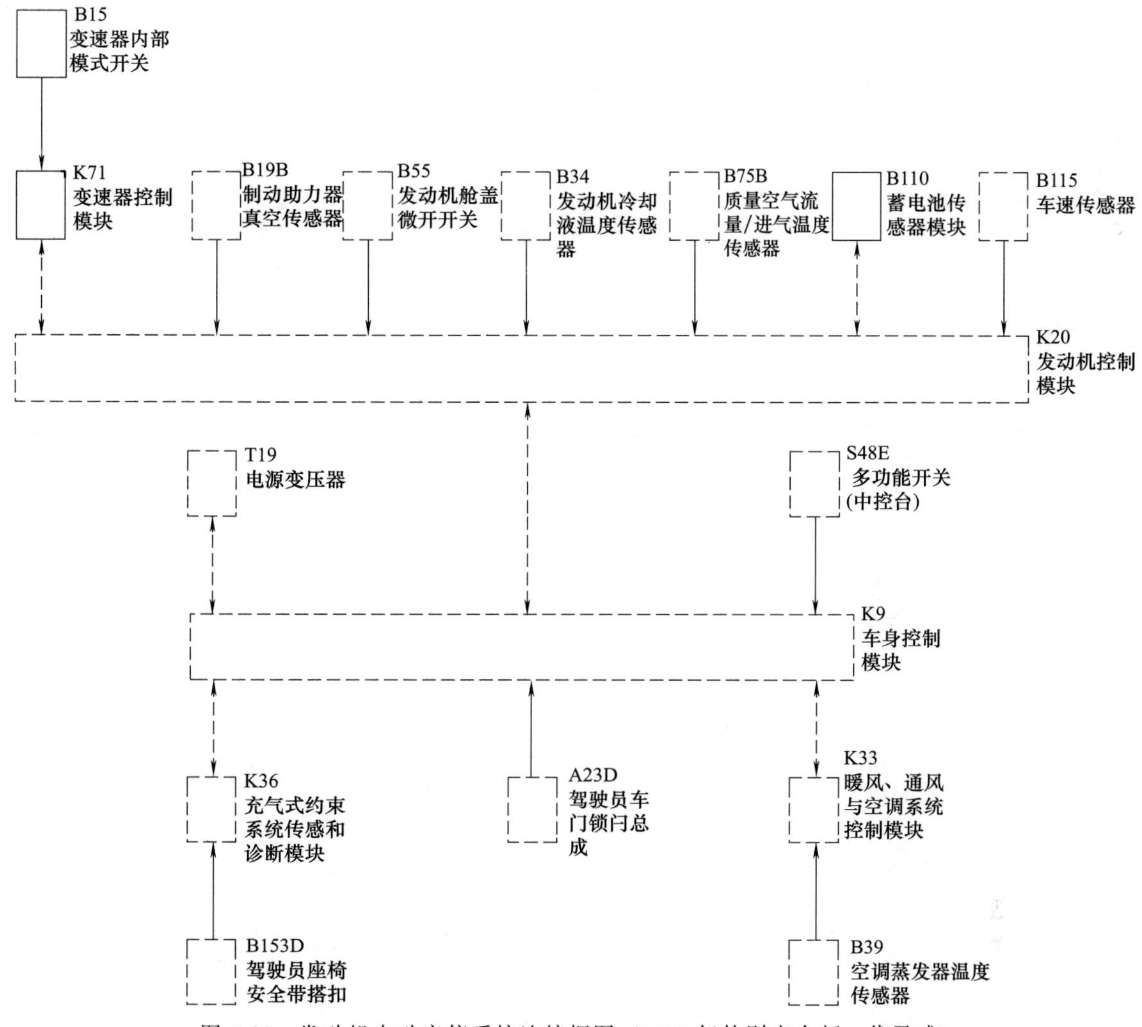

图 4-21 发动机自动启停系统连接框图（2018 年款别克全新一代君威）

感器来监测环境气温。如果温度过低，则不会启用自动熄火功能。

HVAC 控制模块监测乘客舱温度传感器来确定乘客舱内的温度。HVAC 控制模块通过数据通信电路将此温度读数传送给发动机控制模块。发动机控制模块利用该温度值来确定是否需要根据乘客舱内的温度来重新启动发动机。

车速传感器用于确定车速。如果在自动熄火的情况下检测到车速超过了计算值，发动机控制模块将启动发动机。

如果发动机舱盖开关处于打开位置，则车辆将不会自动熄火。如果在自动熄火期间发动机舱盖被打开，车辆将自动重新启动。

发动机控制模块监测真空度来确保制动踏板具有正确的动力辅助。如果发动机控制模块判定真空度过低，则将重新启动发动机。

发动机控制模块监测制动踏板位置传感器和加速踏板位置传感器，以确定每次的启用程度。当加速踏板处于静止位置且操作者未施加压力时，部分踩下制动踏板将使发动机控制模块（ECM）做好发动机自动熄火准备。车辆处于自己熄火状态中，但制动踏板位置传感器状态从符合自动熄火条件变为不符合该条件时，如果所有其他条件均允许自动启动，则发动

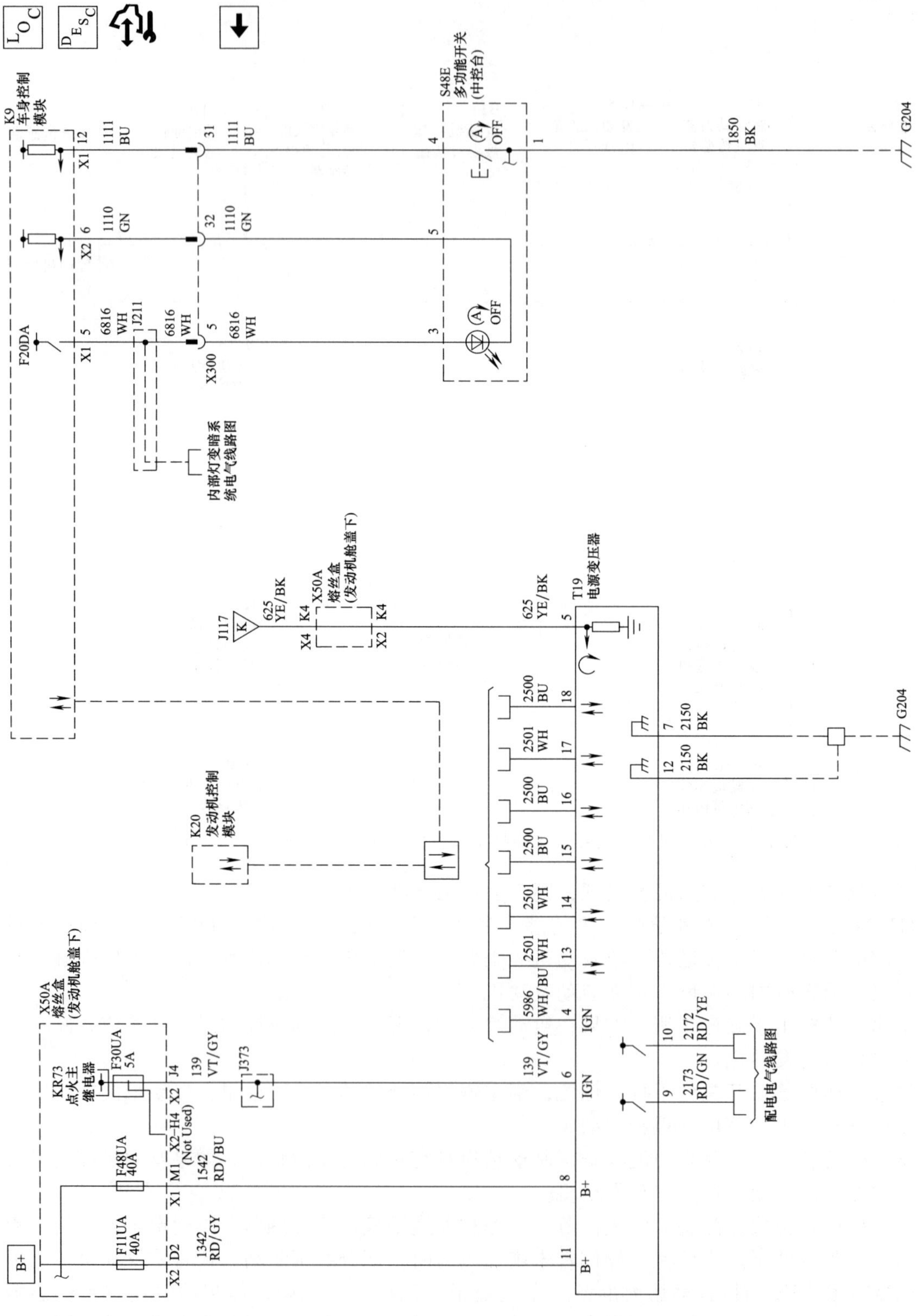

图 4-22　发动机自动启停系统电路（2018 年款别克全新一代君威）

机将重新启动。如果加速踏板从静止位置移开，若满足自动启动的所有其他条件（制动踏板位置除外），则发动机也会进行自动启动。

变速器换挡位置开关用于确定变速器是否处于适合于进行自动熄火/起步的状态。只有在制动器被接合，变速器处于前进挡位，然后车辆减速到低于允许自动熄火的最低速度以下，同时符合所有支持自动熄火的其他最低条件时，发动机控制模块才会允许自动熄火。

自动熄火期间，发动机控制模块将启用辅助冷却液泵电动机来保持发动机的工作温度以及 HVAC 系统的温度。发动机运行后，发动机控制模块将关闭冷却液泵电动机。

车身控制模块（BCM）监测 ECO（燃油经济性）开关，以启用或停用系统。车身控制模块还是低速通信总线的主控模块，将相应的信息发送给组合仪表和 HVAC 系统。

发动机控制模块（ECM）通过数据通信总线监测智能蓄电池传感器模块，以确定蓄电池的电流状态、健康状态和蓄电池充电情况。如果判定蓄电池处于不良的健康状态或电量低，发动机控制模块将不允许自动熄火。

利用 ECO（燃油经济性）开关可以更改车辆空调模式（关闭、舒适和经济）。处于舒适模式时，停车/起步操作的优先级为客户舒适性。处于经济模式时，优先级为燃油经济性。

直流/直流转换器监测蓄电池电压，并保持收音机、组合仪表和仪表板显示器的工作电压。发动机自动启动期间，直流/直流转换器将提供升高电压至敏感负载以确保驾驶员信息显示器的正确工作。

车身控制模块将在任何时候都能监测驾驶员车门开关。如果车门微开，车身控制模块将不允许发动机自动熄火，如果在发动机自动熄火期间驾驶员车门打开以及安全带解开时，车身控制模块将进行发动机自动启动。

车身控制模块将在任何时候都能监测驾驶员安全带。如果发动机自动熄火期间安全带被解开，驾驶员侧车门被打开，车身控制模块将进行发动机自动启动。

为了与发动机正常关闭的情况（发动机转速为 0）进行区分，当发动机通过停车/起步系统被关闭时，转速表指针将停在“Autostop（自动熄火）”指示图标（500r/min）上，指示发动机已被停车/起步系统关闭。一旦发动机重新启动，或 ECO（燃油经济性）按钮停用自动熄火功能后，转速表将正常工作。

任务三 自动启停系统故障诊断

故障现象 大众凌渡车型启停功能开启，正常熄火后，再自动启动，发动机后怠速过低（500r/min 左右），仪表中显示故障：发动机自动启停系统（start-stop）。

故障诊断

① 向客户了解，首先客户抱怨故障现象为，在等红绿灯时车辆启动后，加速时车辆无法正常行驶且加速无反应，同时也反映车辆在滑行过程中，发动机也会熄火。

② 在反复试车过程中终于摸到一些故障规律。在正常使用中，启停功能完全正常，发动机工作也完全正常，但若是发动机刚启停后马上起步发动车辆，则故障会出现。故障症状如下。

a. 此时起动机运转时间比平时长，好似发动机本身存在着故障一样启动困难，就算勉强启动后发动机转速维持在 500r/min 左右，此时加速行驶发动机反应迟钝，并会轻微抖动，就算勉强起步也只有挪动车辆的速度。这种情况维持 10s 左右会自动消失，但是如果此时将挡位退出到 N 挡再重新挂入 D 挡，或者手动启动车辆则故障症状就会消失。

b. 有时会听到起动机运转一下又马上停止（类似于用钥匙启动瞬间又断开那样的症状），此时发动机未着车，当再次踩下制动踏板并松开后，起动机又能恢复正常工作并启动发动机，车辆就可以恢复正常行驶。

③ 读取系统故障码，发现相关系统存在故障码，如下所示。

01 内故障码： P167E00（3BB3/15283）启／停重新启动超出最大启动时间（偶发）。

19 内故障码： U006500 信息娱乐系统 CAN 无通信（主动／静态）。

08 内故障码： U112100 数据总线丢失信息（偶发）。

03 内故障码： C10200 轮胎压力警告（被动／偶发）。

④ 按照故障车辆的故障现象分析，启停熄火后再次启动间隔时间稍微长点，则无任何故障，而只有在间隔时间过短才会出现故障，由此判断故障和启停系统本身并无关联。因为从故障现象来看，要么是车辆启动后发动机怠速过低导致无法加油，要么是起动机运转一下又马上停止，这都说明启停系统已经正常控制起动机的运转，可以不用考虑影响启停系统的蓄电池状态、水温信号、安全带等。将故障点锁定在两点：发动机启动系统存在故障导致启动异常；外部改装因素导致干扰引起系统异常。

⑤ 连接 VAS6150，进入系统读取发动机的故障码，为 P167E00——启停系统重新启动，超出最大启动时间。其余系统均无故障存在。

⑥ 考虑故障出现的时候，发动机怠速偏低（只有 500r/min 左右），怠速偏低会不会是节气门方面存在着故障呢？拆下该车的节气门并做了清洗，安装好之后再做了基本设置，上路反复按照特定的条件试车，发现故障不再出现。由此可见故障原因就是节气门方面所导致的。

故障排除　清洗节气门体。

模块五

新能源系统电路分析与诊断

项目一

高压电源系统电路

任务一 高压电源系统电路概述

1. 高压电池及其管理系统

纯电动汽车的高压电池相当于燃油车辆的燃油箱，它是电动驱动装置的蓄能器。以宝马 i3 电动汽车为例，高压电池单元由以下主要组件构成。

① 带有实际电池的电池模块。

② 电池监控电子装置。

③ 安全盒。

④ 蓄能器管理电子装置（SME）控制单元。

⑤ 带散热器或选装配置加热装置的热交换器。

⑥ 导线束。

⑦ 接口（电气、制冷剂、排气）。

⑧ 壳体和固定部件。

高压电池单元除高电压接口外还带有一个 12V 车载网络接口。此外还为集成式控制单元提供电压、总线信号、传感器信号和监控信号。为了对高压电池进行冷却，将其接入制冷剂循环回路内。

如图 5-1 所示为高压电池系统框图，从该电路图中可以看出，除汇集在 8 个电池模块内的电池本身外，宝马 i3 的高压电池单元还包括以下电气/电子部件。

① 蓄能器管理电子装置（SME）控制单元。

② 8 个电池监控电子装置［电池监控电路（CSC）］。

③ 带接触器、传感器和过电流熔丝的安全盒。

④ 电气加热装置的控制装置（选装）。

除电气组件外，高压电池单元还包括制冷剂管路、冷却通道以及电池模块的机械固定元件。

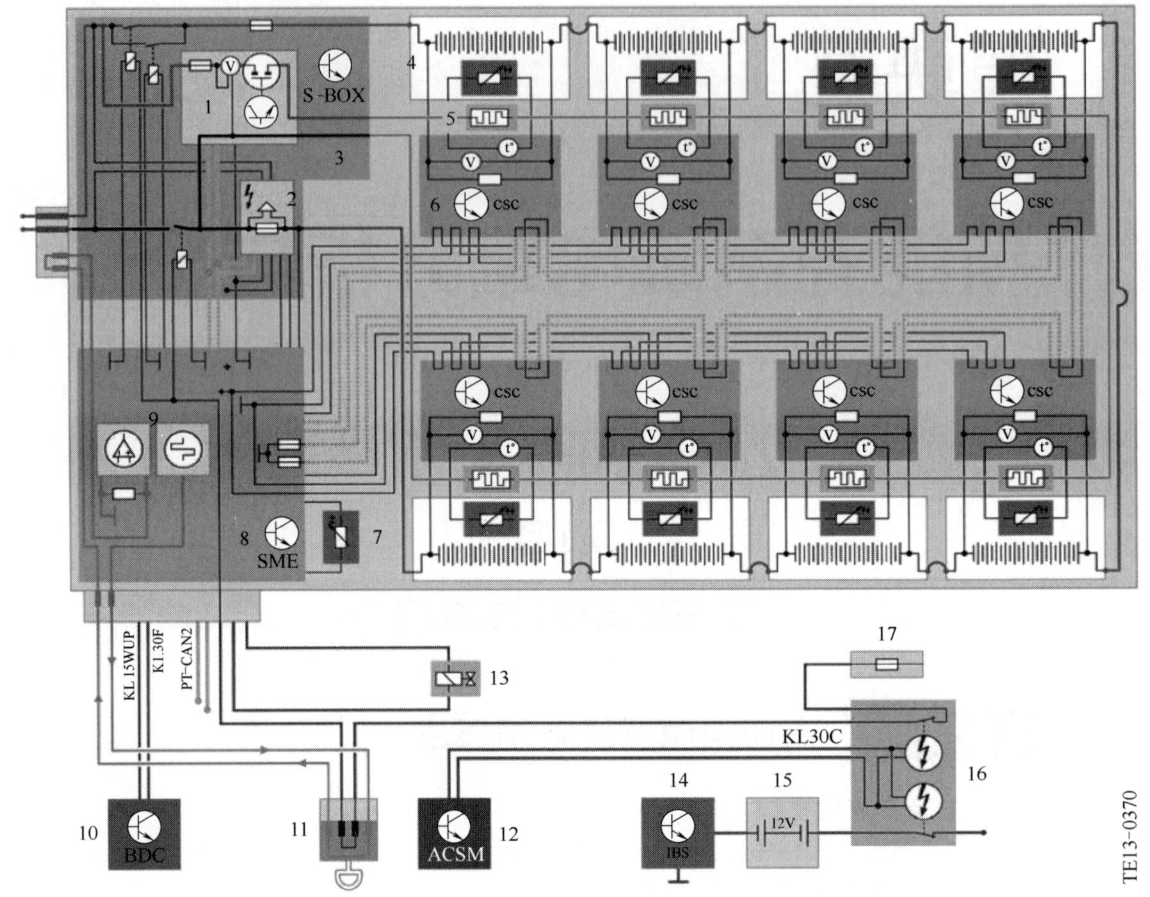

图 5-1 高压电池系统框图

1—电气加热装置的控制装置；2—用于测量高压电池单元负极导线内电流强度的传感器；3—安全盒；4—电池模块；5—电气加热装置；6—电池监控电子装置［电池监控电路（CSC）］；7—制冷剂管路温度传感器；8—蓄能器管理电子装置；9—高电压触点监控电路控制装置；10—车身域控制器；11—高电压安全插头（售后服务时断开连接）；12—用于触发安全型蓄电池接线柱的 ACSM 控制管路；13—冷却液管路截止阀；14—智能型蓄电池传感器；15—蓄电池；16—安全型蓄电池接线柱；17—前部配电盒

在宝马 i3 的高压电池单元内带有一个控制单元即蓄能器管理电子装置（SME）。SME 主要执行以下任务。

① 由电动机电子装置（EME）根据要求控制高电压系统的启动和关闭。

② 分析有关所有电池的电压和温度以及高电压电路内电流强度的测量信号。

③ 控制高压电池单元冷却系统。

④ 确定高压电池的充电状态（SOC）和老化状态（SOH）。

⑤ 确定高压电池的可用功率并根据需要对电动机电子装置提出限制请求。

⑥ 安全功能（例如电压和温度监控、高电压触点监控、绝缘监控）。

⑦ 识别出故障状态，存储故障码存储器记录并向电动机电子装置发送故障状态。

2. 高压充电系统电路

以江淮新能源车型为例，电动车辆一般具有交流充电和直流充电两种功能。其中交流充电包括充电桩充电和家用电源充电两种方式，每种充电方式均可选择 4 种充电模式，即普通充电模式、长程充电模式、长寿充电模式和低温充电模式。

交流充电控制流程：当 VCU 判断整车处于充电模式时，吸合 M/C 继电器，根据动力电池的可充电功率及车载充电机的状态，向车载充电机发送充电电流指令。同时，车载充电机吸合交流充电继电器，VCU（整车控制器）吸合系统高压正极继电器和高压负极继电器，动力电池开始充电。交流充电控制流程如图 5-2 所示。

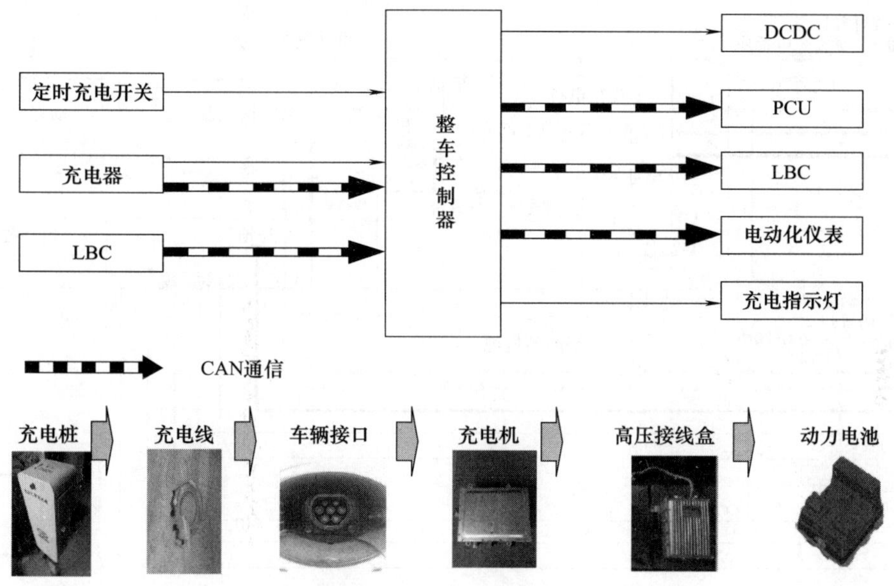

图 5-2 交流充电控制流程

直流充电控制流程：当直流充电设备接口连接到整车直流充电口时，直流充电设备发送充电唤醒信号给 VCU，VCU 吸合 M/C 继电器，根据动力电池的可充电功率及车载充电机的状态，向直流充电设备发送充电电流指令。同时，VCU 吸合直流充电继电器、系统高压正极继电器和高压负极继电器，动力电池开始充电。直流充电控制流程如图 5-3 所示。

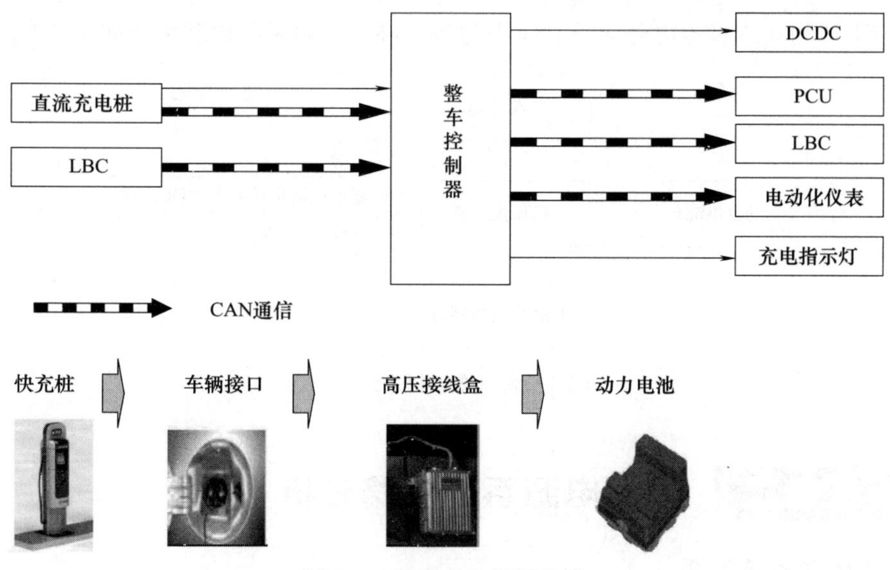

图 5-3 直流充电控制流程

车载充电器将外部交流电转换成直流电给动力电池充电。充电时，车载充电机根据VCU的指令确定充电模式。

车载充电机内部有滤波装置，可以抑制交流电网波动对车载充电机的干扰。高压接线盒接收车载充电机或直流充电桩的电能，并输送给动力电池总成，高压接线盒内部有交流充电熔丝、直流充电熔丝、直流充电继电器。电动汽车充电系统原理框图如图5-4所示。

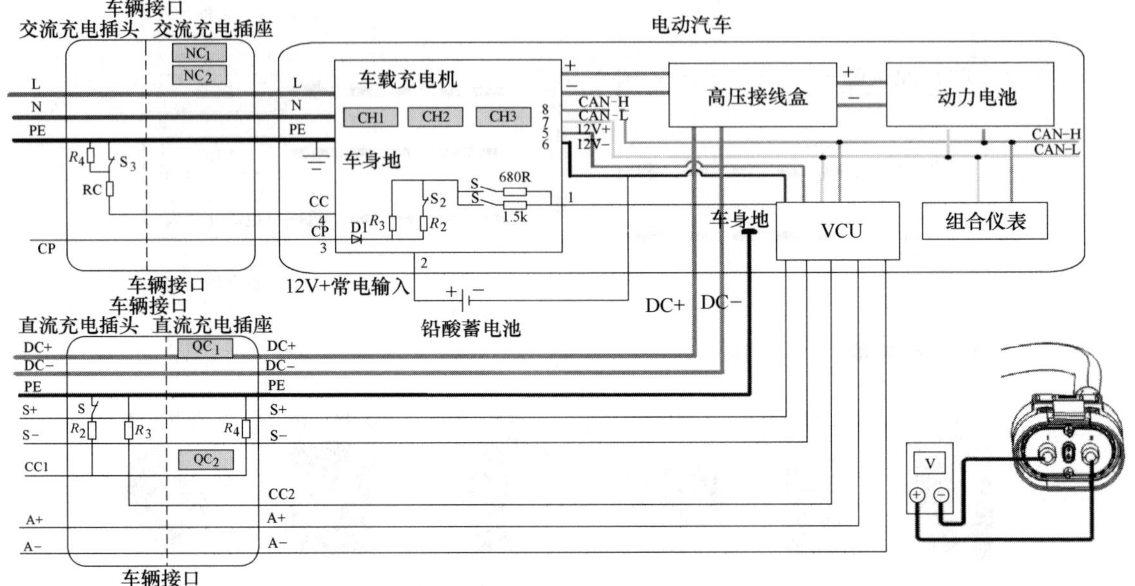

图5-4 电动汽车充电系统原理框图（江淮新能源iEV系列车型）

3. 高压配电系统电路

电动汽车的高压配电系统具体到总成部件就是高压配电箱或分流器。以比亚迪秦车型为例，这个系统的主要作用就是将电池包的高压直流电分配给整车高压电器使用，其上游是高压电池包，下游包括驱动电动机控制器及DC总成、PTC水加热器、电动压缩机、漏电传感器，也将车载充电器的高压直流电分配给高压电池包。高压配电系统原理框图如图5-5所示。

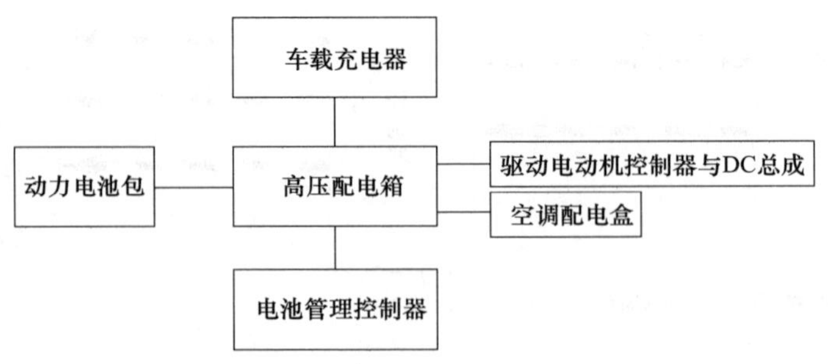

图5-5 高压配电系统原理框图

任务二 高压电源系统电路分析

1. 高压电池系统电路

电池管理系统（BMS）通过采集的电池包内部各个模块电芯的电压、温度以及母线电流等信息，评估电池包状态，实时估算电池包剩余电量、纯电续驶剩余里程、寿命状态等，管理车载充电与非车载充电，向整车控制器提供电池包信息，响应整车高压回路通断命令，从而给整车提供能源。

电气分配单元（EDM）通过主正、主负、快充、慢充和预充继电器控制电池包所有的高压电路输出，同时 EDM 具有预充功能和电流冗余检测（莱姆电流传感器）功能。手动维修开关（MSD）用于紧急情况或维修高压部件时，断开电池包高压输出。电池采用自然冷却或水冷冷却方式。

以 2019 年款荣威 Ei5 电动汽车为例，其高压电池系统电路如图 5-6 所示。

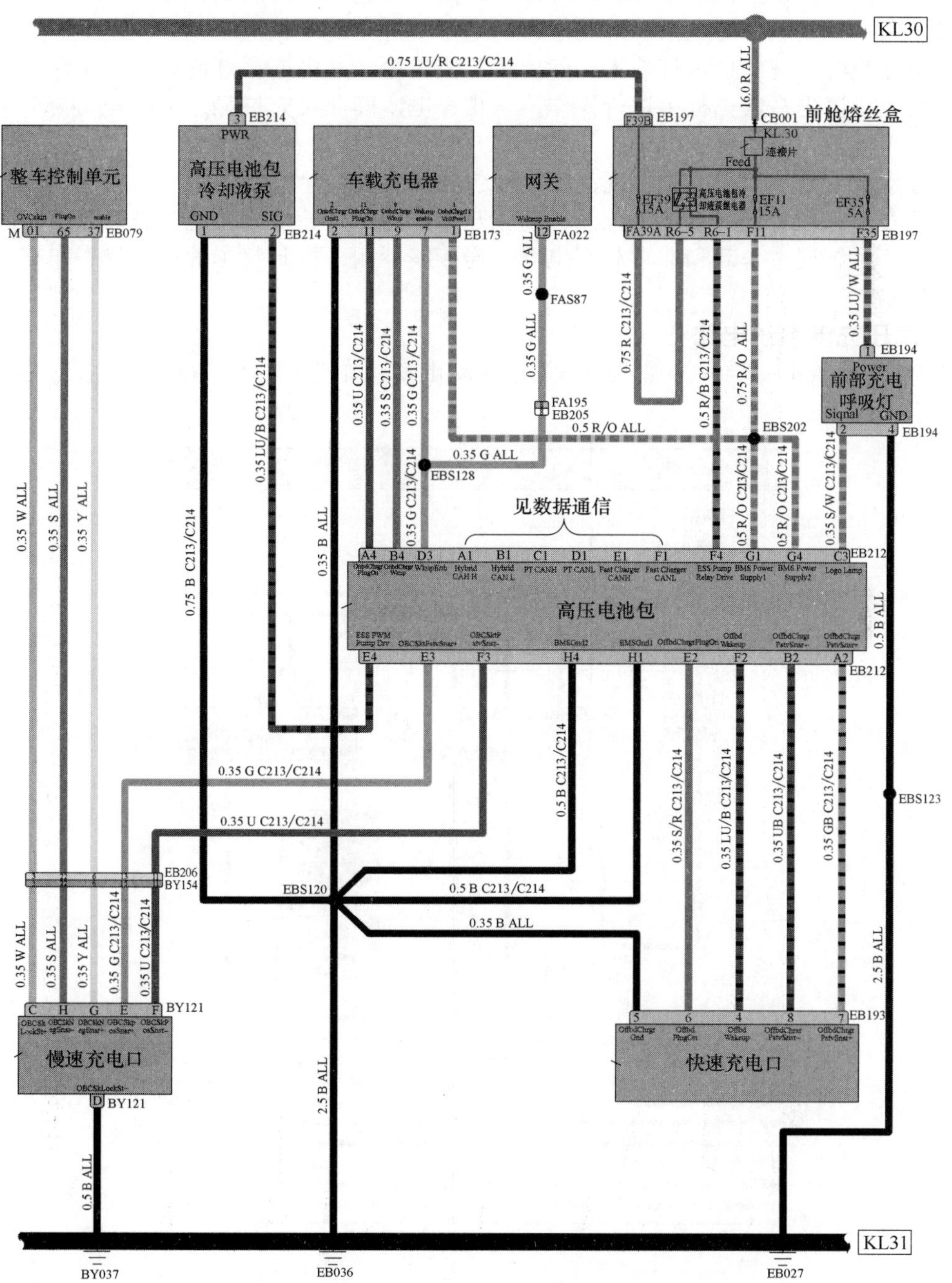

图 5-6　高压电池系统电路（2019 年款荣威 Ei5 电动汽车）

高压电池包通过两路独立的CAN网络，分别与整车和车载充电器通信。提供高压电池包的状态给整车控制器，通过不同高压继电器的通断，实现各个高压回路的通断，使其实现充放电管理和高压电池包电池状态的指示。

车载充电管理使用交流充电（慢充）接口，通过车载充电器为高压电池包进行充电，并提供预约充电功能。

非车载充电管理支持GB/T 27930—2011和GB/T 27930—2015两种国标的快充桩，不支持其他企业标准或国外标准的快充桩。车辆停止后，挂P挡，插入快充枪，充电连接灯亮起，完成快充桩设置，电池管理系统开始与快充桩进行连接确认、通信、闭合继电器，充电桩开始向车辆充电，充电指示灯亮起，充电呼吸灯亮起。充电完成后，充电桩显示充电结束，充电呼吸灯、充电指示灯熄灭，然后拔下快充枪，充电连接灯熄灭。在充电过程中，若想终止充电，请先在快充桩上进行操作，终止充电，确保快充桩显示充电电流降到0，充电结束后，再拔枪，以免发生危险。

通过水冷或自然冷却方式实现高压电池包的热管理。

高压安全管理实现绝缘电阻检测，高压互锁检测，碰撞检测功能，具备故障检测管理及处理机制。系统通过车载和非车载充电器的连接线检测，控制整车的充电状态和充电连接状态灯的指示。

2. 高压充电系统电路

以2019年款丰田卡罗拉-雷凌e+插电混动电动汽车为例，该车高压电池充电系统电路如图5-7所示。

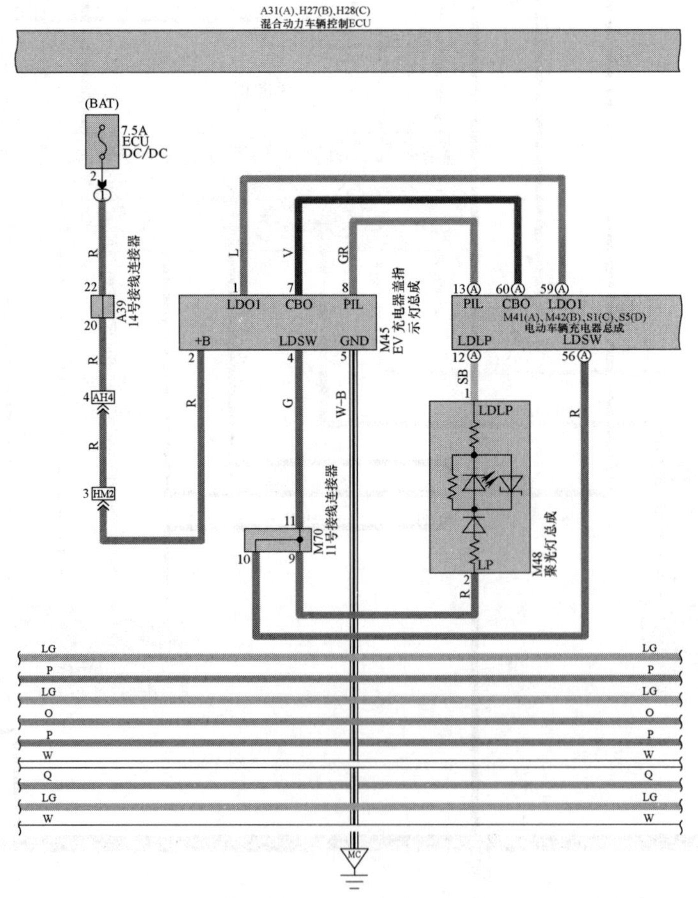

A31(A)、H27(B)、H28(C)
混合动力车辆控制ECU
CHEN
(BAT)
30A AMD2
M43
电动车辆充电器总成
FANB FTLS FANG FCTL
M41(A)、M42(B)、S1(C)、S5(D)
电动车辆充电器总成
AMD2
CHEN
CA1H CA1L CA4H CA4L
PTMS
DCHG
DCHB
(屏蔽)
SW+
E
H13
燃油控制开关
H51
3号接线连接器

A31(A)、H27(B)、H28(C)
混合动力车辆控制ECU
*3:带滑动天窗
*4:不带滑动天窗

M41(A)、M42(B)、S1(C)、S5(D)
电动车辆充电器总成
IGCT CPLT PISW ACIC ACIH TIL1 TIL2
(屏蔽)
A39
14号接线连接器
g1(A), g2(B)
交流充电器插孔电缆
ACIC ACIH
PISW CPLT GND
热敏电阻

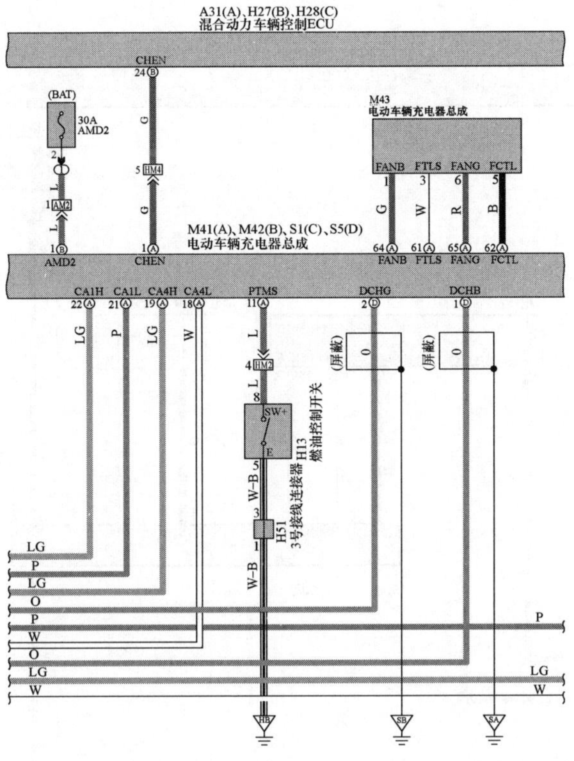

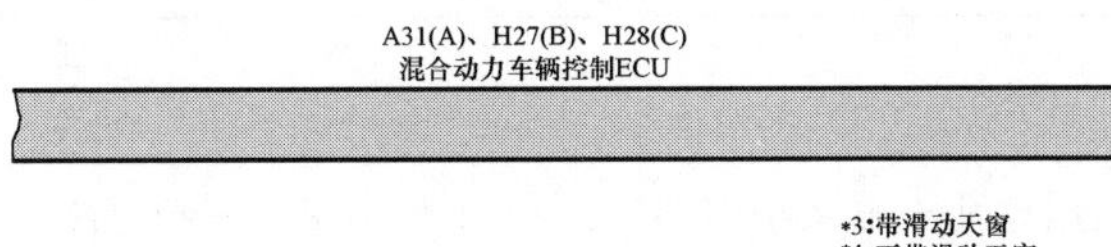

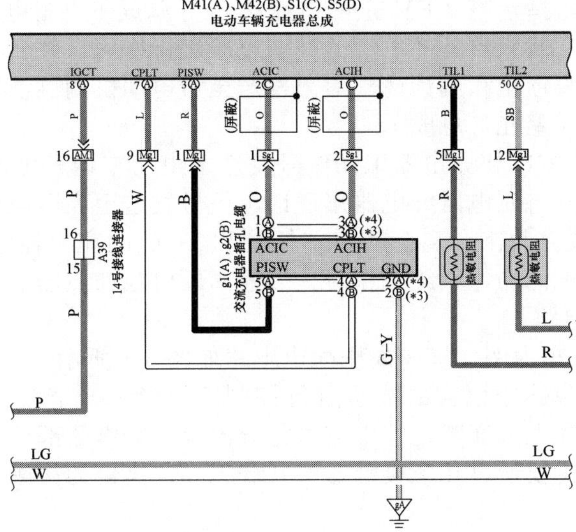

图 5-7

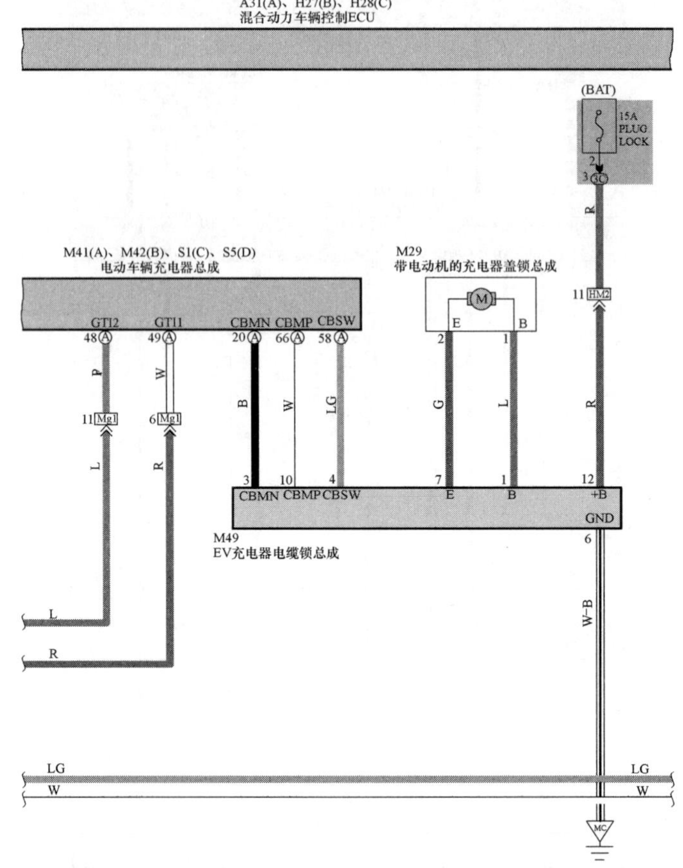

图 5-7 高压电池充电系统电路（2019 年款丰田卡罗拉-雷凌 e+车型）

充电系统工作时，充电器总成与充电电缆或插电式充电器进行通信，并将充电电流、电压等信号发送至混合动力车辆控制 ECU。根据混合动力车辆控制 ECU 发送的信号进行插电式充电，点亮或闪烁充电指示灯（EV 充电口盖指示灯总成）。充电时，通过副 DC/DC 转换器向辅助蓄电池供电。对来自外部电源的交流电压进行增压，并将其转换为直流电以对高压电池充电。充电总成将锁止和解锁请求信号发送至带电动机的燃油加注口盖锁总成，充电时点亮充电口盖照明灯（聚光灯总成）。

混合动力车辆控制 ECU 将充电器工作信号发送至电动车辆充电器总成，接收来自充电总成的充电许可信号，并将充电器继电器接通请求信号发送至高压电池 ECU 总成。

高压电池 ECU 总成接收来自混合动力车辆控制 ECU 的充电器继电器接通请求信号，并接通充电继电器。蓄电池加热系统工作时，接通高压电池加热器继电器。

3. 高压配电系统电路

以比亚迪 e6 电动汽车为例，该车高压配电电路如图 5-8 所示。

通过配电箱对电池包体中巨大的能量进行控制，相当于一个大型的电闸，通过接触器（继电器）的吸合来控制电流通断，将电流进行分流等。关键零部件为接触器，为了控制如此大的电流通过整车，需要通过几个接触器的并联工作，这也为接触器工作一致性和可靠性提出了苛刻的要求。

比亚迪 e6 整车高压用电都是高压配电箱进行分配的。电池管理器内也存在高压电。

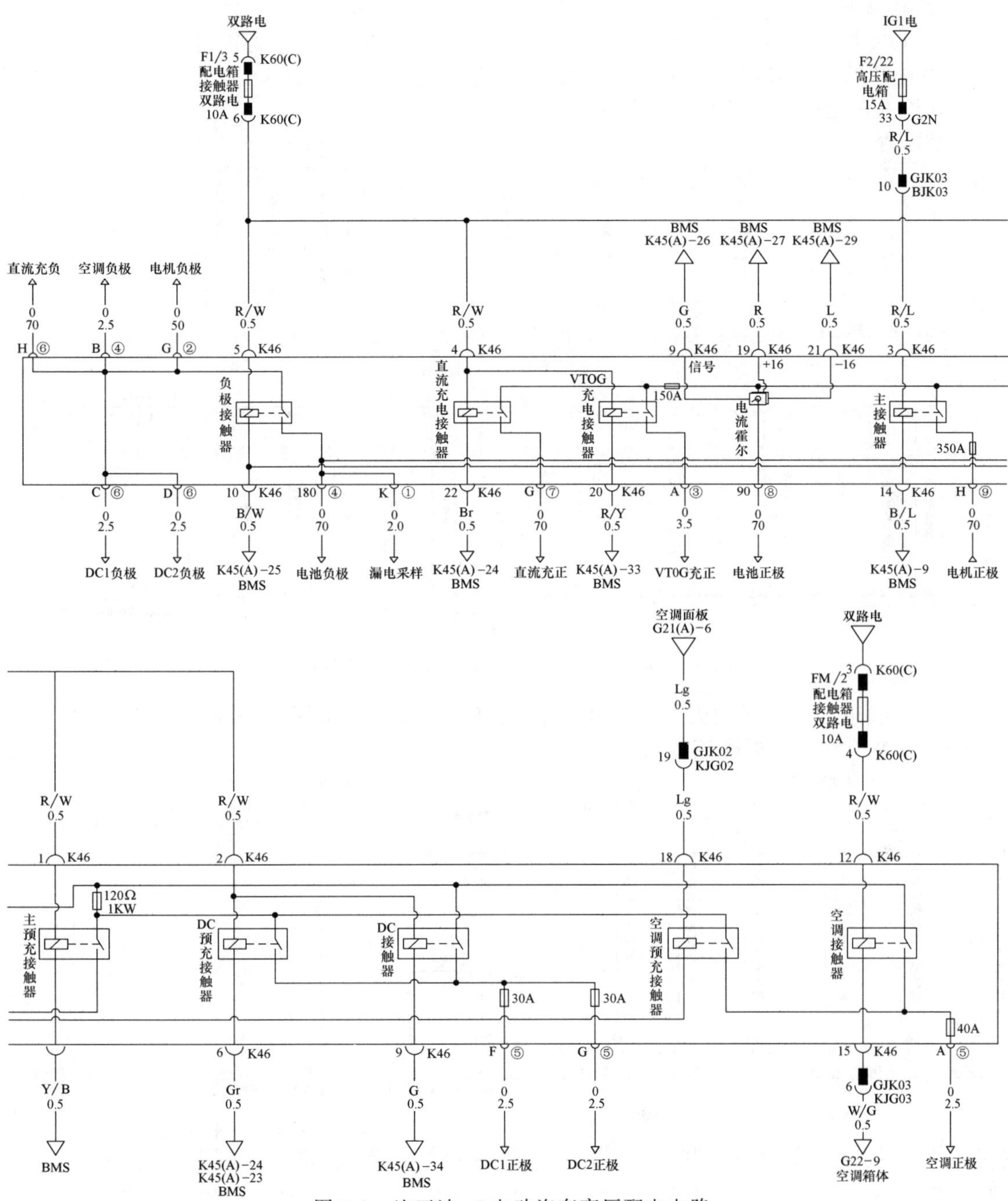

图 5-8 比亚迪 e6 电动汽车高压配电电路

任务三 高压电源系统故障诊断

1. 高压电池系统故障

故障现象 比亚迪唐 DM 车辆无 EV 模式，动力电池管理器报 BIC1-16CAN 通信超时故障。

故障诊断

① 车辆上 ON 挡电，先清除故障码，然后下 OFF 挡电，断开低压铁电池后重新上电。

② 故障码重现，先检查驾驶员座椅下方电池包低压接插件是否正常。

③ 上 ON 挡电时，检测电池包到管理器之间的线束 BIC 供电是否正常。

a. 检查管理器端 K158-6、K158-7 对地电压是否约为 12V，其电路如图 5-9 所示。若不正常，则检查电池管理器低压供电是否正常。

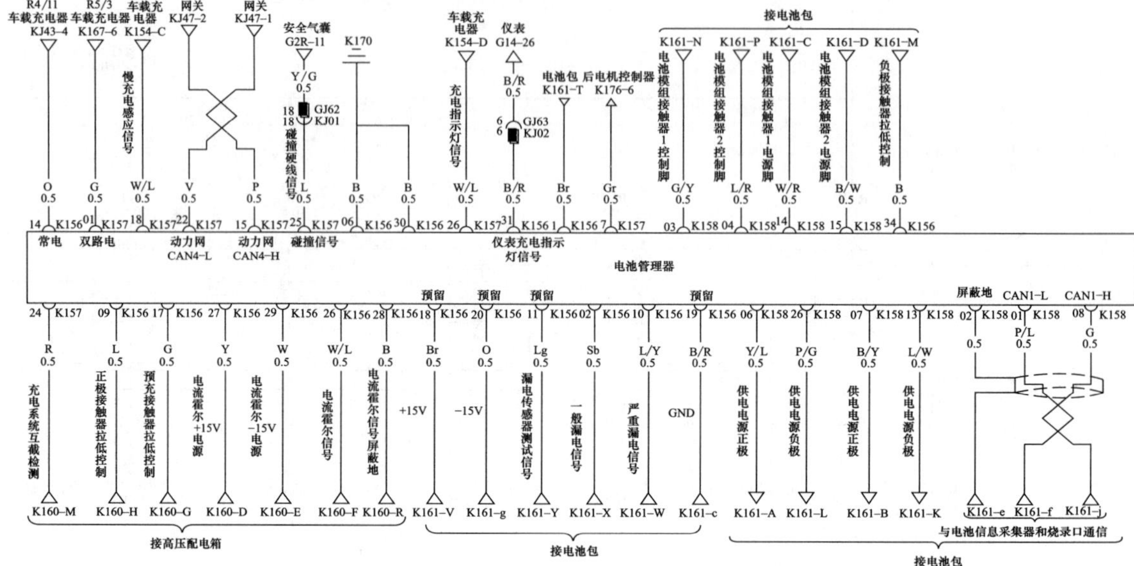

图 5-9 高压电池管理器电路（比亚迪唐 DM）

b. 检查线束端（采样线束母端） K161-A、K161-B 对地电压是否约为 12V，其电路见图 5-10。若不正常，则更换该线束。

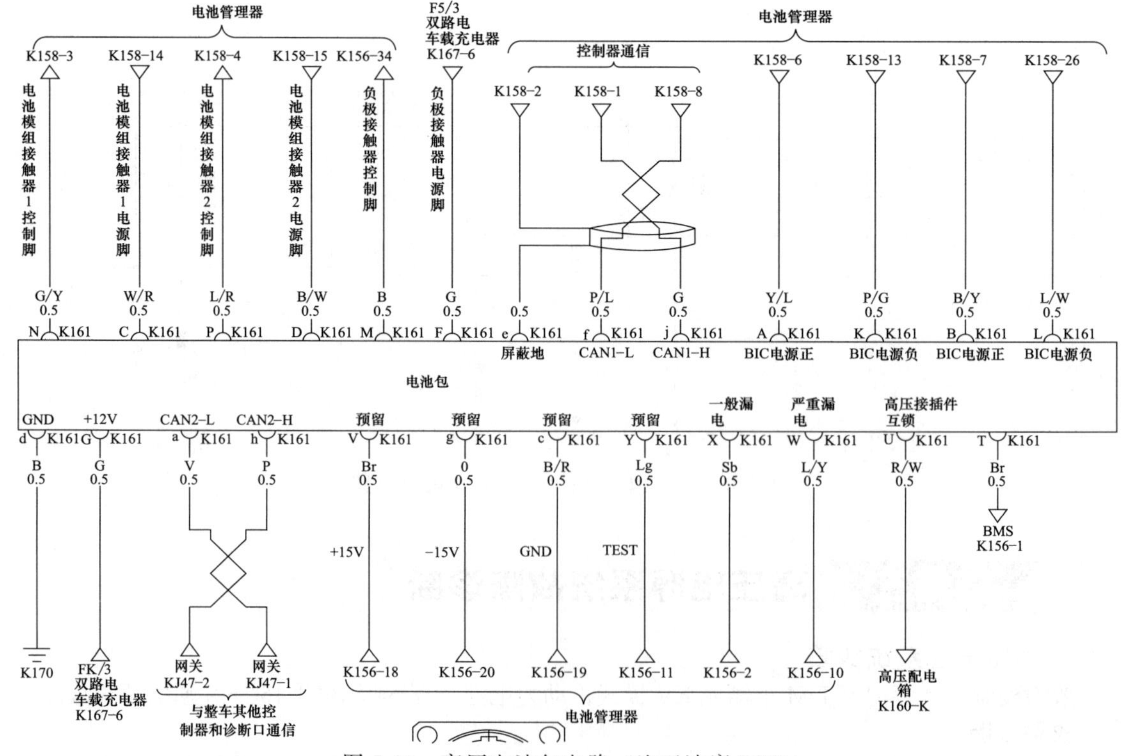

图 5-10 高压电池包电路（比亚迪唐 DM）

④ 若以上电压均正常，需要检查 CAN 线，上 ON 挡电时测量 K161-f 对地电压是否为 1.5～2.5V，K161-j 对地电压是否为 2.5～3.5V。若不正常，则测量与 K158 之间端子导通电阻是否＜1Ω，不符合则更换该线束，符合则更换 BMS 测试。

⑤ 测量 BIC 的 CAN 终端电阻（采样线公端），K161-f 与 K161-j 阻值为 120Ω 左右；CAN-H/L 与屏蔽电阻，K161-f/K161-j 与 K161-e 应大于 1MΩ（1000V DC）。

⑥ 对车辆测量，以上均正常，并替换 BMS 无法排除故障，确认为动力电池包内部 CAN 网络故障，更换动力电池包后故障排除。

故障排除 更换动力电池包。

2. 高压充电系统故障

案例一 直流充电故障。

故障现象 比亚迪 e5 车型在直流充电桩上无法充电，显示启动充电未能成功，尝试更换多个充电桩也无法充电，车辆使用交流充电桩充电时正常。

故障诊断

① 插充电枪后仪表只有充电连接指示灯亮，再无其他充电的相关信息，充电桩上显示充电启动未能成功，但交流可以充电，由此可以判定电池管理器能正常工作，故障应该在直流充电过程中涉及的元器件或线束。

② 由于进行充电时充电连接指示灯点亮，充电桩上却显示充电未能成功启动，所以将故障定位于充电过程中的 CAN 线信息交互失败。

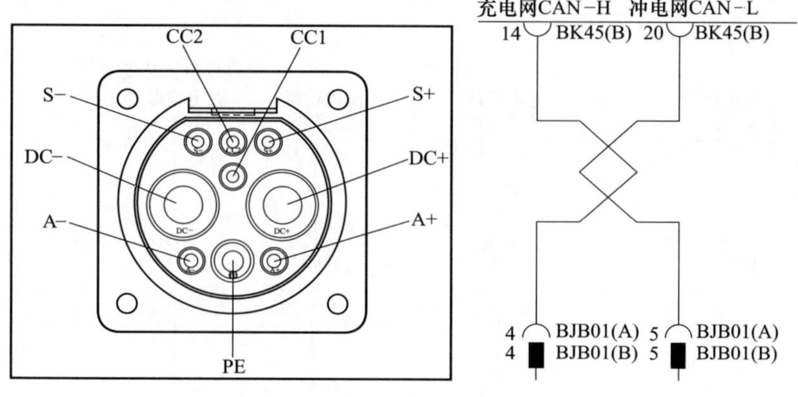

图 5-11 充电连接线路

③ 插上充电枪充电，测量电池管理器 BK45（B）接插件的 14 号针脚无电压，测量 20 号针脚电压为 2.9V，CAN 线电压正常时应为 2.5V 左右，测量电池管理器 BK45（B）接插件的 14 号针脚到充电口 S－端子不导通，电池管理器 BK45（B）接插件的 20 号针脚到充电口 S＋端子导通正常。充电连接线路如图 5-11 所示。

④ 测量充电口的 S－端和 S＋端到前舱线束 BJB01（B）接插件 4 号端子和 5 号端子都导通正常，可以排除直流充电口故障。

⑤ 再测量前舱线束 BJB01（A）-5 号端子到电池管理器 BK45（B）-20 号端子导通正常，BJB01（A）-4 号端子和电池管理器 BK45（B）-14 号端子不导通，判定为该线束断路故障导致，更换前舱线束后故障排除。

故障排除 更换前舱线束。

专家点评 此次故障维修需要非常了解整个直流充电的过程才能在有限的信息下做出正确的判断。

直流充电流程分析：插枪后充电柜检测到 CC1-1 千欧电阻后确认枪插好，直流充电柜控制吸合直流充电继电器，电池管理器得到双路电可以工作，车辆检测到 CC2-1 千欧电阻后确认充电柜连接正常，电池管理器控制点亮仪表充电连接指示灯并与直流充电柜进行 CAN 通信，通信无异常后，直流充电柜输出高压电为车辆充电。

根据直流充电流程，该车辆电池管理器已经控制点亮仪表充电连接指示灯，说明 CC1、CC2 已经完成通信，判断为 CAN 通信未完成，怀疑 CAN 线路或充电口故障导致。

在维修新能源车辆时经常会遇到故障码 U02A200——与主动泄放模块通信故障。该故障码形成原因是：每次高压上电不成功或者充电不成功时，电池管理器内就会报与主动泄放模块通信故障，所以维修时不能根据此故障码来确定故障点。

案例二 交流充电故障。

故障现象 比亚迪 e5 车辆无法交流充电，仪表一直显示充电连接中，但可以上 OK 挡电正常行驶。

故障诊断

① 使用交流充电盒、单相壁挂式充电盒都一样，仪表一直显示充电连接中。

② 如果仪表显示充电连接中，则说明充电设备和整车还没有交互完成。

③ BMS 数据流中显示有充电感应信号（交流），说明 CC 信号正常。

④ VTOG 数据流中 CP 占空比信号一直是 0%，说明 CP 信号不正常。

⑤ 测量交流充电口 CP 针脚与 VTOG 的 64pin 接插件 CP 针脚导通性，发现不导通，仔细检查发现 BJB01 的 12 号针脚退针，检修后试车，故障排除。比亚迪 e5 汽车交流充电接口电路如图 5-12 所示。

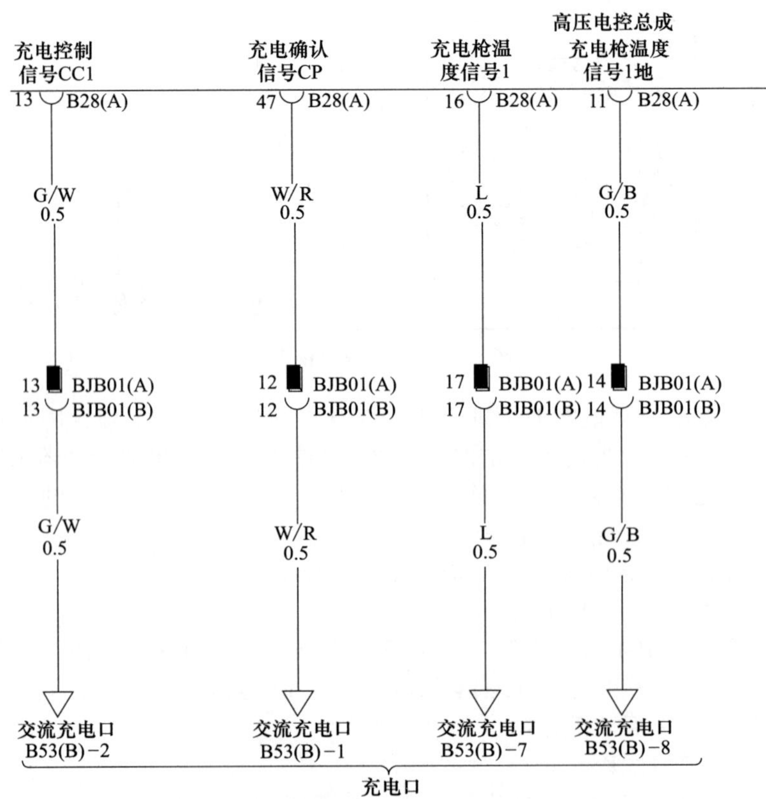

图 5-12 比亚迪 e5 汽车交流充电接口电路

故障排除 修复接插件受损端子。

专家点评 处理此类故障，需要掌握充电控制流程。

VTOG 充电流程如下：将交流充电枪插入充电口，VTOG 检测插枪信号（即 CC 信号）后，给 BCM 发出充电连接信号。BCM 控制双路电继电器吸合， BMS 与 VTOG 获得双路电。VTOG 检测 CP 信号， BMS 接收到充电感应信号后自检（无故障），BMS 控制电池包内接触器和预充接触器吸合进行预充（预充完成后，吸合交流充电接触器，断开预充接触器），VTOG 检测到动力电池包的反灌电压后控制交流充电桩输出交流电（给 VTOG），进行充电。

3. 高压配电系统故障

故障现象 比亚迪 e6 车辆启动后 OK 灯不能正常点亮，无法行驶，随后仪表报“请检查动力系统”故障，车辆无法正常充电。读取电池管理器故障码：P1A5400——一般漏电故障；P1AA100——主预充失败；P1AA200——DC 预充失败。

故障诊断

① 根据电池管理器故障码并按照高压上电流程上 OK 挡电分析，由 MICU 发送启动命令后通过网关控制器，然后至电池管理器和 VTOG 控制器。电池管理器得电收到报文后控制负极接触器吸合，同时电池管理器将进行自检，自检完毕无异常后，吸合预充接触器。电池管理器根据 VTOG 反馈信号，判断预充是否完成，完成后吸合主接触器，OK 灯点亮。分析该车 OK 灯不点亮的原因为预充失败导致主接触器未吸合。

② 打开高压配电箱后准备测量其预充电压，测量发现 150A 充电保险已熔断。更换 150A 充电保险，启动车辆后 OK 灯点亮，重新关闭，再次启动车辆后，OK 灯又无法点亮，测量发现充电保险再次熔断。

③ 充电保险二次熔断，怀疑为 VTOG 控制器内部短路故障导致，更换充电保险和 VTOG 控制器后启动车辆，第一次启动 OK 灯点亮，然后 2s 后又熄灭。再次启动，OK 灯能正常点亮，反复启动测试，启动正常。车辆熄火等待一段时间后，第一次启动 OK 灯还是点亮 2s 后熄灭，仪表显示“请检查动力系统”，再次启动， OK 灯正常点亮，车辆恢复正常。测试交流充电也是插枪后第一次充电不成功，拔枪后再次充电正常。

④ 掌握了故障发生规律， OK 灯不能点亮时读取电池管理器故障码为 P1AA100——主预充失败，读取 VTOG 控制器内报故障码 P1B0400——驱动过压保护故障。读取数据流发现启动车辆时动力电机母线电压瞬间达到 420V，读取电池管理器数据流电池包总电压为 306V。

⑤ 分析电池包总电压才为 306V，动力电动机母线电压能达到 418V，可能原因有 VTOG 控制器自检错误，因刚更换新 VTOG 控制器，所以排除 VTOG 故障。为进一步判定是否是 VTOG 控制器自检错误，打开高压配电箱，测量从电池包正极端到主接触器输入端电压为 308V。从主接触器到 VTOG 控制器正极输出端电压为 433V，如图 5-13 所示，排除 VTOG 控制器故障。

⑥ 因从主接触器输入端电压正常，主接触器输出端电压高（异常），仔细分析高压配电箱高压上电流程和充电流程，根据故障现象，每次第一次启动车辆主接触器不能正常吸合和交流充电第一次不成功，怀疑为主接触器或交流充电接触器故障。测量主接触器，吸合正常；测量交流充电接触器，发现该接触器一直处于导通状态，该交流充电接触器与 VTOG 交流充电正极母线处于导通状态，从而导致预充异常。因查询高压配电箱分件更换通知内无该备件，更换高压配电箱总成后故障排除。

故障排除 更换高压配电箱总成。

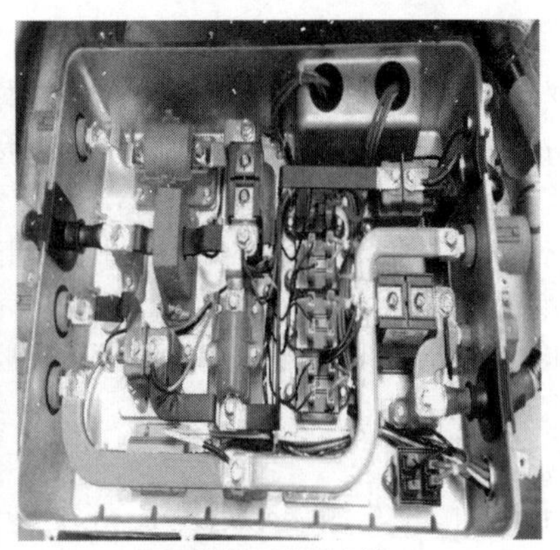

(a) 正极输出端测量电压　　(b) 高压配电箱内部

图 5-13　高压分配箱检修图示

项目二

动力驱动系统电路

任务一　动力驱动系统电路概述

不同的汽车厂商对电动机驱动系统的称呼不一样，在北汽新能源车型中，这个系统叫MCU（驱动电动机控制器）或PEU（动力电子单元），在上汽荣威、名爵等车型叫PEB（电力电子箱），一般情况下称为电动机控制器。这里以北汽新能源车型为例，图5-14所示为动力驱动系统原理框图。驱动电动机系统的控制中心，又称智能功率模块，以IGBT（绝缘栅双极型晶体管）模块为核心，辅以驱动集成电路、主控集成电路。

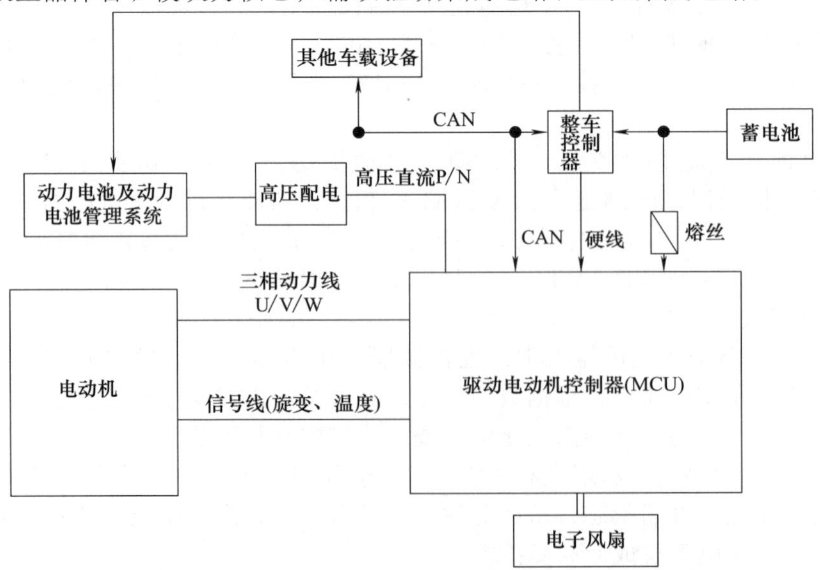

图 5-14　动力驱动系统原理框图（北汽新能源 EC3 车型）

对所有的输入信号进行处理，并将驱动电动机控制系统运行状态的信息通过 CAN 网络进行共享发送。驱动电动机控制器内含故障诊断电路。当诊断出异常时，它将会激活一个错误代码，发送给组合仪表，同时也会存储该故障码和数据。

任务二 动力驱动系统电路分析

电动机控制系统主要由电动机控制器及驱动电动机组成。电动机控制系统是车辆控制的直接参与机构，其实现了电能到机械能的转换。其主要功能如下：扭矩解析，实现整车驱动；对自身进行故障诊断和标定的功能；电动机转速及工作温度的测量；由驱动电路、功率电路、诊断电路、电源电路等组成。

电动机控制器采用脉宽调制技术，根据车辆控制器的扭矩命令，控制功率电路中电力电子元器件的关断，将动力电池的高压直流电转换为交流电，从而驱使驱动电动机工作。

在能量回收和发电机工况时，会将三相交流电转换成直流电，用于给高压蓄电池充电。

电动机控制器采集驱动电动机中旋转变压器的信号，计算出电动机的转速，通过 CAN 传递给车辆控制器。

电动机控制器通过温度传感器采集驱动电动机及自身的工作温度，通过 CAN 传递给车辆控制器。

电动汽车启动前，需对电动机控制系统进行预充电。预充电可减小高电压对电动机控制系统的冲击。点火开关旋到“ON”挡， BMS 接收到“ON”信号，开始自检。BMS 自检无故障后，预充电接触器闭合，电动机控制器高压直流端得电。若在 3s 内，电动机控制器内部高压直流端电压与高压直流母线电压差小于 8V，则判断预充电完成。组合仪表上的“READY”指示灯点亮。否则，预充电失败。预充电失败，无法启动车辆，整车故障报警灯点亮。

电池管理系统判断预充电成功后，控制主正极接触器与主负极接触器闭合，电动机控制器、分线盒输入端得电。

电动汽车一般采用三相交流异步电动机作为驱动电动机，其分定子、转子两部分，当三相交流电流流入异步电动机定子绕组中时，产生交流旋转磁场，旋转磁场切割转子导条，从而在转子导条中产生感应电流，载流的转子导条在定子旋转磁场中受洛伦兹力作用，从而形成电磁转矩，驱动电动机转子旋转。电动机端部安装有旋转变压器，通过磁场变化产生信号电压，经编码器解码后得到电动机转速。

电动机控制器检测电动机的温度、磁极位置及转速，并将电动机与自身运行状态通过 CAN 线传递给车辆控制器，车辆控制器综合车辆各种信号通过 CAN 线控制电动机控制器工作，将动力电池的高压直流电转换为三相交流电控制车辆的运行。如图 5-15 所示为众泰芝麻电动汽车电动机驱动系统电路。

任务三 动力驱动系统故障诊断

故障案例一

故障现象 比亚迪唐车型仪表提示“请检查动力系统，请检查车辆网络”。

故障诊断

① 启动发动机怠速，车凉时正常，但车热后仪表出现“请检查动力系统，请检查车辆网络”。

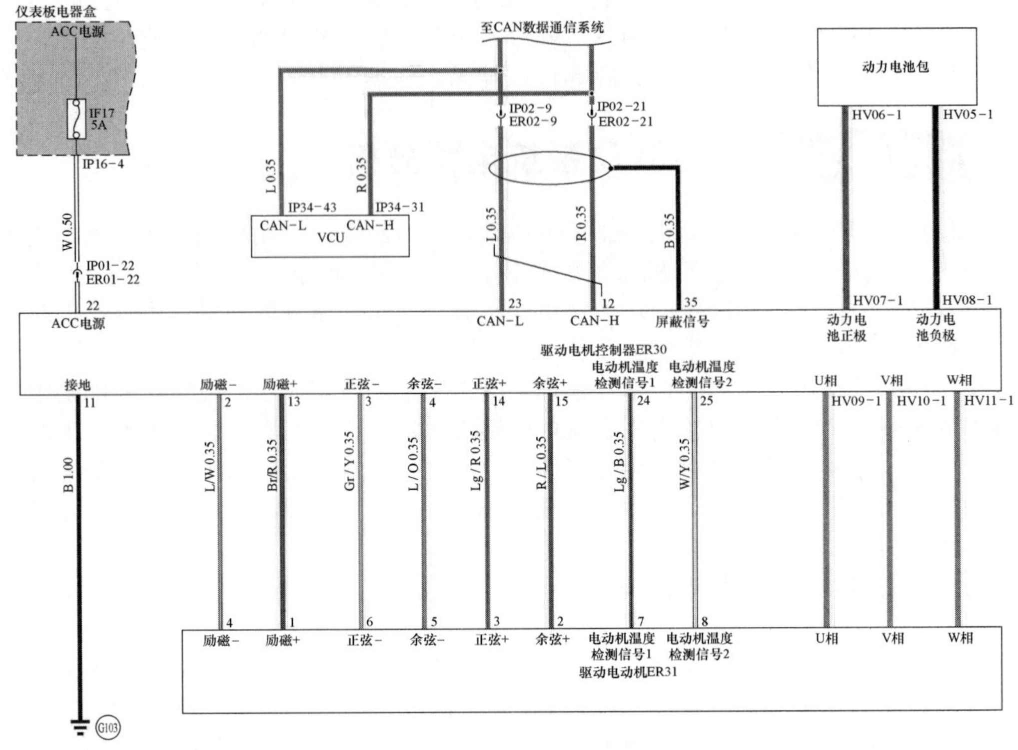

图 5-15 电动汽车电动机驱动系统电路（众泰芝麻电动汽车）

② 用 VDS1000 读取电池管理器，故障码为 U011000——与电动机控制器失去通信故障。读取后驱动电动机控制器，故障码为 P1C0D00——与前驱动电动机失去通信故障，在扫描过程中前驱动电动机控制器不存在。

③ 热车出现故障时在诊断口测量动力网 12 号 CAN-H 电压为 2.61V，13 号 CAN-L 电压为 2.38V，阻值为 62.2Ω。ECM 网 9 号 CAN-H 电压为 2.53V，10 号 CAN-L 电压为 2.15V，阻值为 61.7Ω。ESC 网 6 号 CAN-H 电压为 2.62V，14 号 CAN-L 电压为 2.36V，阻值为 61Ω。网络总线连接电路见图 5-16。

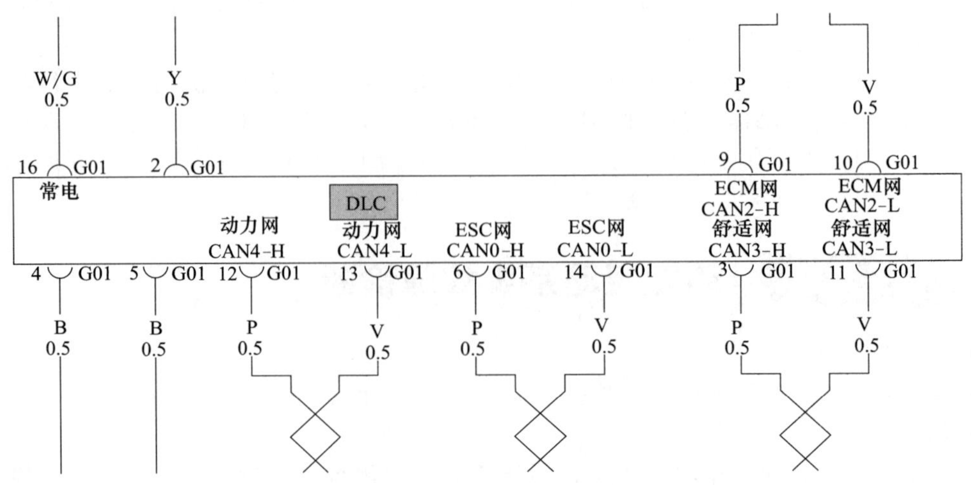

图 5-16 网络总线连接电路

④ 故障出现时断开前驱动电动机控制器插接件，测量 ECM 网驱动电动机控制器 CAN-H B51-37 电压为 2.22V（故障时有时电压为 4.84V），CAN-L B51-36 电压为 2.34V（故障时有时电压为 4.42V），ECM 网 DC/DC CAN-H B51-1 电压为 2.71V（故障时有时电压为 4.84V），B51-16CAN-L 电压为 2.34V（故障时有时电压为 4.42V）。测量 B51-18 DC 双路电源电压为 13.13V，B51-3 DC 双路电压为 13.13V，B51-2、B51-17＃DC 电源（地）正常，B51-59/61 电源（地）正常，测量 B51-62/60 有 13.13V 电压。驱动电动机与 DC 总成控制器网络总线电路如图 5-17 所示。驱动电机控制器连接电路如图 5-18 所示。

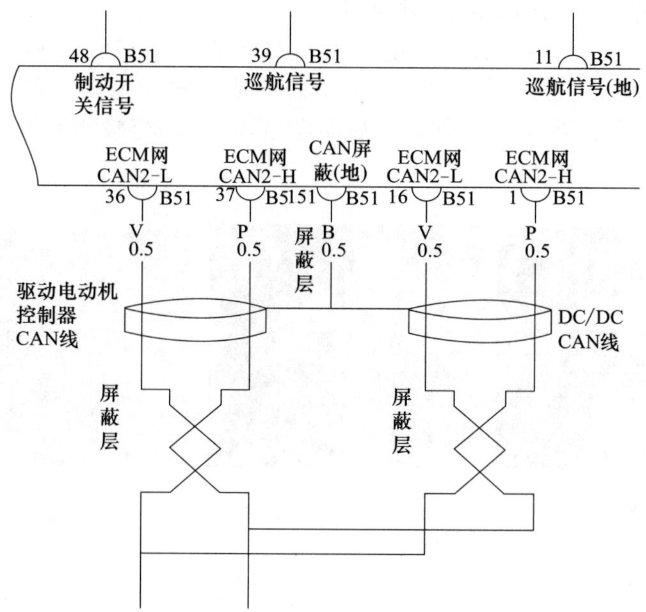

图 5-17 驱动电动机与 DC 总成控制器网络总线电路

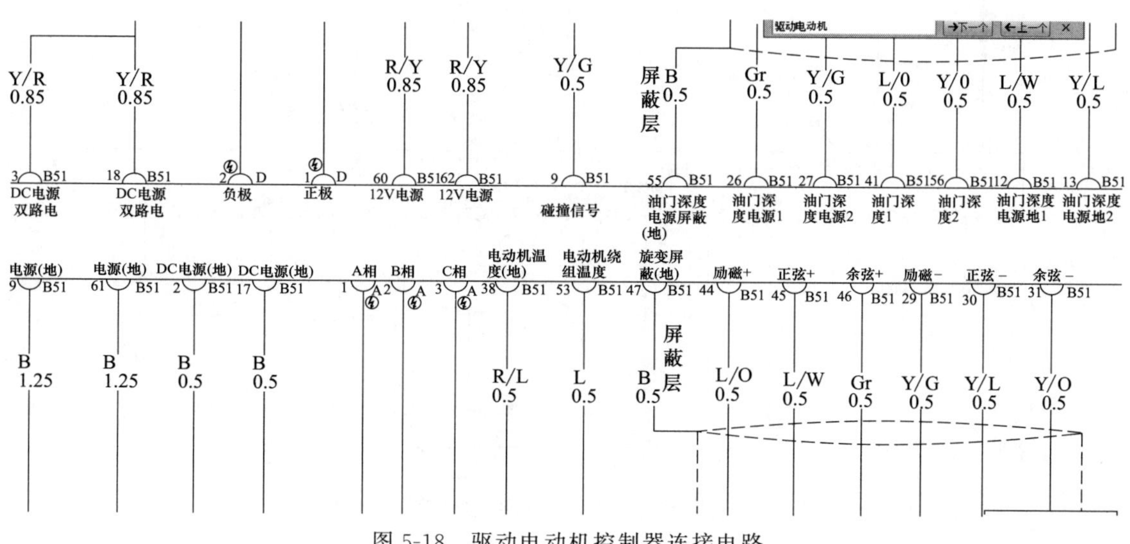

图 5-18 驱动电动机控制器连接电路

⑤ 怀疑为前驱电动机控制器故障导致，倒换前驱动电动机控制器试车 3 天，确认故障排除。

故障排除 更换前驱动电动机控制器。

故障案例二

故障现象 比亚迪唐车型行驶时没有 EV 模式。

故障诊断

① 用 VDS1000 检查后驱动电动机控制器，读取故障码如下。

a. P1C0D00：后驱动电动机旋变故障信号丢失。

b. P1C1300：后驱动电动机控制器电流霍尔传感器 A 故障。

② 试着清除故障码，P1C0D00 无法清除。

③ 测量线束端 K176-15 和 K176-8 电阻为 2.1Ω，测量 K176-14 和 K176-7 电阻为 1.9Ω，测量 K176-23 和 K176-22 电阻为 4.5Ω。查询维修手册，驱动电动机的正弦、余弦的电阻为 15～19Ω，励磁的电阻为 7～10Ω，判定为后驱动电动机故障。检测数值与后驱动电动机控制器电路如图 5-19 所示。

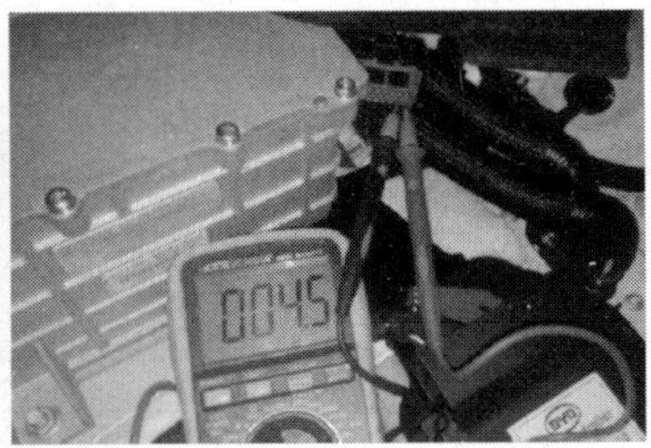

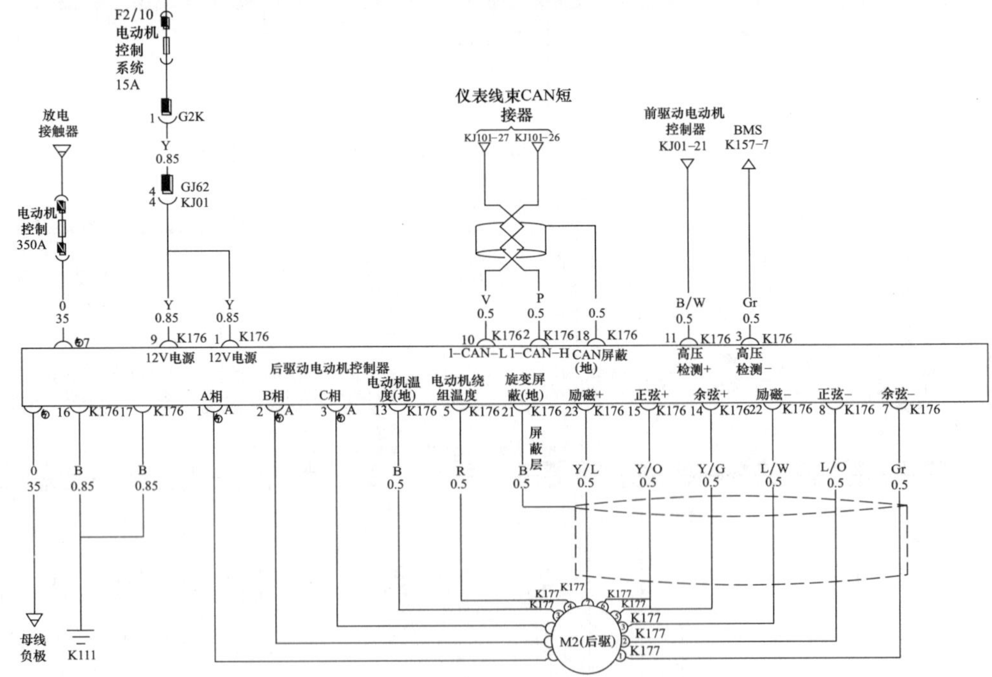

图 5-19 检测数值与后驱动电动机控制器电路

故障排除 更换后驱动电动机后故障排除。

专家点评 电动机旋变故障在线束端测量发现数据有异常时，要在电动机端测量，确认是电动机旋变故障还是线束故障，避免误换。

项目三

温度管理系统电路

任务一 温度管理系统电路概述

驱动电动机转子高速旋转时会产生高温，热量通过机体传递，如果不加以降温，驱动电动机无法正常工作，所以驱动电动机机体内设置有冷却液道，通过冷却液的循环与外界进行热交换。这样能将驱动电动机的工作温度保持在一定范围内，防止驱动电动机过热。

车载充电机（如配备）工作时将高压交流电转化成高压直流电，其转化过程中会产生大量的热量，因此车载充电机内部也有冷却液道，通过冷却液的循环降低车载充电机的工作温度。

电动机控制器不但控制驱动电动机的高压三相供电，还要将动力电池的高压直流电转化成低压直流电为铅酸蓄电池充电。在此过程中会产生热量，需要通过冷却液循环散热。冷却系统的作用就是通过冷却液循环散热为驱动电动机、车载充电机（如配备）、电动机控制器这三大部件进行散热。以吉利帝豪 EV 车型为例，驱动总成冷却系统框图如图 5-20 所示。

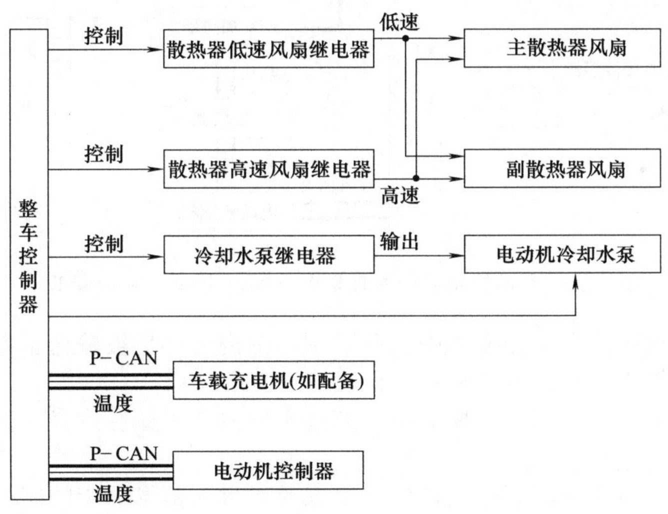

图 5-20 驱动总成冷却系统框图

电动汽车的自动空调系统与燃油汽车的原理、结构及功能是一样的，系统由下列主要部件组成。

① 制冷系统。

② 制热系统。

③ 空气分配系统。

④ 模式/温度控制系统。

空调控制系统原理框图如图 5-21 所示。

制冷时，压缩机受高压电驱动，从蒸发器中抽取气态制冷剂并将其压缩。制冷剂的温度升高至 83～110℃，压力达到 1470kPa。

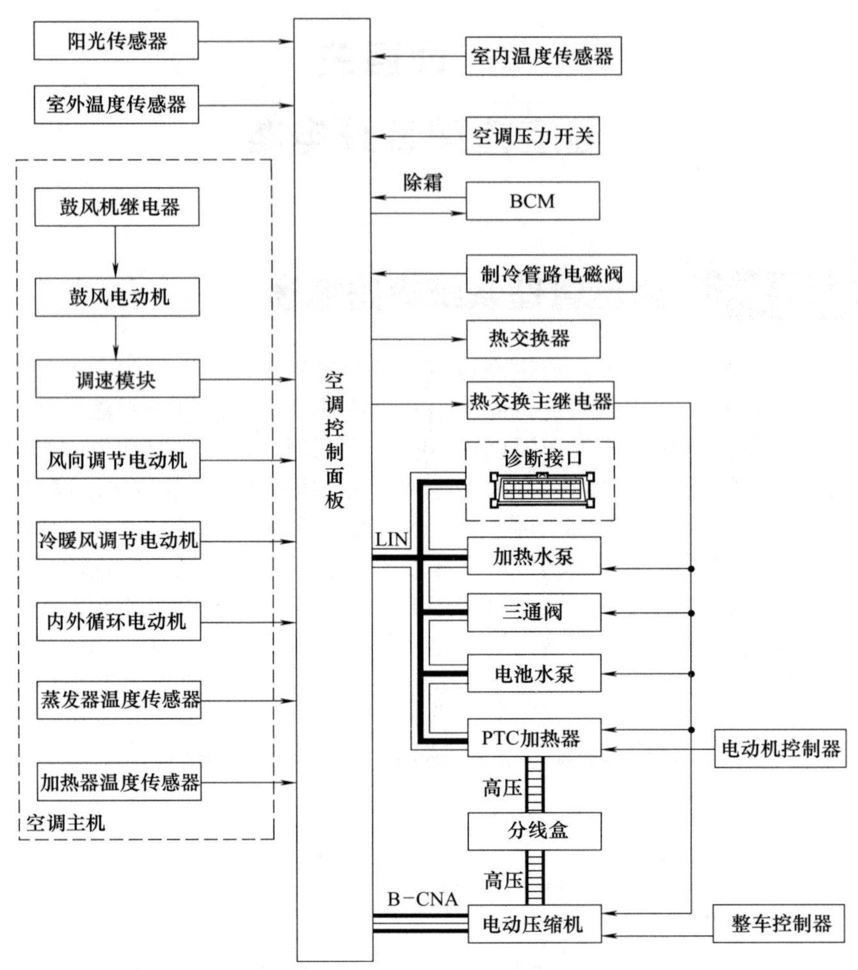

图 5-21 空调控制系统原理框图（2017 年款吉利帝豪 EV）

高压过热制冷剂被传送至冷凝器中，此时制冷剂内的热量被输送至冷凝器散热片的空气带走，因为热量的散失，制冷剂被冷却，温度降至 53～70℃。

制冷剂在高压下被送至储液干燥器中，储液干燥器作为储存中介，过滤所有夹杂在制冷剂中的水分。

干燥过的制冷剂被送至膨胀阀入口处，膨胀阀对进入蒸发器中的制冷剂流量进行节流减压控制，从膨胀阀出来的雾状制冷剂压力为 200kPa，温度降到 0～2℃。

雾状制冷剂在蒸发器中受热蒸发。鼓风机把空气经过蒸发箱表面吹向各出风口，因为蒸发器内部制冷剂的蒸发吸热，把经过蒸发箱表面的空气中的热量吸收，所以出风口的温度远远低于环境温度。经过蒸发的低压制冷剂气流从蒸发箱流至膨胀阀，此时的制冷剂压力为 200kPa，温度升高到 5～8℃。

最后低压制冷剂气流回流至压缩机经过再一次压缩，至此，空调制冷剂完成一个工作循环。

制热系统由鼓风机和电加热器（PTC）、加热器水泵、加热器芯体等组成。

当自动空调系统处于加热模式时，加热器在高压电的作用下对冷却液进行加热，高温冷却液被加热器水泵抽入加热器芯。同时，冷暖温度控制电动机将温度控制装置转至采暖位置，部分或全部气流在鼓风机的作用下旁通至加热器芯，产生热量传递。任何不用加热的空气，都将在进入乘客舱前，与加热后的空气混合，获得相应的、混合好的、温度合适的空气。

任务二 温度管理系统电路分析

以北汽新能源 EU5 车型为例，高压冷却系统采用串联结构，将散热器、冷却管路、水泵与 PEU、驱动电动机等发热元件串联成闭环水路。其中水泵将冷却水循环泵入驱动电动机等发热工作元件，冷却水吸热后变成热水，热水随后进入散热器，通过风扇吸入冷空气与散热器中的热水进行热交换，冷却水变为低温冷却水，随之通过水泵继续循环工作。副水箱在整个循环中主要起到补水、防气蚀及提供液体热膨胀空间的作用。电子风扇与冷却水泵电路如图 5-22 所示。

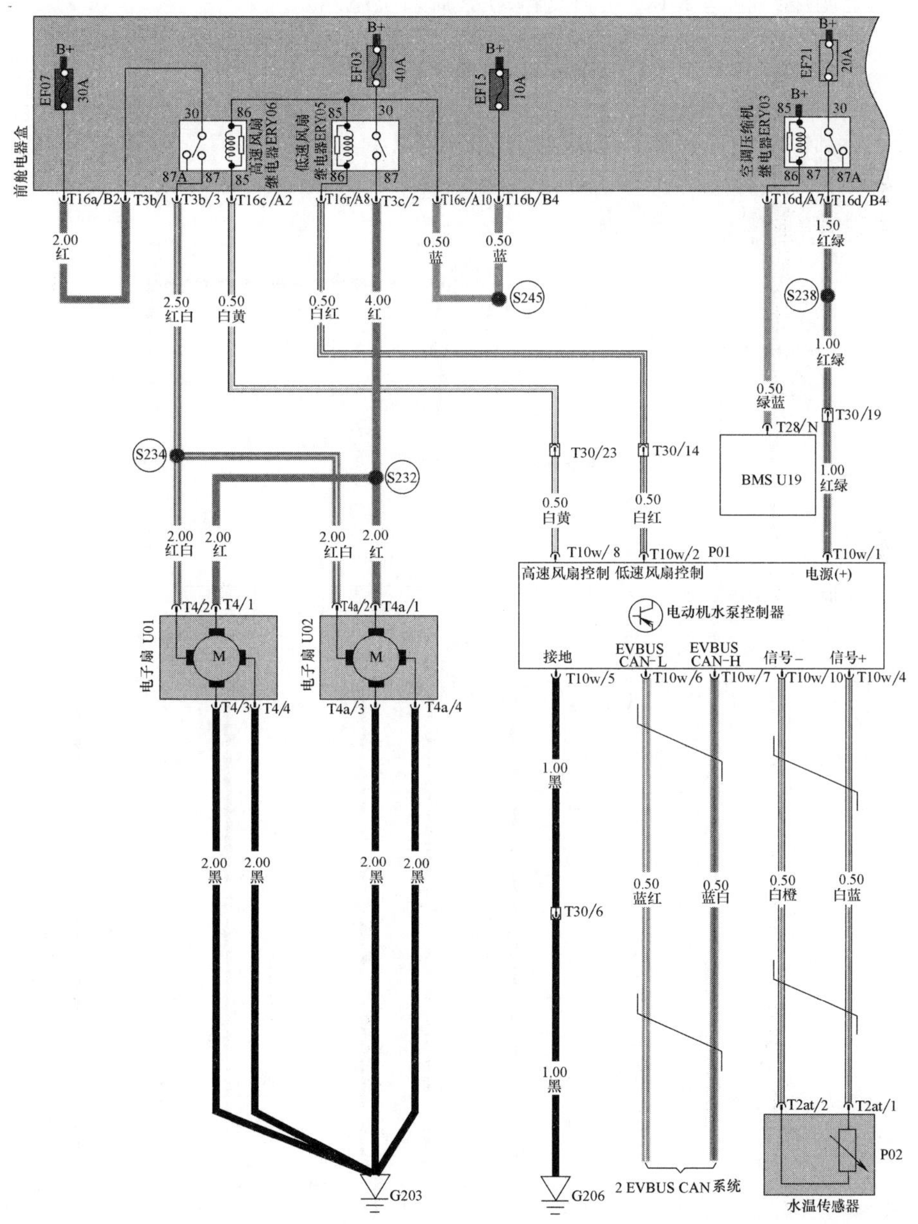

图 5-22 2018 年款北汽新能源 EU5 车型电子风扇与冷却水泵电路

汽车空调系统是对车厢内空气进行制冷、加热、除湿、通风换气、空气净化（若有）的装置，可提供舒适的乘车环境，降低驾驶员的疲劳强度，提高行车安全。

空调系统利用空气的热传递效应将空气中的热量向低温处传播。当蒸发器处于低温时，会吸收外部热量，以制冷剂作为传导介质被压缩机抽走。制冷剂经压缩机压缩后温度上升，此时制冷剂温度比外部环境温度高出许多，高温制冷剂流进冷凝器内，通过电子风扇向外界排放热量，降低温度，然后经膨胀节流作用生成低温制冷剂流入蒸发器，进行工作循环，不断地抽取车厢内的热量，从而达到降温效果。

空调系统主要由空调压缩机、冷凝器、蒸发器、膨胀阀、储液干燥器（集成在冷凝器中）、管道、冷凝风扇、鼓风电动机和控制器等组成。如图 5-23 和图 5-24 所示为北汽新能源 EU5 车型空调压缩机与 PTC 控制及自动空调系统电路。

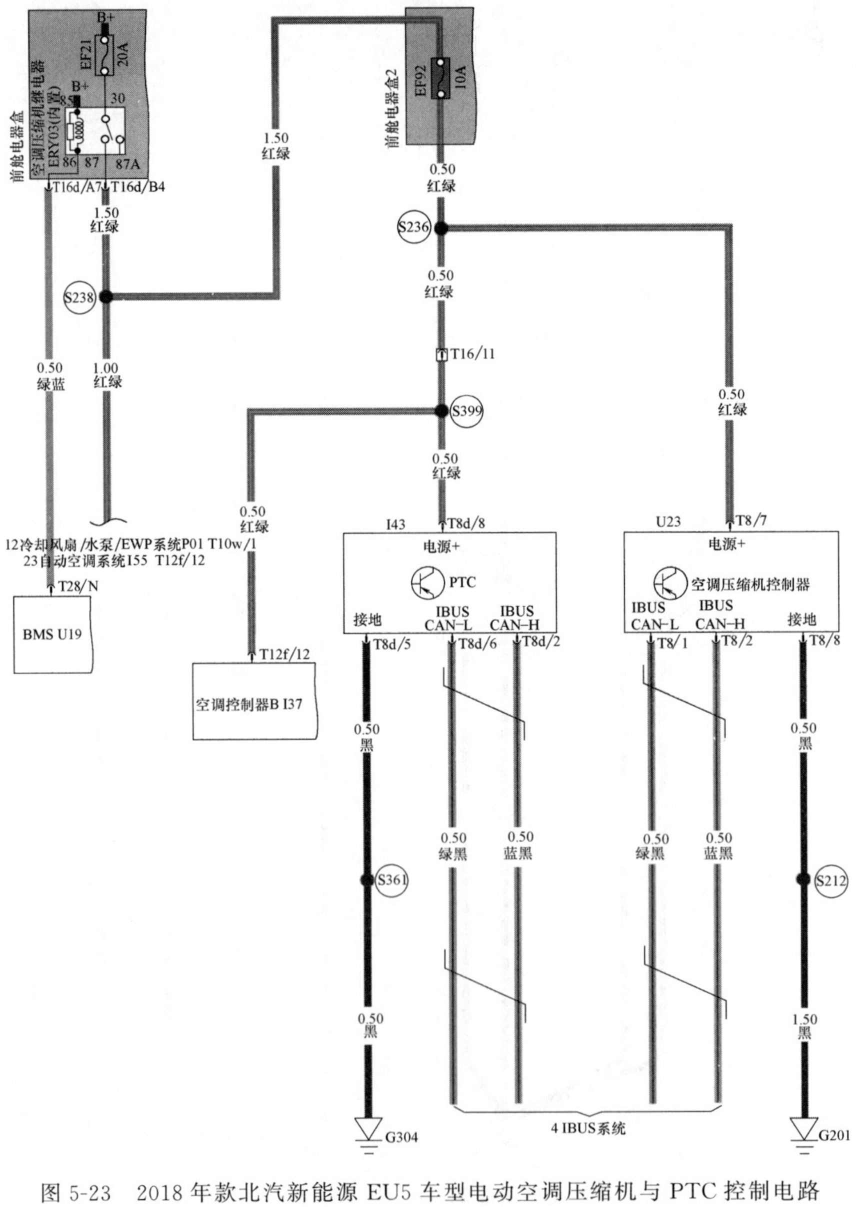

图 5-23　2018 年款北汽新能源 EU5 车型电动空调压缩机与 PTC 控制电路

仪表板电器盒
B+
RF32
10A
RF42
5A
T20a/10
T16f/15
T16f/13
调速电阻I48
T3j/S
T3j/D
T3j/G
3.00
黑
G302
4.00
绿
0.35
黑红
前舱电器盒
B+
EF18
5A
B+
EF04
40A
鼓风机
继电器ERY07
85
30
86
87
T16a/B5
T16b/A7
T16e/A2
T3c/1
0.50
蓝白
S237
0.50
红蓝
T32/29
4.00
绿红
T4e/4
2前舱电器盒2电源分配图
0.50
红绿
S236
0.50
红
S305
0.35
灰
S360
T2f/2
T2f/1
M
鼓风机I47
I36/I37
T12f/B11
T26a /A8
T26a/A7
T26a/A6
T12f/B12
蓄电池
电源
鼓风机
反馈
鼓风机
模块控制
开机
继电器
IG电源
空调控制器A/B
混合
电动机D
混合
电动机C
混合
电动机B
混合
电动机A
内循环
外循环
模式
电动机-
模式
电动机+
5V+
模式电动
机反馈
模拟地
传感器地
蒸发温度
传感器信号
T26a/A17
T26a/A16
T26a/A15
T26a/A14
T26a/A2
T26a/A1
T26a/A4
T26a/A3
T26a/A23
T26a/A26
T26a/A19
T12f/B5
T12f/B2
IEC-B I03
T18a/7
0.50
红蓝
0.35
黄黑
白黑
白
紫灰
绿黑
蓝黄
棕
蓝黑
橙
黑白
白绿
白黄
黄红
T16h/7
T16h/8
T16h/5
T16h/6
T16h/9
T16h/10
T16h/1
T16h/2
T16h/4
T16h/14
T16h/3
T16h/12
T16h/11
T16h/13
S314
T6aa/1
T6aa/2
T6aa/3
T6aa/4
T6aa/6
T6u/5
T6u/6
T6v/5
T6v/6
T6v/2
T6v/3
T6v/1
T2aah/2
T2aah/1
混合风机A02
内外循环电动机A04
模式电动机A03
蒸发温度传感器A01

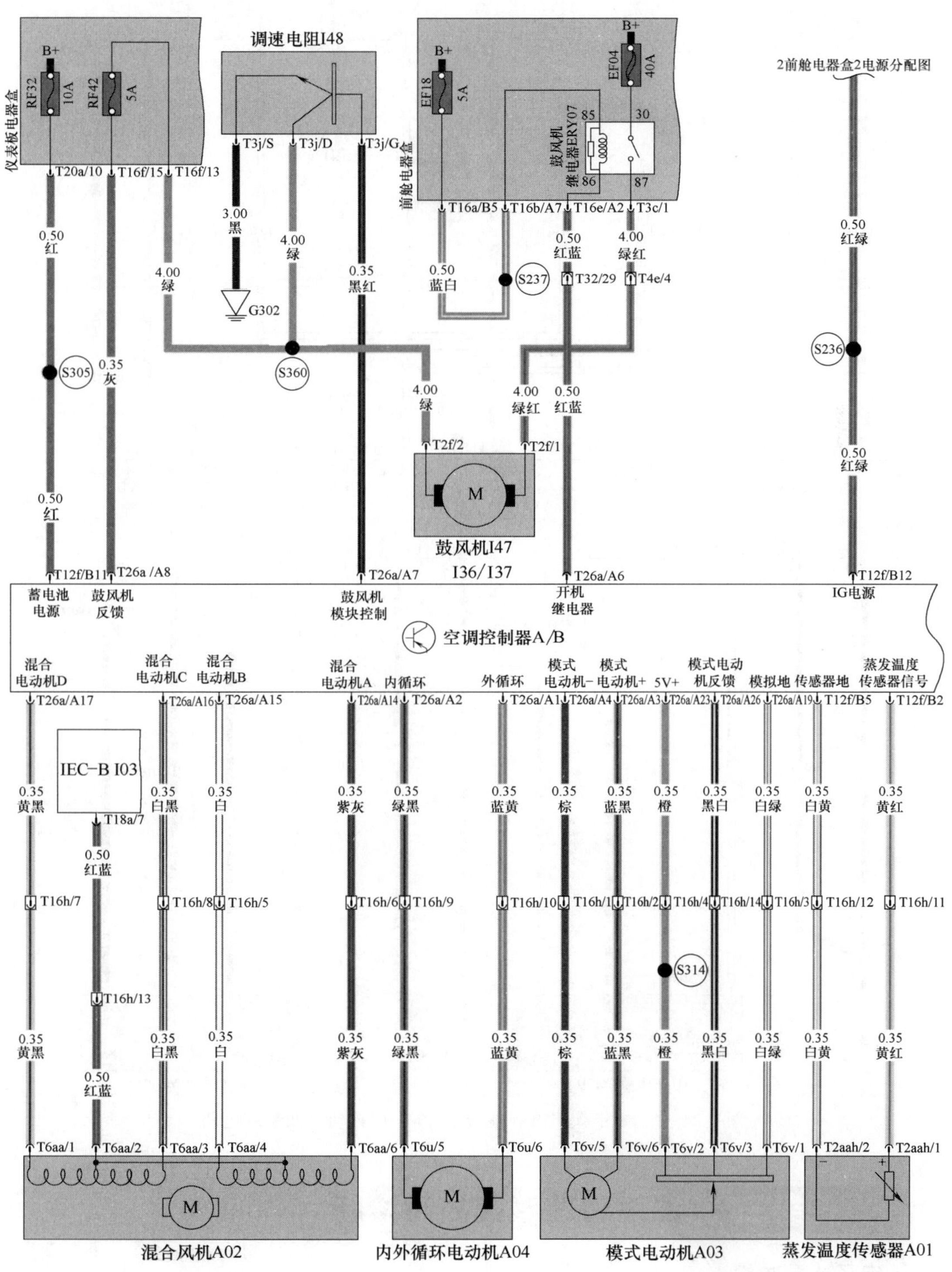

图 5-24

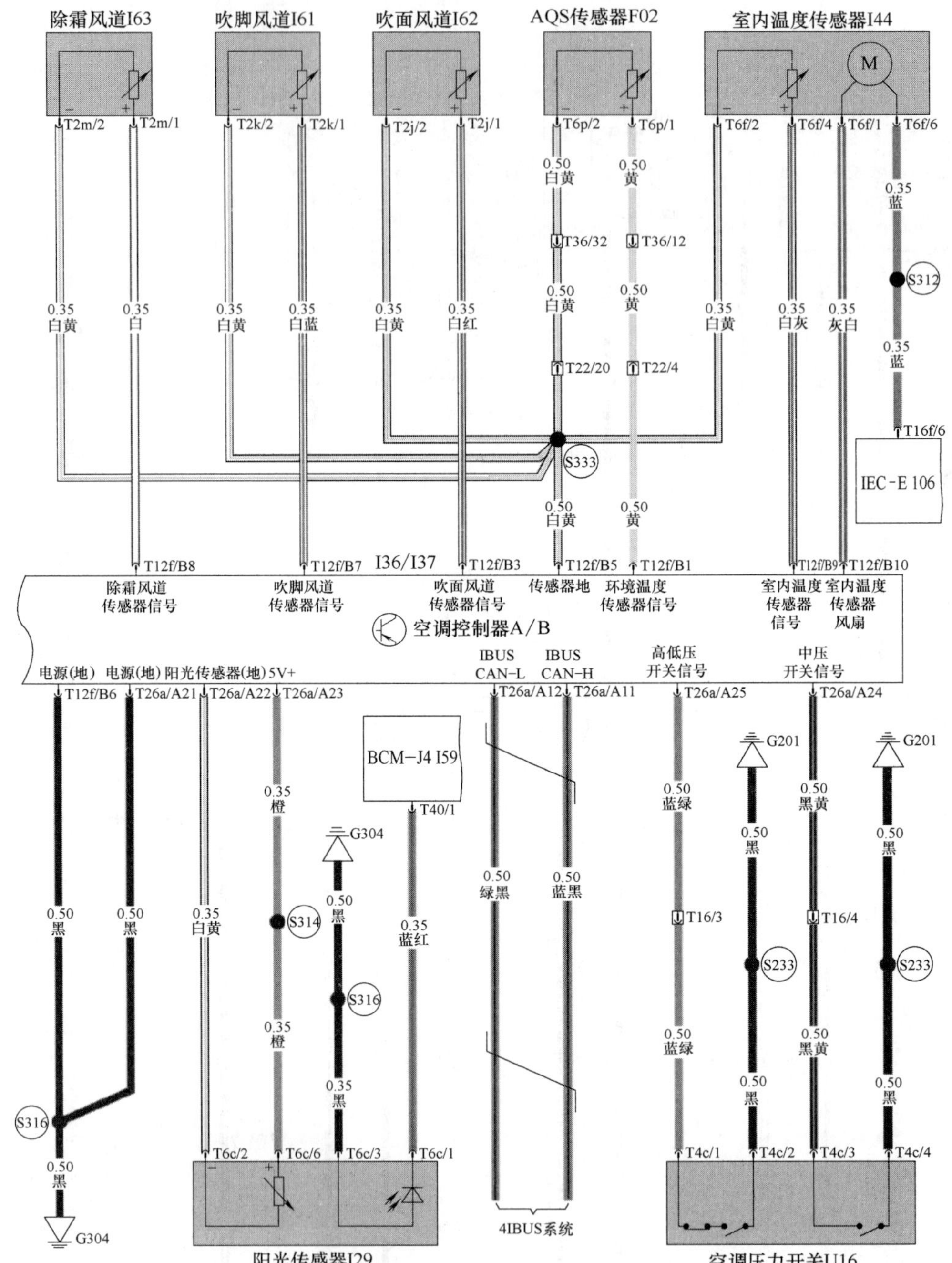

图 5-24 2018 年款北汽新能源 EU5 车型自动空调系统电路

任务三 温度管理系统故障诊断

1. 电子水泵故障

故障现象 比亚迪 e5 汽车行驶 3300km，在急加速或行驶一段路后出现严重顿挫、闯车现象；仪表故障指示灯不亮，但功率表会从 25kW 下降到 10kW，且来回摆动。

故障诊断

① 使用 VDS1000 扫描，没有历史故障码，且在 VTOG、电池管理器数据流中未发现异常。

② 试车至故障出现时查看 VTOG 数据流发现：电动机扭矩 62 和电动机功率 26 瞬间下降到 0，且来回跳动。

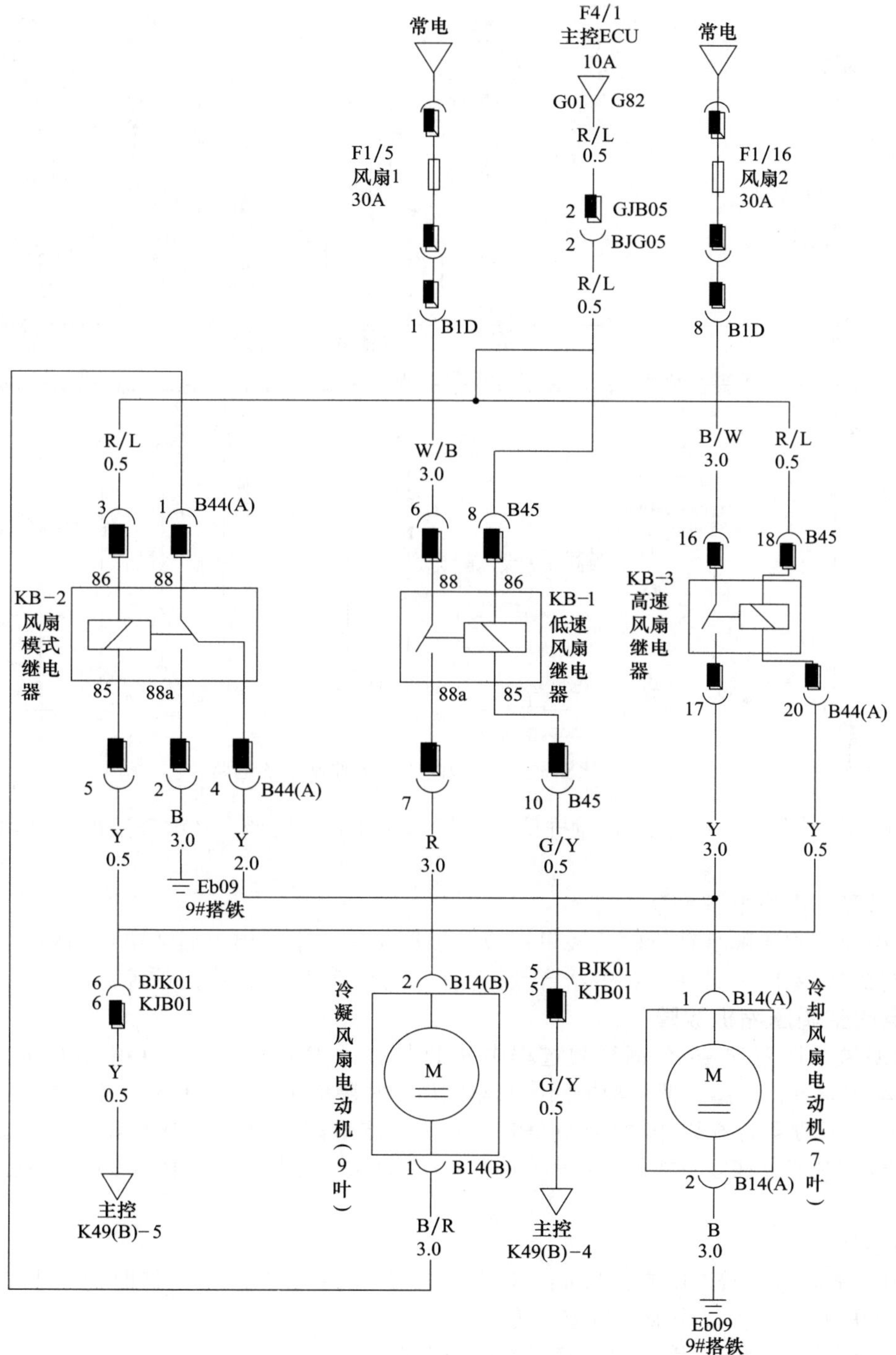

图 5-25 冷却风扇控制电路

③ 进一步查看发现出现闯车时，IGBT 温度达到 99℃，分析闯车正是由于 IGBT 过温导致的功率限制。

④ 检查冷却系统：电子扇工作正常，风扇控制电路见图 5-25；检查电子水泵，发现其没有运转，测量电子水泵接插件供电电压，为 13.41V，正常，其高压冷却控制系统电路见图 5-26。

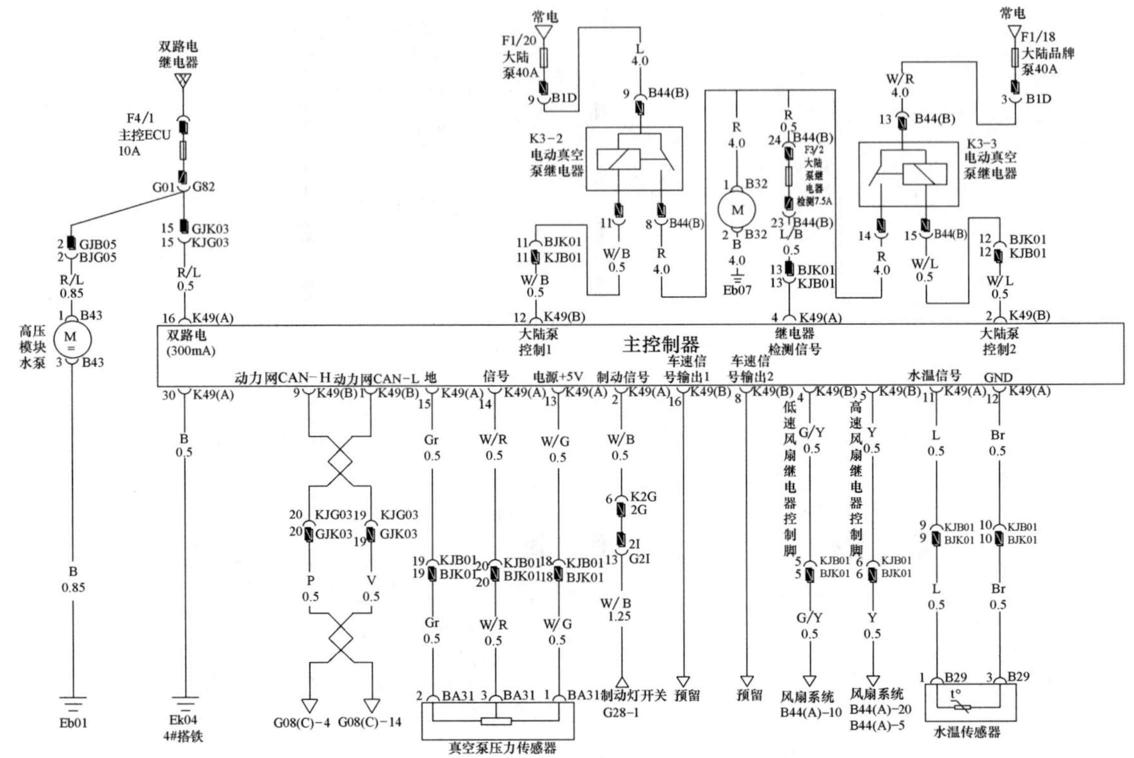

图 5-26 比亚迪 e5 车型高压冷却控制系统电路

⑤ 更换电子水泵，试车，故障排除，查看 VTOG 数据流，IGBT 温度为 43℃，恢复正常。

故障排除 更换电子水泵。

专家点评 本故障是在行驶一段里程或急加速（大功率输出）后才出现问题，初步可以排除机械类故障原因。另外注意多结合数据流来分析，可以很快找出故障点。

2. 电动空调压缩机故障

故障现象 比亚迪 e6 车辆行驶过程中从 D 挡挂入 P 挡后，车辆 OK 灯熄灭，仪表报“请检查动力系统”故障。把车辆拖回维修车间后，故障消失，车辆 OK 灯正常能点亮。用诊断仪读取电池管理器存在以下故障码：P1A5300——严重漏电故障；P1A5400——一般漏电故障。VTOG 控制器存在以下故障码：P1B0200——驱动欠压保护故障；P1B0300——主接触器异常故障。

故障诊断

① 为测试故障，清除所有故障码，行驶车辆 5km 左右后，等红灯时把 D 挡挂入 P 挡后，车辆 OK 灯熄灭，仪表报请检查动力系统故障。

② 用诊断仪读取电池管理器故障码：仍旧存在。

③ 把车辆拖回维修车间后，因报严重漏电故障，怀疑是高压线或者某高压元件漏电导致，排查所有高压线，无异常。因维修漏电故障，只能逐一断开高压元件测试，按照从易到

难的方法，先把 DC 及空调驱动器输入端断开，然后启动车辆，车辆恢复正常。

④ 故障锁定在 DC 及空调驱动器本身漏电，或者 PTC 和电动压缩机异常，插上 DC 及空调驱动器输入端，故障再现，断开 DC 及空调驱动器到电动压缩机的高压接插件后，测试故障消失。

故障排除 更换电动压缩机后故障排除。

专家点评 维修漏电故障时要逐一断开高压元件模块测试，根据故障现象分析总结，这样才能提高快速找到故障点和降低误判率。

项目四

整车控制系统电路

任务一 整车控制系统电路概述

整车控制单元（VCU）的功能是根据踏板信号和挡位状态解释驾驶员的驾驶意图，依据动力系统部件状态协调动力系统输出动力。另外 VCU 具有冷却风扇控制、仪表显示等辅助功能。

1. 驾驶员意图分析——制动与加速

利用 VCU 读取换挡控制单元（SCU）的 PRND 信息及制动开关信号。VCU 根据加速踏板的位置信号，发送给驱动电动机控制单元（MCU）进行输出控制。

当外部充电线连接在车上时， VCU 将接收到 BMS 的充电进行中的信息，此时整车控制系统将禁止车辆移动。

2. 动力模式管理

① VCU 能够根据车辆状态获取期望的扭矩并将这些信息发送到 MCU。

② BMS 监控当前高压电池包的状态并反馈给 VCU， VCU 结合这些状态信息及当前的功率输出需求来平衡高压电功率的使用。

③ 当 BMS 可用放电功率有限（如高压电池包电量低、爬大坡等）时，VCU 会根据动力优先原则，适当限制空调压缩机（ACP）和电加热器（PTC）等高压电模块输出的功率。

3. 制动能量回收

滑行或者减速的时候，整车控制系统能够进行制动能量的回收。制动能量通过驱动电动机转换为电能储存到高压电池组中。

当 ABS 被激活或者 ABS 故障的时候，整车控制系统将关闭该功能。

4. 辅助功能

（1）冷却风扇控制 根据热管理策略控制冷却风扇的工作。

（2）仪表显示 仪表上动力系统就绪以及动力系统故障的信号来自于 VCU。

（3）充电模式下的辅助功能 充电模式下，VCU 控制风扇、冷却水泵和 DC/DC 工作。整车控制单元系统框图如图 5-27 所示。

任务二 整车控制系统电路分析

整车控制器（VCU）是整个车辆混合动力系统（PHEV） 的核心控制部件，它采集或

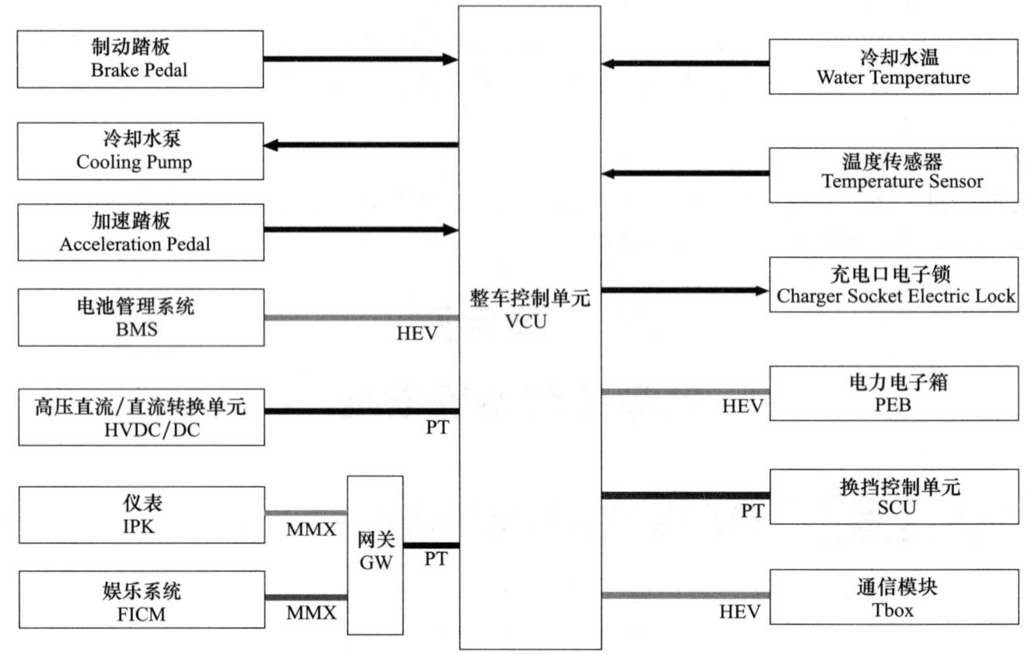

图 5-27 整车控制单元系统框图（2019 年款荣威 Ei5）

接收加速踏板信号、制动踏板信号、其他动力系统部件信号和车身控制模块（BCM）信号，做出相应判断（例如驾驶员的意图识别）后，控制 PHEV 系统中各子部件控制器的动作（例如变速箱换挡、电动机出扭、发动机出扭等），驱动汽车动力输出。同时它还作为整车的能量管理中心，控制高压电池包的 SOC 平衡和 12V 低压系统的电源输出。

VCU 控制器主要功能包括驱动扭矩控制、制动时能量回收控制、整车的能量管理、CAN 网络通信功能、混合动力系统的故障诊断和处理、车辆状态监视和故障动作等。

VCU 控制器硬件主要包括微处理器、“看门狗”监控模块（计时器）、CAN 通信模块、BDM 调试模块、串口通信模块、电源及保护电路模块、各种输入输出 IO 控制以及保护电路、PWM 控制接口电路等。2018 年款吉利博瑞 GE 车型 VCU 系统电路如图 5-28 所示。

任务三 整车控制系统故障诊断

故障现象 北汽新能源 EV200 车型事故修复后（左前侧碰撞）车辆无法行驶，动力电池断开故障灯和整车系统故障灯报警。

故障诊断

① 拆下机舱内所有高压部件、二次支架及机舱线束，进行钣金校正和外围部件更换，线束和高压部件外壳未变形受损。

② 检查机舱内低压线束和高压线束（包括保险盒），没有破损、变形和挤压，高压部件（MCU、DC/DC、高压控制盒、车载充电机）外观没有受损挤压变形现象。

③ 据车主描述，该车修复好之后在道路上行驶一段距离就无法行驶了，动力电池断开故障灯和整车系统故障灯都点亮。经检查发现将加速踏板踩到底，仪表会黑屏或不规律闪烁、电动真空助力泵常转。

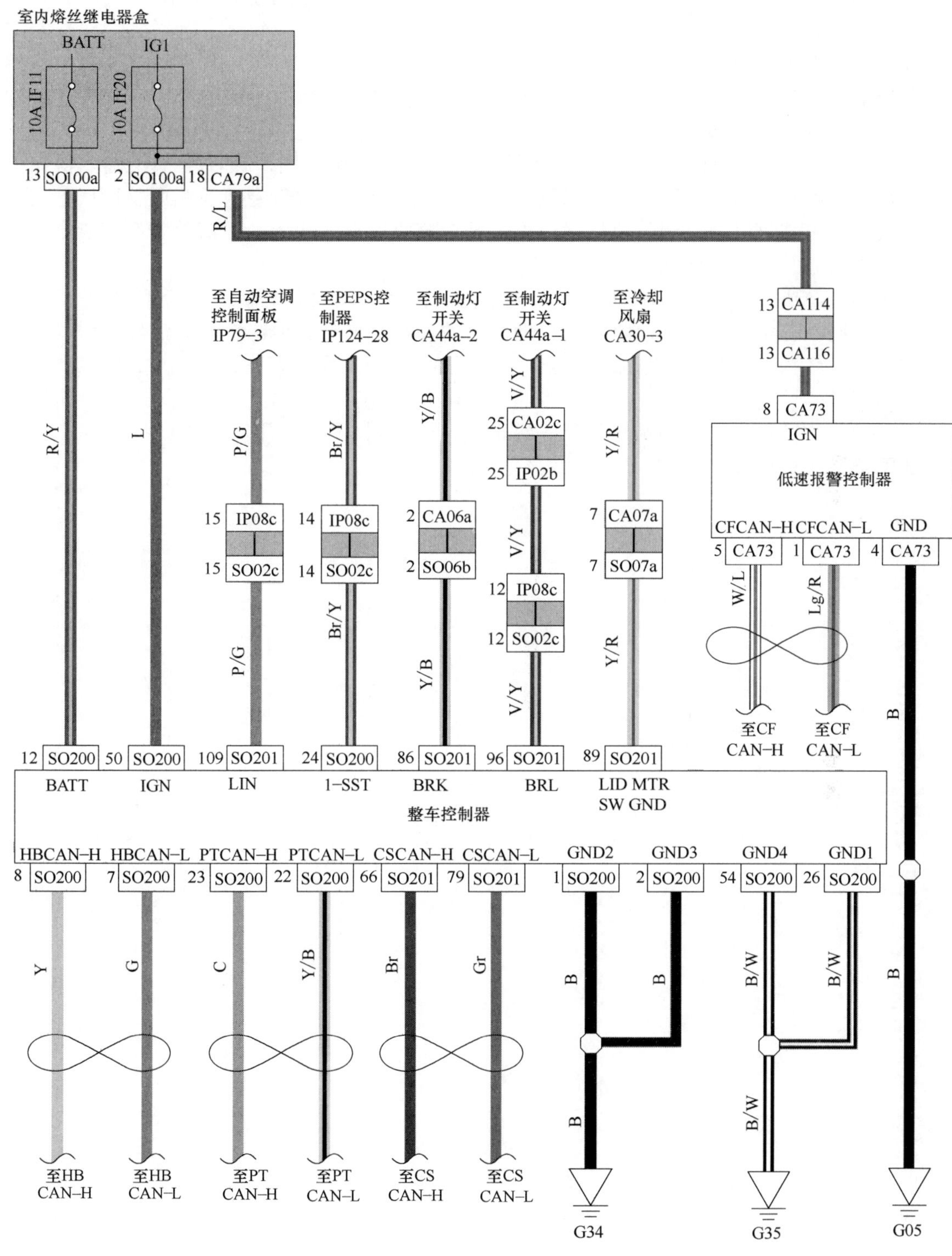

图 5-28 2018 年款吉利博瑞 GE 车型 VCU 系统电路

④ 给车辆进行充电，在充电时观察机舱，发现充电机散热风扇不转。用手触摸车载充电机散热片时能明显触觉到发热现象，无法充电。

⑤ 打开高压控制盒后，进行高压保险测量。发现车载充电机的高压保险并没有烧毁，而其余的三个高压保险全部烧毁。

⑥ 对与烧毁保险相连接的高压部件进行逐一拆解检查，接着又对 DC/DC 进行拆解，拆开后发现 DC/DC 电路板上有一个圆片插件已烧毁，模块也有烧蚀的迹象。所有烧毁的部件除了电子空调压缩机外都替换了新的部件，试车，结果车辆还是不能行驶。

⑦ 检查高压系统所有的连接插头，包括极性，插头紧实牢固，极性全都正确。得知点火开关可以打到 ON 挡，低压系统可以供电时，马上对该车辆进行专用检测电脑读码，发现除了安全气囊电脑可以与检测仪建立通信外，其余模块均无法通信。在清除安全气囊电脑故障码后，故障码并没有再出现。

⑧ 由于诊断设备与 VCU 和动力电池无法建立通信，对低压总保险和保险盒进行了检测，保险与同款正常车辆对比，除了真空助力泵的保险拔出外其他都良好。后经逐步检查发现，点火开关各挡位、VCU 供电均正常，15 号线继电器工作也正常，网络 CAN 线也无短路或断路现象。

⑨ 由于 VCU 在整车控制策略里优先级最高，因此判断故障原因是 VCU 损坏。

故障排除 更换 VCU 模块。

模块六

底盘电控系统电路分析与诊断

项目一

自动变速器控制系统电路

任务一 自动变速器控制系统电路概述

1. 自动变速器

汽车电控自动变速器（AT）主要由齿轮变速机构、液力变矩器、换挡执行机构、液压控制系统和电子控制系统五大部分组成。电路识读主要了解的是电子控制系统，该系统由传感器、控制开关、电控单元（ECU）和执行器组成。如图 6-1 所示为广州本田第 8 代雅阁汽车自动变速器电控系统原理框图。电控系统根据汽车车速和发动机负荷变化，自动控制变速器换挡时机和液力变矩器锁止时机，使汽车获得良好的动力，且节约燃油。电控系统的部分重要部件（如电磁阀、车速传感器）或其线路失效时，电控系统能将故障编码存储，以便维修时参考，同时故障报警灯点亮。

汽车自动变速器电脑有的是单独存在的，也有一些是和发动机电脑设计在一起的，雅阁车型就是如此。

从图 6-1 可以看出，自动变速器电控系统输入信号包括挡位开关信号、制动踏板位置开关信号、油压开关信号以及转速信号，这里有一些信号是和发动机电控系统共用的，经电脑内部收集计算后根据指令输出各路控制到电磁阀，去控制液压系统中的制动器与离合器进行自动换挡操作。原理方框图使我们知道信号输出/输出的关系以及系统的控制功能，那么，从图 6-2 则可以看出整个系统的组成和彼此之间的连接关系。

2. CVT 变速器

以本田第 9 代雅阁车型为例，CVT 电子控制系统包括动力系统控制单元 （PCM）、传感器和电磁阀，如图 6-3 所示。在所有情况下，换挡和锁止采用电子控制，以提高驾驶的舒适性。PCM 位于发动机室内，该变速器控制系统与发动机控制系统集成。

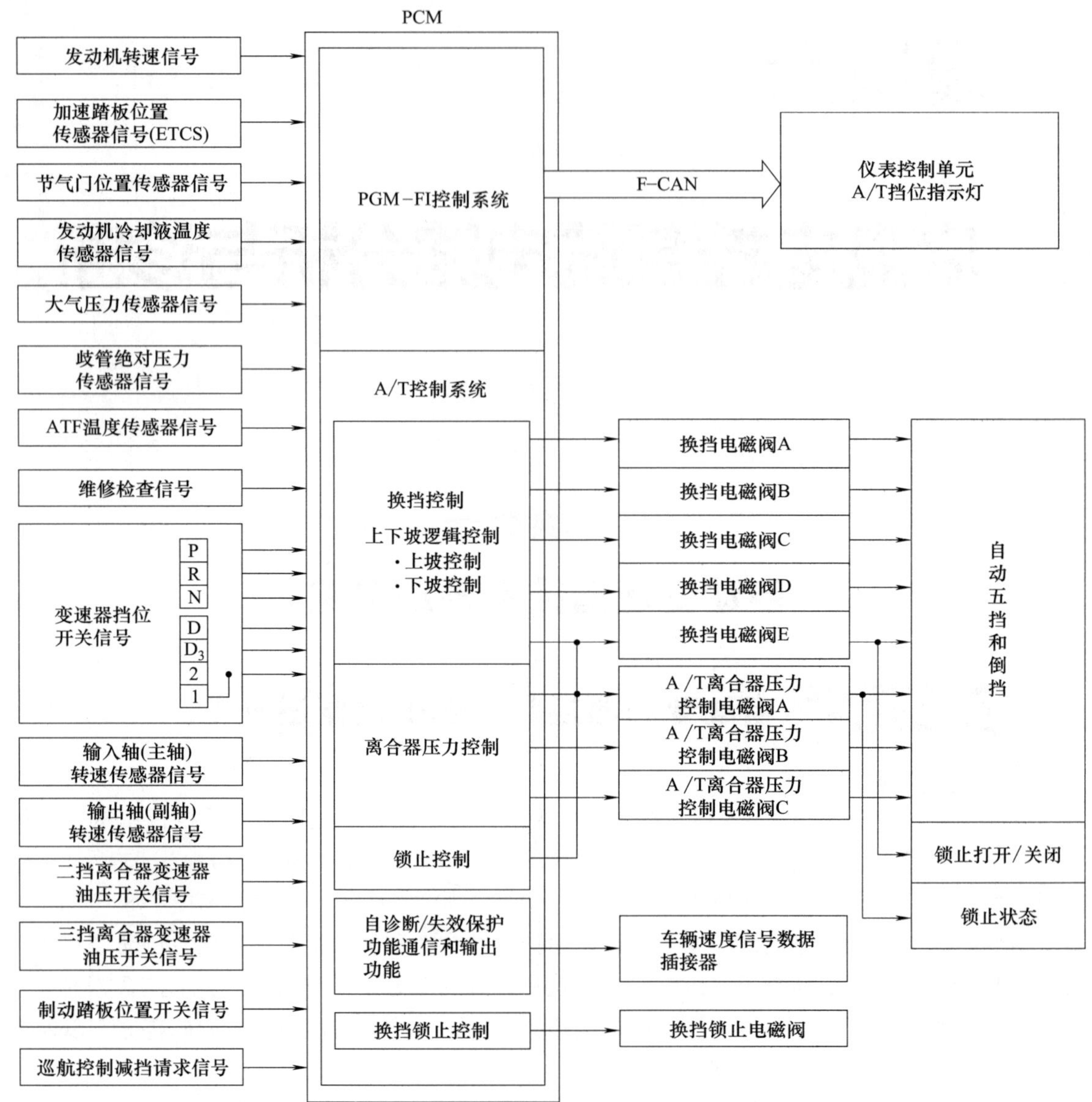

图 6-1 广州本田第 8 代雅阁汽车自动变速器电控系统原理图

PCM 从传感器和其他控制单元中接收输入信号，处理数据，并输出信号到发动机控制系统和 CVT 控制系统。CVT 控制系统包括换挡控制、皮带轮压力控制、离合器压力控制、锁止控制、变速器油泵压力控制和指示灯控制。PCM 通过切换换挡电磁阀和 CVT 皮带轮控制电磁阀来控制换挡位置、速度阶段和锁止变矩器离合器。

若要减小钢带打滑并延长钢带使用时间，PCM 计算传感器和开关信号，激活带轮压力控制电磁阀以保持最佳带轮压力。当带轮比较低（车速低）时，高液压在从动带轮的移动端面工作并减小主动带轮的有效直径，低液压在从动带轮的移动端面工作以消除钢带打滑。当带轮比较高时（车速高），高液压压力施加于主动带轮的可移动面并减小主动带轮的有效直径，较低的液压压力作用于从动带轮的可移动面以避免钢带滑移。

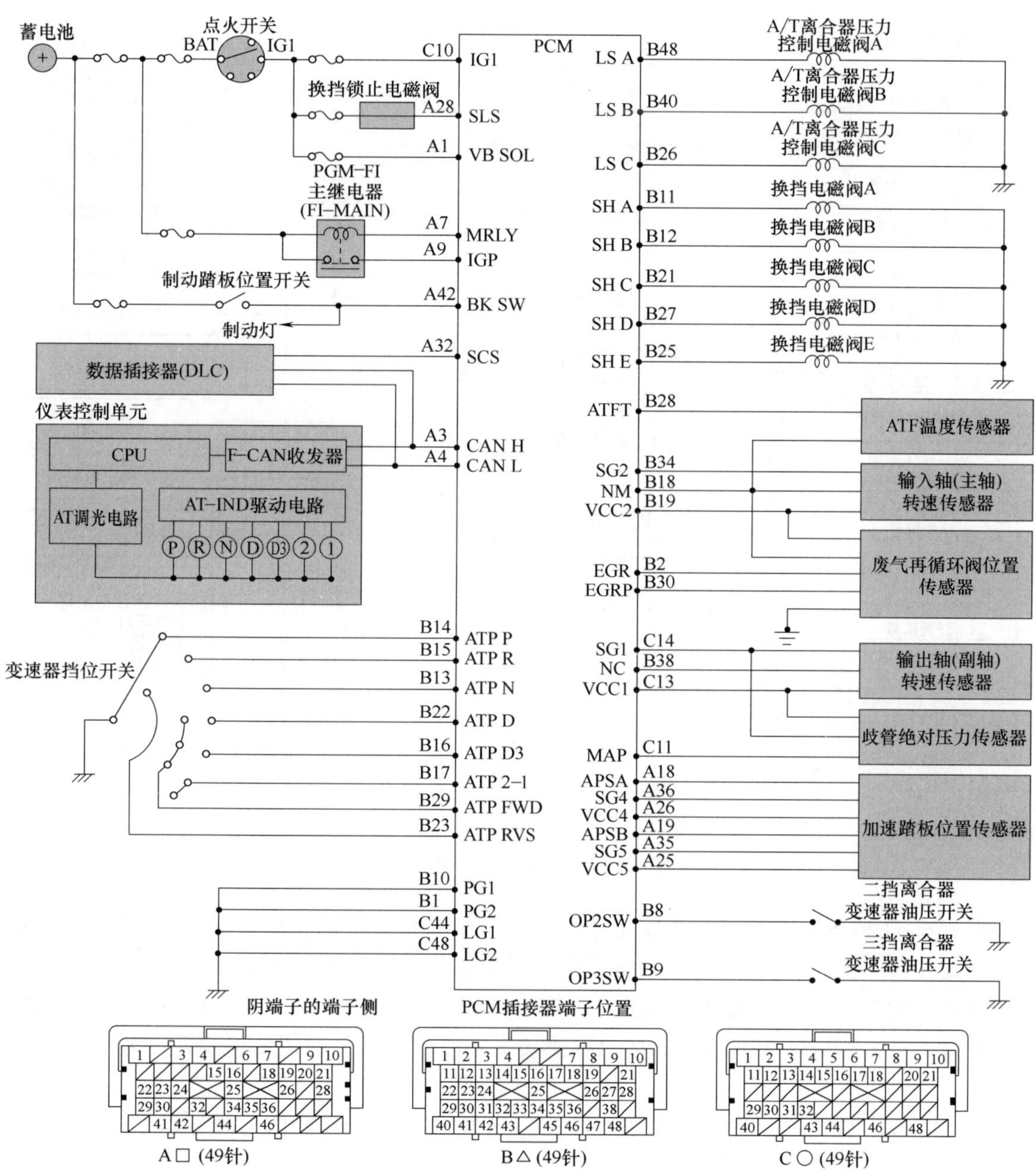

图 6-2　广州本田第 8 代雅阁自动变速器电气连接

PCM 比较实际行驶状况和所编程的行驶状况进行换挡控制，根据传感器和开关的各种信号立即确定主动带轮比。PCM 激活 CVT 主动带轮压力控制电磁阀以控制带轮压力。带轮压力控制原理如图 6-4 所示。

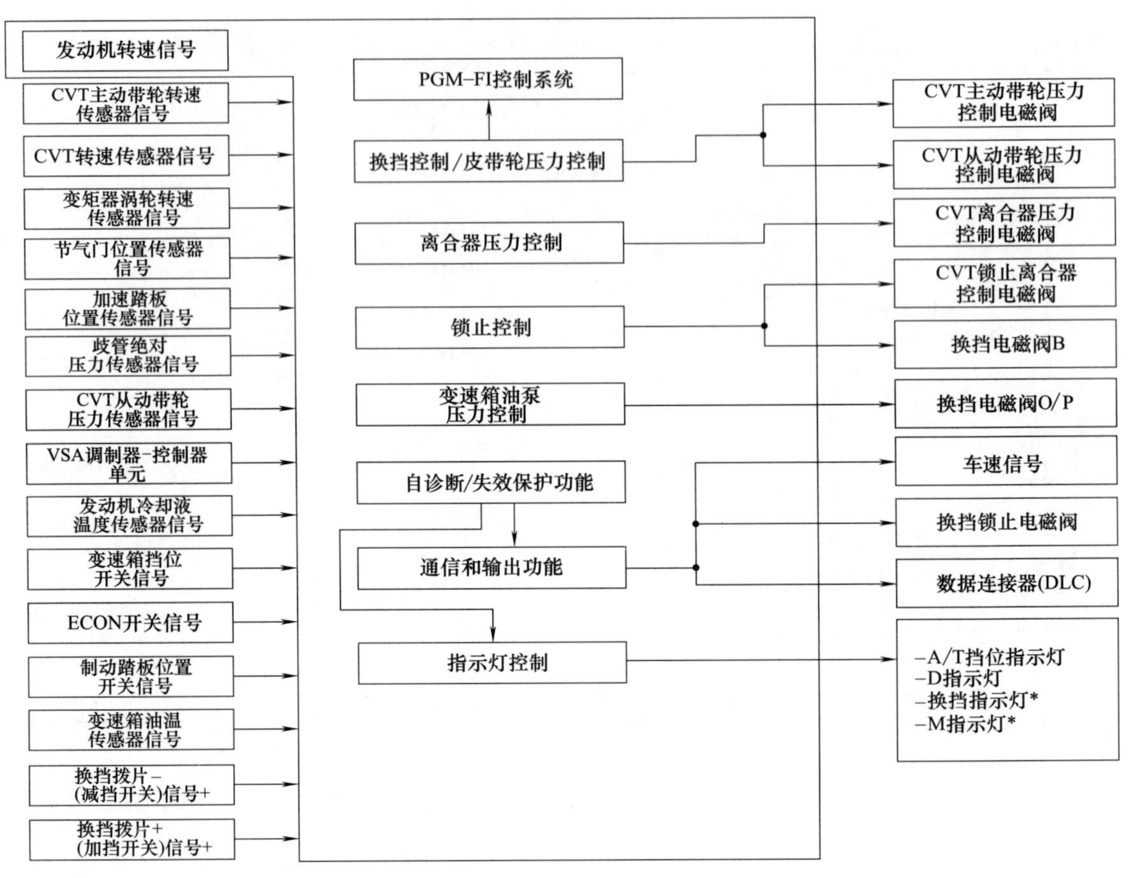

图 6-3 CVT 电子控制系统组成

控制在 D 和 S 位置换挡采用了上下坡逻辑控制系统。车辆上下坡时，PCM 根据 CVT 驱动轮速度传感器、CVT 速度传感器、变速器挡位开关、加速踏板位置传感器、节气门位置传感器、发动机冷却液温度传感器、变速器油温度传感器、制动踏板位置开关信号的输入，通过比较实际行驶状况和所记忆的行驶状况来控制换挡。上下坡逻辑控制原理如图 6-5 所示。

PCM 驱动 CVT 离合器压力控制电磁阀以控制前进挡离合器压力和倒挡制动压力。换入 R、D、S 和 L（无换挡拨片）位置时，通过 CVT 离合器压力控制电磁阀调节前进挡离合器压力和倒挡制动压力，平稳分离和接合离合器与倒挡制动器。

PCM 从各种传感器和开关中接收输入信号，处理数据，并输出电流到 CVT 离合器压力控制电磁阀。离合器压力控制原理如图 6-6 所示。

换挡电磁阀 B 通过控制液压来切换 LC 换挡阀和锁止的打开及关闭。PCM 驱动换挡电磁阀 B 和 CVT 锁止离合器控制电磁阀开始锁止。CVT 锁止离合器控制电磁阀施加并调节 LC 控制阀的液压，以控制锁止量。锁止机构在 D、S 和 L 位置（无换挡拨片）工作（发动机冷却液温度超过 70℃ 时）。锁止控制原理如图 6-7 所示。

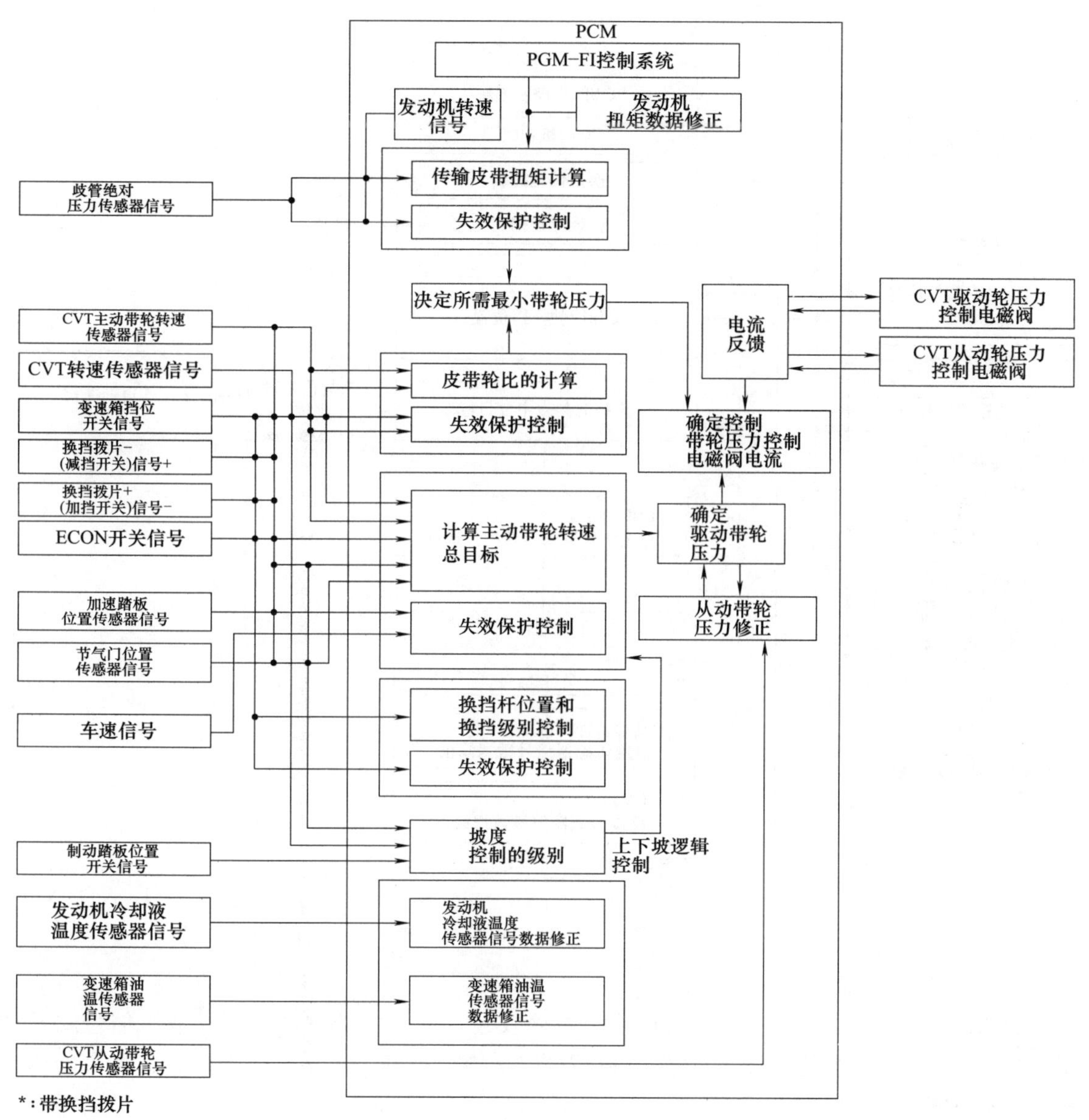

图 6-4 带轮压力控制原理

任务二 自动变速器控制系统电路分析

电气连接图可以分作电源部分（供电与接地）、仪表挡位指示部分及系统控制部分来看，这里面有分传感器与执行器。更为具体的电路图可以看图 6-8。

电子控制系统包括动力系统控制单元（PCM）、传感器和电磁阀。在所有情况下，换挡和锁止都采用电子控制，以提高驾驶的舒适性。

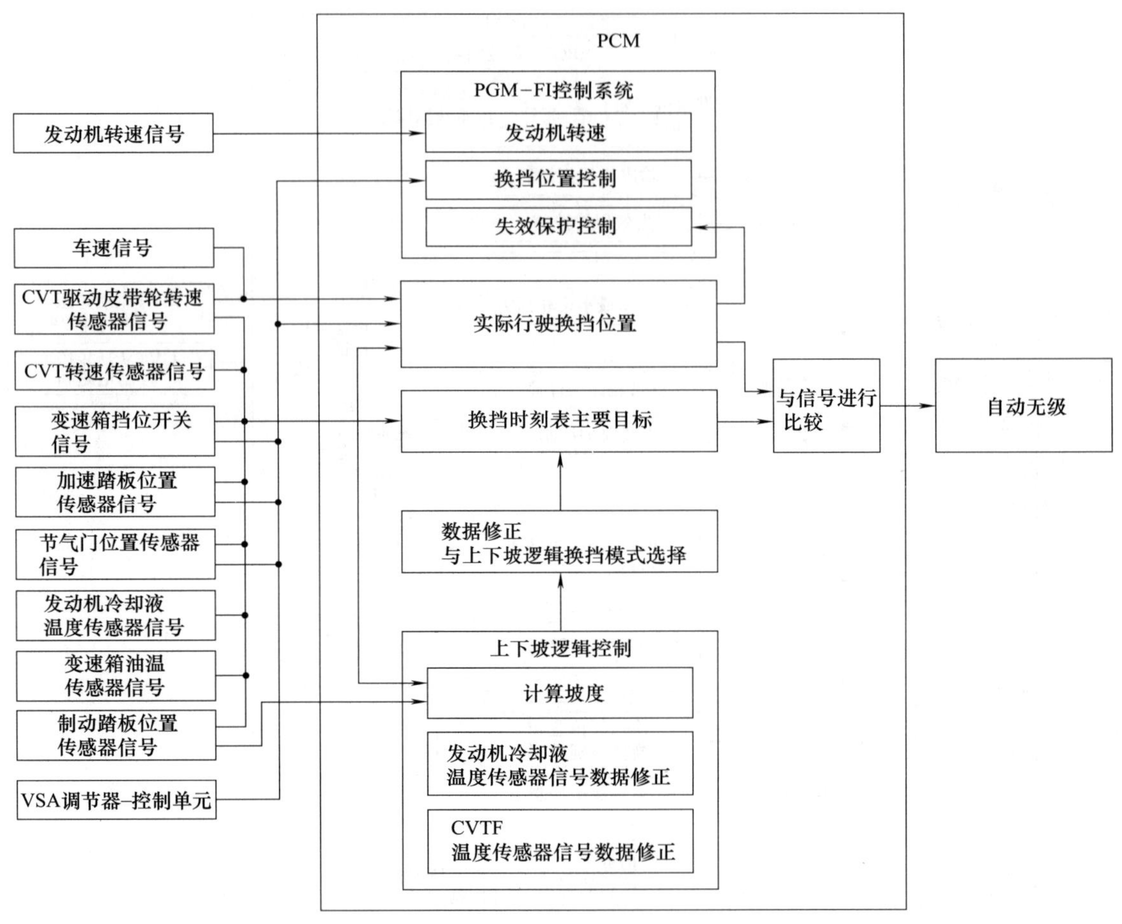

图 6-5 上下坡逻辑控制原理

PCM 从传感器、开关和其他控制单元中接收输入信号，处理数据，并输出信号到发动机控制系统和 A/T 控制系统。A/T 控制系统包括换挡控制、上下坡逻辑控制、离合器压力控制和锁止控制。

PCM 通过切换换挡电磁阀和 A/T 离合器压力控制电磁阀来控制变速器换挡和锁止变矩器离合器。

PCM 通过从传感器和开关中发出的各种信号立即确定出应选的挡位，并激活换挡电磁阀 A、B、C、D 和 E 以控制变速器换挡。已采用上下坡逻辑控制系统控制在 D 和 D_3 位置时的换挡。车辆上下坡时，PCM 根据加速踏板位置传感器、发动机冷却液温度传感器、气压传感器、制动踏板位置开关信号和换挡杆位置信号的输入，通过比较实际行驶状况和所编程的行驶状况来控制换挡。

PCM 使换挡电磁阀 A、B、C、D 和 E 打开和关闭来控制变速器换挡。各挡位换挡电磁阀开闭状态如表 6-1 所示。

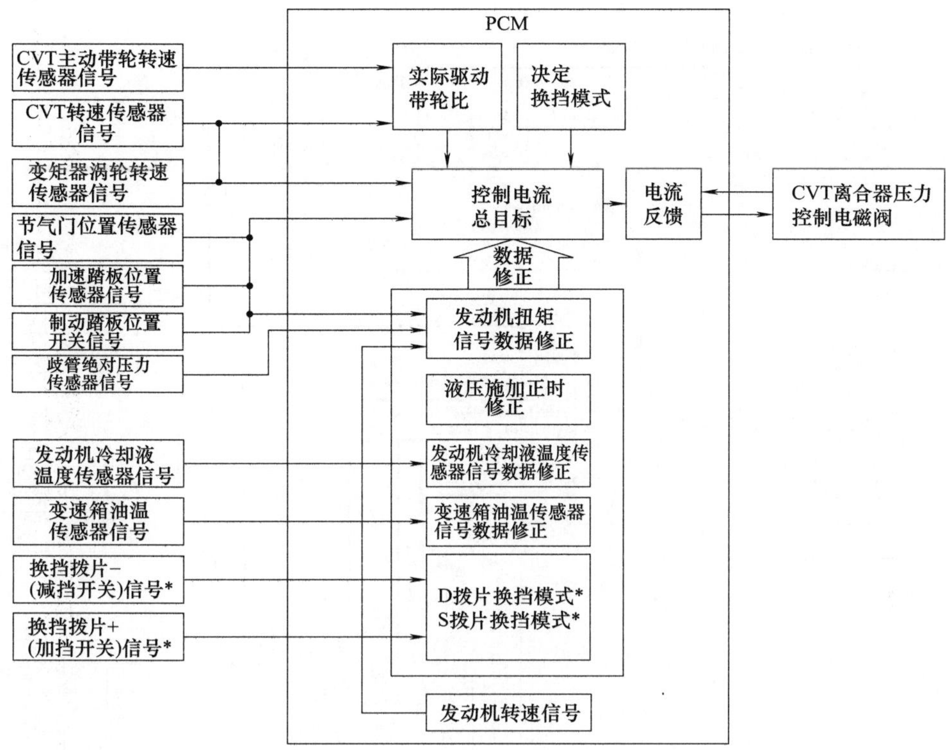

*:带换挡拨片

图 6-6　离合器压力控制原理

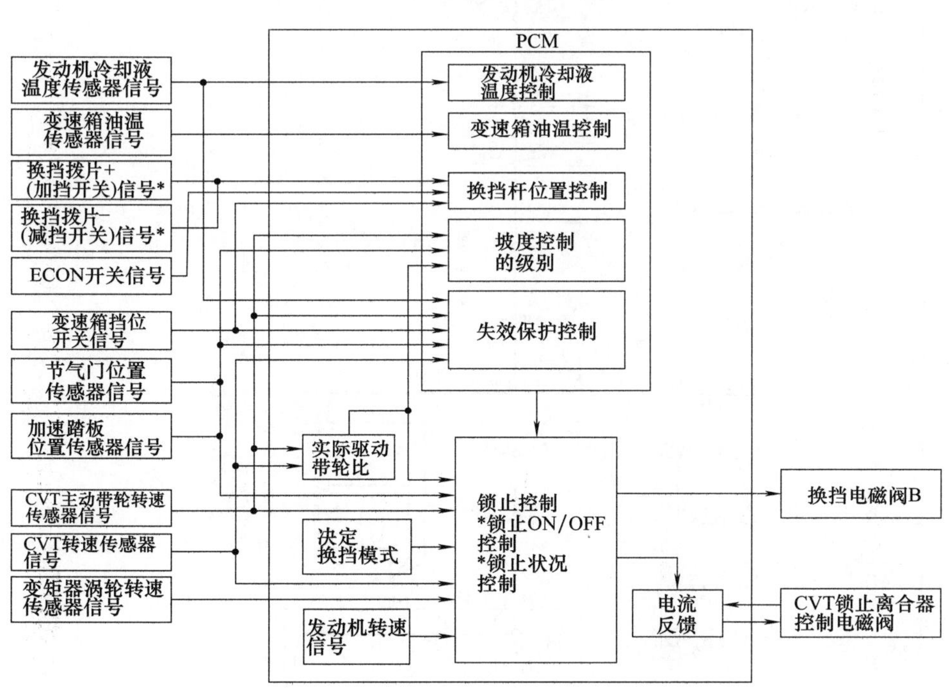

*:带换挡拨片

图 6-7　锁止控制原理

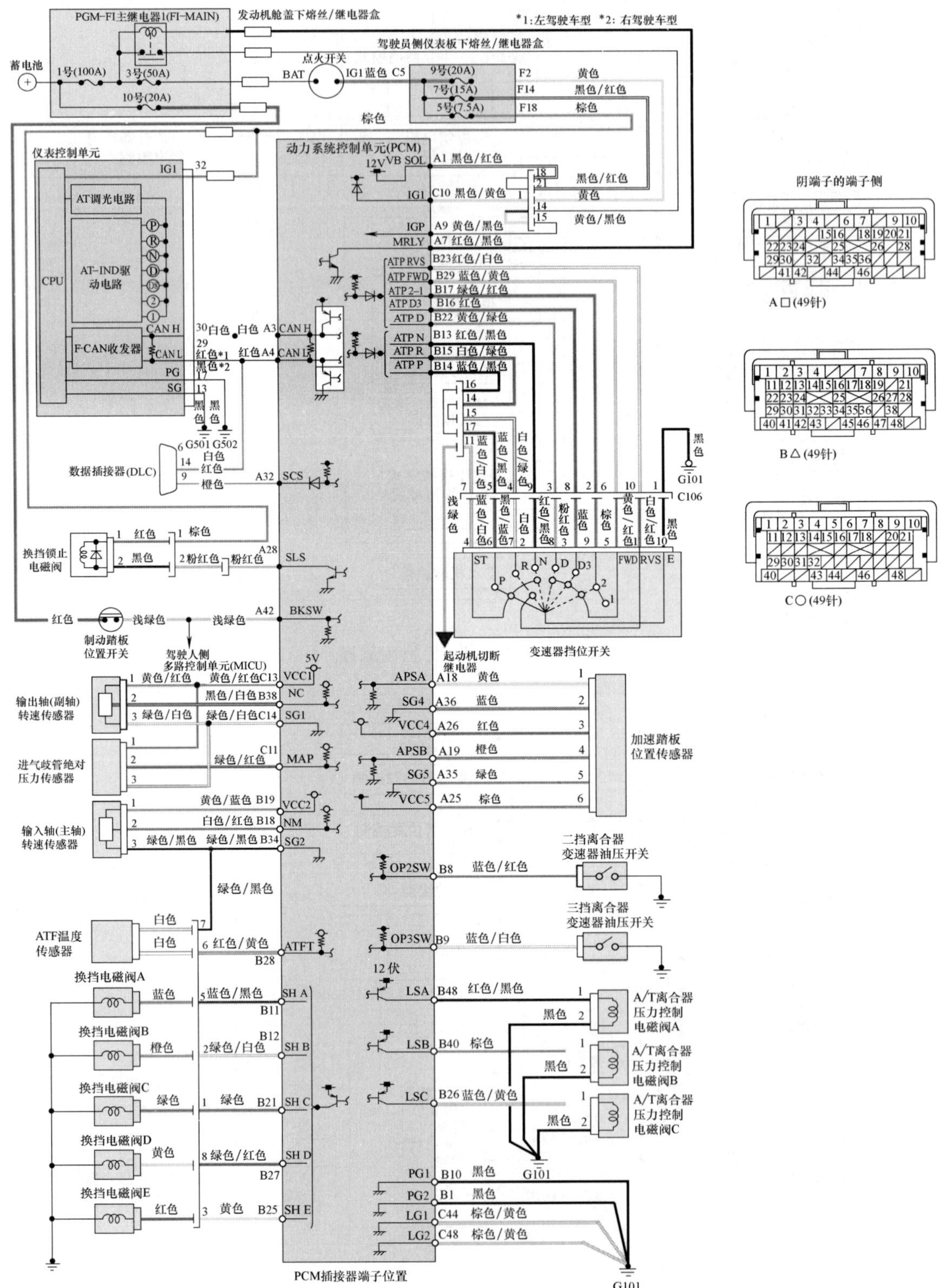

图 6-8 2008 年款广州本田雅阁自动变速器电路

表 6-1　各挡位换挡电磁阀开闭状态

位置	挡位	换挡电磁阀				
		A	B	C	D	E
D,D3	从 N 位置换挡	关闭	打开	打开	关闭	关闭
	保持在一挡	打开	打开	打开	关闭	关闭
	在一挡和二挡之间换挡	关闭	打开	打开	关闭	关闭
	保持在二挡	关闭	打开	关闭	打开	关闭或打开
	在二挡和三挡之间换挡	关闭	打开	打开	打开	关闭或打开
	保持在三挡	关闭	关闭	打开	关闭	关闭或打开
D	在三挡和四挡之间换挡	关闭	关闭	关闭	关闭	关闭或打开
	保持在四挡	打开	关闭	关闭	关闭	关闭或打开
	在四挡和五挡之间换挡	打开	关闭	关闭	打开	关闭或打开
	保持在五挡	打开	关闭	打开	打开	关闭或打开
2	二挡	关闭	打开	关闭	打开	关闭
1	一挡	打开	打开	打开	关闭	关闭
R	从 P 和 N 位置换挡	关闭	打开	关闭	关闭	打开
	保持在倒挡	打开	打开	关闭	关闭	打开
	倒挡禁止	关闭	关闭	打开	关闭	关闭
P	驻车挡	关闭	打开	关闭	关闭	打开
N	空挡	关闭	打开	打开	关闭	关闭

PCM 激活 A/T 离合器压力控制电磁阀 A、B 和 C，以控制离合器压力。在低挡和高挡之间换挡时，A/T 离合器压力控制电磁阀 A、B 和 C 控制离合器压力，使离合器平稳接合与分离。

PCM 从各种传感器和开关中接收输入信号，进行数据处理，并输出电流到 A/T 离合器压力控制电磁阀 A、B 和 C。

换挡电磁阀 E 通过控制液压来切换锁止换挡阀和锁止的打开及关闭。PCM 驱动换挡电磁阀 E 和 A/T 离合器压力控制电磁阀 A 开始锁止。A/T 离合器压力控制电磁阀 A 施加并调节锁止控制阀的液压，以控制锁止量。

锁止机构在 D 位置（二挡、三挡、四挡和五挡）以及 D3 位置（二挡和三挡）工作。

任务三　自动变速器控制系统故障诊断

故障现象　一汽大众速腾汽车装备 09G 自动变速箱，将该车挂 D 挡，起步加速时一挡升二挡过程中车身闯动、换挡冲击大，且每次从 D 挡起步时均有此现象发生。三挡、四挡、五挡之间换挡过程均正常。

故障诊断

① 用 VAS5051 进入网关安装列表查询，无故障存储。进入 02（自动变速箱系统）读取自动变速箱测量数据块，显示正常。自动变速箱控制单元编码正确。

② 检查 ATF 油油位和油质，正常，无明显的色泽变化（正常是暗红色）及烧焦气味；做自动变速箱的失速试验，发动机转速在 2000r/min 左右，证明自动变速箱内部离合器与制动器等摩擦元件正常。

③ 09G 自动变速箱升挡工作原理：一挡升二挡过程中，自动变速箱一挡、二挡切换时参加的执行元件有 K1 和 B1，相应的电磁阀有 N92 与 N283，如图 6-9 所示。

自动变速器一挡、二挡切换时参加工作的执行元件有K1和B1，相应的电磁阀有N92与N283

挡位(速比)	多片式离合器			制动盘		飞轮
	K1	K2	K3	B1	B2	F1
1(4.148)	×				(×)	×
2(2.37)	×			×		
3(1.556)	×		×			
4(1.159)	×	×				
5(0.859)		×	×			
6(0.686)		×		×		
R(3.394)			×		×	

(×)仅发动机制动

图 6-9　速腾 09G 自动变速器升挡元件关系图

④ 检查电磁阀 N92 与 N283 线路：用万用表测量线路，无短路和开路现象，如图 6-10 所示。

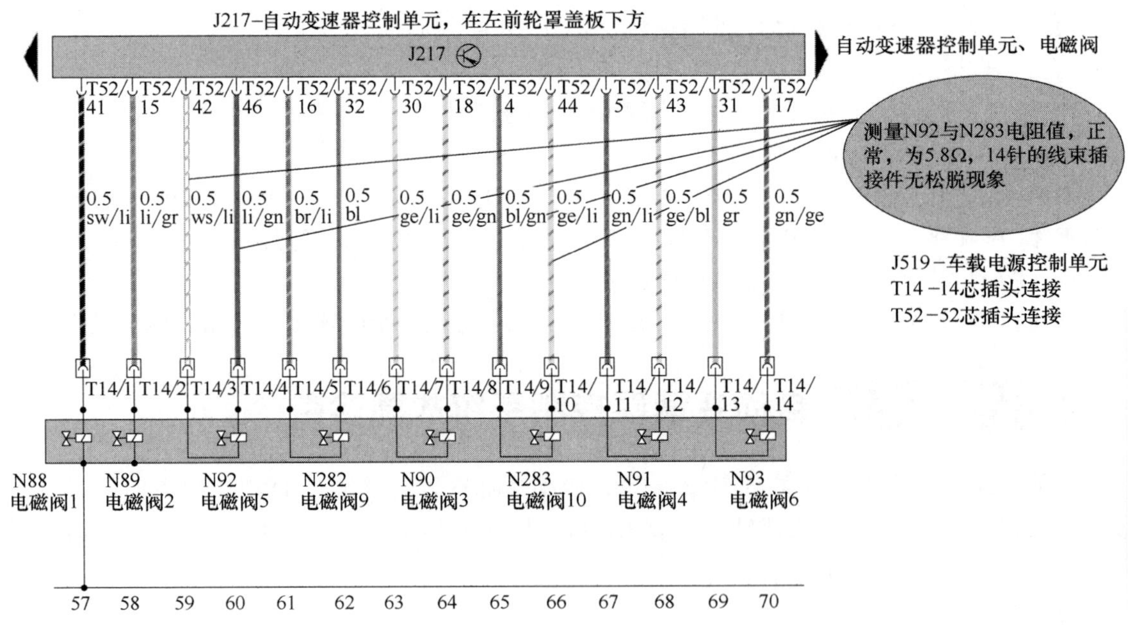

图 6-10　速腾 09G 变速器 N92 与 N283 线路检查图

⑤ 拆下自动变速箱的滑阀箱，检查 N283 电磁阀工作性能（是否堵塞、卡滞），正常，如图 6-11 所示。

⑥ 进一步拆检与 N283 电磁阀相连的机械阀，发现机械阀的弹簧断成两段，如图 6-12 所示。

原因分析　自动变速箱滑阀箱中，与 N283 电磁阀相连的机械阀弹簧本身存在瑕疵，在正常使用一段时间后断成两段；从图 6-13 可知 N283 电磁阀本身是电动调压阀，无占空比信号通过电磁阀时，油道的压力最大，此时机械阀压住机械阀弹簧；当电磁阀通占空比信号后，油道泄压，此时机械阀弹簧推动机械阀移动进行油道切换；但机械阀弹簧断成两段后总弹簧力小于原来值，在 N283 电磁阀通占空比信号后机械阀弹簧不能迅速推动机械阀移动进行油道切换（迟滞现象），导致 B1（制动器）的活塞不能迅速移动，结合迟缓，造成一挡升二挡时车身闯动，换挡冲击大。

图 6-11　检查 N283 电磁阀

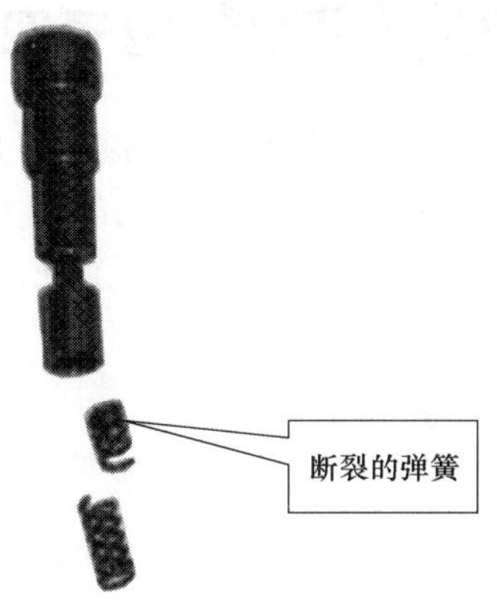

图 6-12　机械阀弹簧断裂引发故障

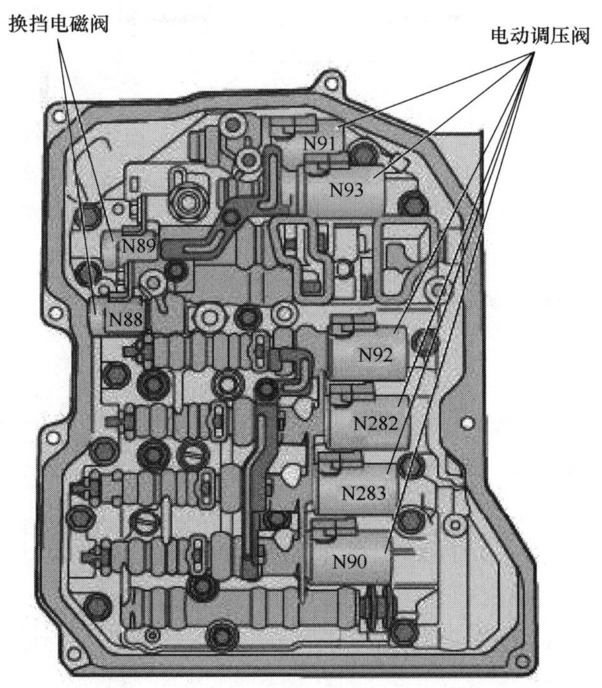

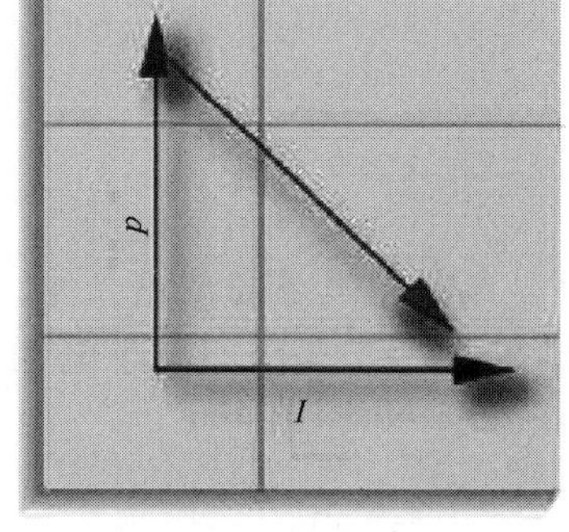

带下降特性曲线的调压阀
N92、N93、N282和N283

图 6-13　09G 变速箱电磁阀特性分析图

故障排除 更换新的 09G 自动变速箱滑阀箱，问题解决。

项目二

电子四驱控制系统电路

任务一 电子四驱控制电路概述

以荣威 RX8 车型为例，该车采用基于后驱布置的全轮驱动技术。智能分动器由 TCCM 控制，可实现高、低两种速比的动力传递，同时通过扭矩管理器控制传递到前桥的扭矩。该车型四轮驱动动力流向如图 6-14 所示。

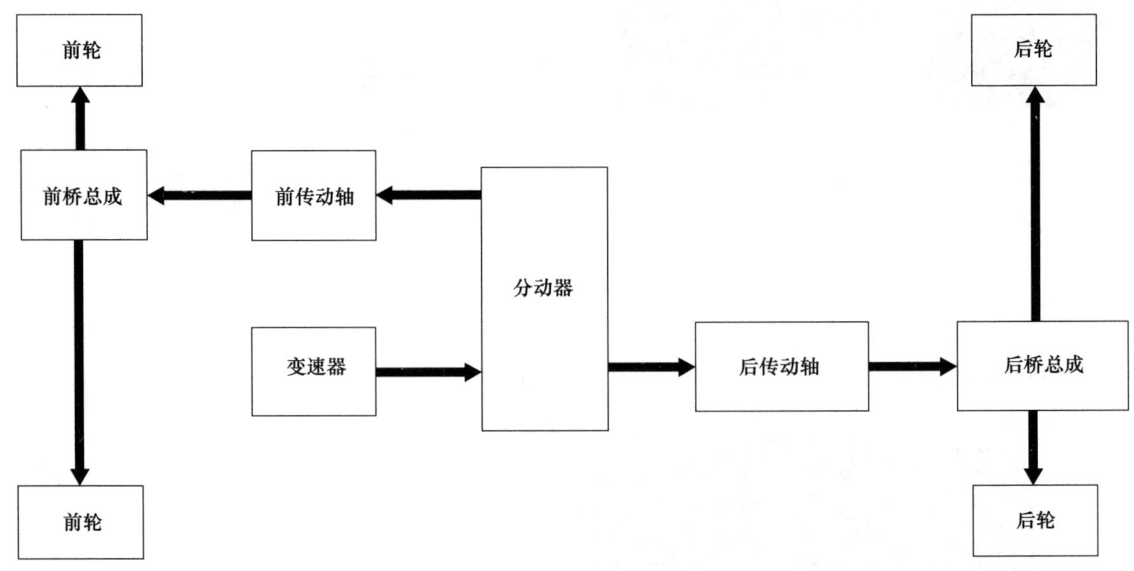

图 6-14 四轮驱动系统动力流向

智能分动器总成由壳体、输入轴、后输出轴、前输出轴、行星齿轮机构、换挡齿套、换挡拨叉、换挡毂、换挡电动机、扭矩管理器、链条等部分组成。其内部结构如图 6-15 所示。

四轮驱动控制模块位于驾驶员座椅下方。TCCM 根据相关的输入信号，利用一定的控制算法对扭矩管理器的工作电流大小进行调节，进而控制传递至前桥的扭矩；同时控制分动器电动机的旋转，实现高速挡和低速挡的切换。四轮驱动系统控制原理如图 6-16 所示。

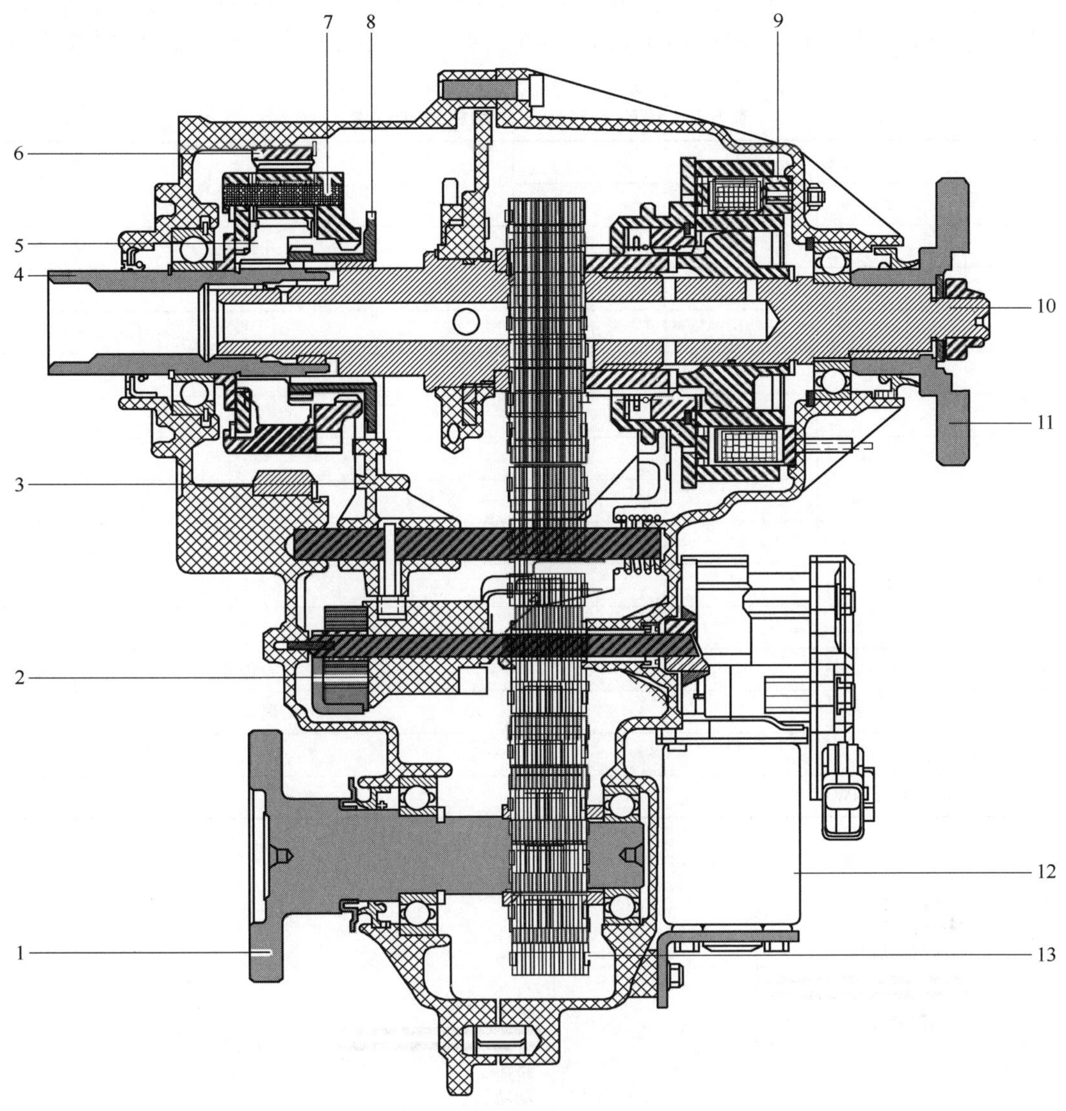

图 6-15 四轮驱动总成内部结构

1—前输出法兰；2—换挡毂；3—换挡拨叉；4—输入轴；5—太阳轮；6—齿圈；7—行星架；8—换挡齿套；9—扭矩管理器；10—后输出轴；11—后输出法兰盘；12—换挡电动机；13—链条

任务二 电子四驱控制电路分析

以荣威 RX8 车型为例，该车四轮驱动控制系统电路如图 6-17 所示。

打开点火开关时， TCCU 通过 CAN 向仪表盘发送相关数据以便进行 4WD LOW、4WD HIGH 指示灯检验，这时指示灯点亮 0.6s， TCCU 通过启动 1.5s 的离合器线圈和轮毂电磁阀开始自诊断。

当打开点火开关之后，选择器开关定位和换挡电动机定位不一致时，换挡电动机被强制移动到选择器开关的方向。

当换挡电动机开始运转之后，指示灯以 0.3s 的间隔进行提示，待换挡完成或取消换挡之后闪亮提示会自动终止。位置编码器为 TCCU 方便识别换挡电动机的位置而设置的编码器。用于 TCCU 确定换挡电动机位置。编码器代码与电动机对应位置如表 6-2 所示。

表 6-2 编码器代码与电动机对应位置

位置代码				电动机位置
1	2	3	4	
0	0	0	0	左停止
1	0	1	0	2H
0	0	1	0	1 区
0	1	1	0	2 区
0	0	1	0	3 区
0	0	1	1	4H
0	0	0	1	4 区
1	0	0	1	5 区
1	0	0	0	6 区
1	1	0	0	4L
0	0	0	0	右停止
1	1	1	1	编码器关闭
输入电压 1:4.5V 以上(HIGH)				
输入电压 0:0.5V 以下(LOW)				

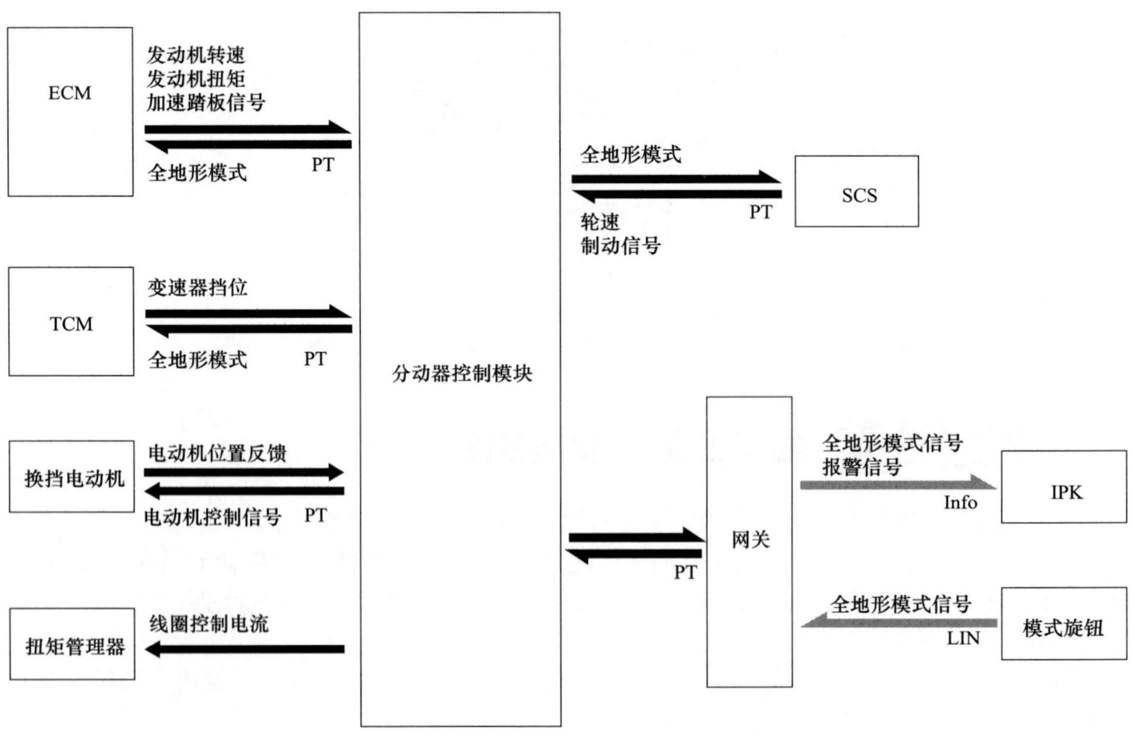

图 6-16 四轮驱动系统控制原理

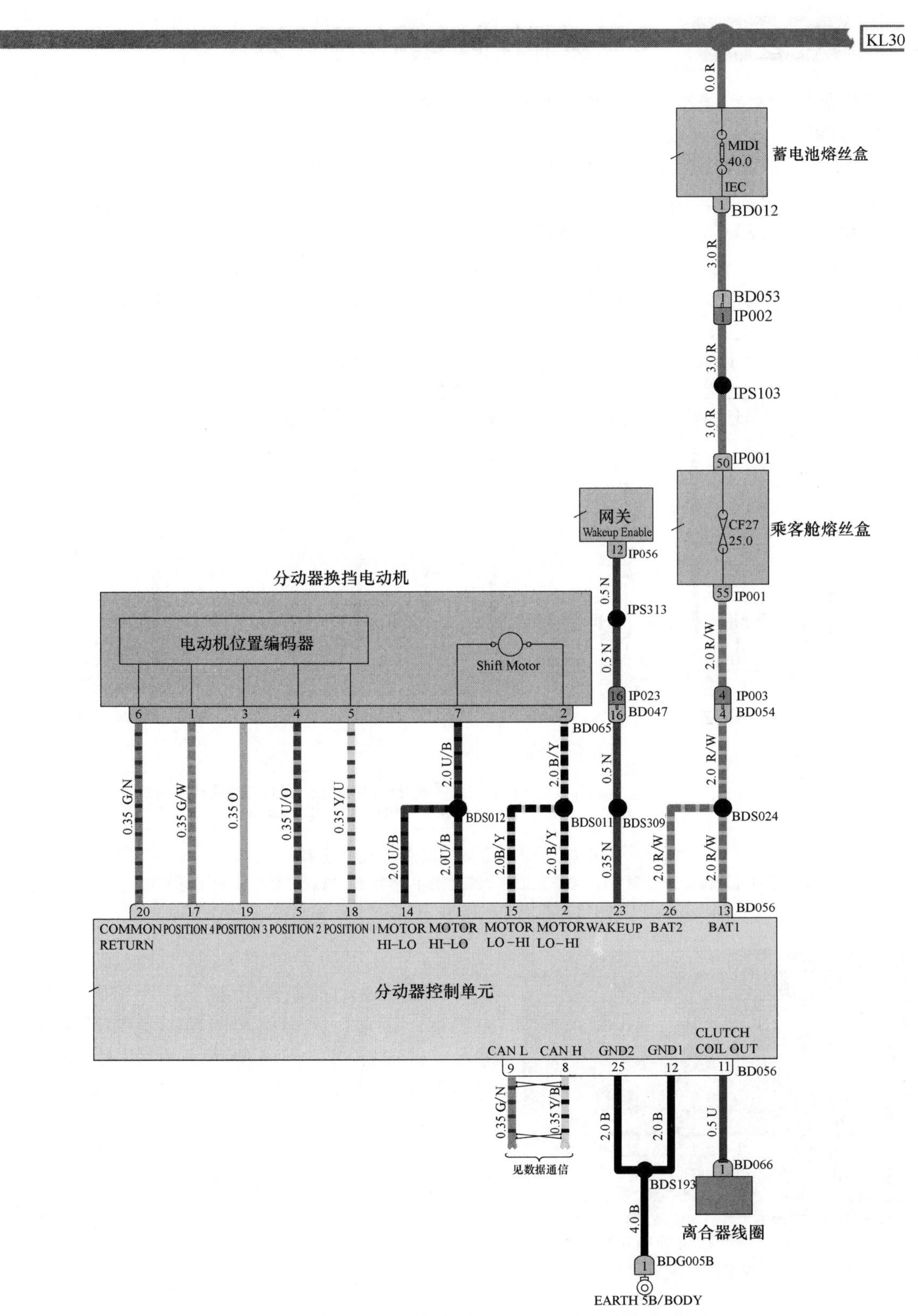

图 6-17　四轮驱动控制系统电路（2018 年款荣威 RX8 车型）

 任务三 电子四驱控制电路故障诊断

故障现象 奥迪 A8 车型显示差速器故障，警告灯亮起。

故障诊断

① 询问客户，客户反映在急转弯时仪表会提示差速器故障，并有警告灯报警。

② 使用大众 5052 诊断仪检测，四轮驱动控制单元（地址码 22）内有故障码，内容为机油压力和温度传感器无信号（偶发故障）。

③ 引导性故障查询导航提示故障原因可能为：信号线对地短路；传感器公共接地连接断路；两信号导线中短路；油压及温度传感器 G437 有故障。传感器与控制单元连接电路如图 6-18 所示。

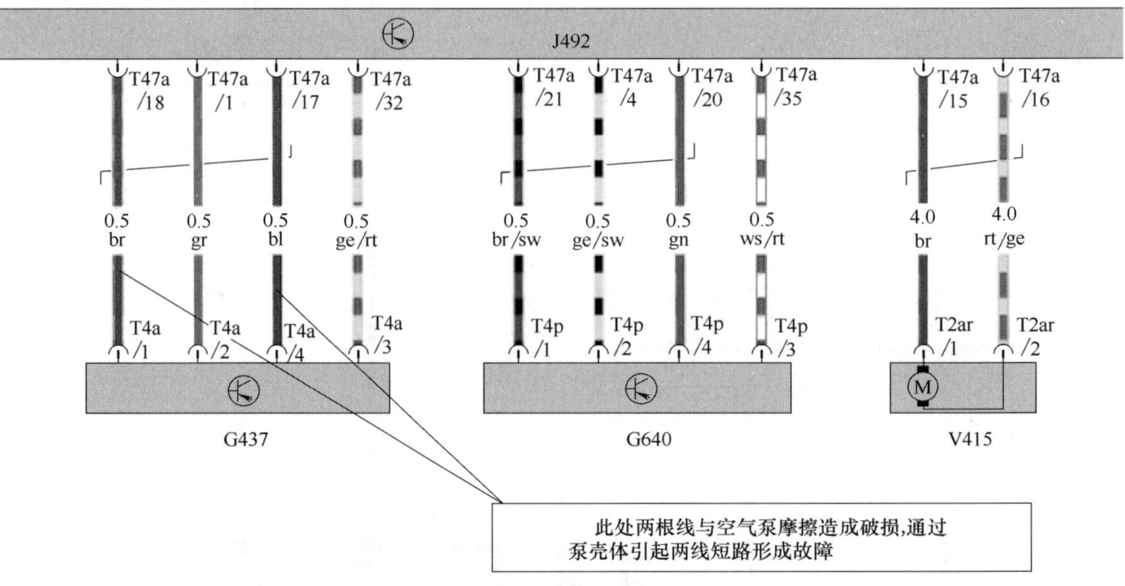

图 6-18 传感器与控制单元连接电路

G437—机油油位和机油温度传感器；G640—机油压力和温度传感器 2；J492—全轮驱动控制单元；T2ar—2 芯插头连接；T4o，T4p—4 芯插头连接；T47a—47 芯插头连接；V415—全轮驱动泵

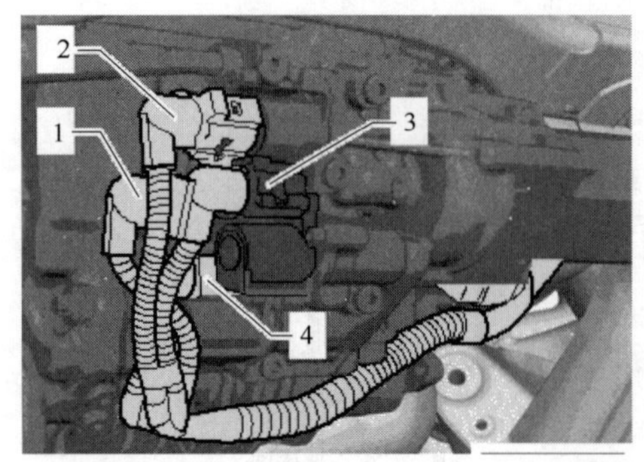

图 6-19 各线束插件和线束分布正确安装位置

1—机油压力和机油温度传感器 2（G640）；2—机油压力和机油温度传感器 1（G437）；3—四轮驱动离合器阀门 2（N446）；4—四轮驱动离合器阀门 1（N445）

④ 用万用表检查传感器 G437 到控制单元 J492（四轮驱动控制单元装于备胎槽左侧）之间的线束，正常，无短路和断路；插头无破损，无进水。读取控制单元各传感器的数据，也正常。尝试更换传感器 G437，并执行基本设置，试车故障未出现，于是交于车主使用。

⑤ 第二天车主反映，故障依旧存在。于是再次送修，检查线束，将车辆后部空气泵防护盖板拆下，发现传感器到控制单元之间的线束有一段卡在空气泵的上方工作区域，将线束拉下发现蓝色线（传感器信号线）和棕色线（接地线）外表已破损，对线束重新固定包扎后，故障未再出现。各线束插接件和线束分布正确安装位置如图 6-19 所示。

原因分析　由于线路走向位置不对，当空气泵工作发生震动或车辆急转弯时，线束和空气泵壳体长时间摩擦导致破损，造成与壳体短路，引起故障。

故障排除　对线路进行重新走位固定并包扎处理。

项目三

电子悬架系统电路

任务一　电子悬架系统电路概述

悬架是车架（或承载车身）与车桥（或车轮）之间一切传力连接装置的总称。其作用是连接和传递各种力矩，缓冲和吸收路面产生的冲击与振动，保证乘坐和驾驶的舒适性。传统的被动悬架只能保证在一种特定的道路状态和速度下达到性能最优化，而电控调节悬架系统可以使悬架的刚度、减振器的阻尼系数、车身高度随汽车载荷、行驶速度、路面状况等行驶条件的变化而变化。它既能适应在不同道路条件下的行驶要求，又可保证驾乘人员的舒适性和安全性。

TEMS（Toyota Electrnnic Modulated Suspsnsion）电控悬架，根据弹性元件的不同可分为电控空气悬架和电控液压悬架，根据调节方式的不同可分为半主动悬架和主动悬架。

TEMS 系统由电控系统（悬架 ECU、高度控制传感器、转向传感器、节气门位置传感器、车速传感器、行驶控制开关 LRC、高度控制开关、制动灯开关、门控开关、空挡启动开关等）、空气悬架系统（空气压缩机、空气弹簧、阻力可调减振器等）及执行器（悬架控制执行器、高度控制阀等）三部分组成。控制系统可分为信息输入部分、控制单元和执行部件。丰田车系电控悬架系统电路如图 6-20 所示。

TEMS 系统根据汽车行驶状况，由各种控制开关及传感器把信息送到 ECU 进行计算并与设定参数比较后发出控制信号使执行器工作，进而调节减振器阻尼力的大小和改变悬架弹簧的刚度。车身高度的控制则是通过控制空气压缩机给空气弹簧充气或排气电磁阀通电进行排气，来调节车身的高度。

电子控制悬架系统主要有四种结构形式：空气悬架、液压悬架、电磁悬架以及电子液力悬架。电子控制悬架系统包括动力源（液压泵或空气压缩机等）、产生力和扭矩的主动作用器（油缸、汽缸、伺服电机、电磁阀等），以及测量元件（如加速度、位移和力传感器等）和控制系统等。电子控制悬架系统的主要功能是根据车身高度、车速、转向角度及速率、制动等信号，由电子控制单元（ECU）控制悬架执行机构，使悬架系统的刚度、减振器的阻尼力及车身高度等参数得以改变，从而使汽车具有良好的乘坐舒适性和操纵稳定性。

电子控制悬架系统基本由以下四个部分组成。

① 传感器：车身高度传感器、车速传感器、加速度传感器、方向盘转角传感器、节气门位置传感器。

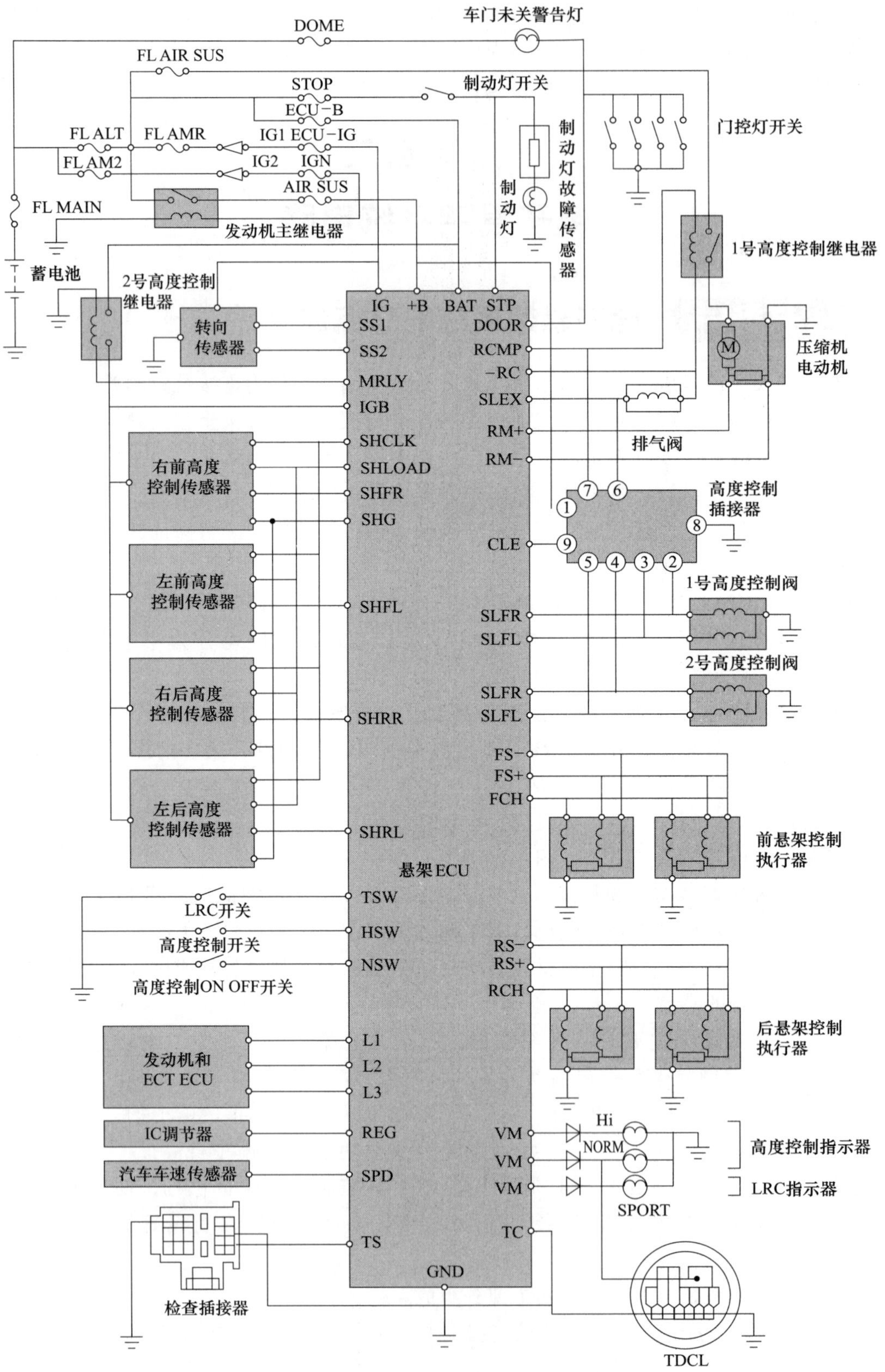

DOME
车门未关警告灯
FL AIR SUS
STOP
制动灯开关
ECU-B
门控灯开关
FL ALT
FL AMR
IG1 ECU-IG
FL AM2
IG2
IGN
AIR SUS
制动灯故障传感器
制动灯
FL MAIN
发动机主继电器
1号高度控制继电器
蓄电池
2号高度控制继电器
IG +B BAT STP
转向传感器
SS1
SS2
MRLY
IGB
DOOR
RCMP
-RC
SLEX
RM+
RM-
压缩机电动机
排气阀
右前高度控制传感器
SHCLK
SHLOAD
SHFR
SHG
高度控制插接器
CLE
左前高度控制传感器
SHFL
1号高度控制阀
SLFR
SLFL
2号高度控制阀
SLFR
SLFL
右后高度控制传感器
SHRR
FS-
FS+
FCH
左后高度控制传感器
SHRL
前悬架控制执行器
悬架ECU
LRC开关
TSW
高度控制开关
HSW
NSW
高度控制ON OFF开关
RS-
RS+
RCH
后悬架控制执行器
发动机和ECT ECU
L1
L2
L3
IC调节器
REG
汽车车速传感器
SPD
Hi
NORM
VM
VM
VM
高度控制指示器
LRC指示器
SPORT
TS
TC
GND
检查插接器
TDCL

图 6-20 丰田车系电控悬架系统电路

② 开关：模式选择开关、制动灯开关、停车开关、车门开关。

③ 电子控制单元（ECU）。

④ 执行机构：可调阻尼力的减振器，可调节弹簧高度和弹性大小的弹性元件等。

任务二 电子悬架系统电路分析

以丰田第 12 代皇冠车型的电控空气悬架系统为例，其电路如图 6-21 所示。

悬架控制 ECU 控制带干燥器的压缩机和电动机，并通过分析来自开关、传感器和输入信号的信息，利用电磁阀控制车辆高度。通过 4 个高度控制传感器，悬架控制 ECU 检测由乘员数量和载重量引起的车辆高度的变化。然后，悬架控制 ECU 控制高度控制电磁阀和带干燥器的压缩机及电动机，以自动调节车辆高度并将其保持在恒定（正常）水平。通过操作高度控制开关可选择两种车辆高度："HEIGHT HIGH"和正常。顶起车辆时，将发动机开关置于 OFF 位置可禁用自动高度调节功能，如果发动机运转的情况下顶起车辆，则通过连接 DLC3 的端子 3（TEM）和 4（CG）可禁用高度控制功能。

悬架控制 ECU 接收来传感器和开关的信号，从而控制减振器控制执行器。悬架控制 ECU 根据驾驶条件和路况并利用这些信号优化控制减振力度。

任务三 电子悬架系统故障诊断

故障现象 奥迪 A8 3.0BBJ 车型空气悬架的高位、自动、舒适、运动模式无法正常调节，车身高度处于最低位置。

故障诊断

① 经检查空气悬架系统有一个偶发故障码，内容为空气悬架空气泵过热。

② 启动发动机检查，空气泵也工作，但就是车身高度无法升起。

③ 检查悬架及相关气压管路，也没有漏气和堵塞现象。

④ 经测量管路气压仅为 0.03bar（$1bar=10^5Pa$），单独测量泵的压力最高为 0.05bar，因为系统的剩余工作压力至少为 3.5bar，所以判定空气泵已经损坏。

⑤ 更换新空气泵后此故障排除，但发现空气泵工作不会停，查询无任何故障。

⑥ 在检查空气泵继电器 J403 时发现，J403 的供电和控制均正常，拆开继电器发现触点烧蚀，无法断开，更换继电器后故障完全排除。空气泵继电器连接电路如图 6-22 所示。

故障排除 更换空气悬架的空气泵和继电器 J403 后故障排除。

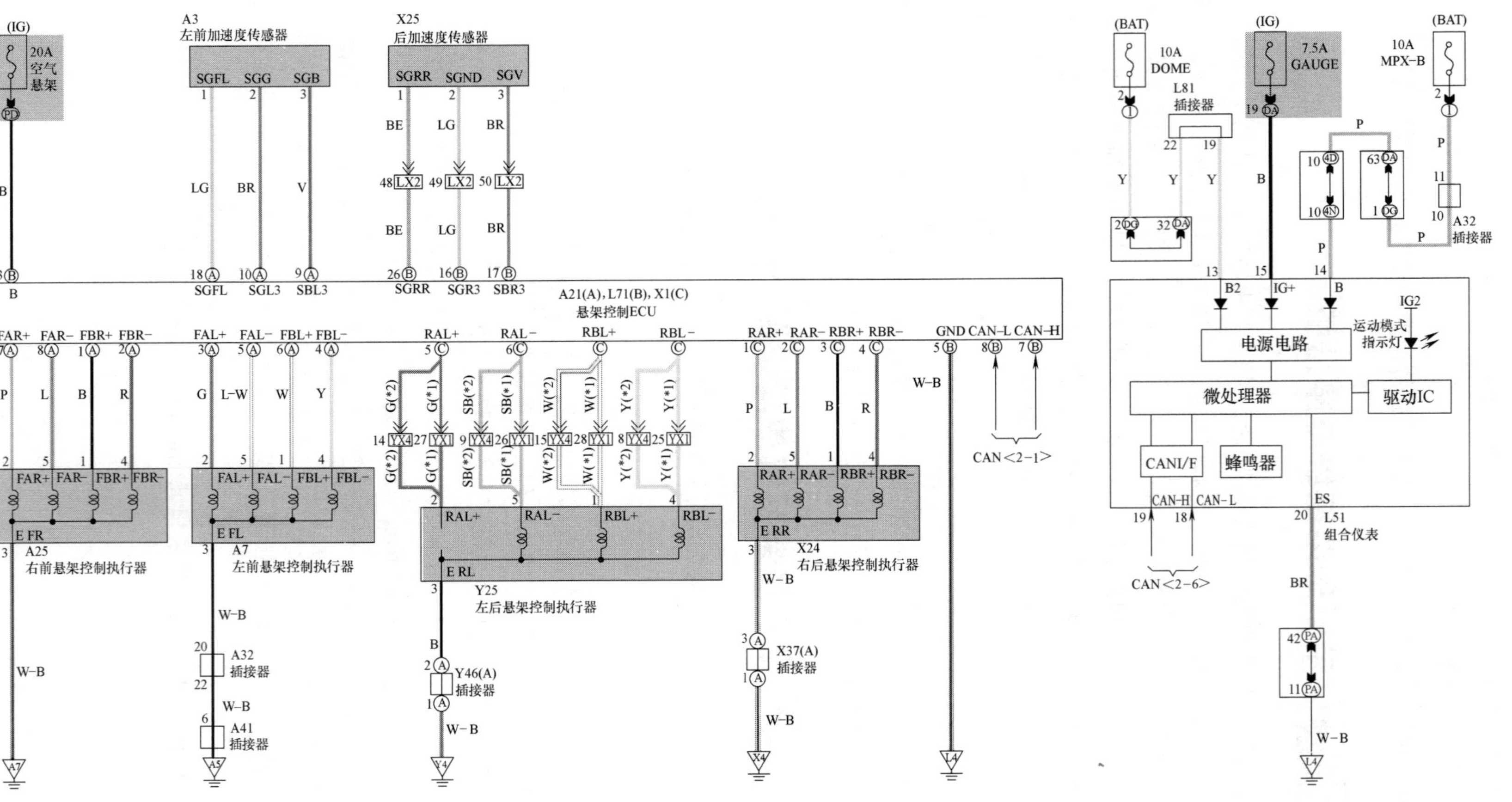

图 6-21 电控空气悬架系统电路（丰田第 12 代皇冠车型）

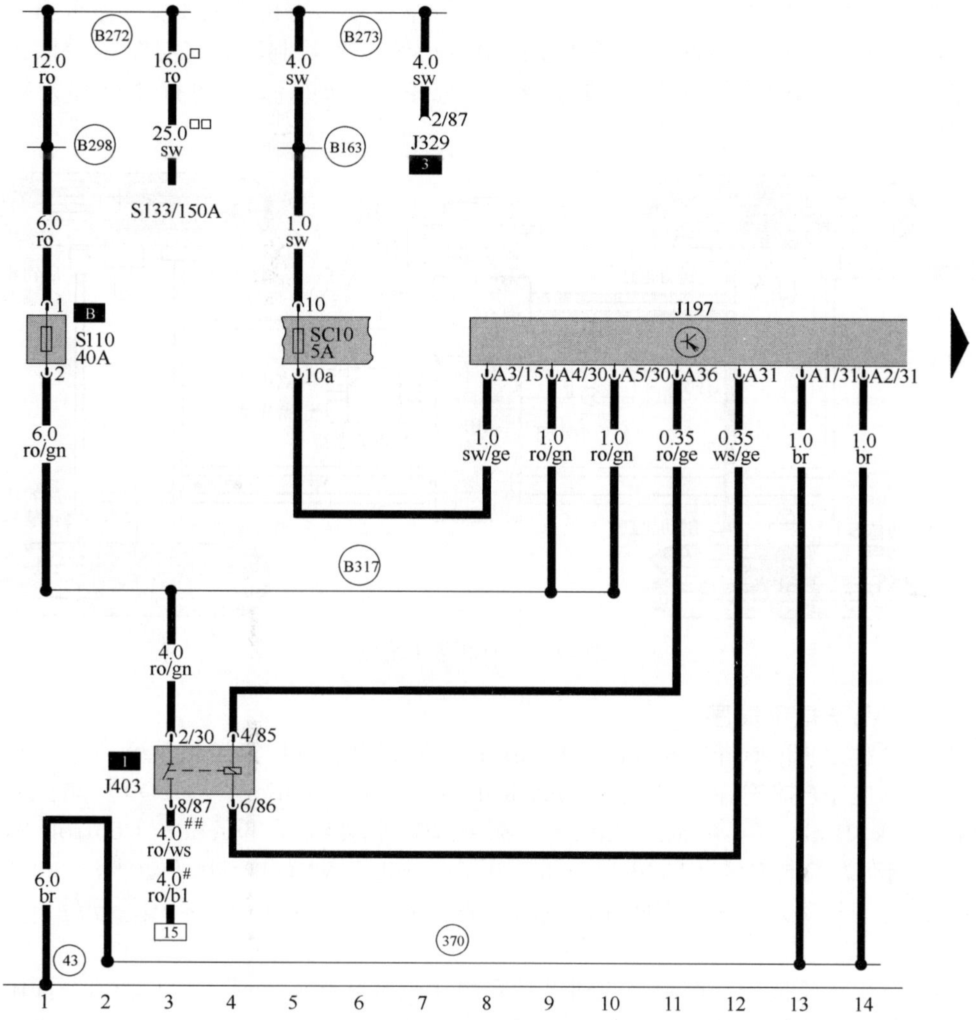

图 6-22　空气泵继电器连接电路

J197—水平高度调节系统控制器；J329—端子 15 供电继电器；J403—水平高度调节系统压缩机继电器；
S110—水平高度调节系统熔丝；S133—熔断式熔丝 3，150 A，在后备厢内右后方；
SC10—熔丝座上的熔丝 10

项目四

制动控制系统电路

任务一　制动控制系统电路概述

1. ABS 防抱死制动系统

汽车驱动防滑控制系统包括防抱死制动系统（ABS）、牵引控制系统（TCS）、驱动防滑系统（ASR）和车辆横向稳定性控制系统（VSC）。该系统可以提高制动效能，防止汽车在制动、起步、驱动和转弯时产生侧滑，是保证行车安全和防止事故发生的重要措施。

ABS是一种主动安全装置，在制动过程中自动调节车轮制动力，防止车轮抱死，以获得最佳制动效能。ABS主要由轮速传感器、电控单元（ECU）和执行器三部分组成，如图6-23所示。

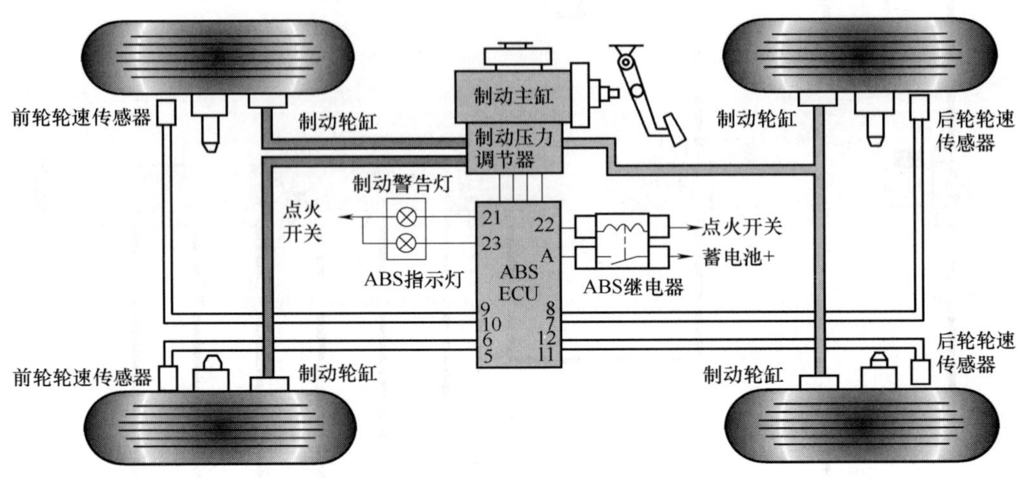

图6-23　ABS系统组成

2. ESP电子稳定程序

ESP的全称是Electronic Stability Program，常称为车身稳定控制系统。

ESP包括电子刹车分配力系统（Electrical Brake Distribution，EBD）、防抱死刹车系统（Anti-lock Brake System，ABS）、循迹控制系统（Traction Control System，TCS）、车辆动态控制系统（Vehicle Dynamic Control，VDC）等几项功能。

EBD：调节制动力分配，以防止车辆后轮先抱死，一般情况下只有模块硬件出现故障时才会失效。

ABS：防止车轮抱死，控制模块通过计算出车辆滑移率，控制车轮在峰值路面附着系数左右进行控制，这属于被动安全控制。

TCS：牵引力控制系统，作用工况通常为低附着力路面车辆起步时，车辆深度加速时，驱动轮滑转时，TCS发出请求发动机降扭同时轻微施加制动，使得车辆起步平顺，目前应用到的车辆，其技术水平已经可以达到在冰雪路面上全油门平顺起步。

VDC：车辆动态稳定控制系统，主要通过对单个车轮主动增压以纠正车轮的不足转向和过度转向。TCS和VDC属于主动增压，即不用施加制动踏板力即可以对制动管路施加压力。

ESP主要由传感器、执行器和电控单元（ECU）三大部分组成。传感器一般包括轮速传感器、方向盘转角传感器、侧向加速度传感器、横摆角速度传感器、制动主缸压力传感器等。执行器一般包括传统制动系统（真空助力器、管路和制动器）、液压调节器等。电控单元与发动机管理系统联动，可对发动机动力输出进行干预和调整。ESP系统组成部件如图6-24所示。

转速传感器不断地发送各车轮的转速信号。转向角传感器将数据直接通过CAN总线传给控制单元。控制单元根据这两种信息计算出车辆规定的转向及行驶特性。横向加速度传感器向控制单元发送车辆侧滑的信息，偏转率传感器向控制单元发送车辆离心趋势信息，控制单元根据这两种信息计算出车辆的实际状态。

如果规定值与实际值有偏差，则需要进行调节。

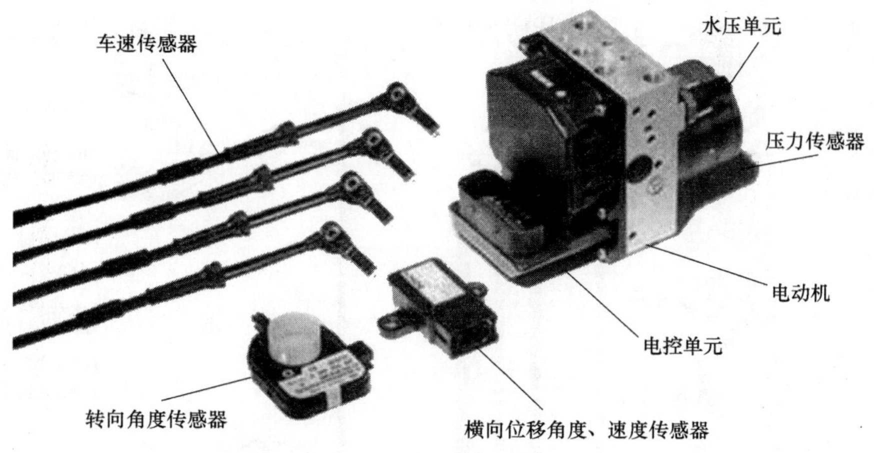

图 6-24 ESP 系统部件实体图

ESP 可决定下述内容。

① 哪个车轮应制动或加速到什么程度。

② 是否需降低发动机力矩。

③ 是否启动变速器控制单元（指自动变速器车）。

然后 ESP 系统根据收到的传感器数据来判定调节是否有效。如果是有效的，那么调节即结束， ESP 会继续监控车辆的行驶特性；如果无效，那么调节会继续进行。

调节开始后， ESP 指示灯会闪亮，以通知驾驶员 ESP 正在工作。博世 ESP 系统组成部件如图 6-25 所示，各部件输入和输出关系与控制原理如图 6-26 和图 6-27 所示。

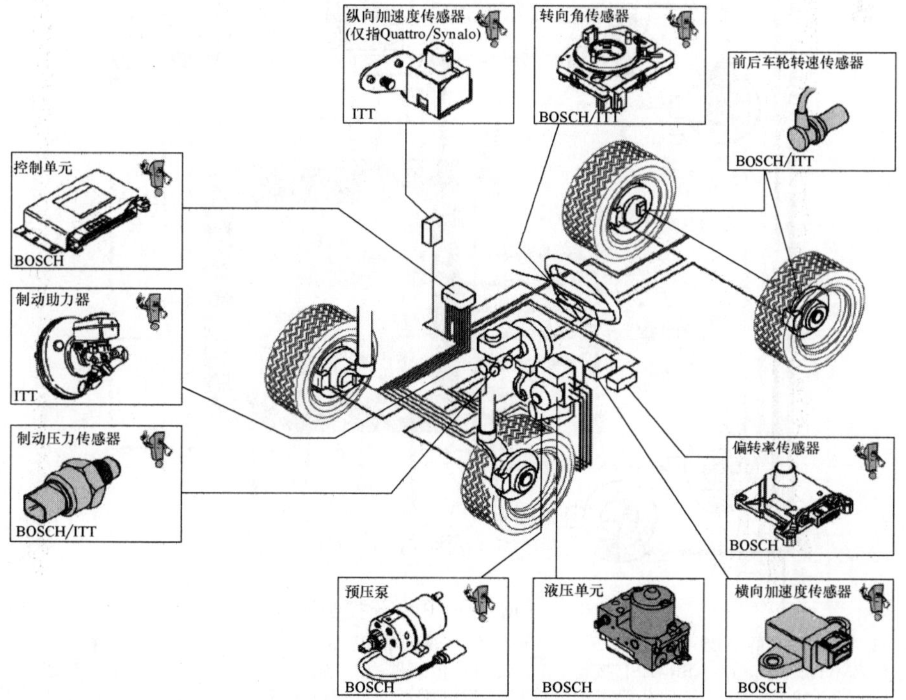

图 6-25 博世（BOSCH）ESP 系统组成部件

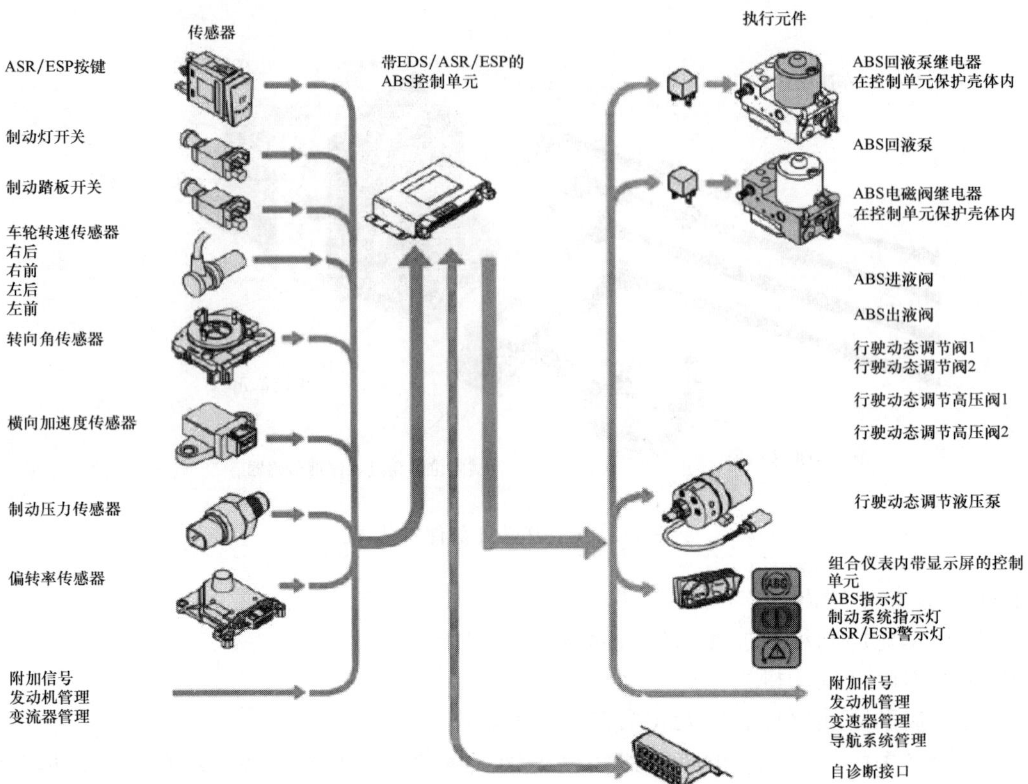

图 6-26 博世 ESP 系统部件输入和输出关系

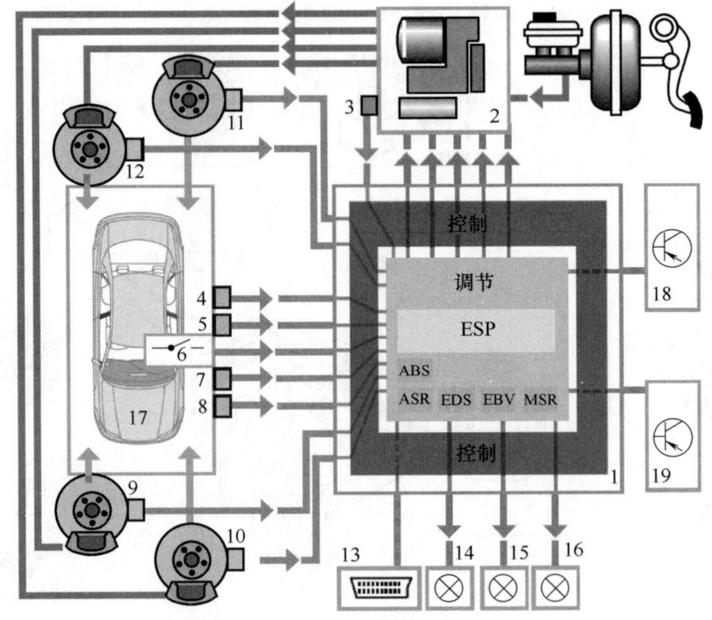

图 6-27 博世 ESP 系统控制原理

1—带 EDS/ASR/ESP 的 ABS 控制单元；2—带预压泵的液压单元；3—制动压力传感器；4—横向加速度传感器；5—偏转率传感器；6—ASR/ESP 按键；7—转向角传感器；8—制动灯开关；9～12—车轮转速传感器；13—自诊断线；14—制动装置指示灯；15—ABS 指示灯；16—ASR/ESP 指示灯；17—车辆及驾驶员状况；18—干涉发动机管理系统；19—干涉变速器管理系统（仅指自动变速器车）

任务二 制动控制系统电路分析

1. ABS 系统电路

本田第 8 代雅阁汽车装备的 ABS 系统电路如图 6-28 所示。

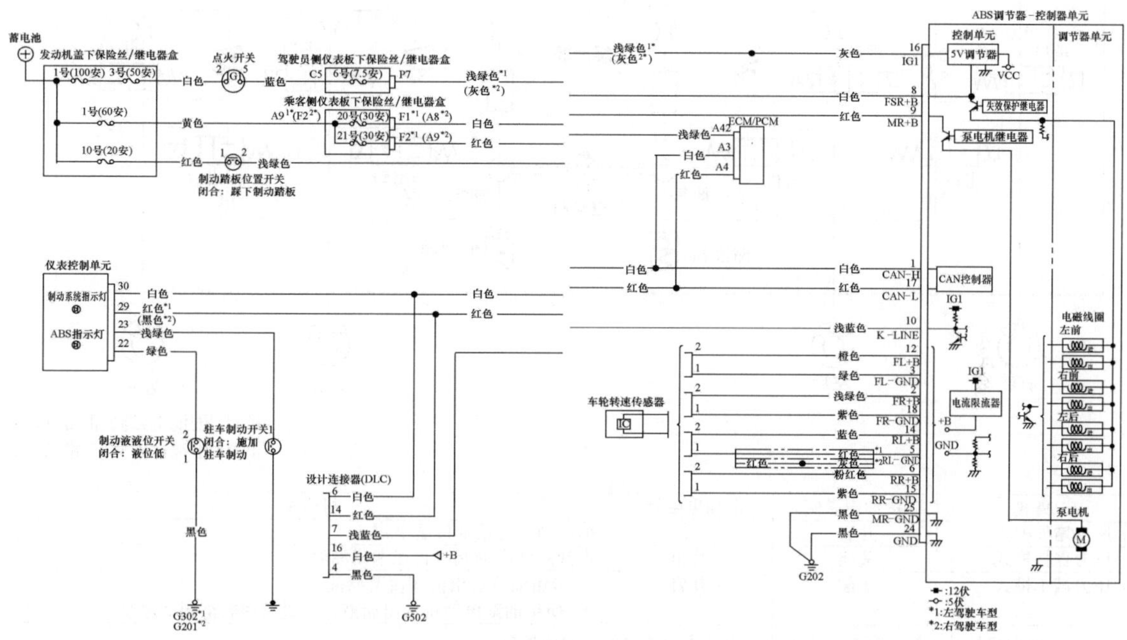

图 6-28 ABS 系统电路（本田第 8 代雅阁）

该系统由位于仪表控制模块内的 ABS 调制器控制装置、轮速传感器和系统指示灯组成。ABS 调制器控制装置控制防抱死制动和制动系统分配功能。

控制单元可根据接收到的轮速传感器信号测试轮速，然后根据测试的轮速计算出车速。该控制单元在减速时可根据减速率测试车速。控制单元可计算出车轮滑移率，并且当滑移率高时，控制单元将控制信号发送至调制器控制装置电磁阀。

ABS 运行之前，根据后轮负载情况调节后轮制动力时，电子制动力分配（EBD）有助于控制车辆制动。根据轮速传感器信号，控制单元使用调节器单独控制后制动器。当后轮速度小于前轮速度时，ABS 调制器控制装置关闭调节器进油阀，维持当前的后制动液压力。后轮速度提高并接近前轮速度时，ABS 调制控制装置瞬间开启进油阀，增加后制动液压力。整个过程将快速进行重复。该过程进行时，制动踏板会出现反弹现象。

ABS 调制器由进油电磁阀、出油电磁阀、储液箱、油泵、油泵电动机和缓冲腔等组成。调节器直接降低制动卡钳中的制动液压力。调制器为循环型，这是因为制动液通过制动卡钳、储液箱和制动总泵等进行循环。

液压控制有三种模式：压力增加、压力保持和压力减小。液压管路由四个独立的油路组成，每个车轮有一个油路。ABS 系统控制阀的工作状态如图 6-29 所示。

当 ABS 发生故障后，仪表盘上的 ABS 指示灯点亮，此时恢复到常规制动状态。DLC 为故障诊断接口。

2. VSA 系统电路

以本田第 8 代雅阁车型为例，该系统由 VSA 调节控制器单元、车轮转速传感器、转向

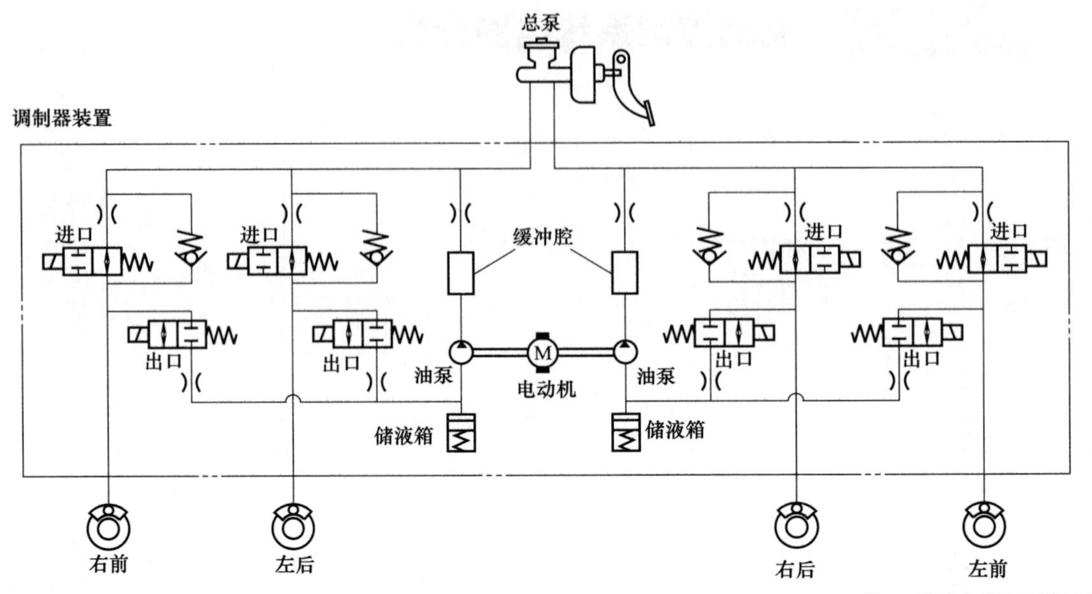

进口：进油电磁阀(正常开启)
出口：出油电磁阀(正常关闭)

模式	进油电磁阀	出油电磁阀	制动液
压力增加模式	开启	关闭	抽出制动总泵油液至卡钳
压力保持模式	关闭	关闭	进油阀和出油阀可止住卡钳油液
压力减小模式	关闭	开启	• 卡钳油液从出油阀流至储液箱 • 使用油泵电动机抽出储液，通过缓冲腔至制动总泵①

①：电动机持续运行，直至完成首次压力减小模式中的防抱死控制。

图 6-29　ABS 系统控制阀的工作状态

角传感器、横摆速度-横向加速度传感器和仪表控制单元中的系统指示器组成。VSA 调节控制器单元用每个车轮的制动压力和降低发动机扭矩控制 ABS、EBD、TCS、VSA 及制动辅助系统。控制单元根据它接收到的车轮转速传感器信号来检测车轮转速，然后根据检测到的车轮转速计算车辆速度。在减速过程中，控制单元根据车轮转速检测车辆速度。VSA 系统电路如图 6-30 所示。

控制单元计算每个车轮的滑移率，当滑移率高的时候，向调节器单元电磁阀发送控制信号。

液压控制有三种模式：压力增强、压力减小和压力保持。

电子控制制动力分配（EBD）的功能是帮助控制车辆制动，在 ABS 运行前根据后轮负载调整后轮制动力。根据车轮转速传感器信号，控制器单元用调节器分别控制后轮制动器。当后轮速度低于前轮速度时，VSA 调节控制器单元通过关闭调节器进口阀保持当前的后轮制动液压力。当后轮转速提高并接近前轮转速时，VSA 调节控制器单元通过瞬时打开进口阀提高后轮制动液压力。整个过程被快速地重复。发生这种情况时，可能感觉到制动踏板反冲。

当驱动轮在光滑路面上丧失牵引力并开始滑转时，VSA 调节控制器单元将对滑转车轮施加制动压力，并向 ECM/PCM 发送一个发动机转矩控制请求，以减慢滑转车轮并保持牵引力。

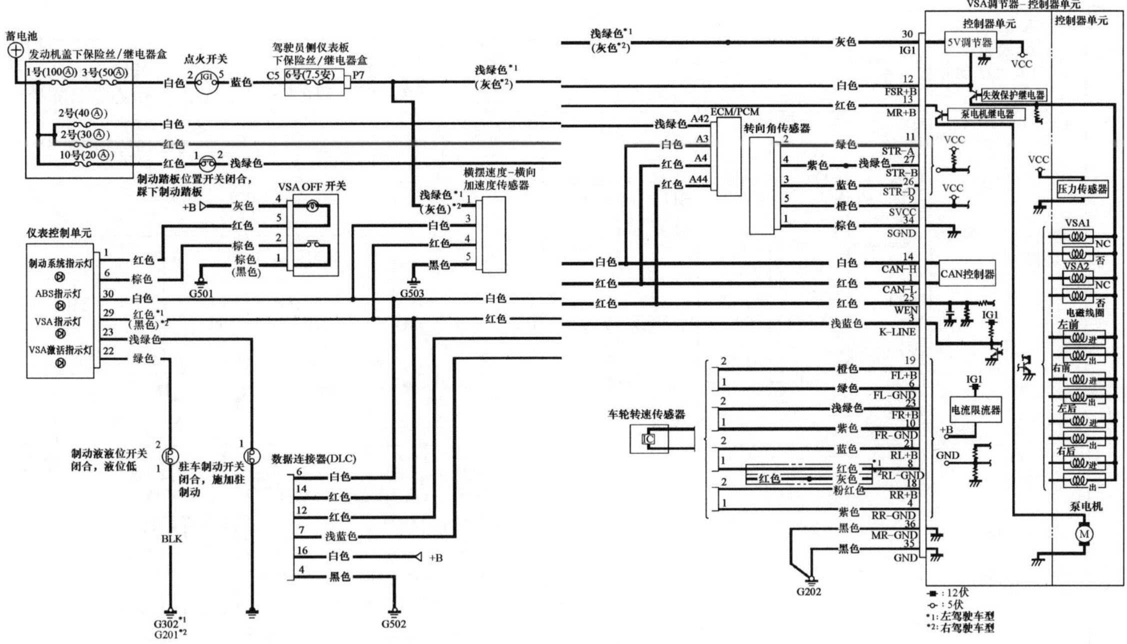

图 6-30 VSA 系统电路（本田第 8 代雅阁）

3. EPB 系统电路

驻车制动功能集成至电子制动开关模块。电子制动控制模块还包含当指令驻车制动器开关时接合和分离驻车制动器的逻辑电路。

拉起驻车制动器开关时，发送信号至电子制动控制模块，其将提供 12V 电压至接合控制电路并提供搭铁至分离控制电路，从而导致左右驻车制动器执行器激活，使驻车制动器接合。按下驻车制动器开关时，发送信号至电子制动控制模块，其将提供 12V 电压至分离控制电路并提供搭铁至接合控制电路，从而导致左右驻车制动器执行器激活，使驻车制动器分离。如图 6-31 所示为别克全新一代君越电子驻车系统电路。

电子制动控制模块将诊断驻车制动器电机电路以确认其工作正常。驻车制动器电机电路用于指令执行器电机操作，从而接合和释放驻车制动器。这些电路用于驱动执行器，执行器会向后制动钳活塞施加压力或释放该压力，最终接合和释放驻车制动器。

驻车制动电机位置传感器是一个驻车制动器执行器内部传感器，此传感器用于监测驻车制动电机的位置。

任务三 制动控制系统故障诊断

1. ABS 制动系统电路故障

故障主题 吉利海景车型 ABS 故障灯亮。

故障现象 用户反映该车 ABS 故障警示灯、 EBD 故障警示灯、制动系统故障警示灯常亮，用电脑检测仪读故障码时发现检测仪无法进入 ABS 系统。

故障诊断 先用检测仪对该车 ABS 系统进行检测，发现检测仪无法进入 ABS 系统，数次连接均显示通信中断。测量 ABS 的 HECU 11 号针脚的 K 线至检测接头，线路畅通。对 ABS 线束进行排查，机舱保险盒 F21、 F20 两个 ABS 保险分别至 HECU 的 2 号、 3 号针

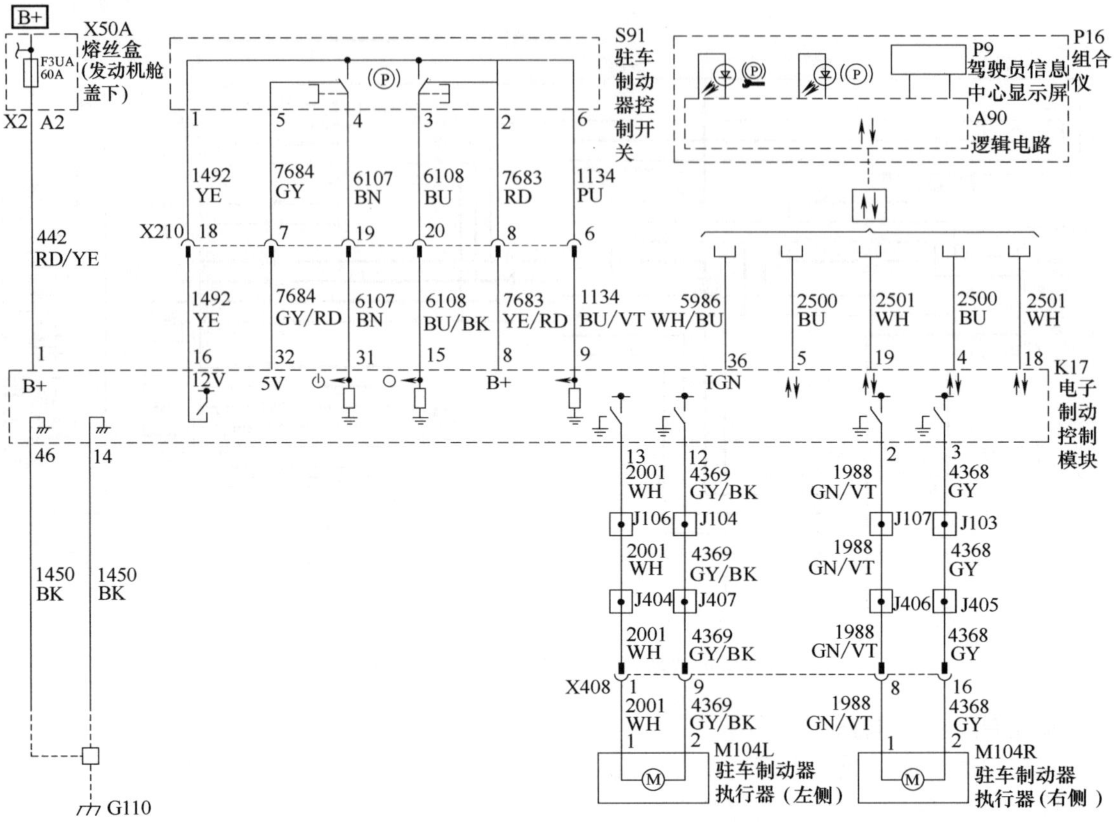

图 6-31 电子驻车系统电路（2018 年款别克全新一代君越）

脚线路，电源供给均正常。打开点火开关，测量点火开关至 ABS 的 HECU 18 号针脚的电源供给，也正常，检查 ABS 搭铁线固定螺栓并未松动。因此怀疑是 ABS 的 HECU 本身故障，更换 ABS 总成，插上线束接头，用检测仪试验能否进入时，发现检测仪仍无法进入 HECU。考虑到 ABS 电源供给正常，再次检查搭铁线，拆下搭铁线固定螺栓后发现固定螺母与车身焊接不牢靠且焊接点较小（图 6-32），造成 ABS 搭铁线电阻过大。

图 6-32 ABS 系统电路搭铁点焊接不良

故障排除 将ABS搭铁线重新固定在可靠、牢固的搭铁位置后故障排除。ABS系统接地点电路如图6-33所示。

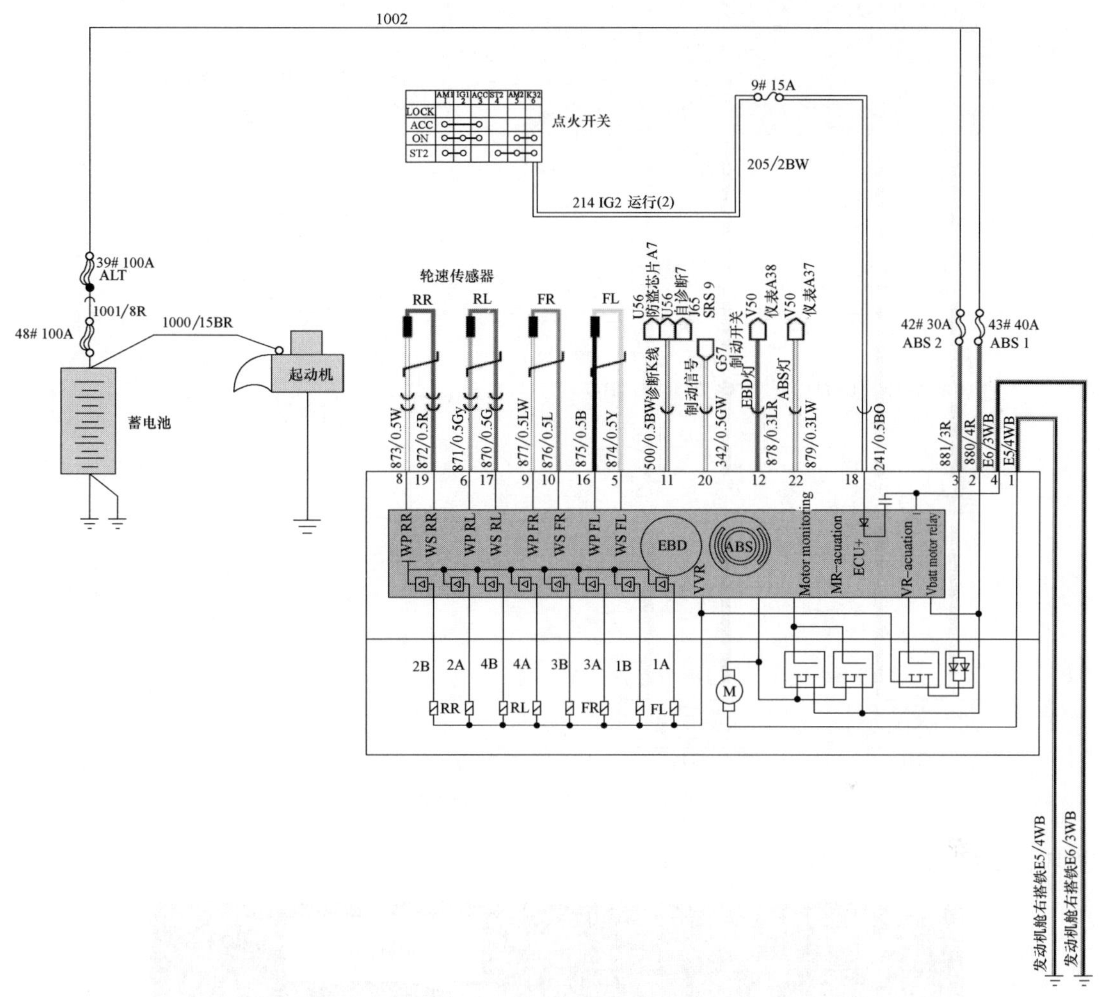

图 6-33 ABS系统接地点电路

2. ESP控制单元故障

故障现象 大众全新迈腾B7L车型仪表盘ESP警告灯常亮，仪表盘显示屏显示“故障：ESP”。

故障诊断

① 正常情况下，发动机运转后，ESP报警灯熄灭，ESP自动启用。在发动机运行时，如果仪表盘上的ESP警告灯常亮，说明ESP已停用，此时，ESP将不能稳定车身，车辆在某些行驶状况下可能出现打滑的风险。

② 使用VAS5052A检测，制动器电子系统中有2个静态故障码：00642——右前EDS转换阀N166损坏（静态）；00003——控制单元损坏静态，当前故障无法清除。

③ 查看电路图（图6-34），ABS泵、阀体、ESP控制单元集成于一体。

④ 检查ESP控制单元（图6-35）线束连接状况，良好。根据故障码内容，“前EDL转换阀N166损坏”与“控制单元损坏”，损坏均来自ABS泵总成内部，所以可判定该总成内

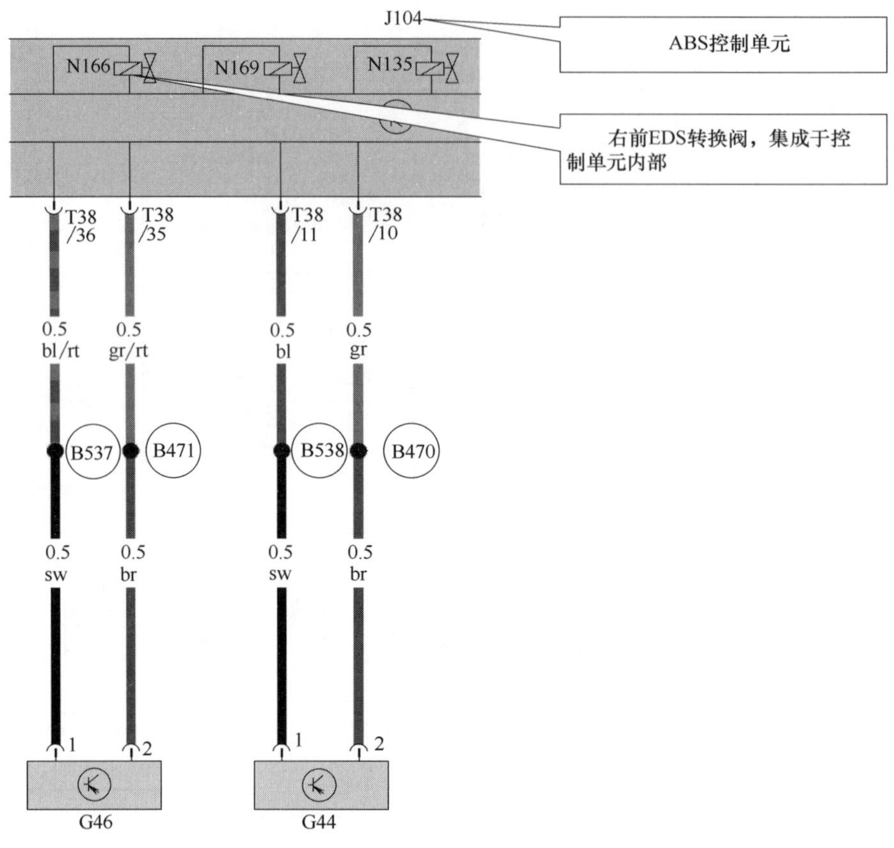

图 6-34　故障部件电路位置

部损坏，更换 ABS 泵总成。

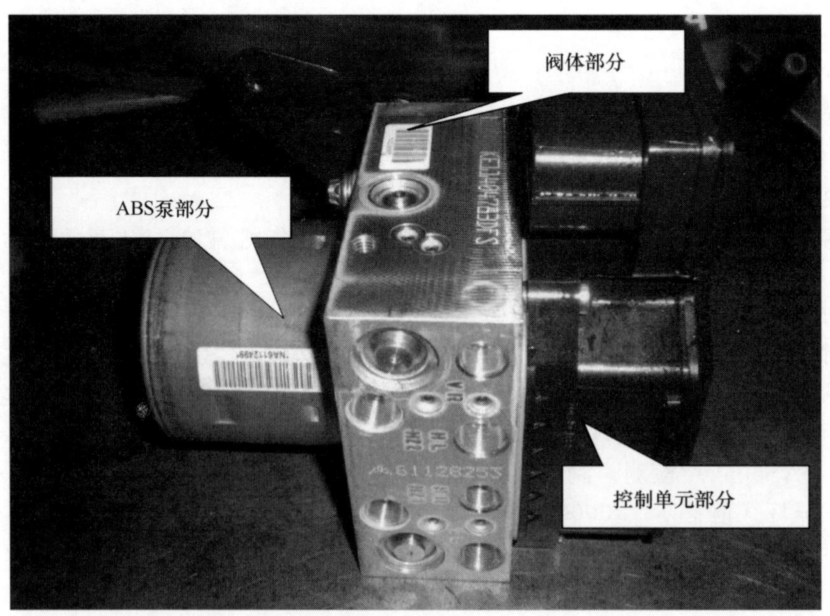

图 6-35　EPS 控制单元

原因分析 ESP 控制单元内部存在损坏， ESP 控制单元激活仪表盘上的 ESP 警告灯报警。

故障排除 更换 ESP 控制单元。

专家点评 ESP 启用后会监控行驶稳定性和牵引力，即轮胎和路面之间的动力传递。当 ESP 识别出车轮正在滑转或车辆开始打滑的临界状态，ESP 介入工作，通过限制发动机的功率输出和对单个车轮采取精确制动来稳定车辆。本案例，ESP 警告灯常亮，则 ESP 停用，但不会影响正常的刹车功能，只是在特定的行驶情况下，出现车轮打滑时，无法通过 ESP 的功能介入稳定车辆。

项目五

电子转向控制系统电路

任务一 电子转向系统电路概述

动力转向系统是依靠驾驶员的体能并在其他能源帮助下进行汽车转向。随着动力转向系统在汽车上的日益普及，其应在停车状态时能够提供足够的助力，使原地转向容易，在汽车低速运行时减小转向操作力；当车速增加时助力逐渐减小，进入高速状态时应无助力，系统能保证最优控制传动比和稳定的“路感”，从而提高高速行驶时的稳定性。

电子控制液压助力转向系统是由 ECU 控制的电动-液压泵取代由发动机驱动的液压泵工作，能够根据汽车行驶状态，在需要助力时，使液压泵工作；同时，根据车速和转向角的变化，使驾驶员感受到转向力的变化，以增强“手感”。它与普通液压动力转向系统比较，减少了发动机功率的损耗。在系统出现异常时，能够进行故障诊断并备有失效安全保护机能，一旦控制系统出现故障，手动系统仍能确保转向机能。该系统结构紧凑，电动-液压泵可装在发动机以外的任何部位。但由于伺服电动机的功率较小，所以仅适用于排量不大的汽车。

EPS（Electric Power Steering）是由转矩传感器、车速传感器、电子控制单元、减速器、电动机等组成。其在传统机械转向系统的基础上，根据方向盘上的转矩信号和汽车的行驶车速信号，利用电子控制装置使电动机产生相应大小和方向的辅助动力，协助驾驶员进行转向操作。

电子控制电动式转向系统不再使用液压装置，完全依靠电动机实现动力转向，使结构更加紧凑。EPC 电控助力转向系统的结构如图 6-36 所示，主要由旋转角度传感器、扭矩传感器、 EPC ECU、转向电动机及减速机构等组成。

EPC 系统各组成部件的功能如表 6-3 所述。

表 6-3 EPC 系统各组成部件的功能

名称	功 能
控制器	通过扭矩传感器信号和车速信号计算出辅助电流，输出给电动机
扭矩传感器	向控制器输出转向扭矩
旋转角度传感器	将电动机的旋转角度输出到控制器
电动机	根据控制器输入的辅助电流，产生转向助力
减速机构	减少电动机的旋转，将其传送到转向机
组合仪表	系统发生异常时，组合仪表内的 P/S 警告灯会亮起
DLC3	通过使用诊断工具，可以对系统进行诊断

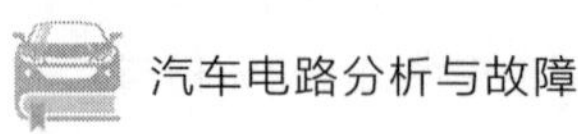

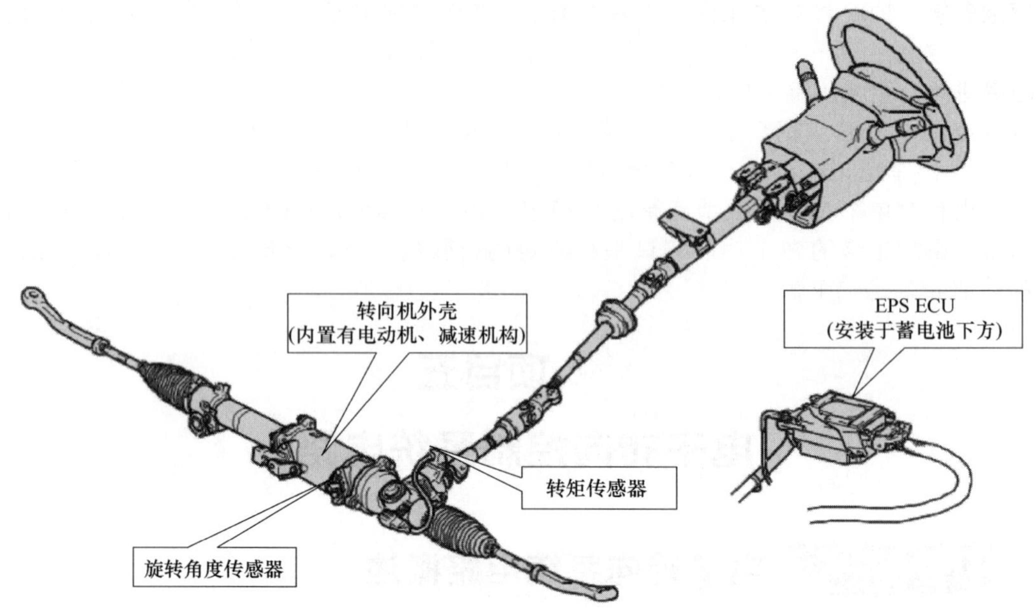

图 6-36 EPC 电控助力转向系统的结构（2010 年款丰田锐志）

电动式 EPS 是利用电动机作为助力源，根据车速和转向参数等因素，由电控单元完成助力控制，当操作方向盘时，装在方向盘轴上的扭矩传感器不断地测出转向轴上的扭矩信号，该信号与旋转角度信号以及车速、发动机转速等信号同时输入电控单元（ECU）。ECU 根据这些输入信号，确定助力转矩的大小和方向，即选定电动机的电流和转动方向，调整转向辅助动力的大小。电动机的转矩由电磁离合器通过减速机构减速增矩后，加在汽车的转向机构上，使其得到一个与汽车工况相适应的转向作用力。EPS 系统原理如图 6-37 所示。

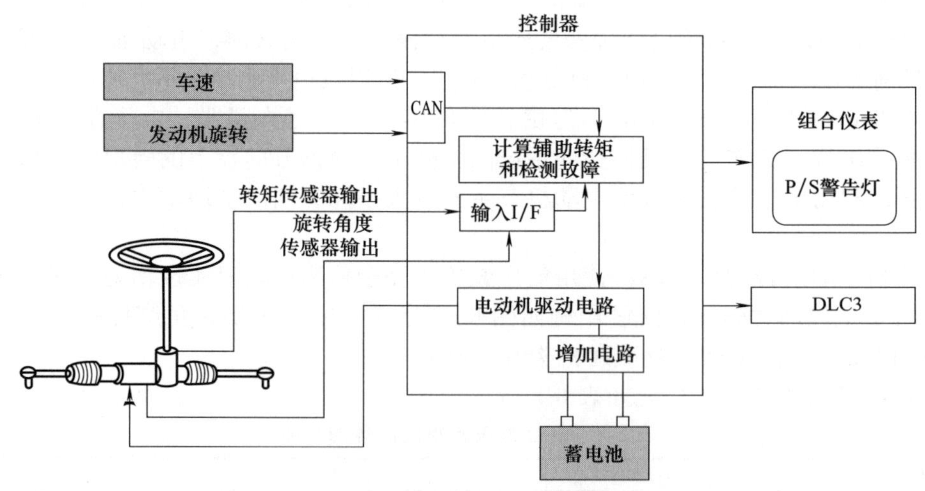

图 6-37 EPS 系统原理（丰田锐志车型）

任务二 电子动力转向系统电路分析

以丰田锐志车型的 EPS 系统为例，其电路如图 6-38 所示。

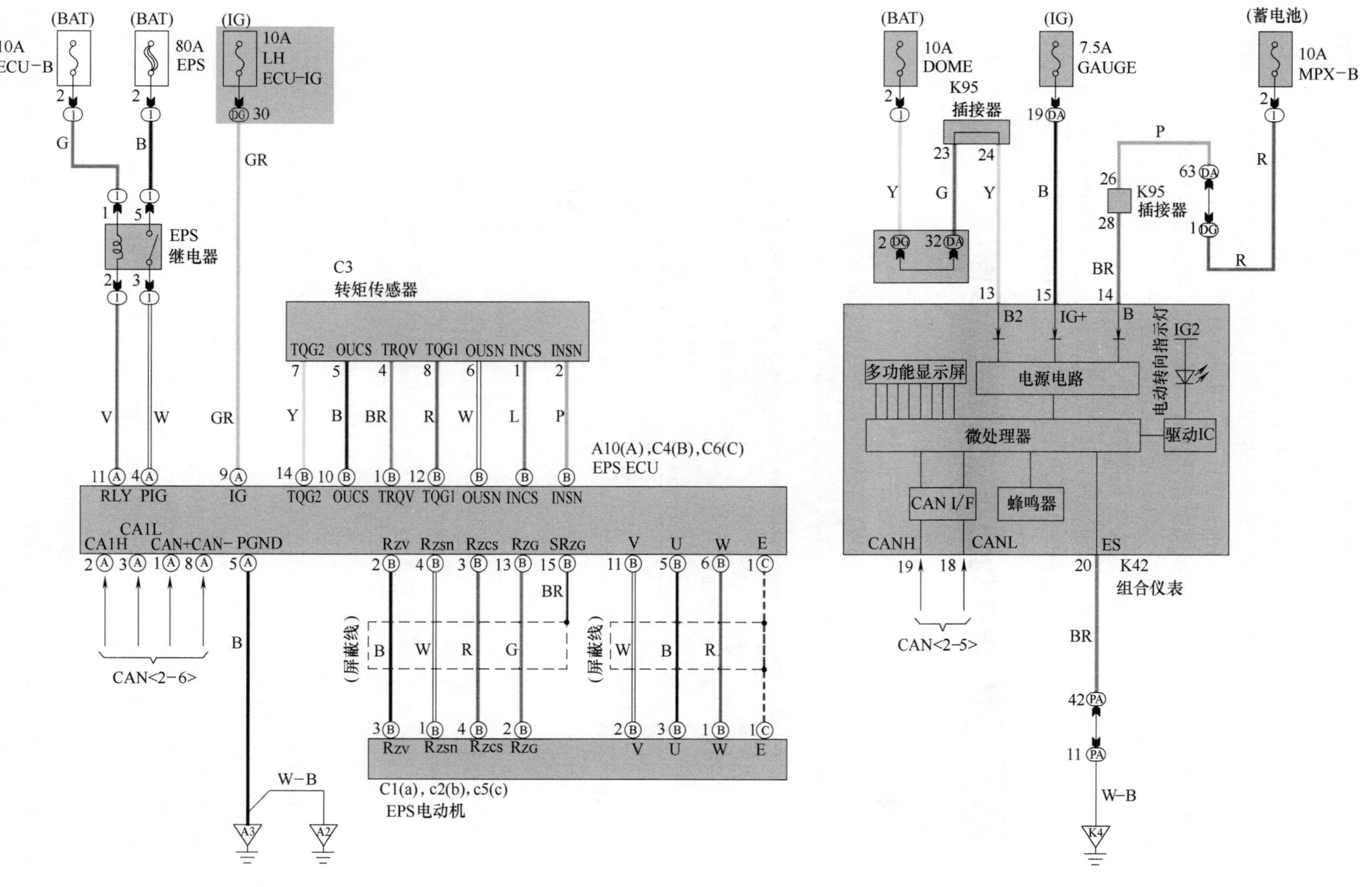

图 6-38　2010 年款一汽丰田锐志汽车 EPS 系统电路

电动式动力转向 ECU 根据转向扭矩和车速计算辅助电流，并且根据旋转角度传感器的数据驱动电动机。为了防止系统出现故障，该 ECU 还具有失效保护功能以及诊断功能。

动力辅助控制具有以下功能：基本控制，根据转向扭矩和车速计算出辅助电流，并且根据从旋转角度传感器得到的数据信息，控制驱动电路，以特定的电流驱动电动机；惯性校正控制，减小转向操作开始时电动机的拖拉感；返回控制，确保转向机构转向时的返回特性；减振器控制，确保高速行驶时转向机构的稳定性；增压控制，增加蓄电池电压，以产生驱动电动机所必须的电压；系统过热保护控制，使电动机以及控制器在最佳条件下运行。

当系统发生故障时，失效保护功能开始运行。点亮组合仪表内的 P/S 警告灯，然后切断或逐渐减小输出电流，使系统进入手动转向模式，或使系统进入限制输出电流的状态。

诊断功能可以简便对系统的检测。可用维修工具输出诊断代码，以获得诊断结果。

任务三　电子动力转向系统故障诊断

故障现象　大众 CC 车型转向沉重，指示灯红灯报警。

故障诊断

① 首先用 VAS5052 检测网关列表，除地址 44 外其余单元系统正常。

② 读取系统故障码，显示地址 44 故障码如图 6-39 所示。

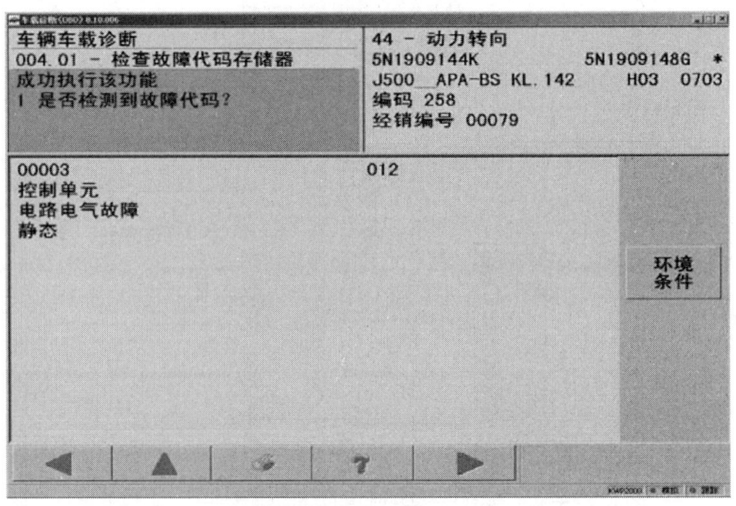

图 6-39　系统故障码读取

③ 根据读取网关列表除地址 44 外其余系统正常，并且能读取到地址 44 的故障码，首先排除了 CAN 总线系统故障。

④ 根据电路（图 6-40）分析及检测如下。

a. 检查 SA2 和 SC3 熔丝无断路或虚接现象。

b. 检查转向机控制单元搭铁点和线路无虚接现象。

c. 拔下转向机控制单元插头检查，没有松动现象，用万用表测量其电压为 12.65V（电源正常）。

d. 排除上述可能因素后确认为转向机控制单元内部故障。

故障排除　更换转向机，匹配 44-11-51514-04-060，然后以低于 20km/h 车速匀速行驶，将方向盘往左打到底，踩住制动踏板，等听到 3 声报警声后，再将方向盘往右打到底，踩住制动踏板，等听到 3 声报警声后，把方向盘回正。这时指示灯黄灯熄灭，清除系统故障码，试车，故障排除。

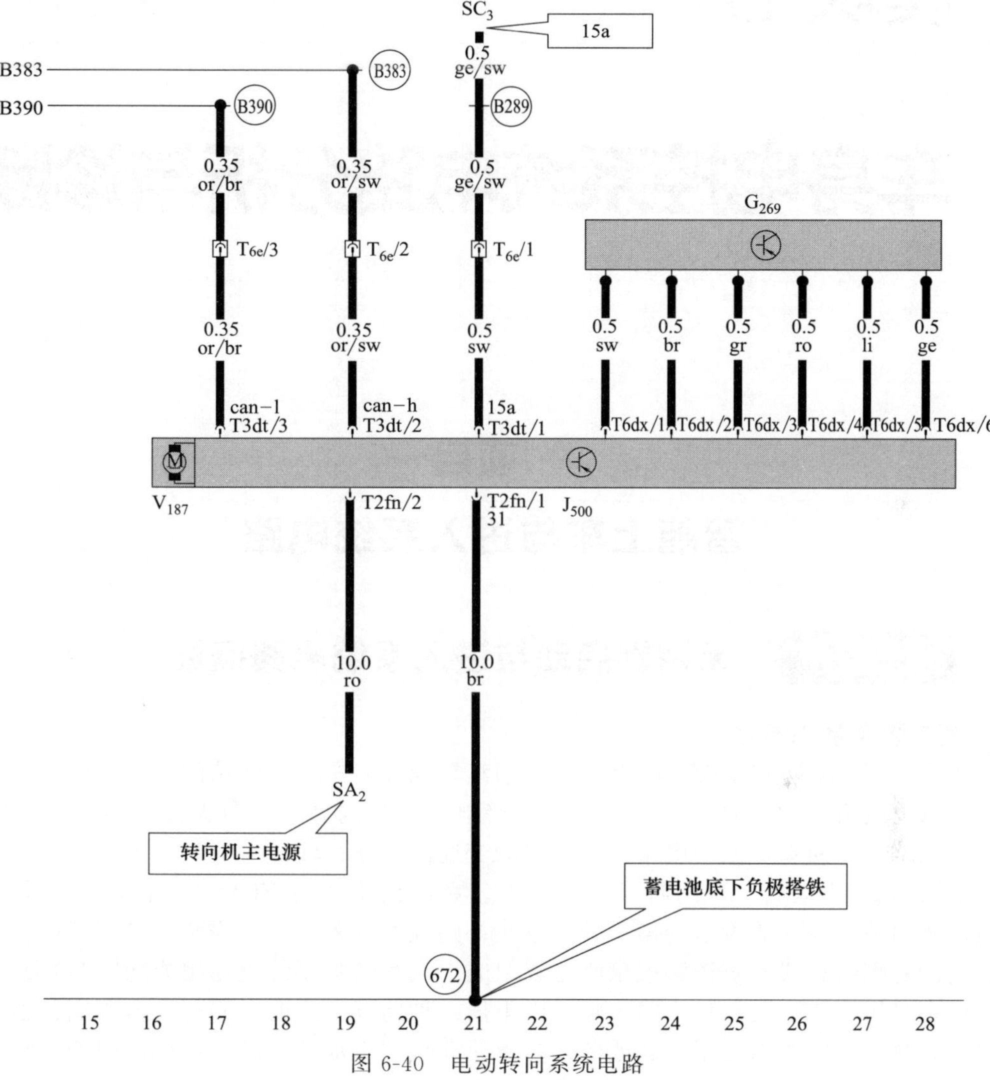

图 6-40 电动转向系统电路

模块七

车身电控系统电路分析与诊断

项目一

智能上车与进入系统电路

任务一 无钥匙启动与进入系统电路概述

1. 汽车防盗系统电路

现代汽车配置的防盗系统，在有非法移动汽车或开启车门、油箱门、发动机盖、后备厢门、搭铁点火线路的动作时，防盗器会发出警报，灯光闪烁、警笛大作，同时切断启动电路、点火电路、燃油喷射控制电路，甚至自动变速器电路，使汽车无法使用。

以丰田第12代皇冠车型的防盗系统为例，系统由主车身ECU、左右前后四个门锁总成、后备厢门锁总成、危险警告信号开关总成、门控灯开关总成、安全门控灯开关、阅读灯总成、高低音喇叭总成和防盗警报喇叭总成组成。汽车防盗系统电路组成如图7-1所示。

防盗系统用于防止侵入和盗窃车辆。以下任一种情况发生时：强行进入车辆、强行打开发动机盖、解锁车门时未使用钥匙或断开并重新连接蓄电池负极端子电缆，则警报鸣响且危险警告灯闪烁。如果系统进入警报鸣响状态，则所有车门自动锁止。此系统具有主动警戒模式，包括4种状态：解除警戒、警戒准备、警戒状态和警报鸣响。

2. 电子转向轴锁

ESCL（Electrical Steering Colum Lock）是一种转向轴锁定装置，主要由锁体、管柱和PEPS模块等组成。可以在汽车钥匙或便携式终端被插入或移开时生成检测信号，再由此对此汽车钥匙或便携式终端进行鉴权，最后以物理方式限制转向轴旋转运动。

其作用简单来说就是，当驾驶员从钥匙孔拿走钥匙后，转向柱便被锁舌锁住。这样，即使偷窃者不用钥匙（不经过点火开关）而用其他手段把发动机启动了，但由于汽车不能够正常转向，也就无法进行盗窃。

ESCL安装在方向盘转向管柱上，其工作方式为：当PEPS模块验证钥匙合法后，执行上锁时锁舌伸出，卡在管柱卡槽内，从而达到锁止转向管柱的效果；执行解锁时锁舌缩回，转向管柱可以自由转动。

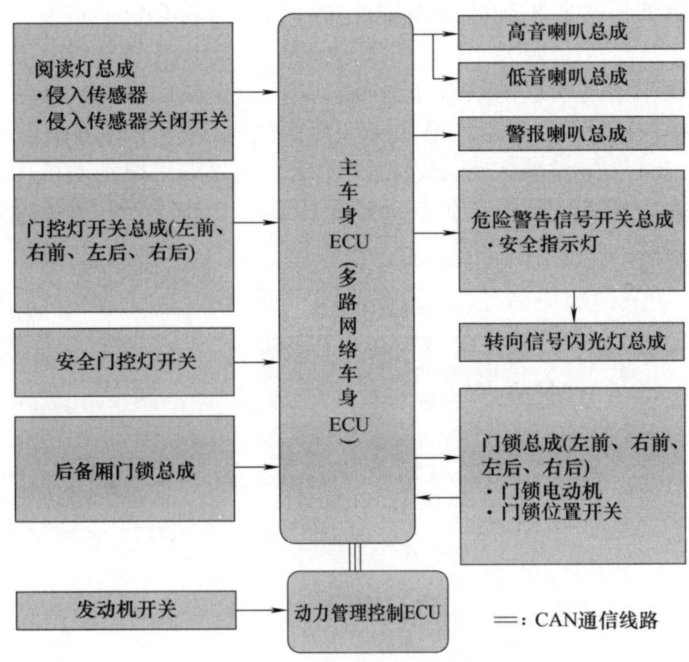

图 7-1　汽车防盗系统电路组成

任务二　无钥匙启动与进入系统电路分析

1. 汽车防盗系统电路

汽车防盗系统分为两大部分，即钥匙防盗和车身防盗警报，前者从发动机启动控制来达到防盗的目的，后者通过车身侵入警报来防止汽车被损或被窃。

钥匙防盗系统由点火钥匙、发射钥匙线圈、防盗模块、发动机电脑（PCM）等组成。该系统都有一个带ID密码的点火钥匙， ID密码由原厂指定且不能更改。发动机启动时要对ID密码进行识别，确认正确后才能正常启动。这种系统采用内置无线发射芯片的点火钥匙，当位于点火开关周围的发射钥匙线圈接收从点火钥匙发射芯片发出的ID密码信号时，防盗电脑判断其ID密码是否与存储的密码相匹配，如果匹配，发动机才能启动。

电脑防盗系统工作原理流程可分三步。

① 第一步：点火钥匙发射电磁脉冲ID密码信号。点火钥匙打开，发射钥匙线圈产生变化的磁场，点火钥匙内置芯片内的电感小线圈感应电场，其感应的电场能被电容储存起来。电容储存的电能给ID密码电路供电，电感及电容组成的耦合电路将ID密码以电磁脉冲信号发射出去。

② 第二步：点火钥匙与驻车防盗电脑的匹配。点火钥匙ID密码的电磁脉冲信号被发射钥匙线圈天线头感应接收，发射钥匙线圈产生电脉冲信号并送至驻车防盗电脑的放大电路。电脉冲经过放大后被送至驻车防盗电脑的ID密码比较电路，比较电路将此ID密码与ID密码存储电路存储的密码进行比较，如果相同则进入下一步。

③ 第三步：驻车防盗电脑与发动机电脑的匹配。发动机电脑向驻车防盗电脑发出一个联络代码，驻车防盗电脑经过辨认识别（匹配）后发出一个允许发动机正常启动的指令代码给发动机电脑。发动机电脑接收该指令信号，使正常的喷油、点火程序继续执行，发动机继

续工作。发动机电脑如果接收不到防盗电脑的指令信号，将会自动切断喷油、点火程序，发动机自动熄火。

以北京现代悦动车型的钥匙防盗系统为例，其控制电路如图 7-2 所示。钥匙发射器天线线圈接至钥匙防盗模块的 1＃、2＃，模块 4＃为记忆电源输入端，在点火开关位于 ON 挡时，经主继电器和 ECU2 熔丝输入。防盗模块的信号通过 5＃与发动机电脑 PCM 的 75＃连接。防盗模块 3 脚为信号搭铁端连接到 PCM 的 12 脚，PCM 的 69 脚为输出到仪表盘的钥匙防盗信号指示灯控制端。

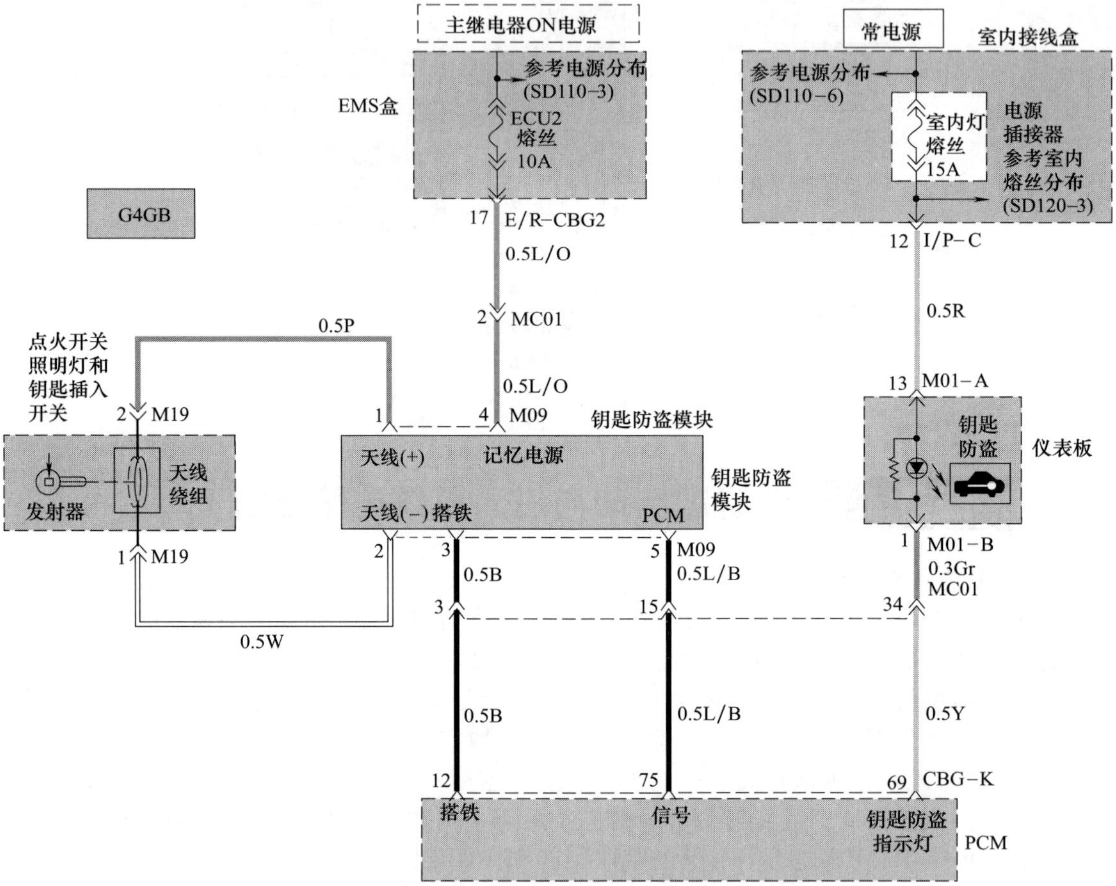

图 7-2　2010 年款北京现代悦动车型的钥匙防盗系统电路（1.6L）

如图 7-3 所示为 2010 年款北京现代悦动汽车遥控与防盗警报电路，BCM 为车身集中控制模块，驾驶员侧与副驾驶员侧车门以及左后、右后车门和发动机舱盖开关、后备厢盖打开开关等的开锁与闭锁信号输入 BCM，BCM 检测这些信号的状态，当全部车门闭锁时 BCM 防盗警报功能启动。当门锁开关发出有未用钥匙强行撬锁或用非匹配钥匙开锁等信号时，BCM 控制警报喇叭继电器、危险警报灯继电器通电，使防盗警报喇叭得到供电，使其处于报警状态。

当 BCM 接收到有盗车可能的信号时，M04-C 的 8＃端子向喇叭继电器，M04-C 的 9＃端子向危险警告灯继电器电磁线圈提供间歇的搭铁电路，使喇叭间歇鸣叫，前灯闪烁。

2. 中控门锁系统

这里主要介绍一下车速感应式中控门锁，该系统的作用是当车速超过某一预设值时，若

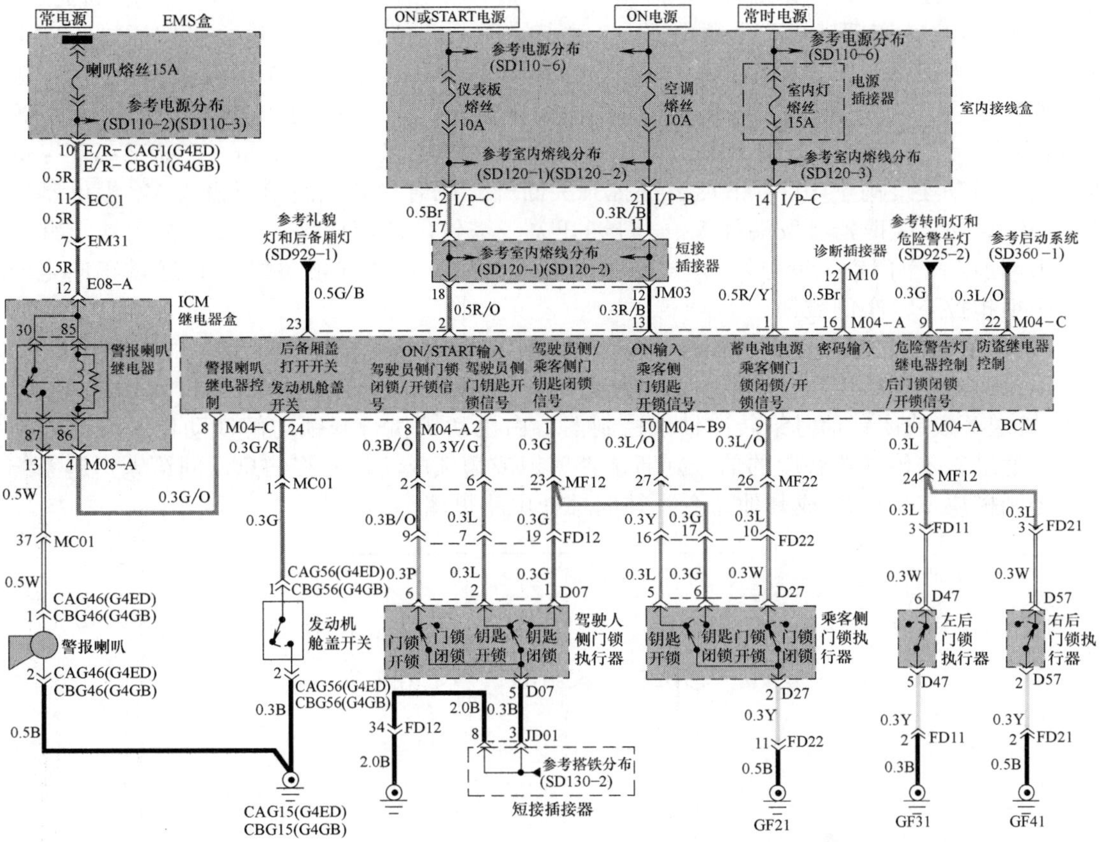

图 7-3　2010 年款北京现代悦动汽车遥控与防盗警报电路

车门未锁，就自动将车门锁定，从而提高行驶过程中乘员的安全性，并允许驾驶员侧座位旁边的门锁止或打开所有的车门，其电路原理如图 7-4 所示。

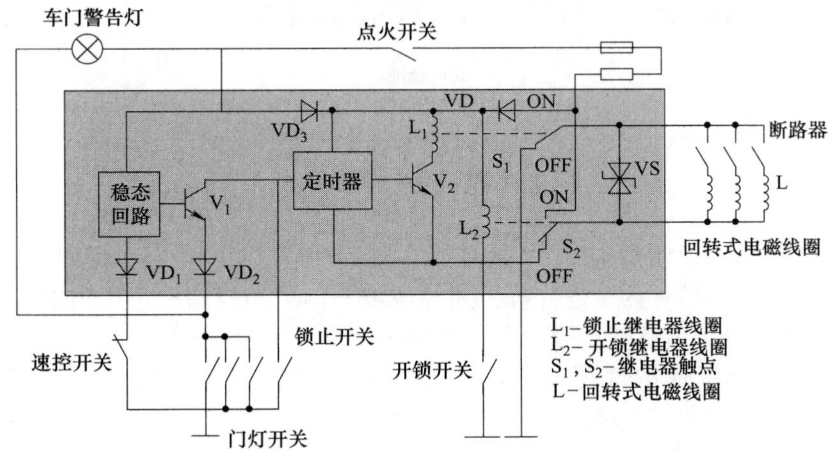

图 7-4　车速感应式中控门锁电路原理

接通点火开关，电流流经车门警告开关搭铁（若门未锁，则门灯开关接通），警告灯点亮。若按下锁止开关，则定时器使三极管 V_2 导通，在三极管 V_2 导通期间，车门锁止继电器线圈 L_1 通电，车门锁止。上继电器 S_1 触点处于 ON 位置，门锁执行机构通过正向电流锁上车门。当按下开锁开关时，则车门开锁继电器线圈 L_2 通电，车门开锁继电器 S_2 触点处于 ON 位置，门锁执行机构通过反向电流开启车门，若车门未锁，且行车速度低于 10km/h 时，置于车速表内的 10km/h 开关闭合，此时稳态电路不工作。三极管 V_1 提供基极电流；当车速度高于 10km/h 时，速控开关断开，此时稳态电路给三极管 V_1 提供基极电流， V_1 导通，定时器触发端经 V_1→门灯开关→搭铁，从而使 V_2 导通，车门锁上继电器线圈 L_1 通电，车门锁上继电器 S_1 触点处于 ON 位置，回转式电磁线圈 L 通过正向电流，将车门锁扣拉下，车门被锁止。

3. 电子转向轴锁

以比亚迪车型所应用的转向轴锁为例，其工作原理为：转向轴锁通过无钥匙 ECU 及 BCM 发送解锁或闭锁信号给转向轴锁控制器，由电动机执行开锁与解锁动作，转向轴锁控制模块通过霍尔传感器获取的信号判断是否解锁或闭锁成功，并将信息返回给无钥匙系统及车身控制模块 ECU，完成其他命令。转向轴锁电路见图 7-5。

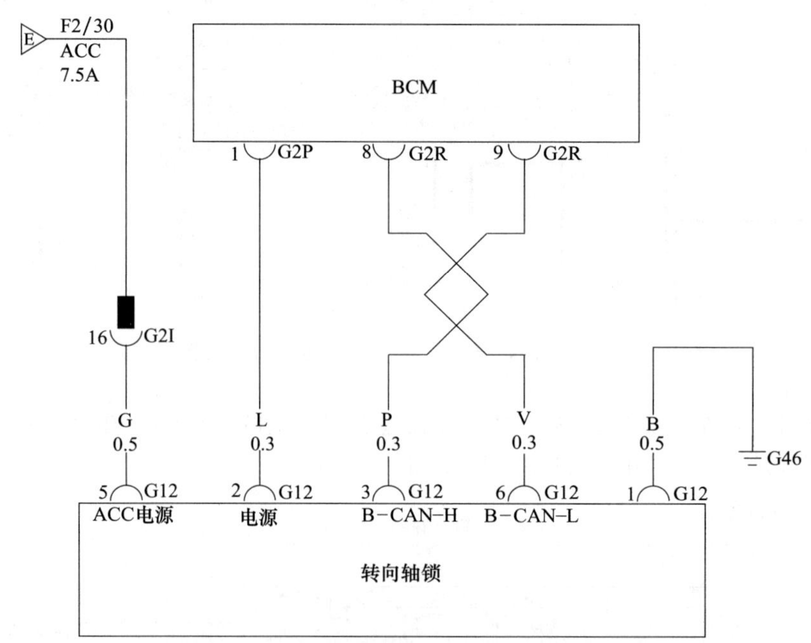

图 7-5 转向轴锁电路（比亚迪 S7 车型）

宝骏 560 车型转向轴锁电路如图 7-6 所示，相关线路定义及检测数据如下。

K 线：信号线，接插件的 1 号针脚，通过该线一键启动控制模块（PEPS）向电子转向锁（ESCL）发送上锁或者解锁指令，工作时电压跳变为 12V→8V。

GND：地线，接插件的 3 号针脚，为电子转向锁提供公共接地；工作时电压跳变为 0V。

B+：电源线，接插件的 2 号针脚，电子转向锁工作时，为其内部芯片提供 12V 电源，工作时电压跳变为 0V→12V。

STAUS：状态线，接插件的 4 号针脚，向 PEPS 提供 ESCL 上锁与解锁状态，工作时电压跳变为 12V→0V。

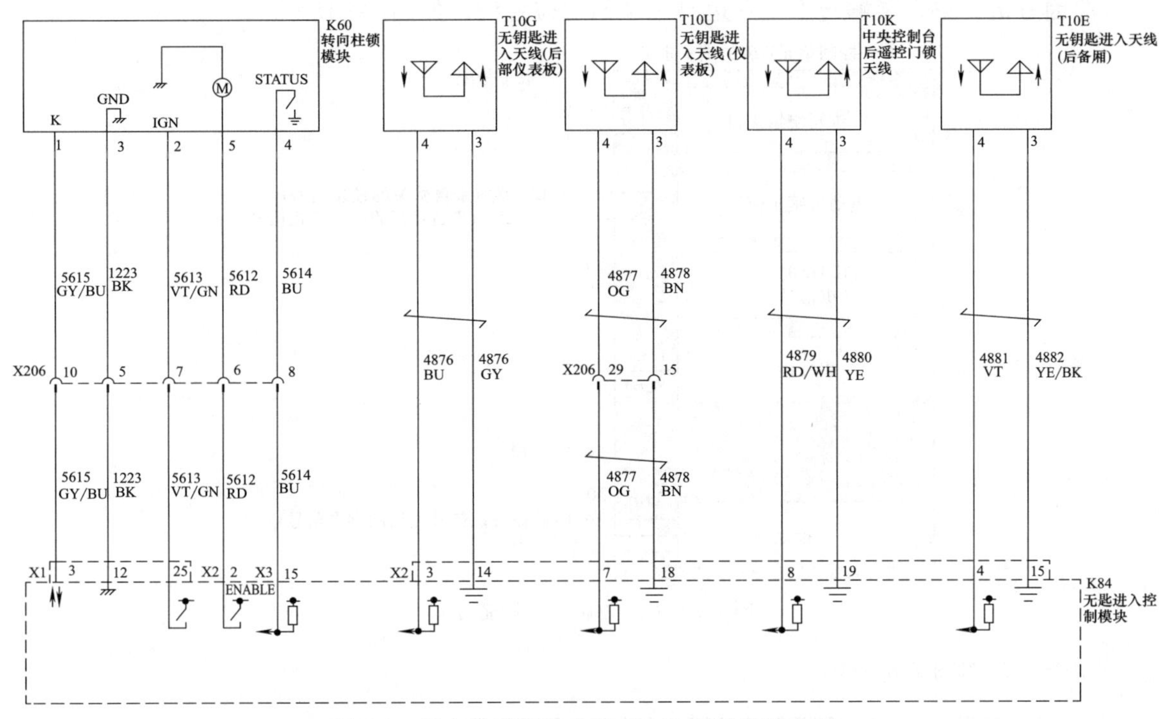

图 7-6　转向轴锁模块电路（2016 年款宝骏 560）

ENABLE：使能线，接插件的 5 号针脚，为电子转向锁电动机提供 12V 电压，不工作时电压该线电压为 0V，工作时为 12V。工作时电压跳变为 0V→12V。

任务三　无钥匙启动与进入系统故障诊断

1. 防盗系统电路故障

故障现象　大众迈腾汽车打开点火开关后仪表没有任何反应，指示灯不亮，车辆不能启动。

故障诊断

① 车辆抛锚，将车辆救援回服务站后进行检查。因为打开点火开关后仪表没有任何反应，无法连接 VAS5051。

② 检查蓄电池电压，正常；熔丝 SC16、 SC14 及其他相关熔丝均正常，点火钥匙正常。应急连接端子 15 的供电断电器 J329 后， VAS5051 可正常连接。

③ 检查各系统，正常，没有故障码。

④ 在对车辆进行进一步检查后确认 J764 损坏。原因是当打开点火开关后， J764 的端子 T10K/6 没有正电输出，而当人为给该线供给一个正电的时候仪表显示正常。那么是否这样就能确定是 J764 损坏了呢？答案显然是否定的。因为当防盗系统没有识别到正常的点火钥匙，没有解除防盗时， J764 也不会输出正电。询问服务站是否检查过 E415 中的 S 触点的状态，防盗是否在插入钥匙后正常解除，回答是没有进行该两点检查。用 VAS5051 不能读取 S 触点的状态，询问经销商发现，该经销商的 VAS5051 使用的是 7.0 版本程序，在对 VAS5051 升级后，用引导功能查看 S 触点的状态，结果发现钥匙的进出 S 触点都是断开的，显然是 E415 中的 S 触点出现了故障，更换 E415，故障排除。

原因分析 首先了解一下大众迈腾车型的防盗系统，如图 7-7 所示。

ESL控制单元J764的端子定义
端子分配
读写绕组接口
4
5
电动机锁止信号
8：ESL线+(来自网关的锁止信号)
3：ESL线-(来自J527的可以锁止信号)
到E415的
30电信号
Term.
30
6
串行接口
Data
Seria
2
7 未用
Term.
30
供电
10(防盗确认信号之后的供电信号)
1 电源电压
9

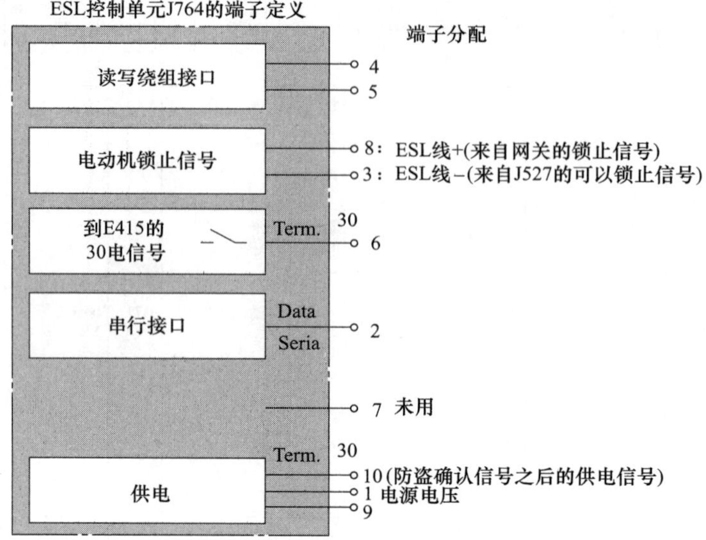

图 7-7 大众迈腾车型防盗系统

相关电路如图 7-8 所示。

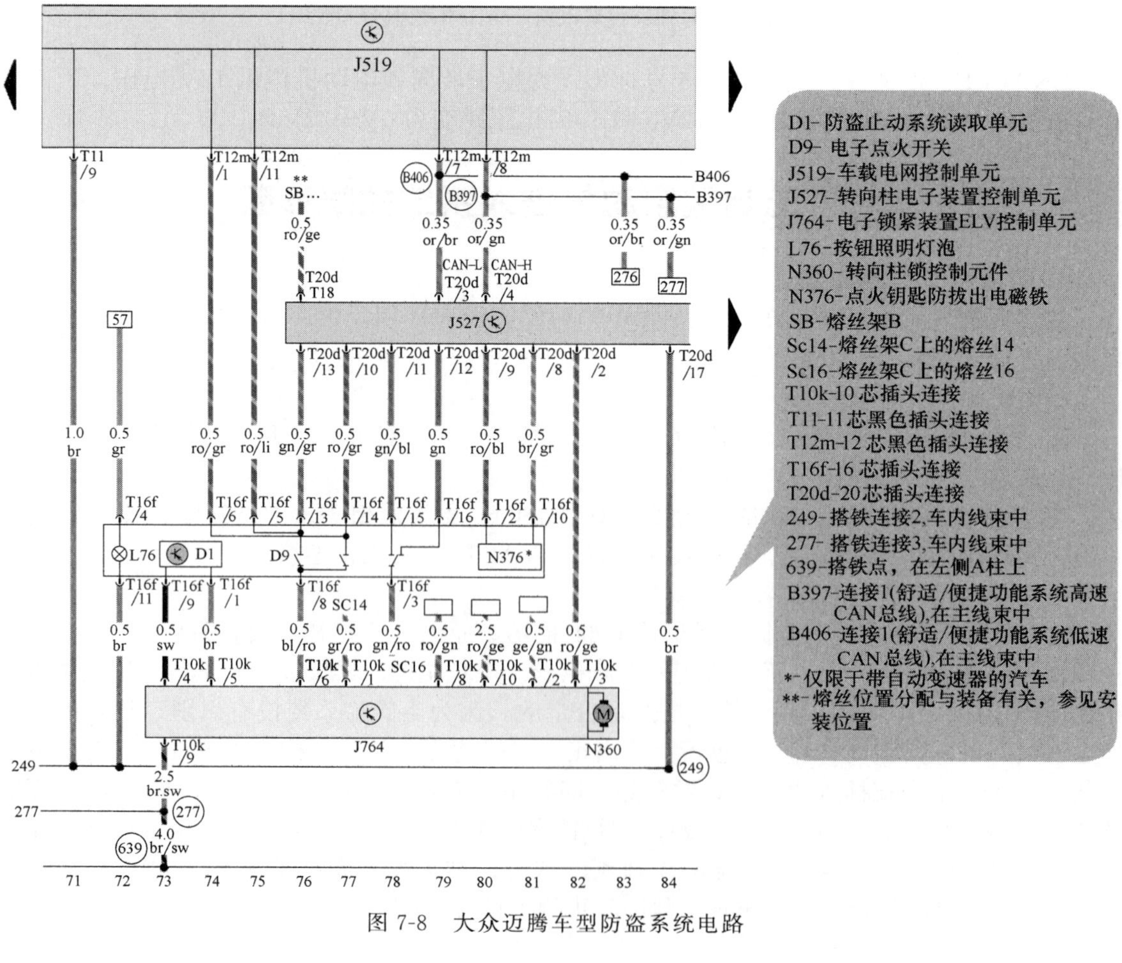

J519
J527
J764
N360
D1
D9
L76
N376*
SC14
SC16
B406
B397
D1-防盗止动系统读取单元
D9-电子点火开关
J519-车载电网控制单元
J527-转向柱电子装置控制单元
J764-电子锁紧装置ELV控制单元
L76-按钮照明灯泡
N360-转向柱锁控制元件
N376-点火钥匙防拔出电磁铁
SB-熔丝架B
Sc14-熔丝架C上的熔丝14
Sc16-熔丝架C上的熔丝16
T10k-10 芯插头连接
T11-11 芯黑色插头连接
T12m-12 芯黑色插头连接
T16f-16 芯插头连接
T20d-20芯插头连接
249-搭铁连接2,车内线束中
277-搭铁连接3,车内线束中
639-搭铁点，在左侧A柱上
B397-连接1(舒适/便捷功能系统高速CAN总线),在主线束中
B406-连接1(舒适/便捷功能系统低速CAN总线),在主线束中
*-仅限于带自动变速器的汽车
**-熔丝位置分配与装备有关，参见安装位置
71
72
73
74
75
76
77
78
79
80
81
82
83
84

图 7-8 大众迈腾车型防盗系统电路

防盗器的释放过程如下。

① 30 正电经 SC16 保险供给 E415 的 3 号插脚。

② 当钥匙插入时，E415 中的 P 触点断开（T16f/15），S 触点接合（T16f/16）供电给 J527 的 T20d/12。

③ J527 接收到该信号后，判定有钥匙插入，发送舒适总线唤醒信号和 S 触点已接合信号给 J393。

④ J393 通过串行数据总线到 J764 的插脚 2 唤醒 J764。

⑤ J764 读取 E415 中的读写线圈 D1 的数据并通过串行数据总线传递到 J393 进行钥匙的合法性识别，当判定钥匙为合法钥匙时，J393 输出正电到 J764 的 10 号脚，锁止电动机 N376 解锁。

⑥ J764 从 6 号脚输出正电到 E415 的 T16f8，然后从 E415 输出到 J519 和 J527 的相应针脚接通 15 正电和 50 正电。防盗解除，车辆正常启动。

可以看出， E415 中的 S 触点闭合是防盗解除，这是车辆正常工作的首要前提，只有当 S 触点闭合时，车辆认为有钥匙插入，才会进行下面的一系列判别过程。当 S 触点不能正常闭合时，车辆认为没有钥匙插入，那么所有的后续动作均不会进行，15 正电和 50 正电不能被接通，当然也就不能正常启动了。

故障排除　更换点火开关 E415，故障排除。

2. 无钥匙进入系统电路故障

故障现象　一汽大众 CC 车型无钥匙进入不起作用，用遥控器开锁和闭锁正常。

故障诊断

① 首先用 VAS5052 检查 46 舒适系统，故障码如图 7-9 所示。

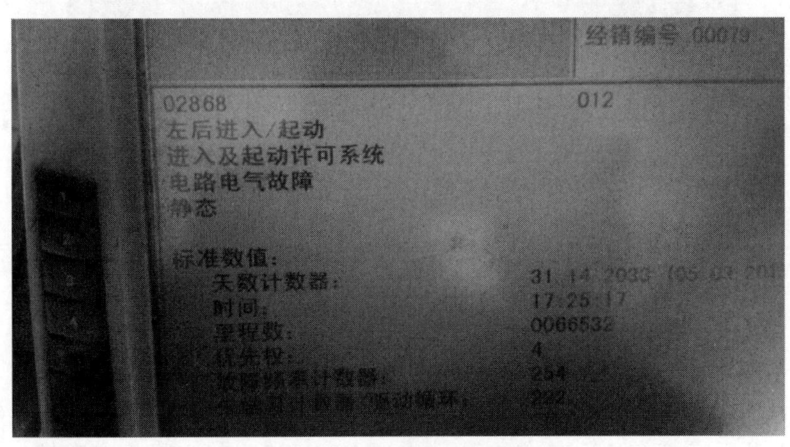

图 7-9　系统故障码调用

② 根据故障码分析，知道此车左后门把手上没有传感器，考虑是不是电脑读取错误导致，把左前门报成左后门了？于是拆装左前门把手，查看插头，处有腐蚀，处理插头，删除故障码，故障没有排除。

③ 查看培训资料，充分理解无钥匙进入系统原理。

a. 车外天线用于在开锁和关锁过程中，探测已授权无线收发器的点火钥匙。无线收发器的点火钥匙位置被区分为驾驶员侧、副驾驶员侧和后备厢侧。天线探测范围如图 7-10 所示。

b. 通过接触车门外把手内侧的传感器， KESSY（无钥匙进入）-控制单元发出开门

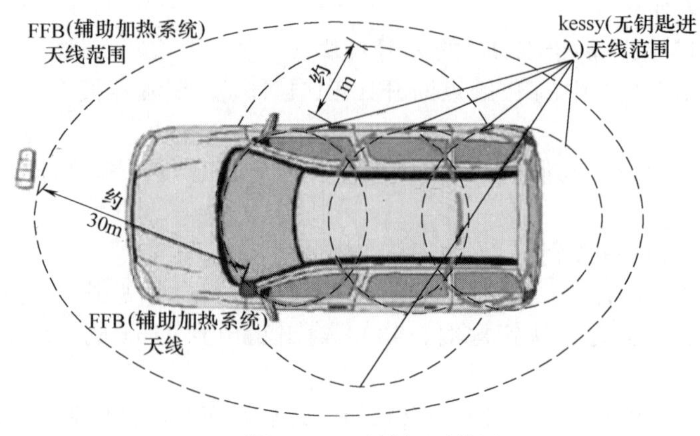

图 7-10 天线探测范围

指令。

c. 舒适系统控制单元向车尾控制单元发出“请开门”的指令。

d. 车尾控制单元向车门控制单元发出开锁指令，车门开启。

④ 用“引导性故障查询”检查故障码，如图 7-11 所示。

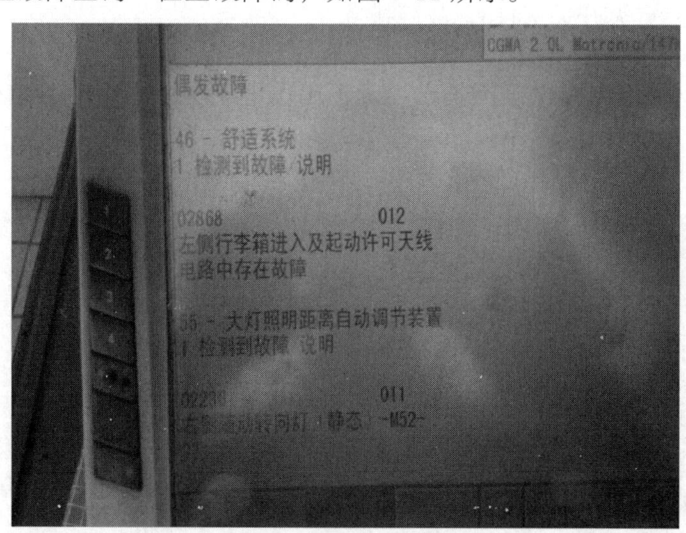

图 7-11 读取系统故障码

⑤ 根据此故障码检查 R137 后备厢进入及启动许可天线，测量 R137 插头线路，没有电压信号，正常情况下应该有 5V 左右的基础电压， R137 与 J393 直接连接。测量 R137 到 J393 之间线路，发现有一根线路不导通，因此判断为线路故障导致（图 7-12）。

原因分析 由于右后侧后备厢线路没有固定牢靠，导致后备厢开关时与线束干涉，线路断路。

故障排除 修复后备厢内 R137 线路，故障排除。

3. 中控门锁故障

故障现象 大众捷达车型，在用遥控器或钥匙锁车后，四门中控锁会解锁，故障发生频次较多。

故障诊断

① 首先确认用户描述的故障现象，确实存在此问题，经检查该车没有加装其他电器

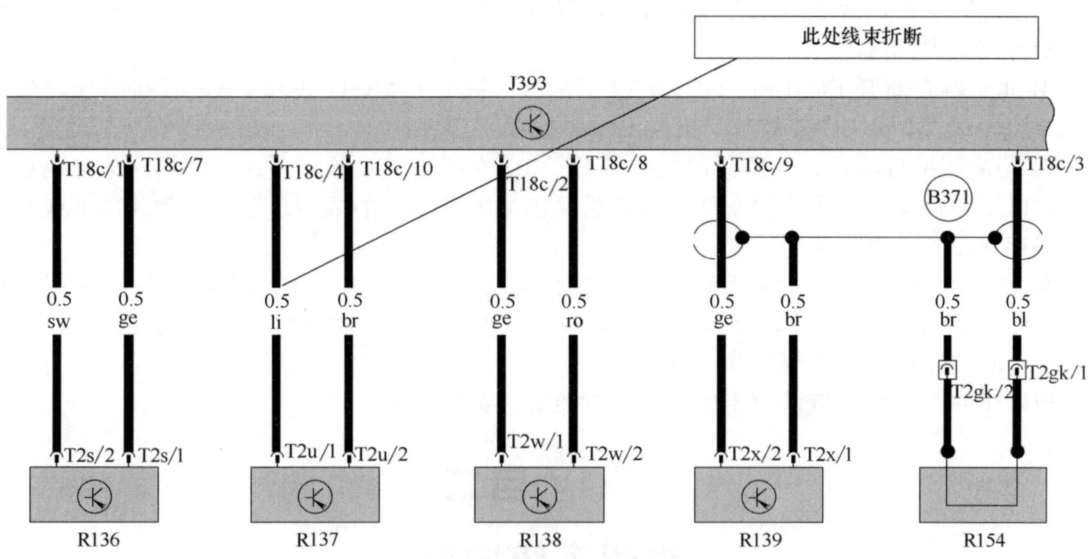

图 7-12 电路故障点

J393—舒适系统中央控制单元；R136—进入及启动许可后保险杠天线；R137—进入及启动许可后备厢天线；R138—进入及启动许可车内天线 1；R139—进入及启动许可车内天线 2；R154—进入及启动许可车内天线 3

设备。

② 进入 46 舒适系统，没有故障码。

③ 关闭遥控功能，故障仍然会出现。

④ 拉动左前门拉手或轻轻晃动车辆，故障马上再现，拆下左前门中控锁电动机，关上车门，用钥匙将车门锁上，发现只要轻轻一拍电动机，四个车门中控锁电动机就解锁，分析是电动机内部电器故障。更换左前门中控锁，轻拍电动机时故障不再重现。

⑤ 再次进行路试，故障又出现，此时拆下中控锁控制单元，只要轻轻晃动控制单元，故障就会出现。

原因分析 四门中控锁自动弹起故障的可能原因如下。

① 左前门组合开关内部触点误触发，导致四门中控锁解锁。

② 左前门中控锁电动机误触发。

③ 中控锁控制单元在锁车后向四个车门电动机发出错误的开启信号。

④ 遥控器错误信号触发中控锁解锁。

⑤ 中控锁系统电气线路故障。

故障排除 更换中控锁控制单元后，故障彻底排除。

4. 电子转向管柱锁故障

故障诊断

① 根据原理图和故障现象初步判断故障的可能原因为：CAN-H 线和 CAN-L 线出现内部短路；ESCL 内部故障；PEPS 内部故障；状态线路出现故障。

② 因为无法使用诊断设备 WDS 读取车辆故障码，且用万用表测量 CAN-H 线和 CAN-L 线电压均为 2.45V，说明 CAN 网络内部存在短路。要想进一步检查其他故障，就必须先解决 CAN 网络问题。

③ 针对 CAN 网络内部存在短路，可以尝试对各模块逐个进行断开测试，即把车身 CAN 涉及的模块一个个断开，并及时测量 CAN-H 线和 CAN-L 线电压，当诊断电压恢复正

常值时，说明这个模块支线路存在故障。再仔细检查此模块接插件和其线路，若无故障，可以判断为模块内部故障。

④ 此车辆在断开 ECM 时，电压恢复正常值，说明 CAN-H 线和 CAN-L 线出现内部短路的原因为 ECM 模块内部故障，更换 ECM 处理。

⑤ 解决网络故障后，读取故障码： PEPS B129062ESCL 状态不匹配。消除故障码后，车辆可以正常启动。但用户提车使用两天后又出现无法启动的故障，初步判断此车 ESCL 状态线路存在接触不良现象。

⑥ 仔细检查 ESCL 状态线路时发现，在晃动右 A 柱 X206 接插件时，偶尔出现组合仪表报“电子转向柱锁故障”，仔细检查相关线束发现，接插件的 8 号针脚母端孔偏大，将其调整并清除故障码后，车辆正常。

故障排除 调整插接件端子座使其接触良好，故障排除。

项目二

空调系统电路

任务一 空调系统电路概述

1. 手动空调系统

汽车空调系统由制冷系统、供暖系统、配气系统、控制系统四大部分组成，如图 7-13 所示。

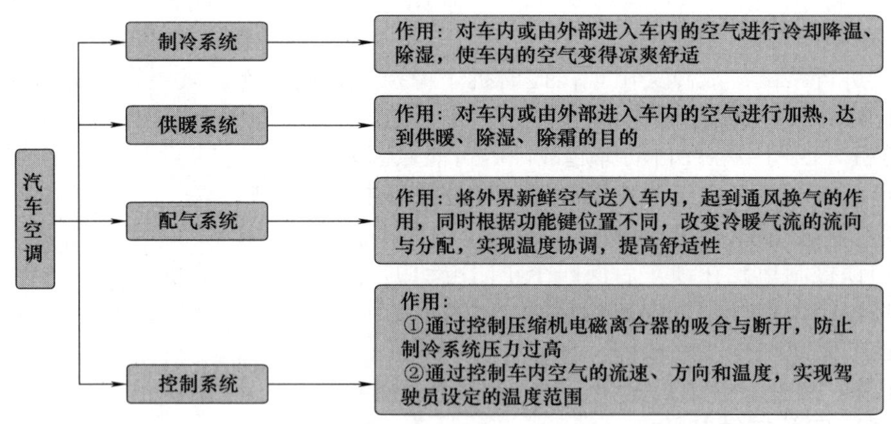

图 7-13 汽车空调系统的组成与作用

制冷系统由压缩机、冷凝器、储液干燥器、膨胀阀、蒸发器、冷凝器、散热风扇、制冷管道组成。供暖系统由加热器、水阀、水管、发动机冷却液组成。配气系统由进气模式风门、鼓风机、混合气模式风门、气流模式风门、导风管等组成。控制系统包括点火开关、A/C 开关、电磁离合器、鼓风机开关及调速电阻器、各种温度传感器、制冷剂高低压力开关、温度控制器、送风模式控制装置、各种继电器。汽车空调系统主要组成部件见图 7-14。

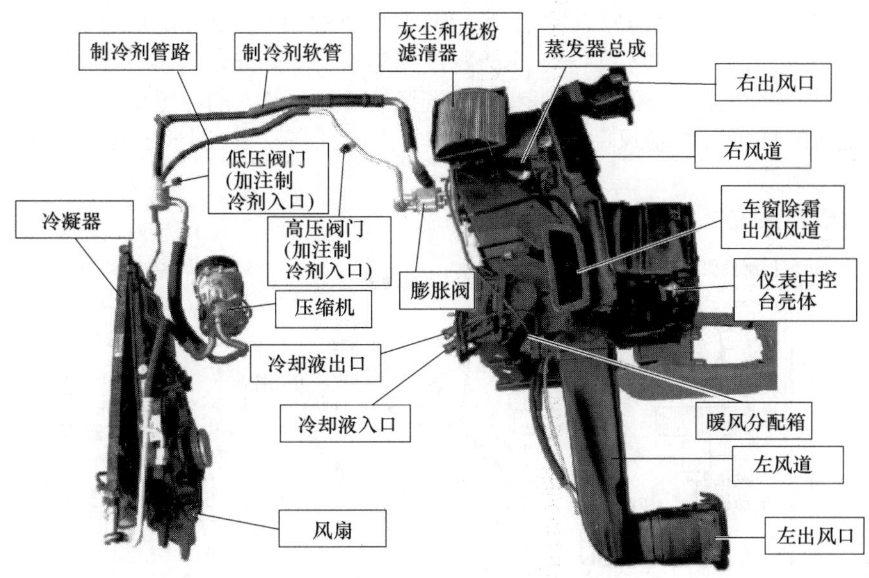

图 7-14 汽车空调系统主要组成部件

2. 自动空调系统

自动空调系统由控制面板、配气系统和电子控制系统三部分组成。其中电子控制系统主要由传感器、 ECU 和执行器组成，汽车自动空调控制系统元件关系如图 7-15 所示。

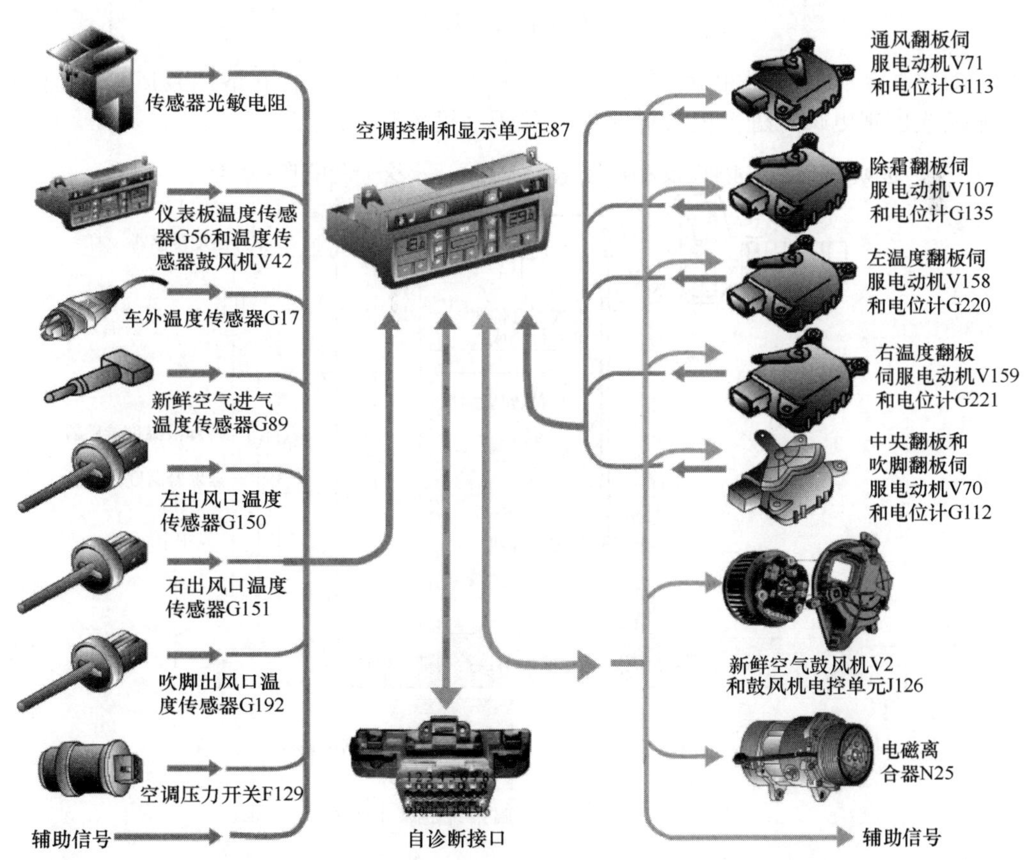

图 7-15 汽车自动空调控制系统元件关系（奥迪 A6）

ECU 接收和计算各种传感器输入的信号。根据环境的变化输出控制信号，控制各执行器的动作。传感器信号包括车内温度传感器、车外温度传感器、太阳光辐射传感器等各种传感器输入的信号，驾驶员控制面板设定的温度信号和功能选择信号，各风门的位置反馈信号。

执行器控制信号包括控制风门位置的各种风门驱动信号、控制鼓风机转速的信号和控制压缩机工作的控制信号。

汽车自动空调系统组成如图 7-16 所示。

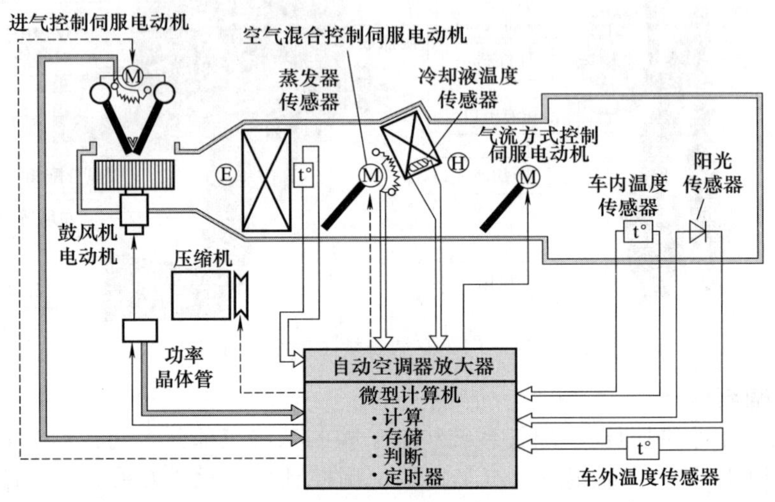

图 7-16 汽车自动空调系统组成

全自动空调系统的基本电路（图 7-17）包括送风温度控制电路、鼓风机转速控制电路、工作模式控制电路、进气模式控制电路及压缩机控制电路等。

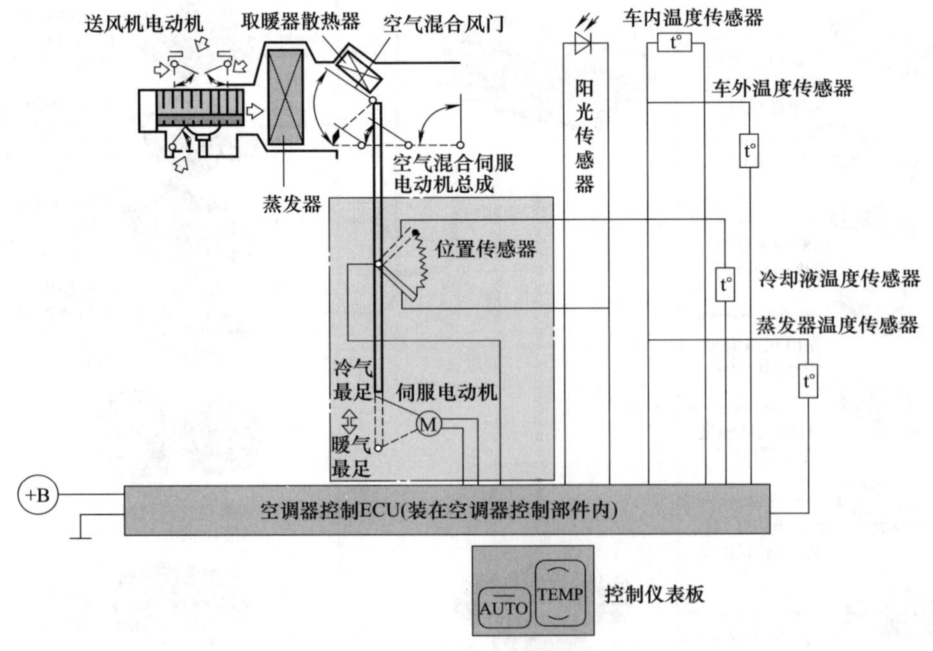

图 7-17 全自动空调系统的基本电路

自动空调送风温度控制电路如图 7-18 所示。ECU 根据传感器（车内温度传感器、车外温度传感器、太阳光辐射传感器、设定温度及蒸发器温度传感器等）信号，计算出空气混合风门的理论位置，通过控制空气混合风门伺服电动机来控制空气混合风门的位置。同时空气混合伺服电动机内的电位计检测空气混合风门的实际移动速度和位置，并将此信号反馈至ECU以进一步控制空气混合风门伺服电动机。

当ECU根据传感器信号接通VT_1而断开VT_2时，伺服电动机电路接通并带动空气混合空气移向COOL侧，降低送风温度。当电位计测得的风门实际位置达到ECU计算的理论位置时，ECU关断VT_1，伺服电动机停转，空气混合门保持在此时的位置。

当ECU根据传感器信号接通VT_2而断开VT_1时，伺服电动机电路接通并带动空气混合门移向WARM侧，提高送风温度。当电位计测得的风门实际位置达到ECU计算的理论位置时，ECU关断VT_2，伺服电动机停转。

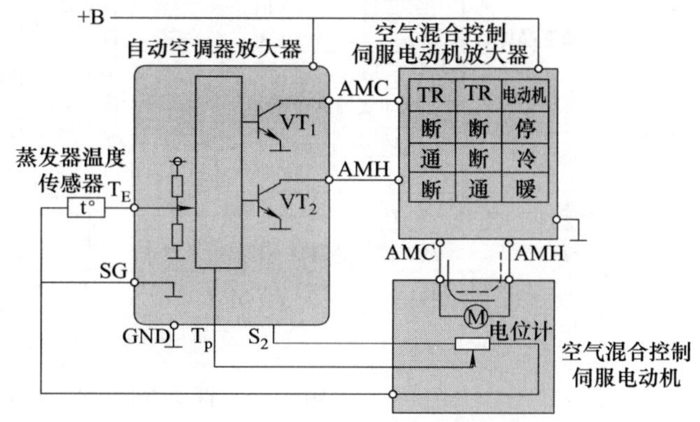

图7-18 自动空调送风温度控制电路

自动空调鼓风机转速控制电路如图7-19所示。ECU接通VT_1，鼓风机继电器通电闭合，电源+B→鼓风机继电器→鼓风机电动机→低速电阻→搭铁。鼓风机低速运转。同时控制面板AUTO（自动）指示灯和LO（低速）指示灯点亮。

ECU接通VT_1，鼓风机继电器通电闭合，ECU输出鼓风机驱动信号至调速模块功率管，功率管改变流至鼓风机的电流，使鼓风机中速运转。其控制回路为：电源+B→鼓风机继电器→鼓风机电动机→低速电阻和功率管→搭铁。同时，ECU从功率管的集电极接收反馈信号，检测鼓风机实际转速，用来修正鼓风机的驱动信号。此时控制面板AUTO（自动）指示灯亮，根据鼓风机转速，相应的LO（低速）、M_1（中1）、M_2（中2）、HI（高速）指示灯点亮。

ECU接通VT_1和VT_2，鼓风机继电器和高速继电器闭合，鼓风机将高速运转，其回路为：电源+B→鼓风机继电器→鼓风机电动机→高速继电器→搭铁。同时控制面AUTO指示灯和HI指示灯点亮。

自动空调进气模式控制电路如图7-20所示。当出风温度已从低变至高时ECU接通VT_1，使驱动电路输入信号端B搭铁为0，A端断路为1。此时电动机电路接通：电源+B→驱动电路D端→电动机→驱动电路C端→搭铁。电动机旋转，内部触点由“FACE”位置移向“FOOT”，位置。当触点移至“FOOT”位置时，电动机停转，出气方式由“FACE”方式转变为“FOOT”方式。同时ECU接通VT_2，使控制面板上的“FOOT”指示灯亮。

当出风温度已从高变至中时，原来气流方式控制伺服电动机内的移动触点位于“FOOT”位置。ECU接通VT_3，使驱动电路输入信号端A搭铁为0，B端断路为1。此时电动机电路接通：电源+B→驱动电路C端→电动机→驱动电路D端→搭铁。电动机旋转，内部触点由“FOOT”位置移到“BILEVEL”位置，电动机停转，出气方式由“FOOT”方式转变为“BILEVEL”方式，同时控制面板上的“BILEVEL”指示灯亮。

当出风温度已从中变至高时，原来气流方式控制伺服电动机内的移动触点位于“BILEVEL”位置。ECU接通VT_4，使驱动电路输入信号端A搭铁为0，B端断路为1。此时电动机电路接通：电源+B→驱动电路C端→电动机→驱动电路D端→搭铁。电动机旋转，内部触点由“BILEVEL”位置移到“FACE”位置，电动机停转，出气方式由“BI-

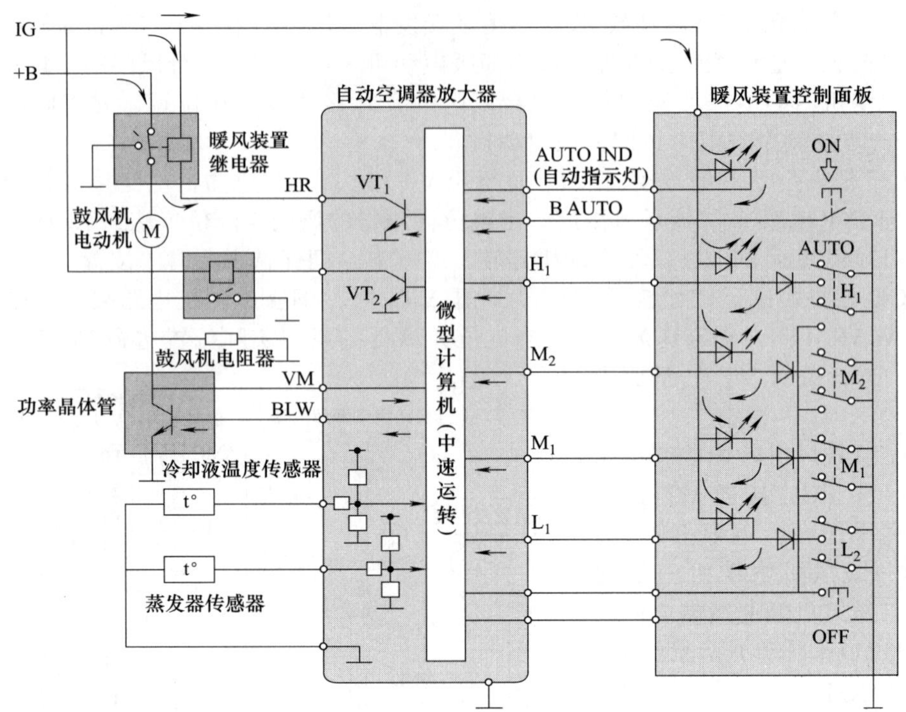

图 7-19　自动空调鼓风机转速控制电路

LEVEL”方式转变为“FACE”方式，同时控制面板上的“FACE”指示灯亮。

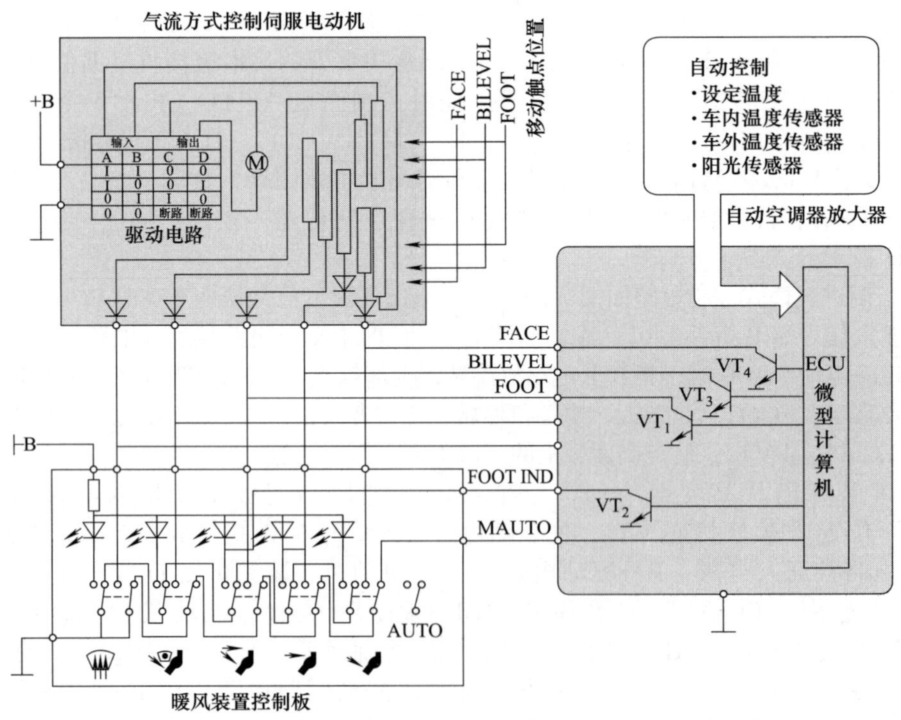

图 7-20　自动空调进气模式控制电路（一）

在自动模式中，进气门一般有内循环、20%新鲜空气和外循环三种位置。ECU 根据传感器信号自动调节进气门位置，若车内温度为 35℃，则进气门处于 RECIRC（内循环）位置，以快速降温；若车内温度为 30℃，则进气门处于 20%新鲜空气位置，引进部分新鲜空气以改善空气质量；若车内温度为 25℃，则进气门处于外循环。另外，当手动按下 DEF 开关时，进气方式强制转变为 FRESH（外循环）模式。

自动空调进气模式控制电路如图 7-21 所示。伺服电动机 1 脚为电源线，当 2 脚搭铁时，进气门应运行到内循环位置；当 3 脚搭铁时，进气门应运行到新鲜空气位置。具体控制过程为：当 ECU 接通 FRE 晶体管时，触点 B 搭铁，电动机电流方向为蓄电池正→点火开关→端子 1→电动机，触点 B→端子 3→FRS 晶体管→搭铁，电动机旋转并带动风门由 RECIRC 位置移向 FRESH 位置。

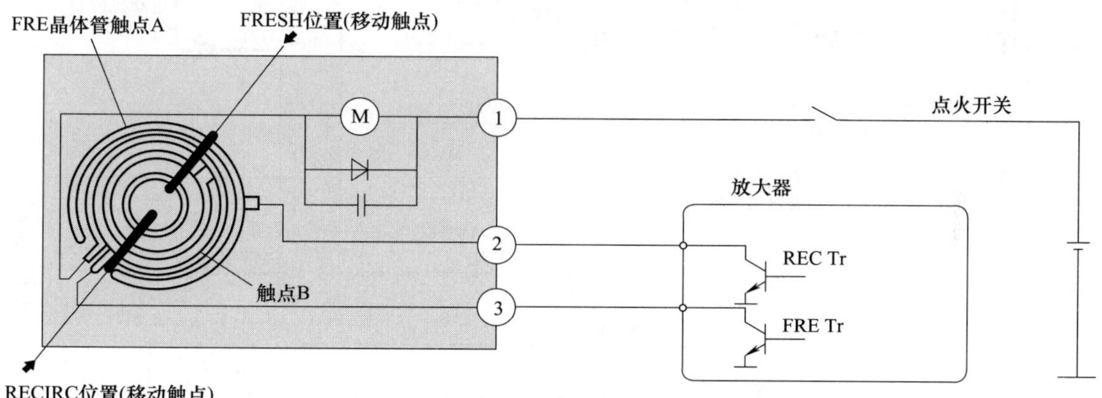

图 7-21　自动空调进气模式控制电路（二）

任务二　空调系统电路分析

1. 手动空调系统电路

以比亚迪 F3/F3-R 车型的手动空调为例，其电路图 7-22 所示，由电源供电电路、电磁离合器控制电路、鼓风机控制电路组成。

（1）电源电路　当点火开关关闭（OFF）或电器供电（ACC）时，1＃点火继电器线圈中无电流，空调系统没有供电，空调不能运行。当点火开关接通（IG1）时，点火继电器线圈通电，常开触点闭合，使空调继电器中的 B8 暖风继电器通电触点融合，接通鼓风机供电电路。

当空调继电器由 A/C 控制器启动时，常开触点闭合，由暖风继电器过来的供电经空调继电器送到空调压缩机电磁离合器，启动压缩机工作。

（2）电磁离合器控制电路　电磁离合器需要制冷时接通空调 A/C 开关，这时空调指示灯亮，还接通了新鲜空气挡板电磁阀电路，使鼓风机强制通过蒸发器总成的空气总阀通风，蒸发器温度开关进一步控制怠速提升电磁阀和电磁离合器。低压开关串接于电磁离合器电路中，当高压侧压力低于 0.2MPa 时，低压开关触点断开，压缩机不能运转。

（3）鼓风机拉制电路　鼓风机电路中，在主继电器接通的情况下，鼓风机受鼓风机调速开关和 A/C 环境开关两路控制。鼓风机开关选择不同的挡位时，可改变串入鼓风机电动机电路的调速电阻的阻值，从而改变鼓风机转速，获得不同送风强度的送风气流。而 A/C 开关和环境开关均接通时，鼓风机只能以低速送风。

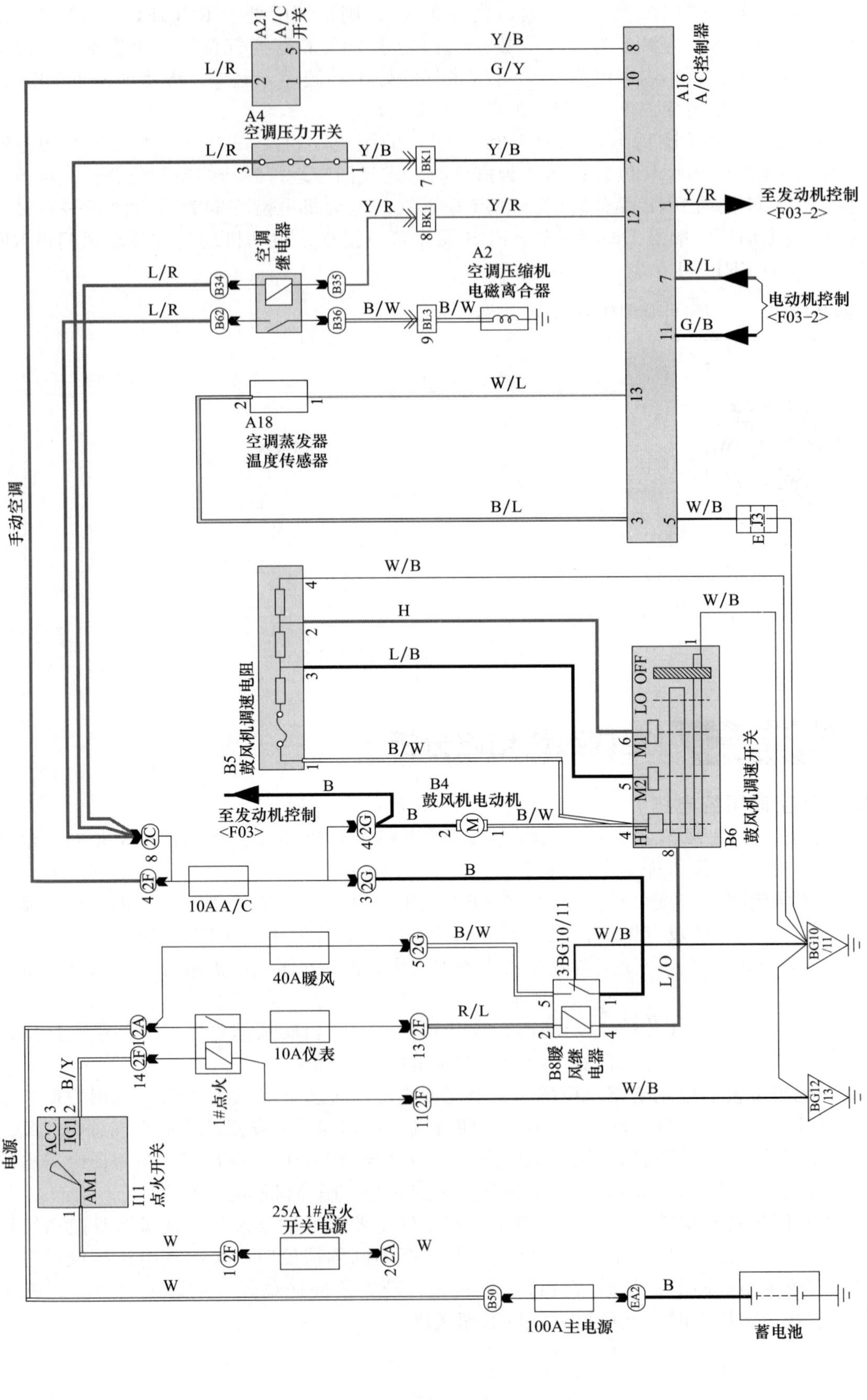

图 7-22 比亚迪 F3/F3-R 车型的手动空调电路

2. 自动空调系统电路

汽车空调控制器 ECU 接收车内温度、太阳辐射强度、车外温度和发动机冷却水温度等信号，计算出经过热交换器后送入车内应该达到的出风温度。ECU 还控制混合空气气流和冷却水阀的开启及关闭，根据车厢内的空气质量，通过调节进气风挡位置，控制送入车内的新鲜空气量。雷克萨斯 LS400 汽车自动空调系统的控制电路如图 7-23 所示。

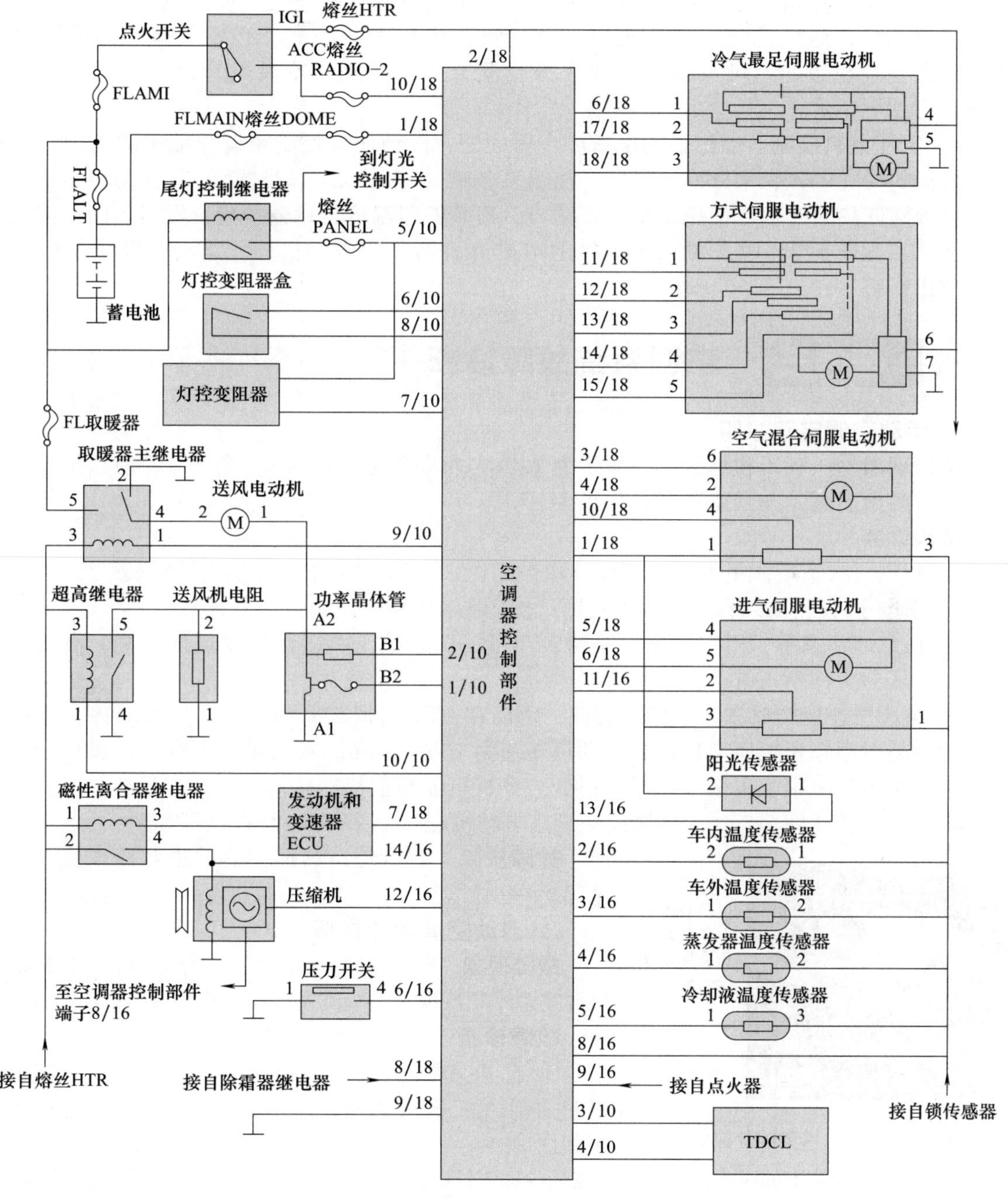

图 7-23　雷克萨斯 LS400 汽车自动空调系统的控制电路

（1）通风系统各风挡的控制电路 空气混合伺服电动机控制空气混合风挡开度，除霜器风挡及通风口风挡由方式伺服电动机控制；冷气最足风挡由冷气最足伺服电动机控制，进气风挡由进气伺服电动机控制。

（2）温度控制 输出温度控制是以室温传感器、环境温度传感器、水温传感器、蒸发器温度传感器和太阳能传感器的输入信号为基础进行的。

（3）风量控制 为了获得理想的车厢内温度，必须要将经过空调处理的空气不断地吹向车厢内每个角落，这需要必要的风量。风量是由送风机输送的，风量并不是越大越好，风量越大，送风机送风速度越快，风机噪声也越大。因此，必要时提供必需的尽量少的风量是最理想的。风量控制大致有冷暖混合风量控制、冷风风量控制、暖风风量控制三种方法。

（4）压缩机控制 通过控制电磁离合器的通、断动作来控制空调压缩机的运行。当通过蒸发器的空气中含有水分，蒸发器表面温度较低（3℃左右）时，蒸发器表面易结霜，这样将显著降低热交换率，使压缩机浪费动力。用蒸发器温度传感器测定蒸发器出门处空气温度，当该温度低于 3℃时，关闭压缩机的电磁离合器，使压缩机停止运行，停止制冷剂工作，防止结霜。

任务三 空调系统故障诊断

1. 手动空调电路故障

故障现象 一辆吉利远景车，排量为 1.5L，行驶里程 4598km，购车 3 个月后发现高速行驶时水温指示高，并且空调制冷效果不好。

故障诊断

① 开空调状态下，用电脑检测仪读取数据流，水温 95℃电子风扇高速运转。

② 用电子红外温度计，检查水箱上下水管温度一样，说明节温器良好。

③ 在怠速状态下，用空调压力检测表测量空调系统压力，结果发现低压高、高压高，说明系统压力工作不正常。

④ 再次怠速运转该车，连接检测仪，水温在 95℃时风扇开始运转，89℃时停止运转，但感觉运转时间较长。原地加速到发动机转速为 2500r/min，水温不断上升，但风扇一直在运转，用手感觉风扇吹出来的风温度很低。分析可能是散热器堵塞或者风扇反转，经检查确定风扇是在反转（图 7-24），反接冷却风扇电动机连接插头线头后故障排除。

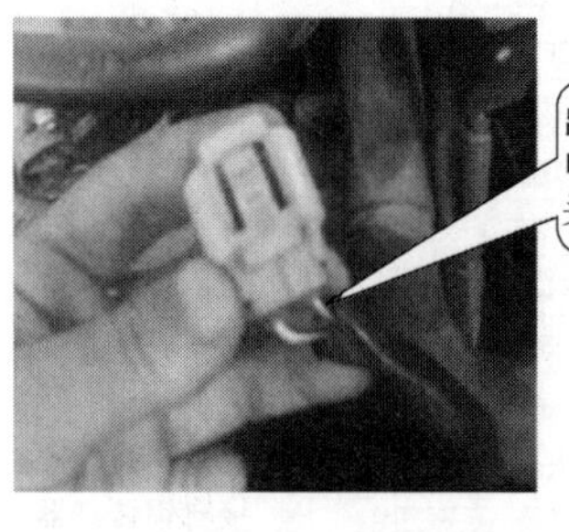

图 7-24 电子风扇插接端子

故障排除 将冷却风扇插接器线束对调连接，故障排除。

2. 自动空调电路故障

故障现象 一辆吉利远景汽车，行驶里程 56721km，出现空调不制冷现象，检测发现压缩机不吸合。

故障诊断

① 打开空调开关， VFD 屏上显示雪花状标志，这说明空调 A/C 开关正常，检查测量系统压力，也在正常范围内。

② 拔下空调管上的压力开关插头，测量内部四针脚，其中有两个对应针脚是相通的， 正常。

③ 拔下压缩机继电器，短接其两插针脚，压缩机吸合，说明压缩机线圈无故障。

④ 把空调温度设成 29.5℃，按住“MODE”键的同时再按三次“AUTO”键使其进入

强制自检功能，这时 VFD 屏显示“00”，无故障。

⑤ 此时意外按下了空调面板上的“OUT SIDE”（车外温度）键，VFD 屏上显示－26℃，但车外实际温度为 23℃，两者有明显偏差。

故障排除　更换安装在车体前部的室外温度传感器，故障排除。

维修总结　FC-1 自动空调是通过采集各传感器信号来控制空调工作的，车外温度传感器显示极限是在－35～61℃，而故障件显示－26℃，电脑误认为正常，未能显示故障码。

项目三

安全气囊电路

任务一　安全气囊系统电路概述

SRS（Suplemental Restraint System）的中文含义是辅助防护系统，主要包括碰撞传感器、气囊电脑 ECU、安全气囊指示灯、气囊组件以及连接线路，气囊组件包括气囊、气体发生器以及点火器等。在很多汽车的方向盘和仪表板右侧杂物箱上方都标有 SRS 或 AIR BAG，表示有安全气囊安置在此处，其电路原理如图 7-25 所示。它是利用传感器检测碰撞信号，ECU 根据传感器信号，并利用内部预先设置的程序不断进行计算和逻辑判断。当判断发生碰撞时，ECU 立即发出点火指令引爆点火剂，点火剂引爆时使充气剂（叠氮化钠）受热分解，产生大量氮气向气囊充气，使气囊打开，达到保护人体的目的。

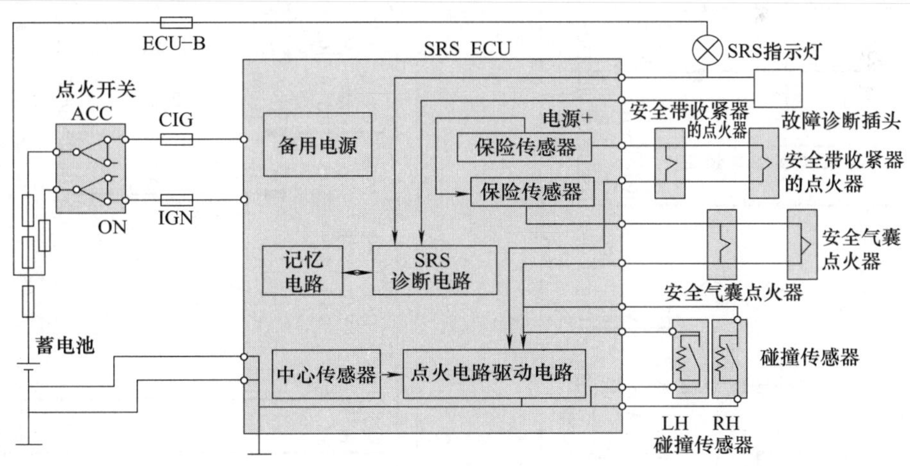

图 7-25　安全气囊系统电路原理

任务二　安全气囊系统电路分析

以比亚迪 M6 车型的安全气囊系统电路为例，其电路如图 7-26 所示。

在汽车行驶过程中，SRS-ECM 控制模块不断监测碰撞信号传感器检测的车速变化信号，判定是否发生碰撞。当判断结果为发生碰撞时，立即运行控制点火的软件程序，并向

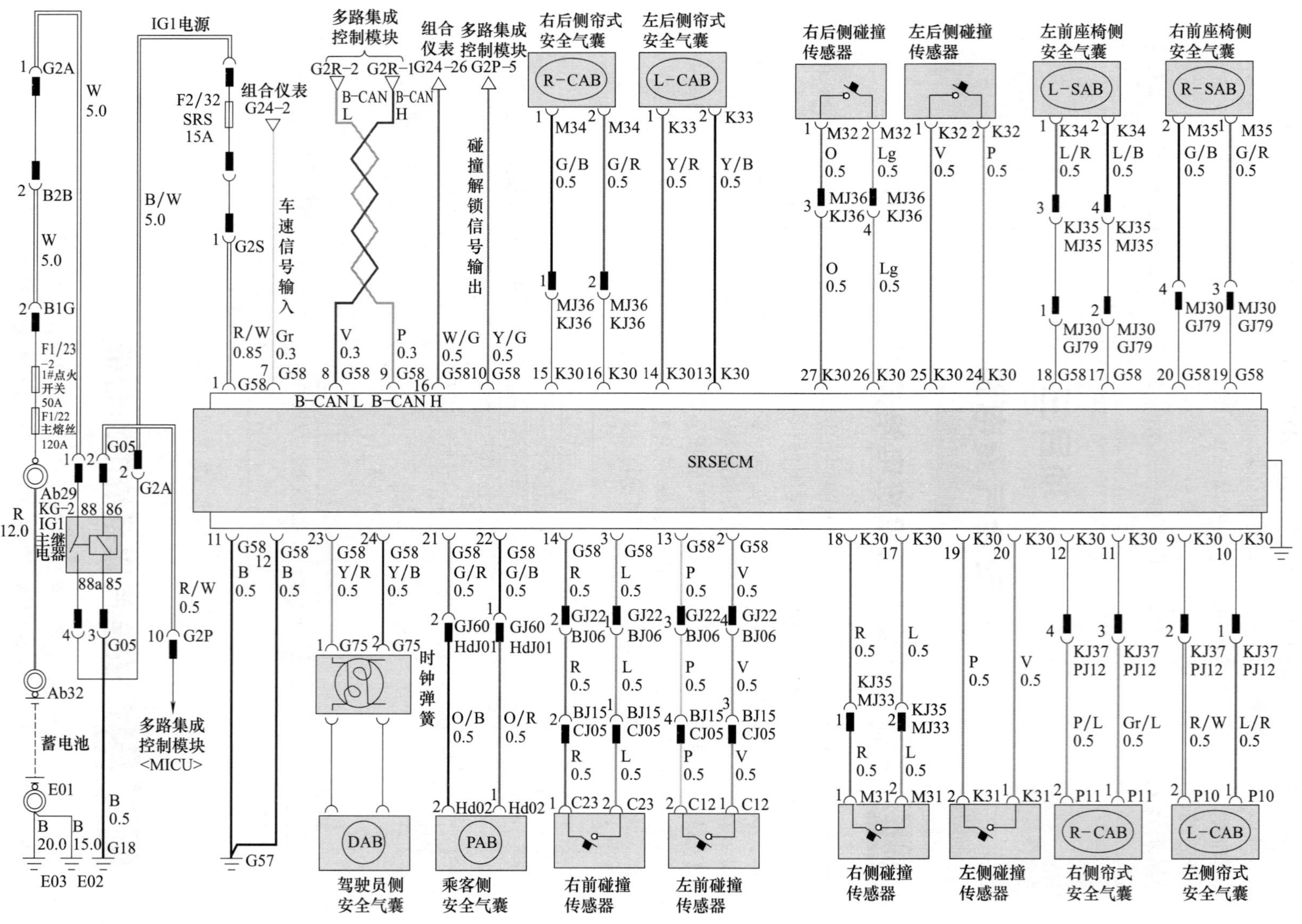

图 7-26 比亚迪 M6 车型的安全气囊系统电路

点火电路发出点火指令，引爆点火剂，点火剂引爆时产生大量热量，使充气剂受热分解，释放气体给气囊充气。除此之外，ECM 还要对控制组件中关键部件的电路不断进行诊断测试，并通过 SRS 指示灯和存储故障码来显示测试结果。仪表盘上的 SRS 指示灯可直接向驾驶员提供 SRS 的状态信息。

碰撞传感器安装在驾驶员和乘客座椅下面，将汽车碰撞时的减速度输入 SRV-ECM，用以判定是否发生碰撞。它的作用是控制气囊点火器电源电路。M6 车型的碰撞传感器包括左前、右前、左后、左后、左侧、右侧共 6 个，此外还接收从组合仪表输入的车速信号。

气囊组件电路包括驾驶员 DAB、副驾驶员 PAB、左后侧帘式 R-CAB、右后侧帘式 L-CAB、左前座椅侧 L-SAB、右前座椅侧 R-SAB 共 6 个气囊电路。

SRS 指示灯安装在驾驶室仪表盘面板下面，SRS 指示灯用于指示安全气囊系统功能是否正常。气囊控制单元通过 16 针脚和组合仪表电路控制器的 26＃相接，控制仪表内的安全气囊指示灯。

任务三 安全气囊系统故障诊断

故障现象 大众迈腾汽车安全气囊灯点亮。安全气囊控制单元存储有故障码 01221（驾驶员侧侧面安全气囊碰撞传感器 G179）、01222（乘客侧侧面安全气囊碰撞传感器 G180）。

故障诊断

① 用 VAS5051 清除故障码，开始只能清除故障码 01221，断开蓄电池接线后重新接上，清除故障码 01222。

② 直线行驶 3～4km 后，仪表上安全气囊灯重新点亮，故障存储器存储 01221 和 01222 故障码。

③ 将碰撞传感器直接跨接线至控制单元，故障未解决。

④ 更换安全气囊控制单元和驾驶员侧侧面安全气囊碰撞传感器（因为当时库存只有一个碰撞传感器，左/右零件编码一样），故障未解决。

⑤ 根据“故障诊断”第①～④步和图 7-27 分析，可排除线束和控制单元故障。

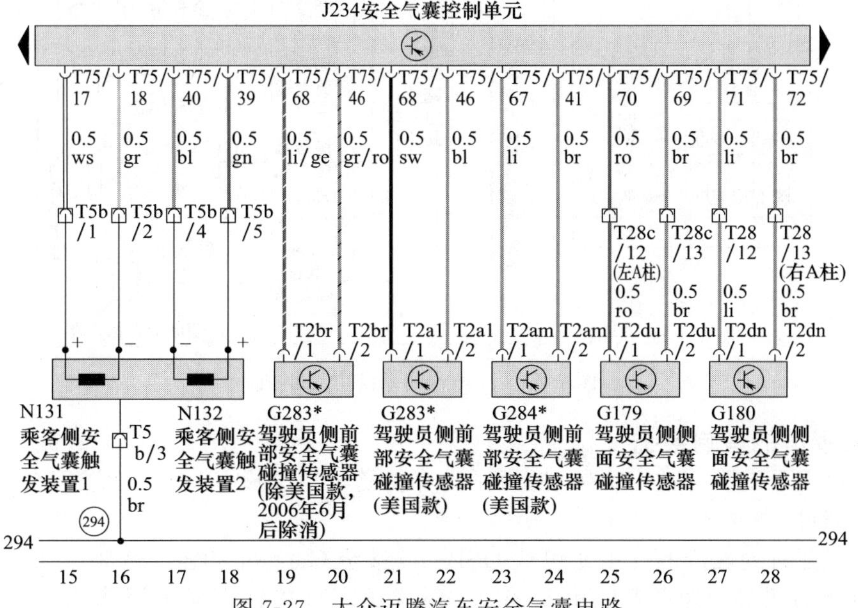

图 7-27 大众迈腾汽车安全气囊电路

⑥ 经分析，两个碰撞传感器同时出现故障的概率很小。驾驶员侧侧面安全气囊碰撞传感器/乘客侧侧面安全气囊碰撞传感器间的关系是相互检测，即如果发生右侧碰撞时，驾驶员侧侧面安全气囊碰撞传感器/乘客侧侧面安全气囊碰撞传感器同时得到从右向左的碰撞信号。如果只有一个碰撞传感器有碰撞信号，另一侧没有信号（例如乘客侧面安全气囊碰撞传感器检测到发生碰撞，但左侧没有检测到碰撞），安全气囊控制单元就不能判断哪个传感器有故障，因此只能同时报错。此时故障码 01221 和 01222 应理解为“信号不可靠”。

故障排除 更换乘客侧侧面安全气囊碰撞传感器，故障排除。

项目四

DVD 影音与导航电路

任务一 DVD 影音与导航电路概述

1. 普通音响系统

汽车视听设备从最早的单调幅（AM）收音机，到后来具有调幅/调频（AM/FM）收音机、磁带录放机，到现在形成了具有多功能数字化高技术、大功率网络化的立体视听系统，它不仅可以收听广播，播放 CD，还可以播放下载的歌曲和电影，收看电视节目和玩网络游戏，为驾驶者导航等。音响系统一般由天线、接收装置、音频处理电路、调频/调幅电路、扬声器五部分组成。汽车音响系统电路组成如图 7-28 所示。

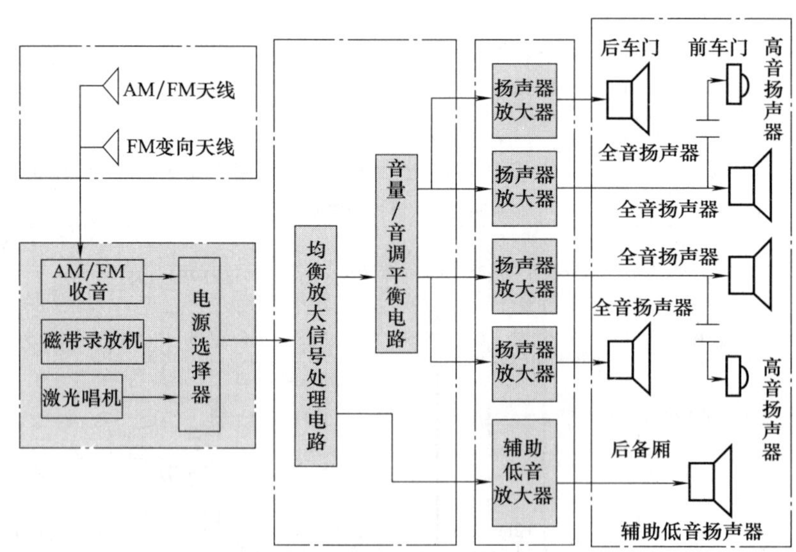

图 7-28 汽车音响系统电路组成

2. 带触摸屏的音响系统

音响和可视系统具有数字音频/视频播放功能及与相关设备进行无线通信，并可显示驾驶员的支持信息。

音响单元起着处理器的作用，包括 USB、连接至 GA-net 的蓝牙音频、 CD 播放机和外部 AM/FM 收音机等。通过音响单元按钮、触摸屏（直接触摸显示屏选择界面上的项目）

或音响遥控开关（在方向盘上）选择音响功能。

音响单元支持 CDDA、CD-R 和 CD-RW 播放功能，还可使用 MP3、WMA 和 AAC 格式。

音响单元有一个内置 EEPROM（电可擦可编程只读存储器），即使断开蓄电池，该存储器仍能存储音响预设数据（声音设置等）。在播放 CD 时，音频数据临时保存在防震存储器中，以减少 CD 跳读。

智能屏互联系统有一个 7in（1in=2.54cm）WVGA TFT 电容式触摸屏。触摸屏的表面有防油层，不容易留下指纹。该单元显示各种菜单界面，可通过触摸屏操作音响和 HFT 系统。蓝牙通信和无线 LAN 通信的天线内置在音响面板中。作为高级功能，可使用智能手机关联功能和视频播放功能。

以本田第 9 代雅阁车型为例，高级音响系统原理框图如图 7-29 所示。

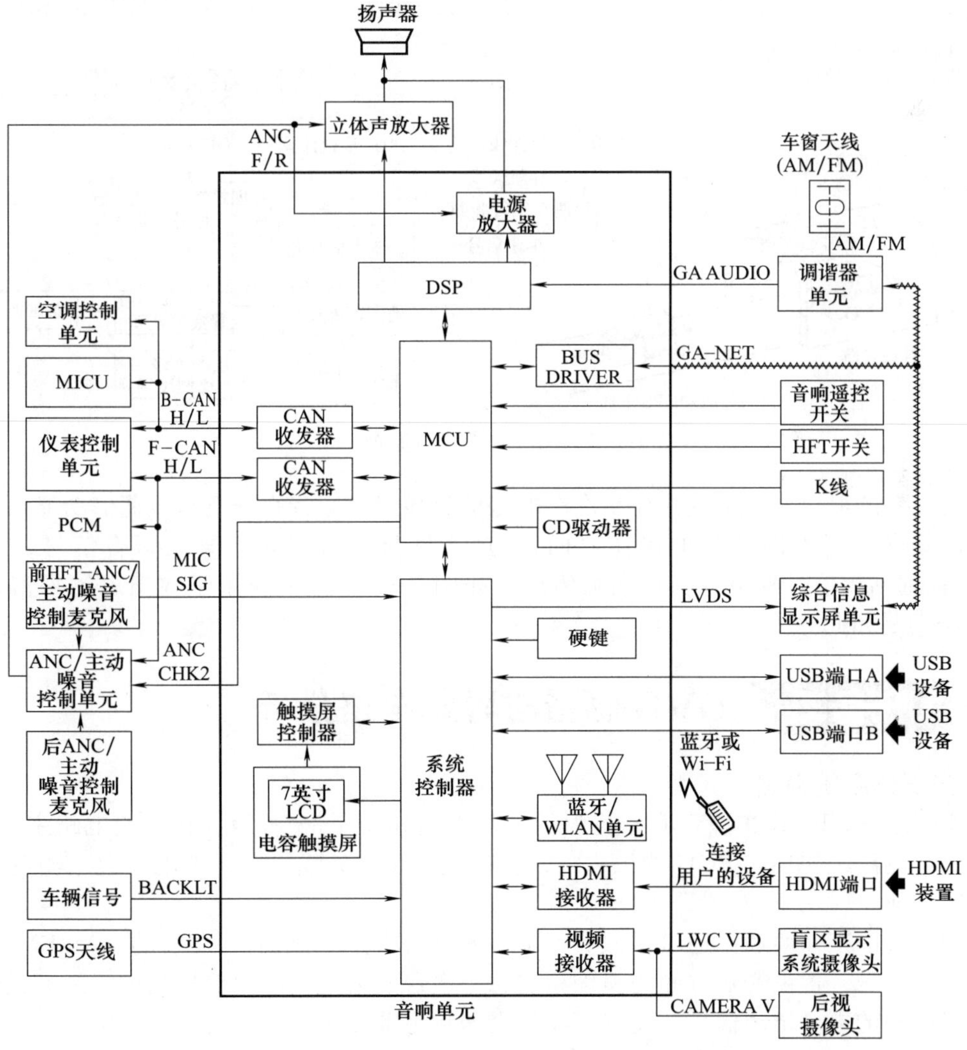

图 7-29　高级音响系统原理框图（本田第 9 代雅阁车型）

3. GPS 导航系统

汽车导航系统主要由 GPS 接收天线、GPS 接收机、ECU、液晶显示器、位置检测装置

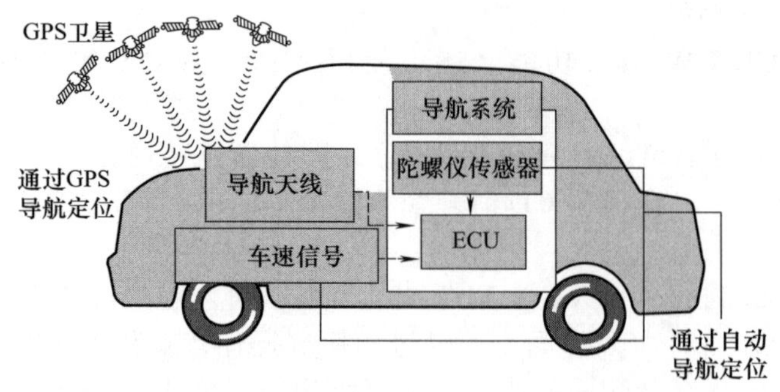

图 7-30　汽车导航系统装置在车上的布置

（绝对位置检测和相对位置检测）等组成。系统根据不同的位置进行分类检测，绝对位置检测采用GPS全球定位系统，相对位置检测采用方向传感器（如地磁传感器、光纤陀螺仪），并利用车轮转速传感器测量车辆行驶距离。汽车导航系统装置在车上的布置如图 7-30 所示。

图 7-30 中的导航模式称为 GPS（全球定位系统）导航定位，为了让汽车在不能接收到 GPS 信号的地方也能定位，往往还结合另一种方式——自动导航（推算法定位），其原理如图 7-31 所示。

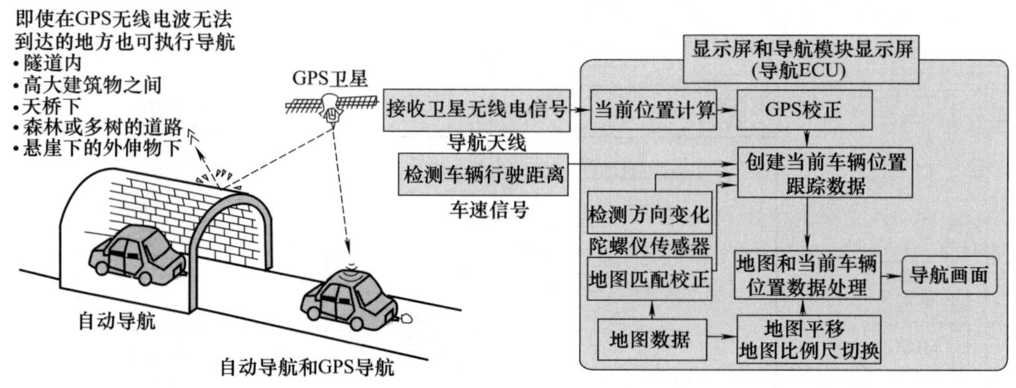

图 7-31　自动导航原理

现代汽车的卫星导航系统往往和汽车的多信息显示、影音娱乐及车载通信功能结合在一起使用，其影像或地图及其他操作界面通过 LCD 显示屏显示，导航语音信号、音乐及 FM、电话通话等信号则由各音响喇叭传出。如图 7-32 所示的应用于本田思铂睿汽车上的 GPS 系统即是如此。

 任务二　DVD 影音与导航电路分析

1. 多媒体系统电路

以比亚迪 F3/F3-R 车型音响系统为例，其电路如图 7-33 所示。其功能电路主要由 CD 转换器、音响系统和导航 ECU 的集成电路、喇叭电路、天线电路、蓄电池主电源及点火控制电源等组成。

音响系统的工作原理：通过接收、调制、放大本地区无线电台发射的 AM/FM 商用频率段无线电信号，提供音响方面的娱乐和信息。电台发射的电磁波信号经过印制天线后，将感应生成微弱的电流调制信号并通过天线放大器和电缆传送给收音机，收音机将接收到的微弱信号调制并放大成较强的电流信号，传送到扬声器，扬声器将强的电信号转化为空气的振动，从而将无线电台广播信号还原成声音。用户可以选择其他型号的音响系统，以提供盒带、CD 或 VCD 声音和图像兼有的设备。无论使用何种类型的媒体类型，音响系统零部件都能将车内扬声器再现的音响信号放大和调整，以适应车内乘员的个人喜好。

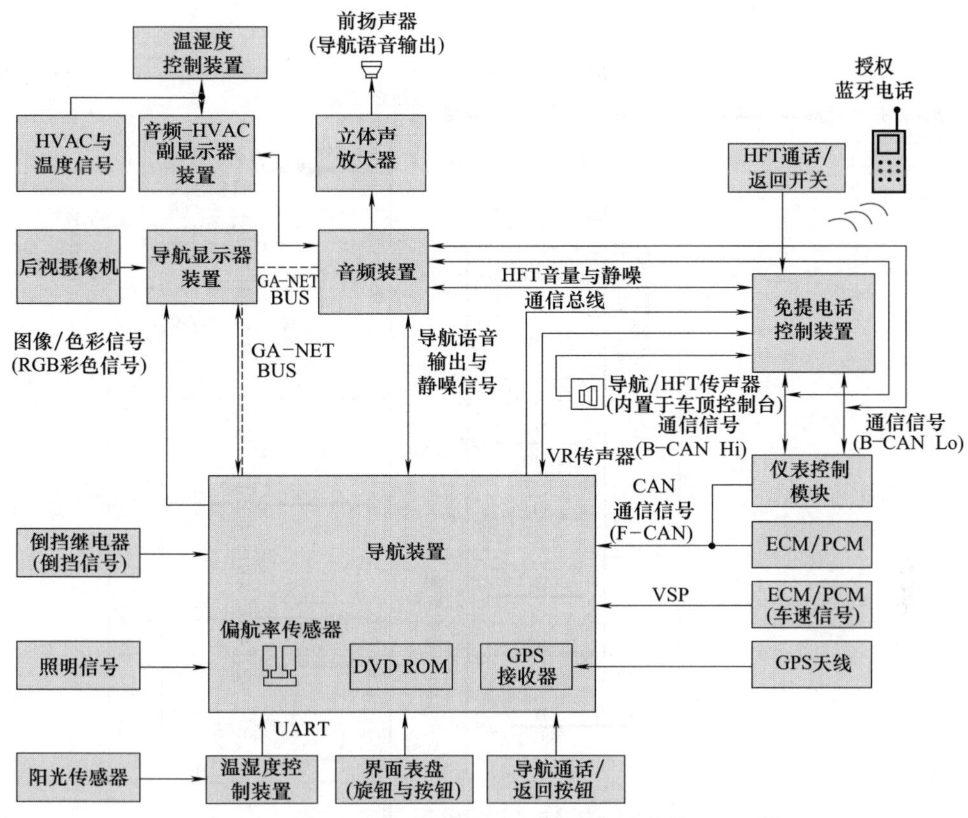

图 7-32 本田思铂睿汽车 DVD 导航及多路信息显示系统

本音响系统抗无线电干扰抑噪措施主要是通过收音机内部电路抑制无线电频率干扰和电磁波干扰。外部措施如下。

① 天线放大器外壳接地。

② 收音机外壳接地。

③ 发动机与车身接地。

④ 采用电阻式火花塞。

⑤ 采用无线电抑噪型次级点火线圈。

音响系统的扬声器（喇叭）直接与音响系统总成相连，得到音频信号；有左前高音、右前高音、左前低音、右前低音、左后、右后共六个主音响扬声器。这六个扬声器既作为音响系统的外放音频输出，也作为导航系统语音音频的输出。

2. GPS 导航系统电路

以东风本田思铂睿车型的 GPS 导航系统为例，其电路如图 7-34 所示。导航系统可使用语音控制音频和 CD 播放器，利用 GA-Net 总线与音频装置的声控命令进行通信。当使用导航 TALK/BACK 按钮时，所有的扬声器均不发声，而导航声音从前面通道传出。当使用导航或例行向导（RG）时，前面的扬声器提供导航声音，而后面的扬声器继续播放音频。

导航系统能确定车辆的纬度、经度和高度。此外，探测系统转向的偏航率传感器信号与 PCM 车辆速度脉冲信号（VSP）使系统保持车辆旅途中的速度和方向。

导航系统的优点是自带或配备 GPS 系统。例如，系统自带部分。即使不能接收卫星信号，也能持续追踪车辆的位置。当导航系统打开时，即使车辆通过轮渡运输时，GPS 也能持续追踪车辆位置。

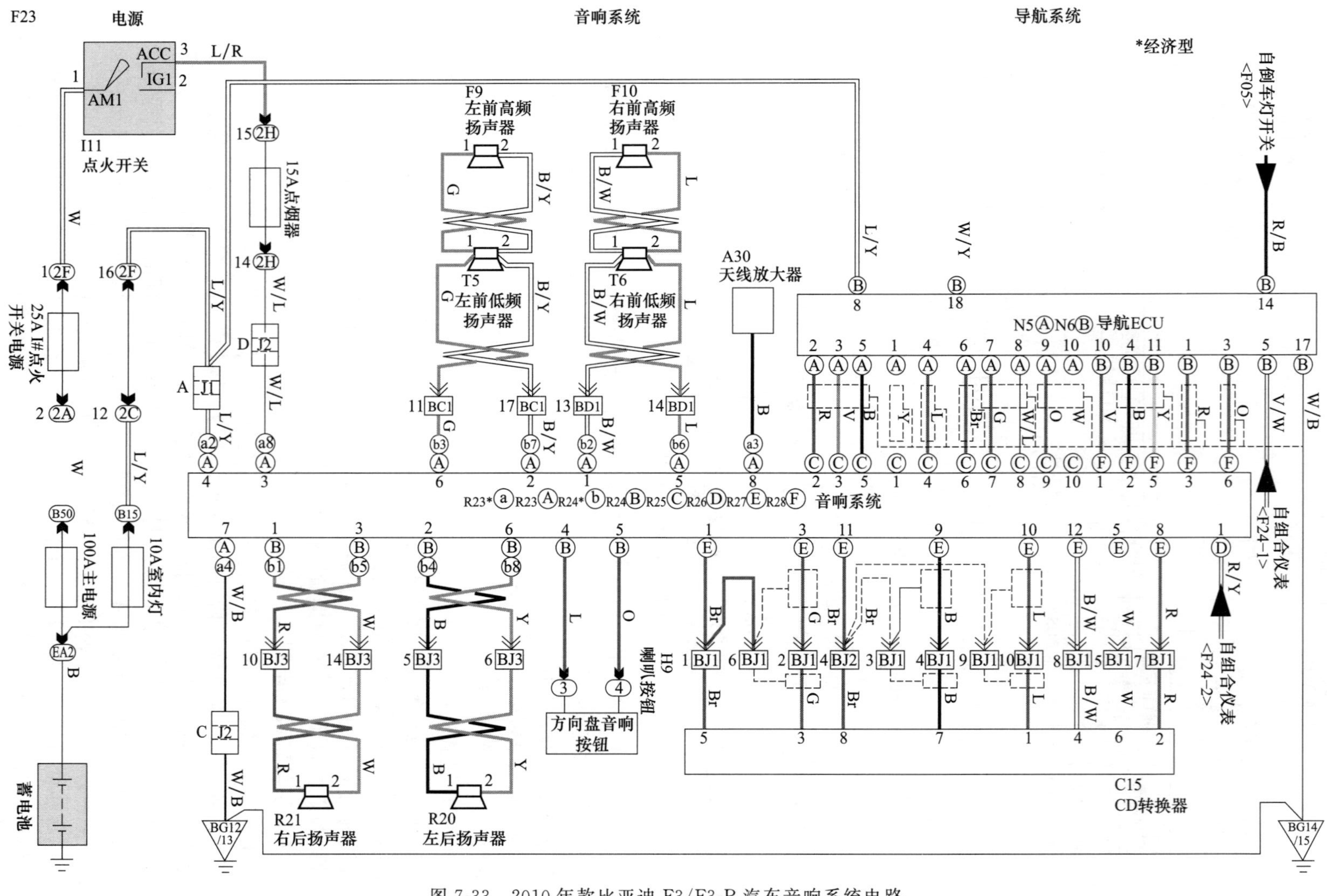

图 7-33 2010 年款比亚迪 F3/F3-R 汽车音响系统电路

后视摄像机
导航显示器装置
导航装置
RDS-TMC天线
电缆盘
音频遥控开关
声控开关
(KG与KE车型)
发动机舱盖下熔丝/继电器盒
蓄电池
点火开关
驾驶员侧仪表板下熔丝/继电器盒
左侧驾驶型
右侧驾驶型
乘客侧仪表板下熔丝/继电器盒
温湿控制装置
导航维修检查插头
GPS天线
界面表盘
立体声放大器
G651
G401

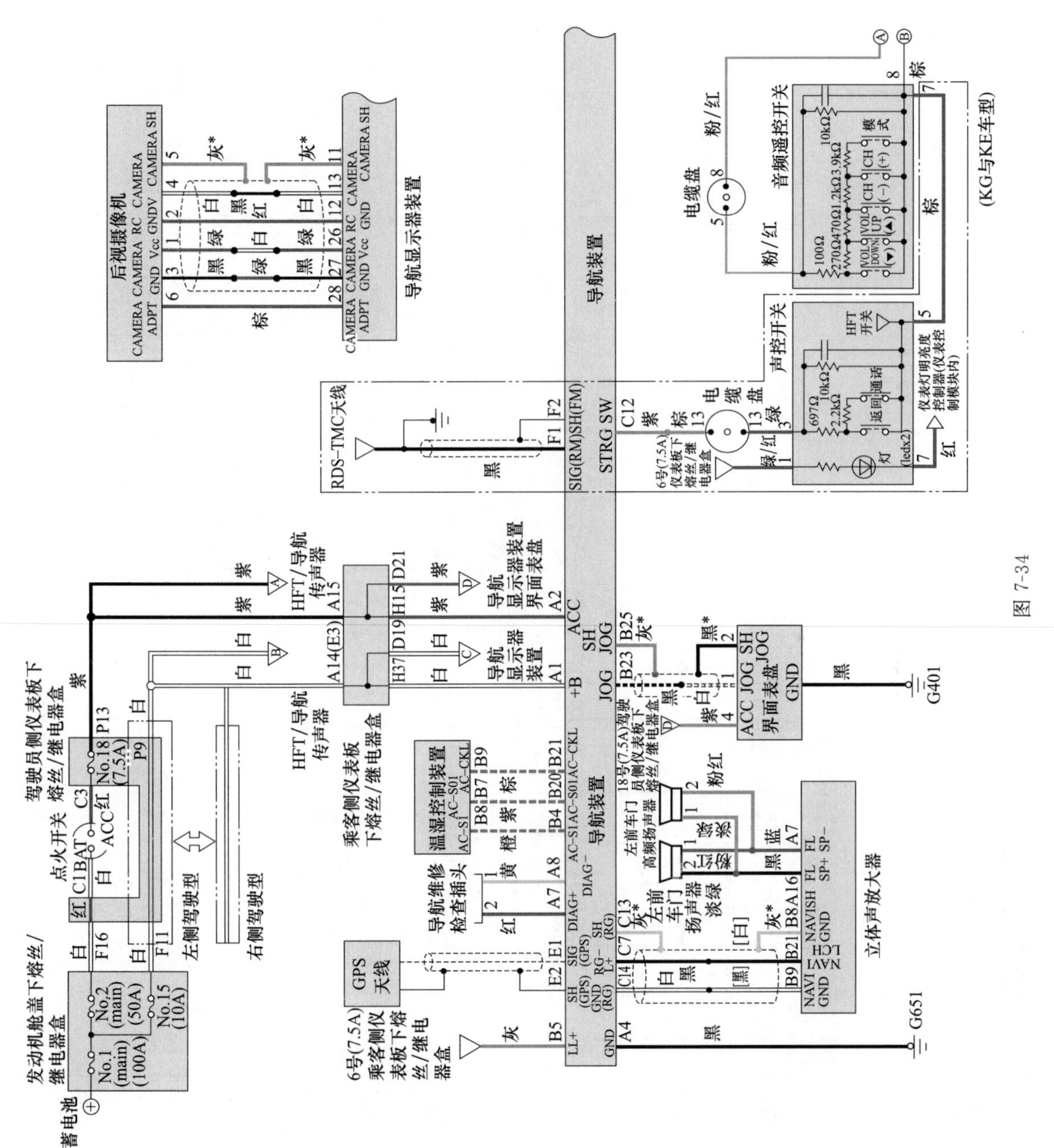

图 7-34

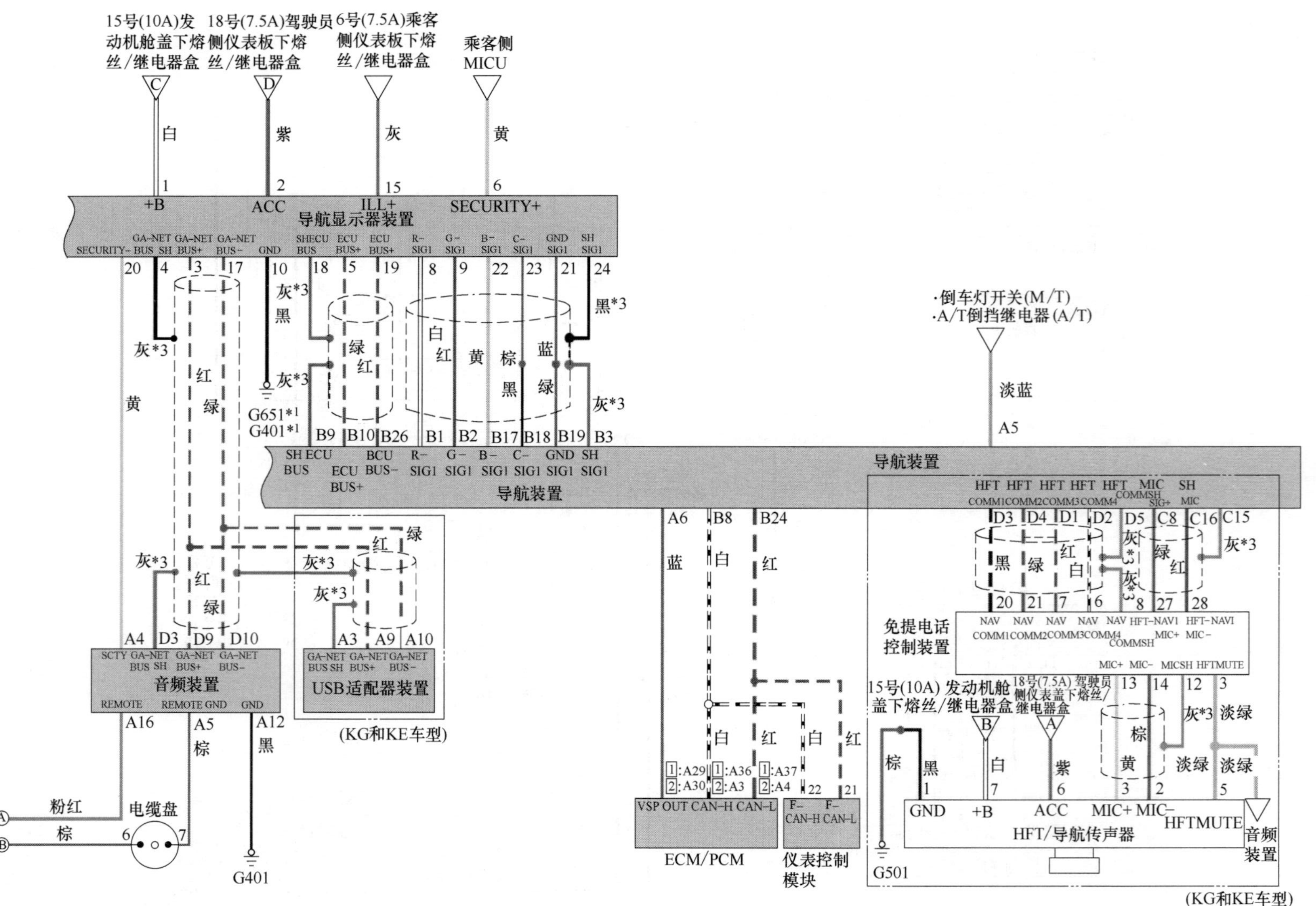

图 7-34 东风本田思铂睿车型的 GPS 导航系统电路

导航系统利用位置、方向和速度信息显示相应的地图并计算已输入目的地的路线。当到达目的地时，系统提供音频和视频提示。

导航系统也有语音辨识，实现对导航、音频和气温功能进行语音控制。方向盘上的通话（TALK）和返回（BACK）按钮激活语音控制系统。语音控制同时允许对音频与温湿度功能进行控制。

导航装置通过照明信号（前大灯打开）自动实现“夜间”和“白天”显示模式。即使当前大灯点亮时，若仪表控制模块明亮度控制设定为“全亮”，导航系统仍保持在白天模式。

GA-NET Ⅱ通信总线在导航显示装置、导航装置和音频系统部件间来回传递信息。总线传输的信息为导航装置导向的音频设定值。

导航系统由导航装置、 ECM/PCM（车辆速度信号）、GPS 天线、麦克风、声控开关（KG 与 KE 车型）和音频装置与音频 HVAC 副显示屏装置组成。车辆速度脉冲信号由 ECM/PCM 发送。ECM/PCM 接收来自于对应轴速度传感器信号后，将其加工并传输到速度表和其他系统。

偏航率-横向加速传感器（在导航装置内）探测车辆方向变化（角速度）。传感器是插在导航装置内的振荡回转仪。

导航装置计算车辆位置并引导到目的地。导航装置执行地图匹配校正、GPS 校正和距离微调功能，它也执行菜单控制功能、DVD-ROM 开启功能和解码语音指令。在这些控制功能内，导航装置产生导航图像信号，然后将它传输到导航显示屏显示和音频装置发声。

导航装置通过接收偏航率传感器方向变化信号和 ECM/PPCM 车辆速度脉冲（VSP）行驶距离信号，计算车辆位置（驾驶方向和当前位置）。

地图匹配微调通过显示道路上车辆所处地图位置而完成。DVD-ROM 传来的地图数据与车辆位置数据比较，并在最靠近的道路上显示车辆位置。当车辆在地图上没有显示的道路上行驶时或车辆位置远离地图上显示的道路时，这种情况下地图匹配微调不起作用。

GPS 微调通过将车辆位置显示为 GPS 表示的车辆位置完成微调。导航装置将 GPS 表示的车辆位置数据与计算的车辆位置数据进行比较。如两者之间有较大的差异时，显示的车辆位置调整到 GPS 车辆位置。

距离微调减少 VSP 行驶距离信号与地图上距离数据间的差值。导航装置将 GPS 表示的车辆位置数据与计算的车辆位置数据进行比较。当车辆位置总是超前 GPS 表示的车辆位置时，导航装置随之减少微调值；当车辆位置总是落后 GPS 表示的车辆位置时，导航装置增加微调值。

任务三 DVD 影音与导航故障诊断

1. 音响系统故障

故障现象 一辆大众速腾汽车音响系统正常工作时，拔掉车辆点火钥匙后音响不能自动关机。偶尔在车辆正常使用时，快速转动方向盘或开大灯、运转鼓风机，会引起正常工作的音响停止工作。

故障诊断

① 使用 VAS5052A 检查，网关列表没有收音机功能项。

② 拆检音响主机，发现该车辆配置的音响没有自诊断线。该车音响主机后有 13 个端子，其中音响喇叭占用 8 个端子，常电源和照明各占 1 个端子，接地线占 1 个端子，J527 控制单元占 1 个端子，音响主机与 J527 连接的导线在音响连接端子上标有“S”标记，静音占

1 个端子。音响主机端子连接如图 7-35 所示。

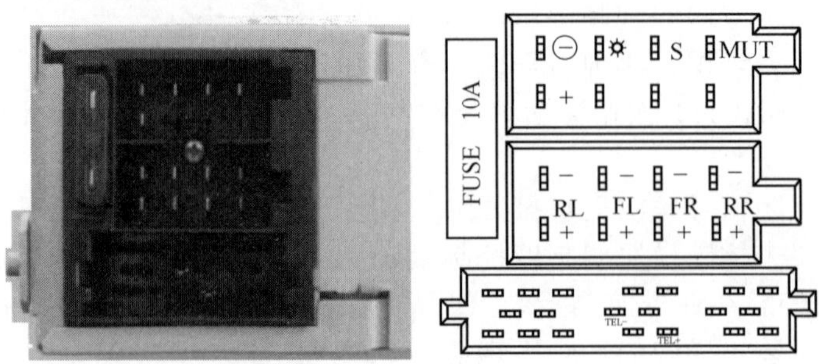

图 7-35 音响主机端子连接

③ 检查音响主机电源及接地，音响主机供电 T8x/7 电压正常，电压为 12.56V，音响主机接地 T8x/8 接地良好。

④ 音响系统的执行器件喇叭能正常工作，线路连接正常。

⑤ 从音响主机背后插脚描述中得知音响主机 R 插头的 T8x/4 插脚为 S 端子，测得电压为 7V。按照电路原理分析，正常情况下该端子电压在点火钥匙插入情况下应为蓄电池电压，测量值与理论值不符。

⑥ 音响主机 R 插头的 T8x/4 与 J527 的 T20d/9 连接，从 J527 模块端子描述中得知，与 J527 的 F 插座相配合的 T12/9 端子连接的导线被描述为 S 端子线。从电路基本原理分析， T12/9 与 T20d/9 应跨接，经测量，这两个端子之间短路，属于正常连接。

⑦ T12/9 端子经过点火开关 D 与 J527 的 T12/8 相连接，而 T12/8 正常情况下为 30 号线，为蓄电池电压。经测量 T12/8 端子电压为 12.56V，电压正常。

⑧ T12/8 端子 30 号线电压在经过点火开关至 T12/9 端子后降至 7V，此情况说明点火开关存在性能不良故障，如图 7-36 所示。

原因分析 由于点火开关 S 触点电气性能不良，在车辆电气系统负荷发生变化时，点火开关 S 触点处的电压异常，导致音响系统工作不正常。

故障排除 更换点火开关，故障排除。

专家点评 收音机电气性能说明：收音机（江苏天保，厂家代码为 4EV）在判断 ON/OFF 状态时电压值设在 8.1V。由于收音机供电电压不足，当电压低于 8.1V 时导致收音机死机，当电压高于 8.1V 时收音机又恢复工作。

2. 功率放大器故障

故障现象 大众全新迈腾汽车行驶中 CD 突然失去声音。

故障诊断

① 故障车开到维修工位以后把 CD 打开，旋转音量调节按钮把音量调大，但声音没有变化，仍无声音。检查所有按键设置功能均正常，因此初步判断 CD 机损坏，找来同款 CD 安装后故障现象依旧。

② 用 VAS5052A 连接车辆控制单元，在网关列表读取故障码，发现“56 收音机”系统存有关于电话收发器（车载蓝牙设备）的故障，在“19 数据总线诊断接口”系统中存有电话收发器（车载蓝牙设备）和数字音响系统控制单元，如图 7-37 所示。

③ 查询维修手册电路图后发现，收音机音量要经过功率放大器，功率放大器再把信号传输给收音机喇叭，最后发出声音（图 7-38），用万用表测量 SB19 保险，正常。

④ 根据维修手册，在主驾驶员座椅下拆装功率放大器，在拆装过程中发现地胶比较潮湿，功率放大器上有水碱，轻轻甩动功率放大器，在插脚处有水流出。更换新的功率放大器

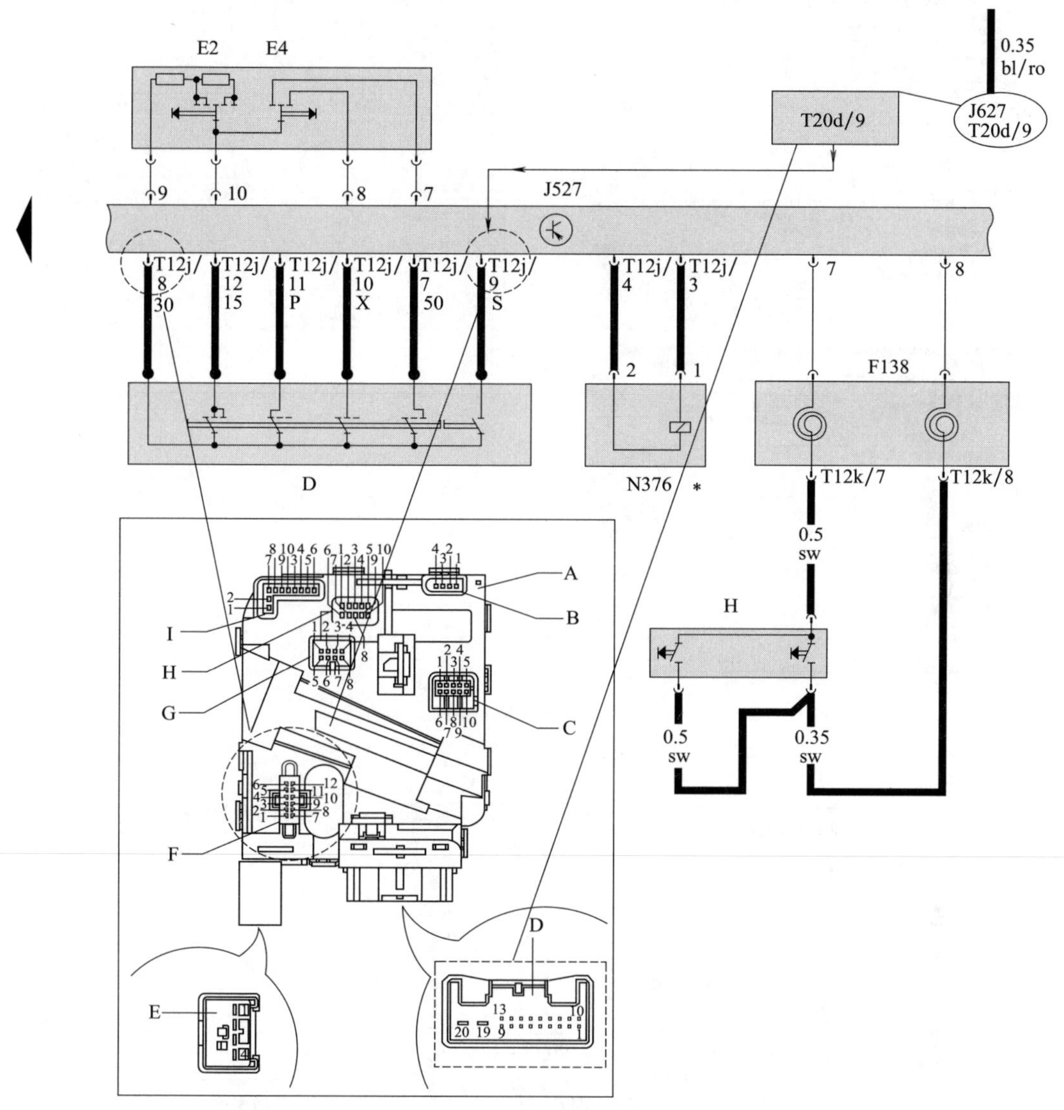

图 7-36　音响电路检修

A—转向柱电子装置控制单元 J527；B—安全气囊控制单元定位件；C—转向信号灯和定速巡航装置定位件；D—点火开关；E—4 芯插头连接；E2—转向信号灯开关；E4—手动防眩目功能和远光瞬时接通功能开关；F—点火启动开关和点火钥匙防拔出锁定位件；F138—安全气囊螺旋弹簧和带滑环的复位环；G—刮水器、间歇电位计和多功能装置定位件；H—信号喇叭控制；I—卷簧定位件；J519—车载电网控制单元；J527—转向柱电子装置控制单元；N376—点火钥匙防拔出锁电磁铁；T12j，T12k—12 芯插头连接

后，收音机声音正常。

⑤ 用同样方法检查车载蓝牙控制器时发现，副驾驶员侧地胶更潮湿，车载蓝牙控制器已进水。

原因分析　因为是雨季，车辆涉水后，车辆进水导致控制单元进水，再加上功率放大器与地胶直接接触，车辆进水后不能及时排除，水就进入控制单元内，最终导致控制单元损坏。

故障排除　更换新的控制单元后故障排除。

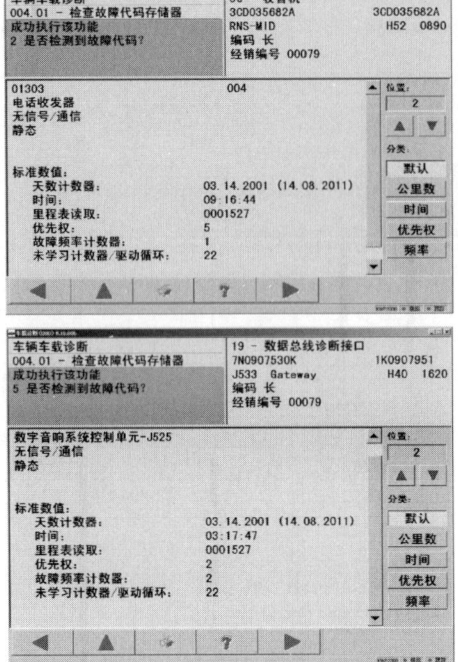

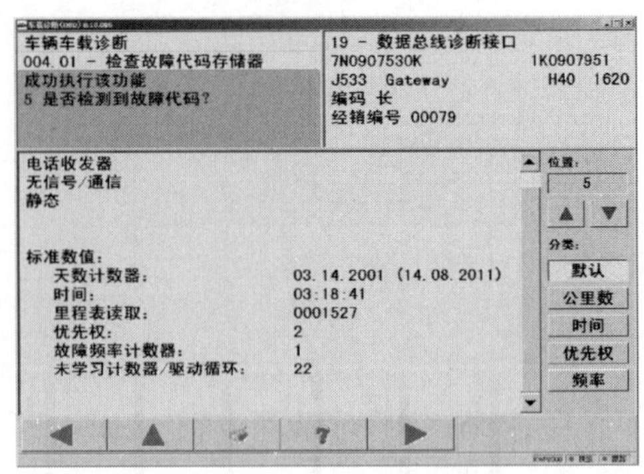

图 7-37 系统读取故障码内容

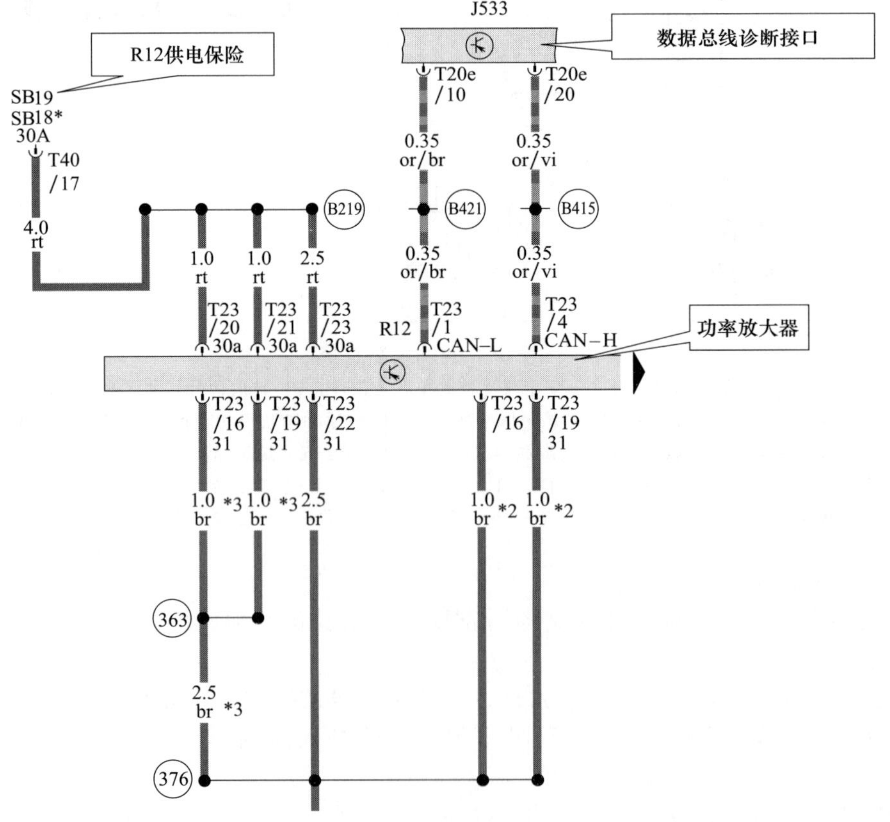

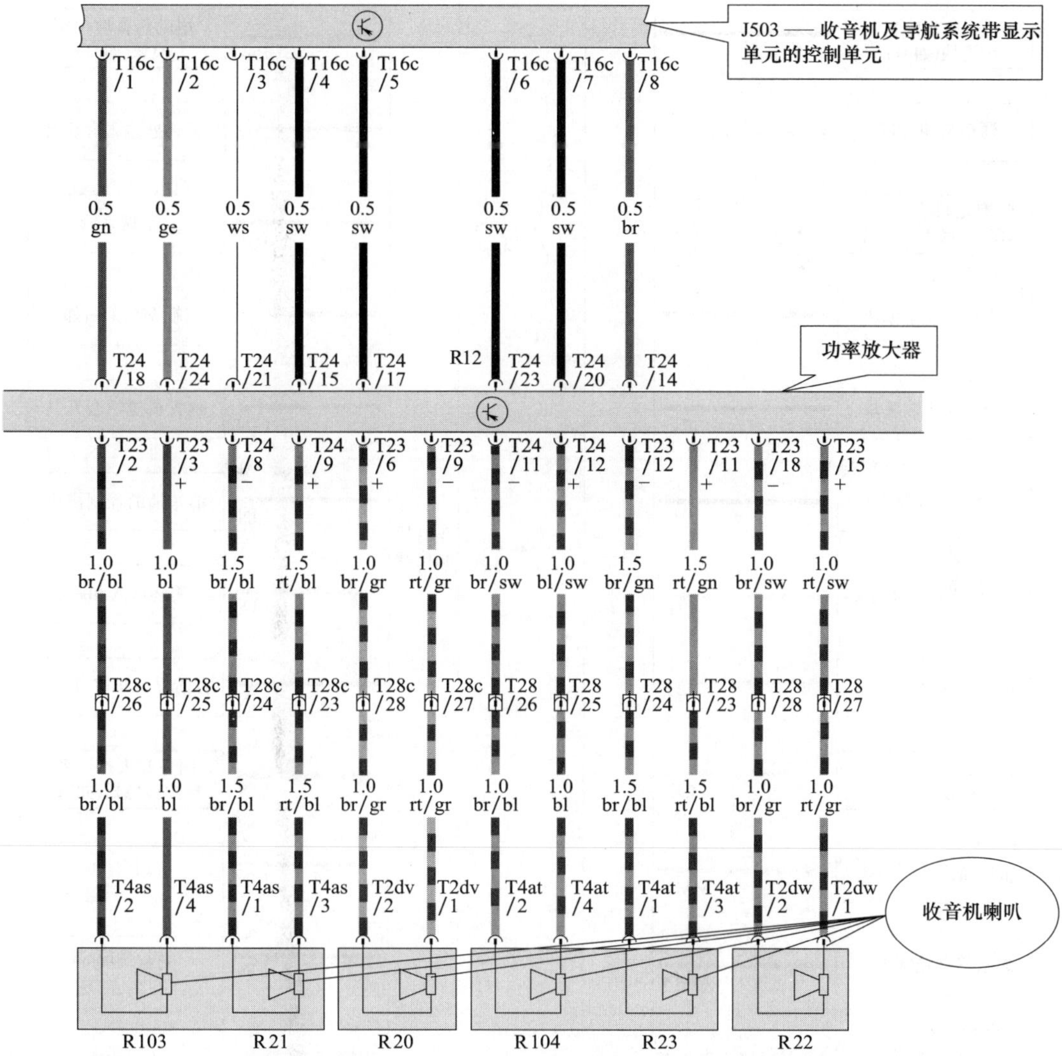

J503 —— 收音机及导航系统带显示单元的控制单元

T16c/1 T16c/2 T16c/3 T16c/4 T16c/5 T16c/6 T16c/7 T16c/8

0.5 gn 0.5 ge 0.5 ws 0.5 sw 0.5 sw 0.5 sw 0.5 sw 0.5 br

T24/18 T24/24 T24/21 T24/15 T24/17 R12 T24/23 T24/20 T24/14

功率放大器

T23/2 − T23/3 + T24/8 − T24/9 + T23/6 + T23/9 − T24/11 − T24/12 + T23/12 − T23/11 + T23/18 − T23/15 +

1.0 br/bl 1.0 bl 1.5 br/bl 1.5 rt/bl 1.0 br/gr 1.0 rt/gr 1.0 br/sw 1.0 bl/sw 1.5 br/gn 1.5 rt/gn 1.0 br/sw 1.0 rt/sw

T28c/26 T28c/25 T28c/24 T28c/23 T28c/28 T28c/27 T28/26 T28/25 T28/24 T28/23 T28/28 T28/27

1.0 br/bl 1.0 bl 1.5 br/bl 1.5 rt/bl 1.0 br/gr 1.0 rt/gr 1.0 br/bl 1.0 bl 1.5 br/bl 1.5 rt/bl 1.0 br/gr 1.0 rt/gr

T4as/2 T4as/4 T4as/1 T4as/3 T2dv/2 T2dv/1 T4at/2 T4at/4 T4at/1 T4at/3 T2dw/2 T2dw/1

收音机喇叭

R103 R21 R20 R104 R23 R22

图 7-38　音响导航系统相关电路

项目五

车身控制系统

任务一　车身控制系统概述

以荣威 RX8 车型为例，车身控制系统功能框图如图 7-39 所示。

BCM 包括低功率模式微处理器、电可擦除只读存储器（EEPROM）、CAN、LIN 收发机和电源。BCM 具有离散的输入和输出端子，控制车身大部分功能。它通过高速 CAN 总线与其他主要电气系统交互作用，通过 LIN 总线与次要的电气系统交互作用。BCM 的电源模式主控模块（PMM）功能，为大部分车辆电器部件供电。

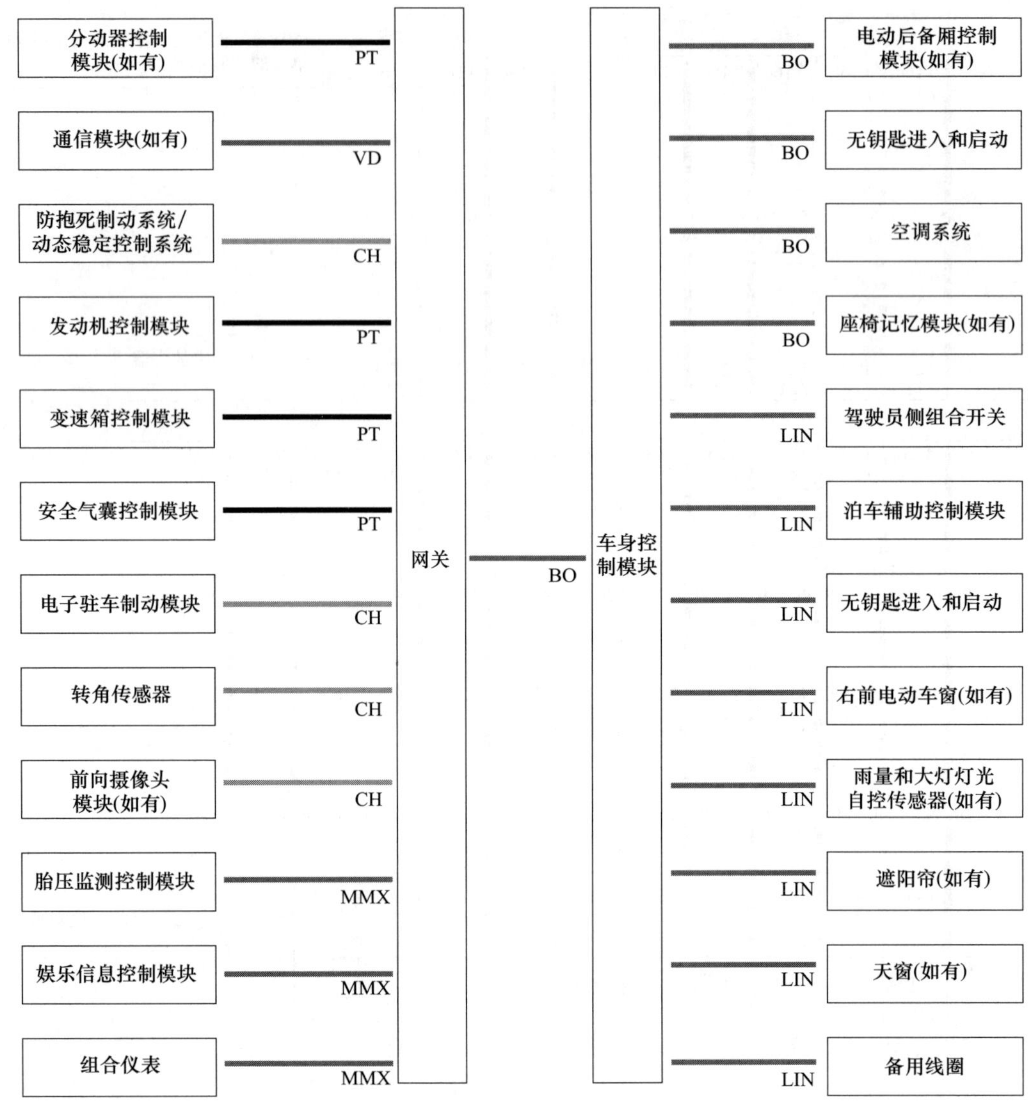

图 7-39 车身控制系统功能框图

通过车身高速 CAN 总线，BCM 与以下部件直接通信。

① MSM（座椅记忆模块）（如有）。

② PLCM（电动尾门控制模块）（如有）。

③ AC（空调系统）。

④ PEPS（无钥匙进入和启动控制模块）。

⑤ GATEWAY（网关）。

使用 LIN 总线，车身控制模块与以下部件直接通信。

① RLS（雨量和大灯灯光自控传感器）（如有）。

② SR（天窗）（如有）。

③ SS（遮阳帘）（如有）。

④ PDC（泊车辅助传感器）。

⑤ IMMO（备用线圈）。

⑥ PEPS（无钥匙进入和启动控制模块）。
⑦ DDSP（驾驶员侧组合开关）。
⑧ PWL（电动车窗）。

任务二 车身控制系统电路分析

BCM车身控制系统以中央集控器为中心，集成了中控门锁控制、电动车窗控制、照明与信号系统控制、雨刮与洗涤器控制等控制电路，各单元电路的工作原理与前面介绍过的内容是一样的。如图7-40所示为荣威RX8车身控制模块电源与接地电路。

在点火开关打开后，BCM唤醒安全系统、照明系统和诊断系统。点火开关位于ACC位置时，BCM允许洗涤器/刮水器和电动车窗系统运行。当点火开关位于ON位置时，燃油系统开始工作，同时BCM通过CAN、LIN总线与其他ECU进行联络和信息传递。

BCM通过配置可对部分电器的负载进行管理，保证车辆在仓储、运输或一段时间未使用的情况下，减少对蓄电池中电能的消耗。

发动机启动瞬间，为满足起动机启动时大电流的需要，需对某些电器载荷断电。如切断可加热的后风窗（HRW）、Stop/Start智能停启节油系统禁用开关、前雾灯、远光前照灯、倒车灯、喇叭、车内照明等的电源。发动机启动后，可重新单独激活各电器载荷以限制蓄电池的电流消耗。

在点火开关关闭，CAN和LIN总线停用状态下，如果蓄电池仍连接，BCM将一直保持休眠待命状态，随时准备接收CAN和LIN总线信号。

在休眠模式下，进行以下任一操作，BCM将被唤醒。

① 收到危险警告灯开关激活信号。
② 收到转向灯开关激活信号。
③ 收到内部锁锁止信号。
④ 收到内部锁解锁信号。
⑤ 收到驾驶员侧车门开关激活信号。
⑥ 收到乘客侧车门开关激活信号。
⑦ 收到发动机盖开关激活信号。
⑧ 收到后备厢开关激活信号。
⑨ 收到后备厢释放开关激活信号。
⑩ 收到驾驶员侧车门锁止开关激活信号。
⑪ 收到驾驶员侧车门解锁开关激活信号。
⑫ 点火开关至ACC位置。
⑬ 点火开关至ON位置。
⑭ 踩下制动踏板信号。
⑮ SSB数据（PEPS）。
⑯ 内部灯光开关激活信号。
⑰ LIN线上的唤醒信号。
⑱ CAN线上的唤醒信号。
⑲ 本地硬线上的唤醒信号。
⑳ 有效的射频信号。

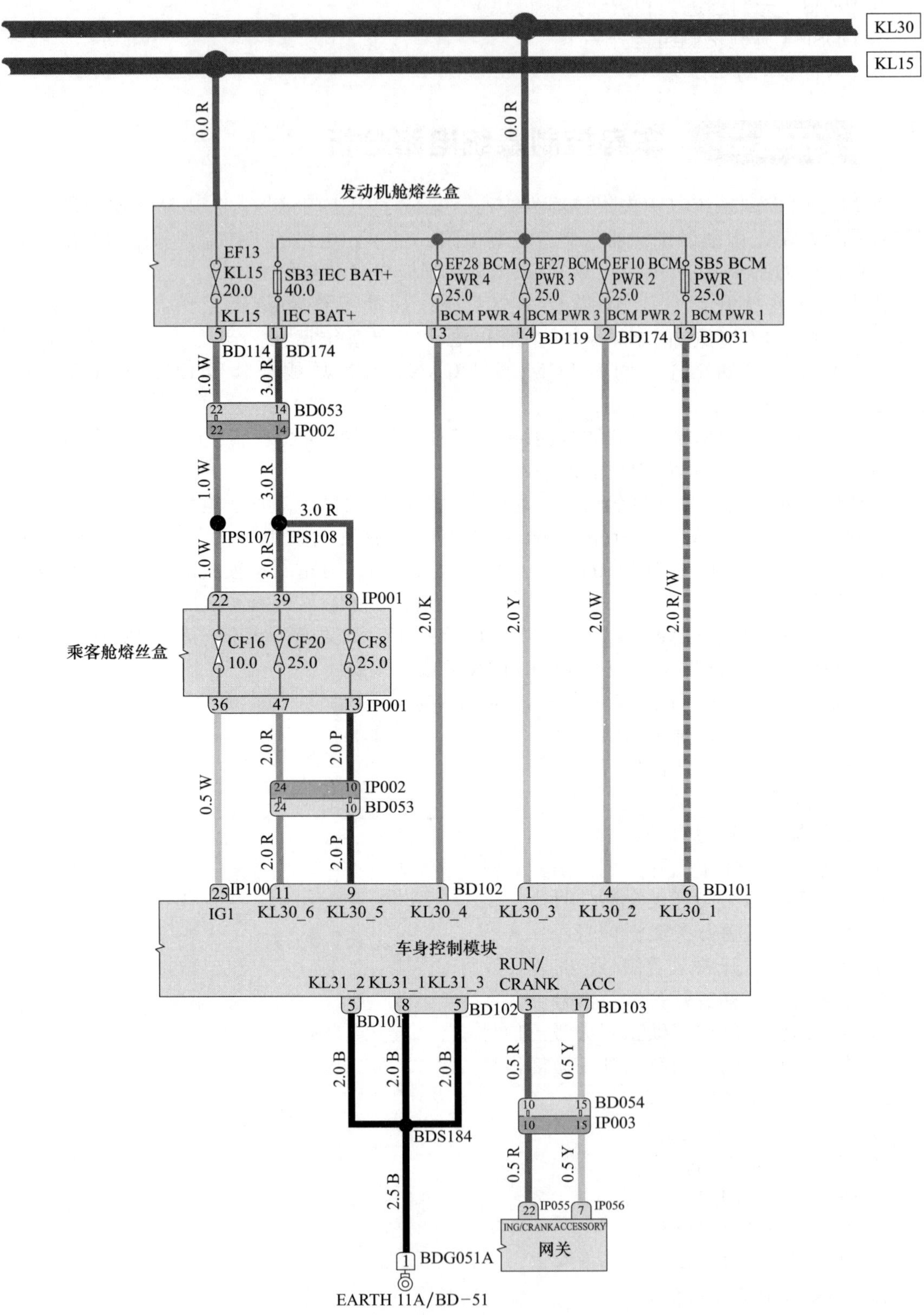

图 7-40 荣威 RX8 车身控制模块电源与接地电路

BCM 监控所有信息的输入和输出，如果检测到故障，相应的故障码将存储在故障记录中。BCM 能检测到短路和开路，以及错误的 CAN 和 LIN 总线信号。检测到故障后， BCM 将关闭相应功能。在故障消除后，相应功能将在下次功能请求时被激活。

任务三 车身控制系统故障诊断

故障主题 吉利远景车型遥控器只能开锁，不能锁车。

故障现象 该车辆行驶里程为 32671km，该车关闭车门后按住遥控器锁车键后车辆无反应，按住开锁键可以正常开启，只是没有锁车功能，用中控开关可以开关门锁。

故障诊断

① 首先检查该车的中央集控器、中控和灯光控制单元及支架总成，按住锁车键后中央集控器无反应，开锁时中央集控器有“咔咔”像继电器吸合的声音，怀疑是中央集控器内部故障，更换中央集控器、中控和灯光控制单元及支架总成，试车，故障依然存在。

② 检查线路，拆下前排座椅后拆下中央集控器、中控和灯光控制单元及支架总成，检查线路，并没有断路的现象。

③ 根据其原理分析，钥匙只要插入点火开关，点火开关的忘拔钥匙开关就会导通，同时会给中央集控器一个信号，这时遥控器是不起作用的；相反钥匙拔出后没有一个关闭的信号传输到中央集控器，这时按住遥控器锁车键时中央集控器是不起作用的。考虑到这一原理后，多次开关钥匙发现该客户车拔掉钥匙时车门不自动开锁，拆下点火开关检查发现，即使把点火开关钥匙拔掉后还是处于导通的状态，更换点火开关后故障排除。

故障排除 更换新的点火开关总成。

项目六

车载通信电路

任务一 车载通信电路概述

当车辆处于 ACCESSORY 或 ON 模式时，免提电话（HFT）自动连接到（配对）连接的电话。HFT 还与配对的手机电话簿进行同步，自动更新任何变更。自动更新可能不会起作用，具体取决于手机的功能。

音响单元带有 HFT（免提电话）电路和蓝牙收发器。车顶控制台中的 HFT 麦克风直接连接至音响单元。HFT 功能由 HFT 开关进行控制。移动电话免提通信系统原理如图 7-41 所示。

任务二 车载通信电路分析

以上汽大众凌渡车型为例，该车蓝牙免提系统集成在电子通信信息设备 1 控制单元（J794）中。蓝牙天线（R152）集成在电子通信信息设备 1 控制单元（J794）中，其电路如图 7-42 所示。

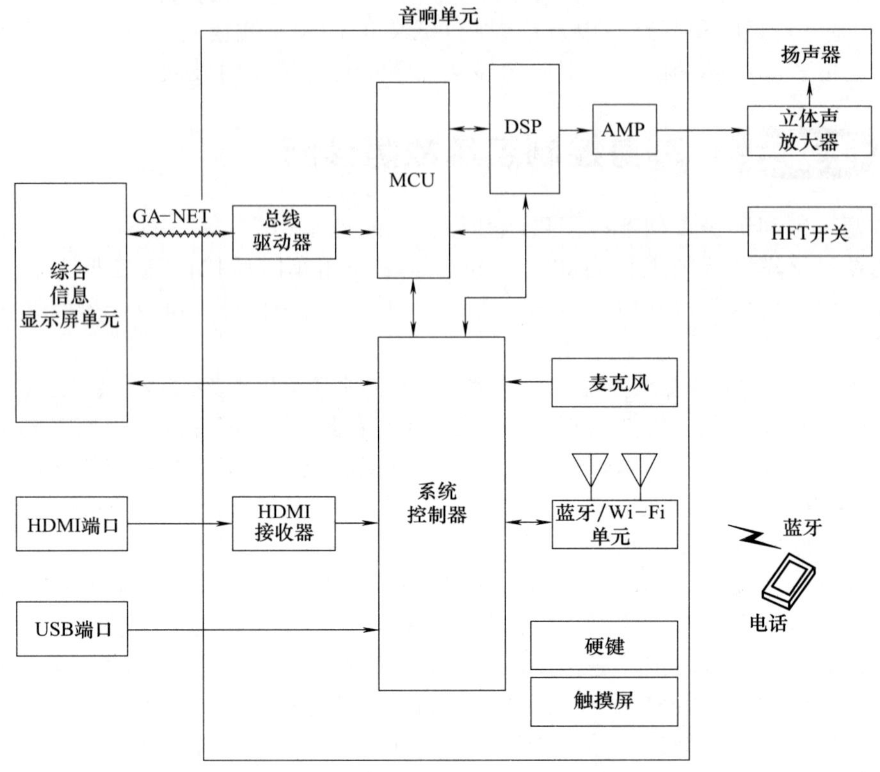

图 7-41　移动电话免提通信系统原理

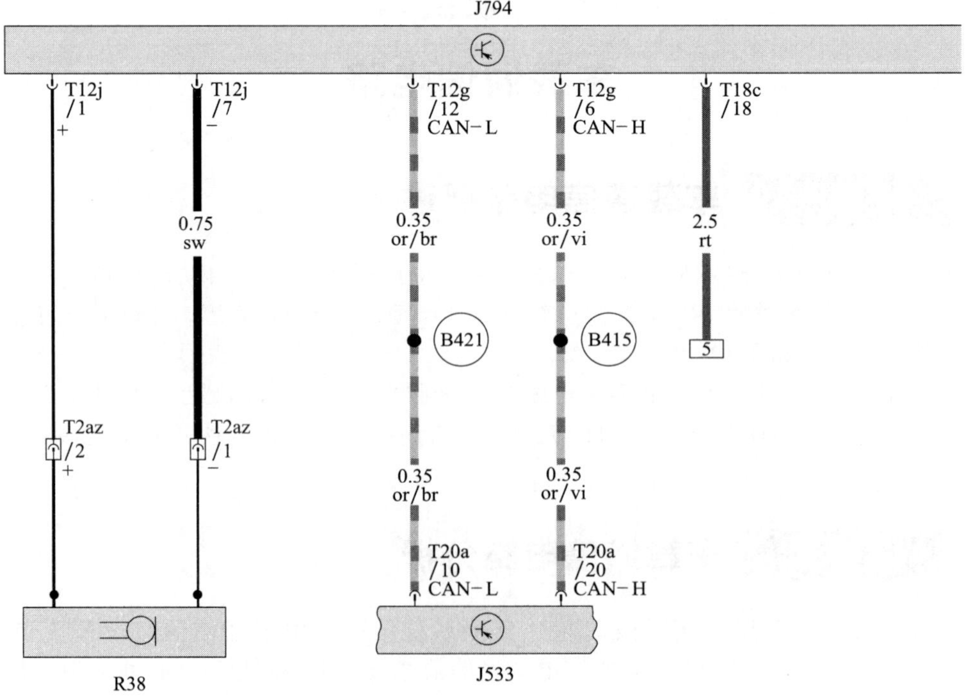

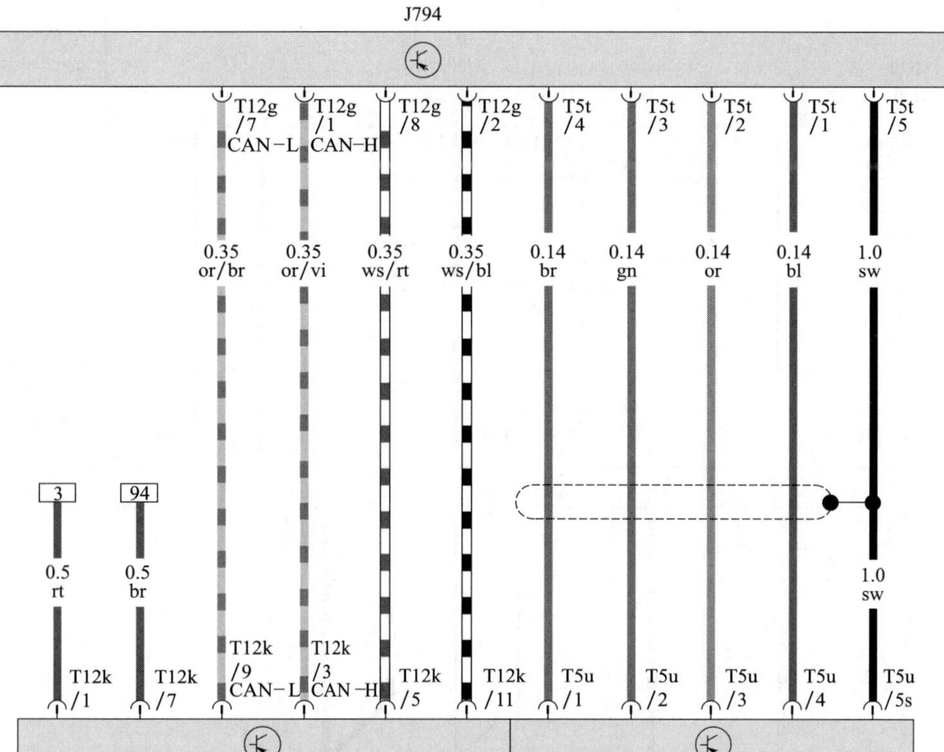

图 7-42　大众凌渡汽车蓝牙免提电话电路

免提系统包括以下部件。

① 前部信息显示和操作控制系统的显示单元（J685）。

② 带有蓝牙天线（R152）的电子通信信息设备 1 控制单元（J794）。

③ 电话话筒（R38）。

任务三　车载通信电路故障诊断

故障现象　一汽大众全新迈腾 B7L 车型车载蓝牙无法与手机建立连接，用 VAS5052A 查询故障存储器，显示电话故障，有静态故障码 01524（电话天线断路）和 02971（电话底座 R126 断路）。

故障诊断

① 根据故障码接合电路图分析故障原因，蓝牙电话连接，通过移动电话操作电子装置控制单元，与导航收音机连接，功能和导航收音机音响实现同步（图 7-43）。蓝牙电话无法连接，可能的故障原因如下。

a. 蓝牙电话控制单元 J412 内部损坏，属于硬件的电子故障。

b. 蓝牙电话控制单元 J412 编码不对，导致蓝牙电话的连接功能失效。

② 从简单入手，先查询 J412 编码，故障车的编码为 00 34 20，与同样车型（蓝牙电话连接正常）对比，编码为 41 21 20，对故障车进行编码，编码后蓝牙电话能够连接，故障排除。

原因分析　蓝牙电话控制单元 J412 因编码错误，导致无法实现蓝牙的连接功能。

故障排除　对蓝牙电话控制单元 J412 重新编码，故障排除。

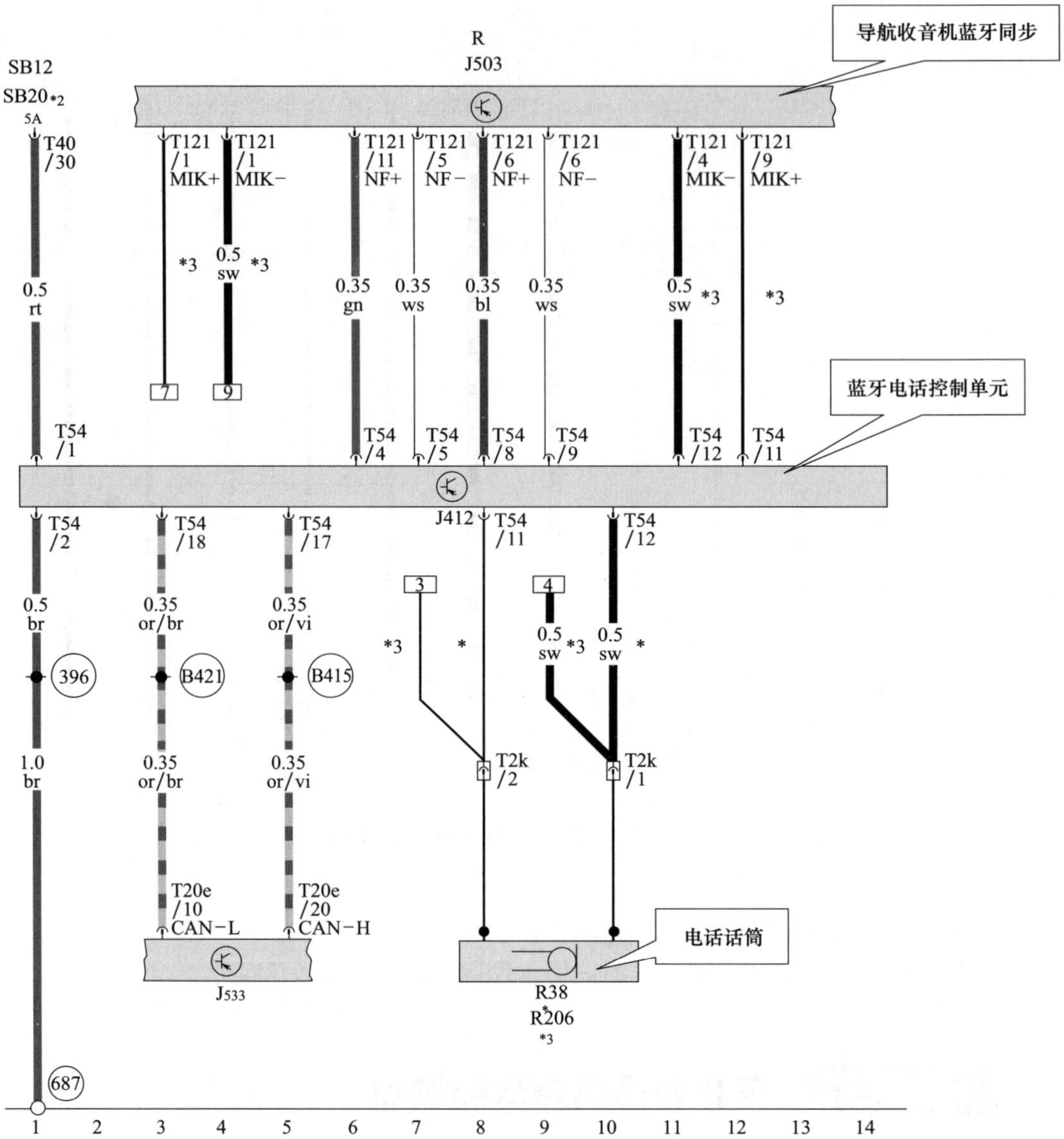

图 7-43 移动电话通信电路

J412—移动电话操作电子装置控制单元；J503—收音机及导航系统带显示单元的控制单元；J533—数据总线诊断接口；R—收音机；R38—电话话筒；R206—语音操控麦克风

项目七 网络总线电路

任务一 网络总线电路概述

汽车总线指用车载网络把汽车全部电器组成一个电控系统。车上各系统共享输入信号，使传感器数量减少，线路也相应简化。多种联网协议包括 CAN（Controller Area Network）、LIN（Local Interconnect Network）和 MOST（Media Oriented Stems Transport）。未来的汽车将布满网络，三网合一共存于同一汽车内。LIN 总线负责反射镜、天窗、车窗等控制，它是一种低成本、低速连接；CAN 总线负责发动机、ABS、安全气囊、仪表板、车身控制器、门锁和空调系统间的数据通信和控制；MOST 总线负责娱乐、导航和通信等设备的连接。

现代汽车典型的控制单元有发动机控制模块、变速器控制模块、多媒体控制模块、气囊控制模块、空调控制模块、巡航控制模块、车身控制模块（包括照明指示和车窗、刮雨器等）、防抱死制动系统（ABS）、防滑控制系统（ASR）等。完善的汽车 CAN 总线网络系统架构如图 7-44 所示。

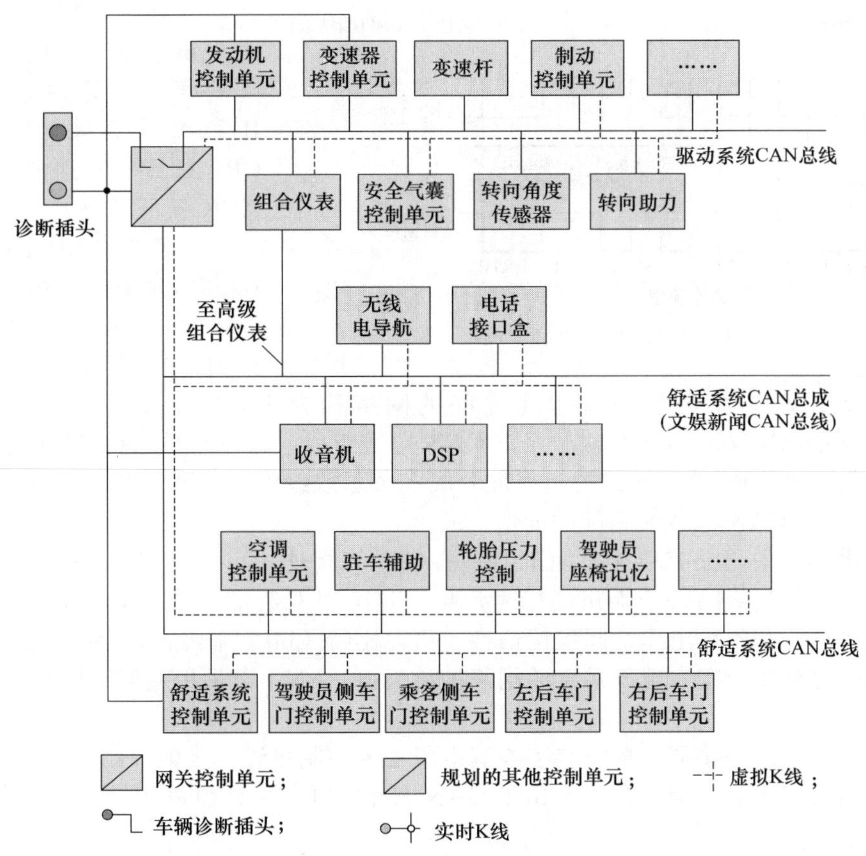

图 7-44 完善的汽车 CAN 总线网络系统架构

CAN-BUS 系统主要包括以下部件：CAN 控制器、CAN 收发器、CAN-BUS 数据传输线和 CAN-BUS 终端电阻。

（1） CAN 控制器和收发器 在 CAN-BUS 上的每个控制单元中均设有一个 CAN 控制器和一个 CAN 收发器。CAN 控制器主要用来接收微处理器传来的信息，对这些信息进行处理并传给 CAN 收发器，同时 CAN 控制器也接收来自 CAN 收发器传来的数据，对这些数据进行处理，并传给控制单元的微处理器。CAN 收发器用来接收 CAN 控制器送来的数据，并将其发送到 CAN 数据传输总线上，同时 CAN 收发器也接收 CAN 数据总线上的数据，并将其传给 CAN 控制器。

（2）数据总线终端电阻 CAN-BUS 数据总线两端通过终端电阻连接，终端电阻可以防止数据在到达线路终端后像回声一样返回，干扰原始数据，从而保证了数据的正确传送。终端电阻装在控制单元内。

（3）数据传输总线 大部分车型都用两条双向数据线，分为高位（CAN-H）和低位（CAN-L）数据线。为了防止外界电磁波干扰和向外辐射，两条数据线缠绕在一起，要求至少每 2.5cm 就要扭绞一次。两条线上的电位是相反的，电压的总和等于常值。

CAN 通信在 CAN 线路上采用数据帧格式。CAN 采用 CSMA/CA（载波侦听多点接入/冲突避免）方法至数据帧碰撞。仅当总线察觉到闲置时，该方法传送信息。数据帧使用“0”（显性）和“1”（隐性）来生成信息，包括数据领域（信息）、调停领域（数据 ID）、控制领域（数据长度）、CRC 领域（发送故障检测）和 ACK 领域（信息端）。发送信息后，各控制单元通过控制者 ID 将数据分类，并控制作为命令的输出。CAN 数据通信方式如图 7-45 所示。

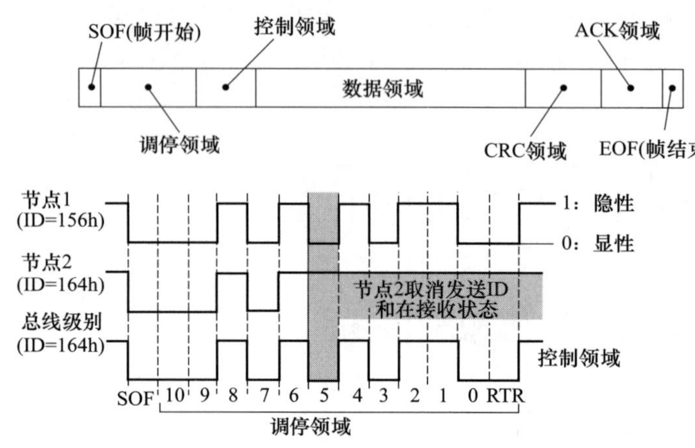

图 7-45 CAN 数据通信方式

底盘系统内动力系统和控制单元之间的网络称为 F-CAN，其采用通信速率达到 500kbit/s 的高速 CAN。F-CAN 由一个 F-CAN 总线组成。为应对与 F-CAN 相连 ECU 的增多及通信量的增加。F-CAN 网络的组成被分成多个总线线路，并通过数据转送功能建立 F-CAN 网关，确保 CAN 总线线路间的通信。

每个控制单元均与配有端接电阻的其他控制单元相连，可避免 F-CAN-H 和 F-CAN-L 组成的一对双绞信号线的每一端出现信号反射，这一对双绞信号线之间并联了其他控制单元。通过在等电压和不等电压之间快速切换，可以比特（bit）来传输数字数据。

控制单元之间用于车身电气系统的网络被称为 B-CAN，它采用通信速度为 125kbit/s 的低速 CAN。

每个控制单元的连接都包括安装了终端电阻器的控制单元，其他控制单元并联在它们中间；终端电阻器用于防止信号在一对由 B-CAN-H 和 B-CAN-L 组成的绞合线的各端处被反射回来。

由于某些车身系统控制单元即使在车辆转入 OFF（LOCK）模式后仍不会停止控制，可为这些单元设置节电模式，以便减少暗电流。转换到节电模式（睡眠模式）和退出节电模式（唤醒模式）由激活、休眠和唤醒信号控制。未处于“等待休眠”状态的控制单元定期向总线线路发送激活信号，并在其处于“等待休眠”状态时停止发送信号。当所有控制单元均不再发送激活信号时，一个或多个控制单元发出睡眠信号。接收到睡眠信号的控制单元进入节电模式。如果在节电模式下从开关或传感器输入信息，则它们向总线发送唤醒信号。在这种情况下，它们从省电模式中恢复。

LIN 是基于 UART 的总线。LIN 的通信速度低于 CAN，它用于不需要高速通信的系统。由于仅通过一根总线与各控制单元相连，它能减少线束量并降低成本。LIN 采用单主体系统，其中只用一个主控制单元来控制 LIN 总线上的所有信号。其他控制单元作为从控制单元，根据主控制单元的请求工作。

HDS（本田诊断系统）使用 K-LINE 显示控制单元及 F-CAN 总线和 B-CAN 总线中的自诊断结果。K-LINE 总线作为通信电路，采用波特率 10.4kbit/s 的 UART（通用异步收发报机）。组合仪表可显示车身系统 DTC（故障诊断码）。当仪表控制单元通过 F-CAN 总线接收到 SCS 终端短路信号或者通过 B-CAN 总线接收到 MICU 维修检查 ON 信号时显示 DTC。然后，仪表控制单元读取各控制单元通过 B-CAN 总线发送的自诊断结果，并显示 DTC。总线自诊断系统连接网络如图 7-46 所示。

配备无钥匙进入系统的车辆也带有 L 线数据总线，它可将数据插接器（DLC）连接至无钥匙进入控制单元。如果遥控器丢失或出现故障，该线路允许 HDS 与无钥匙进入控制单元通信，以免点火开关打开。S-NET 用作将来自集成到遥控器的无线电频率收发器的信号发送给与发动机防盗锁止系统相关的控制单元（如 PCM 和 MICU）的路径。

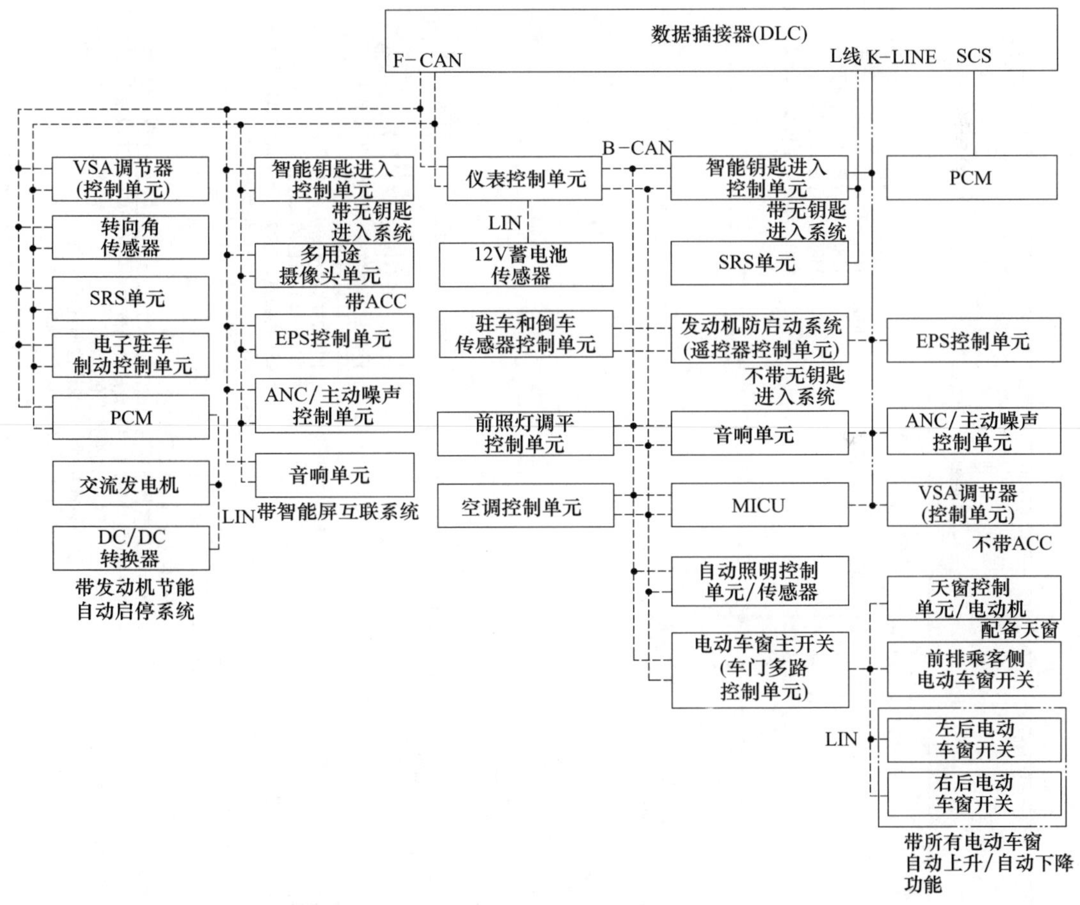

图 7-46 总线自诊断系统连接网络（本田雅阁）

任务二 网络总线电路分析

以大众新宝来汽车为例，其 CAN 数据总线电路如图 7-47 所示。每两个控制单元间通过两条双向扭绞在一起的数据线连接并交换信息，数据总线信息由数据总线上的控制单元识别。

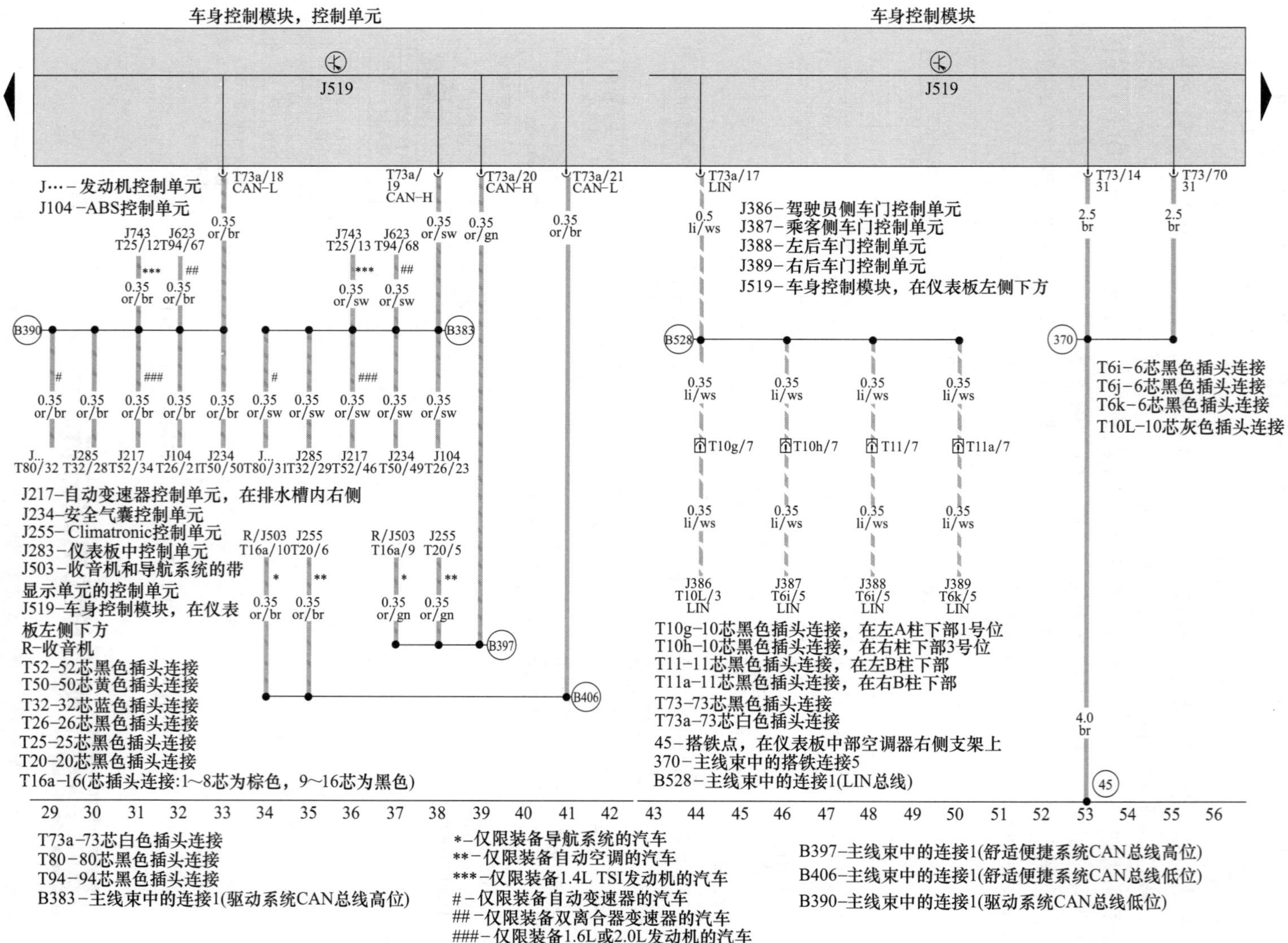

图 7-47 2010年款大众新宝来汽车CAN数据总线电路

任务三 网络总线故障诊断

1. CAN 总线故障

故障现象 大众高尔夫 A6 车型行驶中仪表内 EPS 灯与 ESP 灯报警，车辆加速无力，之后仪表内所有故障灯全部亮起，车辆熄火。

故障诊断

① 试车检查，车辆启动后仪表内 EPS 灯与 ESP 灯报警，挡位显示全红，挂挡无反应。

② 连接 VAS5052A，检查各个控制单元的故障存储内容，发现所有控制单元内的故障码都是关于数据总线损坏或信息缺失及动力 CAN 上的控制单元无通信的故障。

③ 由于动力系统均出现同样性质故障码，查看各个动力系统故障码的环境条件，以判断是由于哪部分最先出现问题进而导致其他系统故障。对比发现是动力转向控制单元 J500（地址码 44）最早出现故障，J500 发生故障的可能性很大。

④ 为确保一次性彻底排除故障，再一次进行检查，将车辆恢复到故障状态，断开动力转向系统控制单元，发现部分控制单元仍然是无法达到状态，证明故障并非是由于转向机控制单元或其线路损坏造成的。

⑤ 怀疑动力转向系统动力总线到总线节点之间可能存在问题，为确定问题点，重新连接动力转向控制单元插头，使用 VAS5051B 示波器功能测量动力总线波形，波形对比如图 7-48 所示。

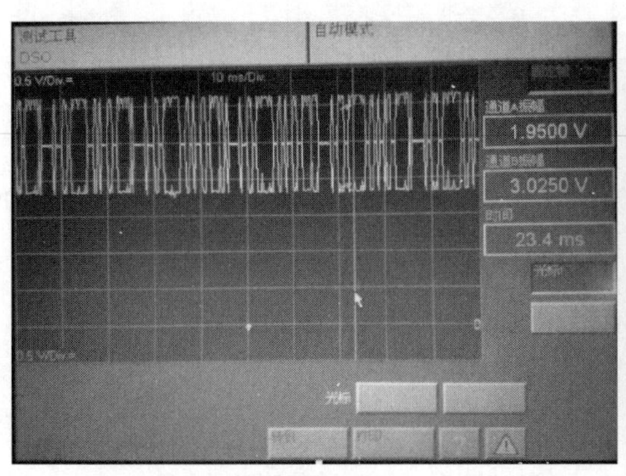

(a) 正常车辆波形

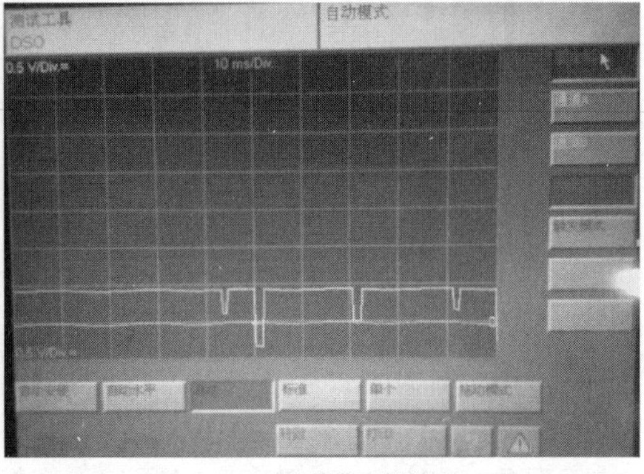

(b) 故障车辆波形

图 7-48 数据总线波形对比

⑥ 通过图 7-48 中故障波形可以看出，故障时车辆动力 CAN 的高位线对地短路。于是在车辆正常时用橡胶锤轻轻敲击转向机及动力转向系统到总线节点之间线路附近，当敲击仪表板下方的前安全梁附近时候，发现示波器波形变化如图 7-49 所示，同时发现诊断仪显示部分控制单元由正常状态变成故障状态或无法达到状态，如图 7-50 所示，并伴随诊断仪屏幕闪烁。

⑦ 拆下左前驾驶员处挡板，拆下中央通道，仔细检查线路，最后发现，在仪表台横梁处（刹车踏板上方）的线束由于干涉被磨破，电路故障点如图 7-51 所示。

原因分析 由于动力 CAN 总线的 CAN-H 对负极短路，使动力 CAN 上的信息无法传递，造成车辆行驶中熄火，并且仪表中所有的警报灯全部亮起，发动机无法启动。

故障排除 修复破损的线束并重新固定，故障排除。

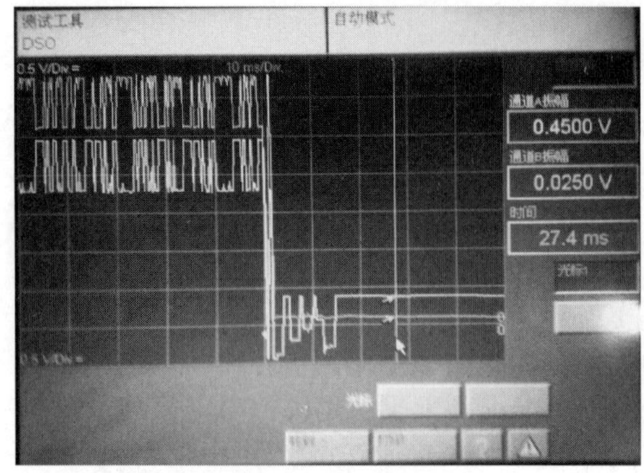

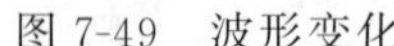
图 7-49 波形变化

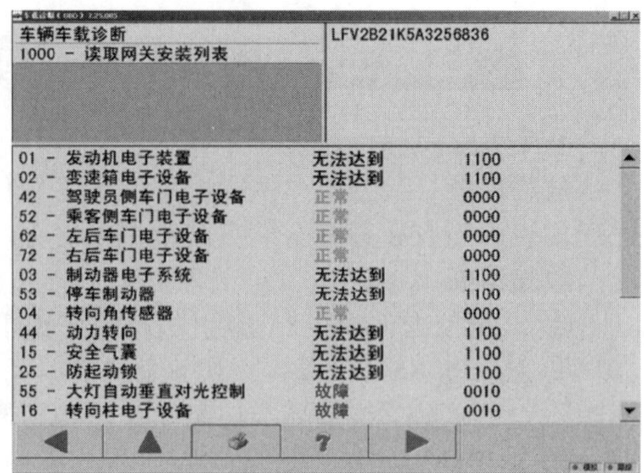

图 7-50 车辆数据流变化

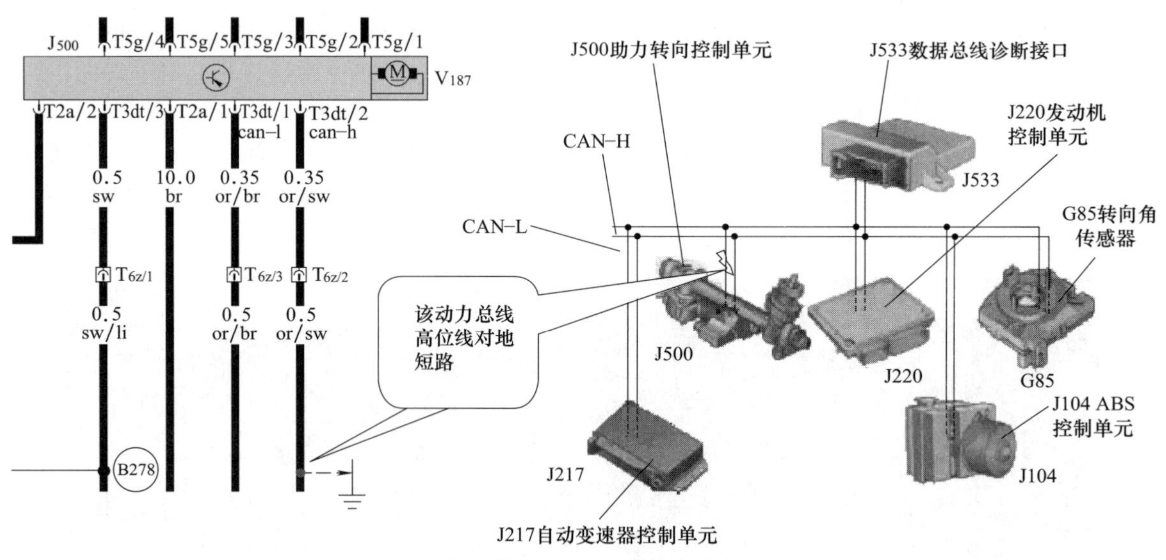

图 7-51 电路故障点

2. MOST 总线故障

故障现象 奥迪 A6L BDW 车型开收音机有“嚓嚓”的杂音；有时会黑屏，操作任何按键无反应。长时间停放或重启系统后恢复正常。

故障诊断

① 用 VAS5052 测试地址 5F 有时不能进入，在 J533 内有故障码 00384——光学数据总线断路（偶发）。

② 进行光学环路测试，显示结果正常，检测各控制单元，供电良好。

③ 尝试更换 J794，但第二天故障又重新出现。

④ 重新检查电路及进行回路中断诊断，未发现故障，怀疑系统某部件间隙性故障导致故障现象，尝试更换功放、 CD 换碟机、网关，故障仍然没有变化（只要故障现象出现，即有光学数据总线断路——偶发的故障码）。

⑤ 测试 MOST 总线，用相同的光源从 CD 换碟机及网关两个不同的接口照射，在功放处查看的光导亮度不相同。

⑥ 拆开内饰检查导光弱的 MOST 总线，发现 MOST 总线有过维修历史，维修后的

MOST 总线长度不够（呈直线铺设），车辆行驶过程中传输数据在维修处损失。

故障排除 重新铺设受损坏的 MOST 总线。

3. 网关故障

故障现象 一大众车型车辆启动后，组合仪表机油警报灯闪亮，多个故障灯点亮；清除故障码后，第二天再次出现相同的故障码。

故障诊断

① 连接 VAS5051 诊断仪，进入网关列表，查询整个系统故障码存储器，发现在 01（发动机控制单元）、02（自动变速箱控制单元）、03（ABS 控制单元）、15（安全气囊控制单元）、08（空调系统控制单元）、09（电气电子中央设备控制单元）、17（组合仪表控制单元）、19（数据总线诊断接口控制单元）中均有故障，故障涉及动力总线、舒适总线、诊断总线。

② 对各系统具体故障进行查询，分别如下。

01（发动机控制单元）中有三个故障码。

a. 00053——涡轮增压器旁通阀控制电路信号太强（偶然）。

b. 49493——仪表板控制单元无信息交换（偶然）。

c. 53286——变速箱控制单元。

02（自动变速箱控制单元）中有两个故障码。

a. 01314——发动机控制单元无信号/通信。

b. 01317——仪表板中控制单元 J285 无信号/通信。

03（ABS 控制单元）中有一个故障码 01317——仪表板中控制单元 J285 无信号/通信。

15（安全气囊控制单元）有一个故障码：01321，含义为：安全气囊控制单元无信号/通信（非偶发）。

08（空调控制单元）中有一个故障码 01317——仪表板中控制单元 J285 无信号/通信（偶然）。

09（电气电子中央设备控制单元）中有一个故障码 01317——仪表板中控制单元 J285 无信号/通信（偶然）。

17（组合仪表控制单元）中有一个故障码 01317——仪表板中控制单元 J285 无信号/通信（偶然）。

19（数据总线诊断接口控制单元）中有一个故障码 01317——仪表板中控制单元 J285 无信号/通信（偶然）。

③ 查询 19（数据总线诊断控制单元）数据块 19-08-125，读取各控制单元工作状况，发现除组合仪表外，各控制单元通信正常。

④ 分析各控制单元储存的故障码，发现各控制单元均有一个“组合仪表控制单元无通信故障”，分析此故障产生的可能部位：组合仪表 、组合仪表到网关的连接总线、网关三个可能故障点。而通过分析，网关出现故障的概率大于其他两个部件（图 7-52）。

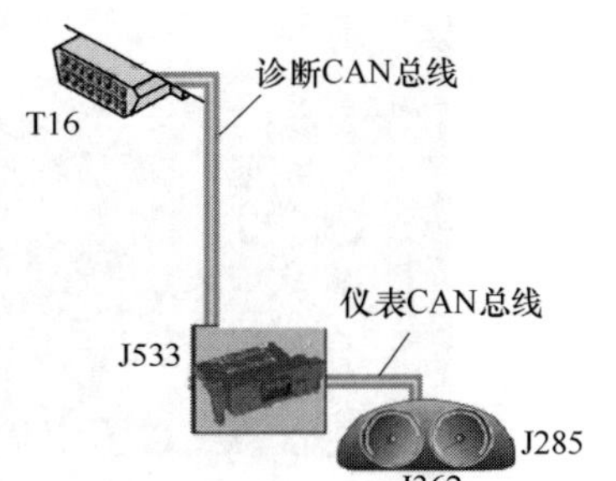

图 7-52 网关控制单元与相关部件

⑤ 拆下网关控制单元，检查各针脚，无腐蚀、无变形；尝试更换网关，故障现象消失。

故障排除 更换网关控制单元，故障排除。

维修总结 网关控制单元内部部分损坏，与组合仪表控制单元进行通信时出现数据偏差，造成组合仪表的机油警报灯闪亮。

模块八

驾驶辅助系统电路分析与诊断

项目一

行驶辅助系统电路

任务一 行驶辅助系统电路概述

1. 汽车巡航系统电路

汽车巡航控制系统又称为定速系统（Cruise Control system， CCS）。自 1961 年美国首次应用 CCS 以来，经历了机械式控制系统、晶体管控制系统、模拟集成电路控制系统和电脑控制系统等几个过程。现在，汽车上都采用电脑控制的巡航系统。

巡航控制系统的基本功能就是速度控制。当按下车速调置开关（Set）后，就能存储该时刻的车速并能自动保持这个车速。当不需要速度控制时，只要踩下制动踏板，速度设定功能就会立即解除，但是速度信息继续存在。如果要恢复速度控制，按恢复开关 （Resume）就能恢复原来存储的车速，汽车又能按照这个速度行驶。另一个功能是加速（Accelerate）或减速（Coast）功能，继续按动开关进行连续加速或者减速，以不按动开关时的车速进入速度控制系统。还有低速自动消除功能，当车速低于 40km/h 时，系统的存储调置速度会自动消失并不能再恢复。定速巡航设置开关位置，或位于方向盘上，或位于组合开关上，如图 8-1 所示。

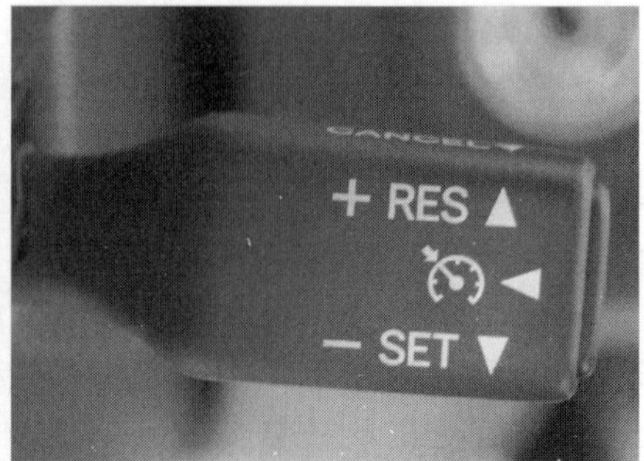

图 8-1　汽车定速巡航设置开关

汽车巡航控制系统利用车速传感器，将车速信号输入发动机控制单元（ECU），再由ECU输出指令控制油门系统。在这个系统中，可以根据行驶阻力的变化自动调节发动机节气门开度，使行驶车速保持稳定。电子巡航控制系统主要由操纵指令开关、车速传感器、控制模块和油门执行机构四部分组成，具体如图 8-2 所示。

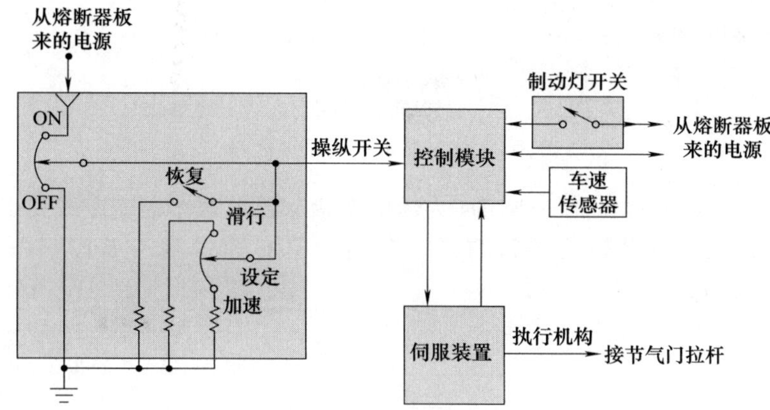

图 8-2 巡航控制组成原理

2. 盲区显示系统

盲区显示使用摄像头和综合信息显示屏帮助驾驶员识别乘客侧盲区内的物体。变道或右转时，增加的可视性提高了安全性。驾驶员能看到在乘客侧车门后视镜无法正常看到的其他车辆、自行车或行人，其原理示意如图 8-3 所示。

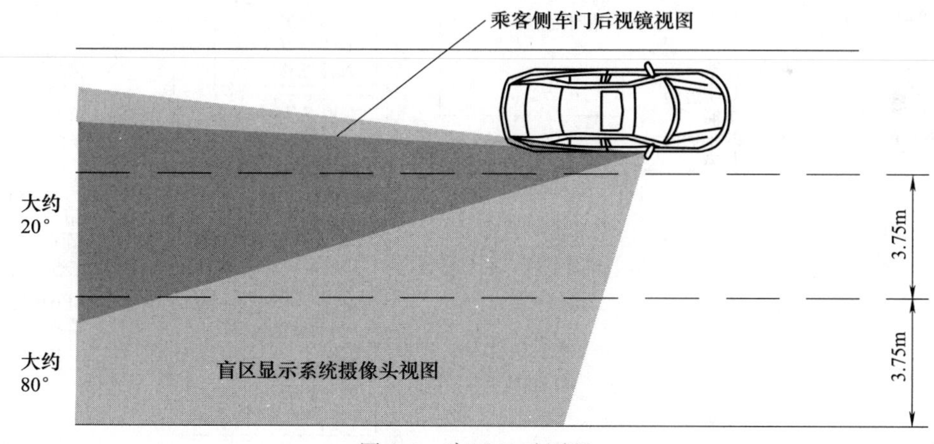

图 8-3 盲区显示原理

盲区显示系统摄像头内置于乘客侧车门后视镜中，将图像发送至综合信息显示屏单元。盲区显示系统开关内置于组合灯开关中。图像出现在综合信息显示屏单元上。

显示屏打开或关闭时，按下盲区显示系统开关可将综合信息显示屏切换为盲区显示系统界面。当转向信号开关移至右转位置时（变道或连续闪烁），显示屏将转为盲区显示摄像头视图。盲区显示系统原理框图如图 8-4 所示。

3. 自适应巡航控制（ACC）系统

具有低速追随模式（LSF）的 ACC 系统使用多用途摄像头单元计算并调节车辆的速度，同时根据车辆的速度和行驶情况，使用毫米波雷达使当前车辆与道路上前方车辆保持合适的距离。当另一辆车驶入当前车辆和前方车辆之间时，系统使用来自多用途摄像头的图像

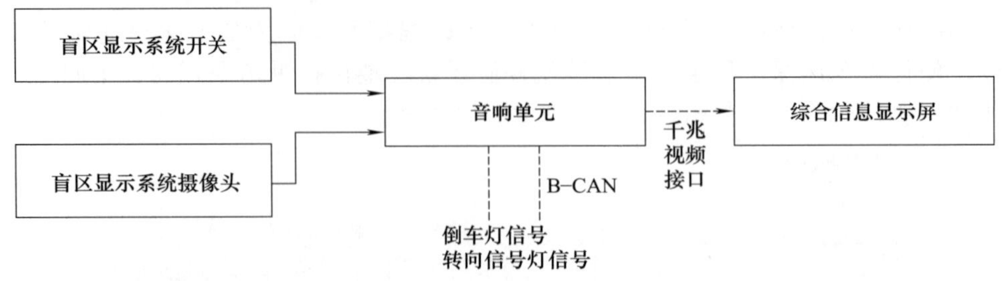

图 8-4　盲区显示系统原理框图

信息（车辆和车道信息）将目标车辆切换为新的车辆。当前方车辆变道或驶出检测范围时，车辆以预设车速行驶，直至检测到新的目标车辆。ACC 系统与巡航控制系统联合调节车速。ACC 系统原理方框图如图 8-5 所示。

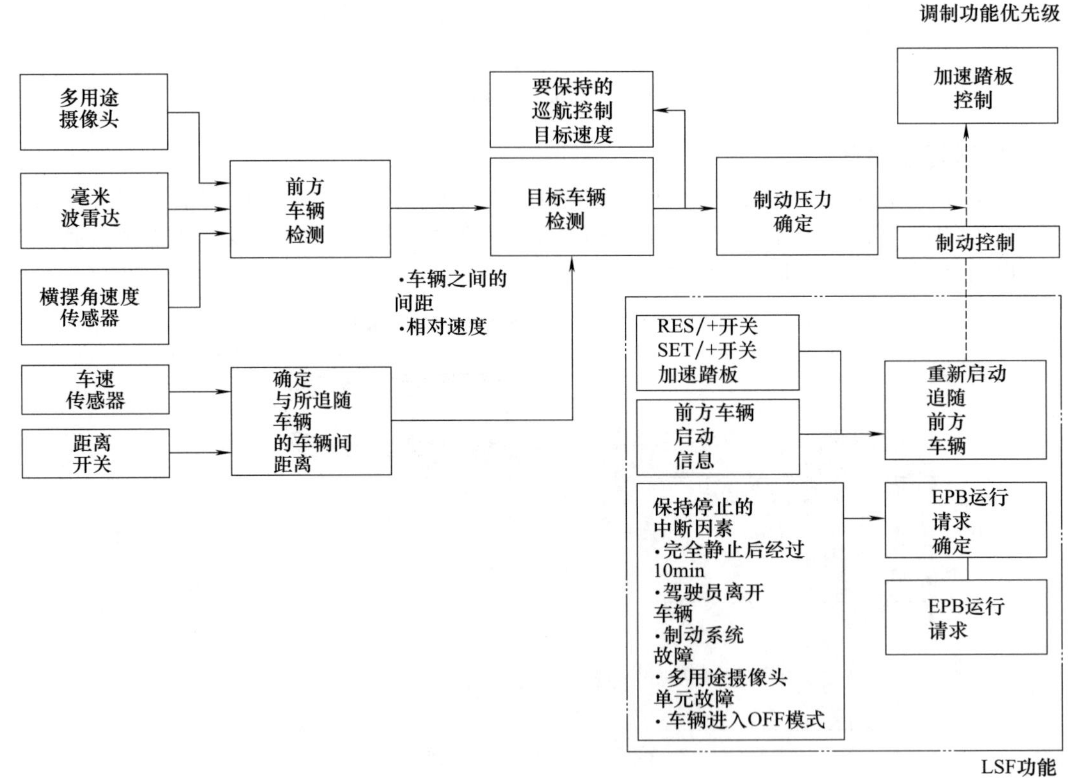

图 8-5　ACC 系统原理方框图

ACC 系统使用毫米波雷达检测前方车辆、确定目标车辆并测量距目标车辆的距离及其车速（必要时，系统还使用多用途摄像头，根据车道和车辆位置信息确定目标车辆）。如果前方无车辆，当前车辆以预设车速行驶；当前方有车辆时，当前车辆追随此车辆并在预设速度范围内行驶。

系统根据当前车速和偏摆率预估行驶路径，通过多用途摄像头提供的车道和前方车辆信息检测进入摄像头范围的车辆，并将其与前方车辆进行区分。带低速追随模式（LSF）的 ACC 系统的基本控制如图 8-6 所示。

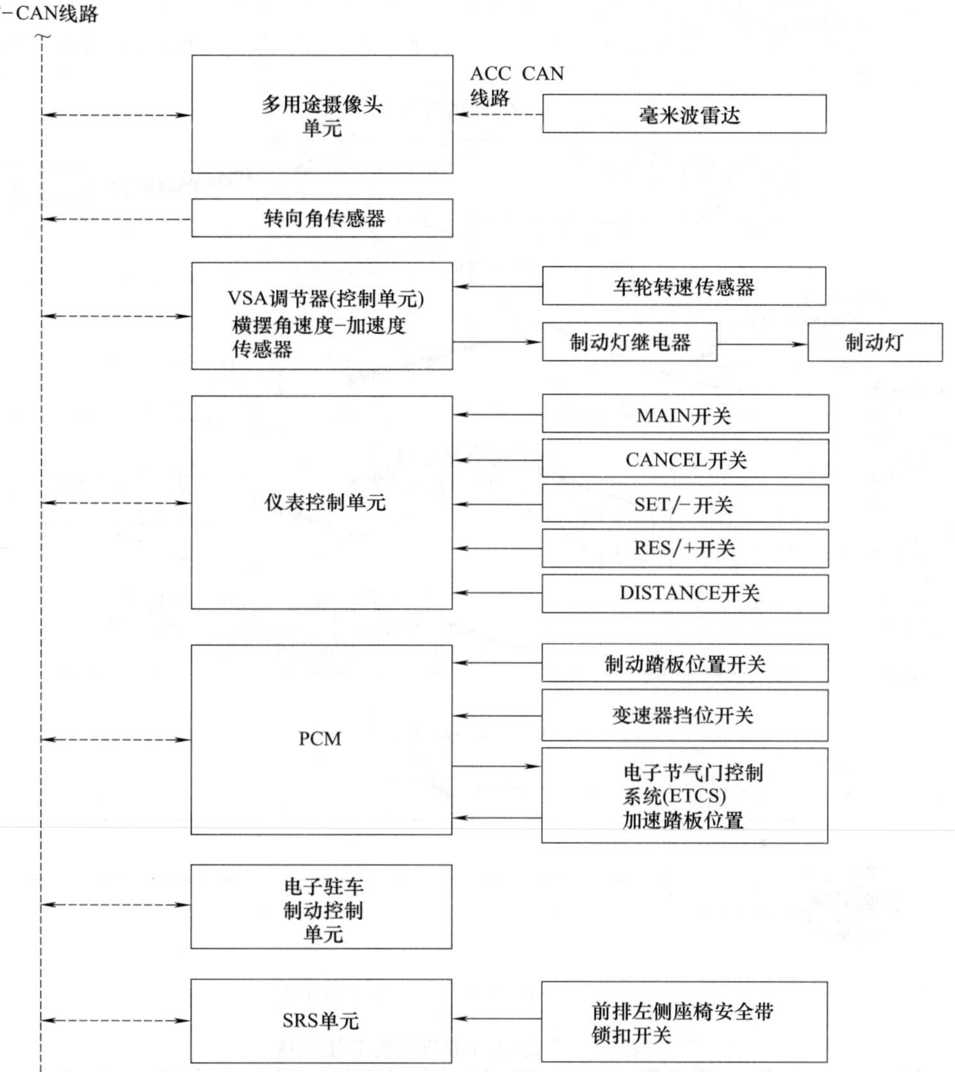

图 8-6 带低速追随模式（LSF）的 ACC 系统的基本控制

4. 车道偏离辅助系统

车道偏离抑制（RDM）系统使用来自多用途摄像头的图像信息识别道路上的车道标记。多用途摄像头单元监视车道标记并检测车辆驶出车道的风险。当多用途摄像头单元确定车辆开始驶出其车道时，通过振动方向盘来警告驾驶员，在综合信息显示屏（MID）上显示车道偏离警告图像，并提供转向控制帮助车辆回到车道上，避免车辆驶出车道。当多用途摄像头单元确定转向控制已不足以阻止车辆驶出其车道且道路上接近的车道标记显示为实线时，此单元还会提供制动控制以帮助车辆减速。在车辆连续两次驶出车道而驾驶员不采取转向操作之后，当车辆第三次驶出车道或多用途摄像头单元确定车辆第三次开始驶出车道时，此单元仅以 MID 警告图像和蜂鸣器鸣响警告驾驶员，而不提供转向控制。车道偏离辅助系统控制原理如图 8-7 所示。

车道偏离辅助系统工作条件如表 8-1 所示。

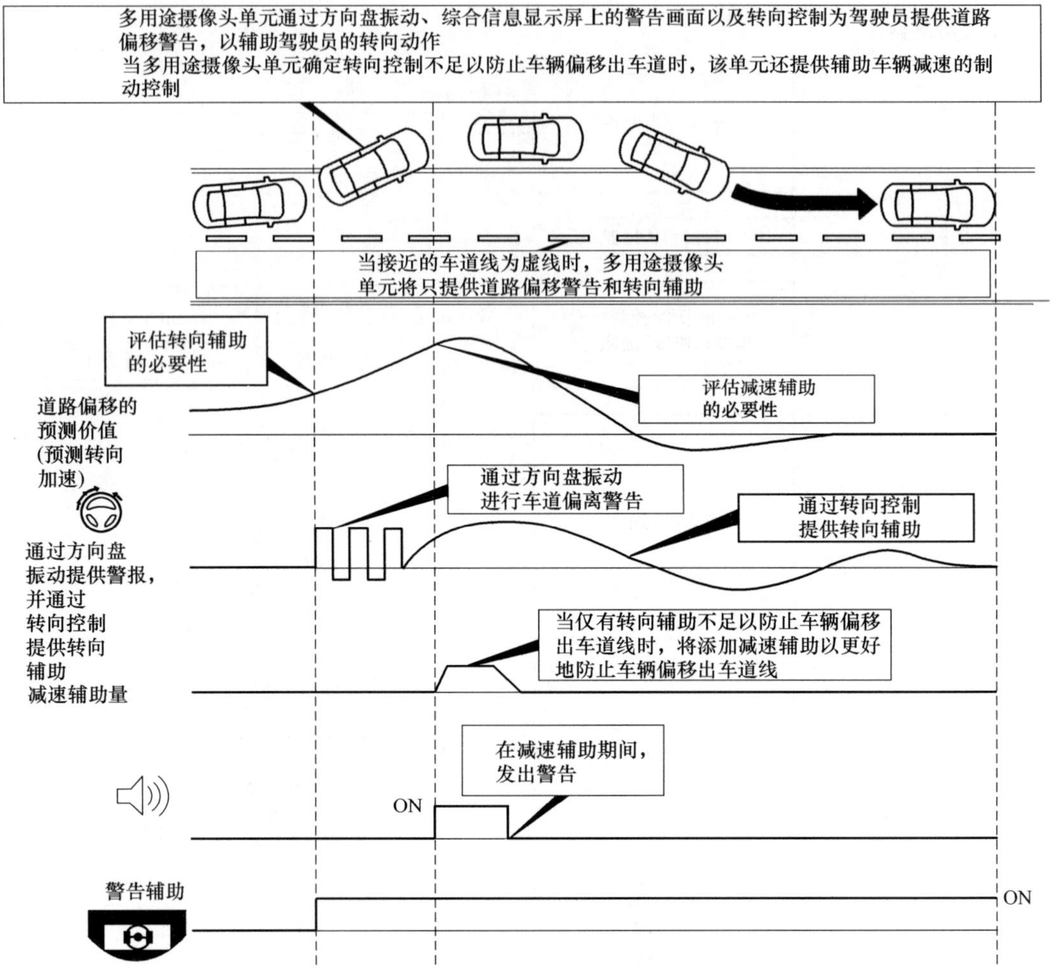

多用途摄像头单元通过方向盘振动、综合信息显示屏上的警告画面以及转向控制为驾驶员提供道路偏移警告，以辅助驾驶员的转向动作
当多用途摄像头单元确定转向控制不足以防止车辆偏移出车道时，该单元还提供辅助车辆减速的制动控制

当接近的车道线为虚线时，多用途摄像头单元将只提供道路偏移警告和转向辅助

评估转向辅助的必要性
评估减速辅助的必要性
道路偏移的预测价值(预测转向加速)
通过方向盘振动进行车道偏离警告
通过转向控制提供转向辅助
通过方向盘振动提供警报，并通过转向控制提供转向辅助
减速辅助量
当仅有转向辅助不足以防止车辆偏移出车道线时，将添加减速辅助以更好地防止车辆偏移出车道线
在减速辅助期间，发出警告
ON
警告辅助
ON

图 8-7　车道偏离辅助系统控制原理

表 8-1　车道偏离辅助系统工作条件

<table>
<tr><td rowspan="5">系统工作条件</td><td colspan="3">只要车辆接近可识别的车道线(在如恶劣天气、背光和覆盖着积雪的道路的条件下车道标线不可识别),行车偏移修复(RDM)系统即开始运作</td></tr>
<tr><td>车辆运行速度/(km/h)</td><td colspan="2">70～180</td></tr>
<tr><td rowspan="2">对象车道线类型</td><td>道路上的虚线</td><td>在综合信息显示屏(MID)上显示车道偏移警告画面并伴有方向盘辅助控制</td></tr>
<tr><td>道路上的实线</td><td>在综合信息显示屏(MID)上显示车道偏移警告画面、方向盘辅助控制和制动控制辅助车辆减速</td></tr>
<tr><td>驾驶员操作</td><td colspan="2">系统接收到的输入信号表明驾驶员通过移动方向盘、加速踏板、制动踏板、转向信号开关等故意驶离车道时,该车辆将不会反应</td></tr>
</table>

车道偏离辅助系统控制原理框图如图 8-8 所示。

5. 碰撞减轻制动系统（CMBS）

CMBS 可以检测可能的碰撞并辅助制动操作，以减轻对乘客的冲击和对车辆的损坏。

CMBS 运行顺序如下。

① 当驾驶车辆和前方车辆或驾驶车辆前面的行人之间速度差大于 5km/h 且系统检测到可能的碰撞时，系统会在综合信息显示屏（MID）上发出警告信息并引发警报。

② 当驾驶车辆逐渐接近前方车辆或驾驶车辆前面的行人时，系统会在 MID 上发出警告消息并引发警报，向驾驶员发出可能出现碰撞的警告（第一步）。对于相向行驶的车辆，系统会振动方向盘，向驾驶员发出另一个警告。

③ 当驾驶车辆更接近前方车辆或驾驶车辆前面的行人且系统预期到碰撞时，CMBS 施加轻微制动力，同时发出 MID 警告并引发警报（第二步）。

④ 当系统确定碰撞不可避免时，CMBS 施加较强的制动力，同时发出 MID 警告并引发警报（第三步）。

CMBS 系统功能示意图如图 8-9 所示，系统原理框图见图 8-10。

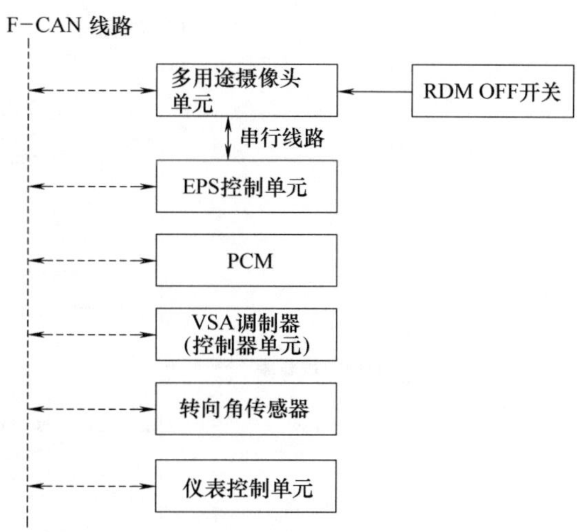

图 8-8 车道偏离辅助系统控制原理框图

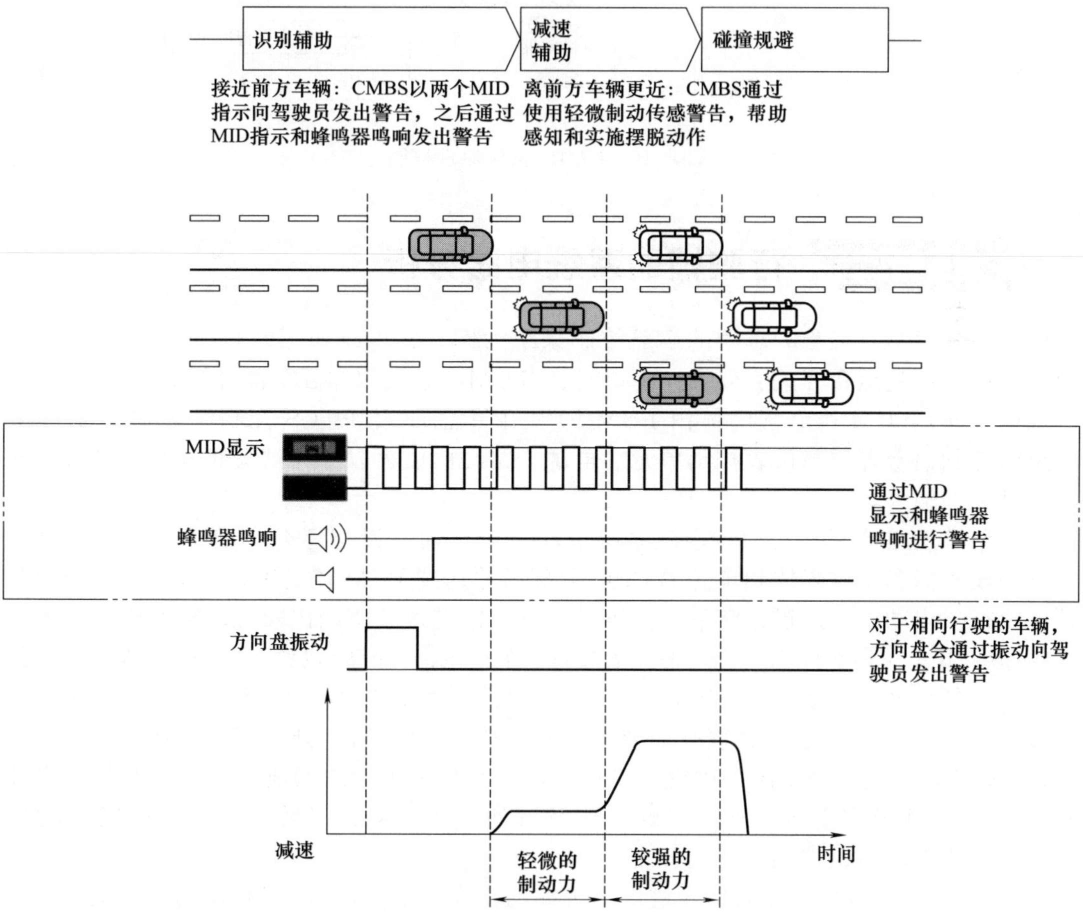

图 8-9 CMBS 系统功能原理示意图

警报蜂鸣器通常会在出现 MID 警告信息后发出鸣响，但也可能因行驶情况和天气状况而在警告信息显示的同时鸣响

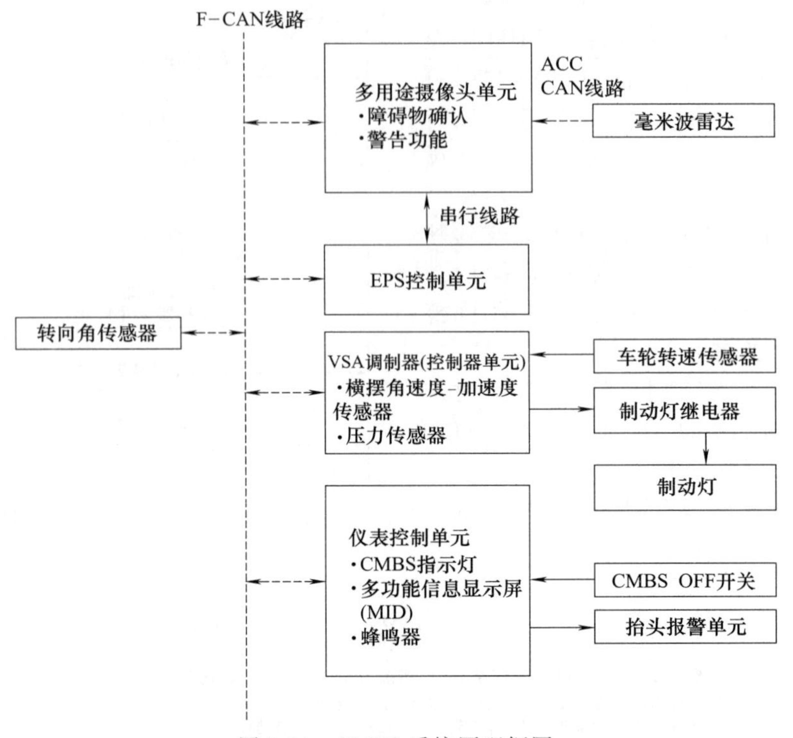

图 8-10 CMBS 系统原理框图

任务二 行驶辅助系统电路分析

以广州本田第 8 代雅阁车型的巡航控制系统为例，其电路如图 8-11 所示。全电路由配电单元、巡航控制组合开关、仪表控制单元、 PCM、节气门体五个部分组成。

供电方面，PCM 和节气门体由 PGM-FI 主继电器 1 及 ETCS 控制继电器控制提供电源，巡航控制组合开关与仪表控制单元的电源一路经由仪表以下熔丝盒 6 号熔丝输入，一路由喇叭继电器输入。

当按下巡航主控制开关时，巡航系统启动，用户通过设定巡航车速、退出、恢复等操作，这些设置信息由仪表控制单元的 CPU 处理后输送到 PCM 控制单元，由 PCM 控制节气门体的执行器电动机，通过锁定节气门不同开度，固定发动机输出转速，进而锁定车速。

① 指令开关（巡航控制组合开关）多数有 3 个挡位：“调速/定速”“断开”“恢复”。按下开关不动，车速就会连续增加，当放开开关，此时的车速就是速度控制系统的调置车速。

② 车速传感器与车速里程表驱动装置相连，其输出信号直接反馈至 PCM。

③ PCM 是速度控制系统的中枢，在这里每种车型最平顺的加速度和减速度都由设计者编程确定。PCM 根据指令车速、实际车速及其他输入信号，经数据处理之后发生输出信号，驱动步进电动机，控制节气门开度。

④ 电子油门执行器一般采用步进电动机控制，步进电动机根据 PCM 的指令调整节气门开度，节气门位置由传感器反馈到 PCM。一旦速度控制系统开启，节气门就被“锁定”，当汽车阻力增大（上坡）和车速降低时，控制节气门开度增大；反之减小，使汽车能保持一定速度行驶。

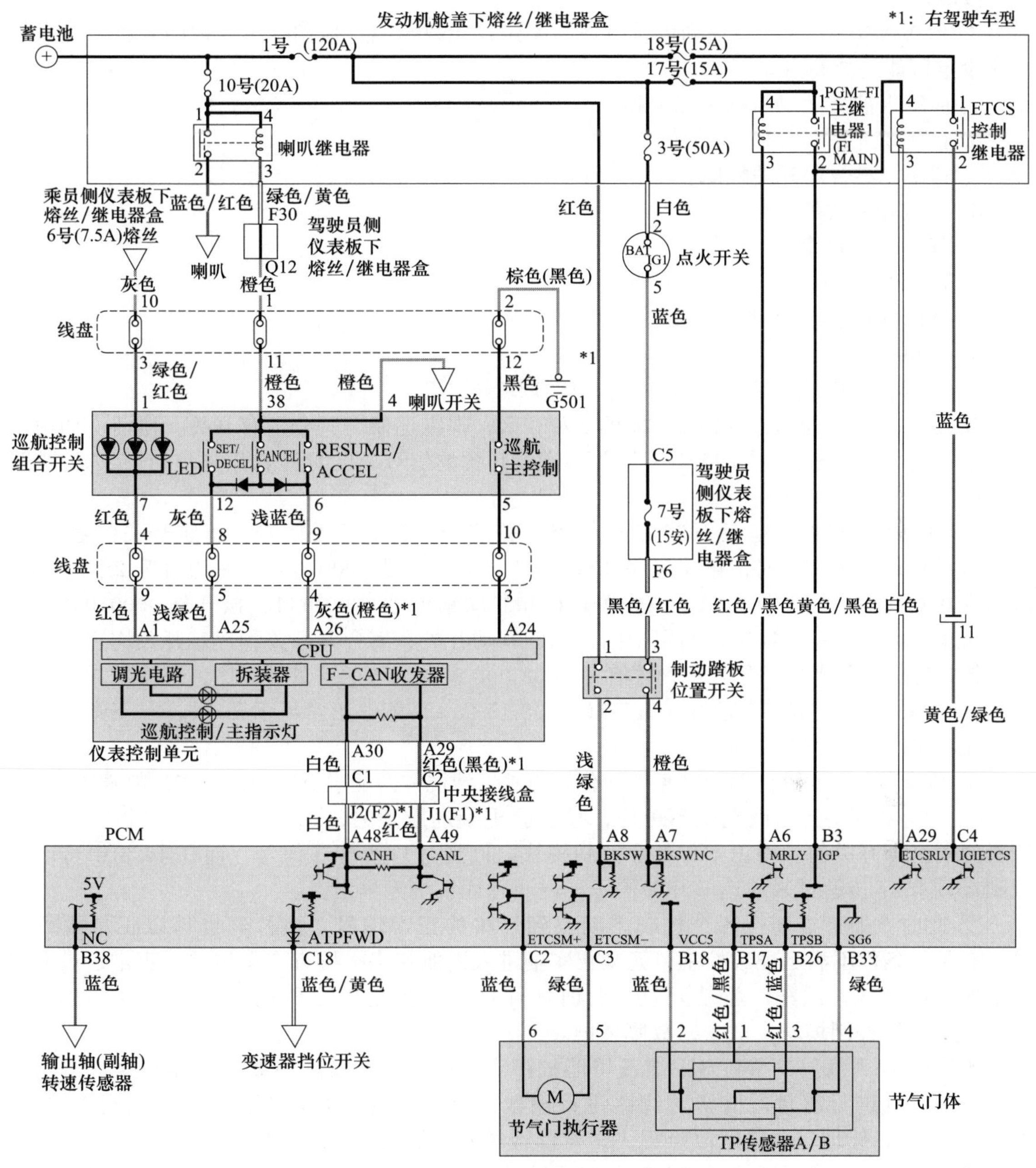

图 8-11 2008 年款广州本田雅阁汽车发动机巡航电路

任务三 行驶辅助系统故障诊断

1. 巡航电路故障

故障现象 一汽大众迈腾 1.8T 手动挡车辆达到巡航设定车速后，打开巡航开关，按压“SET”按钮，定速巡航无法设定。

故障诊断

① 用 VAS5051 进入网关列表检查所有系统，无故障码。根据上述原理图分析巡航系统不能设定可能的故障点如下。

a. 巡航未被激活或控制单元故障。

b. 控制单元编码（J623 或 J527）错误。

c. 刹车或离合器开关故障。

d. 巡航开关故障。

e. 节气门体故障。

f. 加速踏板故障。

g. 转向柱控制单元 J527 故障。

h. 线路故障。

② 检查发动机控制单元 J623 编码、J527 编码均正常。

③ 检查 J527 数据流，16-08-004 的 2 和 3 区，操纵巡航开关分别有开关、激活、加速、恢复、减速各个信号，说明 J527 能够收到巡航开关的信号，证明巡航开关及到 J527 的线路无故障。

④ 检查发动机控制单元 J623 的离合器开关信号、制动开关信号、巡航开关信号。01-08-066 的巡航开关打开时，第 4 区是 10000001，第 2 区是 00001000，关闭时第 2 区和第 4 区均为 00000000。第 2 区，踩下离合器踏板和制动踏板是 00001111，松开是 00001000，对比正常车辆数据流变化情况，结果相同，判断制动开关、离合器开关和巡航开关均正常。

⑤ 在 J540 中读取离合器开关数值（53-08-008-01），与正常车辆对比，无异常。

⑥ 在 J519 中读取离合器开关数值（09-08-15-03），能够正常显示开/关，与正常车辆对比，无异常。

⑦ 检查节气门和油门踏板数据块变化均正常，清洗并匹配了节气门，试车，故障依旧。

⑧ 所有数据均正常而巡航不工作，按经验更换巡航开关，试车，无效。经检查，巡航所需要的全部开关信号均正常。各个控制模块之间通过总线传递信号，而在 J623 中可以读取到经过 J527 传递过来的巡航开关信号，说明总线系统无异常。

⑨ 此时做如下推断：各个控制单元收到开关的正常信号，执行器也可以正常执行信号，有某一条件不满足导致控制单元禁止车辆进入巡航状态。检查全车熔丝，正常，进而清理了所有搭铁线，试车，还是无效。此时怀疑是某一控制模块干扰，分别更换了 J533、J527、J519 等控制模块，试车，故障依旧。

⑩ 维修陷入僵局，重新对系统及可能故障点进行分析，发现主要传感器和执行器到模块的线路没有进行测量，重新对线路进行测量。检查发现离合器开关的 T5/2 到 J623 的 T94/43 断路，修理该线路后故障解决。离合器开关电路位置如图 8-12 所示。

原因分析　离合器开关 G476 信号对于发动机系统、EPB 系统等都很重要，所以 G476 信号分别传送到 J623、J519 和 J540，G476 到发动机控制单元的线路出现断路时，发动机控制单元通过 CAN 线系统从 J540 和 J519 获得离合器开关的替代信号，从数据流中可以看到 G476 的开关信号，但是巡航系统无法设定。

故障排除　修复离合器开关到发动机控制单元的线路后故障排除。

2. 变道辅助功能故障

故障现象　一汽大众 CC 车型组合仪表内变道辅助功能无法激活。

故障诊断

① 首先用 VAS5052A 进行电脑检测，3C 车道变换辅助系统有故障码，内容为控制单元

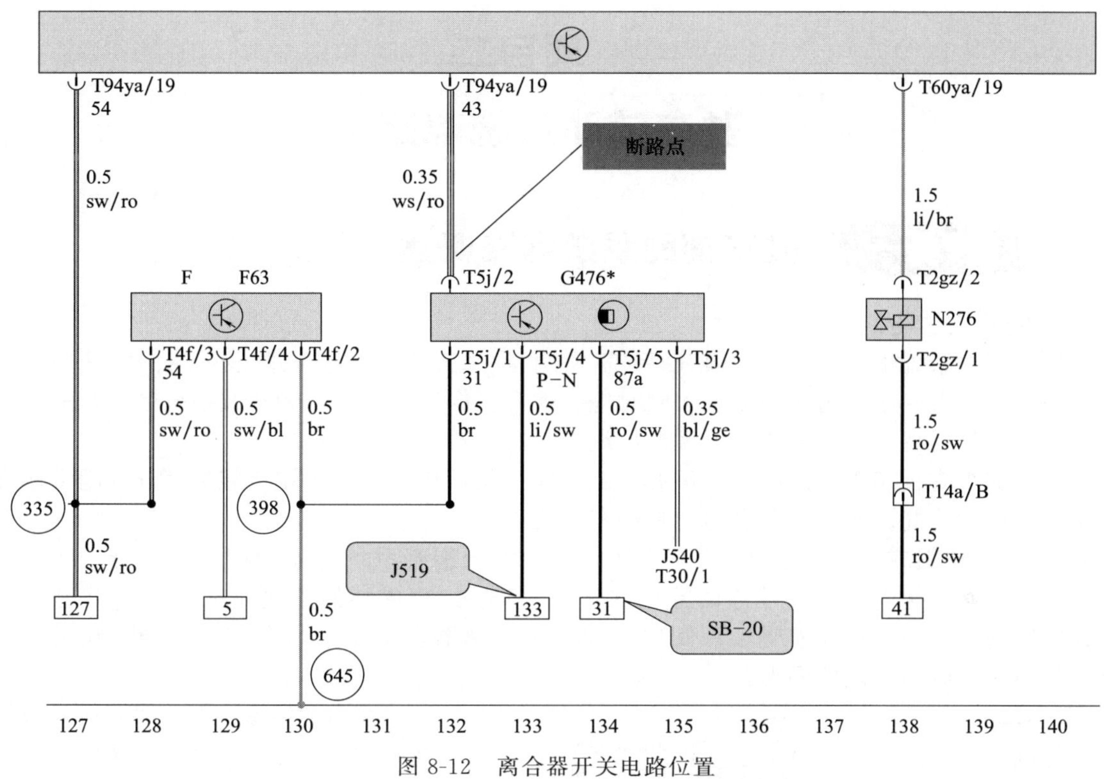

图 8-12 离合器开关电路位置

损坏（静态）。

② 根据故障码进行分析，为控制单元损坏导致，为了进一步确认，通过变道辅助工作原理进行测量。

③ 车道变换辅助系统由两个控制单元组成：变道辅助控制单元 1（J769）和变道辅助控制单元 2（J770）。变道辅助控制单元 1（J769）为主控制单元。变道辅助控制单元 2（J770）是副控制单元。两个控制单元通过它们自身的变道辅助专用 CAN 数据线相互连接，进行信息交换，数据传输速度为 500kbit/s。

④ 测量后确认为变道辅助控制单元 1（J769）内部故障导致，但是更换新的变道辅助控制单元 1（J769）还是无法激活功能，再次提取故障码，内容为控制单元软件版本错误。

⑤ 读取变道辅助控制单元 1（J769）和变道辅助控制单元 2（J770）软件版本号，发现两个控制单元版本不同。

⑥ 因此判断为新备件变道辅助控制单元软件过高导致，查询备件单目录，提示为两种控制单元必须成对使用。

⑦ 但是在订货时显示 3AA 907 566 C 的备件已经禁用，无法订到低版本 0010 的控制单元。

⑧ 变道辅助控制单元可以通过软件刷新的方式把版本为 0030 的控制单元刷新到 0010，刷新后再次读取故障，软件版本错误的故障码消失，校准变道辅助控制单元后试车，故障排除。

原因分析 由于新状态控制单元版本过高导致两控制单元无法兼容。

故障排除 刷新变道辅助控制单元 1（J769）；同时更换左后两侧变道辅助控制单元。

项目二

驻车辅助系统电路

任务一 驻车辅助系统电路概述

1. 倒车雷达电路

倒车雷达系统也叫驻车/泊车辅助系统，在目前生产的汽车上配置很普遍，据其功能不同一般有只提供倒车距离报警信息和同时提供倒车影像信息两种，如导航系统中综合的倒车影像系统便是后者。这里主要介绍大多数汽车装用的普通倒车雷达。

汽车倒车安全装置有声呐（超声波）倒车安全装置和雷达倒车安全装置之分。因雷达安全倒车装置造价高，所以目前多用声呐倒车装置。

（1）系统组成 以奥迪 A6 汽车为例，倒车安全报警系统有 4 个声呐传感器，均匀分布安装于汽车后保险杠上未喷漆的部位内（图 8-13）。声呐传感器既是执行元件又是传感器，既发射信号，也接收信号。控制单元向 4 个传感器发出 4 个命令，传感器既发出超声波，同时又接收超声波的回波。

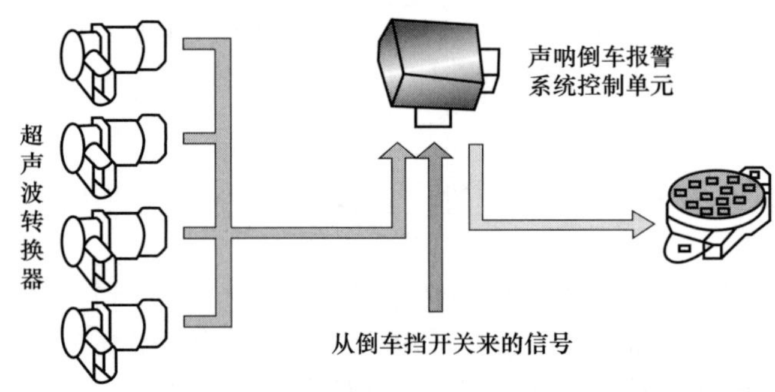

图 8-13 一汽奥迪 A6 汽车倒车雷达系统

在声呐传感器内，回波信号被转换成数字信号，并将其传递到控制单元，控制单元根据回波的传播时间计算出与障碍物的距离。声呐传感器由一个无线电收发单元和一个整理器构成，整理器将回波信号转换成数字信号传递给控制单元。

（2）工作原理

① 当挂入倒车挡时，倒车安全警报系统即开始工作，发出“嘟嘟”的声音表明该系统状态良好。

② 当车与障碍物相距 1.6m 时，可听见间歇警报声。离障碍物越近，声音越急促。如距离小于 0.2m 时，则连续发出警报声。警报声音间隔及音量用故障诊断仪可设定。

2. 倒车影像系统

倒车影像系统主要是由显示器以及远红外线广角摄像装置两部分组成的。这套系统的原理其实也并不复杂，就是把一个倒车摄像头装在车的尾部，然后当驾驶者挂倒挡的时候，系统就会自动把显示器与后部的摄像头连接起来，然后摄像头拍到的影像就会传输到显示屏当中，驾驶者便能看到车后方实时影像了。而且系统是采用红外线摄像头装置，因此即使是在晚上也能看得一清二楚。

3. 全景环视影像系统

全景环视影像系统摄取车辆四周景物并通过控制器将四周景物合成一幅 360° 的全景图，显示效果类似从车辆上空俯拍的影像。全景环视影像可以和四个摄像头中任意一个摄像头摄取的影像同时显示。由控制主机完成图像处理，将处理后的视频信号发送至 LCD 显示。

全景环视影像系统主要有泊车辅助功能和引导线功能。泊车辅助分为平行泊车模式和垂直泊车模式 2 种，平时遇到的各种泊车情景基本都包含在这 2 类中，而且系统还加入了详细的操作步骤，触摸“HELP”键即可查看泊车辅助的帮助信息。引导线随方向盘转动而变化，能准确显示出倒车时车尾的轨迹，可以有效辅助驾驶员倒车入库、侧方位停车等。

全景环视影像系统主要由 4 个环视摄像机、泊车辅助系统（PAS）开关、全景环视影像控制模块（AVM）及多媒体显示屏等部件组成。

4. 自动泊车系统

以大众车型为例，大众 PLA 停车辅助系统是 PDC 驻车辅助装置的升级版，PLA 停车辅助系统控制单元处理来自侧面超声波传感器、ESP 系统和转向角传感器的信息。基于这些数据，PLA 控制单元计算出停车位置的参数，并通过仪表显示器告知驾驶员一个合适的停车位。同时 PLA 控制单元确定适当的停车路线。计算完路线后的行驶中，电动机械式转向助力器转动前车轮。PLA 控制单元确定方向盘转动角度。

在导航显示屏上，车辆周围的空间分为 8 个区域（4 个在车辆前方和 4 个在后方）。在后部中央位置的 2 个传感器检测距离为 160cm，前部中央位置的 2 个传感器检测距离为 120cm。在车辆前后部另外的 4 个传感器可检测的距离为 60cm。

装于右后侧的蜂鸣器，提示车辆后方出现的障碍物。驾驶员听到从车后方传来的警报声后，会意识到接近的障碍物在车辆后方。位于仪表后面左侧的蜂鸣器也是同样的道理。PLA 系统组成部件如图 8-14 所示，系统原理框图如图 8-15 所示。

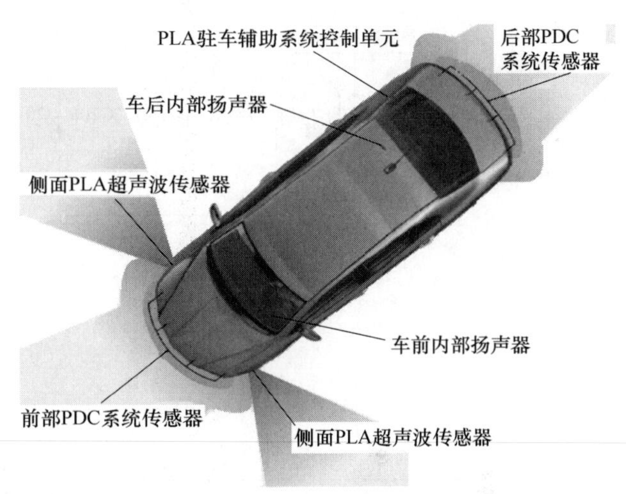

图 8-14　PLA 系统组成部件

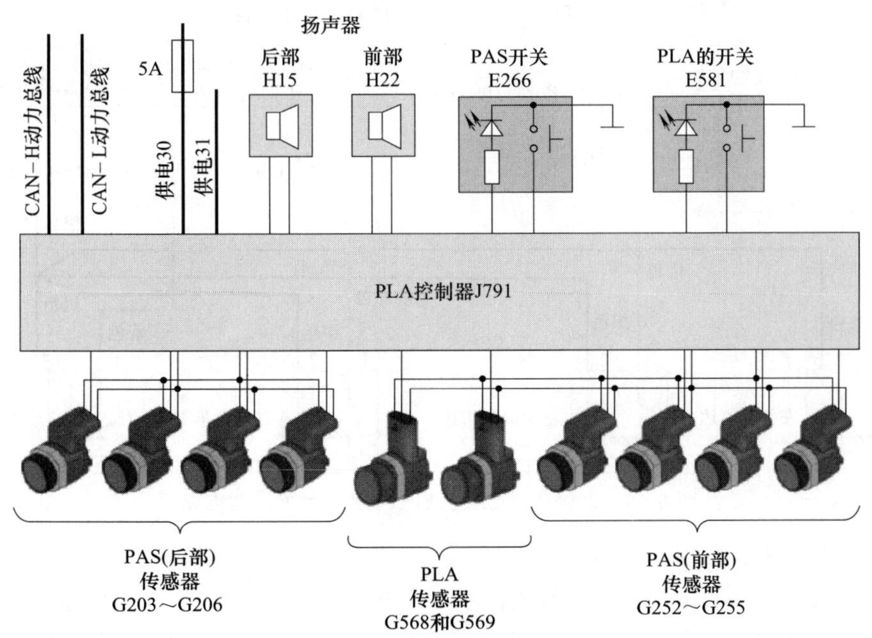

图 8-15　PLA 系统原理框图

 任务二 驻车辅助系统电路分析

1. 倒车雷达电路

以上海别克新凯越倒车雷达电路为例，其电路如图 8-16 所示。在别克车系中，倒车雷达电路也叫驻车辅助系统，新凯越装用 4 探头（距离传感器）的驻车辅助系统。左传感器信号输入控制模块第 1 脚，左中传感器信号输入控制模块第 2 脚，右中倒车雷达信号输入控制模块第 3 脚，右倒车雷达信号输入控制模块第 4 脚，控制模块第 15 脚为所有倒车雷达传感器的信号接地端。控制模块工作电源在发动机启动/运行状态时通过仪表板下 F20 号熔丝经 C201 与 C206 插接器、驻车空挡位置开关、C401 插接器进入控制模块 11＃。控制模块第 24 脚为搭铁端。

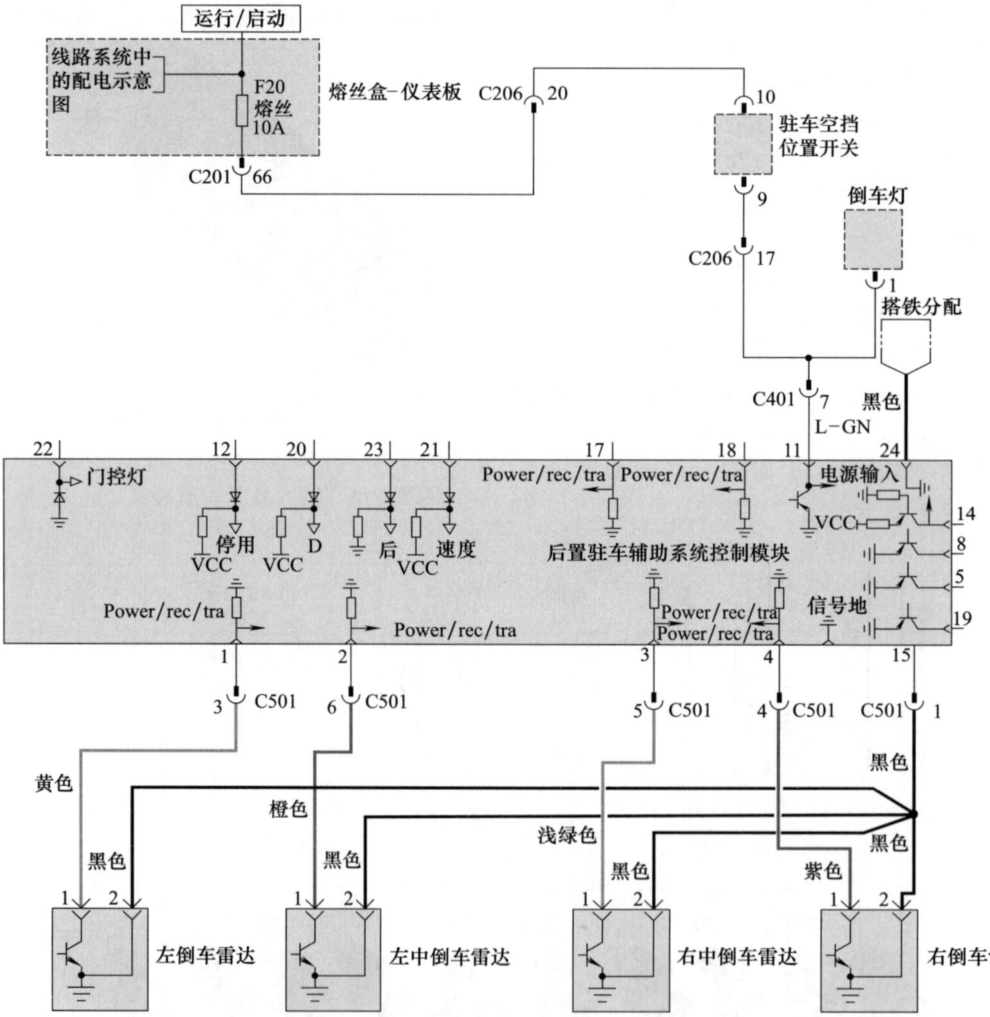

图 8-16　2008 年款别克新凯越汽车倒车雷达电路

2. 全景影像系统电路

全景影像系统，是通过安装在车身周围的 4 个摄像头采集图像，经过控制器处理后得到车身周围俯视图，显示在无机芯导航上。如图 8-17 所示为众泰 T800 车型全景影像系统电路。

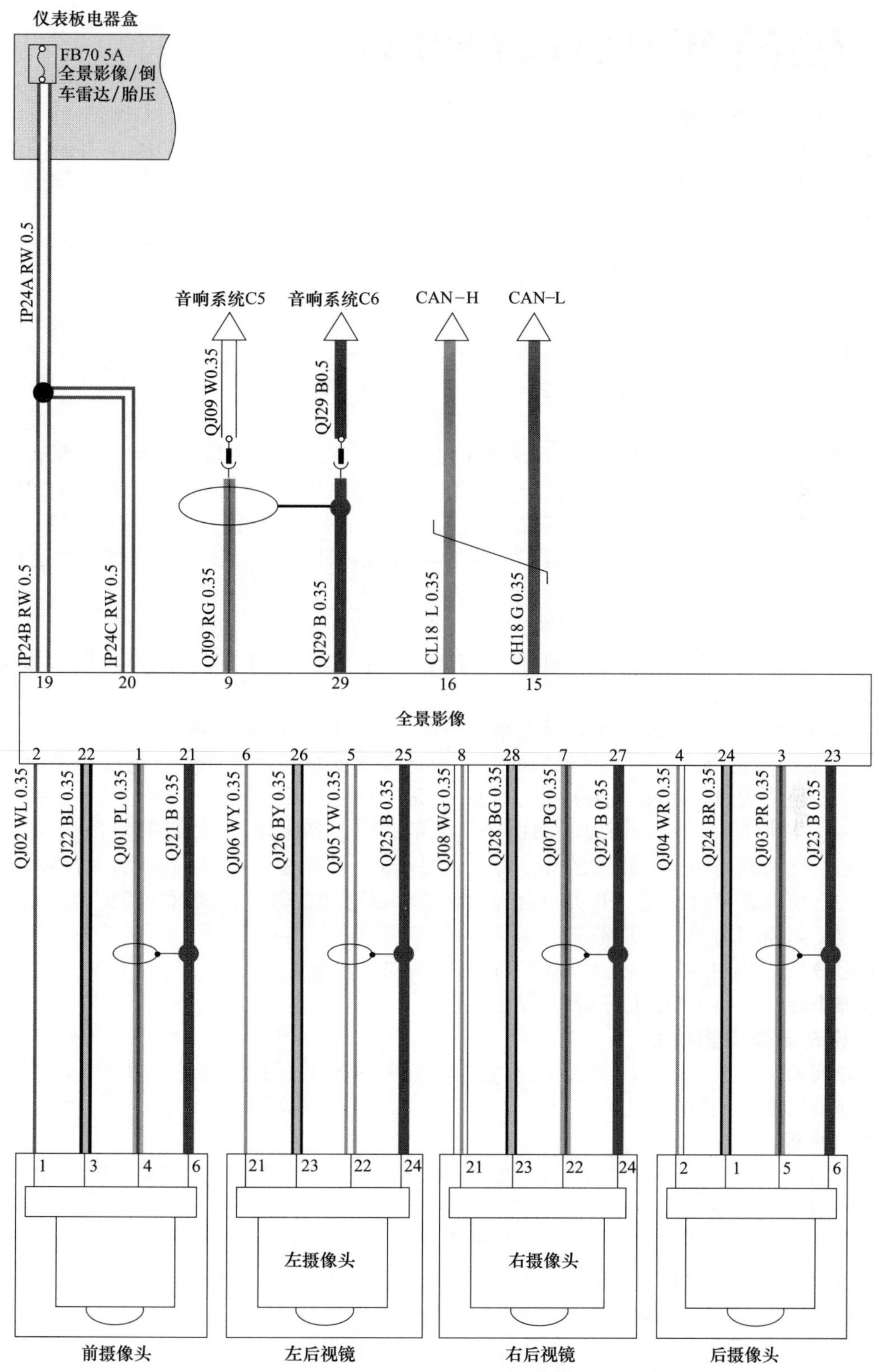

图 8-17 全景影像系统电路（2018 年款众泰 T800）

任务三 驻车辅助系统故障诊断

1. 驻车辅助系统故障

故障现象 一汽大众全新迈腾车辆 RNS315 导航仪倒车影像以及 OPS（可视停车辅助系统）画面不显示，偶发故障。

故障诊断

① 用 VAS5052 检查控制单元 10（停车辅助设备 2），存在故障码，如下所示。

SAE 代码：　B10FD11

症状编号：　[$10FD11]

症状编号：　[1113361]

文本：　驻车辅助按钮

文本：　对地短路

② 倒车影像系统、OPS 系统是两个不同的控制系统，导航仪可以理解为是两者的一个显示终端。如果倒车影像系统存在故障，一般不会影响 OPS 系统的正常使用，而 OPS 系统如果有故障，则会影响倒车影像的正常使用。根据此车的故障现象可以推断大概是 OPS 系统的故障或者是导航仪显示终端存在故障，再结合故障码来分析就基本将故障锁定在 OPS 系统。

③ 结合故障码分析电路图（图 8-18）。

从电路图上可以看到有两个按钮开关：E266 驻车辅助按钮；E581 驻车辅助系统按钮，其实体如图 8-19 所示。

④ 检查 E266 驻车辅助按钮相关电路，正常，无短路或断路现象。

⑤ 怀疑是按钮内部触点有时无法断开，于是多次反复按压此按钮，欲使故障再现，这时出现了不同的故障码（图 8-20）。

⑥ 通过模拟试验发现诊断仪故障码所提示的和电路图上所标示的不是同一个部件，怀疑是诊断仪软件翻译错误，正确的故障件应该是 E581 驻车辅助系统按钮。在对驻车辅助系统按钮进行模拟试验时发现此开关有时会出现无法自动弹起复位，同时伴随出现与来维修时相同的故障码和相同的故障现象。

原因分析 E581 驻车辅助系统按钮有时无法自动复位。

故障排除 更换 E581 驻车辅助系统按钮。

2. 倒车影像电路故障

故障现象 大众迈腾 B7L 车型挂入倒挡后倒车影像画面颜色发红，过了 10s 左右后倒车影像自动切换到 OPS 画面。

故障诊断

① 连接 VAS6150A 读取故障，有故障码 02283——与终端单元的视频连接断路。

② 分析倒车影像控制系统。

a. 从图 8-21 中可以看出此系统中重要的元件和控制单元如下：G85——方向盘转角传感器；J519——中央电气控制单元；J527——转向柱控制单元；J533——网关；J772——倒车影像控制单元；R189——倒车摄像头；J503——收音机导航系统。

b. 系统工作过程如下。

ⓐ 挂入倒挡，J519 提供倒挡接通信号。

ⓑ 收音机导航系统 J503 接收到倒挡信号后转换到视频输入模式。

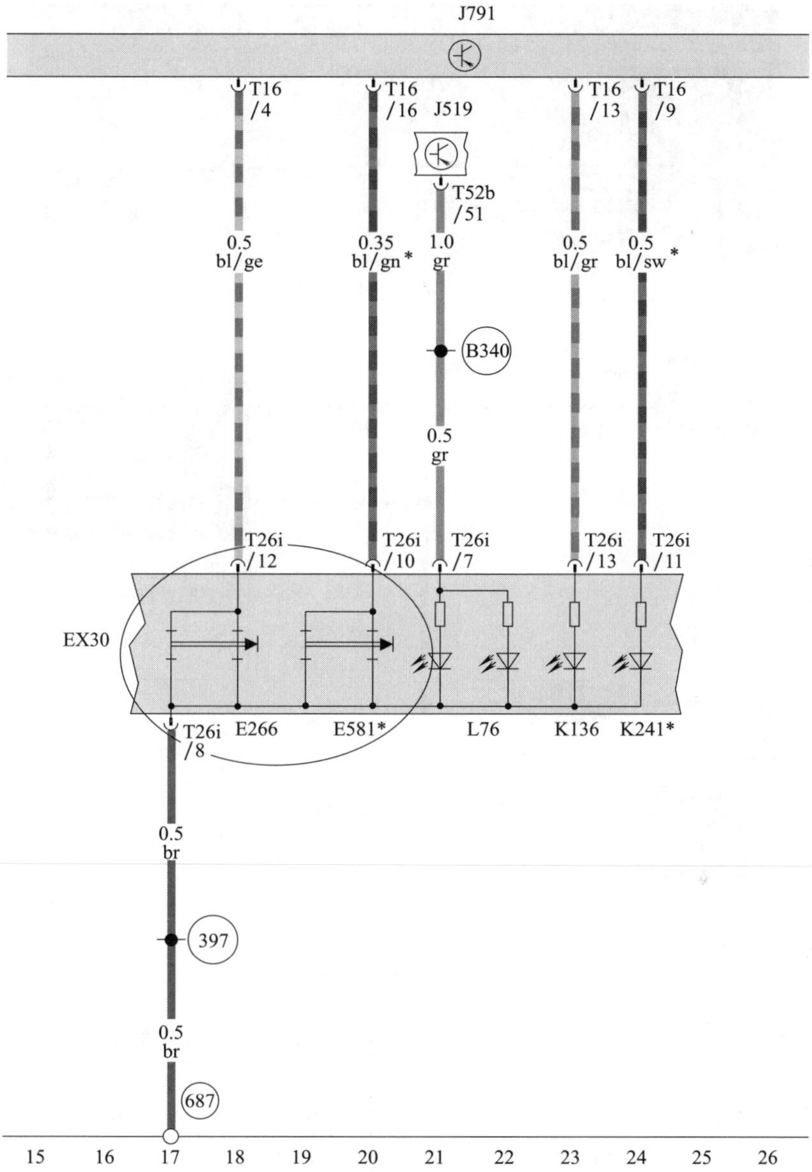

J791

T16 /4　T16 /16　J519　T16 /13　T16 /9

T52b /51

0.5 bl/ge　0.35 bl/gn*　1.0 gr　0.5 bl/gr　0.5 bl/sw*

B340

0.5 gr

T26i /12　T26i /10　T26i /7　T26i /13　T26i /11

EX30

T26i /8　E266　E581*　L76　K136　K241*

0.5 br

397

0.5 br

687

15　16　17　18　19　20　21　22　23　24　25　26

图 8-18　驻车辅助开关电路

EX30—中控台开关模块 2；E266—驻车辅助按钮；E581—驻车辅助系统按钮；J519—车载电网控制单元；J791—驻车辅助系统控制单元；K136—驻车辅助指示灯；K241—驻车转向辅助系统指示灯；L76—按钮照明灯泡

图 8-19　驻车辅助系统按钮实体

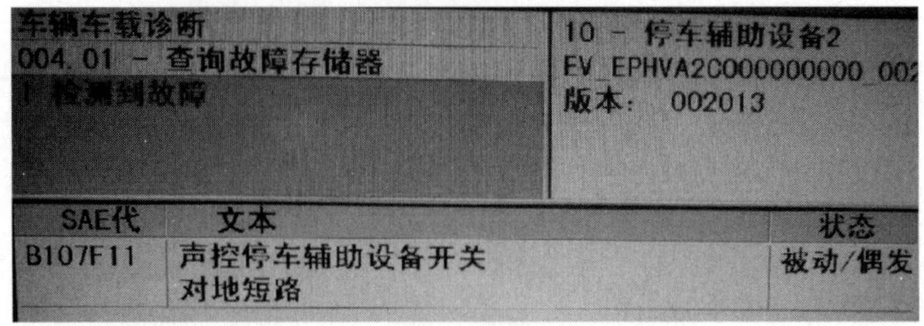

图 8-20 系统故障码显示

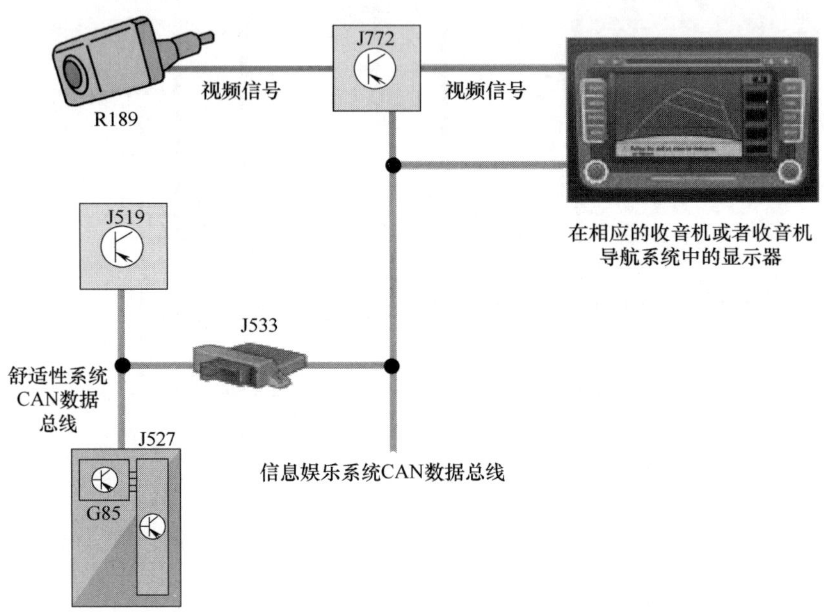

图 8-21 倒车影像系统连接关系

ⓒ 倒车摄像头的视频信号经倒车影像控制单元 J772 处理后（修正图像变形）送到导航（显示单元）。

ⓓ J527 提供系统哪边转向灯激活，在平行停车模式中，系统会根据转向灯信号来激活显示相应一侧的指导线。如果没有激活转向灯，则显示双侧指导线（此时显示为两条交叉的黄色曲线）。

ⓔ G85 提供方向盘转角信号，系统按照内部存储的轴向空间参数，计算当前车辆驶过的距离，从而提供黄色动态指导线显示。

③ 通过以上对此系统的分析，结合故障现象及故障码的提示，可以判断出应该是视频的传输部分出了问题。

可能产生故障的原因有以下几个方面。

ⓐ R189 摄像头损坏。

ⓑ J772 倒车影像控制单元对摄像头所传输的视频信号处理错误或者输出到 J503 导航仪的视频信号错误。

ⓒ J503 导航仪对视频信号处理错误。

ⓓ R189 到 J772 的视频传输线路或者 J772 到 J503 的视频传输线路有断/短路现象（图 8-22）。

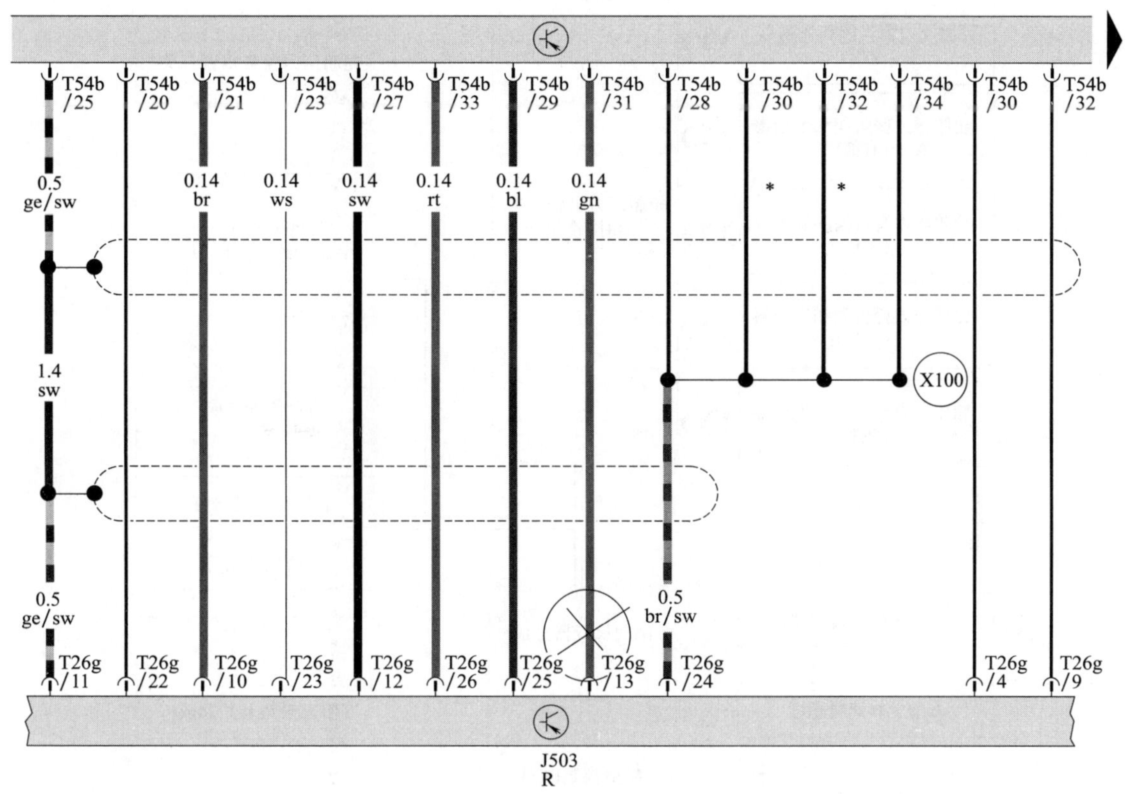

图 8-22 电路故障点

原因分析 J503 插头的倒车影像视频线 T26g/13 插孔过大造成接触不良。

故障排除 修复插孔。

 项目三

安全警示系统电路

 任务一 安全警示系统电路概述

1. 胎压监测系统

以丰田汉兰达车型为例，该车采用直接感应型轮胎压力警告系统。

由于轮胎压力随时间增加而降低，因此需进行定期调节。轮胎压力警告系统检测到轮胎充气压力低于阈值时，将亮起轮胎压力警告灯以警告驾驶员。5 个轮胎压力警告阀和发射器各自将轮胎充气压力、温度和 ID 代码信息发送至轮胎压力警告 ECU 和接收器（包括备胎）。

胎压监测系统控制单元由轮胎压力警告 ECU 和接收器组成，监控轮胎压力警告阀和发射器以检测 5 个轮胎的低轮胎压力。轮胎压力警告系统具有警告功能、初始检查功能、初始化功能和诊断功能。轮胎充气压力显示功能可将各轮胎压力和识别的轮胎位置一起显示在多

信息显示屏上。胎压监测系统原理框图如图 8-23 所示。

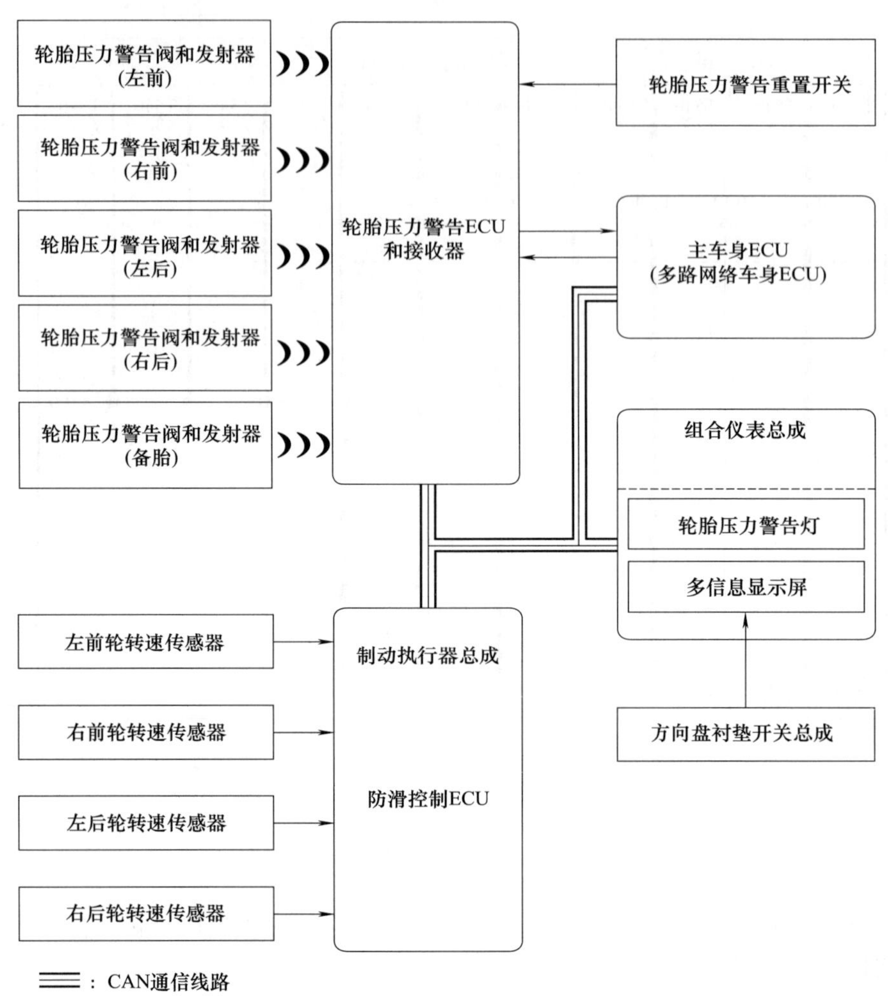

图 8-23 胎压监测系统原理框图（2018 年款丰田汉兰达）

轮胎压力警告阀和发射器检测轮胎的充气压力及温度，并将测量值和 ID 代码传输至轮胎压力警告 ECU 及接收器。将来自内置加速传感器的加速率信号传输至轮胎压力警告 ECU 和接收器以识别轮胎位置。

轮胎压力警告 ECU 和接收器接收来自各轮胎压力警告阀及发射器的数据并监控轮胎充气压力。检测到轮胎充气压力降低、系统故障或初始化开始时，输出各信号至主车身 ECU（多路网络车身 ECU）。使用来自防滑控制 ECU 的车轮转速信号和来自轮胎压力警告阀及发射器的加速度信号，系统将各轮胎压力警告阀连接至轮胎位置。然后，信号发送至组合仪表总成以在多信息显示屏上显示轮胎压力信息。

操作轮胎压力警告重置开关时，当前轮胎压力作为设定压力存储在轮胎压力警告系统中。

主车身 ECU（多路网络车身 ECU）接收来自轮胎压力警告 ECU 和接收器的信号，并将其通过 CAN 通信输出至组合仪表总成。

转速传感器分别检测 4 个车轮的车轮转速脉冲数，并将 4 个车轮转速脉冲数信号发送至防滑控制 ECU。

制动执行器总成的防滑控制 ECU 将 4 个车轮转速信号传输至轮胎压力警告 ECU 和接收器。

组合仪表总成发送车速信号至轮胎压力警告 ECU 和接收器。

组合仪表总成轮胎压力警告灯根据来自轮胎压力警告 ECU 和接收器的信号亮起或闪烁 1min，以警告驾驶员。多信息显示屏显示识别的轮胎压力和位置以通知或警告驾驶员。

按下方向盘衬垫开关总成时，将多信息显示屏上的信息切换成轮胎压力。

2. 交通标志识别系统

交通标志智能识别系统通过安装在挡风玻璃中上部的多用途摄像头单元扫描限速路标，其功能如图 8-24 所示。其在仪表控制单元（MID）上显示信息，使驾驶员能够识别当前限速。此外，交通标志智能识别系统仅能扫描适用的标志，并将路标下的其他信息（天气、目标车辆）传达给驾驶员。

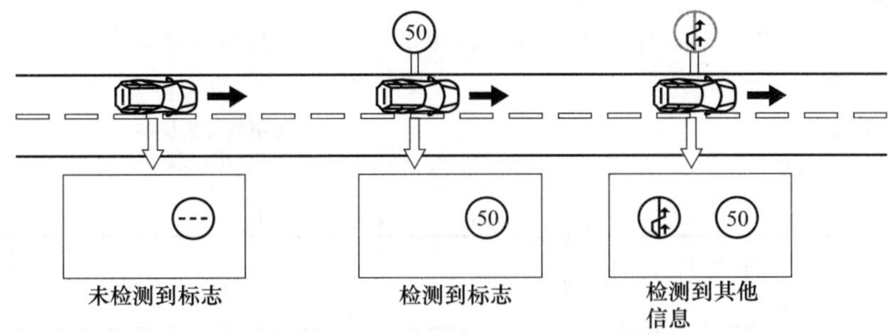

图 8-24 交通标志识别系统功能示意

仪表控制单元（MID）上显示多用途摄像头扫描到的信息。MID 显示速度限值，并在左侧显示其他信息或禁止执行的驾驶操作。其仅在右侧显示速度限值，如果检测了 20s 或更久和一定的距离，没有检测到限速的路标，则显示将取消。

多用途摄像头单元安装在挡风玻璃的内表面。多用途摄像头的路面标志检测范围为距离车辆中间的左和右约 6m，高度约 6m。交通标志识别系统原理框图如图 8-25 所示。

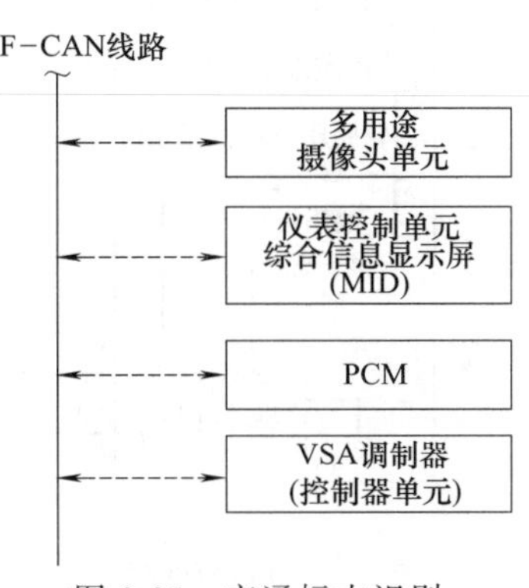

图 8-25 交通标志识别系统原理框图

3. 行人警示系统

由于电动汽车在低速行驶时噪声相对较小，周边行人很难察觉。为了提高行车安全性，配备了行人警示系统。该系统可以在车速低于 30km/h 时发出警示声音，借此可以使得周边行人更好地察觉到车辆。以荣威 Ei5 车型为例，行人警示系统原理框图如图 8-26 所示。

任务二 安全警示系统电路分析

1. 胎压监测系统电路

一旦车辆速度超过 45km/h，TPMS 控制单元便监测四个车轮和系统。如果在轮胎中检测到电压过低，它通过点亮胎压过低指示灯来提醒驾驶员。如果监测到系统故障，则点亮 TPMS 指示灯。如图 8-27 所示为本田第 8 代雅阁胎压监测系统电路。

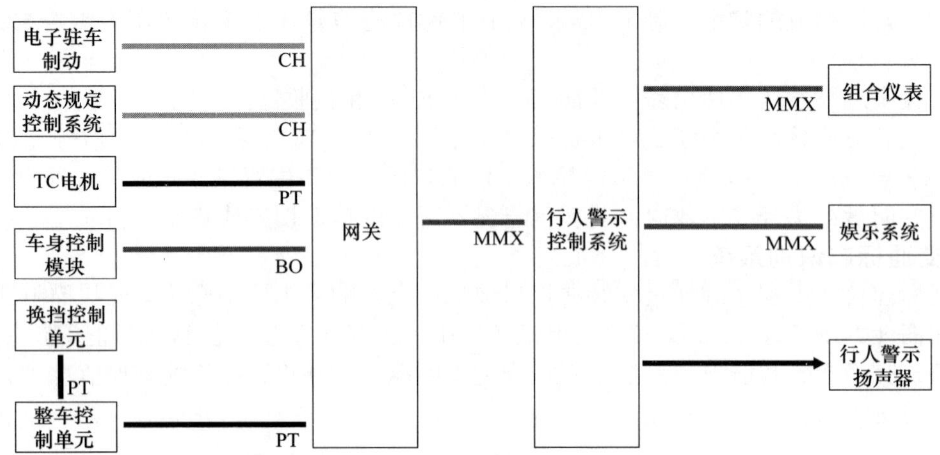

图 8-26 行人警示系统原理框图（2018 年款荣威 Ei5）

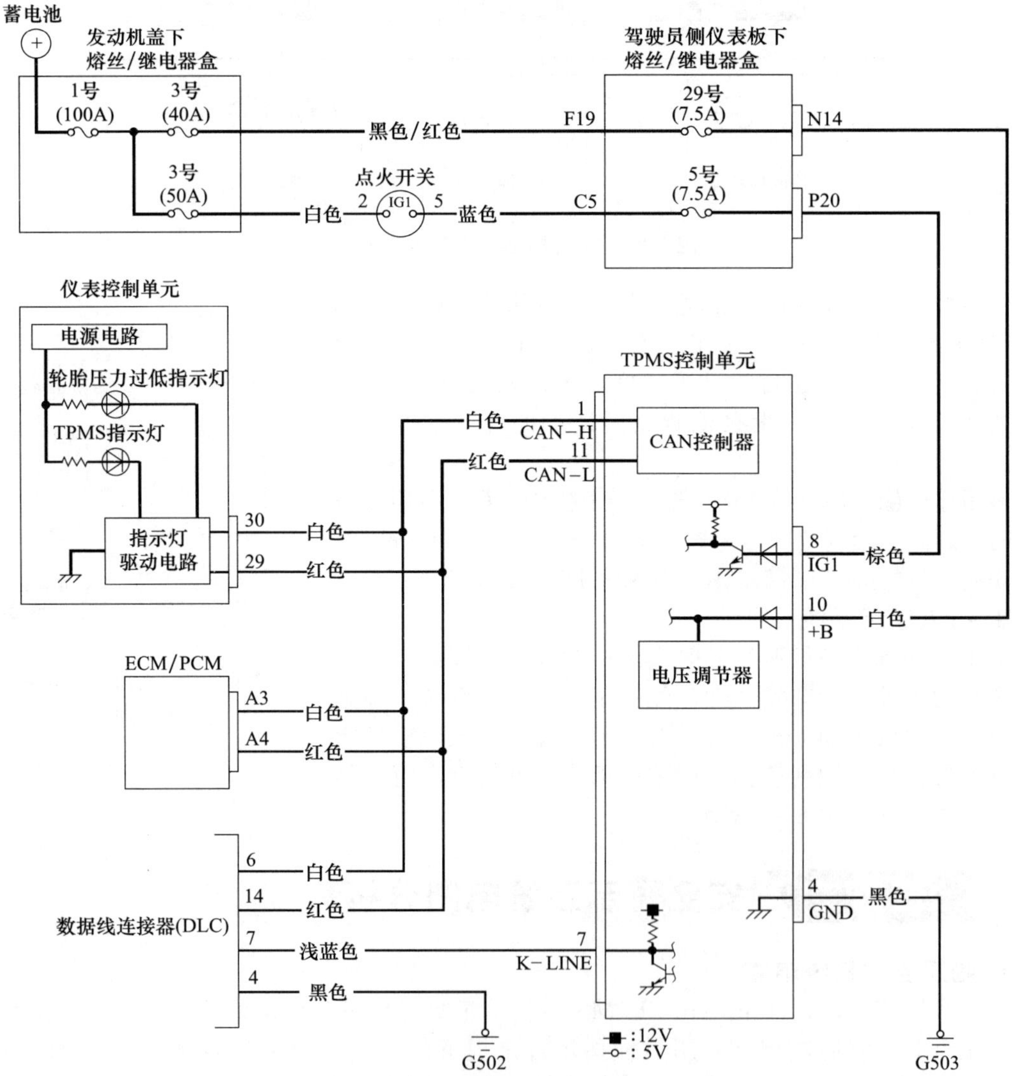

图 8-27 胎压监测系统电路（本田第 8 代雅阁）

加速踏板单元安装好后，每一次车速超过45km/h，TPMS控制单元都会接收到压力传感器ID信号。它也接收来自发射器的胎压和传感器状况的信号，并持续监测和控制系统。

仪表控制单元中有两个指示灯：当任何一个胎压过低时，低胎压指示灯均会点亮，并且仅当系统故障时，TPMS指示灯才会点亮。

胎压过低指示灯提醒驾驶员胎压过低。

2. 行人警示系统

车辆在低速模式下工作时，通过行人警示模块控制行人警示扬声器进行发声，以提示周围的行人及车辆，提高行车安全性。荣威 Ei5 车型行人警示系统电路如图 8-28 所示。

满足以下所有条件时，扬声器发声。

① 车辆处于 READY 状态。

② 行人警示系统开关和按钮有效。

③ 当车辆加速时，车速大于 0 且小于 30 km/h 的范围内；当车辆减速时，车速在小于或等于 25km/h 且大于 0 的范围内。

满足以下条件之一，扬声器不发声。

① 车辆未处于 READY 状态。

② 行人警示系统开关或按钮无效。

③ 加速时，车速大于等于 30km/h。

④ 减速时，车速大于 25km/h。

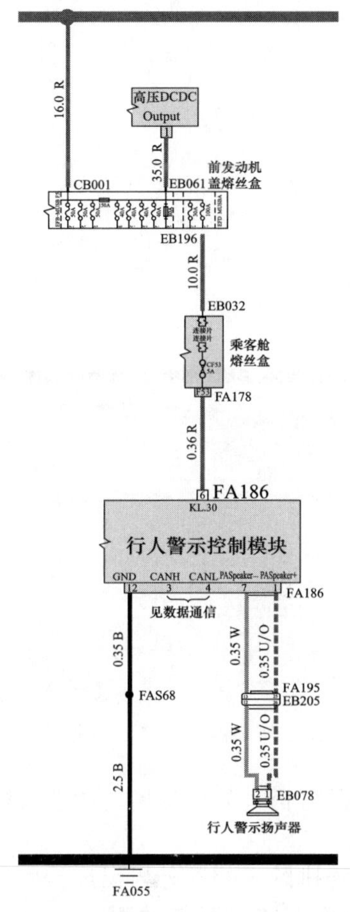

图 8-28　行人警示系统电路（2018 年款荣威 Ei5）

任务三 安全警示系统故障诊断

1. 胎压监测系统故障

故障现象　大众全新速腾汽车仪表指示胎压报警。

故障诊断

① 确认故障现象，如客户所说，胎压指示灯报警，轮胎气压正常。

② 进入网关列表，读取故障存储。ABS、仪表、空调都有故障存储。

③ 轮胎压力监控原理：轮胎压力监测显示器是 ABS 控制单元 J104 系统中的组成部分。系统用于识别从慢到变快的轮胎压力损失。用于 RKA（智能胎压监测系统）显示的错误输入值存储在 ABS 的控制单元中。ABS 的控制单元将车轮转速与通过轮胎大小获得的滚动周长进行比较，车轮滚动周长的变化通过点亮仪表盘上的轮胎压力检查指示灯 K220 来显示。轮胎压力监控系统将四个轮胎的胎压相互比较。如果其中一个轮胎压力下降，则它的滚动圆周会缩小，转速就会提高。

④ 根据轮胎监控原理，可以知道外界温度对轮胎压力监控有一定的影响。

⑤ 在仪表控制单元中读取外部温度传感器数据流，如图 8-29 所示。

⑥ 根据电路图（图 8-30）判断，故障点为 G17、线路、仪表。检查发现，G17 棕黄线 T32/19 至 T2dk/2 断路。

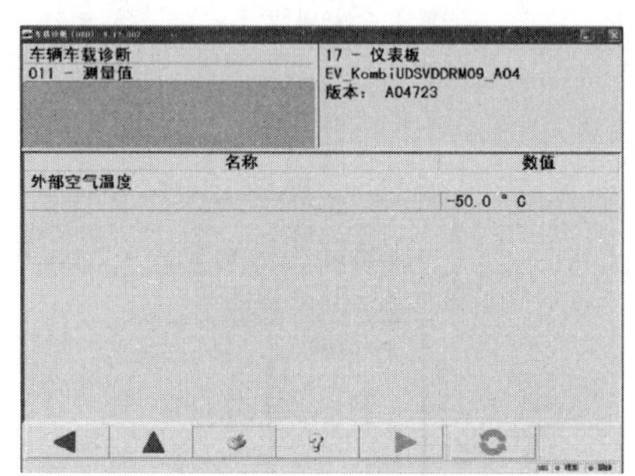

图 8-29　外部温度传感器数据流

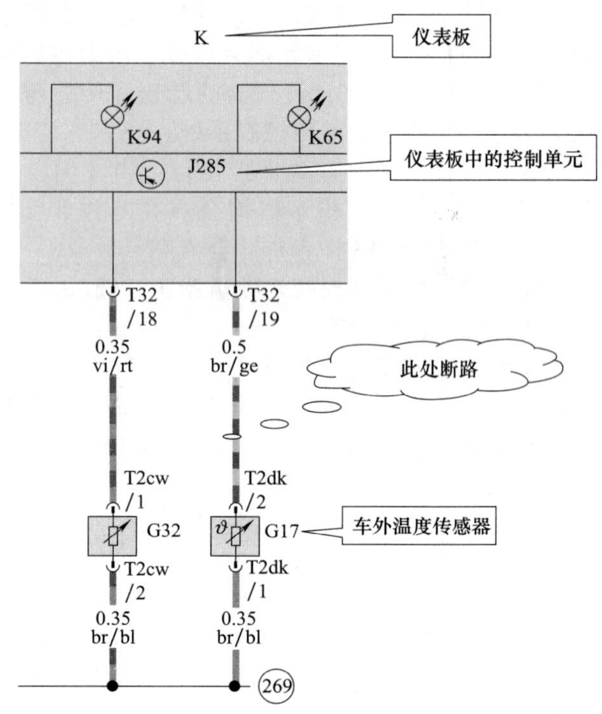

图 8-30　电路图故障点

原因分析　外界温度传感器线断路，外界温度显示不准确，影响了胎压监测系统，导致其报警。

故障排除　处理外界温度传感器线路。

2. 盲点监测系统故障

故障现象　2011 年款捷豹 XF X250 车型左前后视镜盲点不亮，右边正常。

故障诊断

① 连接 SDD 读取故障码，有 U0232-00——与左侧障碍物检测控制模块的通信中断。

② 清除故障码后用 SDD 对盲点模块进行软件升级后故障依旧，检查后保险杠外观无人为损坏，检查其盲点模块外观，无任何异物。

③ 拆卸后保险杠仔细检查其线路，用万用表测量 C4RB02B/2 号针脚接地电阻为 0.2Ω，测量 C4RB02B/5 供电电压为 12.35V，测量 CAPM26/18 和 C4RB02B/1 之间电阻为 0.2Ω，测量 CAPM26/17 和 C4RB02B/6 之间电阻为 0.2Ω，检查其线路均正常。

④ 仔细检查盲点模块，无碰撞、无进水等现象；检查插头连接，牢固无松动，针脚无回缩。判断为盲点模块内部故障。

故障排除　更换盲点监测模块。

附录

汽车电路英文中文注释

-数字-

1ST 一挡
1GR～7GR 一挡至七挡
2ND 二挡
2WD 两轮驱动
3RD 三挡
4TH 四挡
4WAS 四轮主动转向
4WD 四轮驱动
4WS 四轮转向系统
5TH 五挡

-A-

A 安培
A/B 安全气囊
A/C 空调
A/D 模/数（转换）
A/F 空气燃料比（空燃比传感器）
A/T 自动变速驱动桥/变速箱
AAS 汽车调整悬架
ABA 主动制动辅助
ABP 自动制动填充
ABS 防抱死制动系统
AC 交流电
ACC 附件
ACC 自适应巡航控制
ACCS 高级气候控制系统
ACIS 声控进气系统
ACL 空气滤清器
ACM 主动控制发动机支座
ACM 气囊控制模块
ACSD 自动冷启动装置
ACU 安全气囊控制单元
ACV 空气调节阀
AD 自动下降
ADD 附加
AEB 自动紧急制动
AFS 前大灯自动调节系统
AGM 吸附式玻璃纤维棉
AIS 空气喷射系统
AHC 主动高度控制悬架
ALL 自动负载均衡
ALR 自动锁紧式卷收器
ALT 交流发电机
AMP 放大器
AM 调幅
ANT 天线
AP 加速踏板
APP 加速踏板位置
AQS 空气质量传感器
ASDM 空气悬架和阻尼控制模块
ASSY 总成
ASV 供气阀
AT 自动变速器
ATC 自动温度控制
ATCU 自动变速器控制单元
ATF 自动变速器油
ATX 自动变速驱动桥
AU 自动上升

AUTO 自动
AUX 辅助
AV 音响视频
AVA 车辆声觉报警
AVG 平均
AVH 自动驻车
AVS 自适应可调悬架
AWB 自动制动警告
AWD 全轮驱动

-B-

B，BAT 蓄电池
B+ 蓄电池正极电压
BA 制动辅助
BAC 旁路空气控制
BACS 增压海拔补偿系统
BARO 大气压力
BATT 蓄电池
BAU 制动助力器
BCM 车身控制模块
BCU 制动控制模块
BCV 电池电流电压感应和诊断（新能源）
BDC 下止点
BDU 电池分配单元（新能源）
BEAM 远光指示灯
BECM 蓄电池能量控制模块
BEV 纯电动汽车（新能源）
BLDC 无刷直流电机
BLSD 制动器防滑差速器
BMS 电池管理系统（新能源）
BPP 制动踏板位置
BRC 制动控制系统
BRAKE 制动报警灯
BSD 盲区侦测
BSI 盲点干预
BSW 盲点警告
BTDC 上止点前
BUS 数据总线
BVSV 双金属式真空开关阀

-C-

CAM 摄像头
CAN 控制区域网络
CAV 针（孔）
CB 断路器
CC 巡航控制
CCM 底盘控制模块
CCO 氧化催化转换器
CCS 定速巡航系统
Cct 电路
CCV 活性炭罐关闭阀
CD 光盘
CDL 中控门锁
CF 侧向反力
CG 重心
CH 声道，频道
CHECK ENGINE 发动机检查报警灯
CHG 充电报警灯
CHSML 中央高位制动灯
CIGAR 香烟
CIS 连续燃油喷射系统
CKD 全散装件
CKP 曲轴位置传感器
CL 闭环
CMP 凸轮轴位置传感器
CM 控制模块
CN 副仪表线束（广汽）
CNG 压缩天然气
CO 一氧化碳
CO_2 二氧化碳
Col 颜色
COMB 组合
COMBI 结合
CONT 控制
CON 调节器
CORNER SONAR 倒车传感器指示灯
CPA 连接器定位器
CPB 离合器压力支持
CPC 活性炭罐净化控制
CPE 跑车（双门轿车）
CPP 离合器踏板位置
CPS 燃烧压力传感器
CPU 中央处理器
CRC 循环冗余校验
CRS 儿童约束系统
CRS 碰撞信号监测（新能源）

CRUISE 自动巡航控制系统指示灯
CSC 电池检测电路（新能源）
CSD 电池监控电路感应和诊断（新能源）
CTM 电池温度管理（新能源）
CTP 节气门关闭位置
CTR 中央
CV 控制阀
C/V 单向阀
CV 等速
CVT 无级变速箱
CVT 电池温度诊断（新能源）
CVTF 无级变速器油
CW 整备质量
CYL 气缸
CYP 气缸位置

-D-

D 前进挡
D/STREAM 下游
D1 驱动挡 1 挡
D2 驱动挡 2 挡
D3 驱动挡 3 挡
D4 驱动挡 4 挡
DAB 数字音频广播
DC 直流电
DC/DC 直流/直流转换器（新能源）
DCA 车距控制辅助
DCT 双离合器自动变速器
DCU 诊断控制单元
DD 左前车门线束（广汽）
DDM 驾驶员侧门组合开关
DDS 下坡缓降系统
DDSP 驾驶员侧车门组合开关
DEF 除霜装置
DFI 直接燃油喷射系统
DFL 导流板
DI 转向，分电器点火
DIFF 差速器
D/INJ 直接喷射
DIP 近光
DLC 故障诊断接口
DLI 无分电器点火系统
DMM 数字式万用表
DN 向下的
DOHC 双顶置凸轮轴
DOOR 车门未关严报警灯
DP 减速缓冲器
DPF 柴油颗粒过滤器
DRL 日间行车灯
DS 均热
DSCC 距离感应巡航控制
DSP 数字信号处理
DSR 驾驶员转向辅助
DTC 故障诊断码
DTI 千分表
DTM 诊断测试模式
DVD 数字视频光盘
DVVT 双可变气门正时电磁阀

-E-

E 接地
E/T 排气温度
EAC 电空调压缩机
EAT 电子自动变速器
EBA 紧急制动辅助
EBCM 电子制动控制模块
EBD 电气制动力分配系统
EBS 蓄电池传感器
EC 发动机控制
EC 电镀铬
ECAM 发动机控制和测量系统
ECD 电子控制柴油机
ECDY 电涡轮测功器
ECL 发动机冷却液液位
ECM 发动机控制模块
ECO 节能模式
ECPS 电控动力转向装置
ECT 发动机冷却液温度
ECU 电子控制单元
ECV 电动控制阀
EDS 电驱动系统（新能源）
EDU 电子驱动单元（新能源）
EDIC 柴油机电喷控制
EEPROM 电子可清除可编程只读存储器
EF 发动机舱熔丝
EFI 电子燃油喷射

EFT 发动机燃油温度
E/G 发动机
EGR 废气再循环
EGRT 排气再循环温度
EGT 排气温度
EHPAS 电动液压助力转向装置
EI 电子点火
ELEC 电
ELD 电气负载检测器
ELR 紧急锁紧式安全带卷收器
EMI 电磁干扰
EN 发动机线束（广汽）
ENA 使能信号
EOP 发动机机油压力
EP 排气压力
EPB 电子驻车制动
EPR 排气压力调节阀
EPS 电控动力转向系统
EPSB 电子稳定性与驻车控制模块
ESA 电子点火提前
ESC 电子稳定性控制系统
ESCL 电子转向柱锁
ESD 静电放电
ESP 电子稳定程序系统
ESS 高压电池包（新能源）
ESS 储能系统（新能源）
ETACS 电子时间和报警控制系统
ETC 电子温度控制
ETCS 电子节气门控制系统
ET 电子节气门
EV 电动汽车（新能源）
EVAP 燃油蒸发排放活性炭罐
EVAP 蒸发排放
EX 排气
EXC 排气控制
EXV 膨胀阀

-F-

F 乘客舱熔丝，前
F/B 熔丝和继电器盒
F/GA 燃油表
F/I 燃油喷射器
FB 前舱线束（广汽）
FC 风扇控制
FCC 快速充电控制（新能源）
FCV 燃料电池汽车（新能源）
FCEV 燃料电池电动汽车（新能源）
FCW 前向碰撞警告
FET 场效应管
FIC 燃油喷射器控制
FICB 快怠速阻风门强制开启系统
FL 左前
FL 熔丝
FL1.5 熔断丝截面 $1.5mm^2$
FM 调频
FOG 雾灯指示灯
FP 燃油泵
FPR 燃油泵继电器
FPU 燃油增压
FR 右前
FRP 燃油轨压力
FRT 燃油轨温度
FSR 失效保护继电器
FTP 燃油箱压力
FTT 燃油箱温度
FUEL 燃油不足报警灯
FWD 前轮驱动

-G-

GAL 加仑
GAS 汽油
GEN 发电机
GIU 变速器接口单元
GMLAN 通用汽车公司局域网
GND 接地，搭铁
GPS 全球定位系统
GSA 换挡执行器
GSM 全球移动通信系统
GST 通用扫描工具
GVW 车辆最大总质量

-H-

H/B 掀背式，两厢车
H/D 发热器/除霜装置
H/L 前照灯
HBA 液压制动辅助
HBB 液压制动助力

HBMC 液压车身运动控制系统
HC 碳氢化合物
HD 重载、重负荷
HDD 硬盘驱动器
HDS 本田诊断系统
HEAT 发热器
HECU 液压电子控制单元
HEV 混动动力电动汽车
HFT 免提电话
HHA 坡道保持辅助
HHC 坡道辅助控制
HI 高
HID 高强度气体放电
HIM 本田接口单元
HLL 大灯水平
HMI 人机交互系统
HO2S 加热型氧传感器
HOC 加热型氧化催化器
HPS 液压动力转向
HPU 液压动力装置
HRW 后风窗加热
HS 高速
HSLA 低合金高强度钢
HT 硬顶
HU 液压装置
HV 高压，混合动力车辆（新能源）
HVAC 暖风通风空调系统
HVACM 空调控制模块
HVC 高压空气压缩机（新能源）
HVDC 高电平直流电压
HVH 高压加热器（新能源）
HVI 高压互锁诊断（新能源）
HVIL 高压互锁（新能源）

-I-

I2C 内置集成电路
IA 进气
IAB 进气旁通
IAC 怠速空气控制
IACV 怠速空气控制阀
IAR 进气谐振器
IAT 进气温度
IBA 智能制动助力
IBS 智能电池传感器
IC 点火控制
IC 集成电路
ICC 智能巡航控制
ICE 内燃机，车载娱乐系统
ICM 点火控制模块
ICS 充气气帘
ID 编号
IDI 间接柴油喷射
i-DSI 智能型双火花塞顺序点火
IG 点火装置
IGBT 绝缘栅双极型晶体管
IGN 点火
IG 点火
ILL 照明灯
ILL/ILLUM/ILLUMI 照明
Illumi. 照明
IMA 怠速混合调节
IMMO 发动机防盗系统控制模块
IMRC 进气歧管管路控制系统
IMT 进气歧管调节
IN 进气
IND 指示灯
INJ 喷射
INT 间歇的
IOC 负离子发生器模块
IP 仪表板线束（广汽）
IPC 组合仪表
IPDM E/R 发动机舱智能电源分配模块
IPK 组合仪表
IQA 喷油量调整（柴油机车型）
ISC 怠速控制
ISO 国际标准化组织
ISP 互联网服务供应商
ISRVM 内部后视镜
ISS 输入轴转速
ISV 进气调节阀
IVT 电流电压温度（新能源）

-J-

J/C 连接插接器
JB，J/B 接线盒

-K-

KD 强制降挡
KS 爆震传感器

-L-

L 左
L4 直列式四缸（发动机）
L/C 锁止离合器
LAN 局域网
LBC 锂电池控制器（新能源）
LCD 液晶显示器
LCU 局部控制单元
LD 左后车门线束（广汽）
LDP 车道偏离预防
LDW 车道偏移预警
LED 发光二极管
LF/FL 左前
LH 左手侧，左向
LHD 左驾驶车型
LIM 限速功能
LIN 局域网
LNG 液化天然气
LO 低
Lo 低挡
LPG 液化石油气
LR 左后方
LSD 防滑差速器
LSM 灯光控制模块
LSPV 感载比例阀
LVDS 低压差分信号

-M-

M/B 总熔丝盒
M/T 手动变速驱动桥/变速箱
MAF 质量型空气流量
MAP 进气歧管绝对压力传感器
MAX 最大
MBS 主轴制动系统
MCK 电动机检查
MCM 电动机控制模块
MCU 力矩控制单元
MCU 电动机控制单元
MDI 多诊断接口
MDU 多功能显示单元
MFI 多点燃油喷射
MG 磁铁
Mi 中挡
MI/MIL 故障指示灯
MIC 麦克风
MICS 多路集成控制系统
MICU 多路集成控制单元
MID 中间
MIN 分钟，最小值
MIX 混合气
MLS 主车灯开关
MOST 媒体导向系统传输
MPI 多点燃油喷射
MPX 多路通信系统
MS 中速
MT 手动变速器
MTF 手动变速器油
MTX 手动变速驱动桥
M 电动机，电机，马达

-N-

N 空挡
NA 自然吸气
NC 常闭
NFC 近场通信
NiMH 镍金属氢化物
NOX 氮氧化物
No 常开
NO_x 氮氧化合物
NTC 负温度系数

-O-

O_2 氧
O2S 氧传感器
OAT 有机酸技术
OBCM 车载充电模块（新能源）
OBC 车载充电控制（新能源）
OBD 车载诊断系统
OC 氧化催化转换器
OCV 油液流量控制电磁阀
OD，O/D 超速挡
ODO/TRIP 里程表、短距离里程表
OEM 原装设备制造商
OFF 关闭

OHC 顶置凸轮轴
OHV 顶置气门
OIL 机油压力报警灯
OL 开环
ON 打开
OP 选装件
OPDS 乘客位置检测系统
OPT 选装件
OSC 振荡器
OSS 输出轴转速

-P-

P 驻车挡
P、R、N、D 换挡杆位置指示灯
P/S 动力转向
P/S 动力转向装置
PAID 倒车雷达控制模块
PASS 超车
Pass 乘客
PBR 电位平衡电阻器
PCB 印制电路板
PCM 动力系统控制模块
PCS 动力控制系统
PCU 电动机控制器（新能源）
PCV 曲轴箱强制通风
PDC 停车距离控制
PDU 高压配电单元（新能源）
PDU 动力传动单元（新能源）
PEB 电力电子箱（新能源）
PEB 电源电器舱
PEPS 无钥匙进入与启动控制单元
PEU 功率控制单元（新能源）
PGM-FI 程控燃油喷射
PGM-IG 程控点火
PKB 驻车制动器
PH 高压
PHEV 并联式混合动力汽车（新能源）
PHEV 插电混合动力汽车（新能源）
PIN 个人识别号
PJB 乘客分线盒
PL 指示灯或低压
PLG 电动尾门
PMR 泵电动机继电器
PNP 驻车/空挡位置
Pos/Poti 位置
POSITION 示廓灯的指示灯
PPE 个人防护装备
PPS 渐进式动力转向
PRC 压力调节器控制
PRNDL 驻车挡、倒挡、空挡、前进挡、低速挡
PRI 主
PRG 清洗电磁阀
P/S 动力转向
PSF 动力转向液
PSP 动力转向压力
PSW 压力开关
PTC 正温度系数
PTC 空调电加热器（新能源）
PTO 动力输出装置
PTS 踏板行程传感器
PVC 聚氯乙烯
PWM 脉冲宽度调制
PWR 供电

-Q-

QSS 快速启动系统
Qty 数量

-R-

R 倒挡，右
RAD 雷达
RAM 随机存取存储器
RAS 后主动转向右侧右侧
RB 后保险杠线束（广汽）
RBS 循环球式转向
RC 中后
RCT 散热器冷却液温度
RD 右后门线束（广汽）
RDS 无线电数据系统
REC 循环
REC 二次循环
REF 基准，参考
rev/min 转/每分钟
RF/FR 右前
RH 右侧
RHD 右驾驶车型

RL/LR 左后
ROM 只读存储器
RON 研究法辛烷值
RPM 发动机转速
RPO 常规选装件
RPS 转子位置传感器
RR 后面，右后方
RR 右后
RSA 后排座椅音响
RWD 后轮驱动

-S-

SAE 车辆工程师协会
SAS 精密安全气囊传感器
SAS 方向盘转角传感器
SBF 慢熔熔断器
SCK 串行时钟
SCM 转向柱模块
SCR 屏蔽
SCS 维修检查信号
SCS 动态稳定控制系统
SCU 换挡器控制单元
SCV 车速控制音量
SDM 传感和诊断模块
SDM 安全气囊控制模块
SDN 轿车
SDS 维修数据和技术参数
SEAT BELT 座椅安全带报警灯
SEC 秒，第二
SECTION 部分
SEI 连续多点燃油喷射系统
SHEV 串联式混合动力汽车
SIG 信号
SIM 用户识别模块
SIPS 上汽综合编程系统
SIR 辅助充气式线束系统
SOC 动力电池荷电状态（新能源）
SOH 动力电池健康状态（新能源）
SOHC 单顶置凸轮轴
SOL 电磁线圈
SONAR OFF 倒车传感器关闭指示灯
SP 速度
SPEC 规格
SPEED 车速表
SPK 扬声器
SPI 串行外围接口
SPI 单点喷射
SPM 换挡保护模块
SPS 维修编程系统
SPV 溢流控制阀
S/R 天窗
SRS 保护装置，气囊
SRS 辅助乘员保护系统报警灯
SRT 系统启用检测
SS 启停系统（广汽）
SSB 一键启动开关
SST 专用维修工具
ST 起动机
STD 标准
SUV 运动型多功能车
SVM 全景泊车
SVS 尽快维修车辆
SW 开关
SYS 系统

-T-

T/GA 发动机冷却液温度表
TAC 节气门执行器控制
TACHO 转速表
TAP 变速器自适应压力
TC 涡轮增压器
TC 牵引力控制
TCC 液力变矩器离合器
TCM 变速箱控制模块
TCS 牵引力控制系统
TCU 终端通信单元
TDC 上止点
TEMP 温度
TFT 变速驱动桥油的温度
TG 尾门线束（广汽）
TGV 换向阀
TICS 三通管进气控制系统
TIS 技术信息系统
TM 驱动电动机
TNS 车尾号码侧灯
TP 节气门位置

TPA 端子定位器
TPMS 轮胎气压监测系统
TPS 节气门位置传感器
TSS 涡轮轴转速
TURBO 涡轮增压
TURN（LH）LCD 液晶显示器
TURN（RH）转向信号指示灯、危险报警指示灯
TV 电视
TWC 三元催化转换器
TWS 总接线系统
TXV 热力鼓胀阀

-U-

U，UP 向上
U/STREAM 上游
UBR 经过主继电器的电压
USB 通用串行总线
USS 上坡起步系统

-V-

V 伏特
VAF 容积式空气流量传感器
VCI 车辆通信接口
VCM 车辆控制模块
VCU 整车控制单元（新能源）
VCV 真空控制阀
VDC 车辆动态控制系统
VDS 车辆诊断系统
VENT 通风装置
VGRS 可变传动比转向
VICS 车辆信息通信系统
VICS 可变惯性进气系统
VIM 车辆接口模块
VIN 车辆识别码
VOL 容积
VPS 可变动力转向
VRIS 可变谐振进气系统
VR 调压器
VSCM 车辆稳定控制模块
VSS 车速传感器
VTCS 可变进气涡流控制系统
VVL 可变气门升程装置
VVT-i 智能可变气门正时

-W-

W 带
W/H 线束
WO 不带
WASH 洗涤器
WGN 旅行车
WLAN 无线局域网
WLC 无线充电
WOT 节气门全开
WS 轮速
W 瓦特

-X-

XML 可扩展标记语言

参考文献

[1] 宋广辉. 汽车电路与电子系统检修. 北京：清华大学出版社，2014.

[2] 张军. 汽车电工电子技术基础. 北京：高等教育出版社，2014.

[3] 李永力. 汽车电路和电子系统检修. 北京：机械工业出版社，2014.

[4] 张华. 汽车电工电子技术. 第2版. 北京：北京理工大学出版社，2014.

[5] 李子云. 汽车电工电子技术. 北京：清华大学出版社，2014.

[6] 张振. 汽车电器构造与维修. 北京：中国电力出版社，2013.

[7] 高丽洁. 汽车电工电子技术. 武汉：华中理工大学出版社，2013.

[8] 孙余凯，吴鸣山，项绮明. 汽车电路识图轻松入门. 北京：化学工业出版社，2013.

[9] 浙江省教育厅职成教育教研室. 汽车电工电子技术基础. 北京：机械工业出版社，2013.

[10] 黄志荣. 实用汽车电工电子技术. 第2版. 北京：高等教育出版社，2012.

[11] 刘春晖. 汽车电工电子技术. 北京：机械工业出版社，2012.

[12] 毛峰. 汽车电器. 北京：机械工业出版社，2011.

[13] 季杰，吴敬静. 轻松看懂汽车电路图. 北京：化学工业出版社，2011.

[14] 谭本忠. 汽车电路图识读入门. 北京：化学工业出版社，2011.

[15] 高元伟，吕学前. 汽车电气设备构造与维修. 北京：人民交通出版社，2011.

[16] 李春明. 汽车电器与电路. 北京：高等教育出版社，2003.

[17] 麻友良. 汽车电器与电子控制系统. 第2版. 北京：机械工业出版社，2007.

[18] 吴文琳. 汽车电路识读与故障检修. 北京：化学工业出版社，2011.

[19] 冯崇毅. 汽车电子控制技术（上）. 北京：机械工业出版社，2001.

[20] 麻友良，赵英勋. 富康988/富康轿车维修手册. 北京：机械工业出版社，2002.

[21] 麻友良. 汽车电路构成与阅读理解. 北京：人民交通出版社，2005.

[22] 周建平. 汽车电气设备构造与维修. 北京：人民交通出版社，2002.

[23] 陈志恒，胡宁. 汽车电控技术. 北京：高等教育出版社，2003.

[24] 麻友良. 电控自动变速器结构与故障检修. 北京：机械工业出版社，2000.

[25] 周泳敏，朱洪波. 汽车电路识图指南. 北京：机械工业出版社，2004.

[26] 孙余凯等. 汽车电器识图技巧. 北京：人民邮电出版社，2003.

[27] 麻友良. 轿车电控辅助系统检修培训教程. 北京：机械工业出版社，2004.

[28] 蔡永红. 汽车电路图识读入门到精通. 基础篇. 北京：化学工业出版社，2014.

[29] 黄鹏，胡欢贵. 教你快速识读汽车电路图. 北京：机械工业出版社，2013.